W0226173

Die Memoiren Giuseppe Garibaldis

Die Memoiren Giuseppe Garibaldis

Herausgegeben von Alexandre Dumas père

Aus dem Französischen von
Stanislaus Graf Grabowski

marixverlag

Alle Rechte vorbehalten

Es ist nicht gestattet, Abbildungen dieses Buches zu scannen, in PCs oder auf CDs zu speichern oder mit Computern zu verändern oder einzeln oder zusammen mit anderen Bildvorlagen zu manipulieren, es sei denn mit schriftlicher Genchmigung des Verlages.

Neu gesetzte und bearbeitete Ausgabe für
Marix Verlag GmbH, Wiesbaden 2007
nach der Ausgabe *Memoiren Joseph Garibaldi's,* Berlin 1861
Covergestaltung: Thomas Jarzina, Köln
Bildnachweis: akg-images, Berlin
Lektorat: Ulrich Berkmann, Mainz
Satz und Bearbeitung: C&H Typo-Grafik, Miesbach
Gesamtherstellung: GGP Media GmbH, Pößneck
Printed in Germany

ISBN 978-3-86539-139-1

www.marixverlag.de

Inhalt

Erstes Buch

I.
Meine Eltern

Ich bin am 22. Juli 1807 zu Nizza nicht nur in demselben Haus, sondern auch im selben Zimmer geboren, in dem André Masséna zur Welt kam. Wie man sagt, war der berühmte Marschall der Sohn eines Bäckers, und noch heute ist im Erdgeschoss des Hauses eine Bäckerei.

Ehe ich von mir selbst spreche, gestatte man mir, ein Wort über meine trefflichen Eltern zu sagen, deren ehrenwerter Charakter und innige Zärtlichkeit so großen Einfluss auf meine Erziehung und natürlichen Anlagen hatten.

Mein Vater, Dominique Garibaldi, aus Chiavari gebürtig, war der Sohn eines Seemannes und selbst Seemann; seine Augen erblickten schon bei der Geburt das Meer, auf dem er fast sein ganzes Leben zubringen sollte. Es ist wahr, er besaß nicht die Kenntnisse wie manch anderer seines Standes, geschweige denn, wie man sie heutzutage besitzt; er erhielt seine nautische Ausbildung nicht in einer Schule, sondern ausschließlich auf den Schiffen meines Großvaters. Später kommandierte er ein eigenes Schiff und wusste sich stets ehrenvoll zu benehmen.

Was er je an Vermögen besaß, war einer Menge von Zufällen unterworfen, teils glücklichen, teils unglücklichen, und ich habe gehört, er hätte uns mehr hinterlassen können, als geschehen ist. Was das anbetrifft, so tut es nicht viel zur Sache. Mein armer Vater war freigiebig und gab sein mühsam erworbenes Geld aus, wie er es gerade verstand, und ich bin ihm deshalb für das wenige, das er mir hinterließ, nicht weniger dankbar. Im Übrigen zweifle ich nicht im Mindesten daran, dass von all dem Geld, das er in den Wind geworfen, dasjenige, welches er auf meine Erziehung verwandte, mit dem größten Vergnügen ausgegeben hat, obgleich diese Erziehung bei seinen Vermögensumständen eine schwere Last war.

Glaube man deshalb aber nicht, dass meine Erziehung im Mindesten aristokratisch gewesen sei. Nein, mein Vater ließ mich weder turnen noch fechten oder reiten. Das Turnen lernte ich, indem ich in die Wanten hinaufkletterte und mich am Tauwerk herabgleiten ließ, das Fechten, indem ich meinen Kopf verteidigte und mir Mühe gab, den anderen auf das Beste zu treffen, und das Reiten, indem ich mir ein Beispiel an den ersten Reitern der Welt, den Gauchos, nahm.

Die einzige körperliche Übung meiner Jugend – und nicht einmal dabei hatte ich einen Lehrer – war das Schwimmen; wann und wie ich es lernte, weiß ich nicht mehr, mir kommt es vor, als hätte ich es immer gekonnt und wäre als Amphibie geboren worden. Obgleich ich, wie alle wissen, die mich kennen, keine Lust habe, mein eigener Lobredner zu sein, kann ich doch geradeheraus sagen, dass ich einer der tüchtigsten Schwimmer bin, die es gibt; man kann mir also das Zutrauen, das ich in mich setze, nicht hoch anrechnen, wenn ich nie gezögert habe, ins Wasser zu springen, um das Leben eines meiner Mitmenschen zu retten. Wenn mich mein Vater nicht alle diese Geschicklichkeiten erlernen ließ, so war das übrigens mehr ein Fehler der Zeit als sein eigener. In jenen traurigen Tagen waren die Priester unbeschränkte Herren im Piemont und ihre eifrigsten Bemühungen zielten eher darauf ab, aus den jungen Leuten unnütze, nichtstuerische Mönche zu machen, statt sie zu Bürger zu erziehen, die unserem unglücklichen Vaterland zu dienen im Stande wären. Bei der zärtlichen Liebe, die mein armer Vater für uns hegte, fürchtete er von jedem Studium für uns das Schlimmste in späterer Zeit .

Meine Mutter, Rosa Ragiundo, war, wie ich mit Stolz bekenne, das Muster aller Frauen; freilich soll das jeder Sohn von seiner Mutter sagen, keiner wird es aber mit mehr Überzeugung aussprechen können als ich.

Eine der bittersten Seiten meines Lebens ist und wird immer sein, dass ich sie nicht habe glücklich machen können, dass ich im Gegenteil ihre letzten Tage in Trauer und Schmerz versenkt habe. Gott allein kennt die Angst, die ihr mein abenteuervolles Leben bereitet hat, denn er allein kennt ihre unermessliche Liebe zu mir. Wenn es gute Gefühle in meinem Herzens gibt, so bekenne ich laut, dass ich sie nur von ihr habe; ihr engelgleiches Wesen musste notwendig einen Strahl auch auf mich werfen. Verdanke ich nicht ihrem Mitgefühl für die Leiden anderer diese große Liebe und

– mehr noch – tiefe Hingabe für das Vaterland, die mich die Zuneigung meiner unglücklichen Landsleute gewinnen ließ?

Ich bin gewiss nicht abergläubisch, dennoch versichere ich, dass ich meine Mutter in den furchtbarsten Lagen meines Lebens, wenn der Ozean unter dem Kiel und gegen die Planken meines Schiffes schäumte, es wie einen Kork hob, wenn die Geschützkugeln wie Sturmwind an meinem Ohr vorbeiflogen und die Flintenkugeln wie Hagel um mich her einschlugen, beständig vor mir sah, kniend ins Gebet versunken, vor dem Höchsten gebeugt, den sie für das Kind ihres Herzens anrief. Was mir den Mut gab, über den andere zuweilen gestaunt haben, ist die Überzeugung, dass mir nie ein Unglück zustoßen könne, wenn eine so fromme Frau wie ein Engel für mich betete.

2.
Meine ersten Jugendjahre

Meine Jugendjahre verbrachte ich, wie alle Kinder, unter Lachen und Weinen. Mehr dem Vergnügen als der Arbeit zugetan, mehr der Zerstreuung als dem Studium, zog ich aus den Opfern, die mir meine Eltern brachten, nicht den Vorteil, den ich daraus hätte ziehen können, wäre ich klüger gewesen. Ich war guten Herzens – ein Geschenk Gottes und meiner Mutter – und hatte stets ein tiefes Mitgefühl für alles, was klein, schwach und leidend war. Mein Mitleid galt auch den Tieren oder fing vielmehr bei ihnen an. Ich erinnere mich, dass ich eines Tages eine Grille fand, die ich auf mein Zimmer trug, um mit ihr zu spielen. Dabei riss ich ihr aus Ungeschicklichkeit oder eher kindischem Unverstand ein Bein aus. Mein Schmerz darüber war so groß, dass ich mich für mehrere Stunden einschloss und bitterlich weinte.

Als ich einmal mit einem meiner Vettern auf die Jagd ging, blieb ich am Ufer eines tiefen Baches stehen, in dem Wäscherinnen zu waschen pflegten und wo gerade eine arme Frau damit beschäftigt war. Ich weiß nicht, wie es zuging, aber sie fiel ins Wasser. So klein wie ich war – ich zählte damals kaum acht Jahre –, sprang ich in den Bach und rettete sie. Ich erzähle dies nur, um zu bezeugen, wie natürlich mein Gefühl ist, das mich treibt, meinen Mitmenschen zu helfen, und wie wenig es mein Verdienst ist, wenn ich ihm folge.

Von den Lehrern, die ich in jener Lebensperiode hatte, habe ich

Pater Giovanni und Herrn Arena eine besonders dankbare Anhänglichkeit bewahrt.

Bei dem Ersteren machte ich keine großen Fortschritte, da ich immer mehr Neigung zum Spielen und Vagabundieren als zur Arbeit hatte. Ich mache mir noch heute einen Vorwurf daraus, das Englische nicht gelernt zu haben, wie es in meiner Macht gestanden hätte, ein Vorwurf, der sich bei allen Gelegenheiten, in denen ich mit Engländern zusammentraf – und diese waren häufig – stets wieder geltend machte. Da Pater Giovanni zum Haus und gewissermaßen zur Familie gehörte, litten meine Lehrstunden unter der familiären Nähe, in der ich zu ihm stand. Dem Zweiten, einem ausgezeichneten Lehrer, verdanke ich das wenige, was ich weiß, besonders bin ich ihm ewig dankbar dafür, dass er mich durch die fortwährende Lektüre der römischen Geschichte so gründlich in meine Muttersprache eingeweiht hat.

In Italien hat man oft den Fehler begangen – besonders in Nizza, wo die Nachbarschaft Frankreichs auf die Erziehung Einfluss hat –, die Kinder nicht in der Sprache und den Angelegenheiten des Vaterlandes zu unterrichten. Ich verdanke also dieser ersten Lektüre unserer Geschichte und den Bemühungen meines älteren Bruders Angelo, mir dieses Studium sowie das unserer schönen Sprache zu empfehlen, das wenige, was ich an historischer Wissenschaft und an Leichtigkeit des Ausdrucks in der Rede gelernt habe.

Ich schließe diese erste Periode meines Lebens mit der Erzählung einer Begebenheit, die eine Idee von meinen Anlagen zum Abenteurer gibt.

Der Schule müde und meiner sitzenden Lebenswcisc übcrdrüssig, schlug ich eines Tages einigen meiner Schulkameraden vor, nach Genua zu entfliehen. Wie gesagt, so getan. Meine Abenteurergenossen waren, soweit ich mich erinnere, Caesar Parodi, Raffaello de Andreis und Celestino Bermond. Wir machten ein Fischerboot los und nahmen Kurs gen Osten. Wir waren schon auf der Höhe von Monaco, als ein Abgesandter meines vortrefflichen Vaters uns wie ein Korsar kaperte und beschämt in die elterlichen Häuser zurückbrachte. Ein Abbé hatte uns gesehen und verraten; von daher rührt meine geringe Sympathie für Priester.

3.
Meine ersten Reisen

»Oh Frühling, Jugendzeit des Jahres! Oh Jugend, Frühling des Lebens!« heißt es bei dem Dichter Pietro Metastasio; und ich möchte hinzufügen: Welchen Glanz verleiht die Sonne der Jugend doch allen Dingen!

Von dieser prächtigen Sonne verklärt, erschienst du mir, oh schöne Constanza, das erste Schiff, auf dem ich über das Meer streifte. Deine starken Planken, dein schlankes und leichtes Mastwerk, dein geräumiges Vordeck, alles bis zum weiblichen Brustbild am Galion wird mit meiner jugendlichen Phantasie auf ewig unauslöschlich in meiner Erinnerung bewahrt bleiben, auch deine Matrosen, teure Constanza, diese wahrhaft unerschrockenen Ligurier, die sich so graziös über ihre Ruder zu beugen verstanden! Mit welcher Freude wagte ich mich auf den offenen Gang des Hinterdecks, um ihren Volksliedern und harmonischen Gesängen zu lauschen! Sie sangen Liebeslieder, niemand lehrte sie damals andere. So unbedeutend diese Lieder waren, rührten und berauschten sie mich. Oh, hätten sie dem Vaterland gegolten, so würden sie mich begeistert, närrisch gemacht haben! Wer aber hätte ihnen damals sagen sollen, dass es ein Italien gäbe? Wer sie lehren sollen, dass wir ein Vaterland zu rächen und zu befreien hätten? Nein, wir wurden erzogen und wuchsen heran in dem Glauben, das Leben habe nur den einen Zweck, Geschäfte zu machen.

Während ich glücklich das Schiff betrachtete, schnürte meine Mutter weinend mein Reisebündel.

Es war mein Beruf, die Meere zu durchkreuzen. Mein Vater hatte sich dem nach Kräften widersetzt. Der treffliche Mann wünschte, dass ich eine friedliche und gefahrlose Laufbahn betrete, Priester, Advokat oder Arzt würde; aber meine Hartnäckigkeit besiegte ihn, seine Liebe beugte sich vor meinem jugendlichen Eigenwillen. Ich schiffte mich auf der Brigantine »Constanza« ein, deren Kapitän Angelo Pesante der kühnste Seemann war, den ich je gekannt habe. Sollte unsere Marine den Aufschwung nehmen, den man erhoffen darf, so hätte Kapitän Pesante das Kommando eines unserer ersten Kriegsschiffe verdient, da es gewiss keinen zuverlässigeren Schiffsführer gibt als ihn. Wenn es jemals dazu kommt, so stehe ich dafür, dass er dem Vaterland Nutzen und Ruhm bringen wird.

Ich machte meine erste Reise nach Odessa. Solche Reisen sind heute so gewöhnlich und leicht geworden, dass es überflüssig ist, sie zu schildern.

Meine zweite Reise führte nach Rom, diesmal mit meinem Vater; er war während meiner ersten Abwesenheit so beunruhigt gewesen, dass er, da ich nun einmal zur See fahren wollte, mit mir zu reisen beschlossen hatte. Wir bestiegen seine eigene Tartane, die »Santa Reparata«.

Ach Rom! Welche Freude, nach Rom zu reisen! Was konnte Rom für mich, den glühenden Altertumsschwärmer, anderes sein als die Hauptstadt der Welt? – Eine entthronte Königin, gewiss, aber ihre unermesslichen, gigantischen, erhabenen Ruinen, ihr glanzvoller Geist eine Erinnerung an alles, was ehemals groß war! – Rom, nicht allein die Hauptstadt der Welt, sondern auch die Wiege dieser heiligen Religion, die die Sklavenketten zerbrochen und eine Menschheit geadelt hat, die bisher mit Füßen getreten worden war. Eine Religion, deren erste und wahre Apostel Nationen gebildet und Völker emanzipiert haben. Das Rom, das ich in meinen Jugendträumen sah, war nicht allein das Rom der Vergangenheit, sondern auch das Rom der Zukunft, das in seinem Busen die Wiedergeburt eines durch die Eifersucht der Mächte verfolgten Volkes trug, das groß geboren war und an der Spitze der Völker stand, die es zur Zivilisation geführt hat.

Oh Rom! Wenn ich an sein Unglück, an seine Erniedrigung, an sein Märtyrertum dachte, wurde es mir heilig und teuer über alles in der Welt. Ich liebte es mit der ganzen Stärke meiner Seele, nicht allein für die stolzen Kämpfe seiner Größe während so vieler Jahrhunderte, sondern auch in den kleinsten Begebenheiten, die ich in meinem Herzen wie einen kostbaren Schatz sammelte.

Weit entfernt davon, nachzulassen, ist meine Liebe für Rom durch Entfernung und Verbannung nur gewachsen. Oft, sehr oft habe ich auf der anderen Seite der Meere, dreitausend Meilen von Rom entfernt, den Allmächtigen angefleht, es wiedersehen zu dürfen. Rom war für mich Italien, weil ich Italien nur in der Vereinigung seiner zerstreuten Glieder sehen konnte und Rom für mich das vorzüglichste Symbol der italienischen Einheit ist.

4.
Meine Weihe

Für einige Zeit unternahm ich mit meinem Vater Küstenfahrten, dann ging ich nach Cagliari auf die Brigantine »Aetna« unter Kapitän Joseph Gervino.

Auf der Rückfahrt nach Nizza wurde ich Zeuge eines schrecklichen Unfalls, den ich in meinem Leben nicht vergessen werde. Wir segelten auf der Höhe von Kap Roli mit einigen anderen Fahrzeugen zusammen, unter denen eine schöne katalonische Feluke war. Nach zwei oder drei Tagen schönen Wetters kamen einige Böen des Windes auf, den wir Seeleute den Libieno nennen, weil er über die lybische Wüste streicht, ehe er auf das Mittelmeer trifft. Bald ging die See höher, und der Wind wurde stärker, bis er so wütend blies, dass er uns unwiderstehlich gegen Vado trieb.

Die katalonische Feluke hielt sich anfangs bewundernswert, und ich behaupte, dass angesichts Wetters, das wir noch zu erwarten hatten, keiner von uns nicht lieber an Bord dieser Feluke als auf seinem Schiff zu sein gewünscht hätte. Aber das arme Schiff sollte uns bald ein sehr schmerzliches Schauspiel bieten: Eine furchtbare Welle warf es um, und kurz darauf sahen wir auf der abschüssigen Fläche seines Decks nur noch einige Unglückliche, die ihre Hände nach uns ausstreckten, bald aber durch eine noch schrecklichere Welle fortgespült wurden. Diese Katastrophe fand an unserer Steuerbordseite statt, und es war uns und den anderen Schiffen, die sich ganz in derselben Lage befanden wie wir, wirklich unmöglich, den unglücklichen Schiffbrüchigen zu helfen. So kamen neun Mann der Schiffsbesatzung elend vor unseren Augen um; auch den Härtesten kamen die Tränen, die aber bald wieder von der Gefahr getrocknet wurden, in der wir selbst schwebten. Als ob die dunklen Mächte durch dieses Menschenopfer besänftigt worden seien, kamen wir und die anderen Schiffe ohne einen weiteren bösen Zwischenfall nach Vado. Von dort segelte ich zuerst nach Genua und dann nach Nizza zurück.

Danach unternahm ich eine Reihe von Reisen in die Levante, bei denen wir dreimal von Seeräubern gekapert und ausgeplündert wurden. Dies passierte auf einer Reise gleich zweimal – sehr zum Ärger der Piraten, die den zweiten Überfall unternahmen, da sie nichts mehr fanden, was sie uns hätten nehmen können. Auf diesen Reisen lernte ich, mit der Gefahr vertraut zu werden, und machte die Erfahrung, mich wie ein Nelson fragen zu können: »Was ist denn eigentlich Furcht?«

Bei einer dieser Reisen auf der Brigantine »Cortese« mit Kapitän Barlasemeria musste ich zu Konstantinopel krank zurückbleiben, weil das Schiff gezwungen war, unter Segel zu gehen. Da die Krankheit sich länger hinzog, als ich erwartet hatte, kam ich mit meinem Geld sehr in Verlegenheit. In welch peinlicher Lage ich mich je befunden habe und von welchem Nachteil ich auch bedroht gewesen bin, habe ich mich doch immer sehr wenig der Betrübnis hingegeben, denn stets habe ich das Glück gehabt, einer mitleidigen Seele zu begegnen, die sich meiner annahm. Unter diesen gibt es eine, die ich nie vergessen werde; es ist die gute Madame Louise Sauvaigo aus Nizza, eine treffliche Frau, die mich zu der Überzeugung gebracht hat, dass meine Mutter und sie die vollkommensten Frauen der Welt gewesen sind. Sie war das Glück ihres Mannes, eines ausgezeichneten Menschen, und sorgte mit bewunderungswürdiger Umsicht für ihre kleine Familie.

Warum ich ihrer hier erwähne, weiß ich eigentlich nicht. Aber da es nun einmal geschehen ist, will ich gestehen, dass es mir mein Herz diktiert hat.

Der damals zwischen der Hohen Pforte und Russland ausgebrochene Krieg trug dazu bei, meinen Aufenthalt in der türkischen Hauptstadt zu verlängern. In dieser Zeit, gerade in dem Augenblick, wo ich nicht wusste, wovon ich am anderen Tage leben sollte, wurde ich als Lehrer bei der verwitweten Madame Timoni angestellt. Eine Empfehlung des Herrn Diego, Doktor der Medizin, hatte mir dieses Amt verschafft, und ich danke ihm hiermit für den Dienst, den er mir damals erwiesen hat. Ich trat als Erzieher dreier Knaben in dieses Haus und blieb mehrere Monate, nach deren Ablauf ich mich auf die Brigantine »Notre-Dame-de-Grace« von Kapitän Casabona einschiffte. Es war das erste Schiff, das ich als Kapitän befehligte.

Über meine weiteren Reisen in dieser Zeit will ich mich nicht mehr im Einzelnen auslassen, sondern nur sagen, dass ich, von einer tiefen Vaterlandsliebe getrieben, in keiner Phase meines Lebens aufhörte, sowohl bei Menschen wie Ereignissen und selbst in Büchern nach den Geheimnissen einer Wiedergeburt Italiens zu forschen. Bis zu meinem vierundzwanzigsten Jahr aber blieb mein Suchen vergeblich, und ich quälte mich dabei unnötigerweise.

Endlich fand ich auf einer Reise nach Taganrog auf meinem Schiff einen italienischen Patrioten, der mir Kenntnis von den italienischen Zuständen verschaffte. Es gab also doch noch Menschen, die sich mit der Wiedergeburt Italiens beschäftigten. Ich sah einen Hoffnungsschimmer für unser unglückliches Vaterland.

Als Christoph Columbus, verloren im Atlantischen Ozean, bedroht von seinen Gefährten, die ihm nur noch drei Tage gegeben hatten, gegen Ende des dritten den Ruf »Land!« hörte, kann er nicht glücklicher gewesen sein als ich, sobald ich das Wort »Vaterland« vernahm und am Horizont den Leuchtturm sah, den die Französische Revolution von 1830 angezündet hatte.

Von einer anderen Reise ist noch zu berichten, die ich an Bord der »Clorinde« machte, auf der eine Schar Saint-Simonisten unter Führung Emil Barraults nach Konstantinopel unterwegs war. Ich hatte bisher wenig von dieser Sekte sprechen hören und wusste allein, dass diese Leute die verfolgten Apostel einer neuen Religion seien. Ich näherte mich ihrem Führer und stellte mich als italienischer Patriot vor.

Hier nun in diesen schimmernden Nächten des Orients, die, wie Chateaubriand sagt, nicht Finsternis, sondern nur Abwesenheit des Lichtes sind, unter diesem mit Sternen besäten Himmel, auf diesem Meere, dessen kühler Wind uns großherzige Eingebungen zuzuwehen schien, besprachen wir nicht allein die engen Nationalfragen, auf die sich bis dahin mein Patriotismus beschränkt hatte, sondern auch die großen Fragen der Menschheit.

Zunächst bewies mir Barrault, dass der, der sein Vaterland verteidigt oder das anderer angreift, im ersten Fall nur ein frommer und im zweiten ein ungerechter Soldat sei, und nur der Mann ein Held genannt werden könne, der sich zum Kosmopoliten mache und Degen und Blut jedem Volk zum Kampf gegen die Tyrannei antrage.

Neue Ideen regten sich jetzt in meinem Geiste, und mit dieser Aufklärung sah ich in einem Schiff nicht mehr allein ein Lastfahrzeug, mit dem die Produkte eines Landes gegen die eines anderen ausgetauscht werden, sondern den geflügelten Boten, der das Wort des Herrn und das Schwert des Erzengels trägt. Begierig auf Erlebnisse und Neuigkeiten war ich Seemann geworden und gereist und hoffte nun, dass mir dieser unwiderstehliche Beruf des Kapitäns im fernen Nebel der Zukunft einen noch unentdeckten Horizont enthüllen würde.

5.
Die Ereignisse von Saint-Julien

Das Schiff, auf dem ich aus dem Orient zurückkehrte, war nach Marseille bestimmt. Hier angekommen, hörte ich von der missglückten Revolution Piemonts und den Exekutionen in Chambéry, Alessandria und Genua.

In Marseille machte ich Bekanntschaft mit einem gewissen Covi, der mich bei Giuseppe Mazzini einführte. Niemand kannte damals diesen unerschütterlichen Denker, den nichts in dem unternommenen Werke zu entmutigen vermochte, nicht einmal die Undankbarkeit.

Zum Fall Andreas Bocchieri hatte Mazzini im *Jungen Italien* geschrieben: »Italiener! Wenn wir unseres Namens würdig bleiben wollen, so ist jetzt der Tag gekommen, unser Blut mit dem des piemontesischen Märtyrers zu mischen.« Das kam einem Aufruf zum Aufstand gleich. So etwas durfte man im Jahre 1833 in Frankreich nicht ungestraft veröffentlichen. Einige Zeit nachdem ich ihm vorgestellt worden war und ihm gesagt hatte, dass er auf mich zählen könne, wurde Mazzini, der ewig Geächtete, genötigt, Frankreich zu verlassen und sich nach Genua zurückzuziehen.

Wirklich schien damals die republikanische Partei in Frankreich vollständig vernichtet; es war ungefähr ein Jahr nach dem 5. Juni, einige Monate nach dem Prozess gegen die Kämpfer im Kloster Saint-Merri. Mazzini hatte diesen Moment zu einem neuen Versuch gewählt. Die Patrioten waren bereit, verlangten aber nach einem Anführer.

Man dachte an Ramorino, dessen Ruhm noch von seinen polnischen Kämpfen her strahlte. Mazzini billigte diese Wahl nicht; sein scharfer Geist nahm ihn gegen die zauberische Verblendung durch große Namen ein, aber die Mehrheit wollte Ramorino und so gab Mazzini nach.

Nach Genua berufen, nahm Ramorino das Kommando über die Expedition an. Beim ersten Treffen mit Mazzini kamen sie überein, dass zwei republikanische Kolonnen sich auf Piemont werfen sollten, eine von Savoyen, die andere von Genf her. Ramorino erhielt vierzigtausend Francs für die Kosten der Expedition und reiste mit einem Sekretär Mazzinis ab, der den Auftrag hatte, den General zu überwachen.

All das geschah im September 1833; die Expedition sollte im Oktober stattfinden. Aber Ramorino zog die Sache so in die Länge, dass er erst im Januar 1834 bereit war. Trotz aller Ausflüchte des polnischen Generals setzte ihm Mazzini zum 31. Januar eine letzte Frist und vereinigte sich in Genf mit ihm, zwei weiteren Generälen und einem Adjutanten.

Die Zusammenkunft war traurig und durch düstere Aussichten überschattet. Mazzini schlug vor, das Dorf Saint-Julien zu besetzen. Dort wollte man sich mit den savoyischen Patrioten und französischen Republikanern, die sich der Bewegung angeschlossen hatten, vereinigen und das Banner der Revolution erheben.

Ramorino stimmte diesem Vorschlag zu. Beide Kolonnen sollten sich am selben Tag in Marsch setzen, die eine von Carouge aus, die andere von Nyon. Letztere sollte über den See setzen, um sich auf der Straße von San Juliano mit Ersterer zu vereinigen. Ramorino behielt den Befehl über die erste Kolonne, die zweite stand unter dem Kommando des Polen Grabsky.

Die Regierung von Genf, die einerseits Schwierigkeiten mit Frankreich, andererseits mit Piemont fürchtete, widersetzte sich dem Abmarsch der Kolonne von Carouge, die Ramorino befehligte, aber das Volk erhob sich und erzwang den Marsch.

Anders war es in Nyon. Zwei Schiffe gingen unter Segel, auf einem die Männer, auf dem anderen die Waffen. Aber ein zu ihrer Verfolgung ausgeschicktes Regierungsdampfschiff belegte die Waffen mit Beschlag und nahm die Kämpfer gefangen. Als Ramorino sah, dass die Kolonne, die sich mit ihm vereinigen sollte, nicht kommen würde, zog er an der Küste des Sees entlang, statt seinen Weg nach San Juliano fortzusetzen.

Lange marschierte man, ohne zu wissen, wohin. Niemand kannte die Absichten des Generals. Die Kälte war scharf, die Wege beschwerlich. Außer einigen Polen bestand die Kolonne aus italienischen Freiwilligen, die ungeduldig auf den Kampf warteten, aber durch die Länge und Strapazen des Marsches ermüdeten. Die italienische Fahne wurde durch ein paar arme Dörfer getragen, wo ihr kein freundlicher Ruf begegnete, nur Neugierige oder Gleichgültige.

Mazzini, der die Feder mit dem Gewehr getauscht hatte, folgte der Kolonne. Von einem glühenden Fieber verzehrt, halb tot, den Schmerz auf die Stirn geschrieben, schleppte er sich den mühseligen Weg entlang. Mehrmals hatte er Ramorino nach seinen Plänen befragt und welchen Weg er einschlagen wolle, und jedes Mal hatten ihn die Antworten des Generals nicht befriedigt.

Man kam nach Carra und machte Halt, um dort die Nacht zuzubringen. Mazzini und Ramorino wohnten beide im selben Zimmer. Ramorino saß, in seinen Mantel eingehüllt, am Feuer und Mazzini blickte ihn finster und misstrauisch an. Plötzlich begann er mit seiner sonoren Stimme, die erregt vom Fieber zitterte: »Auf diesem Wege dürfen wir nicht hoffen, dem Feind zu begegnen; wir müssen dahin marschieren, wo wir Proben unseres Mutes ablegen können. Wenn der Sieg unmöglich ist, wollen wir Italien wenigstens beweisen, dass wir zu sterben wissen.«

»Es wird uns nie an Zeit und Gelegenheit fehlen, nutzlosen Gefahren entgegenzugehen«, erwiderte der General, »aber ich halte es für ein Verbrechen, unnötigerweise die Blüte der italienischen Jugend aufs Spiel zu setzen.«

»Es gibt keine Religion ohne Märtyrer«, versetzte Mazzini, »begründen wir die unsere, und sei es mit unserem Blut.«

Kaum hatte er diese Worte gesprochen, als Gewehrfeuer ertönte. Ramorino sprang auf, Mazzini ergriff seinen Karabiner und dankte Gott, endlich vor dem Feinde zu stehen. Dann verließ ihn seine Kraft, das Fieber verzehrte ihn; im nächtlichen Dunkel kamen ihm seine Genossen wie Gespenster vor, seine Schläfen pochten, die Erde drehte sich unter seinen Füßen und er fiel ohnmächtig um.

Als Mazzini wieder zu sich kam, befand er sich in der Schweiz, wohin ihn seine Anhänger mit großer Mühe gebracht hatten. Das Feuer in Carra war bloß falscher Alarm gewesen, aber Ramorino hatte erklärt, dass alles verloren sei, und den Rückzug befohlen.

Zur selben Zeit brach in Grenoble ein Haufen von hundert Mann auf, bei dem sich eine gewisse Anzahl französischer Republikaner befand, und überschritt die Grenze Savoyens. Der französische Präfekt benachrichtigte die sardinischen Behörden, die die Republikaner zur Nachtzeit bei den Grotten von Schelles angriffen und nach einstündigem Kampf zerstreut hatten. In diesem Gefecht machten die sardinischen Soldaten zwei Gefangene, Angelo Volontieri und Joseph Borrel. Sie wurden nach Chambéry geführt, zum Tode verurteilt und auf demselben Platz erschossen, auf dem noch das Blut Effico Tollas dampfte.

So endete die unselige Expedition, die man in Frankreich das unsinnig verwegene Unternehmen von Saint-Julien nannte.

6.
»Der Gott der guten Leute«

Ich hatte meine Aufgabe in der bevorstehenden Erhebung erhalten und mich ihr ohne Widerrede angenommen.

Ich war als Matrose erster Klasse auf der Fregatte »Eurydice« in den Staatsdienst getreten; im Falle der Aufstand glückte, sollte ich mich mit meinen Gefährten der Fregatte bemächtigen und sie in den Dienst der Republikaner stellen. In der glühenden Ungeduld, die mich durchströmte, wollte ich bei dieser Rolle nicht bleiben; ich hatte gehört, dass sich in Genua eine Erhebung vorbereite, die die Gendarmeriekaserne an der Piazza Sarzana stürmen wolle. Ich übergab meinen Vertrauten die Sorge, das Schiff zu nehmen, und ließ mich zum angesetzten Zeitpunkt der Revolte auf das Meer in ein Boot hinab und zum Zollgebäude hin abtreiben; von da war ich in zwei Sprüngen auf der Piazza Sarzana.

Hier wartete ich ungefähr eine Stunde, aber nicht einmal ein Auflauf fand statt. Bald hieß es, die ganze Sache sei gescheitert, die Republikaner in wilder Flucht und viele von ihnen verhaftet.

Da ich nur in die sardinische Marine eingetreten war, um der republikanischen Bewegung zu dienen, hielt ich es für unnütz, an Bord der »Eurydice« zurückzukehren, und dachte an Flucht. Während ich mit dieser Erwägung beschäftigt war, begannen Truppen, zweifellos in Kenntnis des Plans der Republikaner, sich der Gendarmeriekaserne zu bemächtigen, den Platz zu besetzen. Ich durfte keine Zeit mehr verlieren, floh zu einer Fruchthändlerin und vertraute ihr meine Lage an. Die vortreffliche Frau zögerte nicht, verbarg mich in dem hinteren Verschlag ihrer Bude und verschaffte mir eine Verkleidung als Landmann. Abends acht Uhr ging ich so ruhigen Schrittes, als spazierte ich, durch das Tor der Laterne und verließ Genua. Damit begann mein Leben in der Verbannung, ein Leben des Kampfes und der Verfolgung.

Ohne einer Straße zu folgen, richtete ich meinen Weg auf das Gebirge zu. Ich musste durch Gärten schleichen und über Mauern klettern. Glücklicherweise beherrschte ich solche Übungen gut genug und hatte nach einstündigem Turnen den letzten Garten und die letzte Mauer hinter mir. Meinen Weg nun nach Cassiopea nehmend, gelangte ich in die Berge von Sestri. Nach zehn Tagen, besser gesagt Nächten, kam ich nach Nizza, wo ich geradewegs in das Haus meiner Tante an der Piazza Victoria ging, um sie zu bitten, Beruhigendes an meine Mutter zu schreiben. Ich ruhte mich einen Tag im Hause meiner Tante aus und setzte in der folgenden Nacht meine Reise fort, begleitet von zwei Freunden, Joseph Jaun und Ange Gustavini.

Am Var angekommen, fanden wir ihn durch Regengüsse überschwemmt. Das war für einen Schwimmer, wie ich es bin, kein Hindernis; halb durchwatete, halb durchschwamm ich ihn. Meine beiden Freunde waren am anderen Ufer des Flusses geblieben. Ich winkte ihnen ein Adieu zu und war gerettet – beinahe wenigstens, wie man sehen wird.

In meiner Zuversicht ging ich auf eine kleine Abteilung Zollwächter zu und sagte ihnen, wer ich sei und warum ich Genua verlassen hätte. Daraufhin erklärten sie mich bis auf Weiteres zu ihrem Gefangenen. Das Weitere war ein Befehl, den sie aus Paris einholen wollten. In der Hoffnung, bald eine Gelegenheit zu finden, ihnen zu entwischen, leistete ich keinen Widerstand und ließ mich ruhig nach Grasse und von da nach Draguignan führen.

Hier brachte man mich im ersten Stockwerk eines Hauses in eine Kammer, deren offenes Fenster auf einen Garten hinausging. Ich näherte mich langsam dem Fenster, als ob ich mir die Gegend ansehen wolle – es lag nur etwa fünfzehn Fuß hoch über dem Boden – und sprang hinaus. Während die Zollwächter den großen Umweg über die Treppe machten, erreichte ich die Straße und lief in die Berge.

Ich kannte den Weg nicht, aber ich war ja Seemann und hatte den Himmel, dieses große Buch, in dem ich meinen Weg zu lesen gewohnt war. Ich orientierte mich an den Sternen und nahm die Richtung nach Marseille.

Anderentags am Abend kam ich in ein Dorf und trat in ein Wirtshaus. Ein junger Mann und eine Frau saßen an einem Tisch, der auf die Abendmahlzeit wartete. Ich hatte seit dem vergangenen Abend nichts zu mir genommen und forderte etwas zu essen. Der Wirt lud mich ein, mit ihm und seiner Frau zu speisen.

Das Essen war gut, der Landwein angenehm und das Feuer im Kamin belebend. Mich überkam ein Wohlseins, wie man es nur nach einer überstandenen Gefahr empfindet, wenn man nichts mehr zu fürchten hat. Der Wirt gratulierte mir zu meinem guten Appetit und freute sich über mein zufriedenes Gesicht.

Ich sagte darauf, dass er über meinen Appetit nicht zu staunen brauche, denn ich hätte seit achtzehn Stunden nichts gegessen, und ebenso einfach ließe sich mein zufriedenes Gesicht erklären, da ich just dem wahrscheinlichen Tod in meinem Vaterland und in Frankreich dem Gefängnis entschlüpft sei. Da ich nun einmal so weit geredet hatte, konnte ich aus dem Übrigen kein Geheimnis mehr machen; mein Wirt schien mir so freimütig, seine Frau so gut, dass ich ihnen alles erzählte. Zu meinem großen Erstaunen sah ich das Gesicht meines Wirtes sich verfinstern.

»Nun«, fragte ich, »was haben Sie?«

»Nichts«, erwiderte er, »als dass ich nach dem Geständnis, das Sie mir eben gemacht haben, mich durch mein Gewissen verpflichtet fühle, Sie zu arretieren.«

Ich fing an zu lachen, denn ich wollte seine Eröffnung nicht ernst nehmen, zumal wir Mann gegen Mann standen und ich mich vor keinem Menschen auf der Welt fürchte.

»Gut«, sagte ich, »mich zu arretieren wird nach Tische noch Zeit sein; lassen Sie mich zuerst essen – für doppelte Bezahlung. Ich habe noch Hunger.« Und ohne die geringste Unruhe zu zeigen, fuhr ich fort zu essen.

Bald aber bemerkte ich, dass meinem Wirt die Hilfe zu dem Zwecke, den er mir angekündigt hatte, nicht fehlen würde. Sein Wirtshaus war der Sammelplatz der Dorfjugend, die sich allabendlich hier traf, um zu trinken, zu rauchen, Neuigkeiten zu hören und von Politik zu sprechen.

Allmählich versammelten sich über zehn junge Männer, die Karten spielten, tranken und sangen. Der Wirt sprach nicht mehr vom Arretieren, aber er verlor mich nicht aus dem Auge. Da ich kein Gepäckstück hatte, fürchtete er vielleicht auch um meine Zeche. Ich hatte einige Taler in der Tasche und ließ sie klimpern, das schien ihn einigermaßen zu beruhigen.

Ich wartete nun den Moment ab, in dem einer der Zecher unter großem Beifall und vielfachem Bravo ein Lied geendet hatte, und rief dann, mein Glas in die Hand nehmend: »Jetzt ist die Reihe an mir!« und stimmte das Lied vom »Gott der guten Leute«, Bérangers *Le Dieu des bonnes gens* an. Hätte ich nicht einen anderen Beruf gewollt, so hätte ich Sänger werden können; ich habe einen Tenor, der gewiss eine gute Ausbildung erlangt hätte, wenn er kultiviert worden wäre. Bérangers Verse, die Freimütigkeit, mit der ich sie vortrug, die Brüderlichkeit des Refrains, die Beliebtheit des Dichters rissen alle Zuhörer hin; ich musste es zwei-, dreimal wiederholen, zuletzt umarmte man mich und rief: »Es lebe Béranger! Es lebe Frankreich! Es lebe Italien!«

Nach einem solchen Erfolg konnte nicht mehr die Rede davon sein, mich zu arretieren. Mein Wirt sagte nicht ein Wort mehr davon, so dass ich wirklich nie erfahren habe, ob er im Scherz oder Ernst gesprochen hatte. Wir verbrachten die ganze Nacht mit Singen, Spielen und Trinken. Mit Tagesanbruch erbot sich die ganze lustige Gesellschaft, mir das Geleit zu geben, und ich nahm diese Ehre mit Freuden an. Erst sechs Meilen weiter trennten wir uns.

Ja, Béranger ist nun tot, ohne erfahren zu haben, welchen Dienst er mir damals durch sein Lied geleistet hat!

7.
Ich trete in die Dienste der Republik Rio Grande

Glücklich kam ich zwanzig Tage, nachdem ich Genua verlassen hatte, in Marseille an. Ich hatte hier zum ersten Mal die Ehre, meinen Namen in einem öffentlichen Blatt gedruckt zu sehen. Ich las im *Peuple souverain*, dass ich zum Tode verurteilt war. Da es nun gefährlich war, meinen Namen weiter zu führen, änderte ich ihn in Pane. Einige Monate blieb ich dann beschäftigungslos in Marseille und machte von der Gastfreundschaft eines meiner Freunde, namens Joseph Paris, Gebrauch. Endlich aber fand sich eine Gelegenheit, und ich heuerte als zweiter Offizier an Bord der »Union« unter Kapitän Gazan an.

Am folgenden Sonntag stand ich gegen fünf Uhr abends mit meinem Kapitän gerade an einem Fenster der Hauptkajüte und mein Blick folgte einem Kollegienschüler, der sich unter dem Kai von Saint-Anne damit belustigte, von einem Boot auf das andere zu springen. Plötzlich glitt er mit einem Fuß aus, schrie auf und fiel ins Wasser. Ich war sonntäglich gekleidet, aber bei dem Anblick dieses Unglücks und dem Geschrei des Kindes, ehe ich es unter der Wasseroberfläche verschwinden sah, sprang ich angekleidet und gestiefelt, wie ich war, in das Hafenbassin. Zweimal tauchte ich vergeblich, beim dritten Mal hatte ich Glück und bekam den Schüler am Arm zu fassen, brachte ihn über Wasser und ohne große Mühe bis an den Kai. Hier hatte sich eine große Menge Volk gesammelt und empfing mich mit Beifall und Bravo.

Der Gerettete war ein Junge von vierzehn Jahren, der sich

Joseph Rambaud nannte; die Freudentränen und Segnungen seiner Mutter entschädigten mich reichlich für das genommene Bad. Da ich ihm das Leben unter dem Namen Joseph Pane rettete, ist es wahrscheinlich, dass er nie den wahren Namen seines Lebensretters erfahren hat.

An Bord der »Union« machte ich meine dritte Reise nach Odessa. Bei meiner Rückkehr schiffte ich mich auf einer Fregatte des Beis von Tunis ein, die ich im Hafen von La Goulette verließ, um mit einer türkischen Brigg wieder zurück nach Marseille zu segeln, das ich in einem Zustand fand, wie es Herr de Belzunce nach der Schwarzen Pest von 1720 gesehen haben mag.

In der Stadt wütete die Cholera. Alle Welt bis auf die Ärzte und die barmherzigen Schwestern hatte die Stadt verlassen und war aufs Land geflüchtet. Marseille lag da wie ein großer Friedhof.

Die Ärzte verlangten nach gutwilligen Helfern in den Hospitälern. Ich bot mich zusammen mit einem Triester an, der von Tunis mit mir gekommen war. Wir bezogen eine Wohnung im Hospital und teilten uns die Nachtwachen.

Dieser Dienst dauerte etwa vierzehn Tage, nach deren Ablauf die Cholera schon viel von ihrer Heftigkeit verloren hatte. Ich fand jetzt Gelegenheit zu neuer Anstellung und neue Länder zu sehen als zweiter Offizier an Bord der Brigg »Le Nautonnier de Nantes« unter Kapitän Beauregard. Das Schiff war nach Rio de Janeiro bestimmt.

Viele meiner Freunde haben behauptet, dass ich eigentlich Poet sei. Wenn man dies nur unter der Bedingung sein kann, die *Iliade* oder die *Göttliche Komödie*, die *Méditations* von Lamartine oder die *Orientales* von Victor Hugo geschrieben zu haben, so bin ich es allerdings nicht. Wenn aber Dichter sein heißt, dass man stundenlang in der Tiefe der azurblauen Gewässer den Geheimnissen der unterseeischen Vegetation nachspüren oder über die Bucht von Rio de Janeiro, von Neapel oder Konstantinopel in Entzücken geraten kann oder unter dem Beschuss von Kugeln aller Art von kindlicher Zärtlichkeit träumen und sich der Kindheit oder einer Jugendliebe erinnern kann, ohne daran zu denken, dass der Traum womöglich mit einem zerschmetterten Kopf oder zerschossenen Arm endet – dann bin ich Poet.

Ich entsinne mich, dass ich eines Tages im letzten Kriege, matt und erschöpft, da ich seit zehn Nächten fast nicht geschlafen hatte und seit zwei Tagen kaum vom Pferd gekommen war, weil ich Urban und seine zwölftausend Mann mit meinen vierzig Bersaglieri, vierzig Reitern und tausend gut und schlecht bewaffneten Leuten verfolgte, plötzlich auf einem kleinen Flusssteg am Ornanoberg anhielt und Müdigkeit und Gefahr vergaß, um eine Nachtigall schlagen zu hören. Es war Nacht, Mondschein und ein herrliches Wetter; der Vogel schüttete seinen ganzen Schatz melodischer Klänge vor uns aus, und als ich diesem kleinen Freund meiner Jugendtage zuhörte, kam es mir vor, als lege sich ein wohltuender, belebender Tau über mich. Oberst Türr und fünf, sechs Leute in meiner Umgebung glaubten, dass ich entweder aus Unschlüssigkeit über den weiteren Weg zögerte, fernem Kanonendonner lauschte oder dem Hufschlag von Pferden auf der großen Straße. Nein, ich wollte die Nachtigall hören. Meine Entzückung dauerte zwar nicht so lange, dass meine Umgebung mir hätte wiederholen müssen: »General, da ist ein Feind!«, aber doch so lange, bis der Feind selbst sagte: »Hier bin ich!«, auf uns schoss und den kleinen nächtlichen Zauberer verscheuchte.

Bei meiner Ankunft mit dem Schiff in Rio de Janeiro bannte mich ein Schauspiel, das sich vor meinen Augen abspielte, als wir die Granitfelsen umsegelt hatten, die den Hafen so gut verstecken, dass die Indianer ihn in ihrer ausdrucksvollen Sprache den Nelhero jy genannt haben, das verborgene Wasser. Tiefes Erstaunen ergriff mich, als ich am westlichen Rand der Bucht den Pao d'Azucar, den unermesslichen, die Stadt beherrschenden Felsen sich erheben sah und rings umher diese prachtvoll sich ausbreitende Natur erblickte, von der mir Afrika und Asien nur einen schwachen Begriff zu geben vermocht haben.

Kaum im Hafen von Rio de Janeiro angekommen, wollte es mein Glück, dass ich hier einen der seltensten Schätze fand, die es in der Welt gibt: einen Freund. Diesen hier brauchte ich nicht zu suchen, wir mussten uns auch nicht erst gegenseitig studieren, um uns kennen zu lernen, wir wechselten nur einen Blick und alles war geschehen; nur ein Lächeln, nur ein Händedruck und wir, Rossetti und ich, waren Brüder fürs Leben.

Später werde ich Gelegenheit finden, davon zu sprechen, welch eine ausgezeichnete Seele er war, und dennoch werde ich, sein Freund, sein Bruder, der so lange unzertrennlich von ihm war, vielleicht sterben, ohne die Freude zu haben, ein Kreuz auf jenen unbekannten Punkt der amerikanischen Erde pflanzen zu können, wo die Asche dieses Edlen und Tapferen ruht.

Nach einigen Monaten des Müßigganges – ein Geschäft, für das wir beide nicht geboren waren – führte der Zufall uns, Rossetti und mich, mit Zambecarri zusammen, dem Sekretär Bento Gon ales’, des Präsidenten der Republik Rio Grande, die im Kriege mit Brasilien lag. Beide befanden sich als Kriegsgefangene in der Festung Santa Cruz, die sich rechter Hand am Hafeneingange erhebt. Zambeccari, der der Sohn des verschollenen berühmten Aeronauten war, machte mich mit dem Präsidenten bekannt, der mir Kaperbriefe ausstellte für seinen Feldzug gegen Brasilien.

Bald darauf entflohen Bento Gonçalves und Zambeccari aus Santa Cruz und erreichten glücklich Rio Grande.

8.
Korsar

Wir rüsteten die »Mazzini«, ein kleines Schiff von etwa dreißig Tonnen, kriegerisch aus und stachen mit sechzehn Gefährten in See. Endlich standen wir unter einer republikanischen Flagge und waren frei, wenn auch nur als Korsaren!

Mit sechzehn Mann Besatzung und einer Barke erklärten wir einem Kaiserreich den Krieg.

Als wir aus dem Hafen waren, nahm ich Kurs auf die Maria-Inseln, die fünf oder sechs Meilen zu unserer Linken lagen. Unsere Waffen und Munition hatten wir unter Ochsenfleisch versteckt. Ich steuerte auf die größte dieser Inseln zu, ließ Anker auf ihrer Reede werfen, sprang an Land und stieg zum höchsten Punkt hinauf. Dort streckte ich beide Arme mit stolzem Wohlbehagen aus und ließ einen Freudenruf ähnlich dem des Adlers erschallen, wenn er hoch oben in der Luft schwebt. Mir gehörte der Ozean und ich nahm von meinem Reich Besitz. Es fehlte mir nicht lange an Gelegenheit, meine Macht zu erproben.

Während ich noch wie ein Vogel aus der Höhe aufs Meer blickte, entdeckte ich einen unter brasilianischer Flagge segelnden Schoner. Ich gab das Zeichen, alles zum Aufbruch vorzubereiten, und stieg zum Gestade hinab.

Wir steuerten direkt auf den Schoner zu, auf dem niemandem einfiel, uns, zwei, drei Meilen vor dem Hafen von Rio de Janeiro, für eine Gefahr zu halten. Als wir dem Schoner nahe genug waren, gaben wir uns zu erkennen und forderten die Besatzung auf, sich zu ergeben. Sie wagte nicht den geringsten Widerstand; wir stiegen an Bord und bemächtigten uns des Schiffes.

Nun kam ein kleiner Teufel von portugiesischem Passagier zu mir und trug in der Hand eine Kassette voller Diamanten, die er mir als Lösegeld für sein Leben anbot. Ich klappte den Deckel der Schachtel zu und gab sie ihm mit den Worten zurück, dass sein Leben nicht in Gefahr sei und er seine Diamanten für eine bessere Gelegenheit aufsparen solle.

Indes hatten wir keine Zeit zu verlieren, denn wir lagen in Reichweite der Hafenbatterien. Wir brachten Waffen und Lebensmittel von der »Mazzini« auf den Schoner und bohrten unser Korsarenschiff nach seiner kurzen, aber ruhmvollen Existenz in den Grund.

Der Schoner gehörte einem reichen Österreicher, der auf der etwa fünfzehn Meilen vor dem Lande gelegenen Insel Grande wohnte; er war mit Kaffee für Europa beladen. Das Schiff war für mich eine doppelt gute Beute; ich hatte es einem Österreicher abgenommen, dessen Landsleute ich schon in Europa bekriegt hatte, und da der Österreicher als Geschäftsmann in Brasilien ansässig war, hatte ich zugleich im Namen der Republik einen erfolgreichen Schlag gegen das Kaiserreich geführt.

Ich gab dem Schoner »Louise« den Namen »Scarropilla«, der sich von dem Schimpfwort Farropas (Lumpen) ableitet, mit dem im Kaiserreich Brasilien die Bewohner der jungen Republiken Südamerikas belegt wurden. Der Name passte allerdings auch wirklich gut zu uns, denn nicht alle meiner Gefährten waren edle Rossettis. Ich muss zugeben, dass die Gesichter der meisten nicht recht vertrauenerweckend waren; das erklärt auch die schleunige Übergabe des Schoners und die Angst des Portugiesen, der mir seine Diamanten angeboten hatte, damit ich sein Leben schone. Übrigens hatte ich – und das gilt für die ganze Zeit, in der ich das Korsarenhandwerk betrieb – meinen Leuten den strengen Befehl gegeben, Leben, Ehre und Vermögen der Passagiere zu respektieren.

Sobald wir uns vorläufig an Bord eingerichtet hatten, nahmen wir Kurs auf La Plata. Um ein Beispiel unserer Großmut zu geben, die man künftig hinsichtlich Leben, Freiheit und Güter unserer Gefangenen walten lassen sollte, ließ ich auf Höhe der Insel Santa Catarina, oberhalb von Itapocorona, das Beiboot des Schoners aussetzen, die Passagiere mit allem, was ihnen gehörte, hineinsteigen, ihnen Lebensmittel mitgeben und sie frei segeln, wohin sie wollten.

Fünf schwarze Sklaven auf dem Schoner, denen ich die Freiheit schenkte, blieben als Matrosen bei uns, als wir unseren Weg nach La Plata fortsetzten.

In Maldonado, einer Stadt in der östlichen Republik Uruguay, gingen wir vor Anker und wurden sowohl von der Bevölkerung als auch von den Behörden mit großer Aufmerksamkeit empfangen. Das deuteten wir als ein gutes Vorzeichen, und Rossetti reiste ruhig nach Montevideo, um dort einen Teil unserer Ladung zu verkaufen und zu Geld zu machen.

In Maldonado an der Mündung des prächtigen Rio de la Plata, der hier dreißig Meilen Breite misst, blieben wir acht Tage bei fortwährenden Festlichkeiten, die aber auf tragische Weise enden sollten. Oribe, der in seiner Eigenschaft als Diktator der Republik Montevideo die anderen Republiken nicht anerkannte, gab dem Polizeikommandanten von Maldonado den Befehl, mich zu verhaften und sich des Schoners zu bemächtigen. Glücklicherweise war dies ein braver Mann, der mich benachrichtigen ließ, dass ich auf das Eiligste meinen Ankerplatz verlassen und nach meinem Bestimmungsorte reisen müsse, wenn ich einen solchen hätte. Ich verpflichtete mich, noch am selben Abend abzusegeln. Aber vorher hatte ich meinerseits noch eine kleine Rechnung in Ordnung zu bringen.

Ich hatte einem Geschäftstreibenden in Maldonado einige Ballen Kaffee aus unserer Ladung und einige meinem Österreicher gehörende Kleinodien überlassen, um dafür Lebensmittel zu kaufen. Ich weiß nicht, ob mein Käufer nur ein notorisch schlechter Zahler war oder gehört hatte, dass ich Gefahr lief, arretiert zu werden, jedenfalls war es mir unmöglich gewesen, mein Geld von ihm zu erhalten. Da ich jetzt verpflichtet war, abends abzureisen, hatte ich nicht mehr viel Zeit zu verlieren, um zu dem dringend benötigten Geld zu kommen. Deshalb befahl ich gegen neun Uhr abends, alles klar zum Segeln zu machen, steckte Pistolen in meinen Gürtel, warf den Mantel über die Schulter und machte mich auf den Weg zur Wohnung meines Geschäftsfreundes.

Es war prächtiger Mondschein, und ich sah meinen Mann schon von fern, wie er auf der Schwelle seiner Tür die frische Luft genoss; auch er sah mich, erkannte mich und machte mir ein Zeichen mit der Hand, mich zu entfernen, als ob mir Gefahr drohe. Ich stellte mich, als sähe ich nichts davon, ging gerade auf ihn zu, hielt ihm ohne Umschweife die Pistole an die Kehle und sagte: »Mein Geld!«

Er wollte verhandeln, aber als ich ihm die Worte zum dritten Mal wiederholt hatte, ließ er mich eintreten und gab mir die zweitausend Patagonas (zehntausend Francs), die er mir schuldig war.

Ich stecke meine Pistole wieder in den Gürtel, nahm den Geldbeutel unter den Arm und kehrte ohne die mindeste Beunruhigung auf den Schoner zurück. Nachts um elf Uhr lichteten wir den Anker und segelten den La Plata hinab.

9.
La Plata

Mit Tagesanbruch befanden wir uns zu meinem großen Entsetzen mitten zwischen den Klippen von Piedras Negras. Wie hatte ich in eine solche Lage kommen können? Ich hatte keine Minute geschlafen, meine Augen nicht von der Küste gewandt und, nachdem die Nacht bei Untergang des Mondes finster geworden war, fortwährend den Kompass beobachtet und mich nach ihm gerichtet.

Es war jetzt aber keine Zeit für solche Fragen, denn die Gefahr war unermesslich groß; wir hatten an Back- und Steuerbord, achtern und vor dem Bug Klippen, das Deck war dick vom Schaum der wilden Gischt um die Klippen bedeckt. Ich sprang auf die Fockrah und befahl, über Backbord zu luven. Während die Mannschaft das Manöver ausführte, riss der Wind unser Vormarssegel fort.

Indessen konnte ich von dem Orte, an dem ich mich befand, Schiff und Klippen so gut übersehen, dass ich den genauen Kurs vorzugeben vermochte. Als wäre dem Schoner die Gefahr bewusst, folgte er dem Steuerruder wie ein Pferd dem Zügel. Nach einer Stunde endlich, in der wir zwischen Tod und Leben schwebten und in der ich die ältesten Seeleute erbleichen und die Ungläubigsten beten sah, waren wir außer Gefahr.

Sobald ich wieder frei atmen konnte, wollte ich mir über die Ursachen Rechenschaft geben, die mich in diese schrecklichen Klippen hineingeführt hatten, die jedem Schiffer doch so bekannt, die auf den Seekarten doch so genau verzeichnet sind und von denen ich drei Meilen entfernt zu sein glaubte, als ich mich schon mitten zwischen ihnen befand. Ich zog den Kompass zu Rate, und wäre ich ihm wieder gefolgt, so wären wir gerade auf die Küste zugelaufen. Endlich wurde mir alles klar. Als ich den Schoner verlassen hatte, um meine zweitausend Patagonas von dem Kaffeekäufer zu fordern, hatte ich den Befehl gegeben, für den Fall eines Angriffs Säbel und Gewehre auf das Deck zu bringen; der Befehl war ausgeführt worden und man hatte die Waffen in eine dem Kompasshaus nahe gelegene Koje gebracht. Es war diese Eisenmasse, die die Magnetnadel angezogen hatte. Ich ließ die Waffen forttragen, und die Nadel zeigte wieder in ihre vorgegebene Richtung.

Wir setzten unseren Weg fort und kamen nach Jesús María, das auf der anderen Seite von Montevideo liegt, beinahe ebenso weit davon entfernt wie Maldonado.

Hier gab es nichts Neues, als dass uns die Lebensmittel anfingen auszugehen, da wir vor unserer Abreise nicht die Zeit gehabt hatten, uns zu verproviantieren. Nach dem Befehl des Diktators konnten wir es nicht wagen, uns auszuschiffen, und doch musste der Hunger von mehr als zwanzig Gesellen, die mit gutem Appetit gesegnet waren, befriedigt werden.

Ich befahl zu kreuzen, ohne uns von der Küste zu entfernen.

Eines Morgens entdeckte ich, beinahe vier Meilen in das Land hinein, ein Anwesen, das mir eine Estancia, ein Landgut zu sein schien. Ich ließ möglichst nahe an der Küste Anker werfen und, da wir über kein Beiboot mehr verfügten, ein Floß aus einer Tischplatte und Tonnen bauen. Mit einem Bootshaken bewaffnet, stieg ich dann auf dieses neu- und eigenartige Ausschiffungsfahrzeug, zusammen mit Maurice, einem Matrosen, der wie ich Garibaldi hieß, ohne aber mit mir verwandt zu sein.

Der Schoner wurde vor zwei Anker gelegt, da der Wind aus der Pampa ungemein heftig wehte. Nachdem wir mit unserem Floß in die Brandung gekommen waren und nicht schwimmend, sondern tanzend und drehend, jeden Augenblick dem Scheitern nahe, auf unserer Tischplatte wahre Wunder der Balance vollbracht hatten, wurden wir auf den Strand geworfen. Ich ließ Maurice zurück, unser Floß zu bewachen, und wagte mich in das Innere des Landes.

10.
Die östlichen Ebenen

Das Bild, das sich nun vor meinen Augen entrollte, bräuchte, um würdig und vollständig wiedergegeben zu werden, die Feder eines Dichters und den Pinsel eines Malers. Vor mir breiteten sich wie die Wellen eines wogenden Meeres die unermesslichen Ebenen aus, die sich östlich des Rio Uruguay erstrecken. Es war ein völlig neues Schauspiel für einen Mann, der wie ich von der anderen Seite des Ozeans kommt, und besonders für einen Italiener, der auf einem Boden geboren und groß geworden ist, wo man selten einen Morgen Erde ohne ein Haus oder irgendein anderes Werk von Menschenhand findet.

Hier dagegen sieht man nur das Werk Gottes, die Erde, wie sie die Hand des Herrn am Tage der Schöpfung formte. Der Anblick der weiten Prärie gleicht dem eines grünen Teppichs mit hier und da eingewirkten Blumen und verändert sich nur an den Ufern des Flusses, wo prächtige Baumgruppen mit köstlichem Laube emporstreben und sich im Winde schaukeln.

Pferde, Rinder, Gazellen, Strauße sind die Bewohner dieser ungeheuren Weite, die allein der Gaucho, dieser Zentaur der neuen Welt, durchmisst, als wolle er diese Menge wilder Tiere nicht vergessen lassen, dass Gott ihnen einen Herrn gegeben hat. Wie aber reagieren die Hengste, Stiere, Strauße und Gazellen auf diesen Herren? Sie protestieren gegen seine angemaßte Herrschsucht, der Hengst mit wütendem Wiehern, der Stier mit Gebrüll, der Strauß und die Gazelle mit Flucht!

Dieses Erlebnis führte mich im Geiste ins Land meiner Geburt, das der Österreicher durchschreitet und dessen Volk er unterdrückt. Aber diese nach Gottes Bild geschaffenen Menschen grüßen und beugen sich, wagen es nicht einmal dieselben Zeichen von Unabhängigkeitsgefühl an den Tag zu legen wie die wilden Tiere der Pampas beim Anblick des Gaucho. Mächtiger, heiliger Gott, wie lange wirst du noch eine so tiefe Erniedrigung deiner Kreaturen erlauben?

Lassen wir die alte Welt, die so elend, so verzweifelt ist, und kehren wir zu der neuen, so jungen, so zukunfts- und hoffnungsreichen zurück! Wie schön ist der Hengst der östlichen Ebenen, mit seinen gestreckten Beinen, seinen rauchenden Nüstern, seinen zitternden Lippen, die noch nie den kalten Zwang des Stahls gefühlt haben! Wie leicht heben sich, wenn er Mähne und Schweif schüttelt, die Flanken, die noch nie den Druck eines Schenkels gefühlt, nie durch die Sporen blutig gerissen worden sind! Wie stolz ist er, wenn sein Wiehern die zerstreute Horde seiner Stuten zusammenruft und sie ihm, dem wahren Sultan der Pampa folgen wie ein Wirbelwind, wenn er die Gegenwart des herrschsüchtigen Menschen flieht. Oh, Wunder der Natur und der Schöpfung! Wie lässt sich die Erregung beschreiben, die der fünfundzwanzigjährige Korsar, der zum ersten Mal seine Arme in die Unendlichkeit ausstreckte, bei eurem Anblick empfand!? Da er zu Fuß war, erkannten weder der Stier noch der Hengst den Menschen in ihm. In den Pampas von Südamerika wird der Mensch erst Mensch, wenn er zu Pferde sitzt; ohne Pferd bleibt er das letzte der Tiere.

Zuerst blieben sie bei meinem Anblick erstaunt stehen, bald darauf näherten sie sich, wahrscheinlich meine Schwäche verachtend, so weit, dass ihr Atem über mein Gesicht strich. Vom Pferd braucht man nichts zu fürchten, denn es ist ein edles, großmütiges Tier, dem Stier aber, diesem tückischen, bösen Tiere, ist nicht zu trauen. Die Gazellen und Strauße nähern sich in derselben vorsichtigen Weise wie Stier und Pferd, aber dann fliehen sie pfeilschnell auf die nächste Anhöhe, von der aus sie sich überzeugen, dass sie nicht verfolgt werden.

Ende 1834, Anfang 1835 begegnete einem im östlichen Teil des Landes eine so große Menge wilder Tiere, weil dort noch kein Krieg geführt worden war.

11.
Die Dichterin

Unter solchen Betrachtungen ging ich auf die Estancia zu, wo ich die junge Frau des Verwalters allein fand. Da sie ohne Einwilligung ihres Gatten einen Ochsen weder verkaufen noch ausliefern konnte, musste ich die Rückkehr jenes Mannes abwarten. Es war auch schon zu spät, um vor Anbruch des folgenden Tages das Tier ans Meer zu schaffen.

Es gibt Momente im Leben, deren Andenken sich so fest in das Gedächtnis schreibt, dass sie vor allen anderen Erlebnissen einen hervorragenden Platz behaupten. Hier mitten in der Pampa erlebte ich einen solchen Moment, indem ich in der Gattin eines halbwilden Mannes eine Frau von sorgfältiger Erziehung traf, ja, eine Dichterin, die Dante, Petrarca und Tasso auswendig wusste. Als ich sie mit den wenigen spanischen Worten, die ich damals kannte, anredete, wurde ich von ihrer Antwort in italienischer Sprache auf das Angenehmste überrascht; sie lud mich höflichst ein, mich niederzusetzen und die Rückkehr ihres Mannes abzuwarten.

Während unserer Unterhaltung fragte mich meine liebenswürdige Wirtin, ob ich die Poesien Quintanas kenne. Als ich dies verneinte, schenkte sie mir einen Band mit seinen Gedichten und bemerkte dazu, sie mache mir dieses Geschenk, damit ich ihr zuliebe das Spanische lernen sollte. Auf meine Frage, ob sie selber dichte, erwiderte sie: »Was glauben Sie? Muss man inmitten einer solchen Natur denn nicht geradezu zur Dichterin werden!?«

Ohne sich darum bitten zu lassen, rezitierte sie mir nun mehrere Verse, in denen ich tiefes Gefühl und einen wunderbar harmonischen Klang fand. Ich hätte den ganzen Abend und die ganze Nacht ihren Worten lauschen können, ohne an meinen armen Maurice zu denken, der mich bei dem Floß erwartete. Indes kam ihr Mann nach Hause und machte dem poetischen Teil des Abends ein Ende, indem er mich nach dem materiellen Zweck meines Besuches fragte. Ich trug ihm meine Bitte vor, und wir kamen überein, dass er mir anderen Morgens einen Ochsen an den Strand führen und verkaufen wolle.

Mit Tagesanbruch empfahl ich mich meiner schönen Gastgeberin und beeilte mich, Maurice aufzusuchen; er hatte die Nacht beim Floß so gut zugebracht, wie es eben zwischen den vier Tonnen gehen wollte, und war über meine lange Abwesenheit sehr beunruhigt gewesen. Er hatte befürchtet, die in diesem Teil Amerikas häufigen und zum Angriffe geneigten Tiger hätten mich angefallen.

Bald darauf erschien der Verwalter und zog einen Ochsen hinter sich her. Binnen kurzem hatten wir das Tier abgestochen, ihm die Haut abgezogen und das Fleisch in Stücke geschnitten. Die Geschicklichkeit der hiesigen Männer in diesem blutigen Handwerk ist sehr groß. Jetzt handelte es sich nur noch darum, das Fleisch mindestens eine Meile weit durch die Klippen, an denen sich die Brandung wütend brach, zum Schiff zu schaffen. Maurice und ich machten uns auf den Weg.

Unser Floß hatte einen Pfahl in der Mitte, der uns bei der Hinfahrt dazu gedient hatte, unsere Kleider daran aufzuhängen, jetzt musste er das Fleisch über Wasser halten. Wir brachten unser Gefährt aufs Wasser, sprangen auf und begannen unser Manöver, Maurice mit einer Stange und ich mit dem Bootshaken. Das Wasser ging uns dabei bis an die Knie, da die Last zu schwer für das Floß war. Wir hatten keine Wahl – vogue la galère! (komme, was da wolle!)

Wir erhielten den Beifall des Verwalters am Strand und der

Mannschaft auf dem Schoner, die vielleicht noch heißere Gebete für das Wohl des Fleisches als für das unsrige zum Himmel schickte. Anfangs verlief unsere Fahrt noch ganz glücklich, als wir aber an die erste Reihe der Klippen gelangten, die wir notwendig zu passieren hatten, wurden wir zweimal fast ganz unter Wasser gesetzt. Allen Schwierigkeiten zum Trotz kamen wir glücklich durch, aber als wir glaubten, die Gefahr bereits hinter uns zu haben, lauerte hinter einer doppelten Klippenreihe die nächste. Wir konnten mit unserem Bootshaken nicht mehr den Grund erreichen und das Floß nicht mehr steuern. Die Strömung wurde stärker und je weiter wir in sie hineinkamen, desto weiter trieb sie uns von dem Schoner ab. Ich sah uns im Geist schon auf den Ozean treiben und erst bei St. Helena oder am Kap der guten Hoffnung wieder landen. Wenn unsere Gefährten uns noch erreichen wollten, mussten sie unter Segel gehen. Genau das taten sie zum Glück, und da der Wind vom Land her wehte, hatte uns der Schoner bald eingeholt. Im Vorbeisegeln warf man uns ein Tau zu und wir banden das Floß an das Schiff. Zuerst wurden die Lebensmittel hinübergeschafft, dann hievten wir uns an Bord und zuletzt die Tischplatte, die an ihrem Platz in der Messe wieder ihrer alten Bestimmung zurückgegeben wurde.

Für die Mühe, uns Lebensmittel zu verschaffen, belohnte uns der gloriose Appetit, mit dem unsere Genossen zugriffen. Für alle Fälle kaufte ich ein paar Tage später von einem vorbeisegelnden Küstenfahrer ein neues Beiboot für den Schoner. Am gleichen Tage kam die Spitze von Jesús María in Sicht.

12.
Der Kampf

Wir hatten die Nacht gegenüber den Sandbänken bei San Gregorio, ungefähr sechs Meilen südlich von Jesús María, vor Anker gelegen. Eine schwache Brise wehte aus Norden, als wir zwei von Montevideo ansegelnde Barken sichteten, die wir für befreundete hielten; da sie aber die rote Flagge, die als Erkennungszeichen diente, nicht hissten, hielt ich es für klug, Segel zu setzen und die Musketen und Säbel auf Deck bringen zu lassen.

Diese Vorsicht war, wie man bald sehen wird, nicht überflüssig. An Deck der ersten Barke waren nur drei Personen zu sehen. Als sie auf Rufweite herangekommen waren, befahl uns einer, der der

Kommandant zu sein schien, uns zu ergeben. Im selben Augenblick füllte sich das Deck mit Bewaffneten, die, ohne unsere Antwort abzuwarten, das Feuer eröffneten. Ich rief: »Zu den Waffen!« und ergriff ein Gewehr. Als wir seitlings lagen, gab ich das Kommando: »An die Segelleinen vorne!«, aber unser Schoner reagierte nicht mit der gewöhnlichen Leichtigkeit. Ich blickte mich nach dem Steuermann um und gewahrte, dass die erste Salve des Feindes ihn, einen meiner besten Matrosen, getötet hatte. Er hieß Fiorentino und stammte von einer unserer Inseln.

Wir hatten keine Zeit zu verlieren. Der Kampf hatte sich entsponnen; die Lancione – so nennt man hier die Art der Barken, gegen die wir kämpften – war Steuerbord längsseits gegangen und einzelne Gegner waren bereits auf unsere Schanzkleidung gesprungen; glücklicherweise wurden sie mit Flintenschüssen und Säbelhieben dafür gestraft. Nachdem ich meinen Leuten geholfen hatte, die Enternden abzuweisen, sprang ich an die Focksegelschote, wo Fiorentino getroffen worden war, um das verlassene Ruder zu ergreifen; in dem Augenblick aber, in dem ich es mit der Hand berührte, bohrte sich eine feindliche Kugel in meinen Hals und warf mich bewusstlos auf das Deck.

Das folgende Gefecht, das noch eine Stunde dauerte, bestritten unser Lotse Louis Carniglia, Pasqual Sodola, Giovanni Lamberti, Maurice Garibaldi und zwei Malteser. Die Italiener kämpften bewunderungswürdig, aber die Fremden und unsere fünf Schwarzen retteten sich ins Mitteldeck des Schiffes. Endlich machte sich der Feind, durch unseren Widerstand ermüdet und nachdem etwa zehn Mann von ihm außer Gefecht gesetzt worden waren, davon und wir segelten, da der Wind sich wieder erhoben hatte, den Rio de la Plata weiter hinauf.

Obgleich ich Gefühl und Bewusstsein wiedererlangt hatte, blieb ich vollständig unbeweglich und also untüchtig während des Gefechts. Ich muss gestehen, dass mein Gefühl, als ich die Augen wieder öffnete und von neuem zu leben anfing, ein so köstliches war, als sei ich vom Tod wiedererweckt worden. Dieses Gefühl physischen Wohlbehagens schwand aber, als ich die Lage bedachte, in der wir uns befanden. Ich war tödlich, zumindest beinahe tödlich verwundet und hatte an Bord nicht eine einzige Person mit auch nur geringsten nautischen und geographischen Kenntnissen. Ich ließ mir die Karte bringen, suchte auf ihr – mit einem Schleier vor den Augen, den ich für ein Vorzeichen des Todes hielt – und bezeichnete mit dem Finger Santa Fé am Rio Paraná. Mit Ausnahme von Maurice, der einmal den Uruguay hinaufgefahren war, kannte bisher keiner von uns den Rio de la Plata. Den Matrosen stand – außer meinen Landsleuten, die es vielleicht nur besser verbargen – die Angst ins Gesicht geschrieben. Sie waren von meinem Zustand und der Leiche Fiorentinos in Schrecken versetzt und fürchteten, dass man das Schiff nehmen und sie als Piraten behandeln könnte. Ich war mir gewiss, dass sie bei erster passender Gelegenheit davonliefen, denn mittlerweile sahen sie schon in jeder Barke, jedem Boot, jedem schwimmenden Baumstamm eine zu unserer Verfolgung entsandte Lancione des Feindes.

Die Leiche unseres unglücklichen Kameraden wurde mit den bei solcher Gelegenheit üblichen Zeremonien in den Fluss gesenkt, da wir mehrere Tage nirgends landen konnten. Ich muss gestehen, dass diese Art von Bestattung nicht recht nach meinem Geschmack war und ich einen umso größeren Widerwillen dagegen empfand, als ich aller Wahrscheinlichkeit nach bald selber dem Fluss übergeben würde. Ich sprach mich mit meinem lieben Louis Carniglia darüber aus und heimlich kamen mir dabei die Verse Foscolos in den Sinn: »Ein Stein, ein Stein, um meine Gebeine von denen allen zu bezeichnen, die der Tod in die Erde und den Ozean sät!«

Mein armer Freund weinte und versprach, mich nicht ins Wasser werfen zu lassen, sondern mir ein Grab zu graben und mich sanft hineinzulegen. Wer weiß, ob er trotz seines guten Willens dieses Versprechen hätte halten können! Warum hätte mein Körper nicht den Fischen und Kaimanen des Rio de la Plata zur Speise dienen sollen? Ich hätte doch Italien nie wiedergesehen, nie mehr für dieses Land kämpfen können, das die einzige Hoffnung meines Lebens ist!

Während meiner langen und schmerzlichen Krankheit bewies mir Louis die Zärtlichkeit einer Mutter, und ich fand damals Erleichterung in seinem Anblick und den Aufmerksamkeiten, die sein goldtreues Herz für mich hatte. Wer hätte damals geahnt, dass ich noch vor Ablauf eines Jahres würde erleben müssen, wie ihn die Brandung fortriss und er in den Fluten verschwand, und dass ich seinen Leichnam vergeblich suchen würde, um ihm das Versprechen zu halten, das er mir gegeben hatte, ihn in fremde Erde einzuscharren und einen Stein auf sein Grab zu setzen, der ihn dem Gebet des Reisenden empfiehlt. Armer Louis!

13.
Louis Carniglia

Ich will weiter von Louis sprechen. Wenn er auch nur ein einfacher Matrose war, so hatte seine Seele Adel genug, um unter allen Umständen und überall die Ehre Italiens zu verteidigen und Stürmen jeder Art zu trotzen; er war edel genug, mich zu schützen, für mich zu wachen und zu sorgen wie für sein Kind. Wenn ich in meinem langen Schmerzenskampf auf dem Krankenbett ruhte, wenn ich, von allen verlassen, im Todesfieber lag, saß er mit der Hingebung und Geduld eines Engels am Kopfende meines Krankenlagers und entfernte sich nur zuweilen einen Augenblick, um zu weinen und mir seine Tränen zu verbergen. Oh, Luigi! Deine am Grunde des Ozeans verstreuten Gebeine verdienten ein Monument, auf dem der Geächtete eines Tages deinen Landsleuten dich als Beispiel dankbar nennen und die Tränen weinen könnte, die du um ihn vergossen hast.

Luigi Carniglia war aus Deiva gebürtig, einem Landstrich um Levanto. Er hatte keine wissenschaftliche Bildung erhalten, aber er ersetzte diesen Mangel durch ein seltenes Talent; ohne alle die Kenntnisse, die der Seemann haben muss, führte er Schiffe bis Gualeguay ebenso klug und glücklich wie der erfahrenste Lotse. In dem Kampf, von dem ich eben erzählte, verdankten wir ihm allein, dass wir nicht in die Hand des Feindes fielen. Mit einer Donnerbüchse bewaffnet, stand er auf dem gefährlichsten Posten und war der Schrecken der Enternden. Von hoher Statur und großer Körperkraft verband er in sich Mut und Gewandtheit. Im Alltag des Lebens sanft bis zur Zärtlichkeit besaß er die seltene Gabe, überall beliebt zu sein. Ja, so endeten die besten Söhne unseres Vaterlandes mitten unter Fremden, ohne den Trost einer Träne – und dann wurden sie vergessen!

14.
Die Gefangenschaft

Ich lag neunzehn Tage ohne eine andere Pflege als die, die mir Luigi Carniglia angedeihen ließ; dann kamen wir in Gualeguay an.

An der Mündung des Ibiqui, ein Seitenfluss des Paraná, waren wir einem von dem Mahónesen Don Lucas Tartaulo befehligten Schiff begegnet, der ein braver Mann war und mir jede Gefälligkeit erwies und alles gab, was er in meinem Zustand für nützlich hielt.

Wir nahmen alles, was er uns anbot, denn es fehlte uns auf dem Schoner buchstäblich an allem, ausgenommen an Kaffee. Der war Ersatz für alles und wurde mir verabreicht, ohne dass sich jemand darüber beunruhigte, ob Kaffee für mich ein gesundes Getränk und eine wirksame Medizin sei. Anfangs hatte ich ein schreckliches Fieber und konnte kaum schlucken, was nicht verwunderlich war, da die Kugel von einer Seite des Halses zur anderen gegangen war, wo sie noch steckte. Nach acht oder zehn Tagen ließ das Fieber nach und das Schlucken und mein Zustand wurden erträglicher.

Don Lucas tat noch mehr. Ehe er uns verließ, stellten mir er und einer seiner Passagiere namens Arragaida Empfehlungsschreiben aus für Gualeguay und insbesondere an den Gouverneur der Provinz Entre Rios, Don Pascal Schaguo. Als wir in Gualeguay ankamen, schickte mir Don Pascal seinen Leibarzt, Don Ramon Delarea, einen jungen Argentinier von großen Verdiensten, der meine Wunde untersuchte und die Kugel, nachdem er sie mit dem Finger gefühlt hatte, sehr geschickt herausschnitt. In den Wochen bis zu meiner vollständigen Gesundung ließ er mir auf die uneigennützigste Weise die aufmerksamste Sorgfalt angedeihen.

Ich hielt mich sechs Monate in Gualeguay auf und wohnte während dieser Zeit im Hause von Don Jacinto Andreas, der sich mir gegenüber ebenso wie seine ganze Familie voller Rücksicht und Zuvorkommenheit zeigte.

So weit, so gut, aber ich war ein Gefangener, beinahe wenigstens. Trotz bestem Willen des Gouverneurs Don Pascal Schaguo und dem Interesse, das mir die brave Einwohnerschaft von Gualeguay entgegenbrachte, musste ich die Entscheidung des Diktators von Buenos Aires abwarten. Damals war es Rosas, mit dem wir uns bei späterer Gelegenheit noch beschäftigen werden. Aber Rosas entschied nichts.

Als meine Wunde geheilt war, begann ich Spaziergänge zu machen, die aber auf Befehl der Behörden beschränkt waren. Als Ersatz für meinen konfiszierten Schoner gab man mir täglich einen Taler. Das war viel in einem Land, wo man fast alles umsonst bekam und kaum Gelegenheit für Ausgaben hatte. Der Taler wog die Freiheit nicht auf, die man mir verweigerte. Im Übrigen schien die tägliche Zahlung an mich dem Gouvernement lästig zu werden, denn man machte mir unter der Hand Vorschläge zur Flucht, ließ die Leute aber, die mir überbrachten, dass der Gouverneur mein Verschwinden nicht bedauern würde, nicht wissen, dass sie mich nur zur Flucht verführen sollten. Unabhängig von den intriganten Vorschlägen war meinerseits längst der Entschluss zur Flucht gereift. Der Gouverneur von Gualeguay war ein gewisser Leonardo Millan, der sich mir gegenüber bis dahin weder gut noch schlecht benommen hatte und mir keinen Grund gab, mich über ihn zu beklagen, obgleich er mir wenig Interesse bezeugte.

Ich traf Vorbereitungen, um bei erster günstiger Gelegenheit zur Flucht bereit zu sein. An einem stürmischen Abend ging ich drei Meilen weit ins Land zum Haus eines alten braven Mannes, den ich öfter zu besuchen pflegte. Ich war zur Flucht entschlossen und bat ihn, mir Pferde und einen Führer zu besorgen, mit denen ich eine Estancia zu erreichen hoffte, die ein Engländer auf dem linken Ufer des Paraná unterhielt. Dort glaubte ich, zweifellos irgendein Schiff zu finden, das mich unerkannt nach Buenos Aires oder Montevideo bringen würde. Der alte Mann besorgte mir Führer und Pferde und wir nahmen unseren Weg querfeldein, um nicht entdeckt zu werden. Wir hatten beinahe vierundfünfzig Meilen zurückzulegen, die sich, wenn wir im Galopp blieben, in der halben Nacht bewältigen ließen.

Bei Tagesanbruch hatten wir Ibiqui vor Augen, das kaum eine halbe Meile vom Fluss entfernt liegt. Der Führer ließ mich hier in einem Wäldchen zurück, wo er mich wieder aufsuchen wollte, wenn er Erkundigungen eingezogen hätte.

Ich stieg aus dem Sattel, hängte den Zügel meines Pferdes über einen Ast und legte mich unter den Baum. So wartete ich zwei oder drei Stunden, bis ich überzeugt war, dass mein Führer nicht wiederkommen würde. Ich erhob mich, um an den nahen Waldrand zu gehen. In dem Augenblick aber, wo ich dort ankam, hörte ich hinter mir einen Gewehrschuss und das Zischen der Kugel im Laub. Ich wandte mich um und sah eine Abteilung Reiter mit gezogenem Säbel. Sie waren zwischen mir und meinem Pferd, so dass es unmöglich war, zu fliehen, und unnütz, mich zu verteidigen – ich ergab mich also.

15.
Das Hängespiel

Man fesselte mir die Hände auf den Rücken, setzte mich in den Sattel, band mir die Füße und fixierte sie am Sattelgurt. In diesem Aufzug wurde ich nach Gualeguay zurückgeführt, wo mich eine üble Behandlung erwartete.

Man wird mir gewiss nicht vorwerfen können, dass ich zu empfindlich in Bezug auf meine eigene Person sei; aber ich gestehe, dass es mich heute noch schaudert, wenn ich an diese Zeit meines Lebens zurückdenke.

Vor Don Leonardo geführt, wurde ich von ihm aufgefordert, die zu nennen, die mir die Mittel zur Flucht verschafft hätten. Es versteht sich von selbst, dass ich erklärte, ich hätte mein Entweichen allein vorbereitet und ausgeführt. Da ich gebunden war und Don Leonardo Millan von mir nichts zu befürchten hatte, kam er auf mich zu und schlug mich mit seiner Peitsche, worauf er seine Frage und ich mein Leugnen erneuerte. Daraufhin befahl er, mich in das Gefängnis abzuführen, und setzte sehr leise einige Worte an meine Wächter hinzu: den Befehl, mir die Tortur zu geben.

Als wir in die bestimmte Zelle gekommen waren, ließen meine Wächter mir die Hände auf dem Rücken gebunden, zogen ein Seil durch, schlangen das andere Ende um einen Deckenbalken und zogen mich vier oder fünf Fuß hoch, so dass ich in der Luft hing.

Nun kam Don Leonardo Millan und fragte mich, ob ich bekennen wolle. Ich spie ihm als Antwort ins Gesicht.

»Wenn der Gefangene gestehen will, ruft ihr mich«, wies er die Wächter an und befahl im Hinausgehen noch: »Erst wenn er gestanden hat, wird er losgebunden.«

Ich hing mit meinem vollem Gewicht und verrenkten Armen an meinen blutigen Handgelenken. Mein ganzer Körper brannte wie Feuer, jeden Augenblick verlangte mich nach Wasser. Die Wächter gaben es mir; aber kaum hatte ich es getrunken, verdampfte es in meinem Magen, als ob man es auf eine rotglühende Eisenplatte gegossen hätte. Man kann sich nur eine Vorstellung von meinen Leiden machen, wenn man die Beschreibung der Torturen der Gefangenen im Mittelalter liest. Endlich, nach Verlauf von zwei Stunden, hatten meine Wächter Mitleid mit mir oder hielten mich für tot, denn sie ließen mich herab, und ich fiel in ganzer Länge auf den Boden, war nur noch eine amorphe Masse ohne jedes andere Gefühl als einem dumpfen und tiefen Schmerz, nicht viel mehr als ein Leichnam. In dieser Lage und ohne dass ich es wusste, was man mit mir tat, legte man mich in Fesseln.

Ich hatte fünfzig Meilen mitten durch die Sümpfe mit gebundenen Händen und Füßen zurückgelegt, und die in dieser Jahreszeit so zahlreichen und zudringlichen Fliegen hatten mein Gesicht und meine Hände zu einer einzigen Geschwulst gemacht; zwei Stunden lang hatte ich eine entsetzliche Tortur ausgehalten, und als ich wieder zu mir kam, war ich Seite an Seite mit einem Mörder zusammengefesselt.

Obgleich ich trotz der schrecklichen Qualen nicht ein einziges Wort gesagt und Don Jacinto Andreas nichts für meine Flucht getan hatte, war auch er verhaftet worden. Seine Verhaftung versetzte die Menschen in Angst. Ohne die Sorge einer Frau, die für mich zum Engel der Barmherzigkeit wurde, wäre ich gestorben; sie überwand alle Furcht und kam mir, dem Gequälten, zu Hilfe. Sie war eine Madame Alleman. Dank dieser sanften Wohltäterin fehlte es mir im Gefängnis an nichts.

Wenige Tage später ließ mich Don Leonardo in die Hauptstadt der Provinz Bajada bringen, da er einsah, wie unnütz es war, mich zum Sprechen bewegen zu wollen. Ich hatte ihn überzeugt, dass ich eher zu sterben bereit sei, als meine Freunde zu verraten. Er ließ mich wegschaffen, da er wahrscheinlich die Verantwortung, meinen Tod zu beschließen, nicht auf sich nehmen wollte. Nach zwei Monaten im Kerker der Provinzhauptstadt ließ mir der Gouverneur sagen, ich könne das Land als freier Mann verlassen.

Obgleich ich entgegengesetzte Ansichten wie Schaguo vertrete und seit meiner Gefangennahme ihm mehr als einmal im Kampfe gegenüberstand, will ich mich noch heute erkenntlich zeigen für all das, was er für mich getan hat, und vor allem dafür, dass er mir die Freiheit wiedergab.

Später ließ das Kriegsglück alle militärischen Kommandeure der Provinz Gualeguay in meine Hand fallen, und ich habe sie sämtlich, ohne die geringste Beleidigung ihrer Person oder ihres Eigentums, wieder in Freiheit gesetzt.

Was Don Leonardo Millan anbetraf, so wollte ich ihn nicht wiedersehen, denn ich fürchtete, sein Anblick könnte mich bei der Erinnerung an meine Leiden zu einer mir unwürdigen Handlung hinreißen.

16.
Reise in die Provinz Rio Grande

Von Bajada aus mietete ich einen Platz auf einer italienischen Brigg unter dem Kommando von Kapitän Ventura, ein in jeder Beziehung würdiger Mann; der mich mit ritterlicher Großmut behandelte und an die Mündung des Iguaçu brachte, einen Zufluss des Rio Paraná. Dort schiffte ich mich auf ein von Pascal Carbone befehligtes Küstenschiff nach Montevideo ein.

Ich hatte Glück; auch Carbone benahm sich mir gegenüber ausgezeichnet. Glück und Unglück kommen nie allein. Mein Unglück war ans Ende gelangt und ihm folgte nun das Glück ohne Unterlass.

In Montevideo fand ich eine Menge Freunde, von denen ich besonders Jean Baptiste Cuneo und Napoleon Castellini nennen will. Schon bald traf ich auch Rossetti wieder, den ich in Montevideo verlassen hatte; er kam aus Rio Grande, wo ihn die stolzen Republikaner sehr gut aufgenommen hatten.

Meine Verfolgung dauerte in Montevideo fort; als Vorwand galt der Kampf vor San Gregorio gegen die Lancionen und die Verluste, die sie durch uns erlitten hatten. Dies zwang mich, einen Monat lang im Haus meines Freundes Pazante zu bleiben.

Endlich wurde mir diese Zurückgezogenheit unerträglich, so sehr sie mir auch durch die Besuche vieler Landsleute angenehm gemacht worden war, die sich vor Zeiten der Ruhe und des Friedens wegen hier niedergelassen hatten und mit ihren Freunden aus der Alten Welt gastfreundlich lebten. Der Krieg und besonders die Belagerung von Montevideo änderte die Lage der meisten, und so gut diese auch gewesen war, so sehr verschlechterte sie sich nun. Arme Leute, die ich oft bedauert habe! Leider konnte ich nicht mehr für sie tun.

Nach Verlauf eines Monats reisten Rossetti und ich nach Rio Grande. Wir mussten den Weg zu Pferd machen, was mir zu großem Vergnügen gereichte; wir reisten, wie man dort sagt, à escotero. Darunter versteht man eine Art zu reisen, die die Schnelligkeit der Post, so gut diese in zivilisierten Ländern sein mag, weit hinter sich lässt. Reist man zu zweit, dritt oder viert à escotero, nimmt man etwa zwanzig Pferde mit sich, die daran gewöhnt sind, den Berittenen zu folgen. Merkt der Reiter dann, dass sein Pferd müde ist, so springt er aus dem Sattel, wirft diesen auf ein freies Pferd, gibt ihm die Sporen, macht dann drei oder vier Meilen im Galopp, wechselt es wieder und setzt dies so fort, bis man Halt macht oder am Ziel ist. Die müden Pferde erholen sich auf dem Wege in der Zeit, da sie von Sattel und Reiter befreit sind. Während der kurzen Aufenthalte, in denen der Reiter das Pferd wechselt, grasen die Pferde und trinken, wo sie Wasser finden. Nur morgens und abends wird eine wirkliche Rast gemacht.

Auf diese Weise kamen wir schnell nach Piratini, wohin der Sitz des Gouverneurs von Rio Grande verlegt worden war, weil sich Porto Alegre, die eigentliche Hauptstadt, in den Händen der Kaiserlichen befand.

Mit ihren Ebenen und Bergen ist die Umgebung von Piratini sicherlich einer der schönsten Landstriche der Welt. In den tropischen Ebenen wachsen Bananen, Zuckerrohr und Zitrusbäume, leben Klapper- und Korallenschlangen, schweifen wie in den Dschungeln Indiens Tiger, Jaguar, Puma und ein gutartiger Löwe von der Gestalt eines Bernhardinerhundes.

Das Klima der Bergregion ist so gemäßigt wie in unserem schönen Nizza; hier wachsen Pfirsiche, Birnen, Pflaumen, kurz alle Früchte Europas, hier stehen unbeschreiblich prächtige Wälder mit mastgeraden Fichten, die oft bis zweihundert Fuß Höhe erreichen und deren Stamm fünf, sechs Menschen kaum umspannen können. Im Schatten dieser Fichten blühen die Taquaros, gigantische Schilfpflanzen, die, ähnlich dem urzeitlichen Farn, bis zu achtzig Fuß emporsteigen und an ihrer Basis den Umfang eines Menschen erreichen; hier findet man auch die Barba de poa – den Bart der Bäume –, deren man sich wie einer Serviette bedient, und Lianen, die durch ihre vielfachen Verschlingungen die Wälder unzugänglich machen.

Die kleinen Provinzen Lima da Serra, Baccaria und Lages gehören zu dieser Region mit einer weißen Bevölkerung portugiesischen Stammes, die sich durch homerische Gastfreundschaft auszeichnet. Der Reisende braucht dort kein Wort zu sagen, um nichts zu bitten; ruhig tritt er in ein Haus und geht in die Gaststube, in der Diener erscheinen, ohne dass man sie gerufen hätte, die ihn auskleiden und ihm die Füße waschen. Er bleibt so lange, wie er will, sagt nicht Lebewohl, dankt nicht, wenn er nicht will, und dessen ungeachtet kann sein Nachfolger auf denselben freundlichen Empfang rechnen wie er. Das ist die Jugend der Natur, der Morgen der Menschheit.

17.
Die Lagune von Los Patos

Als ich in Piratini angekommen war, wurde ich vom Gouvernement der Republik äußerst zuvorkommend empfangen. Der Präsident Bento Gonçalves war nicht anwesend, er befand sich an der Spitze einer Kavallerie-Brigade auf dem Marsch gegen Sylva Tanaris, einem kaiserlichen General, der über den San-Gonzales-Kanal gesetzt und in der Provinz Piratini ein reizendes kleines Dorf verwüstet hatte, das der Hauptort eines Departements mit einer der kriegerischsten und der Sache der Freiheit ganz ergebenen Bevölkerung war. Bento Gonçalves war in meinen Augen ein wahrer Ritter von der Tafelrunde Karls des Großen, dem Herzen nach ein Bruder des Olivier und Roland, ebenso kraftvoll, beweglich und aufrichtig wie sie. Im Übrigen war er das Modell eines Kavaliers und zugleich ein urwüchsiger Zentaur, wie ich keinen, mit Ausnahme von General Netto, jemals habe ein Pferd bändigen sehen.

In seiner Abwesenheit empfing mich der Finanzminister Almeida.

Da ich in Piratini keine Beschäftigung hatte, bat ich, mich der Brigade anschließen zu dürfen, die unter dem Befehl von Bento Gonçalves in den Kampf gegen Tanaris zog. Hier traf ich diesen Tapferen zum ersten Mal in Freiheit und brachte einige Tage mit ihm zu. Er war wirklich ein von der Natur begnadetes Kind, denn sie hatte ihn mit allem ausgestattet, was einen Helden ausmacht. Er war von hoher und schlanker Figur, saß mit solch bewunderungswürdiger Grazie und Leichtigkeit zu Pferd, dass man ihn, den bereits Sechzigjährigen, leicht auf fünfundzwanzig Jahre hätte schätzen können. So tapfer und vom Glück begünstigt, wie er war, würde er, wie ein Ritter Ariosts, nicht einen Augenblick gezögert haben, einen Riesen mit der Figur Polyphems und in der Rüstung des Ferragus anzugreifen. Als einer der Ersten hatte er zum Krieg aufgerufen, keineswegs aus persönlichem Ehrgeiz, sondern wie jedes andere Kind dieses kriegerischen Volkes. Im Lager lebte er, wie der niedrigste Präriebewohner, von geräuchertem Fleisch und Wasser. Am ersten Tage lud er mich zu seinem einfachen Mal ein, bei dem wir uns mit einer Vertraulichkeit unterhielten, als wären wir Jugendkameraden gewesen und einander ganz gleich. Mit solchen natürlichen und erworbenen Gaben musste Gonçalves das

Idol seiner Mitbürger werden. Aber trotz seiner Talente verliefen seine kriegerischen Unternehmungen seltsamerweise fast immer unglücklich, was mich zu der Überzeugung kommen ließ, dass der Zufall im Krieg und für das Schicksal der Helden eine viel größere Rolle spielt als das Genie.

Ich folgte der Kolonne bis Camodos an den San-Gonzales-Kanal, der die Lagune von Los Patos mit Merin verbindet. Als Sylva Tanaris hörte, dass sich eine Kavallerie-Brigade der republikanischen Armee nähere, zog er sich schleunigst zurück. Da er sich dem Kampf nicht stellte, gab Gonçalves den Befehl zur Umkehr. Ich schloss mich ihm auf seinem Weg zurück nach Piratini an.

Um diese Zeit erhielten wir Nachricht von der Schlacht bei Rio Pardo, wo die kaiserliche Armee von den Republikanern vollständig geschlagen worden war.

18.
Ausrüstung der Lancionen am Camacua

Ich wurde nun mit der Ausrüstung von zwei Lancionen beauftragt, die auf dem Camacua lagen, einem dem Kanal von San Gonzales beinahe parallel laufenden Flusse, der, wie dieser, in die Lagune von Los Patos mündete. Teils aus den von Montevideo gekommenen Matrosen, teils aus denen, die ich zu Piratini fand, hatte ich etwa dreißig Europäer unterschiedlicher Nationalität zusammengebracht; es versteht sich, dass – leider zu seinem Unglück – mein lieber Louis Carniglia dazugehörte. Außerdem bekam ich als neuen Zuwachs einen riesengroßen Bretonen, den wir Gros-Jean nannten, und einen anderen Franzosen, namens François, einen richtigen Seeräuber und würdigen Küstenbruder.

Am Camacua angekommen, fanden wir noch einen Amerikaner, namens John Griggs, der auf einer Estancia Bento Gonçalves' wohnte und die Beendigung des Baues zweier Sloops überwachen sollte. Man hatte mich zum Führer dieser noch im Bau begriffenen Flotte mit dem Rang eines Capitano tenente (Kapitän-Leutnant) ernannt.

Mit diesem Baue war es eine sonderbare Sache, die der wohlbekannten amerikanischen Ausdauer alle Ehre machte. Von einer Seite holte man das Holz herbei, von der anderen das Eisen; zwei oder drei Zimmerleute bearbeiteten das Holz, ein Mulatte schmiedete das Eisen. Auf diese Weise waren die beiden Sloops von den Nägeln an bis zu den Eisenreifen des Mastes hergestellt worden.

Nach Verlauf von zwei Monaten war das Geschwader segelfertig; jedes der beiden Boote wurde mit zwei kleinen Bronzekanonen bewaffnet, vierzig Schwarze und Mulatten wurden zu den dreißig Europäern gegeben und damit die beiden Schiffsrollen bis auf siebzig Mann gebracht. Von den Lancionen brachte es die eine auf etwa fünfzehn bis achtzehn, die andere auf zwölf bis fünfzehn Tonnen Last. Ich übernahm den Befehl der größeren, die wir »Rio Pardo« tauften, John Griggs erhielt die andere, die »Der Republikaner« hieß. Rossetti war in Piratini geblieben, um das Journal *Das Volk* zu redigieren.

Sobald der Bau beendet war, liefen wir in die Lagune von Los Patos ein. In den ersten Tagen machten wir nur wenig Beute.

Die Kaiserlichen vermochten uns zwei Sloops von zusammen achtundzwanzig Tonnen, dreißig Kriegsboote und ein Dampfschiff gegenüberzustellen; aber wir hatten den Vorteil der Untiefen, denn die Lagune konnte von größeren Fahrzeugen nur auf einer Art von Kanal befahren werden, der an ihrem östlichen Gestade entlanglief. Auf der anderen Seite hingegen war das Wasser so seicht, dass wir, trotz des geringen Tiefganges unserer Schiffe, mehr als dreißig Schritte durch dasselbe waten mussten, um an Bord zu gelangen. Die Sandbänke erstreckten sich beinahe wie die Zähne eines Kammes in die Lagune hinein, nur waren diese Zähne sehr weit voneinander entfernt.

Wenn wir uns an die Küste zurückziehen mussten, sobald uns die Kanone eines Kriegsbootes oder das Dampfschiff belästigte, rief ich: »Vorwärts, ins Wasser, meine Enten!« und meine Enten sprangen ins Wasser, hoben die Lancione mit den Armen in die Höhe und trugen sie auf die andere Seite der Sandbank.

Einmal kaperten wir ein reich beladenes Schiff, führten es auf die östliche Seite des Sees am Camacua und verbrannten es da, nachdem wir alles, was nicht niet- und nagelfest war, an uns genommen hatten. Dies war die einzige Prise, die der Mühe wert war, und machte unserer kleinen Flotte große Freude; zunächst bekam jeder seinen Anteil an der Beute und von dem, was übrig blieb, ließ ich meinen Leuten Uniformen machen. Die Kaiserlichen, die bisher nur Verachtung für uns übrig gehabt und keine Gelegenheit ausgelassen hatten, uns zu verspotten, begriffen nun, welche Bedeutung uns zukam, und sie brauchten eine Menge Schiffe, um ihren

Handel zu schützen. Aufgrund der zahlenmäßigen Überlegenheit unserer Feinde war das Leben, das wir führten, ein rastloses und gefährliches; gleichzeitig war es jedoch anziehend und pittoresk und sagte ganz meinem Charakter zu. Wir waren nicht allein Seeleute, sondern nötigenfalls auch Reiter; im Augenblick der Gefahr fanden wir so viel und noch mehr Pferde, als wir brauchten, und in zwei Stunden konnten wir eine zwar nicht elegante, aber doch Furcht einflößende Schwadron formieren.

Die ganze Lagune entlang gab es Landgüter, welche die Eigentümer wegen der Nähe zum Kriegsschauplatz verlassen hatten; wir fanden daselbst Tiere aller Art, Pferde und Futter; außerdem gab es auf jeder dieser Estancias noch einiges bebautes Land, auf dem wir Weizen im Überfluss, Süßkartoffeln und oft ausgezeichnete Orangen fanden, von welchen diese Gegend die besten in ganz Südamerika hervorbringt. Die Truppe, die mich begleitete, war eine wahrhaft kosmopolitische und bestand aus Menschen jeder Farbe und jeden Volkes. Ich behandelte sie mit einer Güte, die vielleicht bei solchen Menschen nicht angebracht ist, aber ich kann versichern, dass mich diese Güte nie gereut hat, denn jeder gehorchte auf das erste Wort und keiner brachte mich jemals in die Lage, mich ärgern oder strafen zu müssen.

19.
Die Estancia della Barra

Am Camacua, wo wir unser kleines Arsenal hatten und von wo die republikanische Flottille ausgesegelt war, wohnten auf einer großen Ebene die Brüder sowie die weitläufigeren Verwandten von Bento Gonçalves mit ihren Familien; zahllose Herden weideten auf diesen prächtigen Feldern, die der Krieg verschont hatte, da sie sich außerhalb des Bereiches seiner zerstörenden Macht befanden.

Die ländlichen Erzeugnisse waren hier in einem Überflusse aufgehäuft, von dem man in Europa keine Idee haben kann. Ich habe bereits gesagt, dass man in keinem Lande der Welt eine freimütigere und herzlichere Gastfreundschaft findet als hier; diese fanden wir auch in diesen Häusern, wo man uns die vollkommenste Sympathie entgegenbrachte.

Wegen ihrer Nähe zum Fluss und der guten Aufnahme, deren wir dort sicher waren, hielten wir uns am häufigsten auf den beiden

Landgütern auf, die Donna Anna und Donna Antonia gehörten, zwei Schwestern des Präsidenten. Das Erstere lag am Ufer des Camacua, das Letztere am Arroyo Grande. Ich weiß nicht, ob es allein eine Wirkung meiner Phantasie oder ein Privileg meiner sechsundzwanzig Jahre war – aber die ganze Welt schien meinen Augen schön, und ich kann versichern, dass keine Periode meines Lebens meinem Geiste noch so gegenwärtig ist und so reizvoll erscheint wie die, von der ich eben spreche. Besonders war das Haus Donna Annas für mich ein wahres Paradies; obgleich diese liebenswürdige Dame nicht mehr jung war, war sie doch von fröhlichem Temperamente. Bei ihr wohnte eine ganze Familie von Emigrierten aus Pelotas, einer Stadt, die dem Doktor Paolo Ferreira unterstand; drei junge Mädchen, deren eine immer reizender als die andere war, zierten diese köstlichen Räume. Die eine derselben, Manuela, war die unbeschränkte Beherrscherin meines Herzens; wenn ich auch nicht hoffen durfte, sie jemals zu besitzen, so hinderte mich dies doch nicht, sie zu lieben.

Sie war mit einem Sohne Bento Gonçalves verlobt. Indessen fand ich einmal, als ich in Gefahr schwebte, die Gelegenheit, mich davon zu überzeugen, dass ich der Dame meines Herzens nicht gleichgültig sei, und diese Offenbarung ihrer Neigung tröstete mich darüber hinweg, dass sie mir nie angehören dürfe. Die Frauen von Rio Grande sind im Allgemeinen sehr schön, die Männer wurden galanterweise gern ihre Sklaven, aber keiner trug eine so reine und uneigennützige Verehrung für sein Idol in seinem Herzen wie ich für Manuela. Sowie uns ein Gegenwind, ein plötzlicher Sturm oder irgendeine Expedition in den Arroyo Grande oder den Camacua trieb, war dies ein Fest für uns; das Mädchen von Firiva, das den Eingang zu dem Ersteren bezeichnete, oder der Orangenwald, der die Mündung des anderen verbarg, wurde jedes Mal mit drei freudigen Hurras begrüßt, die unseren liebevollen Enthusiasmus bewiesen.

Als wir eines Tages, nachdem wir unsere Boote auf das Land gezogen hatten, bei der Estancia della Barra, die Donna Antonia, der Schwester des Präsidenten, gehörte, vor einem Schuppen ankamen, in dem man das Fleisch salzte oder dörrte, hörten wir, dass sich Oberst Juan Pietro de Abrecu – der seiner Schlauheit wegen den Beinamen Moringo, der Marder, erhalten hatte – ungefähr zwei oder drei Meilen von uns entfernt mit siebzig Mann Kavallerie und achtzig Infanteristen ausgeschifft habe. Dies war umso überraschender, als wir wussten, dass Moringo einen Eid getan hatte, sich an uns für die Fortnahme der reich beladenen Feluke zu rächen, die wir nach Inbesitznahme der auf ihr befindlichen Kostbarkeiten verbrannt hatten.

Ich freute mich über diese Nachricht. Die Männer, die Oberst Moringo kommandierte, waren deutsche und österreichische Söldner, gegen die ich mit Vergnügen in den Kampf zog, zu dem jeder gute Italiener ihre Brüder in Europa gerne herausgefordert hätte. Wir waren zwar im Ganzen nur sechzig Mann, aber ich kannte meine Leute, und mit ihnen glaubte ich nicht nur hundertfünfzig, sondern auch dreihundert Österreichern standhalten zu können.

Ich sandte deshalb nach allen Seiten Kundschafter aus und behielt fünfzig Mann bei mir. Die zehn oder zwölf Leute, welche ich ausgeschickt hatte, kamen alle mit derselben Antwort zurück: »Wir haben nichts gesehen.« Es herrschte starker Nebel und mit seiner Hilfe hatte der Feind ihren Nachforschungen entgehen können.

Ich beschloss aber, mich nicht unbedingt auf die Umsicht meiner Kundschafter zu verlassen, sondern auch noch den Instinkt der Tiere zu Rate zu ziehen. Wenn eine solche Expedition im Werke ist und fremde Menschen um eine Estancia schleichen, um sie zu überfallen, so zeigen die Tiere gewöhnlich Zeichen von Unruhe; darin täuscht sich der Aufmerksame nie. Diese Tiere, die von meinen Leuten aufgescheucht worden waren, tummelten sich rings um die Estancia und zeigten nicht das geringste Anzeichen, dass irgendetwas Ungewöhnliches in der Umgebung vor sich gehe.

Nun glaubte ich keinen Überfall mehr befürchten zu müssen; ich befahl daher meinen Männern, ihre geladenen Gewehre und die Munition in das Gestänge zu stellen, das ich in dem Schuppen hatte anbringen lassen, und ich gab ihnen ein Beispiel sicherer Ruhe, indem ich zu frühstücken begann und sie aufforderte, dasselbe zu tun. Eine solche Einladung nahmen sie immer an, ohne sich lange zu besinnen.

Gott sei Dank fehlte es nicht an Lebensmitteln. Als das Frühstück beendigt war, schickte ich jeden an sein Werk. Meine Leute arbeiteten ebenso gut, als sie aßen, das heißt von Herzen gern; sie ließen sich also auch dieses Mal nicht lange bitten. Einige gingen zu den Lancionen, die wir auf den Strand gezogen hatten und ausbessern mussten, andere begaben sich in die Schmiede, ein paar in das Gehölz, um Kohlen zu brennen, wieder andere angelten nach Fischen.

Ich blieb allein mit dem Meisterkoch zurück, der seine Küche unter freiem Himmel vor der Tür des Schuppens etabliert hatte und auf den Kessel achtete oder die Töpfe abschäumte. Ich selbst schlürfte mit vielem Vergnügen meinen Tee, eine Sorte aus Paraguay, die man aus einem Kürbis vermittelst einer Glas- oder Holzröhre genießt. Ich fürchtete keinen Augenblick, dass Oberst Marder durch irgendeine List die Wachsamkeit meiner Leute getäuscht, unseren Tieren Vertrauen eingeflößt haben und mit seinem hundertundfünfzig Österreichern in einem kaum fünf- oder sechshundert Schritte von uns entfernten Gehölze platt auf dem Bauche liegen könne.

Plötzlich hörte ich zu meiner großen Überraschung hinter mir feuern. Ich wandte mich um. Infanterie und Kavallerie sprengten im Galopp heran, jeder Reiter hatte einen Mann hinter sich auf dem Pferde; die, welche auf dem Pferde nicht mehr Platz hatten finden können, liefen nebenher und hielten sich an den Mähnen.

Mit einem Satze sprang ich von meinem Sitze in den Schuppen; der Koch folgte mir, aber der Feind war bereits so nahe, dass mein Mantel in dem Momente, als ich die Schwelle überschritt, von einem Lanzenstich durchbohrt wurde. Wie gesagt, waren die geladenen Gewehre in das Gestänge gestellt worden; es waren ihrer sechzig. Ich ergriff eines und feuerte, dann ein zweites und drittes, und dies mit solcher Schnelligkeit, dass niemand glauben konnte, ich sei allein, und so glücklich, dass drei Männer fielen.

Ein vierter, fünfter und sechster Schuss folgten den drei ersten; da ich in den dicken Haufen hineinschoss, traf jede Kugel.

Wäre es dieser Menge der Angreifer eingefallen, sich auf den Schuppen zu stürzen, so wäre es auf einmal mit dem Korsaren und seiner Karriere zu Ende gewesen; da sich aber der Koch bei mir befand und ebenfalls feuerte, ließ sich Oberst Marder bei aller Schlauheit täuschen und glaubte, wir wären alle in dem Schuppen. Deshalb zogen er und seine Leute sich auf etwa hundert Schritte von dem Gebäude zurück und begannen auszuschwärmen und Deckung zu suchen. Dies rettete mich.

Da der Koch kein erfahrener Schütze und jeder Fehlschuss in dieser Lage von großem Nachteil war, befahl ich ihm, sich auf das Laden der abgeschossenen Gewehre zu beschränken und sie mir zuzureichen. Ich war überzeugt, dass meine Leute, die den Überfall des Feindes bemerkt haben mussten, alles begreifen und mir zur Hilfe eilen würden. Darin täuschte ich mich auch nicht. Zuerst erschien mein braver Louis Carniglia mitten in der Dampfwolke, die sich zwischen dem Schuppen und dem Feinde ausbreitete, der seinerseits ein Höllenfeuer unterhielt. Bald nach ihm kamen Ignaz Bilbao, ein tapferer Biskayer, und ein nicht weniger kühner Italiener namens Lorenzo. Im Augenblick waren sie an meiner Seite und folgten meinem Beispiele; dann stießen noch Eduard Mutru, Racemento Raphael und Procop – von den beiden Letzteren war der eine ein Mulatte, der andere ein Schwarzer – und Francesco da Sylva zu uns. Anstatt sie hier auf das Papier zu schreiben, möchte ich die Namen dieser braven Gefährten, die, dreizehn an der Zahl, sich mit mir vereinigten und fünf Stunden lang gegen hundertundfünfzig Feinde kämpften, in Erz gravieren.

Die Feinde hatten alle Häuser, Baracken und Hütten unserer Umgebung besetzt und unterhielten ein furchtbares Feuer auf uns. Andere waren auf das Dach geklettert, rissen die Bedeckung ab und schossen oder warfen Feuerbrände durch die Löcher auf uns herab. Während ein Teil von uns das Feuer löschte, antwortete der andere dem feindlichen Beschuss, und zwei oder drei unserer Gegner fielen tot durch die Öffnungen herab, die sie selbst gemacht hatten. Wir hatten mit unseren Bajonetten Schießscharten in die Mauern des Schuppens gebrochen und feuerten, ziemlich gut gedeckt, da hindurch.

Gegen drei Uhr tat der Schwarze Procop einen glücklichen Schuss, der den Arm Oberst Moringos zerschmetterte. Alsbald ließ dieser zum Rückzuge blasen und zog ab; die Verwundeten nahm er mit sich, ließ aber fünfzehn Tote auf dem Platze. Von meinen dreizehn Mann lagen fünf tot und steif da und fünf waren verwundet; von diesen starben noch drei an ihren Verletzungen, so dass mich dieses Gefecht, eines der heißesten, das ich mitgemacht habe, acht Menschen kostete.

Diese Art von Kämpfen war für uns umso mörderischer, als wir weder Arzt noch Chirurg hatten; die leichten Wunden wurden allein mit frischem Wasser behandelt, das wir so oft als möglich von neuem auflegten. Das war traurig, vielleicht barbarisch, aber es ließ sich einmal nicht anders tun.

Rossetti, der sich mit dem Rest unserer Gefährten zufällig am Camacua befand, konnte zu seinem großen Bedauern nicht zu uns stoßen; ein Teil, der verfolgt wurde und ohne Waffen war, musste sich durch Schwimmen über den Fluss retten, die übrigen zerstreuten sich in die Wälder, ein Einziger wurde entdeckt und getötet.

Dieser Kampf, der so gefährlich gewesen war und dennoch einen so glücklichen Ausgang genommen hatte, flößte unseren Leuten und den Bewohnern dieser Küste, die schon lange den Überfällen eines so kühnen und unternehmenden Feindes ausgesetzt gewesen war, das größte Vertrauen ein.

Moringo war übrigens der beste Expeditionschef der Kaiserlichen; besonders geschickt war er zu solchen Überfällen und ich muss gestehen, dass er diesen hier mit einer Schlauheit geleitet hatte, die ihm zweifellos den Namen des Marders eingebracht haben würde, hätte er denselben nicht schon geführt. Da er in diesem Lande, das er, wie bereits erwähnt, genau kannte, geboren und mit einer überragenden List und Unerschrockenheit begabt war, fügte er der republikanischen Sache großen Schaden zu und ohne Zweifel ist ihm das Kaiserreich Brasilien den größten Dank für die Unterwerfung dieser tapferen Provinz schuldig.

Wir feierten indessen unseren Sieg; Donna Antonia gab uns ein Fest auf ihrer Estancia, die etwa zwölf Meilen von dem Schuppen, in dem wir den Kampf bestanden hatten, entfernt lag.

Bei diesem Feste erfuhr ich, dass ein schönes junges Mädchen bei der Kunde von der Gefahr, in der ich mich befand, erbleicht war und dringend um Nachrichten von meinem Leben und Wohlsein gebeten hatte – ein Sieg, der meinem Herzen teurer war als der blutige, den ich erfochten hatte. Oh, schöne Tochter des amerikanischen Kontinents! Stolz und glücklich war ich, dir anzugehören, sei es auch nur in deinen Gedanken. Du warst einem anderen bestimmt, und für mich bewahrte das Schicksal eine andere Blume Brasiliens auf, die ich heute noch beweine und die ich mein ganzes Leben lang beweinen werde. Süße Mutter meiner Kinder! Sie lernte ich nicht im Siege kennen, sondern in Unglück und Schiffbruch, und mehr als meine Jugend, meine äußere Erscheinung und meine Verdienste fesselte sie das Unglück an mich. Anita! Teure Anita!

20.
Expedition nach Santa Catarina

Bald darauf begannen wir, zwei neue Lancionen zu bauen; die ersten Materialien dazu nahmen wir aus unserer letzten Prise und an der Vollendung arbeiteten wir nicht allein, sondern auch die Leute aus der Nachbarschaft, welche uns wacker dabei halfen.

Als die beiden neuen Fahrzeuge fertig und ausgerüstet waren, erhielten wir den Befehl, uns mit der republikanischen Armee zu vereinigen, die damals Porto Alegre, die Hauptstadt der Provinz, belagerte. Die Armee tat daselbst nichts und wir konnten während der ganzen Zeit, die wir auf diesem Teile des Sees zubrachten, ebenso wenig tun.

Diese Belagerung wurde von Bento Manuel geleitet, dem alle Welt mit vollem Rechte große militärische Verdienste, sowohl als Feldherr wie als Organisator, zusprach; es ist derselbe, der später die Republikaner verriet und zu den Kaiserlichen überging.

Man beabsichtigte eine Expedition gegen Santa Catarina; auch ich erhielt Order, daran teilzunehmen und wurde dem Kommando des Generals Canavarro unterstellt. Nur gab es noch eine Schwierigkeit, nämlich dass wir nicht aus dem See herauskommen konnten, da seine Mündung durch die Kaiserlichen bewacht wurde. Am südlichen Ufer lag die befestigte Stadt Rio Grande, am nördlichen San José, eine kleinere, aber ebenfalls befestigte Stadt; diese beiden Orte befanden sich, ebenso wie Porto Alegre, noch in den Händen der Kaiserlichen und machten sie zu den Herren über die Aus- und Einfahrt des Sees; zwar besaßen sie nur diese drei Punkte, das war aber völlig hinreichend.

Indessen gibt es für Leute, wie ich sie kommandierte, nichts Unmögliches.

Ich machte den Vorschlag, man möge die beiden kleineren Lancionen unter einem sehr guten Seemanne, Zefferino de Utra, in der Lagune zurücklassen, ich wolle dagegen mit den beiden anderen, Griggs und die abenteuerlichsten unserer Abenteurer mit mir nehmend, die Expedition mitmachen und zu Wasser operieren, während General Canavarro zu Lande vorrücken sollte.

Das war ein ganz hübscher Plan, nur handelte es sich darum, ihn zur Ausführung zu bringen. Ich schlug vor, zwei Wagen zu bauen, die groß und stark genug wären, um auf jeden eine Lancione zu setzen, und vor dieselben so viele Ochsen und Pferde zu spannen, als nötig wären, sie fortzuziehen.

Mein Plan wurde gebilligt, und ich erhielt den Auftrag, ihn auszuführen. Bei einigem Nachdenken änderte ich daran noch Folgendes: Durch einen geschickten Wagenbauer, namens Abreu, ließ ich acht ungeheure Räder von größter Solidität und aus einem Material, das mit die Last, die sie tragen sollten, im Verhältnisse stand, anfertigen. An einem Ende des Sees, der Rio Grande gegenüber, also nach Nordosten liegt, fließt tief im Tale ein kleiner Bach aus der Lagune von Los Patos in den Tramandaisee, auf den wir unsere beiden Lancionen schaffen mussten. In dieses Tal ließ ich einen unserer Wagen hinabrollen, dann hoben wir die erste Lancione, die wir auf die gleiche Weise bereits über die Sandbänke getragen hatten, so weit hoch, bis ihr Kiel auf der doppelten Achse ruhte. Hundert zahme Ochsen wurden mit den stärksten Seilen an die Deichsel gespannt, alle zugleich angetrieben – und nun sah ich mit unbeschreiblicher Genugtuung das größte meiner Schiffe sich wie eine gewöhnliche Last fortbewegen. Dann wurde auch der zweite Wagen herabgelassen, wie der erste beladen und glücklich in Bewegung gesetzt.

So bot sich den Landesbewohnern das seltsame und ungewöhnliche Schauspiel, dass zwei Schiffe, zu Wagen und von zweihundert Ochsen gezogen, ohne die mindeste Schwierigkeit und ohne jeden unglücklichen Zwischenfall eine Strecke von achtzehn Meilen zurücklegten. Als die Lancionen am Gestade des Tramandaisees angekommen waren, wurden sie wieder zu Wasser gelassen; dann wurden die kleinen Ausbesserungen vorgenommen, welche die Reise notwendig gemacht hatte, die aber so geringfügig waren, dass die Schiffe nach drei Tagen schon wieder seetüchtig waren.

Der Tramandaisee wird von fließenden Gewässern gebildet, die auf dem östlichen Abhange der Serra do Espinhaço entspringen; er öffnet sich gegen den Atlantischen Ozean hin, ist dort aber so flach, dass er selbst zur Flutzeit nur eine Tiefe von vier bis fünf Fuß erreicht. Außerdem ist das Meer an dieser von allen Seiten offenen Küste fast nie ruhig, sondern meistenteils sogar stürmisch bewegt; das Brausen der Brandungswellen, die von den Seeleuten Pferde genannt werden, weil sie so vielen Schaum um sich werfen, hört man mehrere Meilen weit in das Innere des Landes hinein und oft hält man es für das Grollen des Donners.

21.
Abreise und Schiffbruch

Als wir endlich segelfertig waren, warteten wir auf die Flut und wagten uns gegen vier Uhr nachmittags auf See. Unter solchen Umständen konnten wir wohl mit unserer alten Gewohnheit, mitten durch die Brandung hindurchzuschiffen, zufrieden sein, und dennoch vermag ich trotz dieser Gewohnheit heute nicht mehr zu erklären, durch welches mehr kühne als geschickte Manöver wir unsere beiden Fahrzeuge herausbrachten, obgleich wir, wie gesagt, die Stunde der Flut gewählt hatten; erst mit Einbruch der Nacht hatten wir unseren Zweck erreicht und legten uns im Meere vor Anker, jenseits dieser tobenden Brandung, deren Wut sich zu mehren schien, als sie uns ihr entschlüpfen sah.

Es mag hier noch angemerkt sein, dass kein Schiff außer den unsrigen jemals aus dem Tramandaisee ausgelaufen war.

Gegen acht Uhr abends lichteten wir die Anker und gingen unter Segel.

Am folgenden Tage, drei Uhr nachmittags, scheiterten wir an der Mündung des Aserigua, eines Flusses, der auf der Serra do Espinhaço entspringt und sich zwischen Tours und Santa Maura in der Provinz Santa Catarina ins Meer ergießt. Von dreißig Mann Schiffsbesatzung ertranken sechzehn. Ich will erzählen, wie sich dies schreckliche Unglück zutrug.

Als wir am Abend ausliefen, herrschte bereits ein bedrohlicher Südwind, der schwere Wolken heraufttrieb und mit großer Heftigkeit wehte. Wir fuhren die Küste entlang; die »Rio Pardo« hatte wie gesagt dreißig Mann an Bord, zudem eine zwölfpfündige Drehbasse und eine Menge von Gepäck und Gegenständen aller Art, denn wir sahen voraus, dass wir lange unterwegs sein könnten, und waren nicht sicher, wo und unter welchen Umständen wir an einer feindlichen Küste landen würden.

Das Fahrzeug war also überladen; deshalb wurde es auch oft genug von den Wellen überspült, die mit jeder Minute, gleich dem Winde, wuchsen und uns mehrmals zu verschlingen drohten. Ich fasste daher den Entschluss, mich der Küste zu nähern und womöglich an einer unzugänglichen Stelle derselben zu landen, das Meer aber, das immer wilder wurde, gestattete uns nicht, einen solchen Punkt zu wählen; eine furchtbare Welle, die uns vollständig auf die Seite warf, ließ uns an einer Klippe scheitern.

In diesem Augenblicke befand ich mich gerade ganz oben auf dem Fockmast, von wo ich eine freie Passage durch die Klippen zu erspähen hoffte; die Lancione warf sich auf Steuerbord und ich wurde mindestens dreißig Schritte weit in die See geschleudert.

Obgleich ich mich in einer sehr gefährlichen Lage befand,

bewirkte das Zutrauen, das ich in meine Geschicklichkeit als Schwimmer setzte, doch, dass ich auch nicht einen Augenblick an den Tod dachte; da aber meine Gefährten keine eigentlichen Seeleute waren und, von der Seekrankheit niedergeworfen, noch auf dem Verdeck lagen, schwamm ich nicht auf die Küste zu, sondern bestrebte mich, einige Gegenstände zusammenzubringen, die sich vermöge ihrer Leichtigkeit auf dem Wasser erhalten mussten, trieb sie gegen das Schiff und rief meinen Leuten zu, sich ins Wasser zu stürzen und irgendein Stück zu ergreifen, damit sie die Küste gewinnen möchten, die wohl noch eine Meile von uns entfernt lag. Das Fahrzeug war gescheitert, aber sein Mastwerk hielt es auf der Backbordbreite noch über Wasser.

Der Erste, den ich erblickte, hielt sich an den Wanten fest; es war Eduard Mutru, einer meiner besten Freunde; ich stieß ihm das Stück einer Lukenklappe zu und rief, er solle es nicht wieder loslassen. Als ich ihn gerettet sah, wandte ich meinen Blick wieder auf das Schiff. Mein lieber Louis Carniglia hatte sich im Momente des Unfalles am Steuerruder befunden und klammerte sich nun an die Luv-Windvierung des Hinterdecks. Unglücklicherweise war er mit einer Jacke von dichtem Tuch bekleidet, die er nicht mehr hatte ablegen können und die ihm die Arme so einschnürte, dass er nicht schwimmen konnte. Als er bemerkte, dass ich zu ihm hinschwamm, rief er mir dies zu.

»Halte dich nur fest«, rief ich zurück, »ich komme dir zu Hilfe!«

Und wirklich kletterte ich so flink, wie es nur eine Katze kann, auf das Schiff hinauf und erreichte meinen Gefährten. Mit einer Hand hielt ich mich nun an einem Vorsprung fest und nahm mit der anderen ein kleines Messer aus meiner Tasche, das unglücklicherweise sehr schlecht schnitt; mit diesem trennte ich den Kragen und den Rücken von Carniglias Jacke auf. Ich tat einen letzten Schnitt und hatte den armen Louis gerade aus seiner Einschnürung befreit, als sich eine furchtbare Welle über uns stürzte, das ganze Schiff zertrümmerte und alle, die noch an Bord waren, ins Meer schwemmte; Carniglia wurde wie die übrigen fortgerissen und kam nicht wieder zum Vorschein.

Was mich anbetraf, so wurde ich wie ein Ball in die Tiefe des Meeres hinabgeworfen, kam ganz betäubt wieder nach oben und hatte dennoch nur den einen Gedanken, meinen teuren Luigi zu retten. Ich schwamm also um das Wrack und rief laut seinen Namen mitten in das Geheul des Sturmes und das Getöse der Wellen hinein, aber er antwortete mir nicht; für immer war er verschlungen, dieser brave Gefährte, der mir in La Plata das Leben gerettet hatte und dem ich trotz aller Anstrengung nicht den gleichen Dienst erweisen konnte.

Als ich nicht mehr hoffen durfte, Carniglia retten zu können, blickte ich um mich. Zweifellos war es Gottes Gnade, die mich in diesen Augenblicken der Agonie nicht einen Moment lang an meine eigene Rettung, sondern nur an die der anderen denken ließ.

Ich sah, wie meine Gefährten einzeln dem Strande zuschwammen, einer vom andern je nach seiner Geschicklichkeit oder Kraft mal mehr, mal weniger weit entfernt. Bald hatte ich sie erreicht, rief ihnen Mut zu und war einer der Ersten, wenn nicht der Erste, der die Brandung überwunden hatte und wohlbehalten mitten durch die berghohen Wellen gelangt war.

Ich war am Strande. Der Schmerz über den Verlust meines armen Carniglia ließ mich gleichgültig gegen mein eigenes Schicksal sein und gab mir eine unbesiegbare Kraft. Kaum hatte ich festen Fuß gefasst, so wandte ich mich um, denn noch hegte ich eine letzte Hoffnung. Würde ich Luigi vielleicht doch wiedersehen?

Ich fragte jeden dieser außer aller Fassung geratenen Menschen, die noch immer mit den Wogen kämpften, aber Carniglia war nun einmal vom Meere verschlungen, seine Tiefen wollten ihn mir nicht wiedergeben.

Ich sah auch Eduard Mutru, der mir nach Carniglia der Teuerste war, derselbe, dem ich einen Lukendeckel zugestoßen hatte mit der Aufforderung, sich daran festzuhalten; offenbar war ihm dieser vom Meer entrissen worden, aber er schwamm, völlig erschöpft, noch immer und all seine Bewegungen verrieten, dass er sich in äußerster Gefahr befand. Ich sagte bereits, wie sehr ich ihn liebte – er war der zweite Herzensbruder, den ich an diesem Tage verlieren sollte. Doch ich wollte nicht alles auf einmal aufgeben, was ich Liebes auf der Welt hatte. Ich stieß das Trümmerstück, das mich selbst gerettet hatte, wieder ins Meer hinein und warf mich in die Wogen, um die Gefahr, der ich eben entschlüpft, aufs Neue zu suchen. Kaum eine Minute später war ich nur noch wenige Meter von Eduard entfernt und rief ihm zu: »Halte durch! Nur Mut! Ich bin da und bringe dir Hilfe!«

Vergebliche Hoffnung, unnütze Anstrengung! In demselben Momente, in dem ich ihm gerade den rettenden Balken zutrieb, versank er und blieb verschwunden.

Ich schrie laut auf, ließ meine Stütze los und tauchte unter. Als ich meinen armen Freund nicht wiederfand, dachte ich, er wäre vielleicht wieder an die Oberfläche des Wassers gekommen. Ich stieg wieder hinauf und fand nichts; ich tauchte wieder unter und kam wieder in die Höhe; ich rief seinen Namen ebenso schmerzlich wie den Carniglias, aber es war ebenso vergebens wie bei diesem. Eduard Mutru war von den Tiefen des Ozeans verschlungen worden, den zu befahren er nicht gefürchtet hatte, um an meiner Seite der Sache der Völker zu dienen – auch er ein Märtyrer der Freiheit Italiens, der nie ein Grab, nie ein Kreuz bekommen wird!

Die Leichname der sechzehn Ertrunkenen, die wir vermissten, der bis dahin so treuen Gefährten meiner Abenteuer, die das Meer verschlang, wurden von den Wellen wohl mehr als dreißig Meilen nordwärts geführt. Unter den vierzehn Überlebenden, die das Ufer gewonnen hatten, suchte ich nach einem befreundeten Gesicht, nach einem Italiener.

Auch nicht ein Einziger war zu finden! Alle sechs Italiener, die mich begleitet hatten, waren tot: Carniglia, Mutru, Sladerini, Ravone, Giovanni – ich weiß nicht einmal mehr, wie der sechste hieß. Das Vaterland möge mir verzeihen, dass ich seinen Namen vergessen habe. Freilich schreibe ich dies erst zwölf Jahre später und habe viele andere, auf ihre Weise ebenso schreckliche Begebenheiten erlebt: Ich habe eine Nation fallen sehen, vergeblich habe ich eine Stadt verteidigt; verbannt, verfolgt, wie ein wildes Tier gejagt, habe ich eine Frau ins Grab gelegt, die das Herz meines Herzens war; kaum war das Grab geschlossen, so musste ich es fliehen wie die Verdammten Dantes, die mit umgedrehten Kopfe vorwärtsschreiten; ich habe kein Asyl mehr, von Afrikas äußerster Grenze aus sehe ich nach Europa hinüber, das mich wie einen Banditen ausstößt, mich, der ich nur von einem Gedanken beseelt bin, der Liebe zu Italien und der Verzweiflung über das Vaterland. Das alles weiß ich wohl – und dennoch sollte ich mich dieses Namens erinnern können. Ach, ich kann es nicht mehr!

(Tanger, von März bis April 1850)

22.
John Griggs

Sonderbar! Außer mir waren es gerade die guten und tüchtigen Schwimmer, die verschwunden blieben; ohne Zweifel hatten sie im Vertrauen auf ihre Geschicklichkeit es für überflüssig gehalten, von den herumschwimmenden Trümmern Gebrauch zu machen, und gehofft, sich ohne solche Hilfsmittel über Wasser halten zu können, während ich andererseits unter denen, die ich wohl und gesund um mich sah, ein paar junge Amerikaner fand, die ich schon in Verlegenheit gesehen hatte, als sie ein Flüsschen von zehn Fuß Breite passieren mussten. Das schien mir unglaublich und dennoch war es so.

Die Welt kam mir nun wie eine Wüste vor. Ich setzte mich am Strande nieder, verhüllte das Gesicht mit den Händen und weinte, wie ich glaubte; während ich so ganz in Agonie versunken war, drangen Klagen an mein Ohr.

Ich erinnerte mich nun, dass ich diesen Menschen, auch wenn sie mir fremd, beinahe unbekannt waren, nicht nur ein Führer in Kampf oder Schiffbruch, sondern auch ein Vater im Elende sein müsse; ich erhob also den Kopf wieder.

»Was gibt's?«, fragte ich, »und wer klagt da?«

Zwei oder drei antworteten mir mit Zähneklappern: »Mich friert.«

Nun fühlte auch ich, der ich bisher nicht daran gedacht hatte, die Kälte. Ich erhob mich und schüttelte mich; ein paar meiner Gefährten waren schon ganz erstarrt und saßen oder lagen da, um nicht mehr aufzustehen. Ich ergriff sie bei den Armen; drei oder vier von ihnen befanden sich bereits in jenem krampfhaften Zustande, in dem man das ruhige Hinsterben dem Schmerze, den jede Bewegung verursacht, vorzieht.

Ich rief die Kräftigsten herbei, mich zu unterstützen, zwang diese Todesmatten, sich zu erheben, nahm einen unter die Arme, befahl denen, die ihre Kräfte noch nicht verloren hatten, das Gleiche zu tun, und rief ihnen dann zu: »Wir wollen laufen!«

Gleichzeitig ging ich ihnen mit meinem Beispiele voran; zuerst war es schwer und sehr schmerzhaft, unsere erstarrten Glieder wieder in Bewegung zu bringen, aber allmählich erlangten sie ihre Elastizität wieder. Beinahe eine Stunde lang führten wir dieses

Übung durch, dann war unser erstarrtes Blut wieder in Zirkulation gekommen.

Diese gymnastischen Übungen hatten wir nahe am Flusse Aserigua vorgenommen, der parallel zum Strande verläuft, bis er sich eine halbe Meile von dem Orte, wo wir uns befanden, in das Meer ergießt. Wir gingen an seinem rechten Ufer hinauf und erreichten, nachdem wir etwa vier Meilen zurückgelegt hatten, eine Estancia, in der wir die Gastfreundschaft fanden, auf die man an der Tür eines amerikanischen Hauses immer rechnen kann.

Unser zweites Schiff, das von Griggs kommandiert wurde und »Der Seival« hieß, vermochte – obgleich es kaum größer als die »Rio Pardo«, aber von ganz verschiedener Bauart war –, gegen den Sturm anzukämpfen, ihm zu trotzten und siegreich seinen Weg fortzusetzen.

Ich muss auch bemerken, dass Griggs ein ausgezeichneter Seemann war.

Ich schreibe jetzt von einem Tag zum andern und muss vielleicht schon morgen das Asyl wieder verlassen, in welchem ich heute ruhe. Ich weiß also nicht, ob ich späterhin Zeit haben werde, von diesem vortrefflichen und braven jungen Manne alles Gute zu sagen, was ich von ihm denke; da sich sein Name nun gerade in meiner Feder befindet, will ich ihm den Tribut, den ich seinem Andenken schulde, jetzt schon zollen.

Armer Griggs! Ich habe kaum ein Wort von ihm gesprochen, obwohl ich noch keinem Manne von bewunderungswürdigerem Mute und liebenswürdigerem Charakter begegnet bin. Aus einer reichen Familie stammend, hatte er sein Gold, sein Genie und sein Blut der neu erstehenden Republik angetragen und ihr all dies dargebracht. Eines Tages traf ein Brief von seinen Eltern aus Nordamerika ein, worin er aufgefordert wurde, zurückzukehren, um eine bedeutende Erbschaft anzunehmen; damals hatte er aber schon das schönste Erbe, das einem Manne von Gesinnung und Glauben zufallen kann, nämlich die Palme des Märtyrers errungen – er war für ein unglückliches, aber edles und tapferes Volk gestorben. Und ich, der ich Zeuge so manchen ruhmvollen Todes gewesen bin, hatte den Körper meines armen Freundes wie den Stamm einer Eiche durch den Holzfäller in zwei Stücke geteilt gesehen: Auf dem Deck der „Cassapara“ stand der Rumpf mit seinem unerschrockenen Gesichte, das von der Kampfeshitze glühte, noch aufrecht, aber rings umher lagen die zerschmetterten und vom Körper abgerissenen

Glieder zerstreut; der Schuss einer mit Eisenstücken geladenen Kanone hatte ihn auf zwanzig Schritt getroffen. Ich sah ihn so verstümmelt, als ich – an demselben Tage, an dem ich auf Befehl des Generals Canavarro die Flotte in Brand steckte – mit einem Gefährten auf Griggs Schiff kam, das durch den feindlichen Beschuss buchstäblich zerschmettert worden war.

Oh Freiheit, Freiheit! Welche Königin der Erde kann sich eines so großen Gefolges von Helden rühmen, als du im Himmel hast!

23.
Santa Catarina

Glücklicherweise hatte sich der Teil der Provinz Santa Catarina, in dem wir strandeten, gegen den Kaiser erhoben, sobald die Nachricht eingetroffen war, dass die republikanischen Streitkräfte im Anmarsch seien; wir fanden also Verbündete statt Feinde, wurden feierlich begrüßt statt angegriffen und erhielten sofort alle Transportmittel, welche die armen Leute, deren Gastfreundschaft wir in Anspruch nahmen, besaßen, zur Verfügung gestellt.

Ein Kapitän Balduino bot mir sein Pferd an, und sogleich begannen wir unseren Marsch, um zu den Truppen General Canavarros zu stoßen, deren Spitze von Oberst Texeira befehligt wurde und so schnell als möglich zum See von Santa Catarina zu gelangen trachtete, den man dem Feinde wegzunehmen hoffte.

Ich muss gestehen, dass wir keine große Mühe hatten, uns der kleinen Stadt zu bemächtigen, welche den See beherrschte und ihm ihren Namen gegeben hat. Die Garnison blies schleunigst zum Rückzug und nach schwachem Widerstande ergaben sich drei kleine Kriegsschiffe; ich kam mit meinen Schiffbrüchigen an Bord der »Itaparika«, einem Schoner mit sieben Kanonen.

In den ersten Tagen dieser Expedition schienen die Republikaner das Glück gepachtet zu haben; da die Kaiserlichen durchaus nicht an eine so schnelle Invasion wie diese geglaubt hatten, denn es waren darüber nur sehr vage Nachrichten im Umlauf, hatten sie sich zu spät entschlossen, Waffen, Munition und Soldaten nach Santa Catarina zu senden. Diese kamen erst an, als wir bereits Herren der Stadt waren, und fielen sogleich in unsere Hände. Die Einwohner selbst empfingen uns als Brüder und Befreier, eine Bezeichnung, die wir unglücklicherweise während unseres

Aufenthaltes unter diesem freundlichen Volke nicht rechtfertigen konnten.

Canavarro schlug sein Hauptquartier in der Stadt auf, die von den Republikanern Giuliana getauft wurde, weil sie daselbst im Monat Juli eingezogen waren. Er kündigte die Errichtung eines Provinzial-Gouvernements an, dessen erster Präsident ein ehrwürdiger Priester wurde, der großen Einfluss auf das Volk ausübte; Rossetti war unter dem Titel eines Sekretärs der Regierung deren wahre Seele; wirklich passte Rossetti auch für alle Ämter.

Alles ging also vortrefflich; Oberst Texeira hatte mit seiner braven Truppe den Feind verfolgt und ihn gezwungen, sich in der Hauptstadt der Provinz einzuigeln, er hatte den größten Teil des Landes erobert; überall wurden wir mit offenen Armen empfangen und eine große Zahl kaiserlicher Deserteure lief zu uns über.

General Canavarro hatte glänzende Pläne entworfen. Er war ein tüchtiger Soldat, äußerlich rau, aber wirklich ein vortrefflicher Mann. Er pflegte zu sagen, aus dem See Santa Catarina solle eine Hydra kriechen, die das Kaiserreich verzehren werde, und vielleicht hätte er Recht behalten, wenn diese Expedition mit mehr Einsicht und richtigem Urteil eingeleitet worden wäre, aber unser stolzes Auftreten gegenüber den Einwohnern und die Unzulänglichkeit der Mittel beraubte uns der Früchte dieses glänzenden Feldzuges.

24.
Eine Frau

Bisher hatte ich noch nie ans Heiraten gedacht und hielt mich für vollständig unfähig, jemals Ehemann zu werden, wenn ich meinen übergroßen Freiheitsdrang und meinen unwiderstehlichen Hang zum Abenteurerleben in Betracht zog: Eine Frau und Kinder zu haben, schien mir eine ganz unmögliche Sache für einen Mann, der sein Leben einem Prinzip geweiht hat, dessen Verfolgung, so weit sie auch zum Ziele führen mag, ihm niemals die Ruhe gönnen kann, deren ein Familienvater bedarf. Das Schicksal aber hatte anders entschieden – nach dem Tode Luigis, Eduards und meiner anderen Gefährten fühlte ich mich vollkommen verlassen und es kam mir vor, als sei ich allein auf der Welt.

Nicht ein einziger meiner Freunde, deren das Herz ebenso wie das Leben der Nahrung bedarf, war mir geblieben. Die Überlebenden waren mir, wie gesagt, fremd; ohne Zweifel waren es tapfere Seeleute und gute Seelen, aber ich kannte sie noch nicht lange genug, um mit einem innig befreundet zu sein. In dieser unermesslichen Leere, welche die schreckliche Katastrophe um mich erzeugt hatte, fühlte ich Sehnsucht nach einer Seele, die mich liebte; ohne eine solche war mir die Existenz unerträglich, beinahe unmöglich. Zwar hatte ich Rossetti wiedergefunden, das heißt einen Bruder, aber dieser konnte, durch die Verpflichtungen seines Amtes zurückgehalten, nicht bei mir leben und kaum sah ich ihn einmal in der Woche. Ich bedurfte also eines Herzens, das mich liebte, das mich sofort liebte. Die Freundschaft ist eine Frucht der Zeit, sie braucht Jahre, um zu reifen, während die Liebe ein Blitzstrahl ist, zuweilen ein Kind des Sturmes. Aber was macht das schon? Ich gehöre zu denen, die Stürme, welcher Art sie auch seien, der Ruhe des Lebens, der Windstille des Herzens vorziehen.

Ich bedurfte also einer Frau, die mich liebte; sie allein konnte mich heilen, eine Frau war für mich die einzige Rettung, der einzige Engel des Trostes, der Stern im Sturmwetter. Eine Frau ist die Gottheit, die man nie umsonst anruft, wenn man sie, besonders im Unglück, aus der Tiefe des Herzens anruft.

In der Kajüte der »Itaparika« fortwährend mit solchen Gedanken beschäftigt, wandte ich bald meinen Blick wieder der Erde und den Menschen zu. Die Barraküste war uns nicht fern, und vom Deck meines Schiffes aus sah ich eine Menge schöner junger Mädchen, die sich mit verschiedenen häuslichen Arbeiten beschäftigten. Eine von ihnen zog mich mehr als alle übrigen an. Als ich den Befehl erhielt, mich auszuschiffen, ging ich sogleich auf das Haus zu, das ich schon seit längerer Zeit beobachtet hatte; mein Herz klopfte laut, aber so erregt, wie es auch war, fasste es doch einen unumstößlichen Entschluss. Ein Mann lud mich ein, einzutreten – ich wäre auch, wenn er es mir untersagt hätte, eingetreten –, ich hatte diesen Mann noch nie in meinem Leben gesehen. Ich fand das junge Mädchen und sagte zu ihr: »Jungfrau, du musst mir angehören!« Mit diesen wenigen Worten knüpfte ich ein Band, das der Tod alleine zerreißen konnte.

Ich hatte einen verbotenen Schatz gefunden, wie viel war dieser Schatz aber nicht wert! Ist dabei ein Unrecht begangen worden, so war dies ganz allein meine Schuld. Wohl war es ein Unrecht, wenn zwei Herzen, indem sie sich aneinanderschlossen, das eines Dritten, Unschuldigen zerrissen.

Nun ist sie tot und er gerächt. Ich erkannte die Größe meines Unrechts erst, als ich die Geliebte an der Mündung des Eridan dem Tode streitig machen wollte, wo ich ihre Hand gefasst hielt, um ihre letzten Pulsschläge zu zählen, wo ich ihre entfliehenden Atemzüge auffing und mit meinen Lippen ihr Röcheln ersticken wollte. Oh du, mein Gott, ich küsste sterbende Lippen; ach, ich umarmte einen toten Körper und weinte Tränen der Verzweiflung.

25.
Die Reise

Der General hatte befohlen, dass ich mit drei bewaffneten Schiffen auslaufen solle, um die kaiserlichen Schiffe, die an der Küste Brasiliens kreuzten, anzugreifen. Ich bereitete mich auf diesen schweren Auftrag vor und brachte alles zu meiner Ausrüstung Nötige zusammen. Meine drei Schiffe waren: die »Rio Pardo«, die ich selbst kommandierte, die »Cassapara« unter Griggs Befehl – beide waren Schoner – und die »Seival« unter Befehl des Italieners Lorenzo. Die Mündung der Lagune wurde durch die kaiserlichen Kriegsschiffe blockiert, aber wir liefen zur Nachtzeit aus und blieben unbehelligt. Anita, die damals schon meine Lebensgefährtin war und sich damit auch all den Gefahren aussetzte, denen ich ausgesetzt war, hatte sich durchaus mit mir einschiffen wollen.

Auf der Höhe von Santos begegneten wir einer kaiserlichen Korvette, die uns zwei Tage lang vergeblich jagte. Am zweiten Tage näherten wir uns der Insel Abrigo und kaperten daselbst zwei mit Reis beladene Küstensegler. In den folgenden Tagen erbeuteten wir weitere Schiffe; acht Tage nach unserer Abreise setzte ich den Kurs wieder auf die Lagunen.

Ich weiß nicht, weshalb ich eine düstere Vorahnung von dem, was sich nun zutragen sollte, in mir barg; jedenfalls machte sich bereits vor unserer Abreise eine gewisse Missstimmung gegen uns bemerkbar. Zudem wusste ich, dass ein ansehnliches Truppenkorps unter General Andrea, dem die Befriedung von Pará großen Ruhm eingetragen hatte, im Anmarsch war.

Bei unserer Rückkehr begegneten wir auf der Höhe der Insel Santa Catarina einem brasilianischen Kriegsschiffe. Die »Rio Pardo« und die »Seival« waren beisammen, die »Cassapara« hatte sich schon vor einigen Tagen während einer dunklen Nacht von uns getrennt. Als wir das feindliche Schiff entdeckten, war es bereits zu spät, ihm auszuweichen; deshalb liefen wir ihm geradewegs entgegen und griffen es entschlossen an. Wir eröffneten das Feuer und der Feind beantwortete es; da das Meer aber sehr hoch ging, führte der Kampf zu keiner Entscheidung; er endigte damit, dass wir einen Teil der von uns erbeuteten Schiffe verloren, deren Befehlshaber, von der Überlegenheit des Feindes erschreckt, die Flagge strichen.

Ein paar andere liefen auf die nahe Küste. Eine einzige unserer Prisen wurde gerettet; Ignazio Bilbao, der brave Biskayer, befehligte sie und lief in den Hafen von Imbituba ein, der sich damals in unserer Hand befand. Die »Seival« nahm denselben Kurs, nachdem ihre Kanone aus der Lafette gesprungen war und sie ein Leck bekommen hatte; ich war also, da ich allein zu schwach war, die Stellung zu halten, gezwungen, dasselbe zu tun.

Mit Nordostwind liefen wir in Imbituba ein; mit einem solchen Winde konnten wir unmöglich wieder auf den See kommen und zweifellos mussten uns die zu Santa Catarina stationierten kaiserlichen Schiffe angreifen, sobald sie durch die »Andurinka« – das Kriegsschiff, mit dem wir es zu tun gehabt hatten – benachrichtigt würden; wir mussten uns also zu neuem Kampfe vorbereiten. Die Kanone der »Seival« wurde auf das Vorgebirge geschafft, welches die Bai an der Ostseite schließt, und hier legten wir eine mit Schanzkörben befestigte Batterie an.

Kaum war der folgende Morgen angebrochen, da bemerkten wir wirklich drei feindliche Schiffe, die auf uns zusteuerten. Die »Rio Pardo« wurde vor Anker gelegt und begann einen sehr ungleichen Kampf, da die Kaiserlichen uns stark überlegen waren.

Ich hatte Anita an Land bringen lassen wollen, aber sie weigerte sich, und da ich ihren Mut im Grunde meines Herzens bewunderte und stolz darauf war, tat ich unter solchen Umständen nichts, um sie zu dem zu zwingen, was sie meinen Bitten verweigert hatte.

Durch den aufkommenden Wind in seinem Manöver unterstützt, konnte sich der Feind behaupten, er lavierte kurz hin und her und nahm uns heftig unter Beschuss; auf diese Weise konnte er sich seiner Geschütze aus allen Richtungen bedienen und gab unserem Schoner seine vollen Breitseiten. Wir kämpften mit hartnäckiger Entschlossenheit und da wir mittlerweile in Karabinerschussweite waren, wurde das Feuer von beiden Seiten immer mörderischer. Aufgrund unserer zahlenmäßigen Unterlegenheit hatten wir viel höhere Verluste als die Kaiserlichen und unser Deck war mit Toten und Verstümmelten bedeckt. Obgleich die Planken unseres Fahrzeuges von Kugeln durchlöchert waren und unsere Takelage großen Schaden genommen hatte, waren wir doch entschlossen, nicht zu weichen und uns eher bis auf den letzten Mann töten zu lassen, als uns zu ergeben. In diesem großherzigen Entschlusse wurden wir freilich durch den Anblick der brasilianischen Amazone bestärkt, die wir an Bord hatten: Anita hatte nicht nur das Schiff nicht verlassen wollen, sondern sie nahm mit dem Karabiner in der Hand auch am Kampfe teil. Ich muss auch gestehen, dass wir von dem tapferen Manuel Rodriguez, der unsere Landbatterie befehligte, tüchtig unterstützt wurden; solange das Gefecht dauerte, feuerte er seine Schüsse geschickt und sicher ab. Besonders erbittert bekämpfte der Feind unseren Schoner; während des Gefechtes näherte er sich uns mehrere Male so, dass ich glaubte, er wolle entern. Er wäre uns willkommen gewesen, wir waren auf alles vorbereitet.

Zu unserer großen Verwunderung zogen sich die Kaiserlichen nach fünfstündigem hartnäckigen Kampfe zurück. Später erfuhren wir, dass dies geschah, weil der Kommandant der »Schönen Amerikanerin« erschossen worden war, was dem Gefecht ein Ende machte.

Während desselben hatte ich den lebhaftesten und grausamsten Schrecken in meinem Leben auszustehen. Als Anita auf dem Deck des Schoners mit dem Säbel in der Hand meine Leute zum Kampf ermutigte, wurde sie mit zwei anderen von einer Kanonenkugel umgerissen. Ich sprang zu ihr hin und glaubte nur noch einen Leichnam zu finden, aber sie erhob sich wieder wohl und munter – die beiden Männer waren getötet worden. Ich bat sie nun inständigst, in das Zwischendeck hinabzusteigen.

»Nun gut, ich will hinabgehen«, sagte sie, »aber nur, um die Feigen heraufzujagen, die sich dort versteckt haben.«

Sie stieg wirklich hinab und kam bald wieder herauf, wobei sie zwei oder drei Matrosen vor sich her trieb, die ganz beschämt waren, sich minder tapfer als eine Frau gezeigt zu haben.

Den Rest des Tages brachten wir damit zu, die Toten zu beerdigen und die durch das feindliche Feuer an unserem Schoner angerichteten Schäden auszubessern, und diese Beschädigungen waren nicht unbedeutend. Am anderen Tage kamen die Kaiserlichen nicht wieder; ohne Zweifel bereiteten sie sich auf einen neuen Angriff auf uns vor; wir brachten daher unsere Kanonen wieder an Bord, lichteten um die Nachtzeit den Anker und segelten aufs Neue nach dem See.

Als der Feind unsere Abfahrt entdeckte, waren wir bereits weit fort, dennoch nahm er die Verfolgung auf; erst am nächsten Morgen konnte er uns ein paar Kugeln zusenden, doch blieben diese ohne Erfolg, so dass wir ohne weitere Zwischenfälle in den See einliefen, wo wir von den Unsrigen mit Freuden empfangen wurden, die sich wunderten, wie wir einem an Zahl so weit überlegenen Feinde hatten entwischen können.

26.
Die Plünderung Imeruis

Auf dem See erwarteten uns neue Ereignisse. Die Feinde fuhren fort, zu Lande gegen uns vorzurücken, und zwar mit solcher Übermacht, dass wir gar nicht hoffen konnten, ihnen zu widerstehen; andererseits hatten die Ungeschicklichkeit und Brutalität der Unsrigen die Einwohner der Provinz Santa Catarina gegen uns aufgebracht und sie alle waren bereit, sich gegen uns zu empören und sich den Kaiserlichen in die Arme zu werfen. Die Bewohner der Stadt Imerui, die am äußersten Ende des Sees liegt, hatte sogar schon zu den Waffen gegriffen; da erhielt ich vom General Canavarro den Befehl, dieses unglückliche Land mit Feuer und Schwert zu züchtigen – ich musste dem Befehle gehorchen.

Die Einwohner der Stadt und die Besatzung der Garnison hatten gegen die Seeseite hin Verteidigungsanstalten getroffen; ich begab mich also drei Meilen davon entfernt an Land und griff sie, als sie es gerade am wenigsten erwarteten, von der Seite der Berge an. Die überraschten und geschlagenen Verteidiger ergriffen die Flucht und wir waren Herren von Imerui.

Ich wünsche sowohl mir als jedem, der noch nicht alle Menschlichkeit abgelegt hat, dass er niemals eine ähnliche Order wie die meinige empfangen möge, die so bestimmt war, dass ich auf keine Weise von ihr abgehen konnte. Obgleich es genug ausführliche Berichte über ähnliche Ereignisse gibt, glaube ich doch, dass die schaudervollste Erzählung sich unmöglich der Wirklichkeit annähern kann. Gott sei mir gnädig und verzeihe mir! Kein anderer Tag in meinem Leben hat in meiner Seele solch bittere Erinnerungen zurückgelassen; niemand kann sich eine Vorstellung von der Mühe machen, die es mich kostete, während der Plünderung, die ich gestatten musste, die Gewalt gegen Menschen zu verhindern und die Zerstörung auf die leblosen Gegenstände zu beschränken, und dennoch gelang mir dies, wie ich glaube, weit über alle Hoffnung hinaus. Was aber die Plünderung anbetraf, so konnte ich die Unordnung unmöglich hindern. Dazu reichte nichts hin, weder meine Autorität als Befehlshaber noch Strafen, ja nicht einmal Säbelhiebe.

So sah ich mich endlich gezwungen, mit der Rückkehr des Feindes drohen: Ich verbreitete das Gerücht, dass dieser, nachdem er bedeutende Verstärkungen erhalten habe, wieder gegen uns marschiere – aber auch dies blieb erfolglos. Wäre er wirklich zurückgekehrt und hätte uns so außer jeder Ordnung gefunden, so würde er uns buchstäblich geschlachtet haben. Denn unglücklicherweise befanden sich in der Stadt, so klein wie sie war, große Vorräte von Wein und Spirituosen, so dass außer mir, der ich nur Wasser trinke, und einigen Offizieren, die ich bei mir halten konnte, alle der Trunkenheit verfielen. Zudem bestand meine Mannschaft größtenteils aus Leuten, die ich kaum kannte, aus neuen und demgemäß noch ganz undisziplinierten Rekruten. Fünfzig entschlossene Männer, die uns plötzlich überfallen hätten, würden ohne Zweifel bald mit uns fertig geworden sein. Endlich brachte ich es mit Drohungen und Gewalt dahin, diese entfesselten wilden Tiere wieder einzuschiffen.

Wir brachten einige Lebensmittel und einige wenige der Plünderung entgangene Gegenstände, die für die Truppen bestimmt waren, an Bord und kehrten auf den See zurück.

Währenddessen zogen sich Oberst Texeiras Truppen vor dem Feinde zurück, der in großer Stärke schnell vorrückte.

Als wir wieder in der Lagune waren, brachten wir die ganze Ladung auf das rechte Ufer und bald sollten ihr auch die Truppen folgen.

27.
Neue Kämpfe

Ich hatte an dem Tage, an dem die Truppen an das südliche Ufer gebracht werden sollten, sehr viel zu tun, denn obschon diese Armee nicht sehr groß war, schienen doch das Entladen der Schiffe und die vielfältigen anderen Hindernisse kein Ende zu nehmen. Hier war die Strömung noch einmal so stark wie im übrigen See. Man hatte also von Sonnenaufgang bis Mittag zu tun, um die Division mit Hilfe aller Barken, deren man sich bemächtigen konnte, überzusetzen.

Gegen Mittag kam auch die feindliche Flottille, die aus zweiundzwanzig Segelschiffen bestand, in Sicht; sie manövrierte in Übereinstimmung mit den Landetruppen und ihre Schiffe hatten außer ihrer Mannschaft noch eine Menge Soldaten an Bord. Ich kletterte auf den nächsten Berg, um den Feind zu beobachten, und erkannte augenblicklich, dass es in seinem Plane lag, seine Streitkräfte am Eingange des Sees zu konzentrieren. Sofort teilte ich dies dem Generale Canavarro mit und der gab auch gleich die darauf bezüglichen Befehle; dessen ungeachtet kamen aber unsere Leute nicht zeitig genug an Ort und Stelle, um jenen Eingang verteidigen zu können. Eine von uns auf der Spitze der Mole errichtete und von dem tapferen Capotto befehligte Batterie konnte nur schwachen Widerstand leisten, da sie nur Geschütze von kleinem Kaliber hatte und übrigens durch ungeschickte Artilleristen schlecht bedient wurde. Es blieben also nur unsere drei republikanischen Schiffe, die nur noch die Hälfte ihrer Besatzung führten, da der Rest der Leute an Land geschickt worden war, um bei der Ausschiffung der Truppen zu helfen. Teils, weil es unmöglich war, teils, weil man sich lieber von dem schrecklichen Gefechte, das bevorstand, fernhalten wollte, stießen trotz der Befehle, die ich ihnen sandte, nicht alle wieder zu uns und so mussten wir die ganze Last des Kampfes allein tragen.

Inzwischen lief der Feind mit vollen Segeln, von Wind und Wasser getrieben, auf uns zu. Ich eilte also, mich auf meinen Posten an Bord der »Rio Pardo« zu begeben, wo meine mutige Anita bereits im Begriff war, die Kanonade zu beginnen, indem sie gezielt und eigenhändig die Lunte an das Geschütz legte, das sie kommandieren wollte; dabei ermutigte sie durch Zurufe unsere etwas eingeschüchterten Leute.

Der Kampf war schrecklich und mörderischer, als sich denken lässt. Wir verloren nicht viel Leute, da die Hälfte sich an Land befand, von den sechs Offizieren aber, die auf die drei Schiffe verteilt waren, war ich der einzige Überlebende.

Alle unsere Geschütze wurden zerstört. Als dies geschehen war, setzten wir das Gefecht mit dem Karabiner fort und hörten mit dem Schießen nicht auf, solange sich der Feind uns gegenüber befand. Während dieser ganzen Zeit blieb Anita dicht neben mir auf ihrem gefährlichen Platze, wollte sich weder ausschiffen lassen, noch irgendeine Deckung benutzen, sich nicht einmal bücken, wie es der tapfere Mann wohl tut, wenn er die Lunte an das feindliche Geschützrohr legen sieht.

Endlich glaubte ich ein Mittel gefunden zu haben, sie außer Gefahr zu bringen: Es bedurfte eines strengen Befehles von mir, damit sie gehorchte. Da ich ohnehin fürchtete, dass jeder andere, den ich fortgesandt hätte, irgendeinen Vorwand finden würde, nicht zurückzukehren, gab ich ihr den Auftrag, sich zu dem General zu begeben, ihn um Verstärkung zu bitten und ihm auch zu sagen, dass ich, wenn er meiner Bitte entspreche, auf den See zurückgehen und die Kaiserlichen so beschäftigen würde, dass sie nicht mehr an eine Landung denken sollten, müsste ich auch mit dem Pechkranze in der Hand Feuer an ihre Flotte legen. Anita versprach mir auch, an Land zu bleiben und mir die Antwort durch einen sicheren Mann zu senden; zu meinem großen Erstaunen kam sie aber selbst zurück. Der General konnte mir keine Leute schicken und ließ mir befehlen, nicht die feindliche Flotte in Brand zu stecken, was er für ein verzweifeltes und unnützes Unternehmen hielt, sondern zurückzukehren und Waffen und Munition zu retten.

Ich gehorchte. Nun begannen wir unter Feuer, das auch nicht einen Augenblick nachließ, Waffen und Munition an Land zu schaffen; da wir jedes Offiziers ermangelten, beaufsichtigte Anita dieses Geschäft, während ich mich von einem Schiffe auf das andere übersetzen ließ und auf einem jeden Feuer legte, um sie zu verbrennen.

Dies war ein erschütterndes Unternehmen, da ich drei Mal über all die Toten und Verwundeten steigen musste; es war ein wahres Schlachthaus voll menschlichen Fleisches, man schritt über vom Rumpfe getrennte Glieder und stieß mit jedem Schritte an sie an. Der Kommandant der »Itaparika«, Juan Henriquez de la Laguna, lag mitten unter seiner Mannschaft mit einer Kugel in der Brust, die ein Loch von Armesdicke gemacht hatte. Dem armen John Griggs war, wie bereits früher erwähnt, der Körper durch einen Kartätschenschuss, den er aus nächster Nähe erhalten hatte, in zwei Teile zerrissen worden. Bei diesem Anblick fragte ich mich, wie ich, der sich doch genauso wenig wie die anderen geschont hatte, am Leben bleiben konnte.

Im Nu hüllte eine einzige Rauchwolke unsere Schiffe ein, wenigstens hatten so unsere braven Toten, die auf dem Verdeck ihrer Schiffe verbrannten, einen ihrer würdigen Scheiterhaufen.

Während ich dieses Werk der Zerstörung vollendete, beendigte Anita ihr Rettungswerk, das sie in einer Weise durchführt hatte, die mich erzittern ließ: Sie machte ungefähr zwanzig Fahrten, um die Waffen an die Küste zu schaffen und dann wieder zurückzukehren, und dabei stand sie fortwährend unter feindlichem Feuer. Sie befand sich mit zwei Ruderern in einer kleinen Barke, und die armen Teufel bückten sich, so oft sie konnten, um den Geschütz- und Flintenkugeln zu entgehen. Sie aber stand aufrecht im Heck des Bootes mitten im Kartätschenhagel, ruhig und stolz wie eine Statue der Pallas, und Gott, der seine Hand über mich hielt, beschützte sie zu gleicher Zeit mit dem Schatten dieser Hand.

Es war beinahe tiefe Nacht, als ich mit den Überlebenden von den Schiffen unsere Division erreichte, die sich nach Rio Grande zurückzog und denselben Weg einschlug, den wir einige Monate zuvor siegreich und mit einem Herzen voll Hoffnung zurückgelegt hatten.

28.
Zu Pferde

Während all dieser Stürme eines abenteuerlichen Lebens habe ich doch immer süße Stunden, glückliche Augenblicke gehabt, und wenn die eben beschriebenen Momente auf den ersten Blick auch nicht zu denen zu gehören schienen, denen ich ein freundliches Andenken bewahren würde, so rufe ich mir diese Erlebnisse doch gerne zurück, denn waren sie auch nicht voller Glück, so waren sie doch wenigstens voller Aufregung.

Zu Pferde zog ich an der Spitze der wenigen Leute dahin, die von so vielen Kämpfern übrig geblieben waren, welche gerechterweise alle tapfer genannt zu werden verdienten, und ich war stolz auf die Überlebenden wie auf die Toten, ja beinahe auf mich selbst. An meiner Seite ritt die Königin meines Herzens, die Frau, die allgemein bewundert zu werden verdiente. Was wollte ich mehr? Was kümmerte es mich, dass ich wie jener griechische Philosoph nur das noch besaß, was ich bei mir trug? Dass ich einer armen Republik diente, die keinen Menschen bezahlte und von der ich, wenn sie reich gewesen wäre, nicht einmal Gold angenommen haben würde? Hatte ich nicht einen Säbel an meiner Seite und einen Karabiner, der über dem Sattelknopfe lag? Hatte ich nicht Anita neben mir, meinen Schatz, ein Herz, das ebenso glühend für die Freiheit der Völker schlug wie das meinige? Betrachtete sie den Kampf nicht wie ein Vergnügen, wie eine einfache Zerstreuung in diesem Leben im Felde? Die Zukunft lachte mir heiter und glückverheißend entgegen, und je wilder und öder die amerikanischen Gefilde waren, die ich vor mir sah, desto köstlicher und schöner erschienen sie mir.

Wir setzten unseren Rückzug bis nach Las Torres fort, der Grenze zwischen den beiden Provinzen São Paulo und Rio Grande, wo wir unser Lager aufschlugen. Der Feind hatte sich damit begnügt, die Lagune wieder in Besitz zu nehmen, und verfolgte uns nicht weiter. Nachdem er sich mit der Division Acunha, die aus der Provinz São Paulo kam, vereinigt hatte, zog er gegen Civa da Serra, einem Teil des Gebirgslandes, das zur Provinz Rio Grande gehört.

Die Gebirgsbewohner waren unsere Freunde und baten, als sie durch derart überlegende Kräfte angegriffen wurden, General Canavarro um Hilfe. Dieser beschloss zu ihrer Unterstützung eine Expedition unter Befehl des Obersten Texeira anzuordnen, zu dessen Korps auch wir gehörten. Von den Serraniern, die Oberst Aranha befehligte, mit Freuden gegrüßt, schlugen wir bei Santa Vittoria die feindliche Armee vernichtend. Acunha warf sich in den Fluss Pelotas und der größte Teil seiner Truppen wurde gefangen genommen.

Dieser Sieg brachte die beiden Provinzen Baccaria und Lages in die Hand der Republikaner und wir zogen in die Hauptstadt der Letzteren siegreich ein.

Die Kunde vom Einfall der Kaiserlichen hatte die brasilianische Partei aufgeweckt, und Mello, ein feindlicher Führer, hatte ein Reiterkorps von ungefähr fünfhundert Mann zusammengebracht. Der General Bento Manuel, der beauftragt worden war, gegen ihn zu ziehen, hatte diese Aufgabe nicht ausführen können, da er sich auf dem Rückzug befand, und sich damit begnügt, den Oberst Portinko zu Mellos Verfolgung zu entsenden, der sich nach São Paulo gewandt hatte.

Unsere Position und unsere Stärke bewogen uns selbstverständlich, Mellos nicht allein am Weitermarsch zu hindern, sondern ihn zu vernichten. Das Schicksal wollte es anders: Oberst Texeira, der ungewiss war, ob der Feind über Baccaria oder Curitibani kommen werde, teilte sein Korps und schickte Oberst Aranha mit seiner besten Kavallerie nach Baccaria, während wir uns mit der Infanterie und nur wenigen Berittenen, die fast sämtlich aus den Reihen Gefangenen zu uns übergelaufen waren, nach Curitibani.

Gerade diesen Weg nahm der Feind.

Diese Aufteilung unserer Kräfte gereichte uns zum Nachteile, der jüngst erfochtene Sieg, der hitzige Charakter unseres Führers und die Nachricht, die wir vom Feinde erhalten hatten, bewirkten, dass wir diesen unterschätzen. Nach drei Tagen Marsch waren wir in Curitibani und lagerten uns eine kurze Strecke von Maromba entfernt, wo die Kaiserlichen, wie wir hofften, den Fluss überqueren mussten. Wir stellten eine Feldwache ans Ufer und Posten dahin, wo wir es für notwendig hielten, und dann legten wir uns ganz ruhig zum Schlafen nieder. Ich für meine Person schlief, wie ich es mir bei dieser Art des Krieges zur Gewohnheit gemacht hatte, nur mit einem Auge.

Um Mitternacht wurde die Wache am Flusse mit solcher Heftigkeit angegriffen, dass sie kaum die Flucht ergreifen konnte und in einen Schusswechsel mit dem Feinde verwickelt wurde. Beim ersten Flintenschusse war ich mit dem Rufe »Zu den Waffen!« auf den Beinen. Alles erwachte auf diesen Ruf hin und machte sich zum Gefecht bereit. Kaum war der Tag angebrochen, so erschien der Feind; da er den Fluss schon passiert hatte, stellte er sich in geringer Entfernung von uns in Schlachtordnung auf. Jeder andere als Texeira würde, sobald er die Überlegenheit des Gegners gewahrte, Kuriere entsandt haben, um den anderen Teil des Korps zu Hilfe zu rufen, und hätte bis zu dessen Ankunft den Feind in Schach gehalten; der tapfere Republikaner fürchtete aber, dass jener sich zurückziehen könnte. So stürzte er sich, unbekümmert um die vorteilhafte Position des Gegners, ins Gefecht.

Der Feind zog aus der Unebenheit des Bodens Vorteil und hatte sich auf einem ziemlich hohen Hügel aufgestellt, vor dem sich ein tiefes Tal, das dicht von Strauchwerk besetzt war, ausbreitete;

außerdem hatte er kleine Abteilungen an seinen Flanken postiert. Texeira befahl den Angriff und der Befehl wurde mit Jubel aufgenommen. Nun tat der Feind so, als ob er den Rückzug antreten wolle. Ohne das Feuer einzustellen, begannen unsere Leute, ihn zu verfolgen; plötzlich wurden sie aber durch die im Hinterhalt liegenden Abteilungen, die sie nicht bemerkt hatten, angegriffen und genötigt, sich in ungeordneten Haufen durch das Tal zurückzuziehen. In diesem Scharmützel verloren wir einen unserer besten Offiziere, Manuel R., den unser Befehlshaber besonders liebte. Unsere Linie formierte sich indessen bald wieder und stürmte von neuem ungestüm vorwärts; der Feind wich und trat den Rückzug an.

Da nur ein kleiner Teil der Truppen in dieses Gefecht verwickelt worden war, gab es weder auf der einen noch auf der anderen Seite viele Tote und Verwundete.

Indessen zog sich der Feind schleunigst zurück und wir verfolgten ihn mit aller Macht; da seine beiden Kavallerie-Linien aber neun Meilen zurückflohen, konnten wir sie mit unserer Infanterie nicht erreichen. Als wir uns dem Pacao da Maromba näherten, meldete der Führer der Vorhut, Major Giacinto, unserem Oberst, dass der Feind im Begriff sei, in größter Unordnung auf seinen Ochsen und Pferden den Fluss zu passieren, was seiner Ansicht nach ein Beweis dafür war, dass er die Flucht fortzusetzen gedenke. Texeira zögerte keinen Augenblick; er befahl unserem kleinen Kavallerietrupp, sich in Galopp zu setzen, und ersuchte mich, so schnell als möglich mit unserer Infanterie zu folgen.

Dieser Rückzug war aber nur eine Finte unseres listigen Feindes, und leider gelang sie ihm nur zu gut. Infolge der Beschaffenheit des Terrains und der Schnelligkeit, mit der er es durchschritten hatte, war er uns aus den Augen gekommen, und als er an das Flussufer gelangt war, hatte er freilich, wie Major Giacinto meldete, seine Ochsen und Pferde auf das jenseitige Ufer geschafft; die Truppen aber hatten sich hinter bewaldeten Hügeln versteckt, die sie unseren Augen ganz entzogen.

Nachdem die Kaiserlichen dieses Manöver ausgeführt und eine Abteilung zur Unterstützung ihrer Schützen zurückgelassen hatten, machten sie kehrt, sobald sie bemerkten, dass wir die Unklugheit begangen hatten, unsere Infanterie so weit zurückzulassen. Bald erschienen ihre Schwadronen auf dem sanften Abhange eines Tales.

Unser kleines Korps, das den Feind bei seiner Scheinflucht verfolgte, bemerkte die Falle zuerst, es war aber schon zu spät, ihr zu entgehen. In der Flanke angegriffen, wurde es vollständig über den Haufen geworfen; unsere drei anderen Kavallerieschwadronen erlitten das gleiche Schicksal, ungeachtet des Mutes und der Entschlossenheit Texeiras und einiger Offiziere aus Rio Grande; in wenigen Augenblicken wurden die Linien unserer Reiter durchbrochen und sie in alle Winde zerstreut.

Wie gesagt, waren unsere Reiter fast alle Gefangene, die wir in Santa Vittoria gemacht hatten, und vielleicht hatten wir ein wenig leichtfertig auf sie gerechnet. In der Tat konnten sie unserer Sache keine große Anhänglichkeit entgegenbringen, zudem waren es junge Soldaten vom Lande, die wenig Übung besaßen; sie lösten sich also beim ersten Angriff auf und ließen sich, von wenigen Toten abgesehen, zu Gefangenen machen. Ich verfolgte die Entwicklung des Kampfes sehr genau; gut beritten, wie ich war, ermunterte ich meine Infanteristen, so schnell als möglich zu marschieren, jagte voraus und beobachtete von einem Hügel aus das traurige Resultat des Gefechtes.

Vergeblich taten meine Leute ihr Möglichstes, zur rechten Zeit hinzuzukommen. Auf meinem Beobachtungsposten kam ich zu der Überzeugung, dass es zu spät sei, noch den Sieg zu erringen, aber noch früh genug, um zu verhindern, dass alles verloren ginge. Ich rief nun ein Dutzend meiner alten Gefährten, die am geschwindesten und tapfersten waren, zu mir heran und sie liefen sogleich herbei. Dem Major Peichotto übergab ich das Kommando über die Übrigen und mit diesen wenigen Tapferen bezog ich auf dem Hügel eine durch Bäume geschützte Stellung; hier machten wir Front gegen den Feind, der erst jetzt bemerkte, dass er noch nicht vollständig gesiegt habe, und wurden zum Sammelpunkt für alle diejenigen der Unserigen, die den Mut noch nicht ganz verloren hatten. Der Oberst selbst schlug sich mit einigen Reitern zu uns, nachdem er Wunder der Tapferkeit vollbracht hatte; hier vereinigte sich auch bald die übrige Infanterie mit uns, und nun wurde die Verteidigung furchtbar und mörderisch.

Da unsere Stellung stark und unsere Truppe bis auf dreiundsiebzig Mann angewachsen war, fochten wir mit Vorteil; der Feind, dem es an Infanterie fehlte und dessen Reiterei nur wenig gewöhnt war, gegen Fußvolk zu kämpfen, griff uns vergeblich an; fünfhundert ausgezeichnete Reiter, alle von Siegeswillen beseelt, erschöpften ihre Kräfte gegen wenige entschlossene Männer, ohne ihnen einen

Augenblick Schaden zu tun. Dennoch durften wir, trotz dieses augenblicklichen Vorteils, dem Feinde keine Zeit lassen, seine ganze Stärke wiederzuerlangen und sich mit jenem Truppenteil zu vereinigen, der noch mit der Verfolgung der Flüchtigen beschäftigt war; und vor allem mussten wir einen sicherere Stellung suchen, als die, welche wir bisher behauptet hatten. Ungefähr eine Meile entfernt sahen wir eine Baumgruppe; wir zogen uns also dorthin zurück. Vergebens suchte der Gegner unsere Reihen zu durchbrechen, vergebens attackierte er uns jedes Mal, sobald das Terrain ihm die Gelegenheit darbot, all seine Bemühungen waren umsonst.

Übrigens war es unter diesen Umständen ein großer Vorteil für uns, dass die Offiziere mit Karabinern bewaffnet waren, und da wir alle kriegserfahrene Männer waren, uns dicht beieinander hielten, nach jeder Seite, von der der Feind angriff, Front machten und uns immer in guter Ordnung unter furchtbarem, wohlgezieltem Feuer zurückzogen, erreichten wir den Zufluchtsort, in den unsere Gegner nicht einzudringen wagten. In diesem schützenden Gehölz angekommen, fanden wir auch bald eine Lichtung und erwarteten daselbst die Nacht, stets dicht beieinander und das Gewehr in der Hand. Der Feind rief uns von allen Seiten zu: »Ergebt euch!« Wir antworteten ihm aber nur durch Stillschweigen.

29.
Der Rückzug

Als die Nacht hereingebrochen war, machten wir uns fertig; wir beabsichtigten, uns auf den Weg nach Lages zurückzuziehen. Die größte Schwierigkeit hierbei war der Transport der Verwundeten; besonders konnte Major Peichotto sich auf keine Weise helfen, da er eine Kugel in den Fuß erhalten hatte.

Gegen zehn Uhr abends traten wir unseren Marsch an. Nachdem wir die Verwundeten so bequem als möglich untergebracht hatten, verließen wir unser Gehölz und versuchten nach dem Walde zu gelangen. Dieser Wald – vielleicht der größte, den es in der Welt gibt – erstreckt sich vom Rio de la Plata bis zum Amazonas, diesen beiden Königen unter den Flüssen; er krönt die Höhen der Serra do Espinhaço und erstreckt sich wohl dreißig Breitengrade weit; seine Längenausdehnung kenne ich nicht, aber sie soll unermesslich sein.

Die drei Regionen Lima da Serra, Baccaria und Lages liegen, wie ich wohl schon gesagt habe, in den Lichtungen dieses Waldes. Curitibani, eine Art Kolonie, welche die Bewohner von Curitiba, das im Distrikt Lages in der Provinz Santa Catarina liegt, errichtet hatten, war der Schauplatz der Begebenheit, die ich erzählt habe; wir marschierten an unserem vereinzelt liegenden Gehölze entlang, um möglichst schnell den Wald zu erreichen und den Versuch zu machen, uns in Richtung Lages zum Korps Aranhas durchzuschlagen, das unglücklicherweise noch fern war.

Bei unserem Auszuge aus dem Gehölze begegnete uns etwas, das wohl beweisen konnte, wie sehr der Mensch vom Zufalle abhängig ist und was panischer Schrecken selbst bei den Mutigsten bewirken kann. Wir marschierten in aller Stille, wie wir es in dieser Lage tun mussten, und waren bereit, den Kampf mit dem Feinde wieder aufzunehmen, wenn sich dieser unserem Rückzuge widersetzen sollte. Ein Pferd, das sich am Saum des Wäldchens befand, scheute bei einem Geräusche, das wir machten, und ergriff die Flucht.

Eine Stimme rief: »Das ist der Feind!«

In diesem Augenblicke erschraken die dreiundsiebzig Tapferen, die mit so vielem Mute fünfhundert Kaiserlichen widerstanden hatten und von denen man wohl sagen konnte, dass sie Letztere besiegt hatten, zu Tode und stoben derart auseinander, dass es wirklich ein Wunder war, dass nicht einer der Flüchtigen auf den Feind stieß und ihn alarmierte.

Endlich gelang es mir, einen Kern zu sammeln, um den sich bald die Übrigen scharten; so kamen wir mit Tagesanbruch an die Rand des Waldes und schlugen den Weg nach Lages ein.

Der Feind, der nichts von unserem Rückzuge bemerkt hatte, suchte uns am nächsten Tage vergeblich. Am Gefechtstage war die Gefahr groß gewesen, die Ermüdung ungeheuer, der Hunger gebieterisch und der Durst ein brennender; aber wir mussten um unser Leben kämpfen, und dieser Gedanke überragte jeden anderen. Als wir uns einmal im Walde befanden, war die Situation eine andere; es fehlte uns an allem, und das Elend, das nun nicht mehr durch die Gefahr verdrängt wurde, machte sich grausam und unerträglich bemerkbar. Der Mangel an Lebensmitteln, die allgemeine Ermattung, die Wunden, die Unmöglichkeit, sie zu verbinden, mussten uns notwendigerweise entmutigen.

Wir zogen vier Tage fort, ohne etwas anderes als Wurzeln zu

finden, und ich verzichte auf jede Schilderung der Mühen, die wir auf uns nehmen mussten, um einen Weg durch diesen Wald zu finden, in dem es nicht einmal einen Fußsteig gab und wo die Natur, die hier mitleidlos unfruchtbar ist, unter gigantischen Fichten einen zweiten Wald von Rohr erzeugt, dessen Schäfte stellenweise undurchdringliche Wälle bilden.

Ein paar unserer Leute verzweifelten und desertierten; es kostete große Mühe, sie wiederzufinden und zurückzubringen. Vielleicht gab es nur ein Mittel gegen diese Mutlosigkeit und ich war es, der es entdeckte. Ich rief meine Männer zusammen und sagte ihnen, dass es jedem freistehe, nach Gutdünken seinen eigenen Weg zu gehen oder den Marsch gemeinsam im Korps fortzusetzen, die Verwundeten zu schützen und einer für den anderen zu fechten. Das Mittel wirkte; von diesem Momente an dachte keiner mehr, obgleich sie alle frei waren, ans Desertieren, und sie alle schöpften neue Hoffnung auf ihre Rettung.

Am fünften Tage nach dem Gefechte fanden wir eine Picada, einen Fußsteig, der sich in der Breite eines, selten zweier Menschen durch den Wald zog. Er führte uns zu einem Hause, wo wir uns erholten, nachdem wir zwei Ochsen geschlachtet hatten.

Von hier aus verfolgten wir den Weg nach Lages weiter, wo wir an einem Tage mit starkem Regenwetter angelangten.

30.
Aufenthalt in Lages und Umgebung

Das gute Ländchen Lages, das uns, solange wir siegreich waren, so sehr gefeiert hatte, kehrte bei der Nachricht von unserem Missgeschick sein Banner um und einige der Entschlossensten hatten bereits das kaiserliche Regime wiederhergestellt. Diese ergriffen die Flucht, als wir anrückten, und da sie Kaufleute waren, hinterließen die meisten von ihnen gut gefüllte Magazine. Dies schien ein Wink der Vorsehung zu sein und wir glaubten, uns ohne Gewissensbisse der Waren unserer Feinde bemächtigen zu dürfen, und verbesserten, dank der Mannigfaltigkeit ihres Handels, unsere Lage ganz erheblich.

Inzwischen schrieb Texeira an Aranha und befahl ihm, zu uns zu stoßen; auch empfing er zu dieser Zeit Kunde von Oberst Portinko, den Bento Manuel mit der Verfolgung des Korps Mellos, mit dem wir zu Curitibani so unglücklich zusammengestoßen waren, beauftragt hatte.

Ich diente in Amerika der Freiheit der Völker und habe ihr stets redlich gedient; und so war ich dort, wie in Europa auch, stets ein entschiedener Gegner des Absolutismus; ich liebte das System, das mit meiner Überzeugung übereinstimmte, und war folglich ein Feind des entgegengesetzten. Hin und wieder habe ich die Menschen bewundert, oft sie beklagt, doch gehasst habe ich sie niemals; wenn ich sie egoistisch und schlecht fand, so schob ich ihre Schlechtigkeit und ihren Egoismus auf unsere unglückliche Natur. In dem Augenblicke, in dem ich diese Zeilen schreibe, bin ich zweitausend Meilen von dem Schauplatze der Begebenheiten entfernt, von denen ich eben erzählt habe; deshalb kann man sich wohl auf meine Unparteilichkeit verlassen. So spreche ich also sowohl für meine Freunde wie für meine Feinde, wenn ich sage, dass die, gegen welche ich focht, unerschrockene Kinder des amerikanischen Kontinents waren, nicht minder unerschrocken aber jene, in deren Reihen ich mich gestellt hatte.

Es war daher eine kühne Unternehmung, dass wir in Lages Halt machten, um es gegen einen Feind zu halten, der zehnmal stärker war als wir und durch den eben errungenen Sieg an Selbstvertauen gewonnen hatte. Durch den Rio Canoas, dessen Ufer wir nicht hinreichend besetzen konnten, um ihn zu halten, von unseren Gegnern getrennt, warteten wir lange Tage hindurch auf die Vereinigung Aranhas und Portinkos; während dieser ganzen Zeit hielten wir den Feind mit einer Hand voll Kämpfer in Schach. Sobald die Verstärkung ankam, rückten wir ihm entschlossen entgegen; jetzt war er es aber, der den Kampf nicht annahm und sich in die benachbarte Provinz São Paulo zurückzog, wo er mächtige Unterstützung zu finden hoffte.

Unter diesen Umständen fand ich den Vorwurf der Mängel und Fehler, den man republikanischen Truppen allgemein macht, bestätigt; diese Truppen bestehen gewöhnlich aus Männern voller Patriotismus und Mut, die jedoch nur dann zusammen ausharren, wenn der Feind sie bedroht, schwindet er ihnen aber aus den Augen, so gehen sie davon und verlassen die Fahne. Dieser Fehler wurde beinahe unser Ruin und musste uns unter solchen Umständen große Verluste bringen, denn ein klügerer Feind hätte davon Nutzen ziehen und uns vernichten können.

Die Serranier verließen zuerst ihre Reihen, die Leute Portinkos folgten ihnen. Man denke sich, dass die Deserteure nicht nur ihre eigenen Pferde, sondern auch die der Division mit sich nahmen, so dass unsere Streitkräfte sich von Tag zu Tag mit solcher Geschwindigkeit verminderten, dass wir Lages bald verlassen und uns in die Provinz Rio Grande zurückziehen mussten; wir fürchteten jetzt die Nähe eines Feindes, der vor uns hatte fliehen müssen und dessen Flucht uns besiegt hatte.

Mögen sich alle Völker, die um ihre Freiheit kämpfen, ein Beispiel daran nehmen; sie sollen wissen, dass man die kriegsgeübten und disziplinierten Soldaten des Despotismus nicht mit Blumen, Festlichkeiten und Illuminationen besiegt, sondern nur mit noch kriegsgeübteren und disziplinierteren Soldaten. Wer nicht im Stande ist, ein Volk, das er zur Erhebung aufgerufen hat, zu Soldaten zu machen und zu disziplinieren, der sollte sich mit einem so schweren Geschäfte erst gar nicht befassen.

Es gibt aber auch Völker, die nicht verdienen, befreit zu werden – ein Krebsschaden lässt sich nicht wieder heilen.

Der Rest unserer Streitkräfte, die weiter abnahmen, weil es uns an den nötigsten Dingen, besonders an Kleidern fehlte – ein furchtbarer Mangel bei Einbruch des in dieser hoch gelegenen Gegend kalten und rauen Winters –, war demoralisiert und verlangte laut, nach Hause zurückzukehren. Texeira wurde gezwungen, diesem Verlangen nachzugeben, und befahl mir, aus den Gebirge herabzusteigen und mich der Hauptarmee anzuschließen, während er dasselbe tue.

Dieser Rückzug wurde teils durch die schlechte Beschaffenheit der Wege, teils durch die Feindseligkeit der Waldbewohner, die erbitterte Gegner der Republikaner waren, erschwert.

Ungefähr siebzig Mann stark, stiegen wir also den Fußsteg bei Pelosso herab und hatten wiederholt unvorhergesehenen Überfällen zu trotzen, was uns – dank der Entschlossenheit der Leute, die ich führte, und ein wenig wohl auch dank des Vertrauens, das ich als Führer meinen Untergebenen immer eingeflößt habe – auch gelang. Der Fußsteig, den wir verfolgen mussten, war so schmal, dass nur zwei Mann nebeneinander gehen konnten, und überdies von allen Seiten mit dichtem Gestrüpp umgeben. Der Feind, in diesem Lande geboren und mit seiner Beschaffenheit genau bekannt, legte sich an den dafür günstigsten Orten in den Hinterhalt, umzingelte uns und warf sich plötzlich mit wütendem Geschrei auf uns, während sich krachend ein Flammenkreis um uns herum bildete, ohne dass wir die glücklicherweise mehr lärmenden als geschickten Schützen sehen konnten. Da meine Leute eine bewunderungswürdige Haltung und einen großen Zusammenhalt in der Gefahr zeigten, wurden nur wenige leicht verwundet und nur ein Pferd erschossen.

Diese Begebenheit erinnert mich wirklich an die bezauberten Wälder Tassos, in denen jeder Baum lebte und Stimme und Blut hatte.

Endlich erreichten wir das Hauptquartier zu Mala Casa, wo sich damals Bento Gonçalves befand, der gleichzeitig das Amt des Präsidenten und des Generalkommandeurs bekleidete.

31.
Schlacht am Taquari

Die republikanische Armee traf Vorbereitungen, sich wieder in Marsch zu setzen. Der Feind hatte sich nach der verlorenen Schlacht von Rio Pardo nach Porto Alegre zurückgezogen, die Stadt dann unter Befehl des alten Generals Georgio wieder verlassen und sein Lager am Ufer des Cahe aufgeschlagen, wo man General Calderon erwartete, der mit einem imposanten Reiterkorps von Rio Grande aufgebrochen war.

Der große Übelstand, von dem ich weiter oben schon gesprochen habe, die Auflösung der republikanischen Truppen, sobald sie nicht mehr dem Feind gegenüberstehen, erleichterte Letzterem jeden Schritt, den er unternahm. So geschah es, dass in dem Augenblicke, in dem General Netto, der unsere Landstreitkräfte kommandierte, eine hinreichend starke Truppe zusammengestellt hatte, um Calderon zu schlagen, dieser am Cahe bereits mit dem Gros der kaiserlichen Armee zusammengetroffen war.

Der Präsident musste sich durchaus mit der Division Netto vereinigen, wenn er den Feind angreifen wollte; deshalb hob er die Belagerung auf. Dieses Manöver und die kurz darauf erfolgende Vereinigung verliefen glücklich und machten dem militärischen Genie Bento Gonçalves' große Ehre. Wir brachen mit der Armee von Mala Casa auf, nahmen die Richtung auf San Leopoldo und gingen in zwei Meilen Entfernung an der feindlichen Armee vorbei; nach zwei Tagen und zwei Nächten ununterbrochenen Marschierens, während welcher Zeit wir beinahe nichts zu essen und zu trinken bekamen, gelangten wir in die Nähe des Taquari, wo wir auf General Netto trafen, der uns entgegengekommen war.

Ich sagte, dass wir »beinahe nichts zu essen« hatten, und ich habe die Wahrheit gesprochen. Sobald nämlich der Feind von unseren Bewegungen Kunde erhielt, marschierte er entschlossen auf uns zu, erreichte uns mehrere Male und griff uns an, während wir einen Augenblick ruhten und damit beschäftigt waren, das Fleisch, das unsere einzige Nahrung ausmachte, zu braten. Ja, zehn Mal kochte unser Fleisch beinahe schon, als die Posten zu den Waffen riefen, und dann mussten wir kämpfen, statt zu frühstücken oder zu Mittag zu speisen. Endlich machten wir in Pinhurinho, sechs Meilen vom Taquari, Halt und stellten uns kampfbereit auf.

Die republikanische Armee, die tausend Mann Infanterie und fünftausend Reiter stark war, besetzte die Höhen von Pinhurinho, die, wie der Name anzeigt, mit Fichten bedeckt sind und sich zwar nur sanft erheben, aber dennoch die umliegenden Berge dominieren. Die Infanterie stand im Zentrum und wurde von dem alten Oberst Crezunzio befehligt; den rechten Flügel kommandierte General Netto und den linken Canavarro. Die beiden Flügel bestanden nur aus Kavallerie, und zwar der besten der Welt; auch die Infanterie war ausgezeichnet. Der Wunsch, möglichst bald mit dem Kampf zu beginnen, war allgemein.

Oberst San Antonio bildete mit einem Reiterkorps die Reserve.

Der Feind seinerseits hatte viertausend Infanteristen und, wie es hieß, dreitausend Reiter sowie einige Kanonen; er hatte auf der anderen Seite eines kleinen Baches, der uns von ihm trennte, Aufstellung genommen, und seine Haltung war keineswegs zu verachten. Seine Armee bestand aus den besten Truppen des Kaiserreiches und wurde durch einen alten und sehr erfahrenen General geführt.

Der feindliche Feldherr hatte uns bis dahin heftig verfolgen lassen und alle Maßnahmen zu einem geordneten Angriffe getroffen. Zwei Kanonen, die jenseits des Baches platziert waren, beschossen unsere Kavallerielinien. Schon hatten unsere Tapferen unter Nettos Befehl den Säbel aus der Scheide gezogen und erwarteten nur noch das Trompetensignal, um sich auf die beiden Bataillone zu stürzen, die den Bach überschritten hatten; diese braven Leute waren überzeugt, dass sie siegen würden, denn Netto und sie waren noch nie geschlagen worden. Die Infanterie, die gestaffelt auf dem Gipfel des Hügels stand und durch eine Geländefalte gedeckt wurde, seufzte sehnsüchtig dem Befehl zum Kampfe entgegen. Bereits hatten die Schrecken erregenden Kürassiere Canavarros eine Bewegung vorwärts gemacht und die rechte Flanke des Feindes überflügelt, der dadurch zu einer mit vieler Unordnung ausgeführten Frontveränderung gezwungen worden war.

Dieses unvergleichliche Korps, das fast vollständig aus durch die Republik befreiten Sklaven bestand und aus den besten Reitern der Provinz zusammengestellt worden war, glich einem wahrhaften Lanzenwalde; mit Ausnahme der höheren Offiziere waren alle Schwarze. Der Feind hatte noch nie den Rücken dieser Kinder der Freiheit zu sehen bekommen. Alles machte sie ihm furchtbar, ihre Lanzen, die über das gewöhnliche Längenmaß dieser Waffe hinausgingen, ihre sonnenverbrannten Gesichter, ihre herkulischen Glieder, die durch strenge und unermüdliche Übung noch gestärkt worden waren, endlich ihre vollkommene Disziplin.

Die begeisternde Stimme ihres Führers hallte in jeder Brust wider. »Jeder von euch kämpfe heute, als hätte er vier Körper, um das Vaterland zu verteidigen, und vier Seelen, um es zu lieben!«, hatte dieser Tapfere gesagt, der mit Ausnahme des Glückes alle Eigenschaften eines großen Feldherrn besaß.

Unsere Seelen fühlten sozusagen den Pulsschlag der Schlacht und waren voller Vertrauen und Siegesgewissheit. Niemals erlebte ich einen schöneren Tag, ein prächtigeres Schauspiel. Ich stand im Mittelpunkte unserer Infanterie auf dem höchsten Punkt einer Anhöhe und übersah das ganze Schlachtfeld und beide Armeen. Die Ebene, in der sich das mörderische Kriegsspiel entwickelte, war mit niedrigen Pflanzen dünn besetzt und diese hinderten weder die strategischen Bewegungen noch den freien Überblick; ich konnte mir sagen, dass sich zu meinen Füßen in wenigen Minuten das Geschick des größten Teiles des amerikanischen Kontinents, vielleicht des größten Reiches der Welt entscheiden würde.

Würde es dann ein Volk geben oder nicht? Würden diese so dicht gedrängten, nahe aneinandergeschlossenen Korps im Handumdrehen zerstreut und niedergemacht sein? Würden sie sich einen Augenblick später in ein Meer von Leichen und vom Körper gerissene Glieder, die in ihrem Blut schwimmen, verwandelt haben? Würde diese schöne und lebendige jugendliche Schar mit ihrem Blute diese prächtigen Felder düngen? Vorwärts, schmettert Trompeten! Erdonnert, Kanonen! Brause, oh Schlacht, und möge sich alles entscheiden wie bei Zama, Pharsala und Actium!

Es sollte anders kommen, diese Ebene sollte nicht der Schauplatz eines Blutbades werden. Der feindliche Feldherr zögerte, erschreckt durch unsere starke Position und unsere feste Haltung, ließ seine beiden Bataillone wieder über den Bach zurückgehen und gab die Offensive auf. General Calderon war zu Beginn des Angriffs erschossen worden, vielleicht rührte Georgios Zögern daher. Sollten wir ihn nicht angreifen, wenn er es nicht tat? So dachte die Mehrzahl. Hätten wir aber daran wohlgetan? Da das Gefecht aufgrund unserer starken Stellung unter den günstigsten Bedingungen begonnen hatte, waren alle Vorteile auf unserer Seite; wenn wir aber diese Position verlassen hätten, um einem an Infanterie viermal stärkeren Feinde zu folgen, hätten wir den Kampf auf dem anderen Ufer des Baches führen müssen. Das wäre ebenso gefährlich als gewagt gewesen.

So verbrachten wir den ganzen Tag im Angesicht des Feindes und begnügten uns damit, uns das eine oder andere Scharmützel mit ihm zu liefern.

Unserer Armee fehlte es an Fleisch, namentlich die Infanterie war fast verhungert. Der Durst war vielleicht noch unerträglicher als der Hunger; nirgends anders als in jenem Bache gab es Wasser, und dieser war in der Hand des Feindes. Aber unsere Leute waren an alle Entbehrungen gewöhnt, und nur eine Klage kam aus dem Munde dieser Menschen, die beinahe an Hunger und Durst starben, nämlich, dass sie nicht kämpfen dürften. Oh Italiener! Italiener! Ich versichere euch, dass an dem Tage, an dem ihr so einig, gefasst und geduldig gegenüber allen Strapazen und Entbehrungen sein werdet wie diese Männer des amerikanischen Kontinents, der Fremde nicht mehr auf euren Boden treten und euren Herd besudeln wird. An diesem Tage, Italiener, wird Italien wieder seinen Platz nicht nur mitten unter den Nationen des Erdballs, sondern an deren Spitze einnehmen.

Während der Nacht war der alte General Georgio verschwunden und mit Tagesanbruch suchten wir den Feind vergeblich. Erst um zehn Uhr vormittags, als der Nebel sich hob, sahen wir ihn auf den starken Positionen am Taquari wieder.

Bald darauf erhielten wir die Nachricht, dass seine Kavallerie den Fluss überschreite. Die Kaiserlichen waren also im vollen Rückzuge begriffen, wir mussten sie angreifen und unser General zögerte keinen Augenblick.

Mit Hilfe einiger Schiffe hatte die feindliche Kavallerie den Fluss passiert, aber die ganze Infanterie war auf dem linken Ufer geblieben, wo sie durch den Wald und jene Schiffe gedeckt wurde. Unsere zweite Infanteriebrigade, die aus dem dritten und zwanzigsten Bataillone bestand, erhielt Befehl, den Angriff zu beginnen. Sie führte ihn mit aller Tapferkeit aus, deren sie fähig war; aber der Feind war diesen Braven so weit überlegen, dass sie nach Wundern von Tapferkeit genötigt waren, sich unter dem Schutze der ersten Brigade und des ersten Artilleriebataillons, das keine Kanonen hatte und zur Marine gehörte, zurückzuziehen. Der Kampf war schrecklich, besonders im Walde, wo das Lärmen der Gewehrschüsse und der brechenden Bäume widertönte und sich ein dicker Rauch, wie bei einer höllischen Verwüstung, verbreitet hatte.

Wir zählten auf jeder Seite nicht weniger als fünfhundert Tote und Verwundete. Die Leichen unserer tapferen Republikaner lagen bis an das Ufer des Flusses hinan, wo sie den Feind zurückgeworfen und beinahe in den Strom getrieben hatten. Unglücklicherweise standen diese Verluste in keinem Verhältnisse zu dem mageren Resultat, da der Kampf eingestellt wurde, als sich die zweite Brigade zurückzog.

Währenddessen war die Nacht angebrochen und der Feind konnte nun seine Passage über den Fluss ungehindert fortsetzen.

Bei all diesen glänzenden Waffentaten, an denen auch ich beteiligt war, muss ich doch einige Fehler des Generals Bento Gonçalves erwähnen: Der beklagenswerteste war eine gewisse Unentschlossenheit, die wahrscheinlich die Ursache des unglücklichen Ausganges aller seiner Operationen war. Wünschenswerter, als diese fünfhundert Menschen auf den Feind zu werfen, dem sie an Zahl so weit unterlegen waren, wäre es gewesen, wenn man nicht allein die ganze Infanterie, die wir hatten, gegen ihn geschickt, sondern auch unsere Kavallerie hätte absitzen lassen, da sie aufgrund des schwierigen Geländes nicht auf ihre gewöhnliche Weise fechten konnte. Ein solches Manöver hätte uns gewiss zu einem glänzenden Siege geführt, wenn wir den Feind zurückgedrängt und in den Fluss getrieben hätten. Leider fürchtete der General sich aber, seine ganze Infanterie aufs Spiel zu setzen, die einzige, die er und die Republik besaßen.

Jedenfalls brachte uns der Erfolg zugleich einen unersetzlichen Verlust, da wir nicht wussten, wie wir unsere tapferen Infanteristen ersetzen sollten, während diese Waffe gerade die Hauptstärke des Feindes ausmachte und zahlreiche Rekruten sogleich die Lücken in seinen Reihen ausfüllten.

Schließlich blieb der Feind auf dem rechten Ufer des Taquari und beherrschte somit das ganze Land. Wir machten uns auf den Weg zurück nach Mala Casa.

All diese falschen Maßnahmen verschlimmerten die Lage der Republik. Wir kamen nach San Leopoldo und Settembrina und endlich zu unserem alten Lager in Mala Casa, das wir schon nach wenigen Tagen verließen, um ein anderes bei Bella Vista zu beziehen.

Eine Operation, die der General um diese Zeit beabsichtigte, hätte uns wieder in die beste Lage bringen können, wäre das Glück nur, wie es wohl eigentlich sollte, den Anstrengungen dieses ebenso unglücklichen als großen Mannes günstig gewesen.

32.
Sturm auf San José

Um ins Feld ziehen zu können, hatte der Feind seine befestigten Plätze von Truppen entblößen müssen; besonders schwach besetzt war San José im Norden.

Dieser Ort, der auf dem nördlichen Ufer der Mündung des Los-Patos-Sees liegt, war, abgesehen von seiner politischen Bedeutung, einer der wichtigsten Handelsplätze der Provinz. Seine Eroberung hätte die augenblicklich so unglückliche Lage der Republikaner auf einen Schlag geändert; sie war nicht mehr bloß nützlich, sondern sogar notwendig. Zudem gab es in dieser Stadt auch Dinge aller Art, die zur Bekleidung der Soldaten dienen konnten, und gerade in dieser Hinsicht befand sich unsere Armee in einem jämmerlichen Zustande. Dazu verdiente San José auch als einzige Hafenstadt der Provinz, dass man kein Opfer scheute, sich seiner zu bemächtigen. Endlich war dies der einzige Ort, wo man den Atalaga fand, einen Signalmast, der den Schiffen die Wassertiefe an der Mündung des Flusses anzeigte.

Diese Expedition verlief ähnlich wie die am Taquari: Sie wurde mit bewundernswerter Klugheit und unter äußerster Geheimhaltung begonnen, man zögerte aber, den letzten Schlag zu führen, und verlor dadurch die Früchte des ganzen Unternehmens.

Ein strenger Marsch von acht Tagen und fünfundzwanzig Meilen täglich brachte uns vor die Mauern der Stadt. Es war gerade eine dieser Mitternächte, in denen ein Zufluchtsort und ein

Feuer eine Wohltat der Vorsehung sind, und unsere armen Freiheitskämpfer, die Hunger litten und mit Lumpen bekleidet waren, deren Glieder vor Kälte erstarrten und deren Körper von einem schrecklichen Platzregen auskühlten, rückten schweigend gegen die Befestigungen und mit Schildwachen besetzten Gräben an.

Als wir den Mauern ganz nahe waren, ließen wir die Pferde der höheren Offiziere unter dem Schutze einer Kavallerieschwadron, die Oberst Amaral befehligte, zurück und jeder nahm nun seine schwachen Kräfte zusammen und machte sich zum Gefecht fertig.

Sobald die Schildwachen uns anriefen, stürmten wir. Der Widerstand war schwach und dauerte nicht lange, die Kanonen der Festung wurden kaum abgefeuert. Um halb zwei Uhr morgens hatten wir mit dem Angriff begonnen und um zwei Uhr waren wir die Herren der Gräben und von drei oder vier kleinen Befestigungen, die den Platz umgaben und mit dem Bajonett genommen wurden.

Da wir die Befestigungen und die Forts in der Hand hatten und schon in die Stadt eingedrungen waren, schien es unmöglich, dass wir sie nicht nehmen würden; dennoch sollte dieses Mal das Unmögliche geschehen. Sobald sich unsere Soldaten innerhalb der Mauern und in den Straßen San Josés befanden, glaubten sie, dass der Kampf zu Ende sei; der größte Teil zerstreute sich, durch die Aussicht auf Plünderung verlockt. Währenddessen hatten sich aber die Kaiserlichen von ihrer Überraschung erholt und sammelten sich in einem befestigten Stadtteile. Wir griffen sie an, doch sie warfen uns zurück. Unsere Offiziere suchten überall unsere Soldaten zusammen, um den Angriff zu wiederholen – umsonst, denn wo man einem Soldaten begegnete, war er mit Beute beladen oder betrunken oder hatte sein Gewehr beim Aufbrechen der Haustüren zerschlagen oder beschädigt.

Der Feind verlor inzwischen keine Zeit. Mehrere im Hafen befindliche Kriegsschiffe nahmen ihre Position so, dass sie die Straßen, in denen wir uns befanden, mit ihren Kanonen bestreichen konnten; man schickte nach der Stadt Rio Grande im Süden, die auf dem entgegengesetzten Ufer der Mündung des Los Patos liegt, um Hilfe und ein einziges Fort, das wir zu nehmen vergessen hatten, diente indessen dem Feinde zum Sammelplatze. Das erste dieser Forts, das den Namen des »Kaiserfort« führte und das wir in einem ebenso glänzenden als mörderischen Sturm genommen hatten, wurde durch eine schreckliche Pulverexplosion, die uns eine Menge Leute kostete, unbrauchbar gemacht. So verwandelte sich endlich gegen Mittag unser glänzender Sieg in eine schmähliche Niederlage; die Tapferen weinten vor Wut und Verzweiflung. In Anbetracht unserer Lage und der unternommenen Anstrengungen war unser Verlust unermesslich.

Von dieser Zeit an war unsere Infanterie nur noch ein Skelett; die wenige Reiterei, die sich an dieser Expedition beteiligt hatte, diente nur noch zum Schutze des Rückzuges.

Die Division bezog wieder ihre Quartiere bei Bella Vista und ich blieb mit der Marine in San Simon. Meine ganze Truppe, Offiziere und Soldaten, bestand nur noch aus etwa vierzig Mann.

33.
Anita

Meine Reise nach San Simon hatte den Zweck, einige Boote zu bauen, die je aus einem einzigen Baumstamme bestehen sollten. Ich gedachte, vermittelst ihrer eine Verbindung mit einem anderen Teile des Sees herzustellen, doch kamen die versprochenen Bäume während mehrerer Monate, die ich dort zubrachte, nicht an und so konnten wir unseren Plan nicht ausführen.

Da ich den Müßiggang verabscheue, beschäftigte ich mich mit Pferden statt mit den Booten; in der Tat gab es in San Simon eine Menge junger Tiere, auf denen ich meine Seeleute das Reiten lehrte. San Simon war eine sehr schönes und großes Landgut, damals allerdings verlassen und teilweise zerstört. Es hatte ehemals einem verbannten Grafen Saint-Simon gehört, wie ich glaube, dessen Nachkommen als Feinde der Republik geflohen waren; ich weiß nicht, ob sie in irgendeiner Beziehung zu dem berühmten Saint-Simon standen, dem Gründer jener Sekte, deren Anhänger mich in die Ideen des Kosmopolitismus und der allgemeinen Brüderlichkeit eingeweiht hatten.

Da die Herren von Saint-Simon aber augenblicklich unsere Feinde waren, betrachteten wir ihre Estancia als gute Beute. Wir richteten uns in den Häusern ein und nahmen die Tiere, um sie zu schlachten. Unsere Erholung bestand darin, die vorhandenen Fohlen zu zähmen.

In San Simon legte mir meine Anita unseren Erstgeborenen in

die Arme. Ich gab ihm nicht den Namen eines Heiligen, sondern den eines Märtyrers: Menotti.

Er wurde am 16. September 1840 geboren und aller Wahrscheinlichkeit nach an dem Tage des Gefechtes von Santa Vittoria gezeugt. Nach den Entbehrungen und Gefahren, die seine Mutter ausgestanden hatte, war es ein wahres Wunder, dass er das Licht der Welt erblickte.

Diese Entbehrungen und Leiden, von denen ich bisher noch nicht gesprochen habe, um meine Erzählung nicht zu unterbrechen, sollen jetzt ihren Platz finden, und ich halte es für meine Pflicht, wenn auch vielleicht nicht die Welt, so doch einige Freunde, die dies lesen werden, mit dem bewunderungswürdigen Wesen bekannt zu machen, das ich verloren habe.

Anita hatte mich wie immer begleiten wollen und war bei der ganzen Expedition, von der ich erzählt habe, zugegen gewesen.

Man wird sich erinnern, dass wir, mit den Serraniern vereinigt und von Oberst Aranha befehligt, bei Santa Vittoria die Truppen Acunhas derartig schlugen, dass die feindliche Division vollständig aufgelöst wurde. Während dieses Gefechtes blieb Anita mitten im Feuer zu Pferde und wurde Zeugin unseres Sieges und der feindlichen Niederlage. Sie war an jenem Tage die Rettung für unsere Verwundeten, die weder Ärzte noch ein Spital hatten und von uns so gut es ging verbunden wurden. Dieser Sieg brachte, zumindest vorübergehend, die Provinzen Lages und Baccaria in den Besitz der Republik; ich habe bereits erzählt, wie wir wenige Tage später siegreich in Lages einrückten.

Bei dem Gefechte von Curitibani erging es uns schlechter. Ich habe berichtet, wie trotz allen Mutes des Obersten Texeira unsere Kavallerie durchbrochen und ich mit meinen sechzig Infanteristen von mehr als fünfhundert feindlichen Reitern eingeschlossen wurde.

Anita sollte an diesem Tage alle Schrecken des Krieges erleben.

Da sie sich der Rolle einer bloßen Zuschauerin nur ungern unterwarf, beschäftigte sie sich mit dem Zutragen der Munition, damit es den Kämpfern nicht an Patronen mangelte. Bei dem heftigen Feuer, das wir unterhalten mussten, ließ sich wirklich annehmen, dass unsere Munition bald erschöpft sein würde, wenn wir sie nicht erneuerten. Anita näherte sich gerade dem Schauplatze des blutigen Kampfes, als etwa zwanzig feindliche Reiter, die einige unserer Flüchtlinge verfolgten, über unsere Verpflegungsabteilung herfielen. Anita war eine ausgezeichnete Reiterin und ritt ein vortreffliches Pferd, konnte ihnen also leicht entfliehen, aber die Brust dieser Frau trug das Herz eines Helden in sich. Statt zu fliehen, rief sie unseren Soldaten zu, sich zu verteidigen, und fand sich plötzlich von den Kaiserlichen umringt. Ein Mann hätte sich ergeben, sie aber drückte ihrem Pferde die Sporen in die Flanken und brach mit einem furchtbaren Satze mitten durch den Feind hindurch, wobei sie nur eine Kugel durch ihren Hut erhielt, die ihr zwar etwas Haar fortnahm, sie aber sonst nicht beschädigte. Vielleicht wäre sie glücklich davongekommen, wenn nicht ihr Pferd, tödlich von einer anderen Kugel getroffen, gestürzt wäre; sie musste sich also ergeben und wurde vor den feindlichen Oberst geführt.

Voll erhabenen Mutes in der Gefahr, erhob sich Anita im Unglücke womöglich noch höher; in Gegenwart dieses durch seinen Mut ausgezeichneten Feldherren, der freilich nicht denn Takt besaß, seinen Siegesstolz einer Frau gegenüber zu verbergen, wies sie mit hohem und verachtendem Stolze dessen herabsetzende Worte ab, die von Missachtung der besiegten Republikaner zeugten, und kämpfte mit der Zunge ebenso tapfer als mit den Waffen.

Anita glaubte, ich sei tot; in diesem Glauben erbat und erhielt sie die Erlaubnis, unter den Leichnamen auf dem Schlachtfelde umhergehen und mich suchen zu dürfen. Lange Zeit irrte sie allein, einem Schatten gleich, auf der blutigen Ebene umher, suchte den, den sie zu finden fürchtete, wandte selbst die Toten um, die mit dem Gesichte auf die Erde niedergestürzt waren und bei denen sie der Figur oder Bekleidung nach einige Ähnlichkeit mit mir zu finden glaubte.

Ihr Suchen war vergeblich; mir dagegen bewahrte das Schicksal den Schmerz auf, ihr eiskaltes Gesicht mit meinen Tränen zu baden, und als dieser ungeheure Schmerz mich niederdrückte, war es mir noch obendrein versagt, eine Hand voll Erde, eine Blume auf das Grab der Mutter meiner Söhne zu werfen.

Als Anita sich für überzeugt hielt, dass ich noch lebe, hatte sie nur noch einen Gedanken, nämlich zu fliehen. Es dauere nicht lange, bis sich Gelegenheit dazu fand. Sie benutzte die Trunkenheit des siegreichen Feindes, gelangte in ein Haus, das neben dem lag, in dem man sie gefangen hielt, und hier nahm sie eine Frau, die sie nicht kannte, auf und beschützte sie. Mein Mantel, den ich weit von mir geworfen hatte, um in meinen Bewegungen freier zu sein, war in die Hand eines Feindes gefallen; sie tauschte ihn gegen den ihrigen ein, der viel schöner und von großem Wert war. Als die Nacht kam, floh sie in den Wald und verschwand darin.

Man bedurfte, um sich so großer Gefahr auszusetzen, eines Löwen- und Gazellenherzes, wie es dieses edle Wesen besaß. Nur wer die unermesslichen Wälder gesehen hat, welche die Serra do Espinhaço bedecken, mit ihren hundertjährigen Fichten, die den Himmel stützen zu sollen scheinen und die Säulen dieses herrlichen Tempels der Natur sind, mit den gigantischen Rohrpflanzen in den Zwischenräumen, diese Wälder, die von wilden Tieren und Reptilien, deren Biss tödlich ist, wimmeln, nur der kann sich einen Begriff von den Gefahren machen, die sie zu bestehen, und von den Schwierigkeiten, die sie zu überwinden hatte. Glücklicherweise wusste die Tochter der amerikanischen Steppen nicht, was Furcht ist. Von Curitibani bis Lages hat man zwanzig Meilen durch fast unzugängliche Wälder zu gehen. Gott allein weiß, wie es ihr gelang, diese Strecke allein und ohne Nahrungsmittel zu überwinden.

Die wenigen Bewohner dieses Teils der Provinz, denen sie begegnen konnte, waren der Republik feindlich gesinnt, griffen sogleich zu den Waffen, als sie von unserer Niederlage hörten, und legten uns an verschiedenen Stellen Hinterhalte, besonders auf den Pecadas, welche die Flüchtigen auf dem Wege von Curitibani nach Lages passieren mussten.

Bei den Cabecas, den unwegsamen Stellen dieser Stege, richtete der Feind unter unseren unglücklichen Gefährten ein entsetzliches Blutbad an; sei es nun aber ihr glücklicher Stern oder ihre bewunderungswürdige Entschlossenheit, mit der sie diesen gefährlichen Weg zurücklegte, die Mörder flohen stets bei ihrem Anblicke, da sie, wie sie selbst sagten, Anita für ein Gespenst hielten.

In der Tat war es ein bemerkenswertes Schauspiel, wie diese tapfere Frau, auf einem feurigen Renner, den sie in dem Hause, dessen Gastfreundschaft sie genoss, erbeten und erhalten hatte, in einer stürmischen Nacht über die Felsen sprengte, während leuchtende Blitze zuckten und der Donner rollte – denn so war diese Unglücksnacht wirklich. Vier Reiter, die am Übergange des Rio Canoas aufgestellt waren, flohen bei dem Anblicke dieser Erscheinung und warfen sich hinter das Gesträuch am Ufer. Inzwischen hatte Anita den Fluss erreicht. Dieser war durch den Regen und die von den Bergen herabstürzenden Gießbäche zum Strome angeschwollen, dennoch gelangte sie über das wütende Wasser, aber nicht wie ein paar Tage früher in einem guten Boote, sondern schwimmend und sich an der Mähne ihres Pferdes festhaltend, das sie mit ihrer Stimme antrieb. Der Strom stürzte brüllend einher, auf einer Breite von etwa fünfhundert Schritt, und dennoch erreichte sie wohlbehalten das andere Ufer.

Eine Tasse Kaffee, die sie zu Lages in größter Eile trank, war alles, was die unerschrockene Reisende während vier Tagen genoss; so lange brauchte sie, um in Baccaria das Korps Obersts Aranhas zu erreichen.

Hier sahen wir uns wieder, Anita und ich, nachdem wir acht Tage lang getrennt gewesen waren und uns gegenseitig für tot gehalten hatten. Man kann sich unsere Freude vorstellen!

Eine noch größere Freude stand mir an den Tage bevor, als Anita auf der Halbinsel, welche die Lagune von Los Patos von der Seite des Atlantischen Ozeans her schließt, auf dem Hof eines Viehbauern, woselbst sie die großmütigste Gastfreundschaft genoss, unsern viel geliebten Menotti gebar. Das Kind kam mit einer Narbe am Kopfe zur Welt; diese Narbe kam von einem Sturz mit dem Pferde, den seine Mutter getan hatte.

Und hier sage ich nochmals allen den vortrefflichen Leuten, die sich so gastfreundschaftlich gegen uns bewiesen haben, meinen Dank; mögen sie glauben, dass ich ihnen eine ewige Erkenntlichkeit bewahre. Im Lager, wo es uns an allen notwendigen Dingen gebrach und wo ich sicherlich nicht ein Taschentuch gefunden hätte, um es der armen Leidenden zu geben, hätte sie diese schwere Prüfung, in der die Frau so vieler Kraft und so vieler Sorgfalt bedarf, nicht überstehen können.

Im Interesse meiner armen Lieben entschloss ich mich daher, eine Reise nach Settembrina zu machen, um daselbst einige Kleidungsstücke zu kaufen; ich hatte dort gute Freunde und unter ihnen einen ganz vortrefflichen namens Blingini. Ich reiste durch die überschwemmten Wälder, wobei das Wasser bis an den Bauch meines Pferdes reichte. Ich kam auch durch eine ehemals bebaute Gegend, die Bassa Belha genannt wird, und begegnete daselbst dem Kürassierkapitän Marnieno, der mich als guter Kamerad begrüßte; er war auf diesen vortrefflichen Weideplätzen mit der Bewachung der Pferde beauftragt.

Ich kam abends bei strömenden Regen an, und da das Wetter am nächsten Tage nicht besser war, tat der gute Kapitän alles, um mich zurückzuhalten. Aber das Ziel, das ich bei meiner Reise vor

Augen hatte, lag mir zu sehr am Herzen, um mich unterwegs aufzuhalten, und ich setzte, ungeachtet der Einwendungen des guten Freundes, meinen Weg durch diese Ebenen fort, die einem weiten See glichen. In der Entfernung von einigen Meilen hörte ich nach der Richtung hin, aus der ich eben kam, lebhaftes Gewehrfeuer; dies machte mich einigermaßen besorgt, ich konnte aber nicht wieder umkehren.

Ich kam also in Settembrina an, wo ich einige Dinge kaufte, deren ich bedurfte, dann trat ich, noch immer durch das Gewehrfeuer beunruhigt, meinen Weg zurück nach San Simon an. In Bassa Belha erfuhr ich die Ursache des Lärmes, den ich vernommen hatte, und das traurige Ereignis, das sich am Tage meiner Abreise zugetragen hatte.

Derselbe Moringo, der mich in Camacua überfallen und den meine vierzehn Leute und ich zum Rückzuge mit einem zerschmettertem Arme gezwungen, hatte nämlich den Kapitän Marnieno, seine Leute, sein Vieh und den größten Teil seiner Pferde überfallen. Die meisten der Letzteren waren eingeschifft, die anderen getötet worden. Moringo hatte diesen Überfall mit Kriegsschiffen und Infanterie ausgeführt, worauf er nach Wiedereinschiffung seiner Infanteristen mit seiner Kavallerie gegen Rio Grande im Norden aufgebrochen war und auf seinem Wege all die kleinen republikanischen Einheiten überfiel, die sich in Sicherheit glaubten und in der Gegend zerstreut hatten. Unter ihnen befanden sich auch meine wenigen Seeleute, die genötigt wurden, in den Wald zu fliehen.

Man begreift wohl, dass mein erster Ausruf war: Anita! Was ist aus Anita geworden? Am zwölften Tage nach ihrer Niederkunft hatte sie bei furchtbarem Sturmwetter zu Pferde steigen müssen, war nur halb bekleidet und trug ihr armes Kind quer vor sich auf dem Sattel; so hatte sie sich in den Wald geflüchtet.

Ich fand auf dem Hof des Viehbauern weder die guten Leute, die uns gastfreundlich aufgenommen hatten, noch Anita mehr vor, aber ich traf mit ihnen am Rande eines Wäldchens zusammen, wo sie sich aufhielten, da sie nicht genau wussten, wo der Feind stand und ob sie noch etwas zu befürchten hätten.

Wir kehrten nach San Simon zurück und blieben daselbst noch einige Zeit; dann verlegten wir unser Lager auf das linke Ufer des Capivari, auf dem wir ein Jahr zuvor die Wagen gebaut hatten, mit denen wir dann auf der missglückten Expedition nach Santa Catarina unsere Schiffe transportierten.

Ach, damals war mein Herz voller Hoffnungen, die ein so trauriges Ende nahmen.

Der Capivari speist sich aus verschiedenen Bächen, die aus den zahlreichen Seen kommen, die den nördlichen Teil der Provinz Rio Grande längs der Seeküste und am östlichen Abhange des Espinano-Gebirges bedecken, den Namen führt er von der Capinara, einer Art sehr gewöhnlicher Binsen an den Flüssen des südlichen Amerika, in den Kolonien nennt man sie Capinecos.

Auf dem Capivari und dem Sangrados de Abreel, einem Kanal, der einen Sumpf und mit dem See verbindet, woselbst wir mit unseren Booten unerhörte Mühe hatten, unternahmen wir einige Reisen an die westliche Küste des Sees, legten Verbindungen zwischen den beiden Ufern an und setzten über.

34.
Rossetti

Indessen wurde die Lage der republikanischen Armee von Tag zu Tag schlechter; ihre Bedürfnisse wurden immer größer, ihre Quellen versiegten. Die beiden Gefechte am Taquari und bei San José hatten die Infanterie dezimiert, die trotz ihrer geringen Stärke das Rückgrat unserer Operationen war. Diese vielen Entbehrungen führten zu Desertionen, die Leute wurden, wie es bei zu lange währenden Kriegen wohl vorkommt, müde, die Krankheit der Indifferenz, die schlimmste von allen, ergriff sie und man fühlte in jeder Beziehung, dass der Moment gekommen sei, dem ein Ende zu machen.

Bei dieser Lage der Dinge machten die Kaiserlichen Vorschläge zu einer Einigung, sie wurden aber, obgleich sie verhältnismäßig günstig für die Republikaner waren, von diesen zurückgewiesen. Diese Weigerung erhöhte die Unzufriedenheit des unglücklichen und daher am meisten ermüdeten Teiles der Armee und des Volkes; man entschied sich also endlich, die Belagerung aufzugeben und sich zurückzuziehen.

Die Division Canavarro, bei der sich auch die Seeleute befanden, wurde bestimmt, mit dem Rückzug zu beginnen und die Passage über die Serra, welche General Labattue, ein Franzose im Dienste des Kaisers, besetzt hielt, freizugeben. Bento Gonçalves sollte mit dem Rest der Armee folgen und die Nachhut bilden. Zuletzt sollten die Truppen der republikanischen Garnison von Settembrina folgen, was jedoch unmöglich war, denn der berüchtigte Moringo überfiel die Stadt und nahm sie.

Dort wurde mein lieber Rossetti getötet. Nachdem er Wunder der Tapferkeit getan und gefährlich verwundet worden war, stürzte er vom Pferde, und als er gezwungen wurde, sich zu ergeben, zog er es vor, sich lieber töten zu lassen als seinen Degen abzugeben.

Das war wieder eine tiefe Wunde für mein Herz! Man weiß, dass ich oft von Rossetti gesprochen habe und wie sehr ich ihn liebte; gestatte man mir daher, so unzureichend meine Feder auch sei, Italien zu wiederholen, was ich ihm schon so oft gesagt habe: Oh Italien, meine Mutter! – ich habe einen meiner liebsten Brüder verloren und du einen deiner besten Söhne!

Dieser hier war zu Genua geboren. Seine Eltern, die seinen Charakter falsch beurteilten, hatten ihn für die Kirche bestimmt; er war einer der glühendsten italienischen Patrioten, die ich je gekannt habe.

Da er für ein abenteuerliches Leben geboren war und in Italien nicht mehr frei zu atmen vermochte, schiffte er sich nach Rio de Janeiro ein, wo er bald den Handel, bald das Maklergeschäft betrieb. Zum Geschäftsmann war er aber nicht geboren – er war ein exotisches Gewächs, das auf dem Boden der Berechnung und des Handels schlecht gedeiht. Es lag nicht daran, dass es ihm etwa an Intelligenz oder der Fähigkeit, sich in allen Wissenschaften auszubilden, gefehlt hätte, sicherlich hätte er in jeder Beziehung zum Höchsten aufsteigen können, aber er war von allen Italienern am meisten Italiener, das heißt der größte und würdigste der Menschen. Doch als schlechter Handelsmann macht man schlechte Geschäfte und geht dabei mit Riesenschritten dem Ruin entgegen.

So verhielt es sich mit Rossetti.

Da er jedermann liebte, gehörte sein Haus auch jedermann, vorzüglich den unglücklichen Italienern. Er wartete nicht, bis die Verbannten ihn aufsuchten, sondern kam ihnen entgegen; so gelangte er mit seinem Vermögen bald ans Ende. Er war selbst unglücklich, aber er hatte das Herz eines Engels und konnte nicht einen Italiener leiden sehen; wenn er kein Mittel fand, mit seiner Börse zu helfen, ließ er ihn in seiner ärmlichen Wohnung warten, durchlief die Straßen der Stadt und kam nie zurück, ohne dem Wartenden Hilfe zu bringen. Wahr ist es, dass seine Güte, sein Freimut und seine Rechtlichkeit ihn zu jedermanns Freund gemacht hatten und dass auch jedermann ihm in seinen kleinen Verlegenheiten mit Vergnügen half.

In der Schlacht bei Cause wurden die Republikaner von den Kaiserlichen besiegt. Bento Gonçalves und die obersten Führer wurden gefangen genommen und nach Rio de Janeiro gebracht. Unter ihnen war auch unser Landsmann Zambeccari, den ich, wie bereits erwähnt, in den Gefängnissen von Santa Cruz kennen gelernt hatte. Damals sprach man davon, eine Expedition zur See zu unternehmen und uns Kaperbriefe zu geben; seitdem hatten Rossetti und ich keine Ruhe mehr, bis wir mit der Flagge der Republik in die Unermesslichkeit des Ozeans hinaussegeln konnten; Rossetti übernahm das Kommando und brachte es dahin, dass wir unseren Plan ausführen konnten. Man kennt das Übrige.

Ach, es gibt nicht einen einzigen Winkel der Erde, wo nicht die Gebeine eines braven Italieners ruhen! Darum sollte Italien Trauer anlegen. Armes Italien, wahrlich, du wirst diese Männer an dem Tage vermissen, an dem du dich auf ihren von den Raben verzehrten Leichnamen zu erheben versuchen wirst!

35.
Die Picada das Antas

Dieser im Winter unternommene Rückzug durch ein bergiges Land und bei fortwährend strömendem Regen war der schrecklichste und unglücklichste, den ich je gesehen habe. Als einzige Vorräte führten wir einige gekoppelte Kühe mit uns, da wir im Voraus wussten, dass wir auf unserem Wege kein einziges Tier finden würden, das uns zur Nahrung dienen könnte.

Uns selbst zurückziehend, verfolgten wir die Division des Generals Labattue, ohne sie jemals erreichen zu können. Die Waldbewohner allein bewiesen noch einige Sympathie für uns, indem sie dessen Vorhut angriffen. Wir sahen diese Naturmenschen ganz in der Nähe und sie verhielten sich uns gegenüber nicht feindselig.

Anita litt während dieses dreimonatigen Rückzuges alles, was ein Mensch ertragen kann, ohne zu sterben, und ertrug es mit unbeschreiblicher Ruhe und größter Tapferkeit.

Man muss die Wälder in diesem Teile Brasiliens einigermaßen kennen, um sich eine Vorstellung von den Strapazen zu machen, die eine Truppe ohne Transportmittel auszuhalten hat. Als einziges Mittel, uns Proviant zu verschaffen, hatten wir das Lasso, eine Waffe, die in den an Vieh oder Wild reichen Ebenen sehr nützlich, in diesen dichten Wäldern, den Zufluchtsorten der Tiger und Löwen, aber gänzlich unnütz ist.

Um unser Missgeschick auf die Spitze zu treiben, waren die Flüsse, die in diesen unbetretenen Wäldern sehr nahe beieinander fließen, über die Maßen angeschwollen; der furchtbare Regen, der uns verfolgte, hörte nicht auf, und daher kam es, dass sich oft ein Teil unserer Truppen zwischen zwei Strömen eingeschlossen fand und dort ganz ohne Nahrung blieb. Dann wütete der Hunger, besonders unter den Frauen und Kindern, und das war eine traurigere Niederlage, als sie die Kugeln der Geschütze und Gewehre hätten anrichten können.

Vorzüglich wurde unsere arme Infanterie die Beute der unbeschreiblichen Leiden und Entbehrungen, denn sie konnte nicht einmal, wie die Kavallerie, ihre Pferde schlachten und verzehren. Wenige Frauen und noch weniger Kinder kamen wieder aus dem Walde, die wenigen, die dem Tode entgingen, wurden durch die Reiter gerettet, die ihre Pferde zum Glück hatten schonen können und mit diesen armen kleinen, von ihren Müttern, welche vor Hunger, Kälte und Müdigkeit gestorben waren, verlassenen Wesen Mitleid fühlten.

Anita schauderte bei dem Gedanken, unsern Menotti verlieren zu können, den wir schließlich nur durch ein Wunder retteten. An den gefährlichsten Stellen der Wege oder beim Übergange über die Flüsse trug ich das arme, drei Monate alte Kind, in einem um meinen Hals befestigten Taschentuche liegend, wobei ich ihn mit meinem Atem neu beleben und erwärmen konnte. Von etwa zwölf Tieren, teils Pferden, teils Mauleseln, die ich in den Wald mitgenommen hatte und die zu meinem sowie meiner Mannschaft Dienst gebraucht wurden, behielt ich nur zwei Maulesel und zwei Pferde, die übrigen waren, von Hunger und Müdigkeit erschöpft, liegen geblieben. Zum größten Unglück hatten die Führer den Weg verloren, und dies war die hauptsächliche Ursache unserer Leiden in diesem schrecklichen Regenwalde.

Je weiter wir vorrückten, desto weniger fanden wir das Ende dieses verdammten Wasserlochs; ich blieb mit zwei Mauleseln, die schrecklich ermüdet waren, zurück, um sie dadurch zu retten, dass ich sie Schritt für Schritt gehen ließ und sie mit Blättern der Taquara fütterte, eine Art von Schilf, von dem der Taquari seinen Namen herleitet. Währenddessen schickte ich Anita mit einem Diener und dem Kinde voraus, damit sie den Ausgang aus diesem unendlichen Walde suchten, vor allem aber irgendetwas, das uns zur Nahrung dienen könnte.

Die beiden Pferde, die ich Anita gelassen und diese mutige Frau abwechselnd ritt, retteten uns. Anita fand endlich das Ende des Waldes und glücklicherweise daselbst eine Abteilung meiner braven Soldaten bei einem hell brennenden Feuer, was bei solchem Regen etwas Ungewöhnliches war.

Meine Gefährten, die glücklicherweise noch einige leinene Kleidungsstücke bei sich hatten, wickelten das Kind darin ein, erwärmten es und brachten es wieder ins Leben zurück, als die arme Mutter schon zu verzweifeln anfing. Das war noch nicht alles; diese ausgezeichneten Menschen begannen dann mit der zärtlichsten Sorgfalt einige Nahrungsmittel zu suchen, die sie für sich selbst nicht gesucht haben würden, die sie sich aber aus Liebe zu mir zu verschaffen wussten und mit denen sie Mutter und Kind ein wenig erfrischten. Der ihnen zuerst die wirksamste Hilfe brachte, hieß Manzeo; möge sein Name gesegnet sein!

Ich dagegen hatte mir vergeblich Mühe gegeben, meine beiden Maulesel zu retten; ich musste endlich die beiden armen Tiere aufgeben, denn sie keuchten, waren krank und ganz verdorben; ich selbst ging dann ganz allein mitten durch den Wald weiter. An demselben Tage noch fand ich meine Frau und mein Kind und erfuhr, was meine lieben Gefährten für sie getan hatten.

Neun Tage nach Betreten des Waldes fand auch der Rest der Division aus demselben heraus; wenigen Offizieren war es gelungen, ihre Pferde zu retten. Der Feind, der vor uns marschierte, hatte auf seiner Flucht in der Picada zwei Kanonen zurückgelassen, aber wir sahen sie im Vorübergehen kaum an; es fehlte uns an Transportmitteln, und wahrscheinlich stehen sie noch an derselben Stelle, wo ich sie gesehen habe.

Das Regenwetter schien auf die Wälder beschränkt zu sein, denn kaum waren wir aus ihnen heraus und kamen in die Nähe von Lima da Serra und Baccaria, fanden wir den schönsten Sonnenschein. Über diesen und ein paar Rinder, die in unsere Hand fielen und uns für das lange Fasten schadlos hielten, vergaßen wir Müdigkeit, Hunger und Regen.

Wir blieben einige Tage im Distrikt Baccaria, um auf die Division des Bento Gonçalves zu warten, die bald auch, in Unordnung und um ein Drittel vermindert, eintraf.

Der unermüdliche Moringo hatte sich, sobald er vom Rückzug dieser Division erfuhr, zur Verfolgung ihrer Nachhut aufgemacht, trieb sie unermüdlich vor sich her, griff sie bei jeder Gelegenheit an und hatte sich bei diesem Vernichtungskampfe mit den Bergbewohnern verbunden, die den Republikanern immer feindlich gesinnt waren. Dies alles gab Labattue Zeit, seinen Rückzug zu bewerkstelligen und sich dann mit der kaiserlichen Armee zu vereinigen. Als er dies aber ins Werk setzte, hatte er kaum noch einige hundert Menschen bei sich, denn dieselben Unfälle, die uns getroffen hatten, waren auch ihm zugestoßen; der Feind litt ferner unter einem dieser außergewöhnlichen Ereignisse, die ihrer Seltenheit wegen erzählt zu werden verdienen.

General Labattue fand, als er auf seinem Marsche zwei Wälder, welche Matos genannt werden, zu passieren hatte, in denselben einige der unabhängigen Völkerstämme, die unter dem Namen Bugres bekannt und die wildesten sind, die man in Brasilien kennt. Diese Stämme legten sich, sobald sie vom Marsch der Kaiserlichen erfuhren, in den Hinterhalt und taten ihnen nach Kräften Schaden. Uns beunruhigten sie durchaus nicht, und obgleich es auf dem Wege viele Fallgruben gab, wie die Indianer sie für ihre Feinde anlegen, waren diese doch nicht durch Rasen oder Gebüsch verborgen, sondern standen alle offen, und deshalb wurde uns auch keine gefährlich.

Bei dem kurzen Halt, den wir am Rande eines dieser riesigen Wälder machten, sahen wir eine Frau daraus hervorkommen, die in ihrer Jugend von den Wilden geraubt worden war und unsere Nähe zur Flucht benutzte. Das arme Wesen war in einem jammervollen Zustande.

Als wir in diesen Berggegenden keinen Feind weder zu fliehen noch zu verfolgen hatten, setzten wir unseren Weg in kurzen Märschen fort, da es uns an Pferden mangelte und wir unterwegs Fohlen für uns zähmen mussten. Das republikanische Kürassierkorps war mittlerweile vollständig unberitten und musste dringend für Ersatz sorgen.

Übrigens boten diese jungen, kräftigen Schwarzen, deren jeder den Beinamen eines Pferdebändigers, wie ihn Virgil dem Pelops gibt, verdiente, ein stets neues, wenn auch täglich wiederholtes herrliches Schauspiel. Man musste sie sehen, wenn sie auf diese wilden Kinder der Steppe sprangen, die Gebiss, Sattel und Sporen nicht kannten, wie sie sich an ihre Mähne hielten und mit ihnen in der Ebene herumjagten, bis das Tier dem Menschen nachgab und sich für besiegt erklärte.

Dieser Kampf dauerte lang. Das Tier unterwarf sich nicht, bevor es alle Kräfte erschöpft hatte, sich von seinem Tyrannen zu befreien. Der Mann besaß seinerseits bewunderungswürdige Geschicklichkeit, Kraft und Mut; er machte jede Bewegung des Tieres mit, schien fast mit ihm verwachsen zu sein, drückte es mit seinen Schenkeln wie mit Zangen, sprang mit ihm, rollte sich mit ihm auf dem Boden und erhob sich wieder mit ihm, um sich erst wieder von ihm zu trennen, wenn es, mit Schweiß bedeckt, weiß schäumend und auf zitternden Beinen, gezähmt war.

Für einen guten Pferdebändiger reichten drei Tage hin, das rebellische Tier an das Gebiss zu gewöhnen. Auf langen Märschen werden die Fohlen nur selten so gut gezähmt, da andere Beschäftigungen den Bändiger hindern, diesem Geschäft die nötige Sorgfalt angedeihen zu lassen.

Als wir die Matos passiert hatten, marschierten wir durch die Region Missiones nach Cruz Alta, dem Hauptort dieser kleinen Provinz, und von da nach San Gabriel, wo das Hauptquartier der Armee aufgeschlagen und Baracken gebaut wurden.

So lange ich allein war, war ich dieses nun schon sechs Jahre währenden Lebens voller Gefahren und Abenteuer nicht überdrüssig geworden; jetzt aber, da ich eine kleine Familie hatte, erweckten die Trennung von allen meinen alten Bekannten und die Ungewissheit, was nach so langen Jahren aus meinen Eltern geworden sein möchte, den Wunsch in mir, einen Ort aufzusuchen, wo mich Nachrichten von Vater und Mutter erreichen könnten. Eine Weile hatte ich alle diese zärtlichen Neigungen in mein Herz zurückdrängen können, aber sie hatten sich darin gesammelt und verlangten nun ihr Recht. Man bedenke auch, dass ich nichts mehr von meiner zweiten Mutter, die Italien heißt, wusste. Die Familienbande fesseln uns mächtig, die an das Vaterland reißen uns unwiderstehlich fort.

Ich entschloss mich also, wenigstens auf einige Zeit nach Montevideo zurückzukehren, und bat den Präsidenten um meinen Abschied sowie um die Erlaubnis, mir eine kleine Rinderherde heranziehen zu dürfen, mit deren allmählichem Verkauf ich die Reisekosten bestreiten wollte.

Die brasilianische Revolution

Unseren Lesern dürfte es wohl angenehm sein, einen allgemeinen Überblick über die damalige brasilianische Revolution zu erhalten, deshalb geben wir hier einen solchen in Kürze.

Schon im Jahre 1808 hatte die portugiesische Königsfamilie sich von Lissabon nach Rio de Janeiro begeben, da die Franzosen erstgenannte Stadt besetzten; Brasilien erhielt damit den Namen eines Königreiches. Erst 1821 verließ der Hof wieder Rio de Janeiro, um nach Portugal zurückzukehren; der Sohn des Königs, Don Pedro, blieb als Regent in Brasilien. Bald aber änderte das Mutterland die bisherige Verfassung seiner Kolonie, legte derselben viele Beschränkungen und Bedrückungen auf und rief den Prinzen zurück; indessen vermochte dieser, da ernstliche Unruhen zu Rio de Janeiro ausbrachen, nicht abzureisen, musste eine Nationalversammlung einberufen, und diese rief im August 1822 die Unabhängigkeit Brasiliens von der portugiesischen Krone aus. Der bisherige Regent ließ sich darauf unter dem Namen Pedro I. zum Kaiser von Brasilien krönen.

Die republikanischen Bestrebungen im Lande wurden zwar unterdrückt, führten aber doch dahin, dass der Kaiser im März 1824 auf die Verfassung schwören musste. Dessen ungeachtet dauerten die Unruhen, welche die Losreißung der Republik Uruguay herbeiführten, und die Unzufriedenheit des ganzen Landes mit dem Kaiser fort, den man beschuldigte, die öffentlichen Finanzen zugrunde zu richten und sich durch ausländischen Einfluss leiten zu lassen. Am 6. April 1831 brach der Aufstand in der Hauptstadt offen aus, und am folgenden Tage musste der Kaiser zugunsten seines älteren Sohnes, Pedro II. de l'Alcantara, abdanken und sich nach Europa einschiffen; sein erst siebenjähriger Sohn blieb unter Vormundschaft Don Andradas zurück.

Streitigkeiten der verschiedenen Parteien über die Regierungsform, besonders Aufstände der Schwarzen und Farbigen, führten nun die nächsten Jahre hindurch viele blutige Auftritte herbei. Solche Unruhen regten sich auch wieder im Jahre 1833 bei den Wahlen zum neuen Kongress, der für die Zeit der Unmündigkeit des Kaisers einen Regenten, jedes Mal auf vier Jahre, zu erwählen beschloss; der erste derselben war Diego Antonio Feijo, legte aber bald die Regentschaft nieder und ihm folgte Pedro de Aranja Lima.

1837 erhob sich auch die Provinz Rio Grande und erklärte sich unter dem Präsidenten Bento Gonçalves da Silva zur Republik; sie kam bis auf die Städte Porto Alegre und Rio Grande ganz aus den Händen der Regierung. Ein Deputierter namens Franca verlangte sogar öffentlich die Absetzung des jungen Kaisers, indessen wies der Kongress einen solchen Antrag ab. Aufstände in Bahia sowie in der Provinz Maranhão folgten und wurden nur mit Mühe von den Kaiserlichen bezwungen.

Dies sind die Ereignisse, die Garibaldi in den Dienst der neuen Republik Rio Grande führten und ihn gegen die allerdings großen Missbräuche und Bedrückungen einer schwachen und zerrütteten Regierung für das unterdrückte Volk kämpfen ließen.

Anmerkung des Übersetzers

36.
Rinderherdenführer

So wurde ich also Führer einer Rinderherde. In einer Estancia, die man El Corral de Pedras nannte, sammelte ich nun mit Genehmigung des Finanzministers in zwanzig Tagen mit unsäglicher Mühe ungefähr neunhundert Rinder. Diese Tiere waren vollkommen wild, und größere Anstrengung stand mir noch während der Reise bevor, wo ich auf fast unüberwindbare Hindernisse stoßen musste. Das größte von allen war der Übergang über den Rio Negro, dessen Fluten die Hälfte meines Vermögen verschlingen sollten. Ich hatte nicht allein die Schwierigkeiten der Passage und die geringe Erfahrung in meinem neuen Handwerk gegen mich, sondern auch die Unredlichkeit gewisser besoldeter Hilfskräfte, die ich als Führer der Tiere gemietet hatte. Dennoch rettete ich fünfhundert Tiere, aber aufgrund der schlechten Nahrung, der Länge des Weges und der großen Ermüdung waren sie nicht im Stande, ihren Bestimmungsort zu erreichen.

Ich entschloss mich deshalb, sie zu töten, ihnen die Haut abzuziehen und diese zu verkaufen, wobei mir nach Abzug der Kosten noch etwa hundert Taler blieben, mit denen ich die dringendsten Bedürfnisse meiner Familie befriedigen konnte.

Ich muss hier eine Begegnung erzählen, die mir einen meiner liebsten, besten und zärtlichsten Freunde schenke. Ach! Das ist wieder einer, der in eine bessere Welt gegangen ist, auf Italiens Befreiung zu warten!

Als ich auf meinem Rückzuge nach San Gabriel kam, hörte ich von einem italienischen Offizier von viel Geist und Herz sowie großer Erfahrung sprechen, der sich, aus seiner Heimat verbannt, in Frankreich – während der langen Belagerung von Oporto, die dieser Stadt den Namen der »Uneinnehmbaren« eintrug – geschlagen hatte und dann, wie ich, gezwungen worden war, Europa zu verlassen. Er hatte seinen Mut und seine Erfahrung dem Dienste der jungen Republik Südamerikas geweiht.

Man erzählte mir von ihm einzelne Züge von Mut, Kaltblütigkeit und Stärke, so dass ich mir im Geiste zehn Mal wiederholte: »Wenn ich diesen Mann treffen sollte, so wird er mein Freund werden.«

Er hieß Auzani.

Besonders eine Geschichte von ihm hatte große Sensation gemacht. Als er nach Amerika kam, stellte er sich mit einem Empfehlungsschreiben den Herren N. vor, die Geschäftsleute zu B. und Italiener waren wie er. Sie machten ihn zu ihrem Faktotum; er war gleichzeitig ihr Kassier, ihr Buchhalter und Vertrauensmann, kurz gesagt, er war der gute Genius ihres Hauses.

Wie alle starken und mutigen Leute war Auzani ruhig und sanft.

Das Haus, dessen wahrhafter Leiter er geworden, war eines derer, die man nur in Südamerika findet und die alle erdenklichen Geschäfte machen, indem sie fast alle bekannten Handelszweige zu einem einzigen vereinigen.

Unglücklicherweise lag die Stadt, in der sich das Handelshaus befand, in der Nähe eines Waldes, in dem sich jene indianischen Stämme der Bugres aufhielten, über die ich bereits im vorhergehenden Kapitel einige Worte gesagt habe. Einer dieser indianischen Häuptlinge hatte sich zum Schrecken der kleinen Stadt gemacht; zweimal im Jahre kam er mit seinem Stamme um sie zu überfallen und nach Belieben zu plündern, ohne dass man ihm Widerstand entgegenzusetzen gewagt hätte.

Zuerst war er mit zwei- oder dreihundert Mann gekommen, dann mit hundert, darauf mit fünfzig, da er den wachsenden Schrecken gewahrte, den er verbreitete. Zuletzt fühlte er sich so sicher, dass er allein kam und seine Befehle gab und seine Forderungen stellte, als ob er den ganzen Stamm bei sich gehabt hätte, um die Stadt anzuzünden und mit Blut zu überschwemmen.

Auzani hatte von diesem Großsprecher viel reden hören, verriet aber nicht seine Ansicht über die Kühnheit des wilden Häuptlings und den Schrecken, den seine Drohungen allgemein einflößten. Dieser Schrecken war so groß, dass bei dem Ruf »Der Häuptling di Matos ist da!« alle Fenster geschlossen wurden und die ganze Stadt sich einriegelte, als fürchte man sich vor einem tollen Hunde.

Der Indianer war an diese Zeichen der Angst, die seinem Stolze schmeichelten, schon gewöhnt. Er wählte die Tür, die er sich öffnen lassen wollte, klopfte an und konnte, sobald die Tür geöffnet war, was mit der Eile der Furcht geschah, das ganze Haus plündern, ohne dass Herr, Bewohner oder Nachbarn, wer sie auch gewesen seien, daran gedacht hätten, ihn auf seinem Rückzuge zu beunruhigen.

Auzani dirigierte seit zwei Monaten das Handelshaus in den größten wie unbedeutendsten Angelegenheiten zur großen Zufriedenheit seiner beiden Patrone, als der schreckliche Ruf »Der Häuptling di Matos!« wieder ertönte. Wie gewöhnlich schlossen sich schleunigst Türen und Fensterläden. Auzani war allein zu Hause und damit beschäftigt, die Wochenabrechnung zu machen; er dachte, es sei nicht der Mühe wert, sich durch den Lärm stören zu lassen, und blieb deshalb bei offenen Türen und Fenstern ruhig hinter seiner Ladentheke.

Der Indianer blieb erstaunt vor diesem Hause stehen, das mitten in der allgemeinen Bestürzung, die seine Ankunft verursacht hatte, ganz gleichgültig zu sein schien. Er betrat es und sah auf der anderen Seite des Theke einen Menschen mit dem ruhigsten Gesichte seine Rechnungen machen. Er blieb vor ihm stehen, kreuzte die Arme und betrachtete ihn mit Erstaunen.

Auzani erhob den Kopf. Er war die Höflichkeit selbst: »Was wünschen Sie, mein Freund?«, fragte er den Indianer.

»Was? – was ich will?«, meinte dieser.

»Ohne Zweifel«, erwiderte Auzani, »wenn man in einen Laden tritt, so wünscht man gewöhnlich etwas zu kaufen.«

Der Indianer brach in lautes Gelächter aus. »Du kennst mich also nicht?«, fragte er Auzani.

»Wie soll ich dich kennen? Ich sehe dich zum ersten Male.«

»Ich bin der Häuptling di Matos«, erwiderte der Indianer, wobei er seine Arme auseinandernahm und im Gürtel eine ganze Waffenausrüstung von vier Pistolen und einem Dolche zeigte.

»Nun, Häuptling di Matos, was willst du?«, fragte Auzani weiter.

»Ich will etwas zu trinken haben«, antwortete jener.

»Was willst du trinken?«

»Ein Glas Aguardiente.« (Branntwein.)

»Nichts leichter als das; bezahle zuerst, dann werde ich dir das Glas reichen.«

Der Indianer lachte zum zweiten Male auf.

Auzani runzelte leicht die Stirn. »Das ist nun das zweite Mal«, sagte er, »dass du mir, statt zu antworten, ins Gesicht lachst. Ich finde das keineswegs höflich. Ich sage dir im Voraus, dass ich dich, wenn es noch einmal vorkommt, zur Tür hinauswerfen werde.« Er sagte dies mit einer Festigkeit, die jeden anderen als den Indianer belehrt haben würde, mit welchem Manne er es tun habe.

Vielleicht begriff der Häuptling dies auch, aber er tat so, als verstünde er ihn nicht.

»Ich habe dir gesagt, dass du mir ein Glas Aguardiente geben sollst«, wiederholte er und klopfte mit seinem Dolche auf den Ladentisch.

»Und ich habe dir gesagt, du sollst zuerst bezahlen«, wiederholte Auzani, »sonst wirst du es nicht bekommen.«

Der Indianer schleuderte einen Zornesblick auf ihn, aber Auzanis Augen begegneten den seinigen. Zwei Blitze hatten sich gekreuzt.

Auzani pflegte zu sagen: »Es gibt keine größere Kraft als die moralische. Sieh einen Menschen, der dich ansieht, fest, kühn und unerschüttert an – wenn er die Augen zu Boden schlägt, bist du sein Herr, also senke nicht du sie, denn sonst ist er der deine.«

Auzanis Blick hatte eine unwiderstehliche Kraft; dieses Mal schlug der Indianer die Augen nieder. Er fühlte des anderen Überlegenheit und wollte sich, über diesen ihm ungewohnten Zustand wütend, durch Trinken Mut machen. »Nun gut«, sagte er, »da ist ein halber Piaster; bediene mich jetzt.«

»Es ist meine Pflicht, die Leute, die bezahlen, zu bedienen«, sagte Auzani ruhig. Dabei reichte er dem Indianer ein Glas Branntwein. Der Indianer goss es hinunter. »Noch eins«, meinte er. Auzani schenkte ihm ein anderes ein. Der Indianer trank es wie das erste aus. »Noch eins«, wiederholte er.

Solange des Indianers Geld reichte, machte Auzani keine Bemerkung; als der Trinker aber so viel verzehrt hatte, als sich mit seinem Gelde bezahlen ließ, hielt er ein.

»Nun?«, fragte der Häuptling.

Auzani legte ihm seine Rechnung vor.

»Weiter!«, rief der Wilde.

»Weiter? Ohne Geld gibt es keinen Branntwein«, erwiderte Auzani.

Der Indianer hatte sich nicht getäuscht. Die fünf oder sechs Gläser Aguardiente, die er getrunken, hatten ihm den Mut wiedergegeben, den er unter den Löwenblicken Auzanis verloren hatte. »Aguardiente!«, rief er, die Hand an eine seiner Pistolen legend. »Aguardiente, oder ich töte dich!«

Auzani, der sich schon gedacht hatte, dass die Sache dieses Ende nehmen werde, hielt sich bereit. Er war ein Mann von fünf Fuß neun Zoll, von wunderbarer Stärke und bewunderungswürdiger Gewandtheit. Er stützte seine rechte Hand auf den Ladentisch, sprang hinüber und warf sich mit seiner ganzen Kraft auf den Indianer, wobei er, ehe dieser Zeit hatte, seine Pistole zu spannen, ihm die rechte Hand mit der linken festhielt.

Der Indianer konnte dem Angriff nicht standhalten und fiel zu Boden, Auzani bändigte ihn und setzte ihm das Knie auf die Brust. Nun drückte er mit seiner linken die rechte Hand des Indianers in eine Richtung, in der die Waffe unschädlich bleiben musste, riss ihm mit der anderen Pistolen und Dolch aus dem Gürtel und warf sie weit in den Laden hinein, entrang ihm dann die Pistole aus seiner Hand, fasste sie am Lauf und zerschlug ihm das Gesicht mit tüchtigen Kolbenschlägen. Als er endlich der Ansicht war, der Indianer müsste nun genug haben, stand er wieder auf, stieß ihn mit dem Fuße zur Tür hinaus, ließ ihn in die Gosse rollen und mitten darin liegen.

Der Indianer hatte wirklich genug. Er stand auf und kam nie wieder nach San Gabriel.

Auzani hatte den portugiesischen Krieg unter einem anderen Namen als seinem wirklichen, Ferrari nämlich, mitgemacht. Er hatte sich unter diesem Namen ausgezeichnet benommen und war zum Kapitän befördert worden, dabei hatte er zwei schwere Wunden davongetragen – eine am Kopf, die andere in der Brust –, so schwer, dass er nach Verlauf von sechszehn Jahren an einer derselben starb. Die Kopfverwundung war ein Säbelhieb, der ihm den Schädel gespalten hatte; die in der Brust hatte er durch eine Kugel erhalten, die in der Lunge sitzen blieb und später die Lungenschwindsucht herbeiführte.

Wenn man zu Auzani von den Wundern der Tapferkeit sprach, die er unter dem Namen Ferrari getan hatte, lächelte er und versicherte, dieser Ferrari und er seinen zwei ganz verschiedene Personen. Zum seinem Unglück konnte der arme Auzani, während er seine Taten auf die Rechnung des eingebildeten Wesens setzte, das er geschaffen hatte, demselben nicht auch seine Wunden überlassen.

Dies war also der Mann, von dem man mir erzählt hatte, den ich kennen lernen und dessen Freund ich werden wollte.

In San Gabriel erfuhr ich, dass er in Geschäften zwölf Meilen weit verreist sei; ich beschloss, ihn aufzusuchen, und stieg zu Pferde.

Unterwegs fand ich am Ufer eines kleinen Baches einen Mann, der mit nackter Brust dasaß und sein Hemde wusch; ich dachte mir sogleich, dass er der sei, den ich suchte. Ich ging zu ihm, reichte ihm die Hand und nannte ihm meinen Namen. Von diesem Augenblicke an stand er nicht mehr in Diensten seines Handelshauses, sondern in denen der Republik Rio Grande. Er kommandierte die Infanterie der Division Juan Antonios, eines der berühmtesten republikanischen Führer, der wie ich seinen Abschied genommen hatte und auf dem Wege nach El Salto war.

Nachdem wir einen Tag zusammen zugebracht hatten, tauschten wir unsere Adressen und verabredeten, keiner von uns solle einen wichtigen Schritt tun, ohne den anderen davon zu benachrichtigen.

Man gestatte mir, eine kleine Geschichte zu erzählen, aus der sich unser Elend und unsere Brüderlichkeit erkennen lassen.

Auzani hatte nur ein Hemd, aber zwei Paar Beinkleider. Bezüglich der Hemden ging es mir ebenso schlecht, was aber die Beinkleider anbetrifft, war er reicher als ich. Wir schliefen unter demselben Dach, er reiste aber schon vor Tagesanbruch ab, ohne mich zu wecken. Als ich nun erwachte, fand ich auf meinem Bett das bessere Paar seiner beiden Beinkleider.

Ich hatte ihn nur kurz gesehen, aber er war ein Mensch, den man auf den ersten Blick richtig beurteilt. Als ich später Dienste bei der Republik Montevideo nahm und den Auftrag erhielt, die italienische Legion zu organisieren, war meine erste Sorge, an Auzani zu schreiben, er möge kommen und die Arbeit mit mir teilen. Er kam und wir verließen uns nicht wieder bis zu dem Tage, an dem er die Küste Italiens wieder betrat und in meinen Armen starb.

37. Professor der Mathematik und Warenmakler

In Montevideo stieg ich im Hause eines meiner Freunde, Napoleon Castellini, ab. Seiner und seiner Frau Liebenswürdigkeit bin ich mehr schuldig, als ich jemals durch die ihnen geweihte Dankbarkeit abtragen kann, wie das auch bei meinen übrigen Lieben, bei G. B. Cuneo, diesem lebenslangen Freunde, bei den Brüdern Antonini und bei Giovanni Rino der Fall ist.

Als ich die wenigen Taler, die ich aus dem Verkauf meiner Rinderhäute löste, ausgegeben hatte, übernahm ich, da ich mit meiner Frau und meinem Kinde nicht auf Kosten meiner Freunde leben wollte, nacheinander zwei Geschäftszweige, die kaum für unsere Bedürfnisse hinreichten. Zuerst wurde ich Warenmakler; ich trug alle Arten von Proben mit mir herum, von italienischem Zeuge an bis zu römischen Stoffen. Dann war ich Professor der Mathematik im Hause des ehrenwerten Herrn Paolo Semidei.

Auf diese Weise lebte ich bis zu meiner Einstellung in die östliche Legion.

Die Angelegenheiten der Provinz Rio Grande begannen sich zu ordnen; in dieser Beziehung hatte ich nichts mehr zu tun. Da die östliche Republik, das heißt die, welche sich Republik von Montevideo nannte, mich frei wusste, nahm sie keinen Anstand, mir eine Beschäftigung anzubieten, die mit meinen Verhältnissen und besonders mit meinem Charakter mehr in Einklang stand als die eines Professors der Mathematik oder eines Probenherumträgers. Man bot mir den Befehl über die Korvette »Die Konstitution« an, und ich nahm gerne an.

Die Flotte der östlichen Republik stand unter Befehl des Obersten Cosse, die von Buenos Aires unter dem Kommando des Admirals Brown. Zwischen den beiden Geschwadern hatten bereits mehrere kleine Gefechte stattgefunden, jedoch ohne nennenswerte Ergebnisse.

Um dieselbe Zeit wurde ein gewisser Vidal, traurigen Angedenkens, zum ersten Minister der Republik ernannt. Eine seiner ersten beklagenswerten Maßnahmen war, sich der Sorge um die Flotte zu entbinden, die, wie er sagte, eine zu große Last für den Staat sei. Diese Flotte, die unermessliche Summen gekostet hatte und die, wenn man sie behalten hätte, was damals so leicht gewesen wäre,

Montevideo ein bedeutendes Übergewicht auf dem Rio de la Plata verschafft hätte, wurde vollständig zerschlagen. Man verkaufte die Schiffe zu schimpflichen Preisen und verschleuderte das Material.

Ich wurde zu einer Expedition beordert, die große Folgen haben sollte.

Man schickte mich mit der Brigantine »Pereyra«, bestückt mit achtzehn Kanonen, nach Corrientes; außer diesen achtzehn Geschützen hatte ich noch zwei Drehbrassen. Mit mir zusammen segelte die Korvette »Rocida«.

Corrientes kämpfte damals gegen Rosas, und ich sollte es in seinen Operationen gegen den Diktator unterstützen. Vielleicht hatte die Expedition auch einen anderen Zweck, das blieb aber das Geheimnis unseres Premierministers.

Man möge es dem, der diese Memoiren veröffentlicht, gestatten, dass er den Lesern einige Aufklärung über die Republik Montevideo im Jahre 1841 gebe, die der General Garibaldi in einem von Tag zu Tag geführten Journal nicht berühren zu müssen geglaubt hat.

Diese Erklärung ist um so genauer, als sie im Jahre 1849 dem Herausgeber von einem Manne diktiert wurde, der in der Geschichte der östlichen Republik eine große Rolle gespielt hat, nämlich von dem General Pacheo y Obes, einem unserer besten Freunde. Übrigens können sich unsere teuren Leser beruhigen, da wir unserem nicht weniger teuren Freunde, der sich Joseph Garibaldi nennt, bald wieder die Feder in die Hand geben werden, denn, wie sie sehen, führt dieser erste Held Italiens die Feder ebenso gut wie den Degen.

Montevideo

Wenn der Reisende auf einem der Schiffe, welche die Ureinwohner schwimmende Häuser nennen, ankommt, so erblickt er, wenn der Matrose »Land!« gerufen hat, zuerst zwei Erhöhungen.

Die eine von Mauersteinen ist die Kathedrale, die Mutter der Kirchen, die Matriz, wie man sie dort nennt.

Die andere ist ein Granitberg, mit wenigem Grün bedeckt, auf dem ein Leuchtturm steht; man nennt ihn den Cerro.

Wenn man höher kommt, unterscheidet man zwischen den Türmen der Kathedrale, deren Kuppeln hell in der Sonne glänzen, die zahllosen und verschiedenartig geformten Miradores, die Aussichtsplattformen, die fast alle Häuser überragen, dann diese

Häuser selbst, rot oder weiß, mit ihren Terrassen, auf denen die Bewohner am Abend Kühlung suchen, endlich am Fuße des Cerro die Saladeros, die großen Fleischläden, und dann, tief an der Bai gelegen, die reizenden Parkanlagen, die Freude und der Stolz der Einwohner, über die an Festtagen nur ein Wort durch die Straßen läuft: »Lasst uns nach der Miguelete gehen! – Nach der Aguada! – Nach dem Arroyo Seco!«

Wenn wir dann zwischen dem Cerro und der Stadt, die überall, wo wir auch hinblicken mögen, von der gigantischen Kathedrale überragt wird, den Anker fallen lassen, wenn die Jolle uns unter kräftigen Ruderschlägen an das Land bringt, wenn wir am Tage dann durch die schönen Parkanlagen spazieren und ebenso schönen Frauen begegnen, die in Amazonenkleidung reiten, wenn wir des Abends an den geöffneten Fenstern vorüberwandeln und in die lichtstrahlenden Straßen treten, wo wir den Klang der Pianos oder die klagenden Töne der Harfe, die schwingenden Melodien der Quadrillen oder die schmelzenden Romanzen hören, dann sind wir in Montevideo, der Vizekönigin des silbernen Flusses, dessen Königin sich Buenos Aires nennt, des Flusses, der sich bei einer Mündungsbreite von achtzig Meilen in den atlantischen Ozean ergießt.

Juan Díaz de Solís entdeckte zu Anfang des Jahres 1516 zuerst diese Küste und den Rio de la Plata; das Erste, was der Ausguckposten erblickte, war der Cerro; voller Freude rief er damals auf Lateinisch: »Montem video!« (Ich habe einen Berg gesehen!)

Daher schreibt sich der Name der Stadt her, deren Geschichte wir kurz skizzieren wollen.

Solís, der stolz darauf war, ein Jahr zuvor Rio de Janeiro entdeckt zu haben, freute sich seiner neuen Entdeckung nicht lange. Nachdem er zwei seiner Schiffe glücklich in die Bai gebracht hatte und mit dem dritten in den Rio de la Plata eingelaufen war, ließ er sich durch die Freundschaftsversicherungen der Indianer betören, fiel in einen Hinterhalt und wurde getötet, gebraten und aufgegessen am Ufer eines Baches, der zum Andenken an diese schreckliche Begebenheit den Namen Arroyo de Solís führt.

Diese Horde menschenfressender Indianer, die übrigens tapfer genug war, gehörte zum Stamme der Charrúas; diese besaßen, wie am anderen Ende des Kontinents die Huronen und Sioux, das Land. Sie widerstanden auch den Spaniern, die Montevideo unter täglichen Kämpfen und besonders allnächtlichen Überfällen erbauen mussten; aufgrund dieser Kämpfe kann man, obgleich die

Entdeckung des Ortes, wie gesagt, bereits 1516 erfolgte, von der eigentlichen Gründung der Stadt erst gut zweihundert Jahre später sprechen.

Endlich kam um das Ende des letzten Jahrhunderts ein Mann, der den ursprünglichen Herren der Küste eine entscheidende Schlacht lieferte, in der sie vernichtet wurden. Diese wurden gänzlich vernichtet, wobei sie, wie die alten Teutonen, Frauen und Kinder zwischen sich nahmen und fielen, ohne einen Schritt zurückzuweichen, und der Reisende kann noch heute als ein Zeichen dieser vollständigen Niederlage die Gebeine der letzten Charrúas am Fuße des Berges Acegua bleichen sehen.

Dieser zweite Marius, der Bezwinger der zweiten Teutonen, war Jorge Pacheco, der Feldherr und Vater des Pacheco y Obes, aus dessen Munde wir, wie bereits gesagt, die Erzählung hörten, die wir jetzt unseren Lesern vortragen.

Die vernichteten Wilden hinterließen aber dem Kommandanten Pacheco noch hartnäckigere, gefährlichere und schwerer als die Indianer auszurottende Feinde, nämlich die brasilianischen Schmuggler; diese hielten sich nicht durch den religiösen Glauben, der sich mit jedem Tage schwächt, sondern durch ein materielles Interesse, das von Tag zu Tag zunimmt.

Das Prohibitivsystem war die Basis des spanischen Handels. Es musste sich also zwischen dem Gouverneur und den Schmugglern ein erbitterter Kampf entspinnen, denn Letztere suchten bald durch List, bald durch Gewalt ihre Waren und ihren Tabak auf das Gebiet von Montevideo einzuführen.

Der Kampf war langwierig, erbittert und blutig. Don Jorge Pacheco, ein Mann von herkulischer Kraft, mächtigem Wuchse und unerhörter Schlauheit, hatte die Schmuggler zwar nicht wie die Charrúas vernichten können – denn das war unmöglich –, immerhin aber schien es ihm gelungen zu sein, sie von der Stadt fernzuhalten. Doch bald traten ihm diese noch kühner, tätiger und in besserer Ordnung als jemals gegenüber, unter einem Führer, der ebenso mächtig, mutig und klug war Pacheco selbst.

Kommandant Pacheco entsandte seine Spione ins Land, um die Ursache der neuen Feindlichseligkeiten zu erfahren. Alle brachten nur einen Namen zurück: Artigas.

Wer war aber nun dieser Artigas? Ein junger Mensch von zwanzig bis fünfundzwanzig Jahren, tapfer wie ein alter Spanier, schlau wie ein Charrúa und gewandt wie ein Gaucho. Hatte er auch nicht das Blut dieser drei in seinen Adern, so besaß er doch wenigstens ihren Geist.

Es entspann sich nun ein bewunderungswürdiger Kampf der List und Gewalt zwischen dem alten Kommandanten und dem jungen Schmuggler; während die Kräfte des Letzteren im Zunehmen begriffen waren, war der Erstere zwar noch nicht zu alt, aber doch schon erschöpft. Vier oder fünf Jahre lang verfolgte Pacheco Artigas und schlug ihn, wo er ihm begegnete.

Doch Artigas wurde weder getötet noch gefangen und erholte sich von jeder Niederlage. Pacheco war schließlich des Kampfes müde, und wie einer der alten Römer aus der Zeit der Republik, die ihren Stolz gern dem Wohle des Vaterlandes aufopferten, machte er der Regierung der Vorschlag, er wolle unter der Bedingung, dass man Artigas zum Gouverneur des Landes und der Stadt ernenne, auf seine hohe Stellung verzichten, denn nach seiner Meinung könne nur Artigas das Werk beendigen, das er, Pacheco, nicht zur Ausführung bringen könne, nämlich die Vernichtung der Schmuggler.

Die Regierung ging darauf ein und Artigas zog, wie die römischen Banditen, die sich dem Papst unterwerfen und dann als geachtete Leute in den Städten herumgehen, deren Schrecken sie gewesen sind, im Triumphe in Montevideo ein und übernahm den Vernichtungskampf da, wo sein Vorgänger ihn aufgegeben hatte.

Nach Verlauf eines Jahres war die Schmugglerwirtschaft, wenn auch nicht vernichtet, so doch wenigstens nicht mehr beunruhigend.

Dies geschah achtundfünfzig oder sechzig Jahre vor den Ereignissen, an denen wir Garibaldi teilnehmen sehen; der Herausgeber ist aber vor allem dramatischer Dichter und kann sich nicht daran gewöhnen, seine Dramen ohne einen Prolog vorzuführen. Übrigens ist dieser Prolog auch nicht ohne Interesse, und man kann aus ihm die Menschen und Orte kennen lernen, die in Frankreich noch ziemlich unbekannt sind.

Artigas war damals sieben- oder achtundzwanzig Jahre alt; zur Zeit, als General Pacheco mir diese Details mitteilte, zählte er dreiundneunzig und lebte unbeachtet auf einem kleinen Landgut des Präsidenten von Paraguay. Jetzt ist er zweifellos schon tot.

Er war ein junger, schöner und tapferer Mann und repräsentierte eine der drei Gewalten, die abwechselnd über Montevideo herrschten.

Don Jorge Pacheco entsprach dem Typus des tapferen Ritters

der alten Zeit, in der Columbus, Pizarro und Cortez die Meere befuhren.

Artigas seinerseits war ein Kind des Landes. Er repräsentierte, wie man dort sagt, die nationale Partei, die zwischen den Portugiesen und den Spaniern stand, das heißt zwischen den Fremden, die durch ihren Aufenthalt in den Städten, wo alles nach spanischer oder portugiesischer Sitte lebte, Kinder dieser Nationen geblieben waren.

Dann gab es noch einen dritten Typus und sogar eine dritte Macht, von der wir sprechen müssen, denn sie ist gleichzeitig die Geißel des Stadt- und Landbewohners. Es sind die Gauchos, die Garibaldi schon so charakteristisch und malerisch geschildert hat. Er nannte sie die Zentauren der neuen Welt.

In Frankreich nennen wir einen jeden Gaucho, der in jenen weiten Ebenen, jenen unermesslichen Steppen und unbegrenzten Pampas, die sich vom Meeresufer östlich bis an die Anden erstrecken, lebt. Das ist nicht richtig; Kapitän Head von der englischen Marine brachte es zuerst in Mode, den Gaucho mit den Landbewohnern zu verwechseln, der in seinem Stolze nicht allein eine Ähnlichkeit mit diesen zurückweist, sondern sich überhaupt jeden Vergleich verbittet.

Der Gaucho ist der Zigeuner der Neuen Welt. Ohne Besitz, ohne Haus und ohne Familie, hat er nichts als seinen Poncho, sein Pferd, sein Messer, sein Lasso und seine Bola. Das Messer ist seine Waffe, das Lasso und die Bola sein Handwerkszeug.

Artigas blieb also zu allseitiger Zufriedenheit, wenn man von den Schmugglern absieht, Gouverneur des Landes, und er war noch mit diesem wichtigen Amte betraut, als 1810 die Revolution ausbrach, welche den Zweck hatte, die spanische Herrschaft in der Neuen Welt zu vernichten, und dies wirklich erreichte. Sie begann 1810 zu Buenos Aires und endete 1824 mit der Schlacht von Ayacucho in Bolivien.

Kommandeur der Aufständischen war damals General Antonio de Sucre, fünftausend Mann standen unter seinem Befehl. Der oberste General der spanischen Truppen war Don Juan de la Serna, der letzte Vizekönig von Peru. Er befehligte ungefähr elftausend Mann.

Die Patrioten hatten nur eine einzige Kanone, es fehlte ihnen an Munition, Mundvorrat, Pulver und Brot. Es war zu erwarten, dass sie geschlagen würden; man griff sie an – und sie blieben Sieger.

Der patriotische General Alejo Cordova begann die Schlacht; er befehligte nur fünfzehnhundert Mann. Er steckte seinen Hut auf die Degenspitze und rief: »Vorwärts!«

»Im Geschwindschritt oder im gewöhnlichen?«, fragte ihn ein Offizier.

»Im Siegesschritt!«, antwortete Alejo Cordova.

Am Abend hatte die ganze spanische Armee kapituliert und war von denen gefangen genommen worden, die sie am Morgen für ihre Gefangenen angesehen hatten.

Artigas war einer der Ersten, die die Revolution als die Göttin der Freiheit begrüßten. Er stellte sich auf dem Lande an die Spitze der Bewegung und bot Pacheco an, nun zu dessen Gunsten auf den Oberbefehl zu verzichten, wie dieser es früher für ihn getan hatte.

Vielleicht wäre dieser Tausch auch zustande gekommen, wenn Pacheco nicht im Hause Casablanca am Uruguay von spanischen Seeleuten überfallen worden und als Gefangener in ihren Händen geblieben wäre.

Artigas setzte sein Befreiungswerk fort; in kurzer Zeit jagte er die Spanier aus dem ganzen Lande, zu dessen König er sich aufgeworfen hatte, und ließ ihnen als einzige Zuflucht die Stadt Montevideo. Montevideo aber konnte ernstlichen Widerstand leisten, denn es war die zweite befestigte Stadt Amerikas. Die erste war San Juan de Ulúa.

Alle Anhänger der Spanier waren nach Montevideo geflüchtet, woselbst sie von einer viertausend Mann starken Armee geschützt wurden. Artigas, der mit Buenos Aires ein Bündnis eingegangen war, begann die Stadt zu belagern. Eine portugiesische Armee kam aber den Spaniern zu Hilfe und befreite Montevideo.

1812 wurde Montevideo aufs Neue belagert. Der General Rondeau von Seiten Buenos Aires‘ und Artigas von Seiten der Patrioten Montevideos vereinigten sich und umschlossen die Stadt. Die Belagerung dauerte dreiundzwanzig Monate, dann erst gab die Kapitulation den Sitz der späteren östlichen Republik den Belagerern in die Hände, die damals von General Alvear kommandiert wurden.

Wie kam es, dass der kommandierende General Alvear und nicht Artigas war? Wir wollen es erzählen.

Als die Belagerung zwanzig Monate gedauert hatte, waren die verschiedenen Gewohnheiten und Sitten – ich möchte beinahe sagen, die Verschiedenheit der Rassen –, die zwischen den Männern von Buenos Aires und denen von Montevideo, die nun schon drei

Jahre miteinander in Berührung standen, anfangs nur kleine Uneinigkeiten herbeigeführt hatten, allmählich Grund zu bitterem Hasse geworden.

Artigas hatte sich deshalb, wie Achilles, in sein Zelt zurückgezogen oder vielmehr nahm er dieses Zelt mit sich und verschwand in die weiten Ebenen, die er aus seiner Jugendzeit so gut kannte, als er noch das Schmugglergeschäft betrieb.

General Alvear nahm seine Stelle ein; vor der Übergabe Montevideos war er Oberanführer der Portenos gewesen, wie sich die Bewohner von Buenos Aires nennen, während die von Montevideo dort »die Östlichen« heißen.

Wir wollen hier die zahlreichen Verschiedenheiten zwischen den Portenos und den Östlichen zu erklären suchen.

Die Einwohner von Buenos Aires, deren Urahnen schon seit drei Jahrhunderten das Land bewohnen, hatten schon nach den ersten hundert Jahren ihrer Ansiedlung in Amerika die Unhängigkeit von ihrem Mutterland Spanien erlangt; ihre Interessen, ihr ganzes Leben knüpfen sich an den Boden des Landes; diese Leute sind heutzutage fast ebenso sehr Amerikaner wie die Indianer, die sie vertrieben haben.

Die Bewohner Montevideos hingegen, deren Vorfahren erst seit kaum einem Jahrhundert dieses Land bewohnen, haben noch nicht Zeit gehabt, zu vergessen, dass sie Söhne, Enkel oder Urenkel der Spanier sind. Sie haben wohl ein Gefühl für ihre neue Nationalität, aber auch die Beziehung zum alten Europa aufrechterhalten, dessen Zivilisation sie nacheifern, während sichdie Landbewohner von Buenos Aires jeden Tag weiter von dieser entfernen und in die Barbarei zurückfallen.

Auch ist die Beschaffenheit des Landes nicht ohne Einfluss auf diese einerseits rückwärtsgewandte, andererseits fortschreitende Veränderung.

Die Bevölkerung von Buenos Aires verteilt sich über unermessliche Ebenen, ihre Wohnungen liegen weit voneinander entfernt, es fehlt an Wasser und Holz. Es ist ein trauriger Anblick, wenn man dieses Volk in seinen schlecht gebauten Hütten sieht, und aus dieser Öde, diesen Entbehrungen, dieser Vereinzelung schöpft es auch einen düsteren, streitlustigen und ungeselligen Charakter. Seine Beziehungen beschränken sich auf den wilden Indianer an den Landesgrenzen, mit dem er einen Handel mit Straußfedern, Pferdedecken, Lanzenholz und anderen Dingen treibt, die aus den

Europäern unbekannten Ländern kommen und die man gegen Branntwein und Tabak eintauscht. Der Indianer bringt den Tabak und Branntwein in die großen Ebenen der Pampas, deren Namen er übernommen oder denen er vielleicht den seinigen gegeben hat.

Ganz im Gegensatz dazu lebt die Bevölkerung Montevideos in einem schönen Landstrich, der von Gewässern durchströmt und von Tälern durchschnitten ist. Hier gibt es keine großen Wälder wie in Nordamerika, das ist wahr, aber im Grunde eines jeden dieser Täler fließen Bäche, die von dem Quebracho mit seiner Eisenrinde, von dem Ubajai mit seiner goldenen Frucht und dem Sanet mit seinen reichen Zweigen beschattet werden. Die Häuser, Villen und Landgüter liegen nahe beieinander, und der offene und gastfreundliche Charakter des Volkes neigt sich der Zivilisation zu; die Nähe des Meeres trägt auf den Flügeln des von Europa herüberwehenden Windes unaufhörlich den Hauch der Zivilisation herüber.

Für das Volk von Buenos Aires ist der Indianer zu Pferde der Inbegriff der Vollkommenheit, für das von Montevideo ist es der Europäer in seinem engen Kleide, seiner steifen Krawatte, von oben bis unten eingeschnürt.

Der Mann von Buenos Aires behauptet, was die Eleganz betrifft, der Erste in Amerika zu sein, er ist ebenso leicht zu erhitzen wie zu besänftigen, er hat mehr Einbildungskraft als der von Montevideo. Die ersten amerikanischen Dichter sind aus Buenos Aires gebürtig, wie Bareta und Lasinur, Dominguez und Mannal.

Der Mann von Montevideo ist weniger poetisch, dafür ruhiger, fester in seinen Plänen und Entschlüssen; wenn sein Nebenbuhler der Erste in Bezug auf Eleganz zu sein behauptet, so ist er jedenfalls der Erste an Mut. Unter den Dichtern findet man die Namen Hidalgo, Berro, Figueroa, Juan Carlos Gomez.

Die Frauen von Buenos Aires wieder stehen in dem Rufe, von der Meerenge von Lemaire bis zum Ufer des Amazonasstromes die schönsten in Südamerika zu sein. Vielleicht ist es auch wahr, dass die Gesichter der Frauen von Montevideo von weniger blendender Schönheit sind als ihre Körperformen; ihre Füße, ihre Hände und ihre ganze Haltung scheinen sie von den Frauen Sevillas oder Granadas entlehnt zu haben.

So gibt es also zwischen beiden Ländern: Nebenbuhlerschaft um Eleganz und Mut bei den Männern, Nebenbuhlerschaft um Schönheit, Anmut und Liebenswürdigkeit bei den Frauen, Nebenbuhlerschaft des Talents bei den Dichtern, diesen Hermaphroditen der Gesellschaft, die so streitsüchtig wie die Männer, so launenhaft wie die Frauen und bei alledem so naiv wie die Kinder sind.

In allem, wovon wir berichtet haben, gab es also, wie man leicht begreift, hinreichende Ursachen zur Feindschaft zwischen den Männern von Buenos Aires und von Montevideo, zwischen Artigas und Alvear. Dabei handelte es sich nicht um bloße Uneinigkeit, ja sogar um mehr als entschiedenen Hass – dies war Krieg.

Alle Elemente dieser Antipathie wurden von dem alten Schmugglerchef gegen die Bewohner eingesetzt; die Mittel kümmerten ihn wenig, wenn er nur zu seinem Zwecke kam, die Portenos aus dem Land zu treiben.

Artigas stellte sich damals, nachdem er alle Hilfsmittel, die ihm das Land bieten konnte, benutzt hatte, an die Spitze dieser amerikanischen Zigeuner, die man Gauchos nennt. Er begann gewissermaßen einen heiligen Krieg; daher konnte ihm auch nichts widerstehen, weder die Armee von Buenos Aires noch die spanische Partei, die wohl begriff, dass der Einzug Artigas in Montevideo bedeutete, dass die Intelligenz der brutalen Gewalt weichen musste.

Diejenigen, welche diese Rückkehr zur Barbarei voraussahen, täuschten sich nicht. Unzivilisierte Vagabunden ohne alle Organisation hatten sich zu einem Truppenkorps vereinigt und einen General gefunden und so begann mit der Diktatur Artigas' eine Periode, die viel Ähnlichkeit mit dem Sansculottismus von 1793 hatte. Montevideo musste erleben, von Leuten mit nackten Füßen regiert zu werden, mit fliegenden Casonsillos, schottischer Chiripa, zerrissenem Poncho, der dies alles bedeckte, und einem Hute, der auf einem Ohr saß und durch den Barbijo gehalten wurde.

Die Stadt wurde Zeuge unerhörter, grotesker und zuweilen furchtbarer Szenen. Oft ist es gerade den ersten Klassen der Gesellschaft unmöglich, zu handeln. Artigas wurde, weniger durch seine Grausamkeit als durch seinen Mut, das, was später Rosas war.

So hart das Regime Artigas' auch war, so hatte es doch auch seine glänzende und volkstümliche Seite. Dazu gehörte vor allem der Kampf Montevideos gegen Buenos Aires, den er ohne Unterbrechung führte, wodurch er den Einfluss dieser Stadt zurückdrängte, aber auch sein hartnäckiger Widerstand gegen die portugiesische Armee, die 1815 das Land verheerte.

Dem portugiesischen Überfall diente die Unterdrückung, die von Artigas' Verwaltung ausging, zum Vorwande und die Notwendigkeit, die benachbarten Volksstämme vor ähnlicher Unterdrückung zu bewahren. Im Lande selbst war dadurch die Opposition, die sich der Zivilisation zuneigte, gestärkt worden; besonders die höheren Klassen wünschten, dass die portugiesische Herrschaft die nationale, welche Zügellosigkeit und brutale Tyrannei mit sich führte, überwiege. Artigas widerstand aber, ungeachtet dieser bösen Verschwörung im Innern, den Angriffen der Portugiesen und der Portenos vier Jahre lang, lieferte drei Feldschlachten und zog sich endlich, als er besiegt oder vielmehr seine Truppen zerstreut waren, nach Entre Rios, das heißt der anderen Seite des Uruguay, zurück. Hier stellte er, obgleich flüchtig, noch immer, wenn auch nicht durch seine Kräfte, so doch durch seinen Namen, eine furchtbare Macht dar, als Ramirez, sein Leutnant, sich empörte, ihm drei Viertel der noch übrigen Leute fortnahm, ihn so schlug, dass ihm alle Hoffnung schwinden musste, seine ehemalige Stellung wieder erringen zu können, und ihn zwang, das Land zu verlassen, das ihm wie dem Riesen Antaios jedes Mal neue Macht zu verleihen schien, sobald er dessen Boden betrat.

Damals verschwand Artigas wie jene Sturmwinde, nachdem sie auf ihrem ganzen Wege Elend und Zerstörung angerichtet haben, und begab sich nach Paraguay, woselbst er, wie bereits erzählt, um das Jahr 1848, als Garibaldi noch für Montevideo focht, lebte und sich im Alter von drei- oder vierundneunzig Jahren noch immer seiner geistigen Fähigkeiten und fast seiner ganzen ehemaligen Kraft erfreute.

Sobald Artigas besiegt war, widerstand keiner mehr der portugiesischen Herrschaft; sie setzte sich im Lande fest, und der Baron da Laguna, ein geborener Franzose, wurde 1825 ihr Repräsentant. In demselben Jahre fiel Montevideo, wie alle portugiesischen Besitzungen in Amerika, an die brasilianische Krone. Es wurde von einer achttausend Mann starken kaiserlichen Armee besetzt.

Ein Mann aus Montevideo, der als Verbannter in Buenos Aires lebte, brachte nun zweiunddreißig Schicksalsgenossen zusammen und beschloss, mit ihnen seinem Vaterlande die Freiheit wiederzugeben oder zu sterben.

Diese Hand voll Patrioten schiffte sich auf zwei Booten ein und landete zu Arenal Grande. Ihr Führer nannte sich Juan Antonio Lavalleja.

Dieser hatte anfänglich mit einem Landbesitzer verabredet, dass derselbe ihm bei seiner Landung Pferde bereithalten solle.

Kaum hatte er also das Land betreten, so sandte er diesem Manne einen Boten; jener ließ aber antworten, dass alles entdeckt sei, dass man die Pferde fortgenommen habe und dass der einzige Rat, den er Lavalleja und seinen Genossen geben könne, der sei, sich wieder einzuschiffen und so schnell als möglich nach Buenos Aires zurückzukehren.

Lavalleja ließ ihm aber antworten, dass er entschlossen sei, vorwärts- und nicht rückwärtszugehen. Er befahl den Ruderern, ohne ihn nach Buenos Aires zurückzukehren, und nahm mit seinen dreißig Mann am 19. April das Land Montevideo im Namen der Freiheit in Besitz.

Am folgenden Tage begegnete die kleine Truppe – nachdem sie sich, übrigens von den meisten Grundeigentümern unterstützt, Pferde besorgt hatte –, auf ihrem Marsch zur Hauptstadt einer Abteilung von zweihundert Reitern; von diesen waren vierzig Brasilianer und hundertundsechzig Landeskinder von Montevideo.

Diese Reiter wurden von einem alten Waffenbruder Lavallejas, dem Obersten Julian Laguna, kommandiert. Lavalleja hätte den Kampf vermeiden können, aber er ritt den zweihundert Reitern gerade entgegen; nur verlangte er, ehe es zum Gefecht käme, eine Unterredung mit Laguna.

»Was wollt Ihr und was sucht Ihr in diesem Lande?«, fragte Laguna, der auf Lavalleja zugeritten war.

»Ich will Montevideo von der Fremdherrschaft befreien«, antwortete Lavalleja, »seid Ihr für mich, so folgt mir, seid Ihr gegen mich, so streckt Eure Waffen oder bereitet Euch zum Kampfe vor.«

»Ich weiß nicht, was die Worte ‚die Waffen strecken' bedeuten sollen«, erwiderte Laguna, »und ich hoffe, dass niemand sie mich jemals lehren wird.«

»Ich will es«, sagte Lavalleja und ritt im Galopp zu seinen Reitern zurück.

In demselben Augenblicke entfaltete Lavalleja die nationale Fahne, blau, weiß und rot, und sogleich liefen die hundertundsechzig Reiter von Montevideo zu ihm über. Die vierzig Brasilianer wurden zu Gefangenen gemacht.

Von da ab war Lavallejas Marsch auf Montevideo ein Triumphzug, der damit endete, dass die östliche Republik, die mit dem Willen und unter dem enthusiastischen Jubel eines ganzen Volkes proklamiert wurde, einen Platz unter den Nationen einnahm.

Rosas

Um diese Zeit begann ein Name zu leuchten, der eines Tages der Schrecken Argentiniens werden sollte.

Bald nach der Revolution von 1810 verließ ein junger Mensch von fünfzehn bis sechzehn Jahren die Stadt Buenos Aires und begab sich aufs Land; sein Gesicht war verstört und er schritt hastig vorwärts.

Dieser Jüngling hieß Juan Manuel Rosas.

Weshalb verließ dieser Flüchtling, der fast noch ein Kind war, das Haus, in dem er geboren wurde? Warum suchte er, der Städter, ein Asyl bei den Landleuten? Weil er, der eines Tages sein Vaterland schlagen sollte, seine Mutter geschlagen hatte und weil ihm der Fluch des Vaters folgte.

Dieses übrigens unwichtige Ereignis wurde im Geräusch ernsterer Begebenheiten bald vergessen, und als alle alten Genossen des Flüchtlings sich um die Fahne der Unabhängigkeit scharten, um die spanische Herrschaft zu bekämpfen, verlor er sich in den Pampas, ergab sich dem Leben der Gauchos, nahm ihre Kleidung und Sitten an und wurde einer der besten Reiter und einer der geschicktesten Menschen dieser weiten Ebenen in der Führung des Lassos und der Bola, so dass jeder, der ihn in diesem wilden Handwerk so erfahren gesehen und ihn nicht gekannt hätte, ihn nicht für einen Städter, sondern für einen Mann vom Lande gehalten haben würde, nicht für einen flüchtigen Pueblero, sondern für einen wahrhaften Gaucho.

Rosas nahm zuerst als Tagelöhner auf einer Estancia Dienste, wurde später zum Aufseher über das Vieh und stieg dann zum Verwalter des Landgutes auf. In dieser Eigenschaft verwaltete er die Besitzungen der mächtigen Familie Anchonna; hier erwarb er sich ein Vermögen, so dass er selbst Eigentümer werden konnte.

Da es unsere Absicht ist, Rosas in jeder Beziehung zu schildern, müssen wir auch von seinen geistigen Eigenschaften sprechen.

Er hatte sich während der außerordentlichen Begebenheiten, welche die Revolution gegen Spanien zeitigte, in Buenos Aires befunden. Wer damals Mut hatte, suchte auf dem Schlachtfelde berühmt zu werden, wer Talent, Klugheit und Bildung besaß, erstrebte dasselbe in den Ratsversammlungen. Rosas war ruhmbegierig; bis zu welcher Berühmtheit vermochte er sich aber aufzuschwingen? Welchen Ruf konnte er erlangen, der weder genug Mut für das Schlachtfeld noch genügend Einsicht für den Rat besaß? Jeden Augenblick drangen ruhmvolle Namen an sein Ohr; es waren die der Minister Rivadavia und Pasos d'Aguero sowie der Krieger Saint-Martin, Balcarce, Rodrigues und Las Heras.

Alle diese Namen, deren Klang bis in die Einöden widerhallte, entzündeten gleichzeitig seinen Hass gegen diese Stadt, die für alle anderen Triumphe bereithielt, für ihn aber nur die Verbannung.

Schon um diese Zeit träumte er von der Zukunft und bereitete sich auf sie vor, indem er durch die Pampas irrte und sich unter die Gauchos mischte. Er nahm Anteil am Elende der Armen, schmeichelte den Vorurteilen der Männer der Ebenen, reizte sie gegen die Städter auf, erinnerte sie an ihre Stärke und ihre zahlenmäßige Überlegenheit und suchte ihnen begreiflich zu machen, dass die Landbewohner, wenn sie nur wollten, Herren der Stadt werden könnten, die so lange die Königin gewesen war.

Darüber verflossen die Jahre. Als Rosas anno 1820 am fernen Horizonte der Pampas erschien, konnte er sich auf den Einfluss stützen, den er auf die Bewohner der Ebenen gewonnen hatte.

Wir wissen bereits, was in Montevideo geschehen war, wir werden jetzt sehen, was sich zu Buenos Aires zutrug.

Die Miliz von Buenos Aires empörte sich gegen den Gouverneur Rodrigues; ein Regiment der Landmiliz, Los Colorados de las Conchas, die Roten von Conchas, rückten am 5. Oktober 1820 in die Stadt ein, und an ihrer Spitze stand ein Oberst, dem Buenos Aires bekannt war und den diese Stadt ebenfalls kannte.

Dieser Oberst war Rosas.

Am folgenden Tage gerieten die Milizen vom Lande und die aus der Stadt aneinander; doch stand der Oberst an diesem Tage nicht an der Spitze seines Regiments. Ein heftiger Zahnschmerz, der sofort aufhörte, als der Kampf beendet war, hielt Rosas, zweifellos zu seinem großen Bedauern, von dem Gemetzel fern.

Warum sollte so etwas nicht geschehen können? Octavius hatte am Tage der Schlacht bei Actium ja auch das Fieber. Rosas Schicksal hatte überhaupt viel Ähnlichkeit mit demjenigen des Octavius, nur mit dem Unterschied, dass dieser später römischer Kaiser wurde, was Rosas aller Wahrscheinlichkeit nach nicht passieren wird.

Der Einzug Rosas in Buenos Aires war die einzige kriegerische Tat, die er in seinem ganzen politischen Leben verzeichnen kann.

Nachdem die Aufständischen in der Stadt besiegt waren, übernahm Rivadavia, der schon seit längerer Zeit berühmt und zum Minister des Innern ernannt worden war, die Führung.

Rivadavia war einer jener Männer von Genie, wie sie auf den Wogen der Revolution an stürmischen Tagen auftauchen. Er war lange durch Europa gereist, besaß eine universelle Bildung und schien vom wärmsten und reinsten Patriotismus beseelt. Der Begeisterung für die europäische Zivilisation, die er in Paris und London studiert hatte, täuschte ihn leider darüber hinweg, dass diese nicht ohne weiteres auf ein Volk übertragen werden konnte, das keine sechs Jahrhunderte sozialer Kämpfe hinter sich hatte und daher auch nicht gleichen Schritt mit Europa halten konnte. Er wollte dem Gange der Zeit vorgreifen und für Amerika das tun, was Peter der Große für Russland getan hatte; da er aber nicht die Mittel Peters des Großen besaß, musste er scheitern. Vielleicht hätte er Erfolg gehabt, wenn mit seinem Genie einige Geschicklichkeit verbunden gewesen wäre, so aber verletzte er die Leute in ihren alten Gewohnheiten. Gewisse Gewohnheiten sind national, auf andere ist man stolz. Rivadavia verspottete das amerikanische Kostüm, gab deutlich seinen Widerwillen gegen die Chaqueta und seine Verachtung der Chiripa, der Kleidung der Landbewohner, zu erkennen, und da er gleichzeitig mit seiner Vorliebe für die europäische Tracht nicht hinter dem Berg hielt, wurde er allmählich unpopulär und musste gewahren, dass ihm die Macht nach und nach aus den Händen glitt.

Mit wie vielem wog er aber die Verachtung dieser beiden Kleidungsstücke, die er verbieten wollte, auf! Seine Verwaltung war die beste, die Buenos Aires jemals gesehen hatte. Er gründete Universitäten, errichtete Lyzeen und führte eine neue Unterrichtsmethode in den Schulen ein; unter seiner Verwaltung wurden Gelehrte aus Europa herbeigerufen, die Künste wurden beschützt und blühten, man nannte Buenos Aires sogar das Athen Südamerikas.

Wir sprachen schon vom brasilianischen Kriege, der 1826 ausbrach. Um ihn führen zu können, unternahm Buenos Aires gewaltige Anstrengungen, erschöpfte seine Finanzen und damit auch die Verwaltungskräfte. Zudem stimmten sowohl in Buenos Aires wie in Montevideo Stadt und Land selten in ihren Meinungen überein, da sie ganz unterschiedliche Interessen hatten. Und so brach in Buenos Aires erneut die Revolution aus.

Das Landvolk erhob sich sogleich in Masse, zog gegen Buenos Aires, plünderte die Stadt und machte seinen Anführer zum Lenker der Regierung. Dieser Anführer war wiederum Rosas. 1830 wurde er, ungeachtet des Widerstandes, den die Stadt leistete, die er dank Rivadavias Verwaltung in annähernd geordneten Verhältnissen vorfand, mit Hilfe der Landbevölkerung zum Gouverneur erwählt.

Er, der Gaucho der Pampas, versuchte nun, sich mit der Zivilisation auszusöhnen; er schien die wilden Sitten, die er bis dahin angenommen hatte, vergessen zu wollen. Die Schlange wollte ihre Haut abstreifen.

Aber die Stadt widerstand seinen Lockungen, die Zivilisation konnte sich mit dem Überläufer aus dem Lager der Barbarei nicht anfreunden. Zeigte Rosas sich in einer Uniform, so fragten sich die Männer vom Schwerte ganz leise, auf welchem Schlachtfelde er seine Epauletten denn verdient habe; sprach er in einer Versammlung, so fragte der Dichter den Mann von Geschmack, in welcher Estancia er einen solchen Stil gelernt habe; erschien er in einer Tertullia, so zeigten die Frauen mit Fingern auf ihn und meinten: »Das ist der travestierte Gaucho!«

So sprach man keineswegs nur hinter seinem Rücken, man sagte es ihm auch von Angesicht zu Angesicht und bedachte ihn mit dem beißenden Spotte der anonymen Epigramme, für die die Portenos berühmt sind.

Die drei Jahre seines Gouvernements verflossen in diesem seinem Stolze so abträglichen Kampfe, und vielleicht schreibt sich nicht seine ganze Wildheit, wohl aber die Zunahme derselben von der moralischen Tortur her, die man ihn während dieser Zeit empfinden ließ. Als er dann auf die Macht verzichtete und die Schlosstreppe hinabstieg mit einer Seele voller Hass, einem von Galle geschwelltem Herzen, als er endlich begriffen hatte, dass ihm jede Verbindung mit dieser Stadt unmöglich sei, suchte er seine treuen Gauchos wieder auf, die Estancias, deren Herr, und das Land, dessen König er war. Doch tat er dies nur mit der Absicht, Buenos Aires eines Tages wieder als Diktator zu betreten, so wie Sulla, den er nicht kannte und vom dem er wahrscheinlich nie hatte sprechen hören, nach Rom zurückgekehrt war, mit dem Degen in der einen und der Fackel in der anderen Hand.

Um diesen Plan zu verwirklichen, bat er das Gouvernement, ihm irgendein Kommando in der Armee zu geben, die gegen die wilden Indianer marschierte, und jenes, das ihn fürchtete, glaubte, sich seiner am besten entledigen zu können, wenn es seinen Wunsch erfüllte; es gab ihm also alle Truppen, über die es disponieren konnte, und vergaß dabei ganz, dass es sich damit schwächte und Rosas neue Macht verlieh.

Sobald Rosas einmal an der Spitze der Armee stand, erregte er zu Buenos Aires einen Aufstand, ließ sich zum obersten Machthaber wählen, nahm dieses Amt nur unter der Bedingung vollständiger Unabhängigkeit an, da er die bewaffnete Macht des Landes in den Händen hatte, und zog in Buenos Aires als der vollkommenste Diktator ein, den es jemals gegeben hat.

Der amtierende Gouverneur, den er fallen ließ oder vielmehr stürzte, war zu dieser Zeit der General Juan Ramon Balcarce, einer der Männer, die in dem Unabhängigkeitskriege am meisten geleistet hatten, und einer der Anführer der Partei, die Rosas zu schützen vorgab. Balcarce besaß ein edles Herz, der Glauben an das Vaterland war seine Religion; er hatte zu Rosas Zutrauen gehegt und viel zu dessen Aufstieg getan. Jetzt war er der Erste, den Rosas opferte. Er starb in der Verbannung, und als sein durch den Tod geheiligter Körper über die Grenze zurückgebracht wurde, verweigerte Rosas dem Toten und seiner Familie nicht nur die öffentlichen Ehren, die einem Manne, der Gouverneur gewesen, zukommen, sondern auch die einfachen Trauerfeierlichkeiten, wie sie bei jedem Bürger stattfinden.

Von 1833 datiert sich die eigentliche Macht Rosas. Seine erste Regierungsperiode, die von Verstellung geprägt war, hatte seine grausamen Neigungen, die ihm später zu einer blutigen Berühmtheit verhalfen, nicht offen zu Tage treten lassen; in dieser Periode sind nur die Exekution des Majors Montero und die der Gefangenen von San Nicolas zu verzeichnen. Wir dürfen indessen nicht vergessen, dass gerade in dieser Epoche mehrere düstere und unerwartete Todesfälle vorkamen, welche die Geschichte ohne weiteres mit roten Buchstaben in die Bücher der Völker schreibt.

So verschwanden zwei Führer des Landvolkes, deren Einfluss einen Schatten auf Rosas werfen konnte; so starben um jene Zeit Arbolito und Molina; einen ähnlichen Unfall erlitten, wenn wir nicht irren, auch die beiden Konsuln, die Octavius in die Schlacht bei Actium begleitet hatten.

Malen wir schnell einmal Rosas, der jetzt zwar nur noch Diktator, aber auf den höchsten Gipfel der Macht gestiegen ist, den ein Mensch jemals erreichen kann, wenn er sich das Recht anmaßt, ein Volk zu beherrschen.

1833 war Rosas zweiunddreißig Jahre alt. Er sah ganz europäisch aus, hatte blonde Haare, weiße Hautfarbe, blaue Augen, den Backenbart bis zur Höhe der Mundwinkel abgeschnitten, keinen Bart über den Lippen oder am Kinn. Man hätte seinen Blick schön nennen können, denn er pflegte sowohl seine Freunde als seine Feinde nie anzusehen, weil er wusste, dass er in einem Freunde fast immer einen versteckten Feind hatte. Seine Stimme war sanft, und wenn er gefallen wollte, mangelte es seiner Unterhaltung nie an Anziehungskraft. Seine Feigheit ist sprichwörtlich geworden, und der Ruf von seiner List ging durch die ganze Welt. Er liebte es, die Leute hinters Licht zu führen; ehe er sich ernsteren Angelegenheiten widmete, war dies seine eifrigste Beschäftigung, als er die Macht einmal besaß, trieb er dieses Spiel nur noch zu seiner Zerstreuung.

Diese Zerstreuungen waren übrigens so brutal wie seine ganze Natur; die List pflegt sich wunderbar mit der Brutalität zu verbinden. Wir wollen ein paar Beispiele davon anführen.

Als er eines Abends mit einem seiner Freunde speiste, versteckte er den für das Souper bestimmten Wein und ließ auf dem Buffet nur eine Flasche der berüchtigten Medizin Le Roys stehen, die den einzigen Mangel hat, dass sie nicht schon zur Zeit Molières erfunden worden ist. Sein Freund suchte den Wein, nahm die Flasche, kostete, fand den Geschmack ganz angenehm und leerte sie während des Essens; Rosas heuchelte Mäßigkeit, trank nichts als Wasser und brach gleich nach dem Souper nach seiner Estancia auf.

Während der Nacht glaubte sein Freund, sterben zu müssen. Rosas lachte herzlich über diesen Scherz und würde zweifellos noch mehr gelacht haben, wenn sein Freund gestorben wäre.

Besuchte ihn irgendein Städter in seinen Estancias so machte es ihm Vergnügen, ihn die am schlechtesten dressierten Pferde reiten zu lassen, und je gefährlicher dann der Sturz des Reiters war, desto größer war seine Freude darüber.

Als Gouverneur hatte er immer Toren und Narren um sich, auch bei den ernstesten Geschäften. Als er 1829 Buenos Aires belagerte, hatte er vier arme Teufel bei sich; er hatte Mönche aus ihnen gemacht und sich selbst zu ihrem Prior ernannt; er nannte sie Bruder Regica, Bruder Chaja, Bruder Lechuza und Bruder Biscacha.

Außer den Frauen und den Narren liebte er auch die Konfitüren sehr, von denen er immer verschiedene Sorten in seinem Zelte aufbewahrte. Diese Konfitüren wurden von den Mönchen keineswegs verachtet, und von Zeit zu Zeit verschwanden einige Büchsen davon. Dann rief Rosas die ganze heilige Gemeinschaft zusammen, und da die Mönche wussten, was sie eine Lüge kosten würde, gestand der Schuldige lieber. Sofort wurde er entkleidet und von seinen drei Gefährten gegeißelt.

Jeder in Buenos Aires kannte seinen Mulatten Eusebio, und dies umso besser, als Rosas an einem öffentlichen Empfangstage auf die Idee gekommen war, das mit ihm zu machen, was Madame Dubarry zu Lucienne mit ihrem Schwarzen Zamora machte. Eusebio empfing, als Gouverneur gekleidet, die Huldigungen der Ortsbehörden anstelle seines Herrn.

Ungeachtet der Freundschaft, die Rosas diesem Mulatten bezeugte, fiel es diesem schrecklichen Freunde eines Tages ein, mit ihm ein so wildes Possenspiel zu treiben, wie es alle Rosas'schen Possen waren. Er gab nämlich vor, dass eine Verschwörung entdeckt worden sei, an deren Spitze Eusebio stände; es sollte sich um nichts weniger als die Erdolchung des Diktators gehandelt haben. Eusebio wurde ungeachtet seiner Ergebenheitsversicherungen verhaftet; Rosas hatte seine Richter, die sich nie darum bekümmerten, ob der Angeklagte schuldig oder unschuldig war. Rosas klagte, sie richteten und verurteilten den armen Eusebio zur Todesstrafe.

Eusebio musste alle qualvollen Vorbereitungen durchmachen, beichtete und wurde auf den Exekutionsplatz geführt, wo er den Henker und seine Gehilfen fand; plötzlich aber erschien, wie ein Gott in der antiken Tragödie, Rosas selbst und kündigte Eusebio an, dass er ihn begnadigen wolle, da sich seine Tochter Manuelita in ihn verliebt habe und ihn heiraten wolle.

Es ist wohl überflüssig, zu sagen, dass Eusebio, wenn er auch nicht hingerichtet wurde, beinahe vor Furcht starb.

Wir haben den Namen Manuelita genannt und erwähnt, dass sie die Tochter Rosas war; wir müssen hinzufügen, dass diese Manuelita, welche die Vorsehung wie einen guten Genius an die Seite ihres Vaters gestellt hatte, während ihrer schönen Lebenstage nicht müde wurde, täglich das Wort Gnade zu wiederholen, und dass ihr diese hin und wieder gewährt wurde.

Manuelita ist heute eine Frau von vierzig Jahren, die sich aus Hingebung für ihren Vater und vielleicht auch für die ihr vom Himmel übertragene Mission nicht verheiratet hat oder vielmehr wenigstens bis 1850 nicht verheiratet war, um welche Zeit wir sie auch aus den Augen verloren haben.

Sie war kein besonders schönes Mädchen, aber reizend, von ausgezeichneter Figur, richtigem Takte, kokett wie eine Europäerin, und sie legte besonders viel Wert auf den Eindruck, den sie auf Fremde machte. Sie ist oft verleumdet worden, und das ist natürlich, denn sie war die Tochter Rosas, des Mannes, auf den sich der allgemeine Hass warf. Man beschuldigte sie, die grausamen Neigungen ihres Vaters geerbt und, wie die Tochter des Papstes Borgia, die kindliche Liebe über eine andere, zärtlichere und weniger christliche vergessen zu haben.

Das ist nicht wahr. Manuelita blieb aus zwei Gründen Mädchen, einmal, weil Rosas oft das Bedürfnis fühlte, geliebt zu werden, und wusste, dass die einzig wahrhafte, ergebene und unendliche Liebe, auf die er rechnen konnte, die seiner Tochter war, dann vielleicht auch, weil Rosas, der heute als einfacher Privatmann in irgendeinem Winkel Englands verborgen lebt, wie ich glaube, in seinen Träumen vom Königtum für Manuelitas Zukunft eine aristokratischere Verbindung, als er damals beanspruchen konnte, suchte.

Nein, wie streng die Geschichte auch Rosas richten muss, so gerecht und sanft soll sie Manuelita beurteilen – und was wir auf dieser Seite der Welt aussprechen, das wird drüben jeder im Grunde seines Herzens als Wahrheit erkennen. Manuelita war der ewige, zuweilen ohnmächtige Damm, der den Zorn ihres Vaters aufhielt, der immer bereit war, überzuschäumen. Als Kind schon hatte sie ein seltsames Mittel, von ihrem Vater alles zu erlangen, was sie wollte; sie ließ nämlich den Mulatten Eusebio sich beinahe nackt ausziehen, ließ ihn wie ein Pferd satteln und zäumen und schnallte die Gauchosporen an ihre kleinen andalusischen Füße. Eusebio musste sich lang auf den Boden niederstrecken, Manuelita stieg auf seinen Rücken, und dann ließ die kleine Amazone ihren menschlichen Bucephalus vor ihrem Vater etliche Sprünge vollführen, der über diese sonderbare Spielerei lachte und, wenn er gelacht hatte, seiner Tochter alles bewilligte, um was sie ihn bat.

Später, als sie einsehen lernte, dass sie dieses Mittel nicht mehr anwenden könne, so wirksam es auch war, bemühte sie sich, bei dem Diktator ebenso zu verfahren, wie Maecenas bei Augustus, als er ihm die Tafeln zuwarf, auf die er geschrieben hatte: »Surge, carnifex!« (Halt ein, Metzger!) Manuelita aber benahm sich dabei anders; sie kannte ihren Vater besser, als jeder andere, auch seine geheimen Eitelkeiten, denen er so zugänglich war; sie unterhandelte, flehte, und oft erreichte sie, die sanfte Schwester der heiligen Liebe des Herrn, ihren Zweck.

Manuelita war gleichzeitig die Königin und Sklavin des häuslichen Herdes; sie regierte das Haus, besorgte ihrem Vater die Wirtschaft und war, mit allen diplomatischen Beziehungen bekannt, in Wahrheit der Minister der auswärtigen Angelegenheiten für Buenos Aires.

Wie Rosas ein besonderes Wesen war, das sich mit niemand in der Gesellschaft einließ, so war Manuelita, später Manuela genannt, nicht allein zurückhaltend gegen jedermann, sondern auch allen fremd und ging einsam, ohne Männerliebe und die Sympathie der Frauen durch die Welt.

Rosas hatte außerdem noch einen Sohn namens Juan, der sich aber nie in die Politik seines Vaters mischte, dann noch ein kleine Tochter, die kaum den Kinderjahren entwachsen war; heute ist sie glückliche Gattin und Mutter und trägt den ehrenwerten und geehrten Namen ihres Mannes.

Als Rosas einmal zur höchsten Macht gelangt war, bestrebte er sich vorzüglich, die argentinische Föderation zu vernichten.

Lopez, der Gründer dieser Föderation, wurde krank; Rosas ließ ihn nach Buenos Aires bringen und nahm ihn bei sich auf; er starb an Vergiftung.

Quiroga, das Haupt der Föderation, war aus zwanzig Kämpfen, von denen der eine immer mörderischer war als der andere war, glücklich hervorgegangen; sein Mut war beispiellos, seine Redlichkeit sprichwörtlich. Er wurde ermordet.

Cullen, der Rat der Föderation, wurde Gouverneur von Santa Fé. Rosas erregte eine Empörung gegen ihn, und Cullen wurde ihm durch den Gouverneur von Santiago ausgeliefert; er ließ ihn erschießen.

Alle bemerkenswerten Männer der föderalen Partei hatten dasselbe Schicksal wie die ausgezeichneten Männer Italiens unter den Borgias, und Rosas, der dieselben Mittel wie Alexander VI. und sein Sohn Caesar anwandte, gelangte allmählich zur unbeschränkten Herrschaft über die argentinische Republik, die, obgleich zu voller Einigkeit gelangt, den glänzenden Titel der Föderation nicht beibehielt und, was das Sonderbarste war, die Feindin der Unitarier wurde.

Wir wollen noch einige Worte über diese Leute sagen, die wir genannt haben, und ihre anklagenden Gespenster heraufbeschwören; ähnlich der Szene in Shakespeares *Richard III.* vor der Schlacht. Bei allen diesen Leuten findet sich übrigens ein Anstrich ursprünglicher Wildheit, der bekannt zu werden verdient.

Beginnen wir mit General Lopez; eine einzige Anekdote wird uns einen Begriff nicht allein von diesem General, sondern auch von den Leuten geben, mit denen er es zu tun hatte.

Lopez war Gouverneur von Santa Fé. In Entre Rios hatte er einen persönlichen Feind, den Obersten Ovando; infolge eine Revolte wurde der Letztere vor den General Lopez geführt. Der General frühstückte gerade; er empfing Ovando sehr freundlich und lud ihn ein, sich zu ihm an die Tafel zu setzen; es entspann sich eine Unterhaltung zwischen ihnen wie zwischen Wirt und Gast, denen vollständige Gleichheit der Verhältnisse die größte Höflichkeit vorschrieb.

Mitten im Mahle unterbrach sich Lopez plötzlich.

»Wenn ich, Oberst«, sagte er, »in Eure Hand, wie Ihr in die meinige, gefallen wäre, als es gerade Essenszeit war, was würdet Ihr dann getan haben?«

»Ich hätte Euch zu meinem Tische eingeladen, wie Ihr es getan habt.«

»Nun wohl, aber nach dem Frühstück?«

»Hätte ich Euch erschießen lassen.«

»Ich bin entzückt, dass Sie so denken, denn so denke auch ich; Sie werden also erschossen werden, wenn Sie vom Tische aufstehen.«

»Soll ich gleich gehen oder erst zu Ende frühstücken?«

»Oh, frühstücken Sie, Oberst, frühstücken Sie! Wir haben keine Eile.«

Man blieb also am Tische und speiste weiter; man nahm den Kaffee und den Likör, darauf meinte Ovando: »Nun glaube ich, dass es Zeit ist.«

»Ich danke Ihnen, dass Sie nicht gewartet haben, bis ich Sie daran erinnerte«,

erwiderte Lopez. Darauf rief er seiner Ordonnanz zu: »Ist das Exekutionskommando da?«

»Ja, mein General«, erwiderte die Ordonnanz.

»Adieu, Oberst«, fuhr er fort, sich gegen Orvando wendend.

»Nicht Adieu, auf Wiedersehen!«, meinte dieser. »Man lebt in solchen Kriegen, wie wir sie führen, nicht lange.«

Er grüßte Lopez und ging hinaus. Fünf Minuten später krachten die Schüsse vor Lopez' Tür und kündigten ihm an, dass Oberst Ovando aufgehört habe zu leben.

Kommen wir nun zu Quiroga. Er ist uns schon bekannter, denn

sein Ruf drang bis über das Meer und fand in Paris sein Echo. Die Mode hatte sich seiner bemächtigt, um die Zeit von 1820 bis 1823 trug man Mäntel à la Quiroga und Hüte à la Bolivar. Wahrscheinlich hat weder der eine noch der andere solche Mäntel und Hüte getragen, wie ihre Bewunderer, zweitausend Meilen entfernt, annahmen.

Quiroga war, ebenso wie Rosas, ein Mann vom Lande. In seiner Jugend hatte er als Sergeant gegen die Spanier gekämpft; als er in seine Heimat Rioja zurückkehrte, mischte er sich in die Politik ein, wurde Herr seines Landes und stürzte sich, als er einmal auf die höchste Stufe der Macht gelangt war, in den Kampf der verschiedenen republikanischen Fraktionen; hierdurch wurde er zuerst in Amerika bekannt.

Nach Verlauf eines Jahres war Quiroga das Schwert der föderalen Partei; nie hat ein Mensch durch persönliche Tapferkeit ähnliche Erfolge erzielt; sein Name allein brachte Wunder hervor, die Armeen aufwogen. Seine große Taktik mitten im Kampfe war, so viele Feinde wie möglich auf sich zu ziehen, und wenn er im Handgemenge seinen Kriegsruf ausstieß und in der Hand die lange Lanze, seine Lieblingswaffe, schwang, so wurden auch die tapfersten Herzen von Furcht ergriffen.

Quiroga war grausam oder vielmehr wild, in dieser Wildheit lag aber stets etwas Großes und Edles; es war die Wildheit des Löwen, nicht die des Tigers.

Der Oberst Pringles, einer seiner größten Feinde, wurde gefangen genommen und ermordet; der Mörder stand unter Quirogas Kommando und stellte sich ihm vor, da er auf eine große Belohnung rechnete. Quiroga ließ sich sein Verbrechen erzählen und ihn auf der Stelle erschießen.

Ein anderes Mal wurden zwei feindliche Offiziere von seinen Leuten gefangen genommen, die sich der Hinrichtung ihres Kameraden erinnerten und die Gefangenen dieses Mal lebend vor den General brachten. Dieser bot den Offizieren an, ihre Fahne zu verlassen und unter die seinige zu treten; der eine nahm dies an, der andere wies es zurück.

»Gut«, sagte er zu dem, der eingewilligt hatte, »wir wollen zu Pferde steigen und zusehen, wie Euer Kamerad erschossen wird.«

Der Überläufer wagt keinen Widerspruch und beeilt sich, zu gehorchen; er plaudert den ganzen langen Weg über heiter mit Quiroga, für dessen Adjutanten er sich schon hält, während der Verurteilte, von einer Abteilung mit geladenen Gewehren eskortiert, ruhig dem Tode entgegengeht.

Auf dem Exekutionsplatze angekommen, befiehlt Quiroga dem Offizier, der seine Fahne nicht verraten wollte, niederzuknien. Als er das Kommando zum Anschlagen gegeben hat, hält er inne.

»Ihr seid ein tapferer Mann«, sagte er zu dem, der sich bereits für tot hielt. »Nehmt das Pferd dieses Herrn und macht Euch davon.«

Er bezeichnete ihm das Pferd des Überläufers.

»Und ich?«, fragte dieser.

»Du brauchst kein Pferd mehr«, erwiderte Quiroga, »denn du wirst sterben.«

Und er ließ ihn, ungeachtet der Bitten, die der Gerettete für seinen Kameraden tat, erschießen.

Quiroga wurde nur zweimal besiegt, und zwar durch den General Paz, den amerikanischen Fabius, einen so tugendhaften und reinen Menschen, wie es je einen gab. Zweimal vernichtete Paz die Armeen Quirogas in den schrecklichen Schlachten von Tablada und Oncatevo.

Für die jungen Republikaner war es ein schönes Schauspiel, Quirogas Kunst, Taktik und Strategie im Kampfe mit seinem unbezähmbaren Mute und Eisenwillen vereint zu sehen. Nachdem General Paz, kaum hundert Schritte von seinen Truppen entfernt, durch einen Wurf der Bola, die sich um die Beine seines Pferdes schlang, einmal zum Gefangenen gemacht worden war, galt Quiroga als unbesiegbar.

Als der Krieg zwischen den Unitariern und der föderalen Partei sein Ende erreicht hatte, unternahm Quiroga eine Reise in das Innere der Provinzen; bei seiner Rückkehr wurde er bei Barranca Yanco von etwa dreißig Mördern überfallen, die Feuer auf seinen Wagen warfen. Quiroga, der krank war, lag auf dem Boden; eine Kugel durchbohrte das Wagenleder und zerschmetterte ihm die Brust. Obgleich tödlich verwundet, erhob er sich und öffnete bleich und blutig den Wagenschlag; als die Mörder den Helden, der schon ein halber Leichnam war, aufstehen sahen, ergriffen sie die Flucht. Nur Santoz Perez ging geradewegs auf Quiroga zu und tötete ihn, als er auf die Knie fiel und ihn anblickte.

Nun kamen die Mörder zurück und vollendeten ihr Werk. Die Brüder Renasé, die in Córdoba befehligten, leiteten im Einverständnisse mit Rosas diese Expedition, Rosas aber war so klug, sich entfernt zu halten, um nicht gesehen zu werden. Er konnte nun die Partei dessen nehmen, den er hatte ermorden lassen, und seine Mörder verfolgen. Sie wurden verhaftet, verurteilt und erschossen.

Zuletzt ist noch von Cullen zu sprechen. Cullen, ein geborener Spanier, hatte sich in der Stadt Santa Fé niedergelassen, woselbst er sich mit Lopez verband und sein Minister und Lenker wurde. Der unermessliche Einfluss, den Lopez von 1820 an bis zu seinem Tode im Jahre 1833 auf die argentinische Republik ausübte, machte aus Cullen eine sehr wichtige Persönlichkeit. Als Rosas in den Tagen seines Unglücks als Verbannter in Santa Fé weilte, leistete ihm Cullen jede Art von Diensten. Diese Gefälligkeiten ließen den zukünftigen Diktator aber nicht vergessen, dass Cullen einer der Männer war, die dem Regimente der Willkür in der argentinischen Republik ein Ende zu machen strebten; indessen verstand er seine bösen Absichten unter dem Scheine der größten Freundschaft für Cullen zu verstecken.

Nach Lopez' Tode wurde Cullen zum Gouverneur von Santa Fé ernannt und widmete seine ganze Zeit der Verbesserung der Verhältnisse in der Provinz. Anstatt die Blockade durch die Franzosen zu bekämpfen, verbarg er nicht seine Sympathien für Frankreich, weil er dessen Macht für eine große Stütze der Zivilisationsidee hielt. Nun provozierte Rosas eine Revolution gegen ihn, die er öffentlich und durch den Aufmarsch von Truppen unterstützte. Cullen wurde besiegt und floh in die Provinz Santiago del Estero, die seinem Freunde, dem Gouverneur Ibarra, unterstand. Rosas, der mit der Absicht, die Föderation zu zerstören, Cullen bereits zum »unitarischen Wilden« erklärt hatte, trat mit Ibarra in Unterhandlungen und forderte, dass man ihm Cullen ausliefern möge.

Zunächst scheiterten seine Bemühungen, und Cullen glaubte den Versicherungen seines Freundes Ibarra, der ihm schwor, ihn nicht auszuliefern; doch wurde er, als er sich dessen am wenigsten versah, von den Soldaten Ibarras verhaftet und vor Rosas geführt. Dieser befahl, sobald er erfuhr, dass man ihm Cullen als Gefangenen bringe, denselben unterwegs zu erschießen, denn dieser habe durch seine Verbrechen, die ja der ganzen Welt bekannt seien, bereits selbst das Urteil über sich gefällt, wie Rosas in einem Briefe an den Gouverneur von Santa Fé schrieb.

Cullen war ein Mann von angenehmem Umgange und menschlichem Charakter. Er wandte seinen Einfluss auf Lopez stets an, um dessen Härten zu mildern, und allein diesem Einflusse ist es zu verdanken, dass General Lopez trotz des Drängens Rosas' während der Kampagne von 1831 nicht einen einzigen Gefangenen erschießen ließ, welcher Feldzug die bedeutendsten Führer der Unitarierpartei in seine Gewalt brachte.

Cullen wirkte äußerlich übrigens sehr zivilisiert, aber seine Bildung war nur oberflächlich und sein Talent mittelmäßig.

So hatte sich also Rosas, vielleicht der einzige der Führer der föderalen Partei, der keinen militärischen Ruhm besaß, der Vorkämpfer dieser Partei entledigt; er blieb nun der einzige Mann von Bedeutung in der argentinischen Republik, während er gleichzeitig unbeschränkter Herr von Buenos Aires war.

Nun in vollem Besitze aller Gewalt, begann er sich an den höheren Klassen zu rächen, die ihm so lange ihre volle Verachtung gezeigt hatten. Mitten unter den aristokratischsten und elegantesten Leuten zeigte er sich stets in der Chaqueta oder ohne Krawatte. Er gab Bälle, bei denen er mit seiner Frau und seiner Tochter die Honneurs machte und zu denen er, unter Ausschluss aller ausgezeichneten Persönlichkeiten von Buenos Aires, Kärrner, Fleischer und selbst freigelassene Sklaven der Stadt einlud. Einen dieser Bälle eröffnete er durch den Tanz mit einer Sklavin, und Manuelita tanzte mit einem Gaucho.

Aber nicht allein auf diese Weise strafte er den Stolz der Städter; er proklamierte den schrecklichen Grundsatz: »Wer nicht mit mir ist, ist gegen mich!«

Wer ihm von da ab nicht gefiel, wurde mit dem Namen eines »unitarischen Wilden« bedacht, und wen er einmal so bezeichnet hatte, lief Gefahr, Recht und Freiheit, Ehre und Eigentum oder gar das Leben zu verlieren.

Um seine Theorien auch in der Praxis zur Geltung zu bringen, bildete sich unter seinem Schutze die berüchtigte Gesellschaft Mas horca, das heißt »Noch immer Galgen«; sie setzte sich aus Landstreichern, Bankrotteuren und aus allen Häschern der Stadt zusammen. Ihr standen auf höheren Befehl der Polizeichef, die Friedensrichter und alle diejenigen, die über die Aufrechterhaltung der öffentlichen Ordnung wachen sollten, zur Seite, so dass, wenn die Mitglieder der Gesellschaft das Haus eines Bürgers stürmten, um es zu plündern oder diesen zu ermorden, der, dessen Leben oder Eigentum bedroht war, umsonst nach Hilfe rief, denn niemand war da, der Gewalt, die ihm angetan wurde, gegenüberzutreten. Diese Gewalttätigkeiten wurden ebenso am hellen Tage wie in tiefer

Nacht ausgeführt, ohne dass sich ein Mittel finden ließ, ihnen zu entgehen.

Verlangt man Beispiele? Wohlan! Man möge sich erinnern, dass wir stets der Anklage unmittelbar das Faktum folgen lassen.

Die eleganten Herren von Buenos Aires hatten damals die Angewohnheit, ihre Bärte ringförmig am Halse zu tragen; unter dem Vorwande, dass ein so geschnittener Bart den Buchstaben U bilde und Unitarier bedeuten solle, bemächtigte sich die Mas horca dieser Unglücklichen und rasierte sie mit schlecht geschliffenen Messern, so dass der Bart mit Stücken Fleisches zusammen herabfiel, worauf man das Schlachtopfer der Laune des Pöbels überließ, der sich aus Neugier zu diesem Schauspiele versammelt hatte und das blutige Spiel oft bis zur Tötung trieb.

Die Frauen des Volkes fingen damals an, in ihrem Haar das rote Band zu tragen, das unter dem Namen Mono bekannt ist. Eines Tages versammelte sich die Mas horca an den Ausgängen der Kirchen und heftete allen Frauen, die ein- oder ausgingen, ohne dieses Band zu tragen, eines mit brennendem Pech an.

Es war nichts Außergewöhnliches mehr, wenn man sah, wie eine Frau entkleidet mitten durch die Straßen gepeitscht wurde, und dies nur deshalb, weil sie ein Taschentuch, ein Kleid oder ein anderes Putzstück getragen hatte, das blau oder grün war. So etwas geschah selbst bei Leuten von höchstem Stande, und um die größte Gefahr zu laufen, genügte es, sich mit einem Kleide oder einer Krawatte von diesen beiden Farben in die Öffentlichkeit zu wagen.

Während Personen, die schon im Voraus bezeichnet waren und den höheren Klassen der Gesellschaft angehörten, die eine unsichtbare, aber doch bekannte Macht verfolgte, Opfer dieser Gewalttätigkeiten wurden, verhaftete man auch zu Hunderten die Bürger, deren Ansichten nicht mit denen des Diktators und den noch unbekannten Plänen seiner zukünftigen Politik übereinstimmten. Keiner kannte das Verbrechen, dessentwegen er verhaftet wurde; das war überflüssig, weil Rosas es kannte. Ebenso wie das Verbrechen unbekannt blieb, wurde eine Untersuchung für unnötig gehalten, und täglich wurden, um den neuen Gefangenen Platz zu machen, die überfüllten Gefängnisse mit Hilfe zahlreicher Exekutionen vollständig von ihren Bewohnern geräumt. Diese Hinrichtungen fanden nachts statt, und dann erwachte die Stadt in Angst beim Geräusch des nächtlichen Donners, der ihre Einwohner dezimierte.

Morgens sah man dann, wie man es nicht einmal in Frankreich

in den Schreckenstagen von 1793 gesehen hatte, die Fuhrleute der Polizei ruhig die Körper der Ermordeten in den Straßen auflesen und die Leichen derer, die man erschossen hatte, in Verwahrung nehmen. Dann brachten sie alle diese Leichname zu einer großen Grube, wo man sie bunt durcheinander hineinwarf, ohne dass es den Verwandten der Schlachtopfer erlaubt worden wäre, die Ihrigen herauszusuchen und die letzten traurigen Pflichten gegen sie zu erfüllen.

Das war noch nicht alles; die Fuhrleute, welche diese traurigen Überreste fortschafften, kündigten ihre Ankunft durch rohe Scherze an, vor denen sich die Türen schlossen und die Bevölkerung floh. Man sah einige, welche die Köpfe vom Rumpfe abschnitten, Körbe damit füllten und diese dann den erschreckten Vorübergehenden mit dem gewöhnlichen Rufe der Fruchtverkäufer vom Lande hinhielten: »Hier gibt's unitarische Pfirsiche! Wer kauft unitarische Pfirsiche?«

Bald verband sich auch die Habgier mit der Barbarei, die Konfiszierung der Güter mit den Hinrichtungen.

Rosas begriff wohl, dass ein Mittel, sich die Macht zu erhalten, darin bestand, seine Anhänger an sich zu binden, indem er deren Interessen diente. Deshalb zeigte er dem einen Teile der Gesellschaft das Vermögen des anderen und sagte: »Das gehört dir.«

Das war der Ruin der alten Grundbesitzer in Buenos Aires, und das Vermögen der Freunde Rosas wuchs rasant und auf skandalöse Weise.

Rosas führte aus, was nie ein Tyrann zu träumen gewagt hatte, was weder Nero noch Domitian jemals in den Sinn gekommen war. Er tötete den Vater und verbot dem Sohne, Trauer für ihn anzulegen; ein entsprechendes Gesetz wurde proklamiert und überall öffentlich angeheftet – das war auch nötig, denn sonst würde man in Buenos Aires nur noch Trauerkleider gesehen haben.

Diese Exzesse des Despotismus trafen auch die Fremden und darunter auch ein paar Franzosen. Rosas, der sich alles gegen sie erlauben zu dürfen glaubte, erschöpfte endlich die Geduld des Königs Louis-Philippe, die damals wohlbekannt war, und führte so die erste von Frankreich unternommene Blockade herbei.

Die so schlecht behandelten höheren Klassen der Gesellschaft begannen Buenos Aires zu fliehen und warfen, eine Zuflucht suchend, ihren Blick auf den östlichen Staat, woselbst der größte Teil ein Asyl fand.

Vergebens verdoppelte Rosas Polizei ihre Wachsamkeit, vergebens wurde ein Gesetz erlassen, das die Emigration mit dem Tod bedrohte, und es nutzte ebenso wenig, dass man dieser Todesstrafe die schlimmsten Qualen hinzufügte, als Rosas sich überzeugt hatte, dass jene allein nicht mehr hinreiche. Der Schrecken und der Hass, den er einflößte, war größer als alle Gegenmittel, die er anzuwenden vermochte; die Zahl der Emigranten wuchs von Stunde zu Stunde, von Minute zu Minute.

Wenn eine Familie fliehen wollte, handelte es sich nur darum, ein hinreichend großes Boot für sie zu finden; war dies geschehen, so stürzten sich Vater, Mutter, Kinder, Brüder und Schwestern eilig hinein, ließen ihr Haus, ihre Besitzungen und ihr ganzes Vermögen im Stiche, und täglich sah man im östlichen Staate, also in Montevideo, einige dieser Barken mit Passagieren anlangen, die nichts mehr besaßen außer den Kleidern, die sie auf dem Leibe trugen.

Keiner dieser Flüchtlinge brauchte das Zutrauen, das er in die Gastfreundschaft des östlichen Volkes gesetzt hatte, zu bereuen; sie war großmütig und erhaben, wie die einer antiken Republik. Übrigens konnte das argentinische Volk eine solche Gastfreundschaft wohl von Freunden oder Brüdern erwarten, die ihre Fahnen mit den ihrigen vereinigt hatten, um die Engländer, Spanier oder Brasilianer zu bekämpfen, jene gemeinsamen, äußeren Feinde, die weniger gefährlich waren, als der mitten unter ihnen geborene Feind.

Die Argentinier kamen also in Menge an, schifften sich aus und wurden am Hafen von den Einwohnern empfangen, welche, sobald jene den Fuß an das Land setzten, je nach ihren Vermögensverhältnissen und der Größe ihrer Wohnungen, eine so große Anzahl von Emigranten auswählten, wie sie beherbergen konnten. Lebensmittel, Geld, Kleider, kurz alles wurde diesen Unglücklichen zur Verfügung gestellt, bis sie sich selbst einige Hilfsmittel verschaffen konnten, wobei man ihnen bereitwillig half, und sie gingen ihrerseits voll Dankbarkeit sogleich an die Arbeit, um ihren Wirten die Last zu erleichtern und diesen die Mittel zu geben, um neue Flüchtlinge aufnehmen zu können. Um dies zu erreichen, arbeiteten Leute, die an alle Genüsse des Luxus gewöhnt waren, in den niedrigsten Handwerken, was sie umso höher ehrte, je größer der Widerspruch zwischen dieser Arbeit und ihrer gesellschaftlichen Stellung war.

Auf diese Weise fand man die edelsten Namen der argentinischen Republik in der Emigration: Lavalle, der glänzendste Degen seiner Armee, Florencio Barela, das schönste Talent, Aguero, einer der ersten Staatsmänner, Echaverria, La Platas Lamartine, Vega, der Bayard der Andenarmee, Guttierez, der glückliche Sänger des nationalen Ruhmes, Alsina, der große Advokat und berühmte Bürger, Sanz Valiente, Molino Torres, Ramos Mejia, die großen Grundbesitzer, ferner Rodriguez, der alte General der Unabhängigkeitsarmeen und unitarischen Truppen, Olozabal, einer der Tapfersten von der Andenarmee, deren Bayard, wie gesagt, Vega war. Rosas verfolgte die Unitarier wie die Föderalisten, denn er hatte dabei nur den einen Zweck vor Augen, sich all derer zu entledigen, die seiner Diktatur irgendein Hindernis in den Weg legen konnten.

Dieser Gastfreundschaft, die man den Männern, die er verfolgte, in Montevideo erwies, ist sein Hass gegen den östlichen Staat zuzuschreiben.

Um die Zeit, von der wir sprechen, war General Fructuoso Rivera Präsident der Republik. Rivera war wie Rosas und Quiroga ein Mann vom Lande, alle seine Neigungen führten ihn aber der Zivilisation zu, ganz im Gegensatz zu Rosas. Als Krieger hatte sich Rivera nie an Mut übertreffen lassen, als Parteimann war sein Edelmut unerreichbar. Fünfunddreißig Jahre lang steht er im Dienste seines Landes, während dieser fünfunddreißig Jahre sieht man ihn jedes Mal zu den Waffen eilen, sobald der Ruf erschallt: »Krieg den Fremden!«

Als der Aufstand gegen Spanien begann, opferte er sein Vermögen, denn es war ihm ein unwiderstehliches Bedürfnis, zu geben; er war nicht allein großmütig, sondern auch verschwenderisch.

Und wie er dies gegen die Menschen war, so war es Gott gegen ihn gewesen. Er war ein schöner Kavalier im Sinne des spanischen Wortes Caballero, das zugleich den Begriff des Soldaten und Edelmannes umfasst. Mit seinem braunen Teint, seiner hohen Gestalt, dem durchbohrenden Blicke und seiner anmutsvollen Rednergabe, bei der er den Zuhörer durch den Zauber seiner Bewegungen, die nur ihm angehörten, hinriss, war er der populärste Mann im östlichen Staate. Andererseits muss man aber gestehen, dass niemals ein schlechterer Administrator die Finanzen eines Volkes ruinierte; er hatte sein Privatvermögen verschleudert und er verschleuderte gleichfalls das öffentliche, nicht um sich wieder ein Vermögen zu erwerben, sondern weil er als Staatsmann alle fürstlichen Gewohnheiten des Privatmannes beibehalten hatte.

Zur Zeit unserer Erzählung machte sich jedoch dieser Ruin noch nicht fühlbar. Rivera hatte damals das Präsidentenamt übernommen und war von den fähigsten Leuten des Landes umgeben; Obes, Herrera, Basquez, Alvarez, Ellauri und Luiz Eduard Perez waren in Wahrheit, wenn auch nicht die Minister, so doch die Lenker seiner Regierung, und mit solchen Leuten war diesem schönen Lande alles, was Fortschritt, Freiheit und Glück heißt, sicher.

Obes, der erste Freund Riveras, war ein Mann von antikem Charakter; sein Patriotismus, seine Seelengröße, die herausragenden Talente und seine gründliche Bildung stellen ihn den größten Männern Amerikas an die Seite, und damit seiner Popularität nichts fehle, starb er in der Verbannung als eines der ersten Opfer des Rosas'schen Systems im östlichen Staate.

Luiz-Eduard Perez war der Aristides von Montevideo; er war ein strenger Republikaner und glühender Patriot und weihte sein ganzes Leben der Tugend und der Freiheit seines Landes.

Basquez, ein Mann von Talent und Bildung, leistete dem Lande seine ersten Dienste bei der Belagerung von Montevideo im spanischen Kriege und beschloss seine Laufbahn bei dem Belagerungskampfe gegen Rosas.

Herrera, Alvarez und Ellauri, die Schwager von Obes, blieben hinter den genannten nicht zurück; sie gehörten nicht allein dem östlichen Staate als ergebene Verteidiger an, sondern dienten auch der ganzen amerikanischen Sache. Ihre Namen werden in diesem weiten Lande, das sich von Kap Horn bis zur Beringstraße erstreckt, immer geheiligt bleiben.

Manuel Oribe

1834 nahm die Präsidentschaft Riveras ein Ende; ihm folgte der General Manuel Oribe – auf Betreiben von Rivera selbst, der darauf rechnete, in diesem einen Freund gefunden haben, der die Regierung in seinem Sinne fortführen werde. Manuel Oribe war von Rivera zum General ernannt worden und hatte als Kriegsminister an der bisherigen Verwaltung teilgenommen.

Oribe gehörte der ersten Familie des Landes an. Nach 1811 kämpfte er für die Verteidigung des Letzteren und zeichnete sich stets durch persönliche Tapferkeit aus, aber sein Geist war schwach und seine Bildung beschränkt; dies erklärt seine Verbindung mit Rosas, dem er sich ganz ergab, ohne zu bedenken, dass ein solches

Bündnis den Verlust der Unabhängigkeit, für die er so oft gekämpft hatte, zur Folge haben müsse.

Als General war er vollständig unfähig; seine Leidenschaften besaßen die Heftigkeit nervöser Anfälle und trieben ihn zur Grausamkeit; als Privatmann war er ehrenwert. Als Administrator war er ökonomischer als Rivera und man kann ihm nicht den Vorwurf machen, dass er das Defizit im Staatsschatze vermehrt habe. Dennoch ist er allein für den Untergang des östlichen Staates verantwortlich. Er vergaß, dass es, um der Führer einer Partei zu sein, nicht hinreicht, es sein zu wollen; er verweigerte seine Teilnahme an der großen Nationalpartei, an deren Spitze Rivera stand. Stattdessen wollte sich selbst eine Partei gründen, erregte dadurch im Lande Misstrauen und warf sich, über seine eigene Schwachheit erschrocken, eines Tages in Rosas Arme. Obgleich diese Allianz geheim gehalten wurde, argwöhnte man doch, dass Oribe an den Feindseligkeiten der Regierung gegen die argentinischen Emigranten teilnehme, und da sich dem System Rosas' nichts mehr widersetzte als die öffentliche Meinung, so stellte sich das Volk gänzlich auf Riveras Seite, als derselbe sich 1836 an die Spitze eines Aufstandes gegen Oribe stellte.

Ungeachtet dieser fast gänzlichen Übereinstimmung im Lande, die Oribe bedrohte, hielt dieser bis 1838 durch. Er verließ den Präsidentenstuhl infolge einer offiziellen Verzichtsleistung vor den Kammern und ging außer Landes, nachdem er von denselben Kammern die Erlaubnis erbeten hatte, sich zurückziehen zu dürfen.

Kaum war dies geschehen, so zwang ihn Rosas, gegen diese Verzichtsleistung zu protestieren, und erkannte ihn – eine unerhörter Vorgang in Amerika – als Regierungschef des Landes an, aus dem er weggejagt worden war. Das war etwa so, als hätte Louis-Philippe zu Claremont einen Vizekönig für die französische Republik ernannt.

Anfangs lachte man in Montevideo über dieses exzentrische Verhalten des Diktators, dieser aber bereitete sich in derselben Zeit darauf vor, das Lachen in Tränen zu verwandeln.

Die natürliche Folge von Rosas' Benehmen war der Krieg zwischen beiden Völkern. Es sollte ein furchtbarer Krieg werden. Oribe, den einige unserer von Rosas bezahlten Journale den »berühmten und tugendhaften Oribe« genannt haben, wurde jetzt gleichzeitig Feldherr und Henker.

Blättern wir einige Seiten dieses mit südamerikanischem Blute geschriebenen Buches auf, in dem die Geschichte wie eine um die

Gegenwart klagende Mutter und eine Rachegöttin der Zukunft zehntausend Morde verzeichnet hat. Wir wollen auf gut Glück etwas aus den offiziellen Berichten, die Rosas Offiziere und Agenten an ihn abstatteten, herausgreifen.

General Don Mariano Acha, der in der Armee von Montevideo diente, verteidigte San Juan und ergab sich nach achtundvierzigstündigem Widerstande am 22. August 1841. Don José Santos Ramirez, Offizier des Diktators, überreicht nun dem Gouvernement von San Juan den offiziellen Rapport über dieses Ereignis; man findet darin die Stelle: »Alles ist in unserer Hand, aber unter der Bedingung des Pardons für alle Gefangene; unter ihnen befindet sich ein Sohn La Madrids.«

Man nehme Nr. 3067 des *Diario de la Tarde*, des Abendjournals von Buenos Aires vom 22. Oktober 1841 zur Hand und man kann, bezogen auf den offiziellen Rapport José Santos Ramirez', der das Leben der Gefangenen garantiert, folgenden Artikel lesen:

»Desaguadero, den 22. September 1841.
Der so genannte unitarische Wilde, Mariano Acha, ist gestern enthauptet und sein Kopf öffentlich ausgestellt worden.
(gez.) Angel Pacheco.«

Man verwechsle nicht diesen Angel Pacheco, einen Leutnant Rosas, mit seinem Vetter Pacheco y Obes, einem seiner erbittertsten Feinde.

Man wird sich erinnern, dass in Santos Ramirez' Rapport die Stelle vorkam: »Unter den Gefangenen befindet sich ein Sohn La Madrids.« Man schlage die *Gazzetta Mercantile* Nr. 5703 vom 22. August 1841 auf und man findet darin folgenden von Nazario Benavides an Don Juan Manuel Rosas geschriebenen Brief:

»Miraflores, auf dem Marsche, den 7. Juli 1842.
In meinen früheren Depeschen habe ich Ihnen mitgeteilt, weshalb ich den Wilden Ciricao La Madrid schonte; da ich aber in Erfahrung brachte, dass Letzterer sich an mehrere Häuptlinge der Provinz gewandt hat, um sie zum Abfall zu verleiten, so ließ ich ihn bei meiner Ankunft in Rioja enthaupten, genauso wie den unitarischen Wilden Manuel Julian Trias, Eingeborenen von Satiago.
(gez.) Nazario Benavides.«

Manuel Oribe kommandierte die Rosas'sche Armee, die den Auftrag hatte, die argentinischen Provinzen zu unterwerfen, und schlug am 11. April 1842 auf dem Territorium von Santa Fé die von General Juan-Pablo Lopez befehligten Truppen. Unter den Gefangenen befand sich der General Don Juan-Apostol Martinez. Man lese das Bruchstück eines Briefes von Oribe:

»Im Hauptquartier Barrancas de Coronda, den 17. April 1842. Einige dreißig Tote und mehrere Gefangene, worunter der so genannte General und unitarische Wilde Juan-Apostol Martinez, dem gestern der Kopf abgeschlagen worden ist.
(gez.) Manuel Oribe.«

Wer die *Gazzetta Mercantile* besitzt, nehme sie zur Hand und wird in Nr. 5903 vom 20. September 1842 einen offiziellen Bericht Manuel-Antonio Saravias, der in Oribes Armee diente, finden. Dieser Bericht enthält eine Liste mit siebzehn Personen, darunter ein Bataillonskommandeur und ein Kapitän, die bei Rumayan zu Gefangenen gemacht wurden und »die gewöhnliche Todesstrafe« erlitten.

In Nr. 3067 des *Diario de la Tarde* vom 22. Oktober 1841 finden wir den »berühmten und tugendhaften« Oribe wieder, der anlässlich der Schlacht von Monte Grande folgenden Bericht liefert:

»Hauptquartier Ceibal, den 14. September 1841.
Unter diesen Gefangenen befand sich der Verräter und unitarische Wilde Oberst Faciendo Borda, der gleichzeitig mit mehreren anderen so genannten Offizieren von der Kavallerie und Infanterie hingerichtet wurde.
(gez.) Manuel Oribe.«

Oribe ist einmal im Zuge; ein Verräter liefert den Gouverneur von Tucuman und dessen Offiziere in seine Hand; er beeilt sich, Rosas die Neuigkeit mitzuteilen. Sein Brief lautet:

»Hauptquartier Metau, den 3. Oktober 1841.
Die unitarischen Wilden, die mir der Kommandant Sandoval ausgeliefert hat, nämlich: Marion, so genannter Gouverneur-General von Tucuman, Avellaneda, der so genannte Oberst J. M. Bilela, der Kapitän José Espejo und der Premierleutnant Leonardo Sosas, sind

in gewöhnlicher Form auf dem Schlachtfelde exekutiert worden, mit Ausnahme Avellanedas, dem ich den Kopf abzuschneiden befohlen habe; ich habe angeordnet, dass dieser Kopf, sobald er gefallen, öffentlich auf dem Platze von Tucuman ausgestellt werde.
(gez.) Manuel Oribe.«

Wir wollen nun zu einem anderen Henker Rosas übergehen.

»Catamarca, den 29. des Monats Rosas, 1841.
Seiner Exzellenz dem Herrn Gouverneur D. Cl. B. Arredondo.
Nach einem mehr als zweistündigen Feuer und nachdem wir die ganze Infanterie über die Klinge hatten springen lassen, wurde die Kavallerie ihrerseits niedergemacht und nur ihr Führer entkam mit dreißig Mann durch den Cerro de Ambaste. Man verfolgte ihn, und sein Kopf wird bald auf dem öffentlichen Platze aufgesteckt werden, woselbst sich schon die Köpfe der so genannten Minister Gonçalves, Dulce und Espeche befinden.
(gez.) M. Maza

Es lebe die Föderation!«

»Namentliche Liste der unitarischen Wilden, so genannter Kommandeure und Offiziere, die nach der Aktion vom 29. hingerichtet worden sind:
Oberst: Vicente Mercao
Kommandanten: Modesto Villasane, Juan Pedro Ponce, Damasio Arias, Manuel Lopez, Pedro Rodriguez.
Bataillonschefs: Manuel Rico, Santiago de la Cruz, José.
Kaptäne: Juan de Dios Ponce, José Calas, Pedro Aranjo, Isidore Ponce, Pedro Barros.
Adjudanten: Damasio Sarmiento, Eugenio Rovillo, Francisco Quinteros, Daniel Rodriguez.
Leutnant: Domingo Diaz.
(gez.) M. Maza. «

Da wir gerade bei Maza sind, wollen wir mit ihm fortfahren, später kommen wir wieder zu Rosas zurück.

»Catamarca, den 4. November 1841.
Ich habe Ihnen schon angezeigt, dass wir hier den unitarischen Wilden Cubas, der verfolgt wurde, gänzlich vernichtet haben und dass wir den Kopf dieses Banditen bald haben würden. Er ist wirklich bei Cerro de Ambaste, und zwar in seinem Bette gefangen geworden; der Kopf des Räubers Cubas ist demzufolge auf dem Marktplatze der Stadt aufgesteckt worden.
Nach der Aktion: Man hat neunzehn Offiziere, die Cubas folgten, ergriffen. Ich habe kein Quartier gegeben. Der Sieg war vollständig, und nicht ein Mann ist mir entschlüpft.
(gez.) M. Maza. «

Blicken wir schnell einmal ins *Boletin de Mendoza*, Nr. 12. Dieser Bericht, auf dem Schlachtfelde von Arroyo Grande geschrieben, ist von dem Obersten Don Geronimo Costa an den Gouverneur Aldao gerichtet: »Wir haben mehr als hundertfünfzig Kommandeure und Offiziere gefangen genommen, die alle sofort erschossen wurden.«

Jedes Feuerwerk hat seine Schlusssonne, auch wir wollen dieses Blutfeuerwerk damit schließen. Ich versprach, auf Rosas zurückzukommen, und ich tue es hiermit.

Der Oberst Zelallaran ist erschossen worden und man überbringt Rosas seinen Kopf. Rosas bringt drei Stunden damit zu, diesen Kopf mit dem Fuße umherzustoßen und darauf zu spucken; da vernimmt er, dass ein anderer Oberst, ein Waffenbruder Zelallarans, gefangen genommen worden ist. Sein erster Gedanke ist, ihn niederschießen zu lassen, aber er besinnt sich; statt ihn zum Tode zu verurteilen, verurteilt er ihn zur Tortur. Der Gefangene musste drei Tage lang, täglich zwölf Stunden, den abgehauenen Kopf Zelallarans vor sich auf einem Tische liegen sehen.

Rosas lässt mitten auf dem Markte von San Nicolas einen Teil der Gefangenen des Generals Paz exekutieren. Unter diesen befindet sich der Oberst Videla, der frühere Gouverneur von Saint-Louis. Im Augenblicke vor der Hinrichtung wirft sich der Sohn des Verurteilten in die Arme seines Vaters. »Erschießt sie alle beide«, sagt Rosas. Vater und Sohn fallen, einer in den Armen des anderen, von Kugeln durchbohrt.

1832 ließ Rosas achtzig indianische Gefangene auf einen Platz in Buenos Aires führen und sie am hellen Tage vor aller Augen mit Bajonettstichen abschlachten.

Camilla O'Gorman, ein junges Mädchen von achtzehn Jahren,

aus einer der ersten Familien von Buenos Aires, wurde durch einen Priester von vierundzwanzig Jahren verführt; beide verließen Buenos Aires und flohen in das kleine Dorf Corrientes, wo sie sich für Verheiratete ausgaben und eine Art Schule eröffneten. Corrientes fiel in Rosas Hand. Der Flüchtling und seine Gefährtin wurden von einem Priester erkannt, Rosas angezeigt und alle beide nach Buenos Aires zurückgebracht, wo Rosas sie ohne Urteil zu erschießen befahl.

»Aber«, so wandte man ein, »Camilla O'Gorman ist im achten Monate schwanger.«

»Tauft ihr das Kind im Leibe!«, erwiderte Rosas, der als guter Christ die Seele des Kindes retten wollte.

Dies geschah und Camilla O'Gorman wurde erschossen. Drei Kugeln zerschmetterten die Arme der unglücklichen Mutter, die sie in instinktmäßiger Bewegung vorgestreckt hatte, um ihr Kind zu schützen.

Wie kommt es nun, dass Frankreich sich mit Männern wie Rosas befreundet und Garibaldi als Feind ansieht? Denn in der Tat stützte der Vertrag von 1846, der von Admiral Mackau unterzeichnet wurde und noch heute seinen Namen trägt, Rosas Macht und ließ die östliche Republik hilflos in dem Kampfe zurück.

In dieser Zeit kehrte Garibaldi aus Rio Grande zurück.

Auf der einen Seite kämpften Rosas und Oribe, das heißt die Gewalt, der Reichtum und die Macht für den Despotismus, auf der anderen kämpfte eine arme kleine Republik um ihre Freiheit, eine offene Stadt, ein Schatz ohne Geld, ein Volk ohne Hilfsmittel, das seine Verteidiger nicht bezahlen konnte.

Garibaldi besann sich nicht lange, er trat auf die Seite des Volkes und der Freiheit.

Wir geben ihm jetzt wieder die Feder in die Hand und lassen ihn von seinen Erlebnissen während der hartnäckigen Belagerung Montevideos erzählen, die, gleich derjenigen Trojas, neun Jahre dauerte.

38.
Ich sprenge meine Schiffe in die Luft

Der wahre Grund der Expedition, zu der ich bestimmt worden, war nicht, den Bewohnern von Corrientes Hilfe zu bringen und sie zu verproviantieren, sondern, sich meiner Person zu entledigen. Wie kam es, dass ich jetzt, nachdem erst so wenig geschehen war, schon so mächtige Feinde hatte? Das ist ein Geheimnis, das ich nie habe ergründen können.

Zu dieser Zeit stand die östliche Armee bei San José in Uruguay und diejenige Oribes in Bajada, der Hauptstadt der Provinz Entre Rios; beide bereiteten sich auf den Kampf vor; die Truppen von Corrientes schickten sich ihrerseits an, sich mit der östlichen Armee zu vereinigen.

Ich sollte den Paraná bis Corrientes hinaufgehen, das heißt einen Weg von sechshundert Meilen zwischen zwei vom Feinde besetzten Ufern zurücklegen, obendrein von einem viermal so starken Geschwader, als das meinige war, verfolgt.

Auf dieser ganzen Strecke konnte ich nur auf den Inseln oder an verlassenen Küsten landen. Als ich Montevideo verließ, konnte man hundert gegen eins wetten, dass ich nie wieder dahin zurückkehren werde.

Gleich nach meiner Abfahrt hatte ich den ersten Kampf gegen die Batterien von Martin-Garcia zu bestehen, einer Insel, die nahe am Zusammenfluss der beiden großen Ströme Uruguay und Paraná gelegen ist und an der man durchaus vorbeifahren muss, da für Schiffe von einer gewissen Tonnenlast nur eine einzige Fahrrinne existiert, die auf halbe Kanonenschussweite von der Insel entfernt liegt.

Ich hatte dabei einige Tote zu beklagen, unter ihnen einen braven italienischen Offizier namens Pocarobba; eine Kanonenkugel hatte ihm den Kopf fortgerissen. Außerdem hatte ich acht oder zehn Verwundete.

Drei Meilen von der Insel Martin-Garcia entfernt lief die »Constitution« auf den Sand; unglücklicherweise traf uns dieser Unfall zur Ebbezeit. Es kostete uns unendliche Mühe, sie wieder flottzumachen, aber dank dem Mute meiner Leute zog sich unsere kleine Flottille noch ganz gut aus der Affäre.

Während wir noch beschäftigt waren, alle schweren Gegenstände auf den Schoner zu bringen, sahen wir das feindliche Geschwader auf uns zukommen; es kam von der anderen Seite der Insel her und steuerte in guter Ordnung gegen uns heran.

Ich befand mich in einer bösen Lage; um die »Constitution« zu erleichtern, hatte ich alle ihre Kanonen auf den Schoner »Proceda« schaffen lassen, woselbst sie übereinanderlagen, sie waren uns daher vollständig unnütz. Es blieb nun noch die Brigantine »Peresia«, deren tapferer Führer sich mit dem größten Teile seiner Besatzung bei mir befand, um uns bei unserer Arbeit zu helfen.

Indessen kam der Feind immer näher; er bot mit seinen sieben Kriegsschiffen, die unter den jubelnden Zurufen der Truppen auf der Insel vorrückten, und in seiner Siegesgewissheit einen stolzen Anblick.

Ich verlor aber in der großen Gefahr, die mir drohte, nicht alle Hoffnung. Nein, Gott hat mir die Gnade erzeigt, dass ich selbst in der äußersten Notlage mein Selbstvertrauen bewahren kann. Mögen andere, besonders Seeleute, beurteilen, wie ernst meine Situation war; es handelte sich nicht allein um das Leben, auf das ich in einem solchen Momente gern verzichtet haben würde, sondern auch die Ehre war zu retten. Je sicherer die Leute, die mich in diese Verlegenheit gebracht hatten, glaubten, dass ich meinen Ruf hierbei einbüßen müsse, desto fester war ich entschlossen, ihn blutig, aber rein aus dieser schlimmen Expedition herauszutragen.

Es handelte sich nicht darum, den Kampf zu vermeiden, sondern ihn in der bestmöglichen Position aufzunehmen. Da meine Fahrzeuge nun leichter waren und weniger Tiefgang hatten als die des Feindes, legte ich mich so nahe wie möglich an die Küste, die mir, wenn auf dem Flusse alles verloren war, wenigstens das letzte Rettungsmittel, die Landung, bot. Ich ließ so schnell wie möglich das Deck des Schoners aufräumen, damit wir einige Geschütze benutzten konnten, und als dies geschehen war, wartete ich das Weitere ruhig ab.

Das Geschwader, das mich angreifen wollte, wurde von Admiral Brown befehligt, ich wusste also, dass ich es mit einem der bravsten Seeleute von der Welt zu tun haben würde.

Der Kampf dauerte drei Tage, ohne dass der Feind zum Entern kommen konnte. Am Morgen des dritten Tages hatte ich noch etwas Pulver, aber keine Kugeln mehr. Ich ließ die Schiffsketten zerbrechen, sammelte Nägel, Hämmer, alles, was von Kupfer oder Eisen war und als Kugeln oder Kartätschen dienen konnte, und schleuderte es dem Feinde gerade in das Gesicht; auf diese Weise hielten wir uns noch den Tag über.

Am Abend dieses Tages hatte ich nicht mehr eine Kugel an Bord und die Hälfte meiner Mannschaft war gefallen; ich ließ also Feuer an die drei Schiffe legen, während wir unter der feindlichen Kanonade an Land setzten, wobei jeder Mann seine Muskete und die Patronen, die uns noch geblieben waren, mitnahm.

Auch die transportablen Verwundeten führten wir mit uns fort; was die übrigen anbetraf – nun, ich habe schon einmal gesagt, wie es damit unter solchen Umständen geht.

Wir waren nun hundertfünfzig bis zweihundert Meilen von Montevideo entfernt und befanden uns auf einer feindlichen Küste.

Zuerst versuchte die Garnison der Insel Martin-Garcia uns zu belästigen; da wir aber von unserem Kampfe mit dem Admiral Brown her noch alle warm waren, empfingen wir sie derartig, dass sie nicht wiederkamen. Dann traten wir unseren Marsch mitten durch die Einöden an und lebten dabei von einigen Nahrungsmitteln, die wir mit uns genommen hatten, und von dem, was wir uns unterwegs verschaffen konnten.

Die Östlichen hatten soeben die Schlacht von Arroyo Grande verloren; wir stießen auf die Flüchtigen, die ich um mich sammelte, und nach fünf oder sechs Tagen voll Kampf, Entbehrungen und Leiden, von denen sich kein Mensch eine Vorstellung machen kann, rückten wir wieder in Montevideo ein und brachten unangetastet mit, was ich, wie man wohl glaubte, unterwegs würde zurücklassen müssen, nämlich die Ehre.

Dieser Kampf und noch manche andere, die ich gegen ihn bestand, verschafften mir bei Admiral Brown ein so gutes Ansehen, dass er, als er noch während des Krieges Rosas' Dienst verließ und nach Montevideo kam, mich noch vor seiner Familie aufsuchte. Er fand mich in meinem Hause in der Strada del Portone, umarmte mich mehrere Male hintereinander, als wenn ich sein eigener Sohn gewesen wäre, und der vortreffliche Mann konnte nicht müde werden, mich an seine Brust zu drücken und mir seine Sympathie zu bezeigen.

Als er mit mir endlich fertig war, wandte er sich zu Anita und sagte ihr: »Madame, ich habe lange gegen Ihren Mann gekämpft und immer ohne Erfolg; ich hatte es mir in den Kopf gesetzt, ihn zu besiegen und zu meinem Gefangenen zu machen, aber es gelang ihm stets, mir zu widerstehen und zu entwischen. Wenn es mir gelungen wäre, ihn in meine Gewalt zu bekommen, so würde er an der Weise, wie ich ihn behandelt hätte, gesehen haben, wie hoch ich ihn schätze.«

Ich erzähle diese Anekdote nur, weil sie den Admiral Brown mehr ehrt als mich.

39.
Man bildet Legionen

Nach dem Siege von Arroyo Grande marschierte Oribe auf Montevideo, wobei er erklärte, er werde daselbst niemand, selbst nicht die Fremden, schonen. Alles, was ihm auf seinem Wege begegnete, ließ er daher köpfen oder erschießen.

Da es nun in Montevideo eine Menge Italiener gab, die sich teils wegen Handelsgeschäften, teils, weil sie verbannt waren, hier niedergelassen hatten, erließ ich eine Proklamation an meine Landsleute und lud sie ein, die Waffen zu ergreifen, eine Legion zu bilden und auf Leben und Tod für die zu kämpfen, die ihnen Gastfreundschaft gewährt hatten.

Um dieselbe Zeit zog Rivera die Reste seiner Armee zusammen.

Die Franzosen ihrerseits bildeten auch eine Legion, der sich die französischen Basken anschlossen, während die Spanier eine andere formierten und die spanischen Basken hinzuzogen. Aber schon drei oder vier Monate nach ihrer Formation ging die spanische Legion, die sich größtenteils aus Karlisten zusammensetzte, zum Feinde über und wurde das Rückgrat des Angriffs, wie die italienische das Rückgrat der Verteidigung.

Die italienische Legion wurde nicht besoldet, empfing aber Rationen an Brot, Wein, Salz, Öl usw. Indessen war verabredet, dass man nach Beendigung des Krieges den Überlebenden oder den hinterlassenen Frauen und Kindern Ländereien und Vieh geben solle.

Die Legion bestand anfangs aus vier- bis fünfhundert Mann, später stieg diese Zahl bis auf achthundert, je nachdem wie viele Italiener die europäischen Schiffe herbeiführten, die entweder verbannt waren oder die hier ihr Glück machen wollten, deren Hoffnungen sich bei der schlechten Lage der Dinge aber zerschlugen. Sie wurde in drei Bataillone eingeteilt, deren eines Danunzio, das zweite Ramella und das dritte Mancini kommandierte.

Oribe erfuhr wohl von allen diesen Vorbereitungen zur Verteidigung, aber er glaubte nicht daran. Er marschierte, wie bereits gesagt, auf Montevideo und lagerte sich am Cerrito. Vielleicht hätte er bei der in der Stadt herrschenden Unordnung dieselbe mit einem Handstreiche nehmen können, aber er bildete sich ein, in ihr zahlreiche Anhänger zu haben, und erwartete eine Demonstration von deren Seite. Er wartete vergeblich darauf und ließ damit Montevideo nur Zeit, die Verteidigung zu organisieren.

Er blieb also mit zwölf- oder vierzehntausend Mann etwa eine Wegstunde von Montevideo. Dieses vermochte nach einiger Zeit, ihm neuntausend Mann entgegenzustellen, worunter sich fünftausend Schwarze befanden, denen man die Freiheit gegeben hatte und die ausgezeichnete Soldaten waren.

Als Oribe die Hoffnung verloren hatte, dass er ohne Kampf in die Stadt einziehen könne, verschanzte er sich am Cerrito und die Scharmützel begannen.

Auch die Montevideer hatten ihre Stadt auf das Beste befestigt. Unser Ingenieur war der Oberst Schevarrio, die allgemeine Organisation der Truppen besorgte General Paz, Joaquin Suárez war Präsident, Pacheco y Obes Kriegsminister. Paz verließ Montevideo bald, um Corrientes und Entre Rios zu entsetzen.

Als wir das erste Mal die Linien verließen, wurde die ganze Legion – ich weiß nicht, war es die Schuld der Offiziere oder Soldaten – von panischem Schrecken ergriffen und kehrte zurück, ohne einen Gewehrschuss getan zu haben. Ich zwang einen der Bataillonschefs, um seine Entlassung einzukommen; ich hielt eine kräftige Ansprache an die Italiener und schrieb zum zweiten Male an Auzani, der in einem Handlungshause in Uruguay weilte, dass er zu mir kommen möge.

Dieser vortreffliche Freund kam in der Mitte des Monats Juli an. Sobald er da war, bekam alles Kraft und Leben; die Legion war schrecklich schlecht organisiert und so widmete er ihr seine ganze Sorge.

Um dieselbe Zeit hatte man wohl oder übel eine kleine Flottille reorganisiert und übertrug mir den Befehl über sie. Mancini nahm meinen Platz an der Spitze der Legion ein.

Die Flottille stellte auf dem Flusse die Verbindung mit dem Cerro her, einer kleinen Festung, die im Besitze der Montevideer geblieben war, obgleich sie nur drei oder vier Meilen am Ufer des La Plata hinauf von dem Cerrito entfernt lag, der in Oribes Hand war.

Cerro war äußerst wichtig für uns; es war gleichzeitig ein Stützpunkt, um sich zu verproviantieren, Streitkräfte in die Ebene zu senden und die Flüchtigen zu sammeln.

Noch vor der Organisation der Verteidigung hatte das Geschwader des Admirals Brown einen Angriffsversuch auf Cerro und die Insel Los Ratos unternommen. Damals verteidigte ich Insel und Festung. Erstere hatte achtzehn- und sechsunddreißigpfündige Geschütze, und ich zwang den Admiral, sich mit großem Verluste zurückzuziehen. Ich habe schon erwähnt, dass mit Auzanis Ankunft die Bedrückungen der Legionäre aufhörten, seine Ehrenhaftigkeit setzte die Preise für alle Gegenstände ihres Bedarfs herab, was nicht nach dem Geschmacke der Kommissariatsbeamten war.

Nun bildete sich aber eine Verschwörung, die zum Zwecke hatte, uns alle beide zu ermorden und die italienische Legion an den Feind zu verkaufen.

Auzani wurde davon benachrichtigt.

Die Verschworenen sahen ein, dass sie auf diese Weise nichts erreichen konnten, und eines Morgens, als die Legion auf Vorposten stand, liefen zwanzig Offiziere und fünfzig Soldaten zum Feinde über; die Soldaten übrigens – wir müssen ihnen diese Gerechtigkeit widerfahren lassen – kehrten nach und nach einzeln wieder zurück.

Die Legion befand sich nur umso besser, nachdem sie von den Verrätern gereinigt war; Auzani rief sie zusammen und sagte: »Wenn ich eine Auswahl zwischen den Guten und Schlechten hätte treffen wollen«, redete er sie an, »so würde mir dies nicht so gut gelungen sein, als diese Schlechten selbst es zustande gebracht haben.« Auch ich sprach zu den Truppen und General Pacheco hielt ebenfalls eine Rede.

Einige Tage nach dem ersten Ausfalle, bei dem die italienische Legion sich so traurig bewährt hatte, wollte ich sie wieder zu Ehren bringen und schlug eine Expedition vor, die auch angenommen wurde. Wir wollten nämlich die Truppen Oribes, die vor Cerro standen, angreifen. Pacheco und ich stellten uns an die Spitze der Legion, der Feind wurde nachmittags um zwei Uhr angegriffen und bis fünf Uhr in die Flucht geschlagen.

Die vierhundert Mann starke Legion warf ein Bataillon von sechshundert Mann über den Haufen; Pacheco war zu Pferde, ich zu Fuß oder zu Pferde, je nach Bedürfnis; wir töteten dem Feinde hundertundfünfzig Mann und nahmen zweihundert Gefangene;

unsererseits hatten wir fünf oder sechs Tote und etwa zehn Verwundete, darunter einen Offizier namens Ferrecci, dem das Bein abgenommen werden musste.

Im Triumph kehrten wir nach Montevideo zurück; am folgenden Tage versammelte Pacheco die Legion, dankte ihr und lobte sie und schenkte dem Sergeanten Loreto ein Ehrengewehr. Dies fand am 28. März 1843 statt.

Nun war ich ruhig, denn die Legion hatte die Feuertaufe empfangen.

Im Monat Mai wurde die Fahne eingesegnet. Sie war von schwarzem Stoffe und der Vesuv daraufgemalt. Es war ein Bild Italiens und seiner Revolutionen, die es in seinem Busen trug. Die Fahne wurde einem jungen Manne von zwanzig Jahren namens Sacchi anvertraut, der sich in dem Gefechte bei Cerro bewunderungswürdig benommen hatte. Es ist derselbe, der später mit mir in Rom kämpfte und heute Oberst ist.

40. Der Oberst Neyra

Am 17. November desselben Jahres tat die italienische Legion Dienst und stand auf Vorposten; ich befand mich ebenfalls dort.

Nach dem Frühstück stieg der Montevideo'sche Oberst Neyra zu Pferde und durchritt die Linie mit wenigen Begleitern. Man schoss auf ihn und er fiel, tödlich verwundet, vom Pferde. Als der Feind ihn fallen sah, griff er mit dem Bajonette an und bemächtigte sich seiner.

Kaum hatte ich dies erfahren, so nahm ich, da ich den Körper eines so braven Offiziers nicht der Beschimpfung durch den Feind ausgesetzt lassen wollte, etwa hundert Mann, die mir gerade in den Wurf kamen, und drang mit ihnen vor. Ich eroberte die Leiche des Oberst zurück.

Nun waren es aber Oribes Soldaten, die in Rage gerieten, und der Feind bekam so große Verstärkung, dass ich mich bald umzingelt fand; neue Leute, die dies sahen, kamen mir zu Hilfe und bald befand sich die ganze Legion im Gefechte. Durch meinen Zuruf entflammt, stürzten sich meine Leute nun vorwärts, warfen alles über den Haufen, nahmen eine Batterie und jagten den Feind aus seinen Stellungen.

Der Feind marschierte jetzt in seiner ganzen Stärke auf uns; fast alle Truppen der Garnison kamen heraus, der Kampf wurde allgemein und dauerte acht Stunden.

Wir wurden genötigt, die mit dem ersten Anlaufe genommenen Positionen wieder zu räumen, hatten aber dem Feinde einen enormen Verlust zugefügt; wir in Montevideo waren in Wirklichkeit Sieger geblieben und von nun an von unserer Überlegenheit überzeugt.

Wir hatten sechzig Tote und Verwundete gehabt. Ich hatte mich bei dem Angriffe wie ein gemeiner Soldat fortreißen lassen, hatte also auch nicht gesehen, was um mich her vorging. Mitten in dem Gewühl hatte ich aber Auzani bemerkt, der mit seiner gewöhnlichen Ruhe focht und, wie ich wusste, das Gefecht leitete und sich auch nicht das kleinste Detail desselben entgehen ließ.

Noch an dem selben Abende bat ich ihn um eine Liste derer, die sich ausgezeichnet hatten. Am anderen Tage versammelte ich die Legion, lobte sie, dankte ihr im Namen Italiens und beförderte einige zu Offizieren und Unteroffizieren.

Nach diesen beiden Gefechten machte die italienische Legion einen solchen Eindruck auf den Feind, dass er sie, wenn er sie mit gefälltem Bajonette auf sich eindringen sah, nicht mehr abwartete oder, wenn er dies tat, sich über den Haufen werfen ließ.

Damals war es Rivera gelungen, ein kleines Armeekorps von fünf- bis sechstausend Mann zu sammeln, mit denen er das freie Land hielt und den Feind beunruhigte. Er hatte Urquiza vor sich, der heute Präsident der argentinischen Republik ist; von Zeit zu Zeit schickte er über Cerro Proviant nach Montevideo hinein.

Oribe wurde es müde, Rivera auf solche Weise manövrieren zu sehen; er befahl einem Teil seiner Truppen, zu Urquiza zu stoßen und ihm die Order zu bringen, dass er Rivera mit der übersandten Verstärkung angreifen und vernichten solle.

41.
Übergang über die Boyada

Wir erfuhren in Montevideo vom Marsch dieser Truppen Oribes; General Paz beschloss, sich die Schwächung des Hauptkorps zunutze zu machen.

Jenseits des Cerrito stand ein Korps von beinahe achtzehnhundert Mann zur Beobachtung des Cerro. Wir brachen am 23. April 1844 um zehn Uhr abends auf. Der Plan war, das Observationskorps vor dem Cerro anzugreifen; sobald Oribe dies gewahrte, würde er demselben Hilfe schicken und sich nur noch mehr schwächen, währenddessen sollte die Garnison einen Ausfall wagen und das Lager angreifen.

Wir marschierten am Gestade des Meeres entlang, passierten den Arroyo Seco, dessen Wasser uns ungeachtet seines Namens bis an die Schultern reichte. Jenseits kamen wir auf die Ebene und machten einen Bogen um das Lager herum; wir marschierten mit solcher Vorsicht, dass wir keinen Menschen weckten.

Endlich sahen wir das Observationskorps.

Die Garnison von Cerro sollte nun unseren Angriff unterstützen. Zwischen den beiden Offizieren, die in Cerro kommandierten, erhob sich ein Streit, da jeder von ihnen das Kommando übernehmen wollte. Wenn die achtzehnhundert Mann in die Flucht geschlagen wären, sollten wir uns auf Oribe zurückwenden und ihn zwischen zwei Feuer bringen, das unsrige und das der Stadt. Durch jenen Streit in Cerro schlug aber alles fehl; die Garnison machte den Ausfall, aber Oribe, der noch alle seine Streitkräfte beisammen hatte, trieb sie zurück, und nun konnte er seinerseits gegen uns marschieren und den gegen ihn entworfenen Schlachtplan selbst zur Ausführung bringen.

Wir wurden also durch die Armee Oribes und das Observationskorps gleichzeitig angegriffen, und es blieb uns nur noch eines übrig, uns nämlich nach Cerro zurückzuziehen und beim Weichen dem Feinde noch so viel Schaden zu tun als möglich. Ich übernahm das Kommando der Nachhut, um unseren Rückzug so stark als möglich zu decken.

Zwischen uns und Cerro floss eine Art schlammigen Flusses, den man die Boyada nennt; wir mussten bis an den Leib durch den Kot waten.

Um den Versuch zu machen, Unordnung in unsere Truppen zu bringen, hatte der Feind auf einem kleinen Hügel eine Batterie von vier Kanonen etabliert, die ihr Feuer in dem Augenblicke eröffneten, als wir den Übergang begannen. Die italienische Legion hatte sich immer mehr an den Krieg gewöhnt; sie achtete auf den Kartätschenhagel ebenso wenig, als ob es ein gewöhnlicher Hagel gewesen wäre.

Hier sah ich, welche tapferen Leute unsere Schwarzen waren;

sie ließen sich niederschießen, während sie den Feind, mit einem Knie auf der Erde, erwarteten. Ich war mitten unter ihnen, ich konnte also genau sehen, wie sie sich benahmen. Das Gefecht dauerte sechs Stunden.

Im Dienste Montevideos stand auch ein Engländer. Mein Engländer aus der letzten Kampagne hat mich mehr als einmal an seinen Landsmann erinnert; Pacheco, der ihn kannte, hatte ihm freie Hand gegeben, alles zu tun, was er für Montevideo von Nutzen hielte; er hatte darauf vierzig bis fünfzig Leute zusammengebracht. Wir nannten ihn Samuel, und ich weiß nicht, ob er eigentlich einen anderen Namen trug.

Ich habe nie einen tapfereren Menschen als ihn gesehen. Nach dem Übergange über die Boyada sah ich ihn mit seiner Ordonnanz allein ankommen.

»Nun, Samuel«, fragte ich ihn, »wo ist dein Regiment?«

»Ganzes Regiment!«, kommandierte er, »Achtung!«

Keiner erschien, keiner antwortete; seine Leute waren alle, vom ersten bis zum letzten Mann, getötet worden.

Eine Tagesorder von General Paz sprach der italienischen Legion das höchste Lob aus; sie hatte siebzig Mann im Kampf verloren.

Wir rückten über Cerro wieder in Montevideo ein. Samuel beschäftigte sich sogleich damit, ein neues Korps zu bilden.

42.
Die italienische Legion verweigert die Annahme der ihr angebotenen Ländereien

Am 30. Januar 1845 schrieb General Rivera, entzückt von der guten Haltung, welche die italienische Legion im Gefechte von Cerro und beim Übergang über die Boyada an den Tag gelegt hatte, folgenden Brief an mich:

»Mein Herr!
Als man im letztvergangenen Jahre der ehrenwerten französischen Legion ein Geschenk, welches angenommen wurde und worüber die Journale Bericht erstatteten, mit einer gewissen Anzahl von Ländereien machte, hoffte ich, dass der Zufall irgendeinen Offizier der italienischen Legion in mein Hauptquartier führen würde, was mir

Gelegenheit gegeben hätte, einem heißen Wunsche meines Herzens Genüge zu tun, indem ich der italienischen Legion die Achtung bewiese, zu der ich mich infolge der wichtigen Dienste bekenne, die sie der Republik in einem Kriege, den wir gegen die Gewalt eines bewaffneten Einfalles von Buenos Aires führen, geleistet hat.
Um nicht länger aufzuschieben, was ich für die Erfüllung einer heiligen Pflicht halte, schließe ich in dieses Schreiben, und zwar mit dem größten Vergnügen, einen Akt der Schenkung ein, die ich der berühmten und tapferen italienischen Legion als ein aufrichtiges Pfand meiner persönlichen Dankbarkeit für die von diesem Korps meinem Vaterlande erwiesenen heroischen Dienste mache.
Das Geschenk wiegt freilich weder diese Dienste noch meinen Wunsch auf, und dennoch hoffe ich, dass Sie nicht anstehen werden, es Ihren Kameraden in meinem Namen anzubieten und diese von meinem guten Willen und meinem Dankgefühl für sie wie für Sie selbst, mein Herr, der sie so würdig führt und der schon früher, während er unsere Republik unterstützte, sich ein so unantastbares Recht auf unsere Erkenntlichkeit erworben hat, in Kenntnis zu setzen.
Ich ergreife diese Gelegenheit, Oberst, Sie zu bitten, die Versicherung meiner vollkommenen Hochachtung und meiner tiefen Verehrung anzunehmen.
Fructuoso Rivera.«

Am bemerkenswertesten dabei ist, dass dieser ausgezeichnete Patriot sein eigenes Vermögen angriff, um uns dieses Geschenk zu machen, denn die Ländereien, die er uns anbot, gehörten nicht der Republik, sondern waren sein eigener Erbbesitz.

Ich antwortete ihm am folgenden 23. Mai, nachdem ich seinen Brief erhalten hatte:

»Excellentissimo Signore!
Oberst Parrodi hat mir Ihrem Wunsche zufolge in Gegenwart aller Offiziere der italienischen Legion den Brief überreicht, den Sie die Güte hatten, mir unterm 30. Januar zu schreiben, und den beigelegten Akt, durch den sie der italienischen Legion ein freiwilliges Geschenk mit Ländereien machen, die ihnen angehören und sich zwischen den Arroyo Grande im Norden des Rio Negro erstrecken, sowie außerdem mit Viehherden und den auf diesen Terrain stehenden Haciendas.

Sie sagen, dass sie uns dieses Geschenk als eine Belohnung für unsere der Republik erwiesenen Dienste machen.
Die italienischen Offiziere haben nach Kenntnisnahme Ihres Briefes und dessen, was er einschloss, einstimmig im Namen der Legion erklärt, dass sie, als sie die Waffen ergriffen und der Republik ihre Dienste anboten, nichts anderes damit zu erlangen hofften, als die Ehre, die Gefahren teilen zu dürfen, welche die Kinder eines Landes, das sie gastfreundlich aufgenommen hat, bedrohen. So handelnd, gehorchten sie der Stimme des Gewissens. Sie haben bisher erfüllt, was sie schlicht als Pflicht betrachten, und werden, so lange es die Belagerung erfordert, fortfahren, die Mühen und Gefahren der edlen Montevideer zu teilen, aber sie wünschen keinen anderen Preis und keine andere Belohnung für ihre Dienste.
Ich habe infolgedessen die Ehre, Exzellenz, Ihnen die Antwort der Legion mitzuteilen, mit der meine Gefühle und Prinzipien vollkommen übereinstimmen.
Ich sende Ihnen daher das Original der Schenkung zurück.
Möge Gott Sie noch lange leben lassen!
Giuseppe Garibaldi.«

Die Italiener fuhren also fort, ihren Dienst ohne irgendeine Belohnung zu versehen; ihre einzige Art und Weise, Geld zu erlangen, wenn sie solches notwendig brauchten, um etwa ein Kleidungsstück zu erneuern, war, dass sie für einen französischen oder baskischen Geschäftsmann ins Glied eintraten, der seinem Ersatzmann alsdann ungefähr zwei französische Franken dafür zahlte.

Es versteht sich von selbst, dass der Stellvertreter, wenn es ein Gefecht gab, für den anderen kämpfte und sich totschießen ließ.

43.
Rivera fällt in Ungnade

Ich habe schon gesagt, welchen Plan General Paz mit unserem nächtlichen Ausfalle aus Montevideo verfolgte. Wenn er gelungen wäre, hätte er die ganze Sachlage geändert und aller Wahrscheinlichkeit nach Oribe zur Aufhebung der Belagerung gezwungen; da der Plan nun aber einmal ins Wasser gefallen war, kehrten wir wieder in unsere Stellung zurück, das heißt zu den Vorposten, die sich von beiden Seiten mehr und mehr verstärkten, bis wir unsererseits eine Linie von Batterien besaßen, die beinahe so stark war wie die feindliche.

In dieser Zeit verließ uns General Paz und begab sich nach der Provinz Corrientes, um die dortige Revolution zu leiten und die nationale Sache zu unterstützen, indem er die Streitkräfte des Generals Urquiza, der General Rivera gegenüberstand, auf sich zog und so eine zweite Front eröffnete.

Es kam aber nicht so, wie man hoffte, und zwar durch Riveras Ungeduld, der, ohne sich um die Befehle der Regierung zu kümmern, die ihm verboten hatte, sich auf eine entscheidende Schlacht einzulassen, dies dennoch tat und in den Ebenen von India Muerte eine vollständige Niederlage erlitt.

Unsere Armee auf dem Lande war geschlagen; zweitausend Gefangene, vielleicht auch noch mehr, wurden erwürgt, gehangen oder enthauptet, allen Gesetzen der Menschlichkeit und des Krieges zum Trotz.

Viele blieben auf dem Schlachtfeld liegen, andere wurden in den unermesslichen Steppen zerstreut. General Rivera gewann mit wenigen der Seinigen die brasilianische Grenze und wurde als Urheber dieses großen Unglücks von der Regierung verbannt.

Nachdem die Schlacht von India Muerte verloren war, blieb Montevideo auf seine eigenen Hilfsquellen beschränkt; Oberst Correa übernahm den Befehl über die Garnison, indessen blieben die Seele der Verteidigung Pacheco und ich. Einige unserer Führer vermochten nach der beklagenswerten Niederlage noch verschiedene Trupps versprengter Soldaten zusammenzubringen und mit ihnen den Kampf an den dazu geeignetsten Orten fortzusetzen.

General Elanos brachte beinahe zweihundert Mann zusammen und warf sich, da er vorzog, sich den Verteidigern von Montevideo anzuschließen, auf den Feind, der vor Cerro lag, durchbrach seine Reihen und gelangte in das Fort, worauf er zu uns stieß.

Pacheco zog von dieser kleinen Verstärkung Vorteil und fasste die Idee, einen Handstreich auszuführen.

Am 27. Mai schifften wir uns zur Nachtzeit in Montevideo ein, die italienische Legion und einige andere aus Cerro herangezogene Truppen, und legten uns in einer alten verlassenen Pulvermühle in den Hinterhalt.

Am Morgen des 28. Mai kam die Kavallerie des Generals Elanos, von Infanterie gedeckt, aus der Stadt und lockte den Feind nach der Seite der Pulvermühle; als er nur noch in geringer Entfernung war, brachen die Unsrigen hervor, die italienische Legion an der Spitze, machten einen Bajonettangriff und bedeckten den Boden mit Leichnamen.

Nun rückte das ganze Observationskorps von Cerro in Linie heran und es entspann sich ein mörderischer Kampf, der sich schließlich zu unseren Gunsten entschied.

Der Feind wurde in vollständige Verwirrung gebracht und mit dem Bajonett verfolgt, und nur ein Ungewitter mit Donner, Hagel und Regen, von dem sich nur die eine Vorstellung machen können, die dergleichen Orkane gesehen haben, setzte dem Kampf ein Ende.

Die Verluste des Feindes waren beträchtlich. Er hatte viele Verwundete und Tote zu beklagen, unter Letzteren auch den General Nunz, einen der besten und bravsten feindlichen Offiziere, der durch die Kugel eines unserer Legionäre getötet wurde. Außerdem machten wir reiche Beute an Vieh, so dass wir mit Freude und Hoffnung im Herzen wieder in Montevideo einzogen.

Der Erfolg dieses Handstreiches bewog mich, der Regierung einen weiteren vorzuschlagen, nämlich die italienische Legion auf der Flottille einzuschiffen, den Fluss bis Buenos Aires hinaufzufahren, wobei sich die Leute möglichst verbergen sollten, und, dort angekommen, nachts von Bord zu gehen, das Haus Rosas' zu stürmen, ihn zu ergreifen und nach Montevideo zu führen. Wenn diese Expedition gelang, so musste sie den Krieg mit einem einzigen Schlag beenden, aber die Regierung wollte nichts davon wissen.

Während der Ruhepausen, die unsere Landstreitkräfte machten, ging ich an Bord unserer kleinen Flottille und gewann, ungeachtet der Blockadeschiffe, deren Wachsamkeit ich täuschte, die hohe See; ich enterte einen Kauffahrer und führte ihn vor den Augen des Admirals Brown als Prise in den Hafen.

Ein anderes Mal zog ich durch wohl ausgesonnene Manöver das ganze Blockadegeschwader auf mich und öffnete dadurch Handelsschiffen, die alle möglichen nützlichen Dinge in die belagerte Stadt brachten, den Hafeneingang.

Oft auch schiffte ich mich nachts mit hundert meiner entschlossensten Legionäre ein und versuchte, die feindlichen Schiffe anzugreifen, was ich am Tage ihrer schweren Artillerie wegen nicht tun konnte, dies war aber beinahe immer vergeblich. Der Feind, der sich gegen meine Überfalle vorsah, blieb nachts nicht auf seinen

Ankerplätzen liegen, sondern legte sich an irgendeinen anderen Ort als den, wo ich ihn zu finden hoffte.

Eines Tages wollte ich mich endlich mit ihm messen und lief mit den drei besten Schiffen meines Geschwaders aus; ich war entschlossen, den Feind am hellen Tage auf der Reede von Montevideo anzugreifen.

Das Rosas'sche Geschwader bestand aus drei Schiffen, der »Fünfundzwanzigster März«, der »General Schaguo« und der »Maypu«.

Diese drei Fahrzeuge führten vierundzwanzig Kanonen; ich hatte nur acht von kleinem Kaliber, aber ich kannte meine Leute; wenn wir den Feind entern konnten, war er verloren. Ich rückte in Schlachtordnung gegen das feindliche Geschwader vor.

Wir waren beinahe schon auf Kanonenschussweite herangekommen, noch eine Meile, und der Kampf wäre unvermeidlich gewesen. Alle Terrassen Montevideos waren mit Neugierigen bedeckt, an den Masten der Handels- und Kriegsschiffe aller Nationen, die im Hafen lagen, hingen Trauben von Menschen. Alle diese Zuschauer erwarteten ängstlich den Ausgang eines Kampfes, der mit jedem Augenblick unvermeidlicher wurde.

Der Kommandant der argentinischen Flotte wollte aber ein solches Gefecht nicht riskieren; er segelte auf das hohe Meer hinaus und wir mussten, schlecht entschädigt durch die allgemeinen Beifallsrufe, die uns begrüßten, wieder in den Hafen einlaufen.

44.
ENGLISCH-FRANZÖSISCHE INTERVENTION

Als die Zustände in Montevideo untragbar geworden waren, machte die englisch-französische Intervention der Blockade ein Ende; die beiden Mächte nahmen die feindliche Flotte und teilten sie unter sich auf. Man beschloss nun eine Expedition auf dem Rio Uruguay.

Zweck derselben war, sich der Insel Martin-Garcia, der Stadt Colonia und einiger anderer Punkte zu bemächtigen, inbesondere der Stadt Salto, von wo aus man eine Verbindung zu Brasilien herstellen konnte, während man gleichzeitig daselbst den Kern einer Landarmee, welche die vernichtete zu ersetzen bestimmt war, bildete.

Ich schiffte zweihundert Freiwillige auf meiner Flottille ein und wandte mich gegen das Fort von Martin-Garcia; wir fanden es vom Feinde verlassen und besetzten es.

Ebenso wurde die Stadt Colonia geräumt, als sich das englisch-französische Geschwader und unsere kleine Flottille davor zeigten.

Die italienische Legion landete, kämpfte und vertrieb den General Montero, der sich mit überlegenen Kräften auf der anderen Seite der Stadt festgesetzt hatte.

Währenddessen eröffneten beide Geschwader – ich kann nicht sagen, zu welchem Zweck – ein sehr lebhaftes Feuer auf die verlassene Stadt; sie landeten ihre Truppen und bildeten unsere Reserve bei dem Angriff auf General Montero. Um zwei Uhr nachmittags hielten wir unseren Einzug in die Stadt.

Die italienische Legion wurde in eine Kirche einquartiert; ich erließ die strengsten Befehle, dass man das Eigentum der Einwohner, welche ihre Häuser zu verlassen gezwungen waren, respektierte und selbst die kleinsten Dinge unangetastet lasse. Es ist überflüssig, hinzuzufügen, dass die Legionäre meinen Befehlen strikt gehorchten.

Die Stadt wurde von den Unsrigen, die hier eine Garnison errichteten, bewacht und befestigt. Die englische und die französische Flotte liefen in den Paraná ein und zerstörten in einem dreitägigen Kampfe die Batterien, die den Fluss beherrschten.

Der Widerstand des Feindes war heldenmütig. Ich setzte nun mit meinem Geschwader, das aus einer Brigg, einem Schoner und mehreren kleinen Fahrzeugen bestand, den Weg stromaufwärts fort.

Während der ganzen Zeit, in der wir zusammen marschiert waren, hatten mir der französische Admiral und der englische Kommandeur die lebhafteste Sympathie gezeigt, besonders gab mir der Admiral Lainé Proben davon. Oft kam der eine oder der andere, setzte sich bei uns im Lager nieder und speiste mit uns das gebratene Fleisch, das unsere einzige Nahrung ausmachte.

Auzani, der mich bei dieser Expedition begleitete, genoss dieselbe ehrende Sympathie; er war einer der Menschen, deren man nur zu sehr bedarf, um sie zu schätzen und zu lieben.

Während unsere Flotte den Uruguay hinaufging, stießen einige Reiter zu uns, die von Kapitän de la Cruz geführt wurden, einem wahrhaftigen Heros, das heißt einem Manne von edelstem Charakter und dem größten Mute.

Diese Reiter folgten der Flotte am Ufer des Uruguay und leisteten uns große Dienste, einmal als Kundschafter und dann dadurch, dass sie uns Lebensmittel herbeischafften. Sie besetzten viele Distrikte, wie Las Bacaus, Mercedes usw.

Der Feind wurde überall, wo man auf ihn stieß, geschlagen.

Paysandú eine Festung am Ufer des Uruguay, versuchte, uns mit ihrer Artillerie zu vernichten, tat uns aber im Ganzen keinen großen Schaden. Jenseits von Paysandú bezogen wir in einer Estancia, die sich Hervidero nannte, Stellung und blieben daselbst mehrere Tage. General La Balleja versuchte hier nachts einen Angriff mit Infanterie, Kavallerie und Artillerie auf uns zu machen; unsere unbesiegbaren Legionäre warfen ihn aber mit beträchtlichem Verlust zurück.

Von Hervidero aus schrieb ich an die Regierung und gab den Brief Kapitän Montaldi mit, der auf einem Handelsschoner nach Montevideo zurückkehrte; als der Schoner an Paysandú vorüberfuhr, wurde er angegriffen, von den feindlichen Booten umringt und nach hartnäckigem Widerstande, den Kapitän Montaldi, der allein noch auf dem Deck zurückblieb, leistete, erobert. Montaldi wurde gefangen genommen.

Täglich fielen eine Menge Barken, die unter feindlicher Flagge fuhren, in unsere Hand; ich ließ die meisten Besatzungsmitglieder frei zu den Ihrigen zurückkehren.

Gualeguaychu, eine am rechten Ufer des Uruguay gelegene Stadt in Entre Rios, fiel durch Überrumpelung in unsere Hand. Hier war es, wo ich denselben Don Leonardo Millan zum Gefangenen machte, der mich früher einmal gefangen hielt und mich durch Aufhängen hatte foltern lassen. Es versteht sich von selbst, dass ich ihm die Freiheit wiedergab, ohne ihm etwas Böses zu tun; seine einzige Strafe war seine Furcht, als er mich wiedererkannte.

Wir gaben Gualeguaychu auf, da es keine haltbare Position war, die Stadt musste aber eine ansehnliche Kontribution in Silber, Waffen und Kleidungsstücken zahlen.

Endlich kamen wir nach einer Reihe von Kämpfen und Abenteuern mit unserem Geschwader nach Salto; die Stadt trägt diesen Namen, weil der Uruguay hier einen Wasserfall bildet und oberhalb desselben nur noch für kleine Boote schiffbar ist.

General La Valleja, der diese Gegend besetzt hielt, verließ sie bei unserer Ankunft und zwang alle Bewohner, ihm zu folgen. Das Land war übrigens für den Zweck der Expedition gut geeignet, da es nicht fern von der brasilianischen Grenze lag. Ich beschloss also, mich hier festzusetzen. Meine erste Operation war deshalb, gegen La Valleja zu marschieren, der am Zapevi lagerte, einem Zuflusse des Uruguay.

Ich setzte also nachts unsere Infanterie und die wenigen, von La Cruz kommandierten Reiter in Marsch. Bei Tagesanbruch waren wir nahe am Lager, das auf einer Seite durch einige Wagen, auf der anderen durch den Uruguay und von hinten durch den Zapevi gedeckt wurde.

Ich formierte meine Mannschaft in zwei kleine Kolonnen und ging, die Kavallerie auf den beiden Flügeln, zum Angriffe vor. Nach einem Gefechte von wenigen Minuten waren wir Herren des Lagers; der Feind befand sich in voller Flucht und passierte den Zapevi. Das Resultat war zunächst, dass alle Familien, die gewaltsam aus Salto fortgeführt worden waren, in die Stadt zurückkehrten. Wir nahmen dem Feinde beinahe hundert Gefangene ab, viele Pferde, Rinder, Munition und eine Kanone, dieselbe, die bei dem Angriff auf Hervidero gegen uns gefeuert hatte; sie war von italienischem Guss und trug auf der Bronze den Namen des Gießers, Cosimo Cenni, sowie die Jahreszahl 1492.

Diese Expedition machte der Legion die größte Ehre und hatte wichtige Folgen; ungefähr dreitausend Menschen konnten wieder an den heimischen Herd zurückkehren. Unter Auzanis Anleitung beschäftigten sich meine Legionäre sogleich damit, auf dem Marktplatze der Stadt, der die ganze Umgegend beherrschte, eine Batterie zu errichten. Ich schickte Kuriere nach Brasilien, um mich mit den Flüchtigen in Verbindung zu setzen. Dank dieser Maßregel konnte mit der Organisation einer Landarmee begonnen werden.

Nach kurzer Zeit war die Batterie erbaut und mit zwei Geschützen bestückt, so dass sie am Abend des 5. Dezembers 1845 bereit war, den Angriffen des Generals Urquiza zu begegnen, der sich am Morgen des 6. Dezembers mit dreitausendfünfhundert Kavalleristen, achthundert Infanteristen und einer Feldbatterie sehen ließ.

Ich traf Maßnahmen, die geeignet waren, die materiellen Kräfte durch moralische zu verstärken. Ich befahl dem Geschwader, sich zurückzuziehen und nicht ein einziges Boot in unserem Bereiche zu lassen; ich verteilte meine Leute in die Gassen, ließ diese verbarrikadieren und nur die größeren Straßen offen; ich erließ einen imposanten Tagesbefehl und erwartete den Feind, der, auf seine

Stärke vertrauend, seinen Soldaten erklärt hatte, dass die Männer, welche sie vor sich hatten, Weiberherzen besäßen.

Gegen neun Uhr morgens griff er uns auf allen Seiten an; wir antworteten ihm aus den Gassen her mit Gewehrfeuer und mit unseren beiden Kanonen.

Sobald ich den Feind über unseren Widerstand stutzen sah, ließ ich zwei Reservekompanien einen Bajonettangriff machen, und er zog sich schimpflich zurück, wobei er eine gute Anzahl von Toten und Verwundeten in den Häusern zurückließ, deren er sich zu bemächtigen angefangen hatte. Er hatte durch seinen Angriff nichts erreicht, als dass er uns ein paar Rinder wegführte, und dies obendrein nur durch den Fehler einer Abteilung Soldaten von einem englischen Kriegsschiffe, die, zusammen mit einer französischen, von ihren Oberen nach Salto beordert war.

Diese beiden Schiffsmannschaften hatten uns angeboten, uns bei der Verteidigung zu unterstützen; der englische Stoßtrupp besetzte das Haus neben einem Gehege, worin ungefähr sechshundert Rinder eingeschlossen waren. Der Feind entsandte eine starke Abordnung seiner Infanterie gegen diesen Punkt; die englischen Soldaten wurden von panischem Schrecken ergriffen, so dass die einen durch die Türen, die anderen durch die Fenster entflohen und es den Soldaten Urquizas sehr leicht machten, uns die Tiere fortzutreiben.

Drei Tage lang erneuerte der Feind ohne irgendein Resultat seine Angriffe. Wenn die Nacht kam, war dies wieder unser Vorteil und wir ließen ihm dann keinen Augenblick Ruhe; es fehlte uns an Fleisch, also verspeisten wir unsere Pferde. Endlich zog er sich, von der Nutzlosigkeit seiner Anstrengungen überzeugt, zurück und musste sich eingestehen, dass er bei den verschiedenen Attacken auf uns mehr Leute verloren hatte als in der Schlacht bei India Muerte. Als Urquiza sich zurückzog, versuchte er sich meiner Boote zu bemächtigen, um den Fluss zu passieren; dank meiner Wachsamkeit aber schlug sein Plan fehl und er wurde genötigt, zwölf Meilen unterhalb überzusetzen, worauf er auf der anderen Seite des Uruguay, auf den Feldern von Camandia, Salto gegenüber, ein Lager bezog.

Während er hier lag, ließ ich am hellen Tage, durch unsere Boote sowie wenige Infanteristen geschützt, einige Reiter über den Fluss gehen. Diese kleine Truppe griff die Leute an, die eine große, in den Pampas weidende Pferdeherde bewachten, jagte etwa hundert der Tiere vor sich her, mit denen wir die verspeisten ersetzen wollten, trieb sie durch den Fluss und brachte sie mir, bevor der Feind sich von seinem Staunen erholt hatte und einen Versuch machen konnte, es zu hindern.

45.
Gefecht bei Salto San Antonio

Indessen stieß Oberst Baez, der von Brasilien kam, mit ungefähr zweihundert Reitern zu uns. General Medina sammelte auch ein Korps, und wir erwarteten ihn von Tag zu Tag. Wirklich erhielt ich am 7. Februar 1846 eine Botschaft von ihm, in der er mich benachrichtigte, dass er sich am folgenden Tage mit hundert Reitern auf den Höhen am Zapevi zeigen werde.

Er erkundigte sich nach Neuigkeiten vom Feinde und bat mich für den Fall eines Angriffs um Unterstützung. Ich ließ ihm durch seinen Boten erwidern, dass ich am 8. Februar mit hinreichenden Kräften zur Hand sein werde, um seinen Einmarsch über die Höhen am Zapevi zu unterstützen.

So brach ich gegen neun Uhr mit hunderundfünfzig Mann der Legion und zweihundert Reitern auf und zog den Uruguay entlang. Wir marschierten nach Las Laperas, das ungefähr drei Meilen von Salto entfernt liegt, und wurden dabei von vierhundert Feinden flankiert, die zum Korps des Generals Servando Gomez gehörten und die einzigen Truppen waren, die sich zu dieser Zeit zur Beobachtung vor Salto befanden.

Unsere Infanterie nahm unter einem Zapero Stellung. Ein Zapero ist ein Strohdach, das sich auf vier Stangen stützt; es konnte uns keinen anderen Vorteil bieten, als uns vor den glühenden Sonnenstrahlen zu schützen.

Die Kavallerie unter Befehl des Obersten Baez und des Majors Carabello breitete sich bis an den Zapevi aus.

Auzani, der an einer Fußkrankheit litt, war zur Verteidigung Saltos zurückgeblieben und mit ihm dreißig bis vierzig ebenfalls kranke Soldaten. Außerdem dienten etwa zehn Mann als Batteriewache.

Es war ungefähr halb zwölf Uhr vormittags, als ich aus den Ebenen des Zapevi gegen die Höhen, die ich besetzt hielt, eine ansehnliche Anzahl feindlicher Kavallerie vorrücken sah; fast gleichzeitig bemerkte ich, dass jeder Reiter einen Infanteristen auf der Kruppe seines Pferdes trug. In geringer Entfernung von unserer Stellung auf den Höhen hielten die Reiter und ließen die Infanteristen absteigen, die sich sogleich ordneten, um gegen uns vorzurücken.

Unsere Reiterei eröffnete das Feuer gegen den Feind; er griff sie an, und da er stärker war als sie, jagte er sie bald in die Flucht. In voller Verwirrung sprengte sie in Richtung unseres Strohdachs, das schon von den feindlichen Kugel erreicht wurde.

Ich sah ein, dass ich nur mit meinen Legionären ernstlich widerstehen konnte und dass sie das Gefecht entscheiden müssten, deshalb ritt ich zu ihnen hin; als ich aber schon den vordersten Gliedern nahe und noch immer im feindlichen Feuer war, fühlte ich plötzlich, dass mein Pferd unter mir strauchelte und mich im Sturze mit sich zur Erde riss. Mein erster Gedanke war, dass meine Leute, die mich fallen gesehen hatten, glauben könnten, ich sei tot, und dass dies sie in Unordnung bringen möchte. Ich hatte aber noch die Geistesgegenwart, eine Pistole aus dem Holster zu reißen und, sogleich wieder aufspringend, sie in die Luft abzufeuern, damit man sehe, dass ich wohl und munter sei. Übrigens hatte man mich kaum auf dem Boden liegend gesehen, so schnell war ich wieder auf den Beinen und bei den Meinigen.

Der Feind rückte inzwischen immer weiter vor; er war zwölfhundert Reiter und dreihundert Mann Infanterie stark. Wir zählten, nachdem uns unsere Kavallerie verlassen hatte, nur noch hundertneunzig Mann. Ich hatte nicht Zeit, eine lange Rede zu halten, übrigens war dies auch nicht meine Art; ich sagte deshalb nur mit erhobener Stimme: »Die Feinde sind zahlreich, unsere Zahl ist nur klein; desto besser! Denn je weniger wir sind, desto ruhmvoller wird der Kampf sein. Bleibt ruhig! Gebt nicht Feuer, als bis sie uns vor der Mündung sind, und dann greift zum Bajonett.«

Ich sprach diese Worte zu Leuten, die jedes Wort wie ein elektrischer Funke berührte.

Übrigens musste jeder andere Entschluss in diesem Augenblicke traurige Folgen haben. Ungefähr eine Meile entfernt hatten wir zu unserer Rechten den Uruguay mit einigen Baumgruppen, ein Rückzug dahin hätte unseren Untergang bedeutet; ich sah dies ein und dachte also auch nicht daran.

Als die feindliche Kolonne bis auf beinahe sechzig Schritte herangekommen war, gab sie eine Salve ab, die uns großen Schaden tat; die Unsrigen antworteten mit einem noch viel mörderischeren

Feuer, da unsere Gewehre nicht nur mit Kugeln, sondern auch mit grobem Schrot geladen waren.

Der Befehlshaber der feindlichen Infanterie fiel tödlich getroffen nieder, ihre Reihen öffneten sich, und nun unternahm ich, ein Gewehr in der Hand, an der Spitze meiner Tapferen eine entschlossene Bajonett-Attacke.

Es war höchste Zeit, denn die Kavallerie war uns schon in den Flanken und im Rücken. Es wurde ein schreckliches Gemetzel. Ein Teil der feindlichen Infanterie suchte sein Heil in schleuniger Flucht, was mir erlaubte, gegen die Kavallerie Front zu machen.

Meine Leute schwenkten, als ob jeder Einzelne den Befehl zur Ausführung dieses Manövers persönlich erhalten hätte; Offiziere und Soldaten, alle kämpften wie die Riesen.

Von einem braven Offizier namens Vega geführt, der sich der Flucht Baez' und seiner Leute, die uns im Stich gelassen hatten, schämte, kehrten jetzt einige Reiter zurück, die lieber unser Los teilen, als ihre schimpfliche Flucht fortsetzen wollten. Plötzlich sahen wir sie auf den Feind eindingen und sich an unsere Seite stellen.

Ich versichere, dass Mut dazu gehörte, so zu handeln, wie sie es taten.

Der Angriff, den sie zu unseren Gunsten machten, half uns sehr in diesem kritischen Moment, denn er trieb den Feind, der zum Teil die Flüchtigen verfolgte, auseinander und warf ihn über den Haufen.

Bei unserer zweiten Salve wich die feindliche Kavallerie, die ihre Infanterie zerstreut und fünfundzwanzig oder dreißig der Ihrigen unter unserem Feuer fallen sah, etwas zurück. Ungefähr sechshundert Mann sprangen von den Pferden, bewaffneten sich mit ihren Karabinern und umzingelten uns von allen Seiten.

Rings um uns her lag ein breiter Gürtel von toten Pferden und Menschen, sowohl von den Unsrigen als vom Feinde.

Ich könnte nun von unzähligen Szenen heroischen Mutes erzählen. Alle kämpften wie unsere alten Helden, von denen Tasso und Ariost erzählen; viele waren mit Wunden aller Art – von Kugeln, Säbelhieben und Lanzenstichen – bedeckt.

Ein junger Trompeter von fünfzehn Jahren, den wir »den Roten« nannten und der uns während des Kampfes durch sein Signalhorn belebte, wurde von einem Lanzenstich getroffen. In einem Augenblicke hatte er seine Trompete über den Rücken geworfen, sein Messer gezogen und sich auf den Reiter geworfen, der ihn verwundet hatte; er starb erst, als er jenen niedergestoßen hatte. Nach dem Kampf fanden wir die beiden Leichen fest aneinandergeklammert; der junge Mensch war mit Wunden bedeckt, der Reiter trug im Schenkel die tiefe Spur eines Bisses von den Zähnen seines Feindes.

Auch auf Seiten unserer Gegner sah man Taten von größter Verwegenheit. Einer von ihnen ergriff, als er sah, dass diese Art von Schuppen, um den wir uns scharten, wenn auch nicht ein Wall gegen die Kugeln, so doch wenigstens ein Schutz gegen die Sonne sei, einen Feuerbrand, sprengte in vollem Galopp heran, brach mitten zwischen uns durch und schleuderte, wie ein Blitzstrahl, den Brand auf das Strohdach. Dieser fiel auf die Erde, ohne dass der Reiter seinen Zweck erreichte, nichtsdestoweniger hatte er aber doch ein kühnes Stückchen vollführt. Unsere Leute wollten auf ihn schießen, ich verbot es ihnen aber.

»Man muss die Tapferen schonen«, rief ich ihnen zu, »denn sie sind ganz von unserer Art!«

Keiner gab Feuer.

Übrigens war es wunderbar, wie alle diese tapferen Leute auf mich hörten. Ein Wort von mir gab den Verwundeten Kraft, den Zögernden Mut und verdoppelte den Eifer der Tapferen.

Erst als ich bemerkte, wie sehr der Feind durch unser Feuer gelitten und wie sehr ihn unser Widerstand erschöpft hatte, sprach ich vom Rückzuge; ich sagte nicht: »Wir wollen uns jetzt zurückziehen«, sondern: »Bei unseren Rückzuge werden wir, wie ich hoffe, nicht einen einzigen Verwundeten auf dem Schlachtfelde lassen.«

»Nein, nein!«, riefen alle.

Wir hatten beinahe alle Blessuren davongetragen.

Als ich alle meine Leute ruhig und vollständig gefasst sah, gab ich den Befehl, kämpfend den Rückzug anzutreten.

Glücklicherweise hatte ich keine Wunde, was mir erlaubte, überall zu sein und jeden Feind, der sich uns allzu kühn näherte, diese Verwegenheit bereuen zu lassen. Die wenigen Unverletzten unter uns sangen patriotische Hymnen, zu denen die Verwundeten den Chor bildeten.

Der Feind begriff das nicht.

Was uns am meisten wehtat, war aber der Mangel an Wasser. Einige rissen Wurzeln aus und kauten sie, andere nahmen Bleikugeln in den Mund.

Glücklicherweise kam die Nacht und mit ihr einige Kühlung.

Ich hatte meine Leute zu einer dicht geschlossenen Kolonne formiert und die Verwundeten innerhalb derselben platziert; nur zwei, die unmöglich zu transportieren waren, wurden auf dem Schlachtfeld zurückgelassen. Ich empfahl allen, sich eng beieinander zu halten und sich in Richtung eines kleinen Gehölzes zurückzuziehen. Der Feind bemächtigte sich desselben, ehe wir es erreichten, aber er wurde schnell wieder daraus vertrieben.

Hierauf entsandte ich Kundschafter, die mir, als sie zurückkamen, meldeten, dass der Feind beinahe alle seine Leute habe absitzen lassen und die Pferde weiden ließ. Ohne Zweifel bildete er sich ein, dass Hunger und Mangel an Munition uns zum Halten genötigt hätten; den Hunger empfanden wir freilich, was aber die Munition anbetraf, so hatten wir deren bei den toten Feinden so viel gefunden, als wir uns nur wünschen konnten.

Nun blieb uns aber noch das Schlimmste zu vollbringen.

Der Feind lagerte zwischen uns und Salto; nach einer Stunde der Ruhe, woraus unsere Gegner schlossen, dass wir die ganze Nacht dableiben würden, wo wir waren, befahl ich meinen Leuten, die Kolonne wieder zu formieren, und dann stürzten wir uns im Laufschritt mit gefälltem Bajonett wie ein Strom auf sie. Die Trompeter bliesen Alarm; ehe aber jeder Mann Sattel, Zügel und Pferd gefunden hatte, waren wir schon durchgebrochen.

Von neuem wandten wir uns gegen eine Art Gehölz; dort angekommen, gab ich allen den Befehl, sich auf die Erde niederzuwerfen. Der Feind näherte sich jetzt, ohne uns zu bemerken, und blies zum Angriff.

Ich ließ ihn bis auf fünfzig Schritte an das Gehölz herankommen und rief dann »Feuer!«, wobei ich zum Signal mein Gewehr zuerst abschoss. Fünfundzwanzig oder dreißig Leute und ebenso viele Pferde fielen; der Feind machte kehrt und zog sich in sein Lager zurück. Ich redete darauf meine Leute folgendermaßen an: »Vorwärts, Kinder! Ich denke, jetzt ist der Augenblick gekommen, unseren Durst zu löschen!«

So gewannen wir, uns immer am Rande unseres kleinen Gehölzes haltend, unsere Verwundeten tragend und die erbittertsten unserer Gegner abhaltend, das Ufer des Flusses. Als wir in das Dorf kamen, waren wir tief bewegt: Auzani war hier und weinte vor Freude. Mich umarmte er zuerst, und dann wollte er alle anderen umarmen.

Auch er hatte seinen Kampf zu bestehen gehabt; mit seinen wenigen Leuten war er vom Feind angegriffen worden, der ihn vor dem Gefecht aufgefordert hatte, sich zu ergeben, da wir alle tot oder gefangen seien. Aber Auzani hatte geantwortet: »Die Italiener ergeben sich nicht; macht euch, so viel ihr auch seid, davon, oder ich werde euch mit meinen Schwadronen niederreiten. So lange ich noch einen Mann neben mir habe, werden wir zusammen kämpfen, und wenn ich alleine bin, werde ich die Pulverkammer anstecken und mich und euch in die Luft sprengen.« Der Feind fragte nicht länger und zog sich zurück. Meine Leute, die in Salto alles im Überfluss fanden, sagten zu mir: »Du hast uns einmal gerettet, Auzani aber zum zweiten Male.«

Am anderen Tag schrieb ich folgenden Brief an die italienische Legion zu Montevideo:

»Brüder!

Vorgestern haben wir auf den Feldern von San Antonio, anderthalb Meilen von der Stadt, den schrecklichsten und glorreichsten unserer Kämpfe bestanden. Die Kompanien unserer Legion und etwa zwanzig Reiter, die sich unter unseren Schutz begeben hatten, haben sich nicht allein gegen zwölfhundert Leute des Servando Gomez verteidigt, sondern die ganze feindliche Infanterie, die sie dreihundert Mann stark angriff, vernichtet. Das Feuer begann um Mittag und endete um Mitternacht.

Weder die Zahl der Feinde noch seine wiederholten Angriffe, noch seine Reitermassen, noch die Attacken seiner Infanterie vermochten etwas über uns; obgleich wir keinen anderen Schutz hatten als einen von vier Pfeilern gehaltenen Schuppen, haben die Legionäre die Angriffe erbitterter Feinde abgewiesen; an diesem Tage wurden alle Offiziere gewöhnliche Soldaten. Auzani, der in Salto geblieben und vom Feind auffordert worden war, sich zu ergeben, antwortete mit der Lunte in der Hand und dem Fuß auf der Pulverkammer der Batterie, obgleich man ihm versicherte, dass wir alle tot oder gefangen wären.

Wir haben dreißig Tote und fünfzig Verwundete gehabt; alle Offiziere sind verwundet, Scarone, Saccarello, Le Major und Traversi nur leicht. Ich würde den Namen eines italienischen Legionärs nicht für eine Welt voll Gold hingeben.

Um Mitternacht traten wir den Rückzug auf Salto an; nicht etwa hundert blieben unverletzt. Die nur leicht Verwundeten mar-

schierten an der Spitze und hielten den Feind ab, wenn er sich zu sehr näherte.
Oh, diese Begebenheit verdient, in Bronze gegraben zu werden.
Adieu, ich werde euch das nächste Mal mehr schreiben.
Euer
Giuseppe Garibaldi.
P.S. Die verwundeten Offiziere sind: Casana, Marochetti, Beruli, Remorini, Saccarello der Jüngere, Sacchi, Grasigna und Rodi.«

Dies war unser letztes größeres Gefecht in Montevideo.

46.
Ich schreibe an den Papst

Gerade um diese Zeit hörte ich zu Montevideo von der Erhebung Pius IX. in die päpstliche Würde. Man kennt den viel versprechenden Beginn dieser Regierung: Auch ich glaubte, wie oftmals schon, an eine Ära der Freiheit für Italien. Um den Papst in seinen großherzigen Entschlüssen zu unterstützen, entschloss ich mich sogleich, ihm meinen und meiner Waffengefährten Arm anzubieten.

Diejenigen, welche an eine systematische Opposition meinerseits gegen das Papsttum glauben, werden sich aus dem folgenden Briefe überzeugen, dass davon nicht die Rede sein kann; ich habe mich allein der Sache der Freiheit verschrieben, an welchem Ende der Welt sie sich auch eine Bahn brechen möge. Man wird aber auch begreifen, dass ich meinem Vaterlande den Vorzug gebe und dass ich damals bereit war, unter dem zu dienen, der berufen schien, der politische Messias Italiens zu werden.

Auzani und ich glaubten, dass diese erhabene Rolle für Pius IX. bestimmt sei, und wir schrieben deshalb an den päpstlichen Nuntius den folgenden Brief, in dem wir ihn baten, Seiner Heiligkeit unsere und unserer Legionäre Wünsche vorzulegen.

»Sehr hoher und ehrwürdiger Herr!
Von dem Augenblicke an, als wir die erste Nachricht von der Erhebung des großmächtigen Papstes Pius IX. und der Amnestie, die er den armen Verbannten bewilligt hat, erhielten, haben wir mit täglich wachsender Aufmerksamkeit und Interesse die Spuren verfolgt, die das erhabene Oberhaupt der Kirche auf dem Wege des Ruhmes

und der Freiheit zurücklässt. Die Lobeserhebungen, deren Echo bis zu uns auf die andere Seite des Meeres gedrungen ist, das freudige Zittern, mit dem Italien die Zusammenberufung der Deputierten vernahm und billigt, die der Presse erwiesenen weisen Begünstigungen, die Errichtung der Bürgergarde, die Hebung des öffentlichen Unterrichts und der Industrie, die Maßnahmen zur Verbesserung der Lage der armen Klassen und zur Bildung einer neuen Administration, alles dies hat uns überzeugt, dass aus dem Schoße unseres Vaterlandes der Mann hervorgegangen ist, der die Bedürfnisse seines Jahrhunderts versteht und sich nach den Vorschriften unserer heiligen Religion, die immer neu und unsterblich bleiben, ohne ihrer Autorität etwas zu vergeben, den Forderungen der Zeit zu fügen weiß. Obgleich alle diese Fortschritte ohne Einfluss auf uns selbst bleiben, haben wir sie doch aus der Ferne verfolgt und mit unserem Jubel und unseren Wünschen den allgemeinen Beifall Italiens und der ganzen Christenheit begleitet. Da wir aber vor einigen Tagen von dem kirchenschänderischen Verbrechen gehört haben, dass eine Partei, unterhalten und getragen vom Auslande, das nach so langer Zeit noch nicht müde geworden ist, unser armes Vaterland zu zerreißen, sich vorgenommen hat, die heute existierende Ordnung der Dinge umzustürzen, so glauben wir, dass die Bewunderung und der Enthusiasmus für den erhabenen Papst ein zu schwacher Tribut wäre und uns eine höhere Pflicht auferlegt sei.

Wir, erhabener und ehrwürdiger Herr, die wir Ihnen dies schreiben, sind dieselben, die, immer von demselben Geiste, der uns ins Exil getrieben, beseelt, in Montevideo die Waffen für eine Sache ergriffen haben, die uns gerecht erschien; dieselben, die einige hundert Männer zusammengebracht haben, unsere Landsleute, die mit der Hoffnung, hier weniger qualvolle Tage als in unserem Vaterlande zu erleben, hergekommen waren.

Es sind jetzt fünf Jahre her, dass während der Belagerung, die diese Mauern umschließt, ein jeder von uns mehr oder weniger Beweise von Resignation und Mut hat geben müssen; dank der Vorsehung und dem alten Geiste, der noch unser italienisches Blut entflammt, hat unsere Legion Gelegenheit gefunden, sich auszuzeichnen; sobald sich diese Gelegenheit bot, hat sie dieselbe sich nicht entgehen lassen, so dass sie – wir glauben, man darf es ohne Eitelkeit sagen – auf dem Wege der Ehre alle anderen Korps übertroffen hat, die ihre Nebenbuhler und Nacheiferer waren.

Wenn also heute diese Legion, welche die Waffen einigermaßen zu

führen weiß, von Seiner Heiligkeit angenommen werden sollte, so ist es wohl überflüssig, zu versichern, dass wir nichts lieber täten, als sie dem Dienste dessen zu widmen, der so viel für das Vaterland und die Kirche tut.
Wir würden uns daher glücklich schätzen, wenn wir dem schöpferischen Werke Pius' IX. zu Hilfe kommen dürften, wir und unsere Waffengefährten, in deren Namen wir Ihnen gegenüber das Wort führen, und wir glauben dieses Wort mit unserem Blute nicht zu teuer zu bezahlen.
Mögen Sie, erhabener und ehrwürdiger Herr, unser Anerbieten, wenn Sie glauben, dass es Seiner Heiligkeit angenehm sein könnte, derselben zu Füßen legen.
Nicht die knabenhafte Einbildung, dass unsere Arme notwendig seien, lässt uns dieses Anerbieten machen; wir wissen zu gut, dass der Thron des Heiligen Petrus auf Grundlagen ruht, die menschliche Anstrengungen weder erschüttern noch befestigen können, und dass die neue Ordnung der Dinge übrigens auch zahlreiche Verteidiger zählt, welche die ungerechten Angriffe der Feinde kraftvoll abzuweisen wissen werden; da das große Werk aber unter alle Guten verteilt und die schwere Arbeit allen Starken gegeben werden soll, so erzeigen Sie uns die Ehre, uns zu diesen zu rechnen.
Indessen danken wir der Vorsehung, dass sie Seine Heiligkeit vor allen betrüblichen Machenschaften bewahrt hat, und beten innig, dass sie ihr zahlreiche Jahre zum Glücke der Christenheit und Italiens verleihen möge.
Es bleibt uns nur noch übrig, Sie, erhabener und ehrwürdiger Herr, zu bitten, dass Sie uns die Unbequemlichkeit verzeihen, die wir Ihnen verursachen, und dass Sie gnädigst die Gefühle unserer vollkommenen Hochachtung und Ehrfurcht und des tiefsten Respekts aufnehmen, mit denen wir sind, erhabener und ehrwürdiger Herr,
Ihre ergebensten Diener
G. Garibaldi F. Auzani
Montevideo, den 12. Oktober 1847.«

Wir warteten vergebens, weder der Nuntius noch Seine Heiligkeit ließ uns eine Antwort zukommen.

Nun entschlossen wir uns, mit einem Teile unserer Legion nach Italien zu gehen. Meine Absicht war, die Revolution dort zu unterstützen, wo sie schon unter Waffen stand, und sie zu erwecken, wo sie noch schlief, zum Beispiel in den Abruzzen.

Nur hatte noch keiner von uns einen Heller, um die Überfahrt zu bezahlen.

47. Ich kehre nach Europa zurück. Auzanis Tod

Ich nahm meine Zuflucht zu einem Mittel, das bei edelmütigen Herzen immer zum Ziele führt; ich eröffnete nämlich unter meinen Landsleuten eine Subskription.

Die Sache war bereits in Gang gekommen, als einige schlechte Individuen eine Missstimmung gegen mich unter den Legionären zu erzeugen suchten, indem sie diejenigen, welche mir folgen wollten, einschüchterten; man redete diesen armen Leuten ein, dass ich sie in den gewissen Tod führen wolle, dass die Unternehmung, von der ich träumte, unausführbar sei und dass sie das gleiche Schicksal wie die Gebrüder Bandiera erwarte. Infolgedessen zogen sich die Furchtsamsten zurück und es blieben nur noch fünfundachtzig Mann bei mir; von diesen verließen uns noch neunundzwanzig, als wir uns einschifften.

Glücklicherweise waren die, welche bei mir blieben, die Tapfersten und hatten fast alle unser Gefecht bei San Antonio mitgemacht; außerdem hatte ich noch einige Montevideer bei mir, die auf meinen guten Stern vertrauten, darunter auch meinen armer Aguyar, der bei der Belagerung von Rom getötet wurde.

Ich sagte schon, dass ich unter den Italienern eine Subskription auf unser Reisegeld eröffnet hatte; den größten Beitrag dazu leistete Etienne Antonini, ein zu Montevideo etablierter Genuese. Auch die Regierung bot an, uns nach Kräften zu helfen; da ich aber wusste, wie arm sie war, wollte ich von ihr nicht mehr annehmen als zwei Kanonen und achthundert Gewehre, die ich auf unsere Brigg bringen ließ.

Im Augenblick unserer Abfahrt erging es uns mit De Nervi, dem Befehlshaber der »Biponte Carolo«, ganz so wie den Franzosen bei Balduins Kreuzzuge mit den Venezianern, welche den Ersteren versprochen hatten, sie ins gelobte Land zu schaffen: Seine Forderung war derartig hoch, dass wir alles bis auf unsere Hemden verkaufen mussten, um ihn zu befriedigen. Dies ging so weit, dass während der Überfahrt mehrere in den Betten liegen bleiben mussten, weil sie keine Kleider zum Anziehen hatten.

47. Ich kehre nach Europa zurück. Auzanis Tod

Wir waren schon dreihundert Meilen von der Küste entfernt und beinahe auf der Höhe der Mündungen des Orinoco, ich amüsierte mich gerade mit Orizoni damit, vom Bugspriet aus Meerschweinchen zu angeln, als plötzlich der Ruf »Feuer!« erschallte.

Vom Bugspriet auf das Galion springen, vom Galion auf das Verdeck und dann durch die Luke hinabstürzen, war für mich das Werk einer Sekunde. Der Mann, welcher die Lebensmittel verteilte, hatte dabei die Unklugheit begangen, mit einem Licht in der Hand Branntwein aus einem Fässchen zu zapfen; der Branntwein hatte Feuer gefangen, der, welcher ihn abzapfte, hatte den Kopf verloren und, anstatt den Hahn zu schließen, den Branntwein ruhig herausströmen lassen. Die Lebensmittelkammer, die von der Pulverkammer nur durch ein kaum zolldickes Brett getrennt wurde, war ein wahrer Feuersee.

Hier sah ich recht, wie auch die tapfersten Menschen der Furcht zugänglich sind, wenn die Gefahr sie unter anderem Aussehen als dem, woran sie gewöhnt sind, überrascht. Alle diese Menschen, die Helden und Halbgötter auf dem Schlachtfeld waren, bückten sich, liefen davon, verloren den Kopf, zitterten und erbleichten wie die Kinder.

Nach zehn Minuten hatte ich mit Auzani zusammen, der beim ersten Feuerrufe sein Bett verlassen hatte, das Feuer gelöscht.

Der arme Auzani musste das Bett hüten, nicht nur, weil es ihm an Kleidungsstücken fehlte, sondern weil er von seiner Krankheit, an der er bei seiner Ankunft in Genua sterben sollte, der Lungenentzündung nämlich, schon heftig ergriffen war.

Dieser bewunderungswürdige Mann, an dem auch sein größter Feind, wenn er überhaupt einen Feind hätte haben können, nicht einen einzigen Fehler gefunden haben würde, wollte, nachdem er sein ganzes Leben der Sache der Freiheit gewidmet hatte, dass seine letzten Augenblicke noch seinen Waffengefährten nützlich würden. Täglich musste ich ihn stützen, wenn er auf das Deck stieg, und als er dies nicht mehr vermochte, ließ er sich dahin tragen. Hier erteilte er, auf einer Matratze liegend und sich auf mich stützend, den Legionären, die sich auf dem Hinterdeck um ihn versammelt hatten, Lektionen in der Kriegskunst.

Unser armer Auzani war ein wahres Lehrbuch der Wissenschaften; es würde mir ebenso schwer werden, die Dinge aufzuzählen, über die er Auskunft geben konnte, als ein einziges herauszufinden, wovon er nichts wusste.

In Palo, ungefähr fünf Meilen von Alicante, gingen wir an Land, um eine Ziege und Orangen für Auzani zu kaufen. Hier hörten wir durch den sardinischen Vizekonsul von einem Teil der Ereignisse, die sich in Italien zugetragen hatten. Wir erfuhren hier, dass die piemontesische Konstitution proklamiert war und dass die fünf glorreichen Tage von Mailand stattgefunden hatten, alles Dinge, von denen wir bei unserer Abreise von Montevideo, das heißt am 27. März 1848, noch nichts wissen konnten.

Der Vizekonsul sagte uns auch, dass er italienische Schiffe mit der dreifarbigen Flagge habe vorüberfahren sehen; mehr bedurfte es nicht für mich, um die Flagge der Unabhängigkeit zu hissen. Ich war bis dahin unter der Flagge von Montevideo gesegelt und nun hisste ich sofort am Top des großen Mastes die sardinische Flagge, die wir durch ein halbes Betttuch, einen roten Rock und den Rest der grünen Aufschläge unserer Uniform improvisierten. Man wird sich erinnern, dass unsere Uniform eine rote Bluse mit grünen, weiß paspelierten Aufschlägen war.

Am 24. Juni, dem Johannistage, kam Nizza in Sicht. Die meisten waren der Meinung, dass wir nicht ohne besondere Vorsichtsmaßregeln landen sollten; ich lief größere Gefahr als jeder andere, weil ich noch immer zum Tode verurteilt war.

Doch nachdem mich Leute, die in einem Boote herangekommen waren, erkannt hatten, verbreitete sich sogleich die Kunde von meiner Ankunft, und kaum war dies geschehen, so lief ganz Nizza an den Hafen und unter lautem Jubel mussten wir uns den festlichen Empfang gefallen lassen, den man uns von allen Seiten bereitete. Sobald bekannt wurde, dass ich in Nizza sei und dass ich über den Ozean gesegelt war um der italienischen Freiheit zur Hilfe zu kommen, liefen mir von allen Seiten Freiwillige zu.

Für den Augenblick hatte ich aber, wie ich glaubte, bessere Aussichten.

Wie ich an Papst Pius IX. geglaubt hatte, so glaubte ich auch an König Karl Albert; anstatt mich zu Medici zu begeben, den ich, wie bereits gesagt, nach Viareggio geschickt hatte, um daselbst den Aufstand zu organisieren, glaubte ich, da dies bereits geschehen war und ich den König von Piemont an seiner Spitze fand, dass ich am besten täte, diesem meine Dienste anzubieten.

Ich sagte meinem armen Auzani Lebewohl, ein umso schmerzlicheres Lebewohl, als wir wussten, dass wir uns nicht mehr wiedersehen würden, und schiffte mich nach Genua ein, von wo ich mich nach dem Hauptquartier des Königs Karl Albert begab.

Der Erfolg bewies mir, dass ich falsch gehandelt hatte. Der König und ich schieden sehr unzufrieden voneinander und ich kehrte nach Turin zurück, wo ich vom Tod Auzanis erfuhr.

Ich verlor die Hälfte meines Herzens, den besseren Teil meines Genies in ihm, Italien verlor eines seiner besten Kinder.

Oh Italien, Italien! Unglückliche Mutter! Welch ein Trauertag war es für dich, als dieser Bravste aller Braven, dieser Redlichste aller Redlichen vor dem Lichte deiner schönen Sonne die Augen für immer schloss!

Ich sage dir, Italien, am Todestage eines Mannes wie Auzani sollte die Nation, die ihn hervorgebracht hat, aus dem tiefsten Grunde ihres Herzens einen Schmerzensschrei ausstoßen; und wenn sie nicht weint, nicht klagt wie Rachel in Rama, so ist diese Nation weder der Sympathie noch des Mitleids wert, da sie selbst für ihre glorreichsten Märtyrer nicht Sympathie und Mitleid fühlt.

Oh, Märtyrer, hundertfacher Märtyrer war unser viel geliebter Auzani, und die größte Tortur, die dieser Tapfere leiden musste, war, dass er sein Geburtsland als ein armer Sterbender wiedersah und nicht enden konnte, wie er gelebt hatte, kämpfend für das Vaterland und dessen Ehre und Wiedergeburt.

Ach, Auzani, wenn ein Genie, wie das deinige den Kämpfen in der Lombardei vorgestanden hätte, der Schlacht von Novara, der Belagerung Roms, so würde der Fremde nicht mehr unser Geburtsland beflecken und nicht die Gebeine unserer Helden frech zertreten.

Man weiß, dass die italienische Legion vor Auzanis Ankunft wenig getan hatte; sobald er gekommen war und sie übernommen hatte, beschritt sie eine Bahn voll Ruhm, der die berühmtesten Nationen eifersüchtig machen konnte.

Unter allen Militärs, Soldaten und Kämpfern, unter allen, die die Flinte oder den Degen trugen, die ich gekannt habe, weiß ich nicht einen, der sich Auzani in seinen natürlichen Gaben, in seinem Mute und seiner wissenschaftlichen Kenntnis gleichstellen ließe. Er hatte die brennende Tapferkeit Masinas, die Kaltblütigkeit Davesios, die Heiterkeit, Tapferkeit und das kriegerische Temperament Manaras.*

* Der Leser kennt diese drei anderen Märtyrer der italienischen Freiheit noch nicht, aber bald wird er mit ihnen Bekanntschaft schließen. Garibaldi, der seine Memoiren nicht für den Druck schrieb, spricht gewissermaßen zu sich selbst und nicht zu anderen Lesern.

Die militärischen Kenntnisse und seine wissenschaftliche Bildung wurden von niemandem erreicht. Mit einem Gedächtnis ohnegleichen begabt, sprach er mit unerhörter Sicherheit von vergangenen Dingen, mochten dieselben sich auch bis in das graue Altertum erstrecken.

In den letzten Jahren seines Lebens hatte sich sein Charakter merklich verändert; er war hart, zornig und intolerant geworden, und – armer Auzani! – er hatte wohl Grund dazu. Fast beständig von Schmerzen gequält, eine Folge seiner zahlreichen Wunden und des stürmischen Lebens, das er so viele Jahre hindurch zu bestehen hatte, führte er eine unerträglich qualvolle Existenz. Ich überlasse es einer geschickteren Hand, als die meinige ist, das militärische Leben Auzanis zu schildern, das wohl wert wäre, den Fleiß eines bedeutenden Schriftstellers zu beschäftigen. In Italien, Griechenland, Portugal, Spanien und Amerika kann man, wenn man den Spuren folgt, die Dokumente seines Heldenlebens auffinden.

Das Journal der italienischen Legion von Montevideo, das Auzani führte, ist nur eine Episode aus seinem Leben. Er war der Älteste in dieser Legion, die von ihm gegründet, geführt und verwaltet wurde und mit der er ganz eins geworden war.

Oh Italien! Wenn der Allmächtige die Grenze deines Unglücks bestimmt hat, wird er dir Auzanis geben, um deine Söhne zur Vernichtung derer zu führen, die dich verachten und tyrannisieren!

48.
Noch etwas von Montevideo

Jetzt müssen wir, ehe wir die Erzählung von der 1848 durch Garibaldi geführten Kampagne in der Lombardei beginnen, über Montevideo noch alles das sagen, was er in seiner Bescheidenheit nicht sagen konnte oder wollte.

Wir haben über den Kampf vom 24. April 1844 berichtet, von dem gefährlichen Übergang über die Boyada gesprochen und erzählt, wie sich die italienischen Legionäre dabei benahmen.

Der Offizier, der General Paz hierüber Bericht erstattete, begnügte sich, in Bezug auf die Legionäre zu sagen: »Sie haben sich wie Tiger geschlagen.«

»Das wundert mich nicht«, erwiderte General Paz, »denn sie werden ja von einem Löwen angeführt.«

Nach der Schlacht bei San Antonio schrieb Admiral Lainé, der die Station des La Plata befehligte und über diese merkwürdige Waffentat staunte, folgenden Brief, dessen Original sich in Händen G. B. Cuneos, eines Freundes von Garibaldi, befindet, an den Letzteren. Admiral Lainé war auf der Fregatte »Die Afrikanerin«.

»Mein lieber General!
Ich beglückwünsche Sie dazu, durch Ihre Intelligenz und unerschrockene Führung so bedeutend zu einer Waffentat beigetragen zu haben, auf welche die Soldaten der großen Armee, die eine Zeit lang ganz Europa beherrschte, stolz gewesen wären.
Und ich gratuliere Ihnen zu der Einfachheit und Bescheidenheit, welche die Lektüre des Berichtes, in dem Sie die kleinsten Details dieser Waffentat, deren Verdienst man ohne Bedenken ganz Ihnen zuschreiben kann, noch kostbarer machen.
Übrigens hat Ihnen diese Bescheidenheit die Sympathien von Personen gewonnen, die gebührend zu schätzen wissen, was Sie seit sechs Monaten getan haben, Personen, unter die man vorzüglich unseren bevollmächtigten Minister, den ehrenwerten Baron Deffaudis, rechnen kann, der Ihren Charakter hoch ehrt und an dem Sie einen warmen Verteidiger haben, besonders wenn es sich darum handelt, nach Paris zu berichten, um daselbst den ungünstigen Eindruck zu zerstören, den gewisse Journalartikel hervorrufen können, welche von Personen, die selten die Wahrheit zu sagen pflegen, auch wenn sie selbst Erlebtes erzählen, redigiert werden.
Empfangen Sie, General, die Versicherung meiner Hochachtung.
Lainé.«

Der Bericht, dessen Einfachheit General Lainé bewundert, ist Garibaldis Brief aus Salto vom 10. Februar 1846 an die italienische Legion in Montevideo; wir haben ihn weiter oben bereits mitgeteilt.

Admiral Lainé, der sich damals auf der Fregatte »Die Afrikanerin« befand, begnügte sich nicht damit, an Garibaldi zu schreiben, sondern wollte ihm auch persönlich sein Kompliment machen. Er ließ sich in Montevideo an Land setzen und begab sich in die Strada del Portone, wo Garibaldi wohnte. Dessen Wohnung, die ebenso ärmlich war wie die des geringsten Legionärs, stand Tag und Nacht aller Welt offen – besonders dem Winde und dem Regen, wie mir Garibaldi selbst sagte, als er mir diese Anekdote erzählte.

Es war Nacht; der Admiral öffnete die Tür und stieß sich, da kein Licht im Hause war, an einem Stuhl. »Holla!« rief er. »Muss man sich denn durchaus den Hals brechen, wenn man Garibaldi sehen will?«

»He, Frau!«, rief Garibaldi seinerseits, denn er hatte die Stimme des Admirals nicht erkannt. »Hörst du nicht, dass jemand im Vorzimmer ist? Mache Licht an!«

»Und wie soll ich denn Licht anmachen?«, fragte Anita. »Weißt du nicht, dass wir nicht zwei Sous im Hause haben, um ein Licht kaufen zu können?«

»Das ist wahr«, meinte Garibaldi mit philosophischer Ruhe. Er stand auf und öffnete die Zimmertüre. »Hierher! Hierher!«, rief er, damit bei allem Mangel an Licht seine Stimme den Besucher richtig leite.

Admiral Lainé trat ein; es war so finster, dass er seinen Namen nennen musste, damit Garibaldi wisse, mit wem er es zu tun habe.

»Admiral«, sagte er dann, »Sie müssen mich entschuldigen, denn als ich mit der Republik Montevideo meinen Vertrag schloss, habe ich vergessen, unter den Rationen, die sie uns liefert, eine Lichtration zu spezifizieren. Da nun, wie Anita es Ihnen schon gesagt hat, das Haus nicht zwei Sous besitzt, um ein Licht zu kaufen, muss es eben finster bleiben; glücklicherweise darf ich wohl voraussetzen, dass Sie zu mir kommen, um mit mir zu plaudern, und nicht, um mich zu sehen.«

In der Tat plauderte der Admiral nun mit Garibaldi, sah ihn aber nicht. Als er fortging, begab er sich zu General Pacheco y Obes, dem Kriegsminister, und erzählte, was ihm eben passiert war.

Der Kriegsminister, der das Dekret, das man bald lesen wird, erließ, nahm sofort hundert Patagonas (fünfhundert Francs) und schickte sie Garibaldi.

Dieser wollte seinem Freund Pacheco nicht dadurch verletzen, dass er das Geld zurückwiese; am anderen Morgen mit Tagesanbruch nahm er aber die hundert Patagonas und verteilte sie an die Witwen und Kinder der bei Salto San Antonio getöteten Soldaten; für sich selbst behielt er nur so viel, um sich ein Pfund Licht zu kaufen können, wobei er seiner Frau dieses Geld für den Fall aufzusparen anempfahl, dass Admiral Lainé ihn ein zweites Mal besuchen würde.

Hier folgt das Dekret, das Pacheco y Obes erließ, nachdem Lainé an seine Freigiebigkeit appelliert hatte:

»General-Order.

Um unseren heldenmütigen Waffengefährten, die sich auf den Feldern von San Antonio unsterblich gemacht haben, einen hohen Beweis der Achtung zu geben, die ihnen die Armee, welche sie wie sich selbst in diesem denkwürdigen Kampfe berühmt gemacht haben, bestimmt der Kriegsminister:

1. Am fünfzehnten dieses Monats, dem durch die vorgesetzte Behörde dazu bestimmten Tage, wird, um der italienischen Legion eine Kopie des folgenden Dekrets zu geben, eine große Parade der Garnison stattfinden und diese sich in der Marktstraße aufstellen, mit dem rechten Flügel gegen den kleinen gleichnamigen Platz hin und so geordnet, wie der Stabsmajor es bezeichnen wird.
2. Die italienische Legion stellt sich auf dem Konstitutionsplatz mit dem Rücken gegen die Kathedrale auf und empfängt hier genannte Kopie, die ihr durch eine Deputation, bestehend aus dem Oberst Francesco Tages als Präsident sowie einem Bataillonschef, Offizier, Sergeanten und Soldaten aus jedem Korps, übergeben werden soll.
3. Sobald die Deputationen zu ihren respektiven Korps zurückgekehrt sind, werden sie mit diesen nach dem genannten Platze rücken und in Parade-Kolonne vor der italienischen Legion defilieren, dabei werden die Bataillonchefs mit dem Rufe „Es lebe des Vaterland, es leben der General Garibaldi und seine tapferen Waffengefährten!“ salutieren.
4. Die Regimenter stehen um zehn Uhr morgens bereit.
5. Autorisierte Abschriften von diesem Tagesbefehle sollen der italienischen Legion und dem General Garibaldi zugestellt werden.

Pacheco y Obes.«

Das Dekret lautete:

1. Folgende Worte sollen mit goldenen Buchstaben auf die Fahne der italienischen Legion gesetzt werden:
   »Aktion vom 8. Februar 1846 der italienischen Legion unter Befehl Garibaldis«.
2. Bei allen Paraden soll die italienische Legion den Vorrang haben.

3. Die Namen der in diesem Gefechte Gefallenen sollen auf eine Tafel geschrieben und diese im Saale des Gouvernementhauses aufgestellt werden.
4. Alle Legionäre sollen als Auszeichnung auf dem linken Ärmel ein kleines Schild tragen, worauf ein Kranz folgende Inschrift umschließt:
   »Invincibili combatterono, 8. Febraio 1846«.

Außerdem wollte auch Garibaldi den Legionären, die, an seiner Seite kämpfend, am 8. Februar gefallen waren, einen hohen Beweis seiner Freundschaft und Dankbarkeit geben und ließ auf dem Schlachtfelde ein großes Kreuz errichten, das auf der einen Seite die Inschrift trug:

Den XXXVI Italienern, gefallen am 8. Februar MDCCCXLVI

und auf der anderen Seite:

CLXXXIV Italiener auf dem Felde von San Antonio.

So arm wie Garibaldi war, fand er dennoch eines Tages einen Legionär, der noch ärmer war. Der arme Teufel besaß kein Hemde. Garibaldi führte ihn in einen Winkel, zog sein Hemde aus und gab es ihm. Als er nach Hause kam, verlangte er von Anita ein anderes, aber Anita schüttelte den Kopf und meinte: »Du weißt wohl, dass du nur eins hattest; wenn du es fortgegeben hast, so ist das desto schlimmer für dich.« Und so blieb Garibaldi ohne Hemde, bis Auzani ihm eines schenkte.

Garibaldi war aber auch unverbesserlich. Eines Tages hatte er ein feindliches Schiff gekapert und teilte die Beute mit seinem Gefährten. Als die Teilung geschehen war, rief er seine Leute nacheinander zu sich heran und fragte sie nach ihren Familienverhältnissen. Den Bedürftigsten gab er einen Teil von seiner Beute mit den Worten: »Nimm dies hier, es ist für deine Kinder.«

Außerdem fand sich auch eine große Summe Geldes an Bord vor, aber Garibaldi schickte sie an den Schatz von Montevideo und wollte nichts davon annehmen.

Bald darauf war sein Anteil an der Beute so weit zusammengeschmolzen, dass er nur noch drei Sous im Hause hatte. Diese drei Sous gaben Stoff zu einer Anekdote, die er mir selbst erzählt hat.

Eines Tages hörte er seine kleine Tochter Teresita sehr schreien; er betete das Kind an und lief schnell hinzu, um zu sehen, um was es sich handle.

Das Kind war oben von der Treppe heruntergefallen und hatte das Gesicht voll Blut. Als er gar nicht wusste, wie er es trösten solle, fielen ihm die drei Sous ein, die das ganze Vermögen des Hauses ausmachten und die für besondere Fälle aufbewahrt wurden. Er nahm sie also und ging, um dem Kinde zum Trost irgendein Spielzeug zu kaufen.

An der Tür begegnete ihm ein Bote des Präsidenten Joaquin Suárez, der ihn im Namen seines Herrn ersuchte, eine wichtige Mitteilung entgegenzunehmen. Er begab sich sogleich zu dem Präsidenten, vergaß den Grund, warum er hatte ausgehen wollen, und behielt die drei Sous mechanisch in der Hand.

Die Konferenz dauerte zwei Stunden, denn es handelte sich wirklich um Dinge von Wichtigkeit. Nach Verlauf dieser zwei Stunden kam Garibaldi wieder nach Hause; das Kind hatte sich beruhigt, aber Anita war sehr aufgeregt.

»Man hat unsere Börse gestohlen!«, rief sie ihm zu, sobald sie ihn erblickte.

Die drei Sous fielen ihm nun wieder ein, die er noch immer in der Hand hielt. Er selbst war also der Dieb.

Zweites Buch

I.
Feldzug in der Lombardei

Wir nehmen jetzt mit Hilfe eines Freundes von Garibaldi, des tapfern Obersten Medici, den man übrigens bald nach der Einfachheit seiner Worte richtig kennen lernen wird, unsere Erzählung da wieder auf, wo Garibaldi sie unterbrochen hat.

Seine Abreise nach Sizilien würde uns nötigen, hier mit seinen Memoiren innezuhalten, wenn Medici es nicht übernommen hätte, sie fortzusetzen.

Wir müssen übrigens bekennen, dass diese Art, von Garibaldi zu erzählen, uns besser gefällt, als wenn wir ihn selbst von sich sprechen lassen. Wenn Garibaldi erzählt, vergisst er stets den Anteil, den er selbst an den berichteten Aktionen genommen hat, um das hervorzuheben, was seine Waffengefährten getan haben. Da wir uns nun aber mit ihm besonders beschäftigen, ist es, um ihn kennen zu lernen, wie er wirklich ist, besser, dass ein anderer ihn als Erzähler ersetzt. Wir lassen also jetzt den Obersten Medici über die Kampagne in der Lombardei von 1848 sprechen.

In der Mitte des Jahres 1846 reiste ich von London nach Montevideo ab; mich rief weder ein politischer noch ein kommerzieller Beweggrund nach Südamerika, ich reiste nur meiner Gesundheit wegen dorthin.

Die Ärzte glaubten, ich litte an einer Lungenaffektion; ich war meiner liberalen Gesinnungen wegen aus Italien verbannt und entschloss mich, über das Meer zu segeln.

Sieben oder acht Monate nach dem Gefechte von Salto San Antonio langte ich in Montevideo an. Der Ruf der italienischen Legion stand damals in voller Blüte, Garibaldi war der Held des Tages. Ich machte mit ihm Bekanntschaft, bat ihn, mich in die Legion aufzunehmen, und er willigte ein.

Am andern Tage war ich mit der roten Bluse mit grünen Aufschlägen bekleidet und sagte mir mit Stolz: »Ich bin Soldat Garibaldis!«

Bald schloss ich mich inniger an ihn; er erwies mir Freundschaft, dann Vertrauen und als alles zu seiner Abreise vorbereitet war, fuhr ich einen Monat früher, als er Montevideo verließ, auf einem Paketboote ab, das nach Le Havre unter Segel ging.

Ich hatte seine Instruktionen erhalten, die klar und genau waren wie alle, die er jemals gab. Ich sollte nach Piemont und in die Toskana gehen und dort mehrere Leute von Bedeutung aufsuchen, unter anderen Fenzi, Guerazzi und Beluomini, den Sohn des Generals.

Ich hatte die Adresse Guerazzis, der sich bei Pistoia verborgen hielt.

Mit Hilfe dieser mächtigen Bundesgenossen sollte ich die Erhebung organisieren, Garibaldi sollte uns bereit finden, wenn er in Viareggio landete, wir wollten uns dann Luccas bemächtigen und dahin marschieren, wo es für uns Hoffnungen gäbe.

Ich kam zur Zeit des Aufstands vom 15. Mai durch Paris; ich reiste durch Italien und nach Verlauf eines Monats hatte ich dreihundert Leute, die bereit waren, zu marschieren, wohin ich sie führen würde, und sollte es auch in die Hölle gehen.

Damals erfuhr ich, dass Garibaldi in Nizza gelandet sei.

Mein erstes Gefühl war, mich sehr verletzt dadurch zu finden, dass er auf diese Weise unsere Verabredung vergessen konnte. Bald darauf erfuhr ich, dass er von Nizza abgereist sei und daselbst den sterbenden Auzani zurückgelassen hatte. Ich liebte Auzani sehr, wie ihn die ganze Welt liebte.

Ich eilte nach Nizza und fand Auzani daselbst noch lebend; ich ließ ihn nun nach Genua bringen, wo er im Palast des Marquis Gavotto in einem Zimmer, das der Maler Gallino bewohnte, Aufnahme und Gastfreundschaft in seiner Schwäche fand. Ich setzte mich an sein Bett und verließ ihn nicht wieder.

Er war über meinen Groll gegen Garibaldi besorgter, als nötig war; oft sprach er zu mir davon. Eines Tages ergriff er meine Hand und sagte in prophetischem Tone, der wie eine Eingebung aus der andern Welt klang: »Medici, sei nicht zu strenge gegen Garibaldi; er ist ein Mann, der vom Himmel einen Beruf empfangen hat, den man unterstützen und dem man folgen muss. Italiens Zukunft liegt in ihm; er ist ein Auserwählter. Ich habe mich mehr als einmal mit ihm entzweit, aber, von dem Glauben an seine Mission durchdrungen, bin ich immer wieder zu ihm zurückgekehrt.«

Diese Worte ergriffen mich, wie uns die letzten Worte eines

Sterbenden zu ergreifen pflegen, und seitdem habe ich sie noch oft an mein Ohr tönen hören.

Auzani war Philosoph und übte selten die äußerlichen Religionsgebräuche aus; in dem Augenblicke aber, als er im Sterben lag und man ihn fragte, ob er nicht einen Priester haben wolle, antwortete er: »Ja, lasst einen kommen.«

Ich wunderte mich darüber, da ich es für eine Schwäche hielt; er antwortete mir aber: »Mein Freund, Italien erwartet in diesem Augenblicke viel von zwei Männern, Pius IX. und Garibaldi. Es wäre nicht gut, wenn man die Leute, die mit Garibaldi gekommen sind, beschuldigte, Ketzer zu sein.« Hierauf empfing er die Sakramente.

In derselben Nacht starb er um drei Uhr morgens in meinen Armen, ohne dass er einen Augenblick das Bewusstsein verloren hätte, ohne sich eine Minute lang im Delirium zu befinden. Seine letzten Worte waren: »Vergiss nicht, Garibaldi von mir zu grüßen.« Darauf stieß er den letzten Seufzer aus.

Der Leichnam und die Papiere Auzanis wurden seinem Bruder übergeben, einem der österreichischen Partei ganz ergebenen Manne. Die Leiche wurde nach Alzate, der Heimat Auzanis, gebracht, und der Mann, der sechs Monate zuvor in ganz Italien nicht einen Stein gefunden hätte, auf den er seinen Kopf zur Ruhe hätte niederlegen können, erhielt das glänzendste Begräbnis.

Als man in Montevideo von seinem Tod erfuhr, herrschte in der Legion allgemeine Trauer; man sang ihm dort ein Requiem, und Doktor Bartolomeo Odicine, Arzt und Wundarzt der Legion, hielt eine Leichenrede auf ihn. Garibaldi nannte, um sein Andenken bei der Formation der lombardischen Freiwilligen-Bataillone wachzurufen, das erste Bataillon das Bataillon Auzani.

Nach Auzanis Tode war ich nach Turin gereist. Eines Tages begegnete ich, als ich unter den Arkaden spazieren ging, zufällig Garibaldi. Bei seinem Anblick erinnerte ich mich der Mahnungen Auzanis, freilich wurden sie auch durch die tiefe und ehrfurchtsvolle Zärtlichkeit, die ich Garibaldi gegenüber hegte, unterstützt. Wir fielen uns einander in die Arme.

Nachdem wir uns zärtlich umarmt hatten, erinnerten wir uns beide unseres Vaterlandes. »Nun, was werden wir tun?« fragten wir uns.

»Kommt Ihr nicht«, fragte ich ihn, »von Roverbella? Habt Ihr Euren Degen nicht Karl Albert angeboten?«

Er warf die Lippen verächtlich auf. »Diese Leute sind es nicht wert«, erwiderte er, »dass Herzen wie die unsrigen sich unter sie stellen; keine Menschen mehr, lieber Medici, nur noch das Vaterland, nichts als das Vaterland!«

Ich fragte ihn nicht weiter, da er nicht aufgelegt schien, mir Näheres über seine Unterredung mit Karl Albert mitzuteilen. Später erfuhr ich, dass der König Karl Albert ihn mehr als kalt empfangen und ihn nach Turin zurückgeschickt hatte, damit er daselbst die Befehle seines Kriegsministers, M. Ricci, erwarte. Dieser befand es endlich für wert, sich daran zu erinnern, dass Garibaldi auf seine Befehle warte, ließ ihn kommen und sagte zu ihm: »Ich rate Ihnen dringend, nach Venedig abzureisen; da können Sie das Kommando einiger kleiner Barken übernehmen und den Venezianern als Korsar sehr nützlich werden. Ich glaube, das ist Ihr Platz und kein anderer.« Garibaldi gab Ricci darauf keine Antwort, aber er blieb in Turin, statt nach Venedig zu gehen. So kam es, dass ich ihm unter den Arkaden begegnete.

»Nun, was werden wir tun?«, fragten wir uns von neuem.

Mit Leuten wie Garibaldi lässt sich bald ein Entschluss fassen. Wir kamen überein, nach Mailand zu gehen, und reisten noch denselben Abend ab.

Es war ein günstiger Zeitpunkt, denn man hatte dort gerade die erste Kunde von den Unfällen der piemontesischen Armee erhalten. Die provisorische Regierung gab Garibaldi den Titel eines Generals und autorisierte ihn zur Organisation lombardischer Freiwilligen-Bataillone. Garibaldi und ich, der unter seinen Befehlen stand, machten uns sogleich an dieses Geschäft.

Zuerst stieß ein Freiwilligen-Bataillon von Vicenza zu uns, das bereits vollständig organisiert von Pavia kam. Damit war ein Anfang gemacht. Garibaldi stellte das Bataillon Auzani auf, das bald vollzählig war. Ich hatte das Amt, diese Barrikaden-Jugend zu disziplinieren, die in fünf Tagen mit dreihundert Gewehren und vier- bis fünfhundert Mann stark Radetzky und seine zwanzigtausend Soldaten aus Mailand gejagt hatte.

Wir stießen aber auf dieselben Schwierigkeiten, die Garibaldi im Jahre 1859 bekämpfen musste. Diese Freiwilligenkorps, die den Geist der Revolution repräsentieren, sind den Regierungen stets verdächtig; ein einziger Umstand wird eine Idee von dem Geiste in unserem Korps geben: Mazzini war der Fahnenträger und eine seiner Kompanien nannte sich die Kompanie Medici.

Man begann damit, uns Waffen zu verweigern; ein Mann mit

einer Brille, der einen wichtigen Platz im Ministerium einnahm, äußerte ganz laut, dass dies verlorene Waffen sein würden und dass Garibaldi nichts anderes als ein »Niedersäbler« sei.

Wir antworteten, es wäre gut; was die Waffen anbeträfe, so würden wir uns solche schon verschaffen, aber man möge uns doch wenigstens Uniformen geben.

Man antwortete uns darauf, es wären keine Uniformen da, endlich öffnete man uns aber die Magazine, in denen sich österreichische, ungarische und kroatische Uniformen befanden. Alle diese jungen Leute, die den ersten Familien Mailands angehörten und von denen einige Millionäre waren, weigerten sich verärgert, solche Kleider anzunehmen.

Indessen musste ein Entschluss gefasst werden, wir konnten unmöglich teils im Frack, teils im Überzieher kämpfen; wir nahmen also die Leinwandröcke der österreichischen Soldaten, die man »Ritter« nennt, und machten uns daraus eine Art von Blusen. Man konnte dabei vor Lachen sterben, wir sahen wie ein Regiment Köche aus; es gehörte ein gutes Auge dazu, unter dieser groben Leinwand die goldstrahlende Jugend Mailands zu entdecken. Während nun die Kleider nach dem Maße jedes Einzelnen umgearbeitet wurden, verschafften wir uns auf alle mögliche Weise Gewehre und Munition.

Als wir endlich einmal eingekleidet und bewaffnet waren, setzten wir uns nach Bergamo in Marsch und sangen dabei patriotische Lieder. Ich hatte hundertundachtzig junge Leute unter meinem Befehle, fast alle, wie ich schon sagte, den ersten Familien Mailands angehörig. Wir kamen in Bergamo an, wo Mazzini zu uns stieß, der seinen Platz in unseren Reihen einnahm und mit Jubel begrüßt wurde.

Hier kam auch noch ein Regiment von Bergamasken, reguläre Rekruten der piemontesischen Armee, zu uns, das zwei der Nationalgarde gehörige Kanonen mit sich führte.

Kaum waren wir dort eingerückt, so rief uns eine Order des Mailänder Komitees wieder zurück; dieses Komitee setzte sich aus Fanti, Maestri und Restelli zusammen. Die Order lautete, dass wir in beschleunigten Märschen zurückkehren sollten. Wir gehorchten und traten unsern Rückmarsch nach Mailand an.

In Monza angelangt, erfuhren wir aber, dass Mailand kapituliert hatte und dass ein österreichisches Kavalleriekorps zu unserer Verfolgung abgestellt sei. Garibaldi befahl sogleich den Rückzug auf

Como; wir beabsichtigten, uns so viel als möglich der Schweizer Grenze zu nähern. Garibaldi übergab mir die Nachhut, um den Rückzug zu decken.

Wir waren von dem angestrengten Marsche, den wir gemacht hatten, sehr ermüdet, wir hatten in Monza nicht Zeit gehabt, zu essen, und fielen vor Hunger und Müdigkeit um; unsere Leute zogen sich in Unordnung zurück und waren vollständig demoralisiert. Die Folge davon war, dass, als wir in Como ankamen, die Desertionen begannen. Von fünftausend Mann, die Garibaldi hatte, setzten sich viertausendzweihundert in die Schweiz ab und uns blieben nur noch achthundert.

Garibaldi nahm mit seiner gewöhnlichen Ruhe, als ob er noch seine fünftausend Mann kommandiere, in Camerlata, dem Knotenpunkte mehrerer Straßen von Como, Position. Hier errichtete er mit seinen beiden Kanonen eine Batterie und sandte Kuriere an Manara, Griffini, Duranda, Apice und alle Kommandeure der Freiwilligenkorps aus der hohen Lombardei; er forderte sie auf, sich von ihren starken Stellungen aus, die sie einnahmen und die umso sicherer und bis zum letzten Augenblicke zu halten waren, als sie nahe der Schweizer Grenze lagen, mit ihm zu verbinden. Diese Aufforderung blieb aber ohne Resultat.

Nun zog sich Garibaldi von Camerlata nach San Fermo zurück, wo wir 1859 die Österreicher so vernichtend schlugen. Ehe wir aber in San Fermo Stellung bezogen, ließ er uns auf dem Marktplatze antreten und hielt eine Rede. Die lebhaften, pittoresken und hinreißenden Ansprachen Garibaldis haben die wahrhafte soldatische Beredsamkeit. Er sagte uns, dass man den Krieg in kleinen Gruppen fortsetzen müsse, dass dies die sicherste und gefahrloseste Kriegführung sei und dass es sich allein darum handle, dass sie ihrem Führer vertrauten und sich auf ihre Kameraden verließen.

Ungeachtet dieser begeisternden Ansprache fanden während der Nacht neue Desertionen statt, und anderntags war unsere Truppe bis auf vier- oder fünfhundert Mann geschrumpft. Nun entschloss sich Garibaldi mit großem Unmute, nach Piemont zu gehen; sowie er aber im Begriff steht, die Grenze zu überschreiten, erfasst ihn die Reue. Dieser Rückzug ohne Kampf widerstrebt seinem Mute. Er macht in Castelletto am Tessino Halt und befiehlt mir, die Umgebung zu durchstreifen und so viele Deserteure als möglich wieder einzusammeln.

Ich ging bis nach Lugano und brachte dreihundert Mann zusammen; jetzt waren wir siebenhundertundfünfzig Mann stark. Garibaldi hielt diese Anzahl für hinreichend, um gegen die Österreicher marschieren zu können.

Am 12. August erließ er seine bekannte Proklamation, in der er Karl Albert für einen Verräter erklärte, dem die Italiener sich nicht mehr anvertrauen könnten und sollten, und worin er sagt, dass jeder Patriot fortan den Krieg auf seine eigene Rechnung führen müsse. Diese Proklamation wurde zu einer Zeit erlassen, wo man sich überall zurückzog; nur Garibaldi mit seinen siebenhundertundfünfzig Leuten marschierte vorwärts und ging in die Offensive gegen die Österreicher.

Wir marschierten nach Arona und bemächtigten uns zweier Dampfschiffe und einiger kleiner Fahrzeuge. Darauf begannen wir mit unserer Einschiffung, die bis zum Abend dauerte, fuhren los und erreichten am nächsten Tag in aller Frühe Luino.

Garibaldi war krank, litt unter Fieberanfällen, die er vergeblich zu bekämpfen versuchte. Von einem solchen Anfalle ergriffen, trat er in das Gasthaus »Zur Schnepfe«, ein einzeln liegendes Haus vor Luino, das vom Dorf durch einen kleinen Bach, über den eine Brücke führt, getrennt ist, und ließ mich zu sich rufen.

»Medici«, redete er mich an, »ich muss durchaus zwei Stunden Ruhe haben; du musst mich ersetzen und über uns wachen.«

Das Gasthaus »Zur Schnepfe« war für einen Fiebernden, der ruhig schlafen wollte, schlecht gewählt; es war der vorgeschobene Posten von Luino, das erste Haus, welches der Feind angreifen musste, vorausgesetzt, dass er in dieser Gegend war.

Wir hatten keine Nachrichten von den Bewegungen der Österreicher, wir wussten nicht, ob sie zehn Meilen oder bloß eine halbe von uns entfernt standen. Ich sagte Garibaldi nichtsdestoweniger, er möge nur ruhig schlafen und ich wolle meine Maßregeln so treffen, dass sein Schlaf nicht gestört werden solle. Nachdem ich ihm dies versprochen hatte, ging ich; die Gewehre standen in Pyramiden auf der anderen Seite der Brücke und unsere Leute lagerten zwischen dieser und Luino. Ich stellte Schildwachen vor die Herberge »Zur Schnepfe« und schickte einige Landleute zu Pferde aus, um die Gegend auszukundschaften.

Nach einer halben Stunde kehrten meine reitenden Kundschafter ganz erhitzt zurück und riefen uns zu: »Die Österreicher, die Österreicher!« Ich stürzte in das Zimmer Garibaldis und rief dasselbe: »Die Österreicher!«

Garibaldi hatte gerade den stärksten Fieberanfall; er sprang schnell aus seinem Bette und befahl mir, Alarm schlagen und unsere Leute antreten zu lassen, von seinem Fenster aus werde er das Feld beobachten und zu uns eilen, wenn es Zeit sei.

Wirklich war er zehn Minuten später mitten unter uns. Er teilte unsere kleine Truppe in zwei Kolonnen; die eine musste den Weg verbarrikadieren und war bestimmt, gegen die Österreicher Front zu machen, die andere nahm in der Flanke Stellung und verhinderte, dass wir umgangen werden konnten, auch vermochte sie unter Umständen, selbst anzugreifen.

Die Österreicher erschienen bald auf der großen Straße; wir schätzten ihre Stärke auf tausend bis zwölfhundert Mann. Sie besetzten sogleich die »Schnepfe«.

Sofort gab Garibaldi der Kolonne, welche die große Straße sperrte, den Befehl zum Angriff; sie bestand aus vierhundert Mann und rückte entschlossen gegen zwölfhundert vor. Es ist eine Gewohnheit Garibaldis, nie weder den Feind noch seine eigenen Leute zu zählen; steht man dem Feinde gegenüber, so muss man ihn auch angreifen. Man muss gestehen, dass ihm diese Taktik beinahe immer geglückt ist.

Als sich die Österreicher indessen gut hielten, sah Garibaldi ein, dass es notwendig sei, alle seine Kräfte in das Gefecht zu werfen; er rief die Kolonne aus der Flanke heran und erneuerte den Sturm – dieses Mal glückte er.

Ich hatte eine Mauer vor mir, die ich mit meiner Kompanie erkletterte; wir waren im Garten der Herberge, die Österreicher aber schossen aus allen Fenstern der Letzteren auf uns. Wir stürzten im ärgsten Kugelregen vorwärts, griffen mit dem Bajonett an und erzwangen uns durch alle diese Fenster, die einen Augenblick zuvor noch Feuer ausgespien hatten, den Eingang. Die Österreicher zogen sich in vollständiger Unordnung zurück.

Garibaldi hatte zu Pferde die Attacke von einem Punkte vor der Brücke geleitet, der etwa fünfzig Schritte von der Herberge entfernt und mitten im Feuer lag; es war ein Wunder, dass er, der sich dem Feinde wie eine Zielscheibe anbot, nicht von einer einzigen Kugel getroffen wurde. Sobald er die Flucht des Feindes bemerkte, rief er mir zu, ich solle ihn mit meiner Kompanie verfolgen. Diese war durch die Desertionen bis auf ungefähr hundert Mann geschrumpft und mit diesen begann ich nun elfhundert Mann zu verfolgen.

Indessen gab es nicht viele Lorbeeren dabei zu pflücken, denn die Österreicher schienen von einem wahrhaft panischen Schrecken ergriffen worden zu sein und warfen, um sich zu retten, Gewehre, Tornister und Patronentaschen von sich; sie liefen bis Varese.

In der »Schnepfe« ließen sie etwa hundert Tote und Verwundete und in unsern Händen achtzig Gefangene. Wie ich hörte, hatten sie in Germiniada Halt gemacht, als ich dort ankam, waren sie aber schon wieder aufgebrochen; ich folgte ihrer Spur weiter, konnte sie, so sehr ich auch eilte, jedoch nicht mehr einholen.

In der Nacht erhielten wir Nachricht, dass ein zweites, noch stärkeres österreichisches Korps gegen uns marschiere. Garibaldi befahl mir, mich in Germiniada zu halten, und so ließ ich daselbst sogleich Barrikaden aufrichten und Schießscharten in die Häuser brechen. Wir waren in dieser Art von Befestigung schon so erfahren, dass es uns nie mehr als eine Stunde kostete, auch den unhaltbarsten Ort in einen solchen Stand zu setzen, dass er eine Belagerung aushalten konnte. Die Nachricht war übrigens falsch gewesen.

Garibaldi entsandte zwei oder drei Kompanien nach verschiedenen Richtungen; bei ihrer Rückkehr zog er sein ganzes Korps zusammen und marschierte nach Guerla, von da nach Varese, woselbst er mit großem Jubel empfangen wurde.

Wir rückten nun geradewegs gegen Radetzky vor.

Zu Varese besetzten wir die Höhe Buimo di Sopra, welche die Stadt beherrscht und unsern Rückzug deckte. Hier ließ Garibaldi einen österreichischen Spion erschießen, der drei großen, gegen uns anrückenden Kolonnen Nachricht über unsere Stärke geben sollte. Die eine marschierte auf Como, die andere auf Varese, die dritte hatte sich von den beiden andern getrennt und begab sich nach Luino. Augenscheinlich war es der Plan der Österreicher, sich zwischen Garibaldi und Lugano zu schieben und ihm den Rückzug sowohl nach Piemont als nach der Schweiz gänzlich abzuschneiden.

Wir marschierten nun von Buimo nach Arcisate. Von hier aus schickte mich Garibaldi mit meiner Kompanie, die immer Vorpostendienste tat, nach Viggia; als ich hier angekommen war, erhielt ich die Order, mit meinen hundert Mann sofort gegen die Österreicher zu marschieren.

Die erste Kolonne, auf die ich stieß, war die fünftausend Mann starke Division Asper. Es war derselbe General Asper, der später das Blutbad von Livorno anrichtete.

Infolge der erhaltenen Order machte ich mich zum Gefecht bereit und besetzte, um den Kampf aus der bestmöglichsten Position heraus führen zu können, drei kleine Dörfer, die ein Dreieck bildeten: Catzone, Ligurno und Rodero. Diese drei Dörfer bewachten alle Wege, die von Como kamen. Hinter ihnen lag San Masseo, ein unüberwindlicher Felsen, von dem ich unmittelbar in die Schweiz, also in neutrales Land, hinabsteigen konnte.

Ich hatte meine hundert Mann in drei Gruppen eingeteilt, deren jede ein Dorf besetzt hielt. Ich selbst hielt Ligurno; ich war daselbst nachts mit vierzig Mann eingetroffen und hatte mich so gut, wie ich konnte, verschanzt.

Mit Tagesanbruch griffen mich die Österreicher an. Zuerst hatten sie Rodero genommen, das sie unbesetzt fanden, da meine Leute sich in der Nacht nach der Schweiz zurückgezogen hatte; es blieben mir daher nur noch achtundsechzig Mann.

Ich zog die dreißig Leute, die ich in Catzone hatte, an mich heran und erreichte mit ihnen im scharfen Trabe den San Masseo, wo ich mich besser halten konnte. Kaum hatte ich hier Stellung genommen, so wurde ich angegriffen; von Rodero aus beschoss uns die österreichische Artillerie mit Kugeln und Congreve'schen Raketen. Als ich mich umblickte, sah ich den Fuß des Berges ganz von Kavallerie umgeben; nichtsdestoweniger waren wir entschlossen, uns tapfer zu verteidigen.

Die Österreicher stürmten auf den Berg und das Schießen begann. Unglücklicherweise hatte jeder von uns nicht mehr als zwanzig Patronen und unsere Gewehre waren mehr als mittelmäßig. Bei dem Schalle unserer Gewehrschüsse bedeckten sich die dem San Masseo nahe gelegenen Berge der Schweiz mit neugierigen Zuschauern. Fünf oder sechs Tessiner, die mit Karabinern bewaffnet waren, konnten sich nicht halten, kamen zu uns herüber und halfen uns als Dilettanten beim Feuern.

Ich hielt meine Position, bis meine Leute ihre letzten Patronen verschossen hatten. Ich hatte gehofft, Garibaldi werde die österreichischen Kanonen hören und mir zu Hilfe kommen, aber er hatte anderes zu tun; er hatte nämlich erfahren, dass die Österreicher auf Luino vorrückten, und war ihnen entgegengezogen.

Als meine Patronen verschossen waren, dachte ich, dass es nun Zeit zum Rückzuge sei. Von unsern Tessinern geführt, schlugen wir mitten durch Felsen einen Weg ein, der allein den Bewohnern dieser Gegend bekannt ist. Eine Stunde später waren wir in der Schweiz.

Ich zog mich mit meinen Leuten in ein kleines Wäldchen zurück; die Landesbewohner liehen uns Kisten, in denen wir unsere Gewehre versteckten, um sie bei nächster Gelegenheit schnell wiederfinden zu können. Länger als vier Stunden hatten wir achtundsechzig Mann uns gegen fünftausend gehalten.

General Asper ließ in allen Zeitungen veröffentlichen, dass er einen erbitterten Kampf gegen die Armee Garibaldis geführt und sie vollständig in die Flucht geschlagen habe. Nur die Österreicher können solche Späßchen machen.

2.
Folgen des Feldzuges in der Lombardei

Garibaldi marschierte, wie schon gesagt, nach Luino; bevor er aber daselbst eintraf, erhielt er die Nachricht, dass Luino schon von den Österreichern besetzt sei und dass die Kolonne Aspers nach ihrem großen Siege über uns sich gleichzeitig Arcisates bemächtigt hätte.

So wurde also Garibaldis Rückzug nach der Schweiz sehr schwierig; er entschloss sich, geradezu auf Morazzone, eine sehr starke und folglich sehr günstige Position, zu marschieren. Übrigens hatte ihm der Kanonendonner, den er hörte, auch Lust zum Gefecht gemacht.

Kaum hatte er sich gelagert, so sah er sich von fünftausend Österreichern vollständig umzingelt; er hatte nur fünfhundert Mann bei sich. Mit diesen hielt er einen ganzen Tag die Angriffe von fünftausend Feinden aus; als die Nacht einbrach, ließ er seine Leute enge Kolonnen bilden und warf sich mit dem Bajonett auf den Feind. Die Dunkelheit begünstigte ihn, er schlug sich blutig durch und befand sich auf offenem Felde.

Eine Meile von Morazzone entfernt, entließ er seine Leute und bestimmte Lugano als späteren Treffpunkt; er selbst wanderte zu Fuß, als Bauer verkleidet, mit einem Führer nach der Schweiz.

Eines Morgens hörte ich in Lugano, dass Garibaldi, den man tot oder wenigstens bei Morazzone gefangen glaubte, in einem nahen Dorfe angekommen sei; ich erinnerte mich dabei der prophetischen Worte Auzanis.

Ich eilte zu Garibaldi und fand ihn im Bett, ganz zerschlagen und ermüdet und kaum im Stande zu sprechen; er hatte einen Weg von sechzehn Stunden zurückgelegt und war den Österreichern nur durch ein Wunder entkommen. Seine erste Frage, als er mich sah, war: »Hast du deine Kompanie bei der Hand?«

»Ja!«, antwortete ich ihm.

»Nun gut, lasse mich diese Nacht noch schlafen, morgen wollen wir unsere Leute sammeln und von neuem anfangen.«

Ich konnte mich eines Lächelns nicht enthalten, denn es stand fest, dass er am andern Tage so steif sein musste, dass er nicht ein Bein bewegen konnte. Zu meinem großen Erstaunen kam er aber am nächsten Tage zu Fuß an; Seele und Körper sind bei diesem Manne gleichermaßen von Erz.

Es gab aber nichts mehr für uns zu tun, Garibaldis Feldzug in der Lombardei hatte sein Ende erreicht. Er ging nun nach Piemont und kehrte dann nach Genua zurück. Hier machte ihm eine sizilianische Deputation den Vorschlag, sich nach Sizilien einzuschiffen und daselbst die Sache der Revolution zu unterstützen. Er stimmte zu und begab sich mit dreihundert Mann nach Livorno. Als er hier aber erfuhr, was sich in Rom zutrug, gab er die Idee einer sizilianischen Expedition auf und eilte nach Rom. Hier werden wir ihn bald wiederfinden.

Was mich anbetrifft, so war ich mit meiner Kompanie in Lugano geblieben, hatte einige Derserteure eingesammelt, so dass wir etwa achtzig Köpfe zählten, und erhielt die Erlaubnis, mit ihnen in einem Depot zu bleiben; unsere Waffen waren noch immer verborgen und uns zur Hand.

Während dieser Zeit der Ruhe organisierten wir, um unsere Zeit nicht zu verlieren, einen Aufstand in der Lombardei. Das Schweizer Gouvernement erfuhr dies und ließ den Kanton Tessin durch Bundeskontingente besetzen; auch beschloss man, mich zu internieren. Ich wurde daher mit zweihundert Mann, deren größter Teil unter Garibaldi gedient hatte, nach Bellinzona geschickt, woselbst man uns in einer Kaserne als gefährliche Menschen, welche die Grenzrechte verletzen konnten, festhielt und bewachte. Dennoch verfolgten wir unsere Pläne weiter.

Die Generale Ascioni und Apice sollten von Lugano aufbrechen und sich durch den Intelvi-Pass nach Como wenden; ich sollte von Bellinzona ausgehen, über den San-Jorio-Pass, einen der höchsten und schwierigsten an der Grenze, marschieren, an den Comer See hinabsteigen und die Landesbewohner zu den Waffen rufen; hierauf sollte ich mit meiner Truppe zu den beiden Generälen stoßen. Dies war ziemlich schwer auszuführen, da wir scharf bewacht wurden.

Auf einer Bellinzona dominierenden Anhöhe stehen die Ruinen eines alten Schlosses, das vormals den Visconti gehört hat; hier hatte ich unsere Waffen und Munition verstecken lassen, um sie mir später wieder holen zu können. Im Ganzen befehligte ich zweihundertundfünfzig Mann. Ich teilte sie in acht oder zehn Trupps, die sich auf verschiedenen Wegen, die Wachsamkeit der Schweizer Soldaten täuschend, zum Schlosse durchschlagen und sich dort sammeln sollten. Gegen alle Erwartung gelang dies vollkommen. Jeder erreichte den Treffpunkt, ohne auf irgendein Hindernis zu stoßen; ich bewaffnete alle und war bereit, ins Gebirge zu marschieren, das heißt über die Grenze zu gehen.

Plötzlich hörte ich den Generalmarsch schlagen; die feindlichen Truppen schickten sich an, zu meiner Verfolgung auszurücken. Die Einwohner Bellinzonas aber, die uns große Sympathie entgegenbrachten, erhoben sich zu meinen Gunsten und drohten, die Sturmglocke zu läuten und Barrikaden zu bauen, wenn der Tambour nicht zu schlagen aufhöre.

Von dieser Sorge befreit, gab ich meinen Leuten den Befehl, sich in Marsch zu setzen. Es war Ende Oktober, ein starker Nordostwind wehte und versprach uns eine stürmische Nacht. Die ganze Nacht hindurch marschierten wir gegen den Wind, der uns den Schnee ins Gesicht jagte. Der Tag kam und wir marschierten bis zum Abende weiter. Wir mussten den mit Schnee bedeckten Gipfel des Jorio überschreiten und der Winter hatte alle Wege ungangbar gemacht; dennoch kamen wir hinüber, wobei uns der Schnee fast immer bis über die Knie reichte, oft bis an die Achseln.

Nach unendlichen Mühseligkeiten hatten wir endlich den Gipfel erstiegen, hier erwartete uns aber ein schrecklicherer Feind als alle, die wir bisher überwunden hatten, der Sturm nämlich. In einem Augenblicke waren wir alle vollständig blind geworden und konnten nicht auf zehn Schritte um uns blicken. Ich rief meinen Leuten zu, sich dicht aneinanderzudrängen, auf einer Bahn zu marschieren und mir so schnell als möglich zu folgen. Drei blieben zurück, fielen, um sich nie wieder zu erheben, wurden unter dem Schnee begraben und schlafen oder wachen vielleicht auf dem Gipfel des Jorio.

Ich ging an der Spitze, ohne irgendeinem bestimmten Wege zu folgen, ohne zu wissen, wohin ich ging, denn ich hatte mich ganz unserem guten Glücke anvertraut; plötzlich aber hielt ich an, der Felsen wankte unter meinen Füßen, noch einen Schritt weiter und ich wäre in den Abgrund gestürzt.

Ich ließ Halt machen und befahl, dass jeder an seinem Platze bliebe, bis es hell würde. Dann suchte ich allein mit einem Führer die ganze Nacht hindurch einen Weg; jeden Augenblick gab die Erde oder vielmehr der Schnee unter uns nach oder unser Fuß glitt aus; es ist ein wahres Wunder, dass nicht einer von uns verschüttet wurde oder durch einen Sturz den Tod fand. Endlich kamen wir mit Tagesanbruch an einige verlassene Hütten. Da diese wenigstens einigen Schutz boten, wollte ich zu meinen Leuten zurückkehren, nun aber wichen alle Kräfte von mir und, überwunden von Müdigkeit und von Kälte erstarrt, fiel ich um. Mein Führer trug mich in eine der Hütten, zündete ein Feuer an und brachte mich wieder zu Bewusstsein.

Währenddessen hatte das Glück es so gefügt, dass meine Leute den Weg verfolgten, den ich eingeschlagen hatte, so dass sie zwei Stunden später bei mir eintrafen. Wir setzten unsern Marsch fort und stiegen bei Gravedona an den Comer See hinab.

Von hier brach ich nach einem halbtägigen Aufenthalte wieder auf, um zu den beiden Generälen zu stoßen, mit denen ich mich verabredet hatte und die auf mich hätten warten sollen. Die beiden aber waren, anstatt die Österreicher zu schlagen, von ihnen geschlagen worden, und so marschierten wir geradewegs der Division Wohlgemuth, die schon das Intelvi-Tal besetzt hatte, und Dampfschiffen voll Österreichern entgegen. Ich nahm nun einen Umweg, rückte in das Menaggio-Tal ein und besetzte Portezzo am Luganer See, wobei ich mir das Cavarnia-Tal, das an die Schweizer Grenze stößt, zum Rückzuge ausersah. Dies war eine prächtige Position; ich stand mit Lugano, von wo ich Menschen und Munition erhalten konnte, in Verbindung, aber kein Feind ließ sich blicken und so harrte ich dort acht lange Tage ganz umsonst aus.

Dann konzentrierten die Österreicher ihre Kräfte und marschierten auf Portezzo. Ich zog mich ins Cavarnia-Tal zurück und machte im Gebirge San Lucio, das die Lombardei von der Schweiz trennt, Halt. Im Fall eines Angriffes gedachte ich mich genauso zu verhalten wie auf dem San Masseo. Es wurden aber nur einige Schüsse gewechselt; zwei meiner Leute starben an ihren Verwundungen.

Weiter ließ sich nichts tun, alle Wege waren mit Schnee bedeckt und der Winter wurde immer strenger. Ich kehrte also in die Schweiz zurück, verbarg meine Gewehre und dann mich selbst.

Unglücklicherweise war das Letztere schwerer zu bewerkstelligen; da ich sehr bekannt war, hätte ich im Falle meiner Festnahme nicht mit einfacher Internierung, sondern mit Gefängnis rechnen und mich sogar noch glücklich schätzen müssen, wenn mich die Behörden der Schweiz nicht an die Österreicher auslieferten. So entschloss ich mich, alles Mögliche zu tun, um nach Piemont zu gelangen. Man lieh mir einen Wagen, um aus Lugano zu kommen; war ich einmal glücklich aus dieser Stadt, so wollte ich nach Magadino, von Magadino nach Genua und von Genua Gott weiß wohin.

Ich fuhr also in einem Wagen durch Lugano, als ein mit Holz beladenes Fuhrwerk, das die Straße versperrte, mich aufhielt; ich musste warten, bis es abgeladen war. Ich knirschte mit den Zähnen und wartete, da kam der Kommandant des Bundesbataillons vorüber; er erkannte mich, rief die Wache und ließ mich augenblicklich festnehmen.

Wie erwartet, brachte man mich ins Gefängnis. Indessen kam es doch besser, als ich dachte. Da die angesehensten Einwohner Luganos alle meine Freunde waren, erlangten sie durch Bitten, dass ich, statt im Gefängnisse zu bleiben, an die sardinische Grenze gebracht wurde.

Ich reiste nun schnell durch Piemont. Die Toskana war Republik geworden und so schiffte ich mich in Genua ein und fuhr nach Florenz; in Livorno erhielten wir eine telegraphische Depesche, dass der Großherzog gegenüber Montanelli eine Krankheit vorgetäuscht habe und sich von Siena nach Porto Ferrajo geflüchtet habe.

Sogleich befahl Guerazzi der Nationalgarde von Livorno, sich einzuschiffen, den Herzog zu verfolgen und zu verhaften; als er diese Order eben unterzeichnete, erfuhr er, dass ich in Livorno angekommen sei.

»Bietet ihm das Kommando über diese Expedition an und bemüht euch, ihn zur Annahme derselben zu bewegen«, sagte Guerazzi. Wie man sich leicht denken kann, brauchte man mich nicht lange zu bitten, ich stellte mich der provisorischen Regierung sogleich zur Verfügung.

Wir schifften uns an Bord der »Giglio« ein und segelten nach der Insel Elba. Kaum befanden wir uns auf See, so wurde eine Dampffregatte gesichtet. War sie französisch, englisch oder österreichisch? Wir wussten es nicht, aber die Klugheit verbot, sich ihr zu sehr zu nähern. Ich ließ die »Giglio« daher umkehren und ging im Golfe di Campo an Land; dann marschierte ich ohne Unterbrechung durch die Insel und kam in Porto Ferrajo an. Man hatte den Großherzog daselbst nicht gesehen und damit war unsere Expedition beendet.

Nun kehrte ich nach Florenz zurück und formierte dort ungestört die mir verbliebenen Männer zu einer neuen Kolonne, die ich durch weitere Freiwillige verstärkte, denn alle, die sich nach Florenz geflüchtet hatten, wollten mit mir ziehen.

Während meines Aufenthaltes in dieser Stadt unternahm die Reaktion zwei Versuche zur Konterrevolution, die ich unterdrückte. Eines Morgens verbreitete sich das Gerücht, dass die Österreicher die Grenze von Modena überschritten hätten; ich eilte mit meinen Leuten dorthin, es war aber nichts an dem Gerüchte.

Der dritte Versuch der Reaktion gelang; die Regierung des Großherzogs wurde wiederhergestellt und ich, der beauftragt gewesen war, ihn zu verhaften, war natürlich zur Abreise gezwungen.

Außer meiner Legion gab es in Florenz noch eine gut organisierte polnische Legion; ich rief sie und sie folgte mir. Ich überstieg die Apenninen und kam nach Bologna.

Hier wurde ich vom republikanischen Gouvernement, das mich als Deserteur behandelte, sehr schlecht empfangen. Der General Mezzacapo bildete in Bologna eine Division, die bestimmt war, Rom zu Hilfe zu eilen, das von der französischen Interventionsarmee belagert wurde. Er musterte auch uns, erkannte, dass wir keine Deserteure seien, und bestimmte uns zur Vorhut seiner Truppen. Wir marschierten über Foligno, Narni, Civita Castellana und rückten durch die Porta San Giovanni in Rom ein.

Wir wollen nun erzählen, welche Verhältnisse in Rom herrschten.

3.
Rom

Am Morgen des 24. April 1849 war die Spitze der französischen Division vor dem Tore von Civitavecchia angekommen und ein Ordonnanz-Offizier des Generals Oudinot war vom Pferde gestiegen, um mit dem Präfekten der Römischen Republik, Manucci, zu sprechen. Er sagte diesem, der Zweck der französischen Intervention sei es, die materiellen und moralischen Interessen des römischen Volkes zu schützen. Frankreich, das dem Despotismus und der Anarchie abgeneigt sei, wolle Italien eine vernünftig geordnete Freiheit sichern helfen und hoffe in dem römischen Volke die alte Sympathie, die dieses dem französischen gegenüber hege, zu finden. Da die Flotte aber nicht ohne Gefahr auf hoher See bleiben könne, sei eine schnelle Erlaubnis zur Ausschiffung notwendig; wenn man diese Erlaubnis verweigern sollte, so werde der französische General zu seinem Bedauern genötigt sein, Gewalt anzuwenden. Außerdem sollte er die Stadt Civitavecchia davon in Kenntnis setzen, dass ihr, sobald ein einziger Flintenschuss aus ihr abgefeuert werde, eine Kontribution von einer Million auferlegt werden würde.

General Oudinot wartete die Antwort der römischen Regierung, die Manucci einholen wollte, jedoch nicht ab, sondern entwaffnete das Bataillon Metara, besetzte das Fort, schloss die Buchdruckereien der Stadt und stellte eine Schildwache vor ihre Tür, endlich widersetzte er sich der Ausschiffung eines Korps von fünfhundert Lombarden.

Dabei handelte es sich um das Bersaglieri-Bataillon, das hauptsächlich aus lombardischen Aristokraten bestand, die sich mit den Verteidigern der Republik vereinigen wollten, vor allem aber in Rom eine Zuflucht suchten. Es wurde von Manara kommandiert, der aus seinem Vaterlande verbannt und aus Piemont ausgewiesen worden war. Dandolo gesteht in seinem Buche *Über die Freiwilligen und Bersaglieri* selbst, dass sie nicht aus Sympathie für ihre Sache kamen, sondern weil sie nicht mehr wussten, an welchem andern Orte der Welt sie ein Asyl finden könnten.

Die Bersaglieri waren zwei Tage später als General Oudinot angekommen; dieser war es jetzt also, der die Erlaubnis zu Ausschiffungen erteilte, deren er selbst sich überhoben hatte. Dandolo, ein Abkömmling des gleichnamigen Dogen, der wie der Geschichtsschreiber und Sohn des berühmten Siegers von Konstantinopel den Vornamen Heinrich trug, kam zweimal an Land und bat den General um diese Erlaubnis; sie wurde ihm nicht allein auf brutale Weise verweigert, sondern es wurde ihm auch der Befehl erteilt, in die Lombardei zurückzukehren.

Er brachte Manara diese Antwort, und nun kam dieser selbst an Land, um zu sehen, ob er nicht mehr Glück haben werde als sein Leutnant. Er war aber nicht glücklicher als Dandolo.

»Sie sind Lombarde?«, fragte ihn der französische General.

»Ohne Zweifel«, erwiderte Manara.

»Nun wohl«, sagte jener, »wie kommt es dann, dass Sie sich als Lombarde in die römischen Händel mischen?«

»Sie mischen sich doch darein, der Sie Franzose sind«, antwortete Manara. Hierauf wandte er dem General den Rücken und kehrte an Bord zurück.

Als man auf dem Schiffe erfuhr, dass der französische General sich der Landung widersetze, erreichte die Aufregung den höchsten Grad. Man hatte unter der unruhigen See und den beengten Verhältnissen seit der Abreise von Genua sehr gelitten; Bersaglieri und Freiwillige wollten ins Wasser springen und die Küste auf jede Gefahr hin schwimmend erreichen.

Als Manara sah, dass seine Leute durchaus entschlossen waren, es bis auf das Äußerste zu treiben, kehrte er zu General Oudinot zurück und erhielt nach langem Widerstande die Erlaubnis, das Bataillon in Porto d'Anzio auszuschiffen.

Anfangs verlangte der französische General, dass Manara sich bis zum 4. Mai – dem Zeitpunkte, zu dem, wie er sagte, alles zu Ende sein werde – fern von Rom und ganz neutral verhalten solle, aber Manara verweigerte ein solches Versprechen.

»General«, antwortete er, »ich bin nur Major im Dienste der Römischen Republik, selbst dem Minister und meinem General untergeordnet; da ich von diesen abhänge, kann ich eine solche Verpflichtung nicht eingehen.«

Präfekt Manucci glaubte nun, im Namen des Kriegsministers sich den vom General Oudinot auferlegten Bedingungen unterwerfen zu müssen, und aufgrund dieses Versprechens konnten die lombardischen Freiwilligen und Bersaglieri sich am Morgen des 27. April in Porto d'Anzio ausschiffen. Am folgenden Tag brachen sie nach Albano auf und lagerten in der Campagna di Roma.

Während der Nacht traf eine Order des Generals Joseph Avanzone, des Kriegsministers ein – der entweder die im Namen Manaras von Manucci übernommene Verpflichtung nicht kannte oder sie nicht für gültig ansah –, die besagte, dass die Bersaglieri sich unverzüglich nach Rom in Marsch setzen sollten. Sie zogen am Morgen des 29. April, vom Jubel einer großen Volksmenge begleitet, in Rom ein.

Bei der Nachricht von der Ankunft der Franzosen in Civitavecchia hatte die römische Abgeordneten-Versammlung sich für permanent erklärt. Nun handelte es sich um die wichtige Frage: »Soll man den Franzosen die Tore öffnen oder der Gewalt Gewalt entgegensetzen?« Der Triumvir Armellini und einige andere waren der Meinung, dass man die Franzosen als Freunde empfangen müsse.

Mazzini, Cernuschi, Sterbini und die Majorität wollten, dass man sich energisch und bis auf das Äußerste verteidigen solle. »Vor allem muss man die Ehre retten«, sagten sie.

Die Versammlung zögerte nicht; am 26. April, um zwei Uhr nachmittags, wurde folgendes Dekret unter dem großen Beifalle von ganz Rom erlassen: »Im Namen Gottes und des Volks. Die Versammlung legt nach der durch den Triumvir erhaltenen Mitteilung die Ehre der Republik in seine Hand und ermächtigt ihn, die Gewalt mit Gewalt zurückzuweisen.«

Sobald der Widerstand beschlossen war, wurde Cernuschi, der die Barrikaden in Mailand errichtet hatte, zum Inspektor der Barrikaden Roms ernannt; die hoch gelegenen Punkte wurden mit Kanonen bestückt und im Volke, das in der Erwartung großer Ereignisse schwebte, tat sich die lebhafteste Bewegung kund.

In diesem Moment erschien der von der Vorsehung gesandte Mann.

Plötzlich durchlief der laute Ruf »Garibaldi! Garibaldi!" alle Straßen Roms. Eine unermessliche Menge, die vor ihm herzog, warf die Hüte in die Luft, ließ Tücher wehen und schrie: »Da ist er! Da ist er!«

Es ist unmöglich, den Enthusiasmus zu beschreiben, der sich bei seinem Anblicke der ganzen Bevölkerung bemächtigte; man könnte sagen, es war, als sei der rettende Gott der Republik zur Verteidigung Roms herbeigeeilt. Der Mut des Volkes stieg mit dem Zutrauen zu ihm, und es schien, als habe die Versammlung nicht nur die Verteidigung, sondern auch den Sieg dekretiert.

Einige Zeilen aus der *Geschichte der römischen Revolution* von Biagio Miraglia werden eine Idee von diesem Enthusiasmus geben; sie lauten: »Dieser mysteriöse Held, den eine so hell strahlende Ruhmessonne umgibt und der, den Verhandlungen der Versammlung fremd und ganz unbekannt mit ihnen, in Rom am Abend des Tages einzog, an dem die Republik angegriffen worden, war in den Augen des römischen Volkes der einzige Mann, der die Fähigkeit besaß, das Widerstandsdekret aufrechtzuerhalten. In demselben Augenblicke auch schloss sich die Volksmenge an den Mann, der die Bedürfnisse des Augenblicks auf seine Person allein vereinigte und die Hoffnung aller war.«

So gab das öffentliche Bedürfnis Garibaldi seinen Generalstitel wieder, der ihm im letzten Feldzuge von denselben bestritten worden war, für die er sich schlug.

Hier folgen noch einige Details, die Garibaldi selbst, da er sich in der Notwendigkeit befand, schleunigst nach Sizilien abzureisen, nicht mehr geben konnte; wir haben sie von seinem Freunde Vecchi, dem Geschichtsschreiber des Krieges von 1848 und Mitgliede der konstituierenden römischen Versammlung, dem Soldaten vom 30. April, 3. Juni und 30. Juni, erhalten, von demselben Manne, bei dem Garibaldi die letzten Monate seines Aufenthaltes zu Genua zugebracht hat.

Wir teilen hier Herrn Vecchis Original-Aufzeichnungen mit, der das Französische ebenso gut spricht wie das Italienische.

Der Tod Rossis und die Flucht des Papstes erfolgten, als sich Garibaldi gerade in Ravenna befand, wo er eine starke Legion aus Freiwilligen bildete. Er fasste den Entschluss, sich allein nach Rom zu begeben, um sich mit der provisorischen Regierung, deren Faktotum Sterbini war, zu verständigen; man gab ihm aber zu verstehen, dass seine Anwesenheit zu Rom ebenso gefährlich sei wie die Einquartierung seiner Legionäre in den Provinzen des Kirchenstaats; man gebot ihm, sich nach Macerata zu begeben – einer ruhigen kleinen Stadt, woselbst man einen Ruf von ihm verbreitet hatte, der dem eines Straßenräubers glich – und sich dort in der Kaserne aufzuhalten.

Kaum hatte er hier eine Weile zugebracht, so empfing er den Befehl, sich mit seiner Legion nach Rieti zu begeben; er marschierte über Tolentino, Foligno und Spoleto. Er kam nach Ascoli, wo, wie er erfahren hatte, die bourbonistische und päpstliche Polizei durch Geld, Einschüchterung und Kirchenbann die Bevölkerung der Apenninen gegen die provisorische römische Regierung aufzureizen begann.

Ich war damals Kapitän im 23. Linienregiment der piemontesischen Armee und für zwei Monate in Ascoli auf Urlaub, als meine Mitbürger mich zum Deputierten bei der konstituierenden römischen Versammlung wählten.

Am 20. Januar besuchte mich Garibaldi; anderntags gedachte er nach Rieti zu gehen, quer durch das Gebirge, das mit Schnee bedeckt war und von Räubern wimmelte; die Ratschläge der Klugheit und der Widerspruch aller Patrioten konnten seinen Wunsch, diesen Zug zu unternehmen, nur noch lebhafter machen. Mehr als eine Meile weit begleitete uns die Menge, die weinte und klagte. Viele umarmten mich, denn sie glaubten, mich nie wiederzusehen. Dem General folgten Nino Bixio, sein Ordonnanzoffizier, Kapitän

Sacchi, sein Kriegsgefährte aus der Neuen Welt, und sein Schwarzer Aguayar; den Rest seines Gefolges bildeten ich und ein kleiner Hund, der, bei San Antonio an der Pfote verwundet, von der Fahne von Buenos Aires, unter der er bis dahin gekämpft hatte, desertiert war, um unter Garibaldis Banner zu treten. Das verständige kleine Tier hinkte immer zwischen den vier Beinen von Garibaldis Pferde einher; es hieß Guerello.

Die erste Nacht wohnten wir bei dem Gouverneur von Arquata, Gaetano Rinaldo, dem Führer der klerikalen Reaktion, die sich hinter uns erhob, je weiter wir vorrückten. Wir blieben in einem unbeleuchteten Saale des Erdgeschosses bis zehn Uhr abends mit Leuten allein, die aus- und eingingen und sich einander dies und jenes zuflüsterten. Ich machte den General darauf aufmerksam, er erwiderte mir aber mit seiner gewöhnlichen Ruhe auf Französisch: »Sie beraten nur, was sie uns zum Essen auftragen sollen.«

Er glaubte wohl selbst nicht, dass er ganz wahr gesprochen habe, denn als wir um Mitternacht zur Tafel gingen, wurden wir wie Kardinäle bewirtet; als wir abreisten, gab uns der Gouverneur noch vier Pfund Trüffeln auf die Reise mit. Um vier Uhr morgens stiegen wir zu Pferde und der Sohn des Hauses begleitete uns mit einer dreifarbigen seidenen Fahne bis auf die Höhen der Berge. Um die Mittagszeit verzehrten wir ein Lammviertel, das Garibaldi an angezündeten Reisigbündeln braten ließ, und abends logierten wir in einer einsamen Herberge, die voller bewaffneter Bauern war. Vielleicht hatten sie einen Befehl von Arguata empfangen; ihre Physiognomien waren düster und als wir sie einluden, mit uns zu trinken, verweigerten sie es alle.

Wir zogen uns zurück, um zu ruhen, und schliefen mit dem Säbel an der Seite und dem Finger am Abzuge der Pistole. Als Garibaldi aufstand, war ihm das rechte Knie angeschwollen und der linke Ellenbogen schmerzte, eine Folge des Rheumatismus, den er sich in Amerika zugezogen hatte; er konnte den einen Stiefel nicht anziehen und musste seinen Arm in der Binde tragen.

Als wir eine halbe Stunde geritten waren, weigerten sich unsere Pferde weiterzugehen; wir waren gerade an einer steil aufsteigenden Stelle, die der Nachtfrost so glatt wie einen Spiegel gemacht hatte. Eine ganze Meile weit mussten unsere Pferde auf den Mänteln gehen, die wir vor ihnen ausbreiteten; dann kamen wir durch eine Ebene, die mit so hohem Schnee bedeckt war, dass er den Pferden bis an den Vorderzeugriemen reichte. Um mich zu erwärmen, stieg ich ab und ging zu Garibaldi hin, der vor mir ritt und nur einen Stiefel trug, der andere Fuß war allein mit einem baumwollenen Strumpfe bekleidet; ich wollte mich nach seiner Gesundheit erkundigen.

»Nun«, fragte ich, »wie befinden Sie sich, General?«

Er grüßte mich mit dem hübschen Lächeln, das ihm bei seiner starken und heitern Natur eigentümlich ist, und erwiderte: »Danke, ich befinde mich vortrefflich.«

Als ich neben ihm herging, machte er mich – ohne Zweifel, um sich von dem beißenden Schmerze in seinem Beine, den er sich nicht anmerken lassen wollte, abzulenken – durch eine Handbewegung auf den großartigen Anblick dieser wilden Natur aufmerksam. Wir befanden uns in der Tat mitten unter bizarren Bergen, deren felsige Gipfel mächtigen, durch die Titanen erbauten Schlössern glichen. Überall sah man Felsblöcke, die Jahrhunderte unterhöhlt und von den Bergen losgelöst hatten und die dann in enge und steile Täler und in das Bett eines furchtbar schäumenden, brausenden und schlammigen Stromes hinabgerollt waren; hier und da erblickte man ein paar einzelne Häuser, die sich in Waldungen von Eichen, Buchen, Kastanienbäumen und Fichten halb versteckten und auf die man nur durch den weißen Rauch, der aus ihren Schornsteinen aufstieg, aufmerksam gemacht wurde.

Diese Landschaft nach dem Muster des Malers Salvator Rosas, die durch das Ungewitter eine noch düsterere Färbung erhielt und durch das Heulen des Windes noch drohender gemacht wurde, versetzte Garibaldi in Erregung: »Hier«, sagte er, »möchte ich der Armee Radetzkys begegnen; unsere tapferen Legionäre würden nicht einen dieser Soldaten nach Wien zurückkehren lassen, hier könnten wir Varus und unsere im Teutoburger Walde erschlagenen Brüder rächen.«

Gegen fünf Uhr waren wir nahe Cascia, einer kleinen Häusergruppe auf dem Gipfel eines grünen Hügels; der Wind hatte die Wolken verjagt, die Sonne leuchtete auf den schneebedeckten Gipfeln und machte sie zu silbernen Bergen, die sich auf einem Azurgrunde, der gegen Westen hin in ein lebhaftes Rosa überging, abzeichneten.

Wir ruhten bei einer Strohhütte aus, als vier junge Leute herankamen und uns fragten, wer wir seien. Als sie den Namen Garibaldi hörten, liefen sie schnell davon, und eine Viertelstunde später erschienen der Ortsvorsteher, die Honoratioren, die Nationalgarde und eine große Menge von Menschen mit Musik an ihrer Spitze und luden den General ein, in ihr Dorf zu kommen. Wie mit einem Zauberstabe war ein Triumphbogen errichtet, das Theater war erleuchtet, im Hause des Gouverneurs, der indessen ein stolzer Klerikaler war, fanden ein Diner und ein Ball statt. Ich entsinne mich, dass Garibaldi hier ein poetischer Bauer vorgestellt wurde, der weder lesen noch schreiben konnte, aber ein langes Gedicht über das Hirtenleben diktiert hatte.

Gegen neun Uhr flüsterte mir jemand ganz leise zu, dass ein junger Mensch von fünfzehn Jahren, der durch die Schläge und schlechte Behandlung seines Vaters ganz blödsinnig gemacht worden sei, in dem Gemeindegefängnisse schmachte; sein Vater hatte sich im Alter von sechzig Jahren zum zweiten Male mit einer jungen Bäuerin verheiratet, auf deren Anstiften er seinen Sohn angeklagt hatte, ihm nicht die gebührende Ehrfurcht erzeigt zu haben. Der Gouverneur hatte zwanzig Taler erhalten und das Kind ins Gefängnis geworfen.

Ich erkundigte mich, fand alles bestätigt und setzte den General davon in Kenntnis. Er ließ den Vater sowie das unglückliche Kind vor sich bringen. Es war eine komische und zugleich abscheuliche Szene. Der Vater wollte zwar zugeben, dass sein Sohn aus dem Gefängnisse entlassen würde, aber er verlangte naiverweise die Summe zurück, die er für seine Einsperrung bezahlt hatte. Das Kind weinte heiße Tränen und umarmte Garibaldi, der Gouverneur konnte kaum noch seine Fassung bewahren. Endlich redete er vom Balkon herab zum Volke und das Kind wurde nun von allen Straßenjungen des Dorfes im Triumphe herumgetragen.

Am nächsten Tage um fünf Uhr morgens brach eine Abteilung der Nationalgarde mit uns auf; dabei regnete es fein und durchdringend. Sie begleiteten uns bis Rieti und eskortierten einen verhafteten Finanzbeamten, der in dem Orte, wo wir gefrühstückt hatten, verhaftet worden war; dieser war ein Spion, den der bourbonistische General Landi, welcher die mobile Kolonne an der Grenze der römischen Staaten kommandierte, bezahlte.

Die zu Rieti kasernierte italienische Legion bestand aus drei Bataillonen, im Ganzen fünfzehnhundert Mann stark, denen auf Kosten ihres Führers, des Grafen Angelo Masina aus Bologna, noch neunzig uniformierte Kürassiere beigegeben worden waren. Mit diesen marschierte Garibaldi Rom zu Hilfe.

Zur Zeit der Landung der Franzosen zu Civitavecchia befand sich die Legion in Anagni, der Wiege und dem Grabe Bonifacius' VIII.

General Garibaldi, der ein ganzes Volk hinter sich hatte, bedurfte aber der Soldaten. Man gab ihm eine Brigade von einander ganz fremden Elementen, Menschen, die sich gar nicht kannten und die sich durch den Enthusiasmus, der sie beseelte, erst zu einer Einheit verschmelzen sollten. Diese Brigade bestand aus zwei Bataillonen seiner eigenen Legion, worunter etwa vierzig Mann waren, die mit ihm von Montevideo gekommen waren und die rote Bluse mit grünen Aufschlägen trugen, dreihundert Mann, die aus Venedig zurückgekommen waren, vierhundert jungen Leuten von der Universität, dreihundert zu einem Korps formierten Zollwächtern und schließlich dreihundert Emigranten. Garibaldi hatte im Ganzen also zweitausendfünfhundert Mann, welche mit der Verteidigung der Mauern von der Porta Portese bis zur Porta San Pancracio und Cavallegieri beauftragt waren und alle hoch gelegenen Punkte außerhalb der Mauern von der Villa Corsini, die unter dem Namen der »Vier Winde« bekannt ist, bis zur Villa Pamphili besetzen mussten. Aller Wahrscheinlichkeit nach würden sich die Angriffe der Franzosen, die Civitavecchia als Operationsbasis behalten wollten, auf diesen Punkt richten.

Am 28. April stand die Spitze der französische Truppen in Palo, wo abends zuvor ein Jäger-Bataillon eingerückt war, um den Weg freizumachen. Am folgenden Tag war sie bereits in Castel di Guido, das heißt nur noch fünf Meilen von Rom entfernt.

Nun entsandte der Generalkommandeur seinen Bruder, den Kapitän Oudinot, und einen Ordonnanz-Offizier mit fünfzehn leichten Reitern auf Erkundung. Diese Patrouille rückte gegen den Punkt vor, wo die alte und die neue Via Aurelia zusammentreffen, und begegnete eine Meile vor Rom den republikanischen Vorposten. Der kommandierende Offizier der Vorposten ritt sogleich vor und wandte sich an die Franzosen. »Was wollt ihr?«, fragte er sie.

»Nach Rom reiten«, erwiderten sie.

»Das geht nicht an«, sagte der italienische Offizier.

»Wir sprechen im Namen der Französischen Republik.«

»Und ich im Namen der Römischen; also zurück, meine Herren!«

»Und wenn wir nun nicht umkehren wollen?«

»Dann werden wir uns die Mühe geben, euch wider euren Willen dazu zu bewegen.«

»Auf welche Weise denn?«

»Mit Gewalt.«

»Nun, wenn es so ist«, sagte der französische Offizier und wandte sich zu den Seinigen um, »dann gebt Feuer.« In demselben Augenblicke schoss er seine Pistole ab.

»Feuer!«, kommandierte der Offizier, der die römischen Vorposten befehligte.

Die Erkundungs-Patrouille, die zu schwach war, um Widerstand leisten zu können, zog sich im Galopp zurück und ließ einen französischen Jäger, der unter seinem erschossenen Pferde lag, in unseren Händen zurück. Er wurde gefangen genommen und nach Rom geführt.

Das französische Bulletin sagt, dass wir geflohen und verfolgt worden seien. Wenn das aber der Fall gewesen wäre, wie hätten wir dann einen Gefangenen machen können, zumal wir zu Fuß, die Franzosen dagegen zu Pferde waren? Übrigens werden wir noch mehr als einen Irrtum dieser Art zu berichtigen haben.

Die Erkundungs-Patrouille brachte dem französischen Generalkommandeur also die Nachricht zurück, dass Rom bereit sei, sich zu verteidigen, und dass er nicht, wie er sich eingebildet hatte, ohne einen Schuss abzugeben und unter allgemeinen Jubelrufen in die Stadt einrücken könne. Nichtsdestoweniger ließ der Generalkommandeur den Marsch fortsetzen. Am folgenden Tage, also am 30. April, ließen seine Soldaten ihre Tornister in Maglianilla zurück und kamen im Laufschritt heran.

Wir müssen nun einen Irrtum in Bezug auf den 30. April berichtigen. Die französischen Schriftsteller haben behauptet, dass ihre Soldaten sich auf einer bloßen Erkundung befunden hätten und durch eine niedrige Täuschung in die Stadt gelockt worden und dort in die Schlinge gegangen seien. Hierbei handelte es sich jedoch keineswegs nur um eine Erkundung und die Franzosen sind nicht in eine Falle gelockt worden. Es handelte sich vielmehr um ein Gefecht, dessen sich der französische General vollkommen versah, und der Beweis dafür ist ein Schlachtplan, der bei einem erschossenen französichen Offizier gefunden und vom Obersten Masi dem General und Kriegsminister übergeben worden ist.*

* Ich schreibe keinen Roman, sondern veröffentliche Memoiren; ich bin also gezwungen, nach dem Text zu übersetzen. Ich leugne weder, noch bestätige ich etwas; ich führe vor dem großen und letzten Richter, den man »Wahrheit« nennt, einen Prozess. A. Dumas.

Er lautet:

»Man wird einen zweifachen Angriff auf die Porta Angelica und die Porta Cavalleggeri unternehmen, um die Aufmerksamkeit des Feindes zu teilen.
Zunächst werden die feindlichen Truppen, die auf dem Monte Mario lagern, zurückgeworfen, und dann kann die Porta Angelica besetzt werden.
Wenn unsere Truppen diese beiden Punkte genommen haben, werden wir den Feind mit aller möglichen Kraft, in jeder Beziehung des Wortes, zurückwerfen, und der allgemeine Sammelplatz ist dann der Petersplatz.
Es wird anempfohlen, das französische Blut zu schonen.«

Der Plan des französischen Generals war nicht nur schlecht, er wurde noch schlechter ausgeführt; wir werden es sogleich zu beweisen versuchen.

Der Weg, der von Civitavecchia nach Rom führt, teilt sich vor den Mauern in einer Entfernung von ungefähr fünfzehnhundert Metern in zwei Wege, der rechte führt nach der Porta San Pancracio, der linke nach der Porta Cavalleggeri, die nahe an dem vorspringenden Winkel des Vatikans liegt.

Wenn die französische Armee ihrem Plane gemäß handeln und von hinten den Monte Mario nehmen wollte, musste sie, sobald sie an die Weggabelung kam, sich mit einer Brigade links in der Richtung auf den Aquädukt Paolo wenden und mit der andern rechts auf Casale di San Pio vorrücken und sich der Porta Cavalleggeri zu bemächtigen suchen.

Hier lag der schwere Fehler, den die Franzosen gegingen. Sie warfen auf die rechte Seite ihre leichte Infanerie vom 20. Linienregiment, die in ein unebenes, mit Bäumen besetztes und schwer zugängliches Terrain gerieten, und auf die Höhen zur Linken ihre Jäger von Vincennes; ungefähr fünfzehnhundert Schritte vor den Mauern wurden diese braven verlorenen Kinder der feindlichen Armee durch den Kartätschenhagel, den die Batterie der Bastion San Mario ausspie, niedergestreckt.

Indessen hätte es ihnen noch schlimmer ergehen können, wenn sie nicht vermöge ihrer Geschicklichkeit, die sie sich in den Kriegen gegen die Araber erworben haben, verstanden hätten, die Unebenheiten des Geländes als Deckung zu benutzen. Ihr bewunderungswürdig gezieltes Feuer brachte uns große Verluste bei. Auf unserer Seite wurden hierbei getötet: Leutnant Marducci, ein junger Mann, der die größte Hoffnung seiner Mutter war, die nach der Rückkehr des Papstes Pius IX. zu acht Tagen Gefängnis verurteilt wurde, weil sie das Grab ihres Sohnes mit Blumen geschmückt hatte; sodann der Adjutant Major Enrico Pallini, der Brigadier Della Verdova, der Kapitän Pifferi, der Leutnant Belli und einige andere, die der Welt unbekannt, uns aber teuer sind, wie Stephanis, Ludovic und Kapitän Leduc, ein braver Belgier, der im Unabhängigkeitskriege für uns kämpfte.

Die Überlebenden zögerten nicht, dem Beispiele der Gefallenen zu folgen; seit Tagesanbruch kündigten die Wirbel der Tamboure den Römern die Annäherung der Franzosen an, und so waren die Mauern und Bastionen in einem Augenblicke wieder mit Leuten besetzt.

Während die leichte Infanterie vom 20. Linienregiment und die Jäger von Vincennes unser Feuer erwiderten, rückte das Gros der französischen Truppen, die wohl sehen mussten, dass man ihnen Kugeln anstatt der erwarteten Blumen zuschleuderte, weiter vor. Sobald sie sichtbar wurden, begann eine Batterie von vier Kanonen, die auf einer Bastion errichtet worden war, sie mit Kartätschen zu beschießen.

Der französische General ließ sogleich auf den Aquädukten eine Batterie auffahren, befahl ihr, unser Feuer zu erwidern, und postierte auf einem Hügel zwei weitere Geschütze, die gegen die Gärten des Vatikans Front machten, wo sich wenige Soldaten, aber eine große Menge bewaffneten Volkes befand.

Als unser Feuer infolge der Treffsicherheit der Jäger von Vincennes ein wenig nachließ, schickte der französische General die Brigade Meliere vor, die kühn bis an den Fuß der Mauern vorrückte; wie ich aber schon sagte, waren unsere Gefallenen schnell ersetzt worden, das Feuer wurde wieder heftiger und zwang die Kolonnen Marulaz und Bouat, sich zurückzuziehen und in den Geländefalten Deckung suchen.

Garibaldi verfolgte all diese Bewegungen von den Gärten der Villa Pamphili aus. Er urteilte, dass jetzt der Moment, zu handeln, für ihn gekommen sei, und schickte mehrere kleine Abteilungen durch die Weinberge vor; dieses Manöver wurde aber entdeckt, und das 20. Linienregiment sandte den Jägern von Vincennes eine

Verstärkung, um zu verhindern, dass sie überrascht würden, und sie zu schützen.

Garibaldi ließ daraufhin sagen, dass er für den Erfolg garantiere, wenn man ihm eine Verstärkung von tausend Mann schicke. Man sandte ihm sogleich das Bataillon des Obersten Galleti und das erste Bataillon der römischen Legion, das von Oberst Morelli kommandiert wurde. Garibaldi bestimmte, dass einzelne Kompanien die bedrohten Straßen verteidigen und andere die Flanken und den Rücken der Ausfalltruppen decken sollten, und warf sich an der Spitze der Letzteren den Franzosen entgegen.

Unglücklicherweise hielten die Unsrigen von der Höhe der Wälle herab Garibaldis Leute für Soldaten des Generals Oudinot und feuerten auf sie. Garibaldi machte Halt, bis sich der Irrtum aufgeklärt hatte, und stürzte dann ganz offen mit dem Bajonette auf das Zentrum der französischen Armee los.

Hier entspann sich ein schrecklicher Kampf zwischen den Tigern von Montevideo, wie man sie nannte, und den afrikanischen Löwen. Franzosen und Römer schlugen sich Brust an Brust, metzelten sich mit dem Bajonette nieder, kämpften, stürzten zu Boden und erhoben sich wieder. Garibaldi hatte endlich seiner würdige Gegner gefunden.

Hierbei wurden auf unserer Seite getötet der Kapitän Montaldi und die Leutnants Rigli und Zamboni; verwundet wurden der Major Marochetti, der Arzt Scheenda, ein Offizier Ghiglioni und Pater Ugo Bassi, der sich, Wunden und Tod nicht fürchtend, ohne Waffen mitten unter den Kämpfern befand, um den Verwundeten zu helfen und die Sterbenden zu trösten; er war ein frommes Herz, eine erbarmungsvolle Seele, aus dem die Priester einen Märtyrer gemacht haben; schließlich die Leutnants Dall'Oro, Tressoldi, Rolla und der junge Stadella, Sohn des neapolitanischen Generals.

Nach einstündigem Kampfe wurden die Franzosen genötigt, zu weichen, ein Teil zerstreute sich in den Feldern, ein anderer zog sich zum Hauptkorps zurück. Zweihundertundsechzig Mann wurden von uns zu Gefangenen gemacht.

Als er den üblen Ausgang des so schlecht überlegten Angriffes sah, glaubte der Artillerie-Kapitän Fabar, der Ordonnanz-Offizier des französischen Generalkommandeurs, Abhilfe schaffen zu können, und schlug seinem Chef vor, eine neue Kolonne auf einem ihm bekannten Wege zum Angriff zu führen; auf diese Weise wollte er unbemerkt bis unter die Mauern Roms gelangen, den Gärten des Vatikans gegenüber. Diesem Wege zur Seite lagen vier oder fünf Häuser, die durch die Weinberge verdeckt waren; hier konnte man einige kleine Abteilungen zurücklassen.

Der General nahm dieses Anerbieten an, gab ihm eine Brigade vom Korps Levaillant, und Kapitän Fabar trat seinen Marsch an.

Anfangs ging diese Unternehmung leicht vonstatten und der Marsch der Kolonne blieb wirklich den Verteidigern Roms bis an den Weg vor der Porta Angelica verborgen; sowie aber der erste Sonnenblitz auf die französischen Waffen fiel, empfing ein furchtbares Feuer, das von den Mauern der päpstlichen Gärten ausging, diese Kolonne, und eine der ersten Kugeln traf den Kapitän Fabar, der sie führte.

Obgleich sie ihres Führers beraubt war, verteidigte sich die Kolonne tapfer und antwortete eine Weile lang dem Feuer von den Mauern, endlich aber wurden die Franzosen dezimiert und zerstreut, und da sie die Truppen von Monte Mario hinter sich und vor sich das Feuer der Engelsburg hatten, das ihnen den Weg nach der Porta Angelica versperrte, und ohne Deckung dem Kugel- und Kartätschenhagel ausgesetzt waren, der von den Gärten des Vatikans kam und ihnen nicht erlaubte, ihre alten Positionen wieder einzunehmen, waren sie genötigt, sich in die kleinen in den Weinbergen zerstreuten und längs des ganzen Weges liegenden Gehöfte zurückzuziehen, wo unsere Artillerie sie zu beschießen fortfuhr.

So war also eine ganze Brigade, die den linken Flügel der französischen Armee bildete, von ihrem Zentrum abgeschnitten und in Gefahr, gefangen genommen zu werden. Zum Glück für den General Levaillant kamen unsere Truppen von Monte Mario nicht herab, und zweitausend Mann, die sich hinter der Porta Angelica gesammelt hatten und sich auf sie hätten stürzen können, rührten sich nicht von der Stelle.

Auf ihrem rechten Flügel, das heißt dort, wo Garibaldi gekämpft hatte, waren die Franzosen nicht glücklicher; aufgrund ihres Rückzuges hatte das Gefecht aufgehört, als General Oudinot seine Leute aber zurückdrängen sah, hatte er in der Besorgnis, dass seine Verbindung zu Civitavecchia abgeschnitten werden könnte, Teile der Brigade Molière vorgeschickt, und der Kampf, der einen Augenblick erkaltet war, entbrannte nun in neuer Hitze. Aber Kriegswissenschaft, Disziplin, Mut, der ungestümste Angriff, alles scheiterte an unseren Soldaten, so jung und unerfahren sie auch waren.

Garibaldi war da, saß hoch im Sattel, sein Haar wehte im Winde, er ähnelte der ehernen Statue des Schlachtengottes. Beim Anblicke des Unverwundbaren musste sich jeder der Taten seiner unsterblichen Vorfahren und der Welteroberer, auf deren Gräbern er stand, erinnern; man konnte sagen, jeder wusste, dass die Schatten des Camillus, Cincinnatus und Cäsar von der Höhe des Kapitols auf sie herniederschauten. Dem Ungestüm, der französischen Heftigkeit setzten sie die römische Ruhe, den äußersten Willen der Verzweiflung entgegen.

Nach vier Stunden hartnäckigen Kampfes eroberte der Kommandeur eines Bataillons des 20. Linienregiments, an diesem Tage Oberstleutnant Picard, mit unerhörten Anstrengungen und wunderbarem Mute mit dreihundert Mann eine gute Stellung, aus der er die jungen Männer der Universität vertrieb; beinahe in demselben Augenblicke stürmte aber Garibaldi, der zur Verstärkung ein Bataillon Emigranten unter Arcionis Befehl sowie Teile der römischen Legion erhalten hatte, mit gefälltem Bajonett vorwärts, ergriff seinerseits die Offensive, warf mit unwiderstehlicher Gewalt alles, was sich ihm entgegenstellte, über den Haufen und umzingelte Oberstleutnant Picard in dem Hause, das dieser zu seiner Festung ausgebaut hatte. Der französische Kommandeur, der von allen Seiten angegriffen wurde, musste sich endlich, nachdem er mit Nino Bixio Brust an Brust gekämpft hatte, mit seinen dreihundert Mann ergeben.

Dieser Riesenkampf entschied den Tag und wendete das Blatt ganz und gar. Die Frage war nicht mehr, ob Oudinot in Rom eindringen würde, sondern nur noch, ob er nach Civitavecchia zurückkehren könne. Garibaldi war in der Tat Herr der Villa Pamphili und der Position an den Aquädukten, beherrschte die Via Aurelia und konnte durch eine rasche Bewegung den Franzosen zuvorkommen und ihnen bei Castel di Guido den Weg abschneiden.

So konnte sich der linke Flügel der Franzosen, der unterhalb der Gärten des Vatikans zerschmettert worden war und sich auf die zerstreuten Gehöfte verteilt hatte, nicht zurückziehen, ohne sich dem vernichtenden Feuer der Artillerie und der Infanterie von den Mauern herab auszusetzen.

Der rechte Flügel, durch Garibaldi geschlagen und zerstreut, befand sich in einem Zustand der Mutlosigkeit, wie er einer unerwarteten Niederlage zu folgen pflegt, und konnte nur noch schwachen Widerstand leisten. Die Franzosen waren durch den zehnstündigen

Kampf völlig ermattet und hatten keine Kavallerie, um den Rückzug zu decken.

Wir hatten zwei Linienregimenter in Reserve, zwei Dragonerregimenter zu Pferde, zwei Karabinierschwadronen, das lombardische Bataillon, das Manara kommandierte, durch Manuccis Wort allerdings zur Untätigkeit verdammt war, und dazu noch ein ganzes Volk.

Garibaldi beurteilte die Situation richtig, denn vom Schlachtfelde aus schrieb er an den Kriegsminister Avizzana: »Schicken Sie mir frische Truppen, und ebenso, wie ich Ihnen versprochen habe, die Franzosen zu schlagen – ein Wort, das ich gehalten habe –, verspreche ich Ihnen jetzt, dass nicht einer von ihnen sein Schiff erreichen soll.«

Doch Mazzini sprach, wie man so sagt, ein Machtwort: »Wir wollen uns Frankreich«, sagte er, »nicht durch eine vollständige Niederlage zum ewigen Feinde machen und wir dürfen unsere jungen Reservesoldaten im offenen Felde nicht einem geschlagenen, aber tapfern Feinde aussetzen.«

Dieser große Fehler Mazzinis raubte Garibaldi den Ruhm seines Sieges und machte dessen Früchte zunichte; zwar war dieser Irrtum bei einem Manne zu entschuldigen, der alle seine Hoffnungen auf die französische demokratische Partei gesetzt hatte, deren Führer Ledru-Rollin war, doch sollte er für Italien fatale Konsequenzen haben. Garibaldis Plan hätte, wenn er angenommen worden wäre, das ganze Schicksal Italiens umgestalten können.

In der Tat war die Lage eindeutig, und ich appelliere heute, wo der Hass erloschen ist und ein neuer Tag für Italien anbricht, an die Redlichkeit unserer Gegner. Oudinot hatte Rom mit zwei Brigaden angegriffen, deren eine unter Befehl des Generals Levaillant stand, während die andere von General Molière geführt wurde; ein Bataillon Jäger, zwölf Feldkanonen und fünfzig Pferde ergänzten diese Brigade. Wir haben gesehen, in welch trostlosen Zustand dieses Armeekorps am Abend des 30. April versetzt worden war, dessen linker Flügel sich ungeschickt benahm und dessen rechter von Garibaldi auf sein Zentrum zurückgeworfen wurde; wir haben gesehen, dass Garibaldi Herr der Villa Pamphili, der Aquädukte und der alten Via Aurelia war; es fehlte nur noch, dass man sich, ohne einen Augenblick zu verlieren, mit allen verfügbaren Truppen vorwärtsstürzte und die Franzosen entweder zu schleuniger Flucht, die notwendig war, wenn sie Civitavecchia erreichen wollten, oder zu neuem Kampfe zwang, der sich bei der ungünstigen Lage, in der sie sich befanden, mit ihrer vollständigen Niederlage geendigt haben würde. Entweder musste die französische Armee vernichtet oder gezwungen werden, die Waffen zu strecken.

Das Merkwürdigste an diesem ganzen Tage war, dass die römischen Militärkapellen die Marseillaise spielten, während diejenigen besiegt wurden, welche von diesem Gesange begeistert ganz Europa unterworfen hatten. Freilich sangen die Franzosen die Marseillaise zu dieser Zeit nicht mehr.

Außer Toten und Verwundeten hinterließen die Kanonen- und Flintenkugeln an diesem Tage große Schäden an den Baudenkmälern Roms, und wir konnten uns nicht enthalten, traurig zu lächeln, als wir in den französischen Zeitungen lasen, die Belagerung werde sich wohl in die Länge ziehen, weil die Ingenieure sehr bemüht seien, die alten Monumente und Kunstwerke zu schonen. Die Kugeln trafen und zerschlugen wie Hagel die Kuppeln der Peterskirche und des Vatikans. In der Kapelle Paulina, die reich an Fresken Michelangelo Buonarottis, Federico Zuccaris und Lorenzo Sabatinis ist, wurde eines der Gemälde von einer Kugel zerstört. In der Sixtinischen Kapelle beschädigte eine andere ein von Buonarotti gemaltes Bild.

Die Franzosen verloren an diesem Tage – Tote, Verwundete und Gefangene zusammengerechnet – dreizehnhundert Mann; auf unserer Seite waren ungefähr hundert getötet oder außer Gefecht gesetzt worden und einer gefangen.

Dieser Gefangene war Pater Ugo Bassi, der bei einer unserer Rückwärtsbewegungen den Kopf eines Sterbenden, zu dem er sich niedergesetzt hatte, um ihn zu trösten, auf seinen Schoß genommen hatte und den Unglücklichen nicht eher verlassen wollte, als bis er seine letzten Seufzer ausgehaucht hätte.

Man kann sich leicht die Freude vorstellen, die in der diesem ersten Kampfe folgenden Nacht herrschte. Wie sich die Dinge auch einmal wenden mögen, so wird die Geschichte – sollte man wenigstens glauben – doch nie leugnen, dass wir den ersten Soldaten der Welt nicht allein einen ganzen Tag lang die Stirn boten, sondern sie auch zum Rückzug nötigten. Die ganze Stadt war festlich erleuchtet und geschmückt, überall hörte man Gesänge und Musik.

Diese Gesänge zerrissen das Herz der französischen Gefangenen. Der Kapitän Fabie wandte sich an einen römischen Offizier, den Geschichtsschreiber Vecchi, und fragte ihn: »Soll diese Freude und dieser Gesang uns beleidigen?«

»Nein«, antwortete ihm Vecchi, »glauben Sie das nicht; unser Volk ist edel gesinnt und beleidigt das Unglück nicht, aber es feiert seine Blut- und Feuertaufe. Wir haben heute die ersten Soldaten der Welt besiegt, und Sie wollen es unrecht finden, dass wir das Andenken der Gefallenen und die Wiedergeburt unseres alten Rom feiern?«

Kapitän Fabie schien von dieser Antwort, die ihm in vortrefflichem Französisch gegeben wurde, lebhaft bewegt, so dass ihm die Tränen in die Augen traten; er rief aus: »Das ist gut, von diesem Gesichtspunkte aus lebe Rom, lebe Italien!«

Kein Gefangener wurde in das ihm angewiesene Quartier geschickt, bevor er nicht mit Lebensmitteln und allem, was er brauchte, versorgt worden war. Den Offizieren, die ihren Degen verloren hatten, wurde sofort ein anderer zugestellt.

Am nächsten Tage, dem 1. Mai, teilte der unermüdliche Garibaldi, der vom Kriegsminister bevollmächtigt worden war, die Franzosen mit seiner Legion, das heißt zwölfhundert Mann, anzugreifen, dieselbe in zwei Kolonnen, deren eine mit Masina durch die Porta Cavalleggeri hinauszog, während die andere unter seinem eigenen Befehl durch die Porta San Pancracio marschierte; die wenige Kavallerie, die er besaß, war durch eine Schwadron Dragoner verstärkt worden.

Die Absicht Garibaldis war, die Franzosen in ihrem Lager zu überraschen und ihnen, obgleich sie sechs Mal stärker als er waren, eine Schlacht zu liefern; er hoffte übrigens, dass bei dem Schalle des Gewehrfeuers und der Kanonen das ganze Volk zu seiner Unterstützung herbeiströmen werde.

Als er aber draußen war, erfuhr er, dass die Franzosen während der Nacht abgezogen seien und sich nach Castel di Guido zurückgezogen hätten und dass Masina, der einen näheren Weg genommen hatte, auf ihre Nachhut gestoßen sei und sich mit ihr herumschlage. Garibaldi beschleunigte darauf seinen Marsch und stieß nahe bei der Gastwirtschaft von Malagrotta zu ihm, woselbst die Franzosen sich sammelten und sich auf eine Schlacht vorzubereiten schienen. Er bezog sogleich auf einer Anhöhe in der Flanke der französischen Armee eine vorteilhafte Stellung, sowie aber die Unsrigen den Angriff beginnen wollten, trennte sich ein Offizier von dem feindlichen Armeekorps, kam auf der großen Straße heran und verlangte, mit Garibaldi zu sprechen.

Garibaldi befahl, ihn vor sich zu führen. Der Offizier sagte, dass er vom Generalkommandeur der französischen Armee geschickt worden sei, um über einen Waffenstillstand zu verhandeln und sich zu vergewissern, ob das römische Volk die republikanische Regierung anerkenne und seine Rechte verteidigen wolle. Als einen Beweis der redlichen Absichten des Generals schlug er vor, uns den Pater Ugo Bassi zurückzugeben, der am Abend zuvor, wie bereits erzählt, gefangen genommen worden war.

Während dieser Verhandlungen traf ein Befehl des Ministers ein, dass Garibaldi sofort nach Rom zurückkehren solle. Die Legion trat den Rückweg um vier Uhr nachmittags an und nahm den französischen Unterhändler mit sich. Der Waffenstillstand, den General Oudinot verlangte, wurde ihm bewilligt.

4. Expedition gegen die neapolitanische Armee

Während dies alles, was wir erzählt haben, sich zutrug, rückte die neapolitanische Armee, ungefähr zwanzigtausend Mann stark und mit ihrem König an der Spitze, sechsunddreißig Feuerschlünde bei sich führend, von einer prächtigen Kavallerie begleitet, stolz auf ihre frischen Siege in Kalabrien und Sizilien, heran, um die Stadt auf dem linken Ufer der Tiber zu umschließen. Sie hatte Velletri, dann Albano und Frascati, das auf seiner rechten Seite durch die Apenninen, auf seiner linken durch das Meer geschützt war, besetzt und dehnte ihre Vorposten bis auf einige Meilen vor unseren Mauern aus.

Als Garibaldi, den der Waffenstillstand unbeschäftigt ließ, dies sah, bat er, diese Muße dazu verwenden zu dürfen, mit dem Könige von Neapel Krieg zu führen. Diese Erlaubnis wurde ihm gegeben.

Am Abend des 4. Mai rückte er mit seiner Legion aus, die damals zweitausendfünfhundert Mann stark war. Dazu gehörten das Bersaglieri-Bataillon Manaras, das Zollwächterkorps, die Universitätslegion, zwei Kompanien der mobilen Nationalgarde und einige andere Freiwilligenkorps.

Um sechs Uhr erschien Garibaldi zum Appell auf der Piazza

del Popolo. Ein junger Schweizer, der ein vortreffliches Buch über der Belagerung Roms geschrieben hat, Gustav von Hoffstetter, beschreibt den Eindruck, den Garibaldi auf ihn machte, folgendermaßen:

»Sobald es sechs Uhr schlug, erschien der General mit seinem Stabe und wurde durch donnernde Vivats begrüßt. Ich sah ihn zum ersten Male. Er ist ein Mann von mittelgroßer Figur mit einem sonnenverbrannten Gesichte, aber mit Zügen von antiker Reinheit; er sitzt so ruhig und so fest zu Pferde, als ob er darauf geboren wäre; unter seinem Hute, der breite Ränder und ein schmales Band hat und mit einer schwarzen Straußenfeder geschmückt ist, quillt ein Wald von Haaren hervor; ein rötlicher Bart bedeckt den untern Teil seines Gesichtes; über sein rotes Hemde hing ein weißer und mit Rot geränderter Mantel, wie man sie in Amerika trägt. Sein Stab trug die rote Bluse, die später die ganze italienische Legion anlegte.

Hinter ihm galoppierte sein Stallmeister, ein kräftiger Schwarzer, der ihm aus Amerika gefolgt ist; er war mit einem schwarzen Mantel bekleidet und trug eine Lanze mit rotem Fähnchen.

Alle, die er aus Amerika mitgebracht hatte, trugen Pistolen und Dolche von sehr schöner Arbeit im Gürtel, jeder von ihnen hatte in der Hand die Peitsche von Büffelhaut.«

Wir fahren in dieser Beschreibung fort und lassen dieses Mal Emil Dandolo sprechen; er war ein armer junger Mann, der bei der Belagerung Roms, bei der sein Bruder getötet wurde, eine Verwundung erhielt; später starb er zu Mailand an einer Brustkrankheit; er hat eine Erzählung der Begebenheiten, denen er beiwohnte, hinterlassen. Dandolo sagt also:

»Von ihren Ordonnanzen gefolgt, reiten alle diese aus Amerika gekommenen Offiziere umher, vereinigen sich wieder, reiten hier und da hin und sind immer tätig, wachsam und unermüdlich. Wenn die Truppe anhält, um sich zu lagern und einiger Ruhe zu genießen, wenn die Soldaten ihre Gewehre in Pyramiden zusammenstellen, ist es ein eigentümlicher Anblick, sie von ihren Pferden springen und jedem, den General mit einbegriffen, seine Bedürfnisse besorgen zu sehen.

Erst wenn dies geschehen ist, denken diese Reiter an sich selbst, und wenn sie sich aus den benachbarten Orten keine Lebensmittel verschaffen können, springen drei bis vier Obristen oder Majore in den Sattel und wagen sich, mit Lassos bewaffnet, in das Feld hinaus, auf die Spur von Rindern oder Hammeln. Wenn sie so viele zusammen haben, als sie wollen, kehren sie zurück und treiben die Tiere vor sich her; sie verteilen an jede Kompanie eine bestimmte Anzahl, und nun fangen Offiziere und Soldaten an, die Tiere zu schlachten, sie schneiden sie in Viertel und braten an mächtigen Feuern enorme Stücke von Hammeln, Rindern oder Schweinen, die kleineren Tiere wie Truthähne, Hühner und Enten gar nicht gerechnet.

Während dieser Zeit schläft Garibaldi, wenn die Gefahr fern ist, in seinem Zelte; wenn dagegen der Feind in der Nähe ist, steigt er nicht vom Pferde, gibt seine Befehle und inspiziert die Vorposten; nur wirft er gewöhnlich seine Uniform ab, zieht sich Bauernkleider an und kundschaftet selbst auf die gefährlichste Weise; meistenteils sitzt er auf einer die Umgegend beherrschenden Höhe und bringt die Zeit damit zu, den fernen Horizont mit seinem Augenglase zu beobachten. Wenn die Trompete des Generals das Zeichen zum Aufbruch gibt, so dienen dieselben Lassos dazu, die Pferde einzufangen, die zerstreut auf den Wiesen weiden; die Marschordnung bleibt wie vorher und das Korps setzt sich in Marsch, ohne das jemand weiß oder sich darüber beunruhigt, wohin es geht.

Die eigentliche Legion Garibaldis ist beinahe tausend Mann stark; sie setzt sich aus den ungleichsten Menschen, die man nur sehen kann, zusammen, Leuten jeden Standes, jeden Alters, Kindern von zwölf bis vierzehn Jahren, die durch einen edlen Enthusiasmus zu diesem unabhängigen Leben getrieben worden sind, alten Soldaten, die der Name und der Ruf des berühmten Condottiere der Neuen Welt herbeigeführt hat, und mitten unter diesen gibt es viele, die sich nur der Hälfte des Bayard'schen Beinamens ‚Ritter ohne Furcht und Tadel' rühmen können und in der Verwirrung des Krieges Freiheit und Straflosigkeit suchen.

Die Offiziere werden aus den Tapfersten ausgewählt und zu den höheren Chargen befördert, ohne dass dabei auf das Alter und die gewöhnlichen Beförderungsregeln Rücksicht genommen würde. Heute sieht man einen mit dem Säbel an der Seite als Kapitän, morgen ergreift er aus Liebe zur Abwechselung die Muskete, stellt sich in das Glied und ist wieder Soldat geworden. An Sold fehlt es ihnen nicht, denn er wird mit den Papieren der Triumvirn ausbezahlt, die

keine größere Mühe als den Druck kosten; verhältnismäßig ist die Zahl der Offiziere größer als die der Soldaten.
Der Wagenmeister war Kapitän; der Koch des Generalleutnants, ebenso die Ordonnanz und die Mitglieder des Generalstabs sind Majore und Obristen.
Mit seiner patriarchalischen Einfachheit, die so groß ist, dass man sie oft für erzwungen halten würde, ähnelt Garibaldi mehr dem Häuptlinge eines indianischen Stammes, als einem General, wenn aber die Gefahr naht oder plötzlich hereinbricht, dann sind sein Mut und sein Scharfblick wahrhaft bewunderungswürdig; was ihm nach militärischen Regeln an strategischer Wissenschaft abgeht, ersetzt er durch kühne Tätigkeit.«

Man sieht, dass dieser außerordentliche Mann auf jeden Geist und jedes Temperament einen gleich großen Eindruck machte.

Kehren wir nun zu der Expedition gegen die Neapolitaner zurück.

Die Truppen setzten sich gegen acht Uhr abends in Marsch; niemand wusste, wohin es ging. Man wandte sich rechts, bis man einen weiten Bogen beschrieben hatte und sich auf der Straße von Palestrina befand.

Die Nacht war klar und frisch, man marschierte im tiefsten Schweigen und schnellen Schrittes; der Generalstab selbst übernahm die Sicherung; von wenigen Reitern begleitet, ritten diese Offiziere weit in die Campagna hinaus. Wenn das Gelände unübersichtlich wurde, musste die Kolonne Halt machen, die Adjutanten untersuchten dann die Umgebung und brachten Nachrichten zurück, nach denen die weiteren Bewegungen bestimmt wurden.

Außer dem Vorteil der Sicherheit hatten diese Halte auch den, den Truppen, deren Marsch sich auf diese Weise ohne zu große Übermüdung bis acht Uhr morgens fortsetzte, Ruhe zu gönnen. Eine Meile vor Tivoli hielt man wieder an; seit einiger Zeit schon hatte man den Weg von Renesti, der auf den von Palestrina führt, verlassen und sich auf einer alten Römerstraße nach Tivoli gewandt.

Durch diesen so schnell ausgeführten nächtlichen Marsch hatte der General einen dreifachen Vorteil gewonnen.

Erstens hatte er die Spione getäuscht, die ihn durch die Porta del Popolo ausrücken sahen und daher glauben mussten, dass die Expedition gegen die Franzosen gerichtet sei, welche zu Palo Halt gemacht und sich auf Verhandlungen mit dem Triumvirat eingelassen hatten.

Zweitens befand sich Garibaldi in Tivoli auf der rechten Flanke der Operationslinie der Neapolitaner, die zu Velletri lagerten und ihre Schützen bis auf die Höhen Tivolis in Richtung Rom vorschoben.

Drittens war der nächtliche Marsch durch eine verlassene Wüste ohne Schatten und Wasser dank der Frische der Nacht eine wahre Wohlthat für die Truppen.

Um fünf Uhr abends traten die Leute wieder in ihre Glieder und man marschierte zu den Ruinen der Villa Adriana, die etwa eine Meile von dem Haltepunkte entfernt am Fuße des Berges liegt, auf dem sich Tivoli erhebt.

Anfangs hatte der General die Absicht, an letzterem Orte die Nacht zuzubringen, er änderte aber diesen Plan und beschloss, vorher die umliegende Gegend vollständig auszukundschaften. In Tivoli selbst stationierte er keine Truppen, weil er sie nur im äußersten Falle die Villen betreten lassen wollte.

Mitten unter den Ruinen der Villa Adriana, die eine förmliche Festung bilden, schlug die ganze Brigade ihr Lager auf, Menschen und Pferde; die unterirdischen Räume dieses mächtigen Bauwerks waren noch gut erhalten, so dass man sie benutzen konnte. Diese Villa wurde von Hadrian selbst erbaut, sie ist zwei Meilen lang und eine breit; ein Orangen- und Feigenwäldchen ist auf dem Platz des alten Palais angelegt worden.

Den 6. Mai um acht Uhr morgens brach man auf, die Bersaglieri an der Spitze; um die große Straße von Palestrina zu erreichen, musste man durch die Schlucht San Veterino marschieren. Es dauerte eine Stunde, bis man diesen Engpass hinter sich hatte; zu Mittag lagerte man in einem andern Tale, wo sich frisches Wasser und Schatten fand; kein Haus war hier zu erblicken, man befand sich mitten im Grünen. Um halb sechs Uhr wurde der Marsch wieder angetreten und der Berg erstiegen; die Soldaten trieben dabei die Lasttiere, welche die Munition trugen, vor sich her. Jeder trug sein Brot bei sich; um Fleisch machte man sich keine Sorge, denn man fand es an jedem Halteplatze; die Bersaglieri allein hatten Kochgeschirre bei sich.

Auf der Höhe des Berges angekommen, fand die Expedition einen alten, vollständig erhaltenen Römerweg, der nach Palestrina führte, woselbst man um ein Uhr morgens anlangte. Es war ein

Glück, dass man diese Römerstraße gefunden hatte, die so wohl erhalten war, dass kein Lasttier einen Fehltritt tat und der Wind nicht ein Stäubchen davon aufzuwehen vermochte. Es wurde häufig Halt gemacht, damit die Soldaten sich erholen könnten; es war wichtig, nicht ermüdet an Ort und Stelle einzutreffen.

Der General schickte nach allen Seiten Patrouillen aus. Eine derselben, die sechzig Mann stark war und unter dem Befehl des Leutnants Bronzelli stand – desselben, der zehn Jahre später auf dem Schlachtfelde von Treponti tötlich getroffen wurde –, hatte den glücklichsten Erfolg; sie griff ein von den Neapolitanern besetztes Dorf an, schlug sie in die Flucht und machte einige Gefangene. Zwei der Unsrigen, die sich nicht ergeben wollten, wurden getötet und in Stücke gehauen.

Am 9. Mai erhielt man die Nachricht, dass ein ansehnliches neapolitanisches Korps gegen Palestrina vorrücke, und wirklich sah man gegen zwei Uhr nachmittags von der Höhe des Petersberges herab, der die Stadt beherrscht und von unserer zweiten Kompanie besetzt war, die feindliche Kolonne sich auf den beiden Straßen heranbewegen, die sich an der Porta del Sole vereinigen. Es waren zwei Infanterie-Regimenter von der königlichen Garde und eine Kavallerie-Division.

Garibaldi schickte ihnen zwei Kompanien seiner Legion entgegen, eine der mobilen Nationalgarde und die vierte Bersaglieri-Kompanie. Letztere besetzte den linken Flügel der langen Bergkette, die in dem Tale ein Ende nimmt.

Manara übersah von einer Höhe aus zu Pferde diese prächtige Szene und ließ durch einen Trompeter die Signale zur Ausführung aller Bewegungen geben. Man hätte sich einbilden können, dass man einer Parade beiwohne, so ruhig ging alles vonstatten und so genau entsprachen die Bewegungen den Trompetensignalen.

Als wir nahe an die Neapolitaner herangekommen waren, begann ein sehr lebhaftes Feuer und die andern Korps der Expedition zeigten sich in dichten Kolonnen außerhalb des Tores. Der feindliche Anführer wollte nun seine vordersten Züge in eine bewegliche Schützenlinie auflösen, man sah aber, wie die erschrockenen Soldaten sich weigerten, sich voneinander zu trennen. Wir rückten indessen immer weiter vor und setzten unser Feuer fort. Nun umging unser äußerster rechter Flügel, den Leutnant Rozat befehligte, eine Mauer, die ihn am Vorrücken hinderte, und stürzte sich lebhaft dem Feinde in die Flanke.

Die Neapolitaner stutzten einen Augenblick, dann lösten sich plötzlich ihre Reihen auf und sie ergriffen, fast ohne einen Schuss zu tun, die Flucht. Einige Leute von Manaras Bataillon drangen nun mitten in sie hinein und schleppten fünf bis sechs Gefangene heraus.

Auf dem rechten Flügel ging es zwar langsamer, aber doch gerade ebenso; die erste Kompanie der Bersaglieri ließ die Neapolitaner bis auf Pistolenschussweite herankommen und trieb sie dann mit einem lebhaften und unerwarteten Angriffe mit dem Bajonett leicht in die Flucht, jagte sie hintereinander aus drei Häusern, die sie besetzt hatten, und hielt mit der größten Ruhe einem Kavallerie-Angriff stand, der einer beträchtlichen Anzahl neapolitanischer Reiter das Leben kostete.

Dies war der Moment, auf den Garibaldi gewartet hatte; er schickte Manara ein Bataillon zur Verstärkung und befahl ihm, auf der ganzen Linie mit dem Bajonette anzugreifen. Von den Lombarden in ihrer Flanke erfasst, durch die Legionen und die Emigrierten in der Front zurückgeworfen, ergriffen die Königlichen rasch und vollständig die Flucht und ließen drei Kanonen auf dem Schlachtfelde stehen.

Der Kampf dauerte drei Stunden und wurde ohne große Anstrengung zu einem glücklichen Ende für uns geführt; der Feind leistete einen so schwachen Widerstand, dass wir darüber erstaunten. Wenn wir Kavallerie gehabt und sie den Flüchtigen nachgeschickt hätten, so wäre ihr Verlust sehr beträchtlich gewesen. Als aber Garibaldi den Feind sich so schleunig zurückziehen und die Unsrigen ihn in Unordnung verfolgen sah, fürchtete er einen Hinterhalt und ließ das Signal zum Rückzuge geben.

Wir hatten ein Dutzend Tote und zwanzig Verwundete, unter denen der tapfere Kapitän Ferrari war, der einen Bajonettstich in den Fuß erhalten hatte. Die Verluste der Neapolitaner betrugen wohl hundert Mann. Der materielle Erfolg war also gering, die moralische Wirkung aber groß; zweitausendfünfhundert Soldaten Garibaldis hatten sechstausend Neapolitaner vollständig in die Flucht geschlagen.

Ungefähr zwanzig arme Teufel von Gefangenen, fast alles Reservisten und folglich aus ihren Familien gerissen und gezwungen, für eine Sache zu kämpfen, die kein Interesse für sie hatte, wurden vor Garibaldi geführt. Zitternd und mit gefalteten Händen baten sie um ihr Leben. Es waren schöne Menschen, gut gekleidet, aber schlecht bewaffnet mit schweren Steinschlossgewehren und bepackt mit Heiligen- und Madonnenbildern, Reliquien und Amuletten. Solche trugen sie am Halse, in den Taschen, kurz überall. Sie sagten aus, dass der König mit zwei Schweizer Regimentern, drei Kavallerie-Regimentern und vier Batterien zu Albano sei und dass man von Neapel neue Verstärkungen erwarte. Sie waren auf Befehl des Generals Zucchi ausgerückt, um Palestrina zu nehmen und sich Garibaldis zu bemächtigen, der ihnen einen so großen Schrecken einflößte, wie man sich gar nicht vorstellen kann.

Die Nacht brachten wir außerhalb Palestrinas zu.

Am folgenden Tage rückten wir vor, um zehn Meilen weiter Vorposten aufzustellen; unsere Patrouillen wagten sich bis in die feindlichen Linien hinein, die vier Meilen von uns entfernt standen.

Um nicht unbeschäftigt zu bleiben, ließen wir unsere Soldaten, die seit Solaro nicht ein einziges Mal exerziert hatten, manövrieren. Für unsere republikanischen Herzen war es ein schönes und ermutigendes Schauspiel, diese Leute zu sehen, die, eine Viertelmeile vom Feinde entfernt, die Führung der Waffen lernten, deren sie sich gegen ihn bedienen sollten, und die beim Klange der Trompete und Trommel die Exerzierschule und das Schützenfeuer übten.

Abends kehrten wir nach der Stadt zurück, um in ein Gefecht ganz anderer Art verwickelt zu werden. Den 7. Mai waren wir um Mitternacht bei strömendem Regen angelangt. Das Bataillon Manara wurde in ein Augustinerkloster einquartiert, aber die Mönche wollten ihm zuerst nicht die Tore öffnen; ermüdet und durchnässt klopften die Republikaner eine Stunde lang bei eisigem Wind vergebens an die Tür. Endlich riss den Bersaglieri die Geduld, so groß sie auch gewesen war; man ließ Belagerungspioniere kommen und schlug das Klostertor ein.

Obgleich die an diesem Abende sehr ermüdeten Soldaten über einen solchen Empfang wütend waren, obgleich ihnen Garibaldi vollständig beistimmte und jene Leute wissen ließ, dass er mit den der Republik feindlichen Mönchen ebenso gut wie mit den Neapolitanern Krieg machen könne, gelang es den Ermahnungen Manaras und seiner Offiziere doch, die Soldaten zu beruhigen und von allen Übergriffen abzuhalten, die man bei einer solchen Gelegenheit erwarten konnte. Sie legten sich ruhig auf das Steinpflaster der Korridore hin und suchten in einer kurzen Ruhe die Kraft wiederzugewinnen, um neue Strapazen ertragen zu können.

Glücklicherweise setzten uns die Neapolitaner nicht allzu sehr zu.

Am Abend nach der Schlacht kamen die Bersaglieri wieder an ihr Kloster und fanden es von neuem verschlossen; wieder musste man, um eintreten zu können, zu den Beilen der Pioniere seine Zuflucht nehmen. Dieses Mal waren die Brüder des Klosters entflohen; sie konnten nicht glauben, dass die Republikaner so gutmütig seien, und fürchteten, dass die bewiesene Milde eine Falle sei und düstere Vergeltung in sich trage.

Als sie flohen, hatten sie die Schlüssel ihrer Zellen mitgenommen; man musste also, um Decken und alle zu einem noch so bescheidenen Nachtlager nötigen Sachen zu erhalten, einige Türen aufbrechen. Glücklicherweise waren die Pioniere nicht weit. Als die ersten Türen aufgebrochen waren, machte dieses Beispiel Schule; anstatt sich wie beim ersten Male mit dem Steinpflaster zu begnügen, wollten die Soldaten nun Matratzen und Deckbetten haben; die Offiziere, die müde geworden waren, Moral zu predigen, folgten dem schlechten Beispiele und nahmen die Zellen ein. In weniger als einer halben Stunde war das ganze Kloster auf den Kopf gestellt; kaum blieb noch so viel Zeit, Schildwachen vor die Kirche, den Keller und die Bibliothek zu stellen.

Übrigens fand sich nichts, was man hätte mitnehmen können; die Brüder hatten nur die großen Möbelstücke zurückgelassen, die niemand in seinen Tornister stecken konnte, wohl aber zogen viele Landleute, die unsere Soldaten zu dieser Aktion aufgehetzt hatten, aus der Unordnung Vorteil und machten sich wie die Ameisen daran, zu dritt oder viert die Stücke wegzuschleppen, die zu schwer für einen Mann waren.

Viele der Unsrigen, die nicht sehr religiös waren, liefen durch das ganze Kloster und waren plötzlich begeistert davon, mit Mönchen zu tun zu haben. Der eine kam aus einer Zelle heraus und hatte einen großen Dominikanerhut auf dem Kopfe, ein anderer wandelte mit einer langen weißen Kutte über seiner Uniform ernst in den Korridoren umher. Zum Appell erschienen alle mit einer großen brennenden Kerze in der Hand, und in der Nacht vom 9. auf den 10. Mai wurde das Kloster zu Ehren unseres Sieges über die Neapolitaner glänzend illuminiert.

Die Korrespondenz der armen Brüder wurde ebenso wenig wie alles Übrige respektiert und mehr als ein Brief wurde im Triumph herumgetragen und von den Soldaten laut vorgelesen; die keuschen Brüder des Ordens wären dabei wohl bis über die Ohren errötet.*

Am 10. Mai hielten wir uns in Palestrina auf. Die Neapolitaner, die ganz in der Nähe lagerten, schienen jedoch den Geschmack an weiteren Angriffen verloren zu haben und besetzten die Hügel von Albano und Frascati, sich Rom allmählich nähernd.

Garibaldi, der einen vereinigten Sturm der Neapolitaner und Franzosen fürchtete, setzte sich noch an demselben Abend nach Rom in Marsch; wir gingen in tiefem Stillschweigen und vollkommener Ordnung nur zwei Meilen entfernt am Lager des Feindes vorüber und marschierten auf fast unwegsamen Stegen, ohne dass irgendein Zwischenfall die Ruhe dieses schönen Marsches störte.

Endlich kamen wir am Morgen des 12. Mai in Rom an, nachdem wir in der Nacht, ohne einen Augenblick anzuhalten, achtundzwanzig Meilen zurückgelegt hatten; wir bedurften dringend der Ruhe und mussten uns mit dem Nötigsten versorgen, denn viele von uns hatten, da sie nur einen Zug von wenigen Stunden machen zu sollen glaubten, um leichter zu sein, weder Kochgeschirre noch Tornister oder Wäsche mitgenommen.

Als aber die Nacht einbrach, mussten wir, anstatt zu ruhen, das Gewehr wieder in die Hand nehmen; in der Stadt wurde Alarm geschlagen und das Gerücht ging um, dass die Franzosen den Monte Mario angriffen. Wir marschierten schleunigst durch die Porta Angelica hinaus, wechselten einige Flintenschüsse mit den Franzosen und schliefen dann, das Gewehr im Arm, am Rande eines Grabens.

5.
Kampf bei Velletri

Von diesem Augenblicke an gestatten uns die von Garibaldi bei seiner Abfahrt nach Sizilien zurückgelassenen Aufzeichnungen, ihm das Wort und die Feder zurückzugeben.

Am 12. Mai erließ die römische konstituierende Versammlung bei der Nachricht von der heldenmütigen Verteidigung Bolognas folgendes Dekret:

---

* Da Medici an der Expedition nach Palestrina nicht teilnahm, ist der größte Teil dieser Details der Erzählung Emil Dandolos entnommen.

»Rom, den 12. Mai 1849.
Die konstituierende Versammlung dekretiert im Namen Gottes und des Volkes:
Einziger Artikel.
Wir erklären, dass das heldenmütige Volk Bolognas sich um das Vaterland und die Republik sehr verdient gemacht hat und der würdige Nacheiferer seines Bruders, des römischen Volkes, ist.«

An demselben Tage, an dem Bologna fiel, kam der außerordentliche Gesandte der französischen Republik, Ferdinand de Lesseps mit Michel Accursi, dem Gesandten der Römischen Republik zu Paris, nach Rom. Durch die Bemühungen des französischen Gesandten wurde der Waffenstillstand, über den schon seit vierzehn Tagen verhandelt worden war und gegen den ich mich am 1. Mai so stark ausgesprochen hatte, endlich abgeschlossen.

Die römische Regierung beschloss, aus dieser Waffenruhe Nutzen zu ziehen, um sich der neapolitanischen Armee zu entledigen, ohne dass diese gerade besonders zu fürchten gewesen wäre; doch ist es immer unangenehm, zwanzigtausend Mann und sechsunddreißig Kanonen im Nacken zu haben. Ich täusche mich übrigens, denn es waren ja nicht mehr als dreiunddreißig Geschütze, da wir bei Palestrina drei davon mit uns genommen hatten.

Bei dieser Gelegenheit fühlte sich die Regierung bewogen, zwei Divisions-Generäle zu ernennen, einen Obersten und einen Brigade-General; Ersterer war Rossetti, der Zweite ich. Rossetti wurde zum Führer der Expedition bestimmt.

Einige Freunde wollten mich bewegen, diese Unterordnung unter einen Mann, der Tags zuvor noch mein Untergebener gewesen war, nicht zu akzeptieren. Ich gestehe aber, dass ich der Eitelkeit immer unzugänglich gewesen bin; wenn man mir, sei es auch als gemeiner Soldat, Gelegenheit gegeben hätte, gegen den Feind meines Vaterlandes den Degen zu ziehen, so würde ich gern als Bersaglieri gedient haben. Ich nahm also mit Dank meine Ernennung zum Divisions-General an.

Den 16. Mai abends verließ die ganze Armee der Republik, das heißt zehntausend Mann und zwölf Kanonen, die Mauern Roms durch die Porta San Giovanni. Unter diesen zehntausend Mann waren etwa tausend Mann Kavallerie.

Unterwegs bemerkte man erst, dass das Bataillon Manara, welches an der Expedition teilzunehmen bestimmt war, fehle. Man sandte einen Offizier vom Generalstabe zurück, um sich zu erkundigen, wie es komme, dass Manara dieses Mal der Letzte sei, da er doch sonst der Erste zu sein pflegte, wenn es sich darum handelte, gegen den Feind zu marschieren. Man hatte nur eins vergessen, nämlich ihn vom Abmarsche in Kenntnis zu setzen. Der Offizier fand ihn wütend, denn er glaubte, er solle allein von der Expedition ausgeschlossen sein.

Wir passierten den Teverone auf der Straße von Tivoli; hier wandten wir uns rechts und kamen um elf Uhr morgens nach einem der ermüdendsten Märsche nach Zagarola; obgleich wir nicht weit gekommen waren, waren wir doch sechzehn Stunden marschiert. Dies lag an der Beschaffenheit des Weges; wir hatten den unerträglichsten Staub zu ertragen und außerdem war der Weg an gewissen Stellen so eng, dass ein Mann hinter dem anderen gehen musste.

Bei unserer Ankunft in Zagarola fanden wir weder Brot noch Fleisch vor; die neapolitanische Division hatte hier schon gut aufgeräumt, sie hatte alles aufgegessen und beinahe alles ausgetrunken. Der Generalstab hatte vergessen, für einen solchen Fall vorzusorgen. Glücklicherweise führte ich einiges Schlachtvieh bei mir, meine Leute fingen weitere Tiere mit dem Lasso, und nun begannen wir zu schlachten, abzuziehen, zu braten und zu essen.

Als ich mich über diesen Mangel an Fürsorge, durch den die ganzen Expeditionstruppen Hungers sterben konnten, beschwerte, erhielt ich zur Antwort, man habe befürchtet, durch die Anhäufung von Lebensmitteln an diesem Orte die Aufmerksamkeit des Feindes rege zu machen. Sehr gut! Wir blieben beinahe dreißig Stunden in diesem Flecken, den wir genauso verließen, wie wir ihn betreten hatten – ohne Brot.

Am 17. Mai erhielten wir um ein Uhr nachmittags den Befehl zum Aufbruch, setzen uns aber erst abends wirklich in Marsch; diese Art von Halten ist ermüdender, als die anstrengendsten Märsche. Endlich konnte ich mich um sechs Uhr an die Spitze meiner Brigade stellen und rückte auf Valmontone aus; die andern Brigaden folgten mir. Ich hatte das tiefste Stillschweigen in den Reihen und die größte Wachsamkeit an der Spitze und an den Flanken anbefohlen; ich hatte nämlich erfahren, dass die neapolitanische Armee, neunzehn- bis zwanzigtausend Mann stark, darunter zwei Schweizer Regimenter und dreißig Kanonen, bei Velletri lagerten. Man sagte, dass sich der König von Neapel höchstpersönlich in der Stadt befinde.

Wirklich hatten die Königlichen Velletri, Albano und Frascati besetzt, ihre Vorposten reichten bis Frattocchie. Ihr linker Flügel wurde durch das Meer gedeckt, der rechte zog sich an die Apenninen hin. Nachdem ich Palestrina verlassen hatte, besetzten sie es und beherrschten auf diese Weise das Tal, durch das der einzige Weg führte, den unsere zum Angriff auf sie vorrückende Armee nehmen konnte. Sie konnten uns also ernstlichen Widerstand entgegensetzen, denn sie waren hinsichtlich der Position, der Truppenstärke, der Zahl der Kanonen und der Stärke der Kavallerie im Vorteil.

Der glückliche Ausgang unserer ersten Unternehmung versprach indessen das Gelingen auch der zweiten. Übrigens waren die Truppen des König von Neapel völlig demoralisiert, und im Kriege hängt, wie man weiß, alles davon ab.

Um den Feind zum Rückzuge oder einer Schlacht zu nötigen, glaubte man, sich schnell des Tales bemächtigen und eine Flankenstellung einnehmen zu müssen, welche die Kommunikation der feindlichen Armee mit Neapel abschneiden würde; Monte Fortino war ausersehen worden, dieser strategische Punkt zu werden. Waren wir wirklich Herren dieses Punktes, so konnten wir uns auf Citerna werfen und die Königlichen von ihrer Grenze fernhalten, uns Velletris bemächtigen, wenn sie es zufällig verließen, um uns zurückzutreiben, oder wir konnten uns mit aller Kraft auf das schwächste Korps des Feindes werfen, wenn er den Fehler beging, sich zu teilen.

Mit Einbruch der Nacht kamen wir an einen sehr engen Pass, der nahe bei Valmontone mündet; wir brauchten zwei Stunden, ihn zu passieren. Das Regiment Manara, eine Schwadron Dragoner und zwei Kanonen erhielten den Befehl, die Spitze der Truppen zu unterstützen. Um zehn Uhr kamen wir an; es herrschte dichte Finsternis und der Lagerplatz war schlecht gewählt, denn wir mussten eine Meile weit gehen, um Wasser zu holen.

Am 18. Mai setzten wir unsern Marsch mit derselben Geschwindigkeit fort; hatten wir schon Palestrina und Valmontone vom Feinde unbesetzt gefunden, so fanden wir nun auch Monte Fortino verlassen, das uns so leicht streitig zu machen gewesen wäre. Die ganze bourbonische Armee war in vollem Rückzuge auf Velletri.

Am Morgen des 19. Mai verließ ich die Position von Monte Fortino, um mit der italienischen Legion, dem dritten Bataillon des dritten römischen Infanterie-Regiments und einigen von dem tapfern Marina kommandierten Reitern, im Ganzen ungefähr fünfzehnhundert Mann, nach Velletri zu marschieren.

Bei mir hatte ich Ugo Bassi, der wie immer unbewaffnet, aber ein vortrefflicher Reiter war und mir als Ordonnanz-Offizier diente. Unter feindlichem Feuer pflegte er zu sagen: »Bitte, General, schicken Sie mich dorthin, wo es gefährlich ist, statt eines anderen, der Ihnen nützlicher sein kann.«

Als wir Velletri zu Gesicht bekamen, schickte ich eine Abteilung mit dem Befehl ab, bis unter die Mauern der Stadt vorzurücken, damit sie das Gelände erkunde und den Feind womöglich verlocke, die Offensive zu ergreifen.

Ich hoffte zwar nicht, mit meinen fünfzehnhundert Mann die zwanzigtausend des Königs von Neapel zu schlagen, aber ich hoffte, wenn sich der Kampf einmal entsponnen hätte, sie auf mich zu ziehen und dann, während ich sie beschäftigte, dem Gros unserer Armee Zeit zum Nachrücken und Gelegenheit zur Teilnahme an der Schlacht zu geben.

Die Hälfte meiner Legion stellte ich auf die Höhen, die den nach Velletri führenden Weg flankieren, zwei- oder dreihundert Mann ins Zentrum, die Hälfte des Bataillons zur Rechten und die Hand voll Reiter, die Marina befehligte, auf den Weg selbst. Den Rest meiner Leute behielt ich in zweiter Linie als Reserve.

Als er unsere geringe Zahl bemerkte, zögerte der Feind nicht, uns anzugreifen; zuerst kam ein Fußjäger-Regiment hinter den Mauern hervor, schwärmte aus und eröffnete das Feuer gegen unsere Vorposten. Diese zogen sich laut ihrer Order kämpfend zurück.

Den neapolitanischen Jägern folgten nun einige Linien-Bataillone und ein starkes Kavalleriekorps. Ihr Angriff war heftig, dauerte aber nicht lange. Als sie bis auf halbe Flintenschussweite an meine Leute herangekommen waren, machten sie vor dem vollkommen ruhigen und sehr gut gezielten Feuer derselben kurz Halt.

Das Gefecht hatte schon eine halbe Stunde gedauert, als der Feind zwei Schwadronen berittener Jäger auf den Weg warf; eine verzweifelte Attacke derselben sollte die Schlacht entscheiden. Ich setzte mich nun an die Spitze meiner fünfzig bis sechzig Reiter und griff mit diesen die fünfhundert feindlichen Jäger an.

Die Neapolitaner, die im vollen Lauf heranstürmten, ritten uns über den Haufen. Ich wurde umgeworfen und zehn Schritte weit von meinem Pferde fortgeschleudert; ich erhob mich aber sogleich und blieb mitten in dem Getümmel, wobei ich nach Kräften um mich hieb, um nicht getroffen zu werden. Mein Pferd hatte es wie ich gemacht und sich ebenfalls erhoben. Ich schwang mich wieder in den Sattel und gab mich meinen Leuten, die mich für tot hielten, zu erkennen, indem ich meinen Hut auf die Spitze des Säbels steckte und ihn hin und her bewegte; übrigens war ich ohnehin leicht zu erkennen, da ich allein den weißen, rot eingefassten Poncho trug. Ein großes Freudengeschrei feierte meine Auferstehung.

Der Angriff der neapolitanischen Reiter hatte sie in ihrem Ungestüm bis zu unserer Reserve hingeführt, während ihnen die Linien-Bataillone in Kolonnen folgten. Dieser Eifer gereichte ihnen zum Nachteil, denn da nun ihre Flanken nicht mehr durch das Fußjäger-Regiment gedeckt wurden und sie die Unsrigen auf allen Hügeln zu ihrer Rechten und Linken, die Reserve in der Front aufgestellt fanden, waren sie wie Zielscheiben deren Schüssen ausgesetzt.

In diesem Augenblicke ließ ich den Generalkommandeur um Verstärkung bitten und ihm sagen, dass ich glaube, die Schlacht sei gut eingeleitet. Er gab mir zur Antwort, dass er mir keine Verstärkung schicken könne, da die Leute ihre Suppe noch nicht gegessen hätten. So musste ich mich entschließen, mit meinen eigenen Kräften, die unglücklicherweise unter so entscheidenden Umständen unzureichend waren, alles zu tun, was ich vermochte.

Ich ließ auf der ganzen Linie zum Angriff blasen; wir waren fünfzehnhundert gegen fünftausend Mann.

Gleichzeitig hatten sich auch unsere beiden Kanonen aufgestellt und begannen zu feuern; das Schützenfeuer verstärkte sich und meine vierzig oder fünfzig Kürassiere stürzten sich unter Marinas Führung auf drei- oder viertausend Mann Infanterie.

Indessen hatte Manara, der beinahe zwei Meilen weit von uns entfernt stand, unser Feuer gehört und ließ den Generalkommandeur um die Erlaubnis bitten, uns unverzüglich zu Hilfe eilen zu dürfen. Dies wurde ihm nach Verlauf einer Stunde bewilligt.

Diese braven jungen Männer kamen im Laufschritt auf der großen Straße heran und mussten das feindliche Artilleriefeuer passieren. Als sie unsere Nachhut erreichten, öffnete sich diese und ließ sie durch; beim Klange ihrer Hörner und mit bewunderungswürdigem Enthusiasmus marschierten sie auf. Bei dem Anblicke dieser jungen, kleinen, braunen und kräftigen Menschen mit ihren im Winde wehenden schwarzen Federbüschen tönte aus jedem Munde der Ruf: »Es leben die Bersaglieri!« Sie antworteten mit dem Rufe »Es lebe Garibaldi!« und rückten in die Linie ein.

Von diesem Augenblicke an wurde der Feind von Position zu Position zurückgetrieben und zog sich unter den Schutz der Kanonen zurück, die rechts vom Tore eines Klosters standen; zwei Geschütze bestrichen die große Straße, die andern schossen auf die linke Flanke unserer Kolonne, wo meine Schützen lagen. Dank der Beschaffenheit des Geländes aber, das meinen Leuten genügend Deckung bot, taten sie ihnen keinen großen Schaden.

Manara suchte mich, sobald er auf dem Schlachtfelde angekommen war, mit den Augen. Er erkannte mich bald an meinem weißen Poncho und setzte sein Pferd in Galopp, um heranzukommen, unterwegs wurde er aber durch einen Zwischenfall aufgehalten, den ich hier erzählen will, weil er den Geist unserer Leute vortrefflich charakterisiert.

Etwa zwanzig dieser Leute hatten, als sie bei der Musik vorüberkamen, die ein heiteres Lied spielte, dem Einflusse dieser Melodie nicht widerstehen können und begannen unter den Kugeln und Kartätschen der Neapolitaner zu tanzen.

Als Manara sie mitten im Kugelhagel lächelnd betrachtete, riss eine Kanonenkugel zwei Tänzer fort. Es entstand eine kleine Pause. Aber Manara rief: »Nun, Musik!« Die Musik begann wieder und der Tanz wurde eifriger als vorher fortgesetzt.

Sobald ich die Bersaglieri ankommen sah, hatte ich Ugo Bassi abgeschickt, um Manara zu bitten, er möge zu mir kommen. Dessen erstes Wort war die Frage, ob ich verwundet sei.

»Ich glaube«, erwiderte Ugo Bassi, »der General hat zwei Kugeln bekommen, eine an der Hand und die andere am Fuße; da er aber nicht klagt, sind die Wunden wahrscheinlich nicht gefährlich.« Wirklich hatte ich zwei Schrammen erhalten, mit denen ich mich aber erst abends beschäftigte, als ich nichts anderes mehr zu tun hatte.

Manara erzählte mir von der Szene, der er soeben beigewohnt hatte, dann fragte er mich:

»Können wir mit solchen Menschen nicht versuchen, Velletri mit Sturm zu nehmen?«

Ich fing an zu lachen. Mit zweitausend Mann und zwei Kanonen eine wie ein Adlerhorst hoch auf dem Berge verschanzte und von zwanzigtausend Mann und dreißig Kanonen verteidigte Stadt stürmen zu wollen! So war aber der Geist dieser braven Jugend: Sie hielt nichts für unmöglich.

Ich sandte neue Boten an das Hauptquartier. Wenn ich nur fünftausend Mann gehabt hätte, würde ich den Sturm versucht haben, so groß war der Enthusiasmus meiner Leute und die Entmutigung der Neapolitaner.

Zur Rechten des Tores konnte man mit bloßem Auge eine Art von Bresche in der Klostermauer sehen; sie war mit Reisigbündeln verstopft, aber einige Kanonenkugeln würden sie gangbar gemacht haben; Sturmkolonnen hätten unter dem Schutze der zahlreichen Bäume, die auf den Abhängen des Berges standen, bis an die Bresche gelangen können; die Pioniere aller Korps hätten das Übrige getan und alle Hindernisse fortgeräumt. Zwei Scheinattacken würden den Hauptangriff begünstigt haben.

Stattdessen mussten wir uns damit begnügen, unsere Bersaglieri die Leute auf den Wällen beschießen zu lassen, während vom Kapuzinerkloster aus zwei Schweizer Regimenter ein schreckliches Feuer auf sie unterhielten.

Endlich entschloss sich der Generalkommandeur, mir mit der ganzen Armee zu Hilfe zu kommen. Als er kam, war aber der günstigste Moment schon vorüber. Ich zweifelte nicht, dass der Feind während der Nacht die Stadt verlassen würde, denn ich hatte erfahren, dass der König schon mit sechstausend Mann abgezogen sei. Ich machte also den Vorschlag, eine starke Abteilung nach der Seite des Tores, das nach Neapel führte, abzuschicken und auf die Flanke des Feindes zu drängen, sobald er sich in Unordnung zurückziehen würde; der General fürchtete aber, uns dadurch allzu sehr zu schwächen, und so wurde dieser Plan nicht ausgeführt.

Da ich wissen wollte, woran ich mich zu halten hätte, befahl ich gegen Mitternacht Manara, einen zuverlässigen Offizier mit vierzig Mann bis unter die Mauern Velletris schicken oder sie womöglich in Velletri eindringen zu lassen. Manara übertrug diese Aufgabe dem Unterleutnant Emil Dandolo, der vierzig Mann nahm und, von der Finsternis gedeckt, gegen die Stadt vorrückte.

Zwei Bauern, die ihm begegneten, versicherten ihm, dass die Stadt vom Feinde verlassen sei. Dandolo und seine Leute gingen bis an das Tor vor und fanden es von keinem Posten bewacht. Es war durch unsere Kugeln zerschmettert und verbarrikadiert worden; die Bersaglieri kletterten über die Barrikade und befanden sich in der Stadt.

Sie war wirklich verlassen. Dandolo machte einige Gefangene unter denjenigen, die den Abzug der Truppen verpasst hatten, und erfuhr von ihnen und Einwohnern der Stadt, die er aufweckte, alles, was ich wissen wollte, nämlich dass die Neapolitaner, sobald die Nacht angebrochen war, mit ihren Rückzug begonnen hatten, aber mit einer solchen Übereilung und in solcher Unordnung, dass sie den größten Teil ihrer Verwundeten zurückließen.

Mit Tagesanbruch machte ich mich auf, sie zu verfolgen, konnte sie aber nicht mehr erreichen. Übrigens empfing ich, als ich mich auf der großen Straße nach Terracina befand, die Order, mich der Kolonne wieder anzuschließen, deren eine Hälfte nach Rom zurückkehrte, während die andere bestimmt war, Frosinone von Zucchis Freiwilligenkorps zu erlösen.

Auf diese Weise entkam uns der Feind und so brachte ein Tag, der entscheidend hätte sein können, nur ein kleinen Vorteil für uns.

Es gab vier Dinge, die man an diesem Tage versäumte:

Man hätte mir Verstärkung schicken sollen, als ich darum bat.
Man hätte den Sturm versuchen sollen, nachdem man sich mit mir vereinigt hatte.
Man hätte den Rückzug der Neapolitaner verhindern sollen.
Man hätte die Flüchtigen verfolgen sollen.

6.
Der dritte Juni

Am 24. Mai kam ich nach Rom zurück und wurde von einer großen Menschenmenge empfangen, die mich mit tollem Freudengeschrei begrüßte.

Um diese Zeit bedrohten die Österreicher Ancona; bereits war ein erstes Korps von viertausend Mann aus Rom ausgerückt, um die Provinzen des Kirchenstaats und die Provinz Marken zu verteidigen. Es handelte sich nun darum, ihm ein zweites nachzuschicken; ehe er aber Rom verließ, hielt es General Rossetti für seine Pflicht und für die Sicherheit Roms notwendig, an General Oudinot, Herzog von Reggio folgenden Brief zu schreiben:

»Bürger General!
Meine feste Überzeugung ist, dass die Armee der Römischen Republik eines Tages an der Seite derer der Französischen Republik fechten wird, um die geheiligten Volksrechte aufrechtzuerhalten. Diese Überzeugung bewegt mich, Ihnen Vorschläge zu machen,

die Sie, wie ich hoffe, annehmen werden. Ich habe erfahren, dass von der Regierung und dem bevollmächtigten Minister Frankreichs ein Vertrag unterzeichnet worden ist, der nicht Ihre Billigung gefunden hat.

Ich will nicht in die Mysterien der Politik hineinblicken, sondern wende mich an Sie in meiner Eigenschaft als Generalkommandeur der römischen Armee. Die Österreicher sind im Anmarsche, sie versuchen ihre Kräfte zu Foligno zu konzentrieren; ihren rechten Flügel an das toskanische Gebiet lehnend, haben sie die Absicht, durch das Tibertal vorzurücken und durch die Abruzzen ihre Vereinigung mit den Neapolitanern zu bewerkstelligen. Ich glaube nicht, dass Sie einen solchen Plan mit Gleichgültigkeit sich realisieren lassen können.

Ich glaube Ihnen meine Annahmen über die Bewegungen der Österreicher mitteilen zu müssen, besonders in einem Augenblicke, wo Ihre ungewisse Haltung unsere Kräfte paralysiert und dem Feinde vielleicht den Erfolg sichern kann. Diese Gründe erscheinen mir so zwingend, dass ich Sie um einen Waffenstillstand auf unbestimmte Zeit und um die Mitteilung über den Wiederbeginn der Feindseligkeiten vierzehn Tage vor Ablauf des Waffenstillstandes ersuche. Diesen Waffenstillstand, General, halte ich für notwendig, um mein Vaterland zu retten, und ich bitte Sie darum im Namen der Ehre der Armee und der Französischen Republik.

Im Falle die Österreicher die Spitzen ihrer Kolonnen in Civita Castellana sichtbar werden lassen, hätte es die französische Armee vor der Geschichte zu verantworten, uns in einem Augenblicke zur Teilung unserer Kräfte gezwungen zu haben, wo sie so kostbar sind, und dadurch die Fortschritte der Feinde Frankreichs gesichert zu haben.

Ich habe die Ehre, General, Sie um eine schnelle Antwort zu ersuchen und Sie zu bitten, den Brudergruß zu empfangen.

Rossetti.«

Der französische General antwortete darauf:

»General!

Die Befehle meiner Regierung sind zwingend; sie schreiben mir vor, so bald als möglich in Rom einzurücken. Ich habe der römischen Behörde den Waffenstillstand gekündigt, den ich zeitweilig auf Drängen Herrn de Lenneps bewilligte; ich habe unsere Vorposten

schriftlich davon in Kenntnis gesetzt, dass die beiden Armeen das Recht haben, die Feindseligkeiten wieder zu beginnen.
Nur um Ihren Landsleuten, die Rom zu verlassen wünschen, auf die Bitte des Herrn Gesandtschaftskanzlers von Frankreich die Möglichkeit zu lassen, dies mit Leichtigkeit auszuführen, verschiebe ich den Angriff bis Montagmorgen oder später.
Empfangen Sie, General, die Versicherung meiner Hochachtung.
Der Generalkommandeur des Armeekorps vom Mittelländischen Meere.
Oudinot, Herzog von Reggio.«

Dieser Versicherung zufolge sollte der Angriff nicht vor dem 4. Juni beginnen.

Ein französischer Schriftsteller, Folard, sagt in seinem Kommentar zu Polybius: »Ein General, der im guten Glauben an einen Vertrag einschläft, erwacht als betrogener Mann.«

Den 3. Juni um drei Uhr erwachte ich von Kanonendonner.

Ich wohnte in der Via Carroze, Nr. 59, zusammen mit zwei meiner Freunde: Orrigoni, von dem ich schon gesprochen habe, wie ich glaube, und Daverio, von dem ich ebenfalls schon erzählte, demselben, der bei Velletri die Kompanie der jüngsten Leute kommandierte. Beide sprangen bei diesem überraschenden Lärm gleichzeitig mit mir aus ihren Betten. Daverio litt sehr an einem Geschwür, ich empfahl ihm also, zu Hause zu bleiben. Bei Orrigoni hatte ich keine Veranlassung, zu verhindern, dass er mich begleite. Ich schwang mich auf mein Pferd, während ich es ihm überließ, wo und wann er wieder zu mir kommen wolle, und jagte im Galopp nach der Porta San Pancracio. Dort stand alles unter Feuer.

Man höre, was geschehen war. Unsere Vorposten an der Villa Pamphili bestanden aus zwei Kompanien bolognesischer Bersaglieri und zweihundert Mann vom 6. Regiment. Im Augenblicke, als es Mitternacht schlug und also der 3. Juni begann, schlich sich eine französische Kolonne, durch die Dunkelheit gedeckt, gegen die Villa Pamphili hinan.

»Wer da?«, rief die Schildwache, welche Tritte vernahm.

»Viva l'Italia!«, antwortete eine Stimme.

Die Schildwache glaubte es mit Landsleuten zu tun zu haben, sie ließ jene herankommen und wurde niedergestoßen.

Die Kolonne brach nun in die Villa Pamphili ein; alles, was ihr begegnete, wurde angegriffen, getötet oder gefangen genommen.

Einige Leute sprangen durch die Fenster in den Garten und dann von der Höhe der Mauer herab; die am meisten Bedrängten zogen sich hinter das Kloster San Pancracio zurück und riefen: »Zu den Waffen!« Die andern liefen in Richtung der Villen Valentini und Corsini. Auch diese waren vom Feind schon überrumpelt und genommen worden, jedoch nicht, ohne auf Widerstand zu stoßen.

Das Geschrei derer, die sich hinter San Pancracio geflüchtet hatten, und die Gewehrschüsse der Verteidiger der Villen Corsini und Valentini hatten die Kanoniere geweckt. Sobald sie die beiden letzteren Villen von den Franzosen besetzt sahen, richteten sie ihr Feuer auf beide Landhäuser. Der Kanonendonner weckte schließlich den Tambour und die Glocken.

Wir wollen einen Begriff von dem Schlachtfelde zu geben suchen, auf dem die Entscheidung herbeigeführt werden sollte.

Von der Porta San Pancracio geht eine Straße ab, die direkt nach Vascello führt, diese Straße ist ungefähr zweihundertfünfzig Schritt lang. Hier gabelt sich der Weg; der Hauptzweig steigt rechts hinab, läuft an den von Mauern umgebenen Gärten der Villa Corsini entlang und trifft dann den großen Weg von Civitavecchia. Der andere Zweig ist kein öffentlicher Weg, sondern eine Gartenallee und führt, dreihundert Meter lang, direkt auf die Villa Corsini zu; diese Allee ist auf beiden Seiten mit hohen und dichten Myrthenhecken eingefasst. Der dritte Weg wendet sich links und läuft, wie der erste, aber an der entgegengesetzten Seite, an der hohen Mauer des Gartens der Villa Corsini entlang.

Die Villa Vascello ist eine großes, massives Gebäude von drei Etagen Höhe, von Gärten und Mauern umgeben. Fünfzig Schritte von ihr entfernt liegt ein kleines Haus, aus dem man gegen die Fenster der Villa Corsini feuern kann. Auf dem Wege zur Linken, hundert Schritt hinter seiner Abzweigung von der großen Straße, liegen zwei kleine Häuser, eines hinter dem Garten der Villa Corsini, das andere zwanzig Schritte weiter voran.

Die Villa Corsini, die auf einer Anhöhe liegt, beherrscht die ganze Umgebung; ihre Position ist sehr stark, weil man, wenn man angreift, ohne vorher Laufgräben angelegt zu haben, durch das Gitter am äußersten Ende des Gartens schlüpfen muss, ehe man an die Villa gelangt, und so dem konzentrierten Feuer ausgesetzt ist, das der durch Hecken, Statuen, Vasen, Geländer und das Haus selbst gedeckte Feind auf den Punkt unterhalten kann, wo die Gartenmauern in einem spitzen Winkel zusammenstoßen und nur die

Türöffnung zwischen sich lassen. Dieses Gelände ist wellig und bietet oberhalb der Villa Corsini dem Feinde viele günstige Punkte dar, an denen er sich, hinter Erderhöhungen liegend oder hinter kleinen Gehölzen versteckt, unter dem Feuer der Stürmenden verschanzen kann, wenn er das Haus zu verlassen gezwungen ist.

Als ich an die Porta San Pancracio kam, waren die Villa Pamphili, Corsini und Valentini bereits genommen; Vascello allein war noch in unserer Hand. Die Einnahme der Villa Corsini war für uns ein großer Verlust, denn so lange wir sie hatten, konnten die Franzosen nicht in die Laufgräben eindringen. Sie musste also um jeden Preis wiedergewonnen werden; es war für Rom eine Frage von Leben und Tod.

Von allen Seiten wurde gefeuert, von den Kanonieren auf den Wällen, von den Leuten in Vascello und den Franzosen in der Villa Corsini und der Villa Valentini. Hier konnte aber keine Kanonade helfen, es musste ein Sturmangriff unternommen werden, ein schrecklicher, aber siegreicher Sturm, der uns die Villa Corsini wiedergab.

Ich stellte mich mitten auf die Straße, bekümmerte mich wenig darum, dass mein weißer Poncho und mein Federhut den französischen Schützen als Ziel dienen konnte, und rief und winkte so viel Leute herbei, als mir folgen wollten.

Offiziere und Soldaten schienen aus dem Boden zu wachsen. In einem Augenblicke hatte ich Nino Bixio, meinen Ordonnanzoffizier, neben mir, Daverio, der, wie ich glaubte, nach meinem Befehle zu Hause geblieben sei, Marina, den Befehlshaber meiner Kürassiere, dann Sacchi und Marochetti, meine alten Waffengenossen aus dem Kriege in Montevideo. Sie versammelten die noch übrigen bolognesischen Bersaglieri, stellten sich an die Spitze der italienischen Legion und drangen, die andern mit sich nehmend, zuerst vor.

Nichts konnte ihr Ungestüm aufhalten; die Villa Corsini wurde zurückerobert. Ehe man aber so weit gelangte, waren so viele Menschen auf dem Wege, den man zurücklegen musste, liegen geblieben, dass diejenigen, welche an der Villa angekommen waren, den zahlreichen feindlichen Kolonnen, die sie zurückzuwerfen suchten, nicht widerstehen konnten. Sie wurden zum Zurückweichen genötigt.

Während dieses Angriffs waren andere hinzugeströmt und liefen noch immer herbei; unsere Offiziere, wütend über den Misserfolg, wollten von neuem stürmen. Marina, der eine Kugel durch den Arm erhalten hatte, hob diesen blutenden Arm in die Höhe und rief: »Vorwärts!« Um diese braven Soldaten zu unterstützen, schickte ich ihnen alle Leute, die ich in Vascello entbehren konnte; es wurde zum Angriff geblasen und die Villa Corsini wurde zurückerobert.

Eine Viertelstunde später ging sie nochmals verloren und kostete uns teures Blut.

Marina war, wie schon gesagt, am Arm verwundet; Nino Bixio hatte eine Kugel in der Seite, Daverio war tot. Als ich gerade Marina befahl, sich verbinden zu lassen, und Bixio wegtragen ließ, kam Manara zu mir, der ungeachtet eines entgegengesetzten Befehls vom Campo Vaccino herbeigeeilt war.

»Lass deine Leute heraustreten!«, rief ich ihm zu, »du siehst wohl, dass wir diesen Ort zurückgewinnen müssen.«

Seine erste Kompanie unter Befehl des Kapitäns Ferrari, eines alten Adjutanten General Durandos, kämpfe vor der Porta San Pancracio. Ferrari war ein tapferer Mann, der die Gefechte von Palestrina und Velletri mitgemacht hatte; in Palestrina war er durch einen Bajonettstich in das Bein verwundet worden, aber wieder genesen. Manara ließ seinen Trompeter Appell blasen, Ferrari sammelte seine Leute und stellte sie seinem Obersten zur Verfügung.

Er ließ das Bajonett aufstecken, zum Angriffe blasen und stürzte vorwärts. Als er an das Gitter dreihundert Meter vor der Villa kam, ging ein Kugelregen auf ihn und seine Leute nieder. Nichtsdestoweniger drang er mit gesenktem Kopfe weiter gegen die Villa vor, die wie ein Vulkan donnerte und Flammen spie, als sein Leutnant Mangiagalli ihn am Rockschoße ergriff und ihm zurief: »Kapitän, Kapitän, sehen Sie denn nicht, dass wir nur noch unserer zwei sind?« Ferrari blickte sich zum ersten Male um; achtundzwanzig Mann seiner über achtzig Mann starken Kompanie lagen tot oder verwundet um ihn herum, die andern hatten die Flucht ergriffen. Den beiden blieb nichts anderes übrig, als das Gleiche zu tun.

Manara war wütend, dass der Rest dieser Kompanie unter meinen Augen seine beiden Offiziere verlassen hatte. Er rief die zweite Kompanie, die Heinrich Dandolo befehligte, ein edler und reicher Mailänder von venezianischem Geschlechte, wie sein herzoglicher Name anzeigt. Manara verstärkte sie durch den Rest der ersten Kompanie und rief: »Vorwärts, Lombarden! Wir müssen entweder getötet werden oder diese Villa zurückerobern. Denkt daran, dass Garibaldi auf euch sieht!«

Ferrari gab ein Zeichen, dass er etwas zu sagen habe.

»Nun, so sprich«, meinte Manara.

»General«, sagte Ferrari zu mir, »ich sage das, was ich Ihnen mitzuteilen habe, nicht in der Hoffnung, die Gefahr dadurch zu verringern, aber wir könnten dadurch Erfolg haben. Ich kenne den Ort; ich komme von daher, und Sie haben gesehen, dass ich langsamer hinaus- als hineingegangen bin.«

Ich nickte ihm als Zeichen der Beistimmung mit dem Kopfe zu.

»Nun wohl, hören Sie, was ich vorschlage: Statt der Allee zu folgen und frontal anzugreifen, können wir uns, die Kompanie Dandolo zur Linken, die erste zur Rechten, hinter den Myrthenhecken vorwärtsschleichen. Ein Stein, den ich der Kompanie Dandolo hinüberwerfe, wird sie davon in Kenntnis setzen, dass meine Leute bereit sind, ein Stein, den sie mir herüberwirft, kann als Antwort dienen; dann können unsere acht Hornisten auf einmal blasen und wir stürmen vom Fuße der Terrasse aus.«

»Macht's, wie ihr wollt«, erwiderte ich ihm, »aber nehmt mir die Villa.«

Ferrari ging mit seiner Kompanie vorwärts und Dandolo mit der andern. Ich ließ ihnen den Kapitän Hoffstetter mit fünfzig Studenten folgen und befahl ihnen, das Haus zur Linken, von dem ich schon gesprochen habe und das später unter dem Namen des »Verbrannten Hauses« bekannt war, zu besetzen. Nach zehn Minuten hörte ich die Hörner und fast gleich darauf das Gewehrfeuer.

Folgendes hatte sich zugetragen: Wirklich waren die beiden Kompanien, durch die Hecken und Weinberge gedeckt, wie Ferrari es hoffte, bis auf vierzig Schritte zur Terrasse vorgedrungen, ohne gesehen und gehört zu werden. Hier hatten sie ihre Signale gewechselt, und dann stürzten sich meine braven Bersaglieri stürmend vorwärts. Von der Terrasse, dem großen Saal in der ersten Etage, der dahin führenden Treppe, aus allen Fenstern eröffnete man ein furchtbares Feuer auf sie. Dandolo wurde von einer Kugel durchbohrt, Leutnant Sylva war neben Kapitän Ferrari verwundet worden, Unterleutnant Manchis erhielt fast gleichzeitig zwei Kugeln, die eine in den Schenkel, die andere in den Arm.

Indessen drangen, nachdem Dandolo getötet worden war, die Bersaglieri, von ihrem Kapitän Ferrari geführt, mit äußerster Anstrengung weiter vor; sie erstiegen die Terrasse und trieben die Franzosen bis an die Wendeltreppe der Villa zurück. Hier scheiterten ihre Bemühungen; sie hatten den Feind vor sich und zur Seite, man setzte ihnen die Gewehre beinahe auf die Brust und jede Kugel traf ihren Mann. Ich sah, wie sie sich abmühten und unnütz fielen, und begriff, dass sie sich bis auf den letzten Mann ohne Resultat töten lassen würden.

Ich ließ deshalb zum Rückzuge blasen. Ich hatte zweitausend Mann, die Franzosen zwanzigtausend. Nahm ich die Villa Corsini mit einer Kompanie, so nahmen sie dieselbe mit einem Regimente wieder, denn sie begriffen ebenso gut wie ich die Wichtigkeit dieser Stellung.

Meine Bersaglieri kehrten zu mir zurück; sie hatten im Garten der Villa vierzig Tote zurückgelassen und beinahe alle waren verwundet. Man musste auf frische Truppen warten.

Ich schickte Orrigoni und Ugo Bassi mit dem Auftrage in die Stadt, mir alle Männer zu schicken, die ihnen begegnen würden; auf mein Gewissen hin wollte ich einen letzten, äußersten Versuch wagen. Ich ließ meine Leute sich hinter Vascello verbergen.

Nach einer Stunde ungefähr kamen bunt durcheinander Kompanien der Linie, der Studenten, der Zollwächter, der Rest der lombardischen Bersaglieri und Teile anderer Korps bei mir an. Unter ihnen war Marina zu Pferde mit ungefähr zwanzig Kürassieren, die er mir zuführte; er hatte sich verbinden lassen und wollte wieder am Kampfe teilnehmen.

Nun kam ich mit einer kleinen Abteilung Dragoner von Vascello her; bei meinem Anblick ertönten die Rufe: »Es lebe Italien! Es lebe die Römische Republik!« Die Kanonen donnerten von den Mauern, und die Kugeln, die über unsere Köpfe flogen, kündigten den Franzosen einen neuen Angriff an. Alle stürzten sich nun, Marina an der Spitze seiner Kürassiere, Manara vor seinen Bersaglieri und ich alle anderen voran, auf die zwar nicht uneinnehmbare, aber unhaltbare Villa.

Als wir an das Tor kamen, konnten alle auf einmal eindringen; der Strom teilte sich nach rechts und links, die so Abgedrängten schwärmten auf beiden Seiten der Villa aus, andere erkletterten die Mauern und sprangen in den Garten hinab, wieder andere drangen bis an die Villa Valentini vor, nahmen sie und machten darin Gefangene.

Hier trug sich vor meinen Augen Unglaubliches zu. Marina jagte an der Spitze seiner Kürassiere unerschrocken vorwärts, setzte auf die Terrasse, und als er am Fuß der Treppe angekommen war, stieß er seinem Pferde die Sporen in die Flanken und ritt im Galopp die Stufen hinauf, so dass er einen Augenblick später wie eine Reiterstatue auf dem Flur erschien, der in den großen Saal führte. Diese Erscheinung dauerte aber nur einen Augenblick, eine Salve aus größter Nähe stürzte den Reiter zu Boden, das Pferd fiel auf ihn, von neun Kugeln durchbohrt.

Manara kam hinter ihm und führte eine Bajonett-Attacke aus, der niemand widerstand; einen Augenblick lang gehörte uns die Villa Corsini. Dieser Augenblick war kurz, aber erhaben.

Die Franzosen vereinigten alle ihre Reserven und stürmten; ehe ich noch die Verwirrung, die nach unserem vermeintlichen Siege unvermeidlich herrschte, beseitigen konnte, fing der Kampf von neuem an, noch erbitterter, blutiger und tötlicher als vorher. Ich sah, wie die, welche ich noch einen Augenblick zuvor hatte vorwärtsstürmen sehen, durch die zwei unwiderstehlichen Gewalten des Krieges, das Feuer und das Eisen, wieder zurückgetrieben wurden; sie nahmen die Verwundeten mit sich fort, unter ihnen den tapferen Leutnant Nozat.

»Ich habe mein Teil«, sagte er zu mir, als man ihn an mir vorübertrug. Dabei zeigte er mir seine blutende Brust.

Ich habe gewiss schreckliche Kämpfe gesehen, in Rio Grande, an der Boyada, bei Salto San Antonio, nie aber habe ich eine solche Schlächterei wie in der Villa Corsini gesehen. Ich ging zuletzt hinaus, mein Poncho war von Kugeln durchlöchert, ich hatte aber nicht eine einzige Wunde erhalten.

Zehn Minuten später waren wir wieder in Vascello, in der Häuserzeile, die uns noch gehörte, und feuerten wieder aus allen Fenstern auf die Villa Corsini. Doch ließ sich kaum noch etwas ausrichten.

Indessen baten mich am Abend etwa hundert Männer, die von Emil Dandolo, dem Bruder des Getöteten, und Goffredo Mameli, einem hoffnungsvollen jungen genuesischen Dichter geführt wurden, um die Erlaubnis, einen letzten Versuch machen zu dürfen.

»Tut es, arme Kinder«, sagte ich zu ihnen, »vielleicht hat es euch Gott eingegeben.«

Sie gingen und kehrten zurück, nachdem die Hälfte von ihnen gefallen war. Emil Dandolo war der Schenkel zerschmettert worden und Mameli war am Bein verwundet.

Wir hatten schreckliche Verluste erlitten. Die italienische Legion zählte fünfhundert Tote und Verwundete, die Bersaglieri, die im Ganzen nur sechshundert Mann im Gefecht gehabt, hatten hundertundfünfzig Tote. Alle übrigen Verluste standen in demselben Verhältnisse zur jeweiligen Truppenstärke. Insgesamt hatte meine Division von viertausend Mann tausend verloren, unter ihnen hundert Offiziere.

Am Abend zählte mir Bertani in seinem Rapport hundertundachtzig Offiziere auf, die teils in der Villa Corsini, teils an der Porta del Popolo verwundet worden waren; bei den Bersaglieri allein waren zwei Offiziere tot und elf verwundet. Die getöteten Offiziere waren Oberst Daverio, Oberst Marina, Oberst Pollini, Major Romorino, Adjutant Major Peralta, Leutnant Bonnet, Leutnant Cavalleri, Leutnant Emmanuel, Unterleutnant Grani, Kapitän Dandolo, Leutnant Scarani, Kapitän David, Leutnant Sarete und Leutnant Cazzanega.

Man sah an diesem Tage bewundernswerte Züge von Mut und Hingebung. Beim letzten Sturm warfen sich Ferrari und Mangiagalli, die nicht mit uns durch das Tor der Villa Corsini eintreten konnten, mit einigen Leuten, die ihnen folgten, auf die Villa Valentini. Hier hatten sie den erbittertsten Widerstand zu überwinden; sie kämpften von Treppe zu Treppe, von Zimmer zu Zimmer, nicht mehr mit Gewehren – denn diese waren unnütz geworden –, sondern mit dem Säbel. Der Mangiagallis brach in der Mitte entzwei, er fuhr aber fort, mit dem Stumpf um sich zu schlagen, und schlug so gut zu, dass er und Ferrari Herren der Villa Valentini blieben.

Dem Sergeanten Monfrini, achtzehn Jahre alt, war die rechte Hand von einem Bajonettstich durchbohrt worden; er ließ sich verbinden und trat einen Augenblick später wieder in sein Glied ein.

»Was willst Du hier?«, rief ihm Manara zu. »So verwundet, wie du bist, bist du zu nichts zu gebrauchen.«

»Ich bitte um Verzeihung, mein Oberst«, erwiderte Monfrini, »ich helfe doch wenigstens, die Zahl voll zu machen.« Der brave Jüngling wurde getötet.

Leutnant Bronzelli, der wusste, dass sein Ordonnanzsoldat, den er sehr liebte, in der Villa Corsini tot liegen geblieben war, nahm vier entschlossene Leute, schlich sich nachts in die Villa und nahm den Leichnam seines Freundes mit sich, den er darauf feierlich beerdigen ließ.

Ein mailändischer Soldat, Valla Longa, sah den Korporal Fiozani tötlich verwundet fallen; dies geschah in dem Augenblicke, als wir zurückgetrieben wurden; er wollte seinen Leichnam nicht den Franzosen lassen und hob also den Sterbenden auf seine Schulter. Zwanzig Schritte weiter traf ihn selbst eine Kugel und er fiel tot neben dem Sterbenden nieder.

Der Schmerz des Leutnants Emil Dandolo betrübte die ganze Armee. Ich habe schon erzählt, dass er mit Mameli zu mir kam und bat, einen letzten Angriff machen zu dürfen, und dass ich ihm die Erlaubnis dazu gab. Dandolo drang in die Villa Corsini ein, ihn beschäftigte aber nur eins, nämlich das Schicksal seines Bruders, den er nur verwundet oder gefangen glaubte. Mitten im Feuer rief er seinen Gefährten zu: »Seht ihr nicht meinen Bruder?« Mitten im Feuer kümmerte er sich nicht um sich selbst, näherte sich den Verwundeten oder Toten, befragte die Ersteren und untersuchte die Letzteren. Inzwischen bekam er eine Kugel durch den Schenkel und fiel; seine Gefährten trugen ihn fort.

Er wurde nach dem Lazarett gebracht und verbunden; sobald dies geschehen war, nahm er einen Stock, um sich zu stützen, und suchte hinkend weiter nach seinem Bruder. Er kam in das Haus, in dem sich Ferrari aufhielt; hier lag auch die Leiche Heinrich Dandolos. Ferrari, der sich zu schwach fühlte, dem Schmerz, den er fühlte, zu widerstehen, hatte einen Mantel über den Toten gedeckt.

Emil trat ein, fragte, und alle antworteten ihm, dass Heinrich Dandolo verwundet und aller Wahrscheinlichkeit nach gefangen sei. Niemand wollte ihm sagen, dass er tot sei. Da er die schlimme Nachricht früher oder später doch erfahren musste, entschloss sich Manara auf die dringende Bitte der anderen hin, sie ihm mitzuteilen. Als Dandolo gerade an einem der kleinen Häuser vorüberging, die die Franzosen besetzt gehalten hatten, gab ihm Manara ein Zeichen, hereinzukommen. Alle, die sonst im Zimmer waren, entfernten sich.

»Suche deinen Bruder nicht länger, mein armer Freund«, sagte Manara, ihn bei der Hand nehmend, »von jetzt an will ich dein Bruder sein.«

Emil stürzte sogleich, durch die schreckliche Nachricht niedergeschmettert, zu Boden, denn er war durch das verlorene Blut und den Schmerz in seiner Wunde sehr geschwächt.

Zwei junge Mädchen fanden plötzlich die Leiche ihres Vaters, der, wie man ihnen schon gesagt hatte, erschossen worden war;

eine von ihnen fiel ohnmächtig auf den Leichnam nieder, und als sie wieder erwachte, war sie wahnsinnig geworden.

Ganz im Gegenteil führte ein Vater, dessen Namen ich nicht nennen werde, um ihm nicht den Hass der Priester zuzuziehen, nachdem sein ältester Sohn verwundet worden war und im Sterben lag, mir den zweiten zu, der dreizehn Jahre alt war, und sagte: »Lehre ihn, wie er seinen Bruder rächen soll.« Sein Ahne, der alte Horaz, hätte es nicht besser machen können.

7. Die Belagerung

Da ich einen Sturmangriff für den nächsten Tag befürchtete, beauftragte ich Giacomo Medici mit der Verteidigung unserer Außenlinie, die jetzt aus Vascello und drei oder vier kleinen, hinter der französischen Linie gelegenen Häusern bestand. Ich brachte die Nacht damit zu, unsere Verteidigungsmittel zu organisieren.

Es ließ sich nun nicht mehr daran denken, Rom zu halten. Von dem Augenblicke an, wo eine Armee von vierzigtausend Mann mit sechsunddreißig Belagerungsgeschützen die Laufgräben erobert, ist die Einnahme einer Stadt nur noch eine Zeitfrage. Einen Tag früher oder später muss sie doch fallen, die einzige Hoffnung, die bleibt, ist die, dass sie mit Ruhm fällt.

Ich nahm an diesem Abende mein Hauptquartier im Casino Savorelli, das über die Wälle hervorragt und die Porta San Pancracio beherrscht und seiner Nähe wegen erlaubt, vollkommen zu übersehen, was in Vascello, der Villa Corsini und der Villa Valentini vorgeht. Ich war freilich nur eine halbe Gewehrschussweite von den französischen Schützen entfernt – doch wer nichts wagt, der nichts gewinnt. Meinem braven Fuhrmanne befahl ich, ein paar Arbeiter ausfindig zu machen und dafür Sorge zu tragen, dass ihnen die Arbeit ein wenig versüßt würde, etwa mit einem Glase Wein oder einem Tropfen Branntwein. Er war ein guter Patriot, der seine Vaterlandsliebe später teuer bezahlen musste; man hatte ihm den Beinamen Cicervacchio gegeben, eigentlich hieß er aber Angelo Brunetto; niemals nahm er eine Bezahlung für seine Mühe oder für das, was er besorgt hatte, an.

Es gibt in dieser Welt Menschen, denen Gott einen Geist von großer Vollkommheit verliehen hat; sie arbeiten in Zeiten der

Ruhe daran, das Menschengeschlecht zu beglücken, Kenntnisse zu verbreiten oder den allgemeinen Fortschritt zu befördern – solche Männer sind Gutenberg, Vincent Paoli, Galilei, Vico, Rousseau, Volta, Filangieri, Franklin. In bewegten Zeiten sieht man sie auf einmal als Führer der Massen sich erheben und dann setzen sie sich allen Zufällen eines widrigen Geschickes mutig aus; dann nennt uns die Dankbarkeit der Welt die Namen Arnoldo de Brescia, Savonarola, Cola di Rienzo, Mazaniello, Joseph de Risi und Cicervacchio.

Diese Leute werden immer in niedrigen Verhältnissen geboren, sie stammen aus dem Volke, aus der Schicht, die in traurigen Verhältnissen stets die Privilegierten der Geduld sind – sie seufzen und sinnen, sie träumen von ihren Hoffnungen und erdulden ruhig ihr Elend. Angelo Brunetto, von dem ich sprach, war einer dieser Auserwählten; es fehlte ihm nichts zur Weihe für die ihm zugeteilte Mission, für das Märtyrertum.

Während der Belagerung Roms war er die lebendige Standarte des Volkes; mit Beifall empfangen, gesucht und von seinen Standesgenossen als eine Autorität betrachtet, war er der wahrhafte Primus inter Pares. Trotz der Triumphe aber, die er feierte, blieb er stets bescheiden und lebte, wie er stets gelebt hatte: frei, loyal und ehrenwert. Seine ärmlichen Verhältnisse nötigten ihn zur Arbeit, die Liebe seiner Mitbürger hatte er sich durch seine strenge Redlichkeit erworben und genoss selbst der Achtung des Papstes, dem er große Dienste zur Zeit der Aufstände geleistet hatte; er war einer der seltenen geringen Leute, die dazu bestimmt sind, einen hohen Platz einzunehmen, wenn sie aufgefordert werden.

Er war im Jahre 1802 zu Rom im Viertel Repetta geboren worden. Da er in seiner Kindheit stark und gesund war, hatte ihm seine Mutter den Spitznamen Cicervacchio gegeben, der in der Mundart des römischen Volkes »blühend, reich an Gesundheit« bedeutet. Als er heranwuchs, bildete sich die Kraft, die sich schon im Kinde gezeigt hatte, im Manne vollständig aus.

Als ich ihn im Jahre 1849 kennen lernte, hatte er einen vollen blonden Bart, der eben in Grau überzugehen begann, langes gelocktes Haar, eine breite Brust, schlanke Figur und feste Haltung. Nie trat ein Hilfsbedürftiger mit ausgestreckter Hand in sein Haus und ging mit leerer hinaus, dagegen sah man seinen Namen niemals auf solchen Subskriptionslisten, die häufig mehr den Zweck haben, den Unterzeichneten zu verherrlichen, als dem Unglücklichen zu helfen. Bei den in Rom so häufigen Überschwemmungen des Tiber war er stets der Erste, der sich in einen Bootsmann verwandelte, um seinen von den Gewässern umschlossenen Landsleuten Nahrungsmittel und Worte der Tröstung zu bringen. Dieser brave Mann betete mich an; wenn ich Arbeiter für den Ingenieurdienst bedurfte, brauchte ich ihm bloß einen Wink zu geben und dann kam er bald mit zwei, drei- oder vierhundert Männern; ich gab ihm dafür auf den Minister ausgestellte Zahlungsanweisungen, aber nie hat er auf eine einzige derselben seine Forderung geltend gemacht. Bei meiner Abreise von Rom folgte er mir mit seinen zwei Söhnen, landete mit mir und Ugo Bassi zu Mesola und schlug dann mit seinen Söhnen einen Weg ein, der dem meinigen gerade entgegengesetzt war. Seinerzeit werde ich von seinem doppelten Märtyrertum als Vater und Bürger erzählen.

Ich habe mehr als einmal Ugo Bassi, unseren Kaplan, genannt; ich will ihm jetzt einige Zeilen widmen, denn nach dem Abende und der Nacht eines Kampfes, in dem seine sanfte Frömmigkeit eine so harte Probe zu bestehen hatte, sind sie wohl am Platze. Für unsere Verwundeten war Ugo Bassi, jung, schön und beredt, in Wahrheit der Trostengel des Todes; er vereinigte die Einfachheit eines Kindes, die treue Hingebung eines Märtyrers, die Kenntnisse eines Gelehrten und den ruhigen Mut des Helden in sich.

Er war zu Cento geboren worden und das Kind eines bolognesischen Vaters und, wie André Chénier, einer griechischen Mutter. Sein eigentlicher Name war Joseph, als er aber Mönch wurde, hatte er den Namen Ugo angenommen, ohne Zweifel zum Andenken an unsern patriotischen Dichter Ugo Foscolo. Er gehörte gleichzeitig dem lateinischen und hellenischen Volke an, den beiden edelsten und intelligentesten Völkern der Welt. Sein Haar war braun und ringelte sich in natürlichen Locken, seine Augen leuchteten wie die Sonne, zuweilen ruhig, zuweilen ungemein belebt, sein Mund lächelte freundlich, sein Hals war weiß und schlank, sein Körper kräftig und gewandt, sein Herz schwärmte feurig für Ruhm und Gefahr. Er hatte milde und ehrenwerte Neigungen, seine Gedanken waren erhaben, feurig und schnell; er schien gleichzeitig für die frommen Selbstbetrachtungen eines Einsiedlers wie für die unwiderstehliche Begeisterung, die das Apostelamt erfordert, geboren worden zu sein. Seine Studien waren ihm keine Arbeit, sondern eine Erholung gewesen; mit bemerkenswerter Schnelligkeit verstand er es, sich die Literatur, Wissenschaften und Künste anzueignen, und als ein

Spiegel alles Wissens kannte er die ganze Dichtung Dantes auswendig. Er brauchte nur sechs Monate, um Griechisch zu lernen, das Lateinische sprach er wie seine Muttersprache und machte Verse im Geiste Horaz'; Englisch und Französisch sprach er gleich geläufig, und wenn die Verhältnisse ihn mitten in das Feuer und den Lärm des Kampfes hineinführten, trug er beständig Shakespeare und Byron bei sich, den englischen Tragiker und den Dichter, der, dem patriotischen Zuge seines Herzens folgend, bei Missolonghi starb. Bei alledem war er Maler und Musiker.

Wie ich selbst, hatte auch Ugo Bassi an Pius IX. geschrieben. Pius IX. erließ die Amnestie, er versprach Reformen. Er wurde von den Italienern in den Himmel erhoben, von den Ausländern bewundert, und die anderen italienischen Fürsten ahmten ihn nach.

Am 2. Mai 1848 ging der Kreuzzug von Rom aus; alle Anzeichen sprachen vollkommen dafür, dass Italien bald eins sein werde. Dieser Tag war ein ewiger Triumph. Das unglückliche lateinische Volk kam aus seinen entferntesten Gauen herbeigeströmt; es suchte und trug die glückliche Kunde heim, dass Italien den Tag seiner Wiedergeburt erlebt habe und dass sein Volk, das damals in seinem Schweiße und Blute trauerte, endlich dahin gelangt sei, frei zu werden.

Ugo Bassi war zu Ancona, wo er während der Fastenzeit predigte. Die erste Freiwilligen-Legion kam dorthin; Ugo sprach zu ihr auf der Piazza, nahm den Text zu seiner Predigt aus dem erbärmlichen Zustande, in dem er ihre Waffen und Bekleidung fand, und idealisierte mit seinen kräftigen Worten diesen Mangel, den unsere Feinde lächerlich zu machen suchten. Zwei Tage später schloss er sich dem Kreuzzuge an und rückte mit ihm als zweiter Kaplan der römischen Freiwilligen aus.

Bassi und sein Freund Gavazzi waren ein wahrer Segen für die Armee. Seine mächtige Beredsamkeit begeisterte die Italiener nicht nur zur Liebe Italiens und völliger Hingebung für dasselbe, sondern er verstand es auch, die widerspenstigsten Geldbörsen zu öffnen. Zu Bologna bewirkte er Wunder; die Reichen gaben das Geld zu Tausenden, die Frauen brachten ihre Juwelen, ihre Ringe und Ohrgehänge. Ein junges Mädchen, das nichts besaß, um es ihm zu geben, schnitt ihr prächtiges Haar ab und bot es ihm an. Er war bei allen unseren Kämpfen gegenwärtig und teilte unsere Hingebung, etwa bei Curcida, Treviso und Venedig. Eine Schwester der Barmherzigkeit, ein Apostel, ein unerschrockener Soldat, all dies zusammen war er im Kampfe von Treviso, wo sein Freund und Gefährte, General Guidotti, fiel und er alle vortrefflichen Eigenschaften seines Herzens offen entfaltete. Eine Kugel verstümmelte seine Hand und den linken Arm und machte eine tiefe Wunde in seiner Brust. Immer noch bleich und an dieser schrecklichen Verwundung leidend, sah man ihn dennoch in dem Gefechte bei Mestre, wo er mit einer Fahne in der Hand und ohne Waffen einer der Ersten bei dem Sturme auf den Palast Bianchini war.

Bassi begleitete die italienische Legion auf allen ihren Kreuz- und Querzügen. Sein mächtiges Wort begeisterte das Volk, und wenn Gott dem Unglücke Italiens ein Ziel hätte setzen wollen, so würde Bassis Stimme, wie die Sankt Bernhards, das ganze Volk auf das Schlachtfeld gerufen haben. Wenn Italien jemals dahin kommt, einig zu werden, so möge Gott ihm die Stimme Ugo Bassis wiedergeben! Als Rom gefallen war, als mir nichts mehr übrig blieb als Exil, Hunger und Elend, zögerte Ugo Bassi nicht einen Augenblick, mich zu begleiten. Ich nahm ihn zu Cesenatico in meine Barke auf und er teilte mit mir das letzte Lächeln des Schicksals – jenes Lächeln des Abschieds.

In dieser Barke, die ich mit eigener Hand führte, waren Anita, Ugo Bassi, Cicervacchio und seine beiden Söhne. Alle sind tot – und wie sind sie gestorben! O, ihr geheiligten Toten! Ich werde über Euer Märtyrertum berichten.

Der Name Ugo Bassi wird am Tage der Rache die Losung für Italien sein. Ich muss aber gestehen, dass ich mich von meiner Erzählung habe ablenken lassen; wir wollen nun zu der Belagerung Roms zurückkehren.

In der Nacht des 4. Juni wurden, während unsere Gegner einen Scheinangriff auf die Porta San Pancracio machten, die Laufgräben bis auf dreihundert Meter Entfernung besetzt und zwei Belagerungs-Batterien errichtet, eine hundert Meter hinter der Laufgraben-Parallele, um das Feuer der Batterie Nr. 6 zu erwidern, die andere rechts von der Parallele, der römischen Batterie von Tertascio und San Alexis gegenüber. Die Parallele zog sich rechts bis zu einigen unersteigbaren Höhen und links bis zur Villa Pamphili.

Mit Tagesanbruch sandte ich zu Manara und ließ ihn bitten, seine Stellung als Oberst der Bersaglieri aufzugeben und dafür mein Stabschef zu werden. Ich wusste wohl, dass dies ein großes Opfer von ihm verlangen hieß, aber Manara war mehr als jeder andere für diesen Posten geeignet; er besaß eine außerordentliche Tapferkeit, eine seltene Selbstbeherrschung mitten in der Gefahr, ein sicheres und durchdringendes Auge im Gefecht; er hatte aus den Bersaglieri die diszipliniertеste Truppe in der gesamten Armee gemacht und sprach vier Sprachen. Was allem die Krone aufsetzte, war, dass er sich selbst mit jener Würde benahm, die einer höheren Stellung so gut ansteht. Er nahm mein Anerbieten an.

Der Rest meines Stabes setzte sich zusammen aus den Majors Cenni und Bueno, den Kapitänen Carenni und David, aus zwei ausgezeichneten französischen Offizieren namens Peltres und Lavireo, dem Kapitän Cecaddi, der während seiner Dienste in Spanien und Afrika das spanische Kreuz und das der Ehrenlegion erworben hatte, aus Sisco und Stagnetti, die bei Palestrina die Emigranten anführten, aus Fili, einem Kavallerie-Leutnant, dem Kurier Giamruzzi und endlich einem Mitgliede der Kammer, Kapitän Cessi.

Manara stand an der Spitze und organisierte den Generalstab in seinem Innern. Ein jeder von ihnen verlangte, bei mir in der Villa Savarelli zu bleiben. Wir hatten eine freie Aussicht auf das offene Land, und nichts konnte vorgehen, ohne von uns bemerkt und beobachtet zu werden. Freilich war dieser Vorteil nicht ohne Gefahr für uns. Da es bekannt geworden war, dass die Villa Savarelli mein Hauptquartier sei, so waren alle Geschütze, Kanonen und Mörser auf uns gerichtet.

Dies war besonders der Fall, wenn ich, um eine bessere Aussicht zu haben, auf ein Belvedere stieg, dass sich auf meinem Hause erhob; es war dann wirklich interessant, den Hagel von Kugeln zu sehen, und ich kann aufrichtig gestehen, dass ich in meinem Leben nicht einen Feuersturm gehört habe, der ein so stark zischendes Geräusch machte. Die Kugeln ließen das Haus wie bei einem Erdbeben zittern, und häufig ließ ich, um der französischen Artillerie und ihren Gewehrschützen dieses Vergnügen zu verschaffen, mein Frühstück auf dem Belvedere servieren, das keinen anderen Schutz als eine kleine hölzerne Brustwehr hatte, und dann hatte ich eine Musik bei meinem Mahle, welche die Dienste meines Musikkorps ganz überflüssig machte. Dies wurde noch schlimmer, als ein boshafter Spaßvogel aus meinem Stabe an einem Blitzableiter, der über die kleine Terrasse hervorragte, eine Flagge hisste, auf welcher mit großen Buchstaben geschrieben stand: »Guten Tag, Kardinal Oudinot!«

Am vierten oder fünften Tage, an dem ich den Franzosen diese kleine Zerstreuung bot, besuchte mich General Avezzana, und da er das Fenster des Salons nicht von hinreichender Höhe fand, fragte er mich, ob ich nicht einen höher gelegenen Platz hätte, von dem aus er in die Ebene blicken könne. Ich führte ihn auf mein Belvedere. Ohne Zweifel wollten die Franzosen ihm nur eine Ehre erweisen, denn sie begannen in dem Momente, als wir ankamen, wieder ihre alte Musik. Der General sah sich die feindlichen Vorposten sehr ruhig an und stieg dann wieder hinab, ohne ein Wort zu sagen. Am nächsten Tage fand ich alle Öffnungen meines Belvedere mit Erdsäcken verstopft, und als ich fragte, wer dazu Befehl gegeben habe, sagte man mir, es sei der Kriegsminister gewesen. Dessen Befehlen konnte ich mich natürlich nicht widersetzen.

Indessen führte diese Lust der Franzosen, mein armes Hauptquartier mit Flinten-, Kanonenkugeln und Bomben zu durchlöchern, hin und wieder sehr amüsante Szenen herbei. Eines Tages – es war am 6. oder 7. Juni, wie ich glaube – kam mein Freund Vecchi, der zugleich aktiver Teilnehmer und Geschichtsschreiber des Dramas war, das wir aufführten, zu unserem Mittagsmahl, um mich zu sehen. Da ich noch mehr Besuch hatte, befahl ich, aus Rom eine Mahlzeit herbeizuschaffen, die in einer blechernen Büchse gebracht wurde. Ich bemerkte, dass der Anblick unserer kleinen Mahlzeit Vecchi in Versuchung führte, und forderte ihn daher auf, daran teilzunehmen; General Avezzana und Constantin Rita waren ebenfalls da. Wir setzten uns also unten im Garten auf den Rasen nieder; die Kugeln erschütterten das Haus derartig, dass, wenn wir versucht hätten, an einem Tische zu essen, wir irgendeinen Unfall hätten befürchten müssen, wie sie an Tischen auf Schiffen bei schlechtem Wetter vorkommen. Mitten in unserem Diner fiel eine Bombe kaum einen Meter von uns nieder, und alle sprangen auf und machten sich davon. Vecchi war im Begriff, dasselbe wie zu tun, aber ich hielt ihn am Arm fest, und da er ein Mitglied der Versammlung war, sagte ich lachend zu ihm: »Vater der Auserwählten, verlassen Sie nicht Ihren kurulischen Stuhl!« Die Bombe platzte, wie ich vorausgesehen hatte, auf der unserem Platze entgegengesetzten Seite und wir kamen glücklich davon, nur waren wir und unsere Mahlzeit über und über mit Staub bedeckt.

Vecchi hatte klug daran getan, an unserem Mahle teilzunehmen, denn wir bekamen nicht jeden Tag zu essen, weil der Kellner des Restaurants, erschreckt durch den Lärm der französischen Mörser und das Büchsenfeuer der Jäger von Vincennes, hauptsächlich aber durch die Menge toter Körper, die er auf seinem Wege fand, zuweilen stutzte und nicht wagte, weiterzugehen. Dann nahm der Erstbeste, der hinzukam, Besitz von unserem Mahle und eignete es sich zu seinem Gebrauche an. Eines Morgens um drei Uhr bereitete mir einer meiner Soldaten, Casanova, Makkaroni zu, denn ich hatte seit achtundvierzig Stunden nichts genossen als eine Tasse Milchkaffee und zwei oder drei Flaschen Bier.

Zufällig traf es sich, dass alle solche Abenteuer, deren ich erwähnte, gerade Vecchi zustießen. Ein anderes Mal, als er seinen Rapport zu machen hatte, nachdem er in den Castabili'schen Weingärten auf Vorposten gewesen war – eines der Gehöfte, das in der Nachbarschaft der Villa Corsini lag, nannte sich so –, fand er mich beim Mittagessen, und zwar dieses Mal an einem Tische. Damals hatten die Herren von der Artillerie gerade die Freundlichkeit gehabt, eine kleine Pause zu machen. Vor mir stand ein Teller, der den appetitlichsten Duft verbreitete; ich machte Vecchi Platz neben mir und lud ihn ein, mit mir zu essen, aber gerade als er sich niedersetzen wollte, hielt ihn Manara zurück.

»Tue es nicht, Vecchi«, sagte er zu ihm; »vor drei Tagen sind Offiziere, die am Mittagstische des Generals teilnahmen, getötet worden, ehe sie Zeit zum Verdauen hatten.« Und so war es wirklich; David, Roser und Panizzi waren erschossen worden, wie Manara es sagte.

»Gut«, meinte Vecchi, »das passt vortrefflich zu einer Prophezeihung, die man mir gemacht hat.«

»Und die wäre?«, fragte Manara.

»In meiner Kindheit stellte mir eine Zigeunerin das Horoskop. Sie sagte, dass ich in Rom im Alter von sechsunddreißig Jahren und sehr reich sterben würde. Im Jahre 1838 bemerkte ich auf einer Fußreise von Neapel nach Salerno bei Sarno auf einem Felde zur Seite der Straße eine Zigeunerin, die ich auf Rechnung ihrer wundervollen Augen zu küssen Lust bekam; sie wies mich mit ihrem Messer zurück, aber ihrer Angriffswaffe setzte ich meine Verteidigung in Form einer blanken neuen Krone entgegen. Sie nahm das Geld, ergriff meine Hand und erzählte mir, dass ich in Rom, sechsunddreißig Jahre alt und sehr reich, sterben würde. Ich bin jetzt in meinem sechsunddreißigsten Jahre, jedoch nicht reich, und fühle mich zu wohl, um sterben zu wollen, aber ich bin Fatalist, wie der Mohamedaner, und glaube, dass geschrieben steht, was da geschrieben steht, und so geben Sie mir nur von dem Gericht, General!«

Wir lachten über Vecchis Geschichte, aber Manara blieb ernst und sagte: »Das ist alles recht gut, Vecchi, aber ich kann nicht ruhig sein, bis dieser Tag vorüber ist.« Dann wandte er sich zu mir und meinte: »Um Himmelswillen, General, schicken Sie ihn heute nirgendwo hin!« Dies passte Vecchi gerade; er war schrecklich ermüdet, da er zwei Nächte hindurch gewacht hatte, und nach dem Essen bat er mich, ihm zu erlauben, sich zurückziehen und ein wenig zu schlafen. »Sie können sich in mein Bett legen, wenn es Ihnen beliebt«, sagte Manara, halb im Scherz, halb im Ernst, »um Himmelswillen gehen Sie aber heute nicht aus!« Vecchi nahm ihn beim Wort und warf sich auf das Bett.

Als ich ungefähr eine Stunde später bemerkte, dass die französischen Offiziere Schanzkörbe in die Laufgräben brachten, die unserer Batterie gegenüberlagen, suchte ich nach einem Offizier, der ein Dutzend Schützen gegen sie feuern lasse. Ich erinnerte mich nicht, wohin ich all meine Leute geschickt hatte, aber ich war allein; ich dachte an den armen Vecchi, der sanft schlief. Ich wollte ihn nicht gern wecken, aber die feindlichen Kugeln richteten großen Schaden an; ich fasste ihn also am Bein und er öffnete seine Augen.

»Komm, steh auf!«, rief ich. »Sie haben schon vierundzwanzig Stunden geschlafen, die Prophezeihung ist jetzt nicht länger zu fürchten. Nehmen Sie ein Dutzend Ihrer besten Schützen und bringen Sie die Jungen da drüben zum Schweigen.«

Vecchi, der sehr brav ist, machte keine Einwendung; er nahm ein Dutzend Bersaglieri, ausgewählte Schützen, und postierte sie hinter einer mit Schanzkörben besetzten Barrikade, die mit Hilfe der Pioniere unter einem Ordonnanz-Leutnant namens Parzio aufgeworfen worden war. Von hier eröffnete er ein so mörderisches Feuer gegen die Franzosen, dass diese sich genötigt sahen, mit Kanonenkugeln auf seine Flintenschüsse oder vielmehr die der Bersaglieri zu antworten.

Eine halbe Stunde darauf kam einer meiner Leute zu mir und sagte: »Haben Sie schon gehört, General, dass der arme Vecchi getötet worden ist?« Diese Neuigkeit ging mir zu Herzen. Ich war die Veranlassung seines Todes und ich konnte nicht anders, als mir Vorwürfe zu machen; nach Verlauf einer halben Stunde aber sah ich ihn zu meiner großen Freude auf mich zukommen.

»In Gottes Namen!«, rief ich, »lassen Sie mich Sie umarmen; ich dachte, Sie wären tot!«

»Nein«, erwiderte er, »ich war nur begraben.«

»Was meinen Sie damit?«, fragte ich.

Er erzählte nun, wie eine Kugel einen Sandsack aufgerissen und dieser sich über ihn ausgeleert habe und wie dadurch alle übrigen Säcke aus ihrer Lage gekommen und zehn bis zwölf auf seinen Kopf gefallen seien und ihn buchstäblich verschüttet hätten. Ein noch interessanterer Umstand, als Vecchis vermeintlicher Tod gewesen sein mag, hing mit diesem Vorfalle zusammen. Dieselbe Kugel, die Vecchi begrub, schlug gegen eine Mauer und traf beim Zurückprallen einen jungen Soldaten in den Rücken. Dieser, der auf einer Lafette saß, faltete seine Hände über der Brust, wandte seine Augen gen Himmel und hauchte seinen letzten Seufzer aus. Er wurde nach dem Verbandsplatze gebracht, wo ein Offizier sich über ihn warf und seinen Leichnam mit Küssen bedeckte. Des Offiziers Name war Parzio, der des jungen Soldaten Colomba Antonietta. Es war Parzios Frau, die ihm nach Velletri gefolgt war und am 3. Juni an seiner Seite gefochten hatte.

Dies erinnert mich an meine arme Anita, die im Feuer ebenso ruhig war und die ich wider ihren Willen in Rieti zurückgelassen hatte. Sie sah ihrer Entbindung entgegen und aus Rücksicht auf ihr Kind hatte ich sie überredet, sich von mir zu trennen.

Am 7. Juni, dem Fronleichnams-Tage, herrschte auf beiden Seiten Waffenruhe. Am 9. Juni befahl ich einen großen Ausfall, um die vorgerückten Werke der Franzosen zu durchbrechen, welche beinahe bis an die zweite Bastion des linken Flügels reichten. Zu dieser Expedition bestimmte ich die Zollwächter und ein Bataillon vom 9. Regiment. Die Bersaglieri taten zu derselben Zeit in den Gehöften links der Via Vicellia Dienst und waren auf Bastionswache. Leutnant Nozat, derselbe, den ich von der Villa Corsini hatte forttragen sehen und der mir damals sagte: »General, meine Rechnung ist abgeschlossen«, war nur von einer matten Kugel getroffen worden; ich glaubte, die Verwundung sei schwer genug, ihn an das Bett zu fesseln, aber er war am Morgen schon wieder auf und an besagtem Tage bestand er durchaus darauf, das Kommando der vierten Kompanie zu übernehmen, die für die zweite Bastion bestimmt war. Als Nozat sah, dass die Laufgraben-Wache unsere Angreifer zu sehr belästige, ergriff er einen Karabiner und feuerte, da er ein ausgezeichneter Schütze war, fünfzehn Schüsse, von denen mehr als die Hälfte ihr Ziel nicht verfehlten. Seine Leute luden und er feuerte. Seine Geschicklichkeit erregte den Ehrgeiz einiger afrikanischen Jäger, die ihm Schuss auf Schuss erwiderten. Die erste Kugel riss seinen Hut ab, ihn aufnehmend, schwenkte er ihn hoch und rief: »Viva l'Italia!« In demselben Augenblicke fuhr ihm eine Kugel durch den Mund und kam am Nacken wieder heraus, wodurch sein Ruf erstickte. Nach zweitägiger Bewusstlosigkeit starb er.

Am 10. Juni empfing ich von General Rossetti die Order, das Kommando über einen großen Ausfall zu übernehmen, an dem sich die halbe römische Armee beteiligen sollte. Er sollte an der Porta Cavalieri stattfinden und hatte die Einnahme der Villa Pamphili oder der Villa Valentini zum Zweck. Infolgedessen entband mich der Kriegsminister Avezzana meines Kommandos auf der San-Pancracio-Linie, und ich brach mit der italienischen Legion und dem Bersaglieri-Regiment nach dem Platze am Vatikan auf, wo die für diese wichtige Operation bestimmte Truppe durch die Regimenter Pari und Mari und die polnische Legion vervollständigt wurde. Ich ritt zu Pferde die Front jedes dieser Korps entlang; ich erteilte den Kommandeuren ihre Befehle und setzte ihnen den Zweck des Angriffs und die Art und Weise, wie ich ihn zu führen beabsichtigte, auseinander. Alsdann gab ich den Befehl, die Munition zu verteilen und alles zur bestimmten Stunde vorzubereiten, während die Soldaten zum Monde aufsahen, der klar am Himmel stand, und über die Langsamkeit lachten und scherzten, mit der er seine Bahn fortzog.

In der Absicht, einen jener unheilvollen nächtlichen Zwischenfälle zu verhindern, die bei solchen Expeditionen so gewöhnlich sind, wenn bei der Verwirrung von Freund und Feind ein Mann wahllos auf den andern feuert, befahl ich den Soldaten, die Hemden über ihre Uniformen zu ziehen, welches Manöver viel Heiterkeit unter ihnen hervorrief, besonders aufgrund des Zustandes ihres Unterzeuges, aus dem ich jetzt Oberzeug machte. Um zehn Uhr abends wurde das Tor geöffnet und die polnische Legion unter Befehl Hoffstetters, der ein ausgezeichnetes Journal von der Belagerung Roms hinterlassen hat, marschierte los und bildete die Spitze; dann folgte die italienische Legion unter dem Kommando von Oberst Manara, hierauf die Bersaglieri und die Regimenter Pari und Mari, Letzteres bildete die Nachhut.

Ich war kaum aus der Stadt, als ich bemerkte, dass ich einen Fehler begangen hatte, als ich meine Leute die Hemden über die Uniformen ziehen ließ; meine Leute waren so sichtbar wie am hellen Tage. Sie würden kaum hundert Schritte marschieren und die Franzosen würden glauben, dass sie von einer Geister-Armee angegriffen werden sollten. Ich befahl, die Hemden wieder auszuziehen, und ich kann versichern, dass nicht ein einziger Soldat sich die Mühe machte, sie wieder dahin zu bringen, von wo er sie genommen hatte.

Ich ritt der italienischen Legion zur Seite, als wir an einer Villa vorbeikamen und einige Soldaten, die eine Leiter trugen, zu wissen wünschten, ob diese wirklich vollständig verlassen sei, wie es den Anschein hatte, und ihre Leiter an eines der Fenster in der ersten Etage anlegten. Das Regiment hielt, um das Resultat dieser Untersuchung abzuwarten, während die Vorhut ununterbrochen ihren Marsch fortsetzte. Fünf bis sechs Mann bestiegen die Leiter; plötzlich brach eine Sprosse unter dem Fuße des obersten Mannes, er fiel auf den zweiten, der zweite auf den dritten, und alle stürzten mit furchtbarem Krachen herunter, wobei einer über den andern fiel. Bei diesem Sturz entluden sich zwei Gewehre. Die Vorhut, die von Hoffstetter und Sacchi kommandiert wurde, zwei unserer tapfersten Offiziere, glaubte, als sie die Schüsse hörte, sie werde von den Franzosen überfallen. Die Männer wurden von einem panischen Schrecken ergriffen, flohen, ließen Hoffstetter und Sacchi mit nur wenigen Leuten zurück und kamen in einer Art von Verzweiflung auf uns zu, wobei sie alles, was ihnen im Wege war, mit sich fortrissen. Manara versuchte vergebens, sie aufzuhalten, ich warf mich selbst zwischen sie, fluchte und hieb rechts und links mit meiner Gauchopeitsche auf sie ein, aber ohne Erfolg, und ich glaube wirklich, alle meine Leute wären in derselben Eile nach Rom zurückgekehrt, wenn die Bersaglieri, an deren Spitze zwei Bataillonskommandeure und Kapitän Ferrari standen, sich ihnen nicht quer über den Weg mit gefällten Bajonetten entgegengestellt hätten.

Nach dem durch diese Störung verursachten Lärm durften wir nicht erwarten, dass die Franzosen nicht auf ihrer Hut seien, und so mussten wir das Unternehmen aufgeben. Ich für meine Person war ermüdet durch das Zusammentreiben der feigen Rotte und kehrte in der Stadt zurück, nachdem ich zu Manara gesagt hatte: »Wie unrecht haben wir getan, mein Freund, nicht Ihre braven Bersaglieri an die Spitze zu stellen.«

Wirklich waren diese Bersaglieri ausgezeichnete Leute, auf die Manara stolz sein konnte und war. Wenn ich ihn um eine Abteilung seiner Soldaten anging, pflegte er zu sagen: »Jetzt, Leute, brauche ich vierzig Freiwillige von euch zu einer Expedition, bei welcher ein Viertel von ihnen getötet, ein anderes Viertel verwundet werden wird.« Und ungeachtet dieser Ankündigung wollte das ganze Regiment sich so vollständig melden, dass wir, um die Eifersucht zu verhindern, genötigt waren, durch das Los zu entscheiden.

Am Mittag des 12. Juni war ein Bataillon der Unsrigen gerade damit beschäftigt, einen Laufgraben im Weingarten zur Linken der Via Velletri aufzuwerfen, als die Franzosen einen Angriff machten, um sie an ihrer Arbeit zu hindern. Die Majors Lanzi und Panizzi riefen sofort die Arbeiter und ein Korps der Wache zu den Waffen und stürzten sich mit unglaublicher Schnelligkeit auf die Brustwehr des französischen Parallelgrabens. Sie wurden von einem heftigen Feuer empfangen. Panizzi fiel tödlich verwundet; Pietro Landi stellte sich selbst an die Spitze seiner Bologneser, aber in einem Augenblicke teilte er das Schicksal seines Gefährten und stürzte, verwundet im Arm und der Brust, nieder. Andere, von dem Offizier Meloni geführt, behaupteten ihre Stellung, waren aber nicht im Stande, die Attake fortzusetzen und schrien aus Leibeskräften »Viva l'Italia!«, wodurch sie ihre Gefährten ermutigten. Dieses Regiment focht an diesem Tage mit bewunderungswürdigem Mute. Um keine Zeit durch das Laden zu verlieren, stachen sie teilweise mit ihren Bajonetten auf den Feind ein oder schlugen ihn mit den Gewehrkolben, während andere, wie Ajax und Diomedes in der *Ilias*, Steine aufhoben und auf ihre Gegner schleuderten.

Die Erbitterung war so groß, dass der polnische Kapitän Very, der verschiedene Orden auf seiner Brust trug, unter ihnen das Kreuz der Ehrenlegion, das er sich in Afrika verdient hatte, sich auf die Brustwehr stellte, mit der flachen Hand auf seine Brust schlug und ausrief: »Hier! Hier! Hier gebt Feuer auf das Kreuz der Ehrenlegion!« Eine Kugel verwundete ihn am Kopfe. »Niedriger!«, rief er, »niedriger, ihr Pfuscher!« Eine zweite Kugel traf ihn und er wurde aus dem Handgemenge getragen, aber er erholte sich und starb später in Griechenland.

Ich sah dieser Affäre von meinem Belvedere aus zu, allerdings nicht sehr heldenmütig; meine Freunde, die mich kennen, werden mir aber Gerechtigkeit widerfahren lassen, denn ich hielt es für meine Pflicht, für die Regierung einen Bericht darüber zu machen.

Am 14. Juni morgens – ich denke wenigstens, es war so, da ich ohne eine Aufzeichnung der Daten aus dem Gedächtnisse schreibe – frühstückten wir in der Villa Spada, in einem Zimmer des dritten

Stockes, mit Sacchi, Bueno und Cocculli. Wir waren alle in Hemdsärmeln; ich war gerade sehr nachdenklich, da ich eben genötigt gewesen war, einen unserer Offiziere zum Tode zu verurteilen – einen Neapolitaner, der, von panischem Schrecken überwältigt, im Laufe der Nacht seinen Posten verlassen hatte –, als wir schnelle Schritte auf dem Korridor hörten; Die Tür flog auf, ich stieß einen Schrei aus – es war Anita, die, von Orrigoni begleitet, kam, um sich wieder mit mir zu vereinen. Als die Herren meine Frau erkannten, zogen sie ihre Röcke an und verließen uns.

»Wissen Sie, General, wie sie sich auf der Reise von Carozze bis hierher unterhalten hat?«, fragte Orrigoni.

»Nein, wie?«

»Indem sie sich bei San Pietro in Montorio aufhielt, um sich die französischen Batterien anzusehen. Sehen Sie, wie wir beide mit Staub bedeckt sind! Das kommt von den Kugeln, die in den Wall einschlugen.«

»Komm her!«, sagte ich, »es ist von keinem Nutzen, sich hier totschießen zu lassen. Wie meint ihr, dass die Franzosen als Katholiken die Kirchen behandeln?«

Teure Anita! Ich presste sie an mein Herz; es schien mir, als ob sich jetzt alles nach meinen Wünschen fügen müsse. Mein guter Engel war an meine Seite zurückgekehrt. Ich bedauerte, dass ich Anita nicht die erste Bitte gewähren konnte, die sie an mich tat, nämlich die um Pardon für den neapolitanischen Offizier, denn es war notwendig, ein Exempel zu statuieren. Es lag nicht in meiner Macht, Medici für sein ausgezeichnetes Benehmen bei Vascello zu belohnen; aber ich war genötigt, an einem Feigen die Strafe für seine Feigheit vollstrecken zu lassen. Er wurde erschossen.

8.
Die Überrumpelung

Am 13. Juni hatten die Franzosen ein furchtbares Bombardement begonnen; sieben Batterien spien ununterbrochen ihr Feuer aus und schossen eine Bresche in die rechte Seite der dritten Bastion und deren Verbindungsmauer zur Linken sowie in die linke Seite der zweiten Bastion; die andern beschäftigten sich besonders mit der Villa Savarelli, die jeden Augenblick über unsern Häuptern zusammenzustürzen drohte, so dass ich mich zu meinem großen Kummer am 20. Juni genötigt sah, mein Hauptquartier nach dem Palazzo Corsini zu verlegen. Es war unmöglich für mich, in der Villa zu bleiben, denn ich war dort zu weit von den Wällen entfernt. Wir wurden an jedem Tage angegriffen und jedes Mal schlug Medici, den wir den Unermüdlichen nannten, die Angriffe zurück und behauptete Vascello und Cassini; ich kann zu seinem Lobe nicht oft genug gestehen, dass ich nicht weiß, wie er dies möglich machte.

Am 20. Juni waren drei ausreichend große Breschen geschlagen, trotz allem, was ich und Manara getan hatten, die Wirkung der Kugeln zu schwächen; andererseits war der feindliche Sturm eigentlich ein Vergnügen für mich. Die Männer, mit denen wir es zu tun hatten, waren ganz unserer würdige Gegner. Wir hatten ihnen bewiesen – auch wenn General Lamoricière das Gegenteil behauptet haben mag –, dass die Italiener zu kämpfen verstehen; ich hoffte, Gelegenheit zu finden, ihnen zu zeigen, was ein Kampf mit Messer und Dolch sei.

Am Abend des 21. Juni war unser zweites Bataillon auf Wache in der Bastion zur Linken, um die Bresche zu verteidigen, ebenso wie zwei Kompanien des dritten Regiments, welche abgelöst werden sollten; sie verlängerten ihren Dienst bis Tagesanbruch, um die Bastion besser verteidigen zu können. Die erste und fünfte Kompanie der Bersaglieri hatte Dienst in Vascello, die sechste und siebente war auf Wache in den Laufgräben zur Linken außerhalb der Porta San Pancracio, von welcher unsere Schildwachen sich zu Rechten bis an die Wälle des Casinos und beinahe bis über den französischen Parallelgraben hinaus ausdehnten.

Dieser Dienst war ein sehr gefährlicher; er wurde nur des Nachts versehen, kurz vor Tagesanbruch wurden alle Posten eingezogen und die Nachtwache kam hinter die Wälle. Major Calvandro Baroni von den lombardischen Bersaglieri hatte die Oberaufsicht über diese Linie und Oberst Rossi den Dienst als Stabsoffizier im Innern der Stadt.

Als Major Baroni alle vorgeschobenen Posten aufgestellt hatte und gerade damit beschäftigt war, den Kapitänen Stambro und Morandoli seine Instruktionen zu geben, hörte man ungefähr um elf Uhr nachts in der Nähe der zweiten und dritten Bastion ein Geräusch, als ob etwas breche. Einige Flintenschüsse folgten diesem Geräusch, dann war alles wieder Nacht und Stillschweigen.

Was hatte sich zugetragen? Die Franzosen hatten sich plötzlich vor der Bresche gezeigt, jedoch nicht wie ein Feind, der zum Sturme ansetzt, sondern wie eine ablösende Wache. Von woher kamen sie? Welchen Weg hatten sie genommen? All dies war unmöglich zu begreifen. Einige vermuteten Verrat. Der Posten, der befragt wurde, erzählte nur, dass die Franzosen gleichsam aus der Erde gewachsen seien und ihm zugerufen hätten, zu fliehen. Im Laufe derselben Nacht fiel die siebte Bastion und die Verbindungsmauer zur sechsten Bastion nach energischem Widerstande in die Hände der Franzosen.

Genau einen Tag zuvor hatte ich mein Hauptquartier von der Villa Savarelli nach dem Palazzo Corsini verlegt. Beinahe im selben Augenblicke, in dem diese Begebenheit sich zutrug, wurde ich von dem Adjutant-Major Delac, der zum Regimente der Union gehörte, davon benachrichtigt. Ich gestehe, mein Erstaunen war groß, und ich war nicht der Letzte, der sich der Meinung derer anschloss, die glaubten, dass hier Verrat im Spiele sei. Gefolgt von Manara und Kapitän Hoffstetter kam ich auf dem Platze gerade in dem Momente an, als die Bersaglieri, die immer wach und kampfbereit waren, sich in der Straße aufgestellt hatten, welche nach San Pancracio führt. Die italienische Legion, die Order dazu empfangen hatte, folgte mir in kurzer Zeit, die zwei Kohorten des Obersten Sacchi kamen hinterher. Sacchi entsandte sofort eine Kompanie zur Erkundung, als die Männer aber an die zweite Bastion kamen, sahen sie sich von einer Anzahl Franzosen gezwungen, sich in die Casa Gabrielli zurückzuziehen.

Die schreckliche Neuigkeit hatte sich schon überall in der Stadt verbreitet. Als das Triumvirat Kunde davon erhielt, befahl es, die Sturmglocke zu läuten; als diese gehört wurde, strömten alle Einwohner aus ihren Häusern und in einem Augenblicke waren die Straßen mit Leuten angefüllt. Der Generalkommandeur Rossetti, der Kriegsminister, der ganze Stab und Mazzini selbst eilten nach dem Gianicolo. Das Volk umringte uns in Waffen und forderte von uns, dass wir es die Franzosen von den Wällen treiben ließen. General Rossetti und der Kriegsminister waren der Meinung, dass man es versuchen sollte, ich aber protestierte dagegen. Ich fürchtete die Verwirrung, die entstehen würde, wenn eine solche Menge sich in unsere Reihen drängen sollte, fürchtete die daraus resultierende Planlosigkeit der Truppenbewegungen und die zur Nachtzeit so natürliche Ängstlichkeit eines nicht an Feuergefechte gewöhnten

Volkes, einer Furcht, wie wir sie nachts zuweilen sogar bei den eigenen Leuten gesehen haben, die doch daran gewöhnt waren.

Ich bestand deshalb darauf, sie möchten bis zum Morgen warten. Am Morgen würden sie sehen, mit welchem Feinde sie es zu tun hätten und ob hier Verrat im Spiele sei. Als der Tag anbrach, stand meine ganze Division bereit, von den Regimentern unterstützt, die General Rossetti mir zur Verfügung gestellt hatte. Die Kompanie der lombardischen Studenten, welche einen Teil von Medicis Legion ausmachte, bildete die Spitze, die Medici-Legion selbst hatte Order erhalten, zu uns zu stoßen. Die Kanonen der Bastionen San Pietro in Montorio und San Alexis sowie der Bastion Nr. 8 wurden auf die vom Feinde besetzten Bastionen gerichtet. Die lombardischen Studenten schritten zuerst zum Angriff; obgleich von der französischen Artillerie beschossen, warfen sie sich mit dem Bajonett auf die Wachen und die Schanzarbeiter und zwangen dieselben, sich im Casino Barberini zu sammeln.

Die braven jungen Männer waren schon in dem offenen Grund beim Casino, aber ich hatte gerade in Erfahrung gebracht, mit welchen Kräften wir es zu tun hatten. Ich sah, dass ein zweiter 3. Juni mich die Hälfte der Leute kosten würde, die ich wie meine eigenen Kinder liebte. Ich hatte nicht die leiseste Hoffnung, die Franzosen aus ihrer Position zu verdrängen; es musste eine nutzlose Schlächterei werden.

Rom war verloren, aber es war nach einer wundervollen, glänzenden Verteidigung verloren. Der Fall Roms nach einer solchen Belagerung ist für alle Zeiten ein Triumph der Demokratie.

Die Studenten etwa hatten sich ganz bewunderungswürdig benommen; ich will nur ein Beispiel anführen. Ein Mailänder Maler namens Tudusio hatte siebenundzwanzig Bajonettstiche erhalten; Bertani rettete ihn, und er befindet sich jetzt ganz wohl.

Es blieb mir also nur die Gewissheit, dass ich mir vier- oder fünftausend ergebene Verteidiger des Vaterlandes bewahrt hatte, welche mich kannten, welche ich kannte und welche bei der ersten Gelegenheit meinem Aufrufe sofort Folge leisten würden.* Ich gab den Befehl zum Rückzuge und bestimmte die Stunde für einem neuen Angriff auf fünf Uhr abends, welchen ich ebenso wenig anzuordnen gedachte wie den ersten.

---

* Die Kampagne von 1858 und die Expedition nach Sizilien beweisen, dass Garibaldis Voraussetzungen begründet waren.

Für mich war jedoch erst in dem Augenblick alles verloren, als die Partei besiegt wurde, welche die Römische Republik mit dem konstitutionellen Frankreich verband, und keineswegs schon in dem Moment, als die Franzosen sich zu Herren der Breschen machten, die sie uns geschlagen hatten. Ich setze voraus, dass ich durch die Aufopferung von tausend tapfern Männern die Franzosen aus ihren Positionen getrieben hätte, wie ich sie am 3. Juni aus ihren Positionen in der Villa Corsini und Villa Valentini drängte; sie würden sie, wie am 3. Juni, durch Heranziehung frischer Truppen zurückerobert haben, und in diesem Falle hatte ich allen Grund, erneut gegen sie vorzugehen. Wenn die Villa Corsini in unsern Händen geblieben wäre, so hätten wir die Laufgräben verteidigen können; da diese nun einmal dem Feinde in die Hände gefallen und die Breschen einmal gelegt waren, was konnte da noch die Einnahme Roms hindern? Nichts!

Dennoch war jeder Tag meines verlängerten Aufenthalts in Rom ein Tag der Hoffnung; als aber die Nachricht von der Flucht Ledru-Rollins und der demokratischen Partei nach England eintraf, war Widerstand nur noch eine nutzlose Torheit, und ich begriff, dass die Römer in den Augen der Welt zu viel getan hatten, als dass sie nötig gehabt hätten, sich der Verzweiflung hinzugeben.

Die vereinigten Mächte hatten die Römische Republik eingeschlossen, das heißt, alle demokratischen Kräfte auf der Halbinsel saßen innerhalb der alten Mauer Aurelians fest. Uns blieb nichts mehr zu tun, als durch diesen Ring zu brechen und, wie Scipio, den Krieg nach Karthago zu tragen. Unser Karthago war jetzt Neapel und dort, hoffe ich, werden der Despotismus und ich sich von Angesicht zu Angesicht eines Tages wieder gegenüberstehen. Möge dieser Tag bald kommen!

9.
Das Ende

Es ist wahr, wir waren überrascht, aber noch nicht besiegt. In einer Entfernung von zweihundert Schritten hinter den Wällen stand die alte Aurelianische Mauer; ich befahl, sie so gut als möglich zu befestigen. Ich hatte die Idee eines Angriffs fallen lassen, aber ich war nichtsdestoweniger fest entschlossen, den Boden Schritt für Schritt zu verteidigen. Eine Batterie von sieben Kanonen wurde auf der

Bastion Nr. 8 platziert und durch Schanzwerke gegen das Feuer der Franzosen geschützt. Sie fing am Morgen des 23. Juni zu feuern an und im Verein mit den Batterien San Alexis und San Pietro in Montorio nötigte sie die Franzosen dazu, ihre Befestigungen in einer der Breschen aufzugeben. Die französischen Ingenieur-Offiziere waren noch kaum Herren der Bresche und beabsichtigten, eine Batterie auf den Verbindungsmauern 6 und 7 zu etablieren, unsere Aufgabe war es, dieses Vorhaben zu hindern. Die Franzosen unternahmen dort unglaubliche Anstrengungen, wir leisteten hier hartnäckigen Widerstand.

In der Nacht etablierten die Franzosen ihre Batterien. Am Morgen des 24. Juni wurden dieselben von unsern Kanonen so sehr beschädigt, dass sie genötigt waren, ihr mörderisches Feuer einzustellen. Sie begannen nun zwei neue Batterien auf den Bastionen 6 und 7 zu errichten, von wo aus sie die Batterie von San Pietro in Montorio, die durch meine Legion verteidigt wurde, zum Schweigen bringen wollten. In der Zwischenzeit befahl General Oudinot – der behauptet hatte, die Monumente der Stadt schonen zu wollen –, Bomben auf alle Teile der Stadt zu werfen. Hauptsächlich wandte er dieses Mittel während der Nacht an, um größtmöglichen Schrecken hervorzurufen. Einige Bomben fielen in das Viertel jenseits des Tiber, einige auf das Kapitol, ein paar auf das Quirinal, den spanischen Platz und den Korso. Eine Bombe fiel auf den Tempel, der den Herkules von Canova umschließt, aber glücklicherweise war die Kuppel stark genug, sie abzuhalten. Eine andere fiel in den Palazzo Spada und beschädigte die berühmten Aurora-Fresken von Guido Reni. Wieder eine andere, die indessen weniger Rücksichten nahm, zerschmetterte das Kapitell einer Säule des prächtigen kleinen Tempels der Fortuna, ein seines Alters wegen berühmtes Meisterstück. Das Triumvirat bot den Familien aus dem Volke, deren Häuser zerstört worden waren, ein Unterkommen im Palazzo Corsini an.

Das Betragen des römischen Volkes während dieser Prüfungstage war der alten Zeiten würdig. Während der Nacht flohen, durch den Schauer von Kugeln, die durch die Dächer ihrer Häuser krachten, geängstigt, Mütter von einem Platze zum andern und pressten ihre Kinder an die Brust, während die Straßen von Geschrei und Wehklagen widerhallten, aber nicht eine einzige Stimme sprach von Übergabe. Mitten in diesem Geschrei hörte man oft auch einen spöttischen Ruf, wenn eine Kugel oder Bombe die Wand eines Hauses zerschmetterte: »Das ist ein Segen vom Papst!«

Das ausgezeichnete Feuer unserer Kanonen während des 23., 26. und 27. Juni beschwichtigte die von den Franzosen auf den Verbindungsmauern und den von ihnen besetzten Bastionen errichteten Batterien, aber zwei derselben, die eine auf der Bastion Nr. 6, die andere außerhalb der Wälle, eröffneten das Feuer gegen unsere Batterien von San Sabine und San Alexis. Hinzu kam noch, dass zwei andere Batterien, von denen die eine auf der Verbindungsmauer und die andere auf der Bastion Nr. 7 stand, ihrerseits auf unsere Batterie von San Pietro in Montorio schossen. Eine fünfte Batterie, die am Fuße der Bastion Nr. 7 stand und daher vor unserem Feuer geschützt war, eröffnete das ihrige auf uns. In der Flanke der Bastion Nr. 8 war eine sechste Batterie, die der Kirche San Pancracio gegenüberlag, diese bestrich unsere Batterie Nr. 8 und mein früheres Hauptquartier, die Villa Savarelli. Um diese Kette zu vervollständigen, stand eine siebente Batterie vor der Villa Corsini und feuerte gegen die Porta San Pancracio, gegen die Villa Savarelli und die aurelianische Mauer. Niemals habe ich einen solchen Flammensturm erlebt, solch einen Hagel von Kartätschen! Unsere wenigen Kanonen wurden gewissermaßen dadurch erstickt, und dennoch war – zur großen Ehre Medicis sei es gesagt – Vascello noch immer in unseren Händen.

Die Belagerung Vascellos allein würde einen eigenen Geschichtsschreiber verdienen. Am Abende des 28. Juni schien es, als ob die französischen Batterien einen Augenblick Atem schöpfen wollten, aber am nächsten Tage nahmen sie ihr Feuer mit frischen Kräften wieder auf. Rom war in heller Aufregung; der 29. Juni war schrecklich und unsere Verluste fast ebenso groß wie am 3. Juni, die Straßen waren mit verstümmelten Menschen übersät. Die Pioniere hatten kaum den Spaten oder die Axt zur Hand genommen, so wurden sie auch schon durch Kanonenkugeln in Stücke gerissen oder durch Bombensplitter verwundet. Alle unsere Artilleristen – bedenke, Leser – *alle* waren bei ihren Kanonen getötet oder verwundet worden, der Artillerie-Dienst musste durch Linien-Soldaten versehen werden. Da alles zur Nachtwache unter Waffen bleiben musste, bildeten die Verwundeten – eine bisher unerhörte Sache – die Reserve und taten, so sehr sie auch bluteten, ihren Dienst. Zu alledem bildete es einen bewunderungswürdigen Kontrast, dass die permanente Versammlung im Kapitol ruhig und leidenschaftslos beriet.

So lange noch eine unserer Kanonen auf ihrer Lafette blieb, beantwortete sie das feindliche Feuer, aber am Abende des 29. Juni war auch die letzte zerstört. Unser Feuer war erstickt worden! Die Bresche in der Bastion Nr. 8 war nun gangbar; die Mauer der Porta San Pancracio und die Bastion Nr. 9 waren in sich zusammengestürzt. So sank die Nacht wie ein Grabtuch auf Rom nieder und wir waren unfähig, unsere Breschen zu verteidigen; die französische Artillerie feuerte die ganze Nacht hindurch. Das war eine entsetzliche Nacht! Die Stürme des Himmels und der Erde tobten durcheinander. Der Donner grollte den Kanonen zur Antwort, Blitze kreuzten das Bombenfeuer, Donnerkeile fielen an zwei oder drei Stellen, wie um die Stadt zu heiligen. Obwohl es der Festtag des heiligen Petrus war, fochten die beiden Armeen ihr Duell auf Leben oder Tod aus.

Als die Nacht einbrach, illuminierte man, da man einen Angriff in der Finsternis erwartete, die ganze Stadt, auch die große Kuppel des Vatikans. Dies ist in der Sankt-Peters-Nacht eine althergebrachte Sitte in Rom. Wer während dieser Nacht von dem ewigen Himmel herabgeschaut hätte, würde ein Schauspiel genossen haben, das menschliche Augen nur im Laufe von mehreren Zeitaltern zu sehen erwarten können. Er würde gesehen haben, wie sich zu seinen Füßen ein weites, mit Kirchen und Palästen angefülltes Tal erstreckte, das der Lauf des Tiber in zwei Hälften teilte; links auf einem Hügel lag das Kapitol, auf dessen Turme die Flagge der Römischen Republik im Winde flatterte. Rechts zeichnete sich das dunkle Profil von Monte Mario ab, auf dem im Gegensatz dazu die vereinigten Flaggen der Franzosen und des Papstes wehten; im Hintergrunde lag die Kuppel von Michelangelo, sich mit ihrer Lichtkrone mitten aus der Nacht erhebend, und als Rahmen dienten dem großen Gemälde der Gianicolo und die Linie von San Pancracio, die von den Blitzen der Kanonen und Gewehre erleuchtet wurde.

Und in dieser Kulissse sah man, was wohl noch von erhabenerer Bedeutung war, den Kampf des Guten und Bösen, der Prinzipien Gottes und des Satans, Arimans und Oromans, den Kampf der Souveränität gegen das göttliche Recht, der Freiheit gegen den Despotismus, der Religion Jesu Christi gegen die der Päpste.

Um Mitternacht klärte sich der Himmel auf, der Donner und das Geschützfeuer schwiegen und dem höllischen Lärm folgte Schweigen, ein Schweigen freilich, in dem die Franzosen sich verstohlen den Wällen näherten und von der letzten Bresche in der Batterie Nr. 8 Besitz ergriffen. Um zwei Uhr morgens hörte man drei Kanonenschüsse, die in gleichen Abständen abgefeuert wurden. Die Schildwachen riefen zu den Waffen, die Trompeten schmetterten; die Bersaglieri, die immer bereit und stets unermüdlich waren, rückten aus der Villa Spada aus und marschierten zur Porta San Pancracio. Zwei Kompanien ließen sie als Reserve in der Villa Spada zurück.

Ich stellte mich selbst an ihre Spitze, hielt den Degen in der Hand und sang die italienische Volkshymne. Ich bekenne, dass ich in diesem Augenblicke in Bezug auf die Zukunft so entmutigt war, dass ich nur noch einen Wunsch hatte, nämlich getötet zu werden. Ich warf mich selbst mit ihnen auf die Franzosen, und was nun stattfand, weiß ich nicht mehr.*

Eine Stunde lang focht ich ohne Aufhören; als der Tag anbrach, war ich mit Blut bedeckt, hatte aber nicht eine einzige Wunde, was ein wahres Wunder war. In diesem Gefechte wurde Leutnant Morosini, ein armer Jüngling, der noch nicht sein zwanzigstes Jahr zurückgelegt hatte und wie ein Held focht, getötet, da er sich zu ergeben weigerte. Mitten in dem blutigen Gemetzel traf eine Botschaft von der Versammlung ein, die mich ins Kapitol beorderte. Ich danke diesem Befehle mein Leben, denn ohne ihn würde ich

---

* Der Historiker Vecchi, einer der mutigsten Verteidiger Roms, beschreibt diesen Teil des Gefechts folgendermaßen: »Wir waren in der Villa Spada eingeschlossen, aber wir unterhielten ein fürchterliches Feuer aus Musketen und Karabinern. Es begann uns an Munition zu fehlen, als General Garibaldi mit einer Kolonne Legionäre und einigen Soldaten des 6. Linien-Regiments, das von Pari befehligt wurde, erschien. Er war entschlossen, einen letzten Schlag zu tun, nicht, um Rom noch zu retten, sondern nur, um dessen Ehre zu verteidigen. Er vereinigte sich mit unsern Kompanien, und nun stürzten wir auf die Bresche zu und fochten mit Lanze, Säbel und Bajonett, an Pulver und Kugeln fehlte es uns. Die Franzosen, über diesen wütenden Anfall erstaunt, wichen zuerst zurück, bald kam ihnen aber Verstärkung zu Hilfe. Zu der selben Zeit begann die hinter uns aufgestellte Artillerie plötzlich ihre Geschütze zurückzuziehen. Die aurelianische Mauer wurde genommen und zurückerobert; man fand hier nicht den kleinsten Raum, den Fuß hinzusetzen, ohne auf Verwundete oder Tote zu treten. Garibaldi war in dieser Nacht größer, als ich ihn je gesehen habe, größer, als irgendeiner ihn je gesehen hat. Sein Schwert zuckte wie ein Blitz, und jeder, den er traf, stürzte tot nieder; das Blut eines neuen Gegners wusch das Blut dessen ab, der eben gefallen war. Er mag sich für Leonidas in den Thermopylen, für Ferruccio im Castel Gavinova gehalten haben. Ich zitterte in der Erwartung, ihn in jedem Augenblicke fallen zu sehen. Aber nein! Er blieb hoch aufgerichtet stehen, als wenn das Schicksal über ihm walte.«

mir wohl selbst den Tod gegeben haben. Als ich mit Vecchi, der ein Mitglied der Versammlung war, nach der Longara hinabging, hörte ich, dass mein armer Agayur soeben gefallen war; er war gerade im Begriff gewesen, mir ein Pferd zu bringen, als eine Kugel durch seinen Kopf fuhr. Ich war tief betrübt darüber, denn ich verlor in ihm mehr als einen Diener, einen Freund.

Mazzini hatte der Versammlung bereits seinen Bericht über die Lage abgestattet, in der wir uns befanden; es blieben, wie er sagte, nur noch drei Wege einzuschlagen: mit den Franzosen zu unterhandeln, die Stadt von Barrikade zu Barrikade zu verteidigen oder alle zusammen – Versammlung, Triumvirat und Armee – die Stadt zu verlassen und das Palladium der römischen Freiheit mit sich zu nehmen.

Als ich an der Tür des Sitzungssaales erschien, erhoben sich alle Deputierten von ihren Plätzen und riefen mir Beifall zu. Ich sah mich selbst an, um herauszufinden, was ihren Enthusiasmus erweckt habe; ich war mit Blut bedeckt, meine Kleider waren von Kugeln und Bajonettstichen durchlöchert, mein Säbel war von dem Kampfe so verbogen, dass er nur noch halb in die Scheide ging. Sie riefen mir zu: »Auf die Tribüne! Auf die Tribüne!« Ich bestieg dieselbe; von allen Seiten richtete man Fragen an mich.

»Jede Verteidigung ist von jetzt an unmöglich geworden«, erwiderte ich, »wir müssten denn entschlossen sein, aus Rom ein zweites Saragossa zu machen. Am 9. Februar schlug ich eine Militärdiktatur vor, und dies wäre das einzige Mittel gewesen, hunderttausend bewaffnete Männer aufzustellen. Die belebenden Elemente dazu sind noch da; sie waren zu suchen und sie würden in einem mutigen Manne gefunden worden sein. Damals wurde die Kühnheit hintangesetzt und kleinherzige Rücksichten behielten die Oberhand. Ich konnte meine Ansichten nicht durchsetzen; ich gab es auf, zog mich bescheiden zurück, denn ich gestehe, ich hätte dieser Mann sein mögen. Ich sehnte mich danach, da dieses geheiligte Prinzip das Ideal meines Herzens ist. Wenn ich dies erreicht hätte, würde der römische Adler aufs Neue seinen Sitz auf den Zinnen des Kapitols genommen haben und mit meinen braven Männern – diese braven Männer, die zu sterben wussten, wie allgemein bekannt ist – würde ich Italiens Schicksal anders gestaltet haben.

Jetzt gibt es aber keine Mittel mehr gegen das, was geschehen ist; lasst uns mit erhobenem Haupte auf die Feuersbrunst blicken, deren Herren wir nicht mehr sind. Lasst uns aus Rom alle Männer der Freiwilligen-Armee mit uns fortführen, die uns folgen wollen. Wo wir sind, wird Rom sein. Ich verpflichte mich selbst zu nichts, aber alles, was meine Leute tun können, will auch ich tun, und unser Vaterland wird nicht fallen, weil es in uns eine Zuflucht hat.«

Aber dieser Vorschlag, den schon Mazzini gemacht hatte, wurde verworfen. Selbst Heinrich Cernuschi, der tapfere Cernuschi, einer der Helden der fünf Tage von Mailand, der Präsident der Kommission, verwarf ihn. Er trat nach mir auf die Tribüne und mit Tränen in den Augen und gebrochener Stimme sagte er: »Ihr alle wisst, dass ich ein eifriger Verteidiger meines Vaterlandes und Volkes bin. Nun wohl, ich bin es jetzt, der euch sagt, dass wir nicht ein einziges Hindernis den Franzosen entgegenzusetzen unterlassen haben, und Rom und sein gutes Volk« –

Tränen unterbrachen ihn – »muss sich in die Okkupation fügen.«

Nach einer kurzen Beratung erließ die Versammlung folgendes Dekret:

»Die Römische Republik im Namen Gottes und des Volkes.
Die römische konstituierende Versammlung hebt eine Verteidigung auf, die unmöglich geworden ist. Diese hat ihr Ende gefunden.
Das Triumvirat wird mit der Ausführung gegenwärtigen Beschlusses beauftragt.«

10.
Wer mich liebt, folgt mir

Am 2. Juli versammelte ich die Truppen auf dem Petersplatze. Ich begab mich in ihre Mitte und kündigte ihnen an, dass ich Rom verlassen würde, um mich in die Provinzen zu begeben, die im Aufstande gegen die Österreicher, den König von Neapel und Pius IX. begriffen seien, und fügte hinzu: »Wer von euch gewillt ist, mir zu folgen, den will ich aufnehmen. Ich verlange nichts als Herzen voll Liebe für das Vaterland. Sie werden keine Bezahlung erhalten, keine Ruhe und Brot und Wasser nur, wenn es sich von ungefähr finden lässt. Wer mit einem solchen Schicksal nicht zufrieden ist, tut besser, wenn er hier bleibt. Wenn wir die Tore Roms einmal passiert haben, wird jeder Schritt rückwärts ein Schritt in den Tod sein.«

Viertausend Mann zu Fuß und neunhundert Reiter eilten zu mir; es waren zwei Drittel von den Verteidigern Roms, das aufgegeben worden. Anita, als Mann verkleidet, Ciccemacchio, der nicht dableiben wollte, um ein Zeuge der Erniedrigung seines Vaterlandes zu werden, und Ugo Bassi, der Heilige, der sich zum Märtyrertume aufschwang, waren die Ersten, die sich mir anschlossen.

Gegen Abend verließen wir Rom durch die Porta Tivoli; mein Herz war zu Tode betrübt. Die letzte Kunde, die ich erhielt, war der Tod Manaras.

Die Memoiren Garibaldis brechen hier ab. Nächstens werde ich von ihm die Aufzeichnungen über sein weiteres Leben erhalten. Sie können in zwei Worte zusammengefasst werden: »Exil und Triumph.«

Das Folgende sind einige Tote betreffende Details, welche Dr. Bertani so freundlich war mir zukommen zu lassen.

Der Tod Luciano Manaras

Am 30. Juni 1849 zwei Uhr morgens begann, wie wir es in den Memoiren des Generals gefunden haben, der Angriff auf unsere zweite Verteidigungslinie, die Aurelianische Mauer. Manara kehrte, nachdem er seine Schützenlinie aufgestellt hatte, um drei Uhr morgens nach der Villa Spada zurück. Am Abend vorher war eine Kugel, die über den Wall geflogen, in sein Bett eingeschlagen. Er wandte sich ein wenig zur Seite, um ihr Platz zu machen, und sagte lachend: »Seht Ihr, ich habe keine Chance, getroffen zu werden.«

Als er ankam, fand er Emil Dandolo sehr besorgt um Morosini, welcher, wie man behauptete, gefangen genommen worden war; keiner von ihnen wusste etwas darüber. In diesem Augenblicke traf eine abprallende Kugel Dandolos Arm.

»Bei meiner Treu, mein armer Junge«, sagte Manara, »es scheint, als ob alles für Euch bestimmt sei.« Dann schnallte er seinen Säbel ab, warf ihn beiseite, nahm ein Fernglas und ging nach dem Fenster, um nach den französischen Soldaten zu sehen, welche im Begriff waren, eine Kanone zu richten. In demselben Augenblicke wurde ein Karabiner abgefeuert, die Kugel ging zwischen zwei Sandsäcken hindurch und traf ihn in den Leib, gerade auf der Stelle, wo die Säbelkoppel, wenn er sie nicht abgelegt hätte, ihn geschützt haben würde. Dandolo sah ihn taumeln und sprang, verwundet wie er war, auf ihn zu, um ihn zu stützen. »Ich bin getötet!«, rief er, als er fiel. »Sorgt für meine Kinder.«

Schnell wurde ein Arzt herbeigerufen, da der Verwundete aber bemerkte, dass derselbe blass wurde, wusste er, dass es mit ihm vorbei sei. Manara wurde von seinen Gefährten auf einer Handtrage durch ein heftiges Feuer nach Santa Maria della Scala geschafft. Man schickte zu mir nach dem Verbandsplatze dei Pellegrini, wo ich mich aufhielt, und ich folgte der Aufforderung in größter Eile. Manara hatte den Wunsch geäußert, mich rufen zu lassen, da wir einander zärtlich liebten. Wehe!

Der Platz war von Kugeln bedeckt. Eine junge Dame, welche die Unklugheit hatte, aus dem Fenster zu sehen, war gerade in die Brust getroffen worden und fiel tot nieder. Vacenna, einem lombardischen Offizier, waren gerade beide Beine von einer Bombe abgerissen worden, während er mit mir die Kirchentreppe hinaufstieg; er war, wie ich, gekommen, Manara zu sehen. Ein Arzt, der ebenfalls der Kirche zueilte, wurde durch eine Granate von seinem Pferde gerissen; einen Augenblick später fiel das Pferd, von demselben Schusse verwundet, auf ihn. Ich kam wohl und unversehrt an. Gott schützte mich.

An der Rückseite der Kirche, nahe der Balustrade, war ein Bett von den Offizieren der Legion Manaras umringt. Sobald mich der Verwundete sah, streckte er mir seine Hand entgegen und fragte mit schwacher Stimme: »Ist es tötlich?«

Die Jugend sträubte sich trotz der Gewissheit gegen den Gedanken an den Tod. Die Tätigkeit, das Geräusch und die Verführungen eines militärischen Lebens hatten nicht seine Sehnsucht nach häuslicher Glückseligkeit untergraben. Da er merkte, dass ich seine Frage nicht beantwortete, wiederholte er: »Ich frage Euch, ob meine Wunde tötlich ist, sagt es mir.« Und ohne meine Antwort abzuwarten, brach er in Äußerungen des Schmerzes aus.

Ich ermutigte ihn so gut, als ein Mann unter Verhältnissen vermochte, in denen er selbst des Trostes bedurfte, aber er sah deutlich ein, dass er nichts zu hoffen habe. Verschiedene Ärzte kamen zu ihm, aber er machte ihnen ein Zeichen mit dem Kopfe, ihn zu verlassen, und sagte: »Lasst mich in Frieden sterben.«

Sein Puls war nicht länger zu fühlen, seine Glieder wurden kalt, seine Züge veränderten sich bedeutend; das Blut floss in Strömen aus seiner Wunde, er litt schrecklich. Seine Kameraden fragten mich, was ich von seinem Zustande hielte.

»Er hat nur noch eine Stunde zu leben«, flüsterte ich Dandolo zu. Der Jüngling neigte sich zu dem Ohre seines Freundes. »Denke an Gott«, sagte er.

»Ach, ich denke sehr viel an ihn«, erwiderte Manara. Dann gab er einem Kapuziner den Wink, näher zu kommen. Der Mönch näherte sich seinem Bette, hörte die Beichte des sterbenden Mannes und erteilte ihm die Absolution. Darauf forderte er die letzte Ölung.

Dandolo blieb dabei, ihn so gut, als er konnte, durch Hinweisung auf Gott zu trösten. Manara unterbrach ihn, um von seinen Söhnen zu sprechen.

»Erziehe sie«, sagte er, »in der Liebe zu Gott und ihrem Vaterlande.« Dann fuhr er fort:

»Bringe meinen und deines Bruders Körper nach Mailand.« Und als er sah, dass Dandolo in Tränen ausbrach, fügte er hinzu: »Es ergreift dich sehr, mein armer Freund, mich sterben zu sehen, ach, und ich bedaure ebenso den Tod.«

Er rief nun einen Soldaten, der seine Ordonnanz war und den er oft sehr erzürnt hatte. »Ihr vergebt mir, nicht wahr?«, sagte er lächelnd.

Er fragte darauf Dandolo, ob er irgendwelche Nachrichten von Morosini erhalten hätte. Es wurde ihm geantwortet, dass man glaube, er sei gefangen genommen worden. Kurz bevor er starb, zog er einen Ring vom Finger und sagte, ihn auf einen Finger Dandolos steckend: »Ich will deinen Bruder von dir grüßen.«

Hierauf wandte er sich zu mir: »O Bertani, Bertani! Lasse mich schnell sterben, ich leide schrecklich!«

Dies waren die letzten Worte, die aus seinem Munde kamen. Die Agonie trat ein. Er klammerte sich konvulsivisch an die, die ihn umgaben, und fiel dann bewegungslos und kalt auf sein Bett zurück. Ich legte meine Hand auf sein Herz, es schlug noch, aber leise; nach und nach hörte das Schlagen auf, die Seele war schon im Himmel.

Ich rief dann die Mönche, die uns umgaben, eine Arsenik-Lösung zu bereiten und dem Körper einzuflößen, aber es war kein Arsenik zu bekommen; so begnügte ich mich, eine Einspritzung von Corrosio-Sublimat vorzunehmen. Der Körper wurde nach der Kammer zur rechten Seite des Hochaltars, nahe bei der Sakristei, geschafft und dort sanft niedergelegt; er war mit seiner Uniform bekleidet und sein Haupt ruhte auf einem Kissen. Sein junger Freund

Eleuterio Pagliano, der während der ganzen Belagerung tapfer gefochten hatte und der jetzt einer der ausgezeichnetsten Maler der Lombardei ist, nahm sein Porträt ab.

Nahe bei ihm auf einem Brette lag der tote Körper Agayurs, des schwarzen Gefährten Garibaldis. Ich sah diese Körper, die von einer so verschiedenen Schönheit waren, an, als ich ein Schluchzen hinter mir hörte; es war Ugo Bassi, der weinte. So lange wir in der Kammer blieben, schien es, als ob sie das Hauptziel aller französischen Kugeln sei.

Am nächsten Tage wurde die Leiche Manaras nach einem Hause gebracht und von da nach der St. Lorenzkirche und später nach der Kirche der hundert Priester geschafft, wo der Körper Heinrich Dandolos auf sie wartete und wo bald die Morosinis hinzukam.

Am Todestage Manaras kam ein Brief seiner Frau an, der nur diese Worte enthielt: »Denke nicht an mich, denke nicht an deine Kinder, denke nur an dein Vaterland!« Armes Weib! Der Tod hatte es übernommen, ihr die Antwort zu bringen.

Der Tod Emilio Morosinis

Wir standen um das Totenbett Manaras und fragten einer den andern, was aus unsern teuren Freunden, unter ihnen Emilio Morosini, geworden sei; aber es war unmöglich, an diesem Tage etwas darüber zu erfahren.

Am Morgen des 1. Juli hörte Dandolo von einem Soldaten, der gleichzeitig mit Morosini an der Bresche gewesen war, dass er schwer verwundet in die Hände der Franzosen gefallen sei. Obgleich Dandolo heftig an seinen Wunden litt, eilte er zum Triumvirat und dann zum Minister und bat um die Erlaubnis, die Stadt verlassen zu dürfen. Er wartete drei Stunden, bis er sie erhielt, und dann ging er ohne Sicherheitspass geradewegs auf das französische Lager zu. Von den Vorposten angehalten, teilte er ihnen den Grund seines Kommens mit. Ein Offizier hatte Mitleiden mit ihm und gestattete ihm, in das Lager zu gehen, woselbst er zu einem Verbandsplatze geführt wurde; hier erfuhr er, dass Morosini tot sei.

Er bat, dass der Körper ihm übergeben werden möge, damit er ihn zu seinen Freunden bringen könne, aber der Doktor erwiderte ihm, dass jener vor zwei Stunden nach einem entfernt gelegenen Kirchhofe gebracht worden sei. Er suchte nun um Erlaubnis nach, den Körper ausscharren lassen zu dürfen. Während er auf die Beantwortung seines Gesuches wartete, kam ein Kapitän-Adjutant-Major heran, der auf das Äußerste erstaunt war, einen italienischen Offizier im französischen Lager ohne Pass anzutreffen. Dieser schickte den Offizier, der ihm erlaubt hatte, zu passieren, sofort in Arrest, weigerte sich, Dandolo anzuhören, und schickte ihn nach der Vorpostenlinie zurück. Als er zurückkehrte, brachte er diese traurige Botschaft seinen Freunden und schrieb an den französischen Stabschef um die Erlaubnis zur Ausgrabung der Leiche. Er erhielt dieselbe am Morgen des 2. Juli.

Als die traurige Zeremonie des Transports von Manaras Leiche vorüber war, kam Dandolo eiligst zu mir und sagte: »Bertani, in einigen Stunden wird der Körper Morosinis in der Kirche der hundert Priester zu Ponte Lecto sein, wo Ihr ihn sehen könnt.«

Ich ging gegen Abend nach der Kirche. Das Haus oder eigentlich das Kloster, welches an die Kirche stößt, war von französischen Truppen besetzt, so dass die Kirche geschlossen war. Ich bat einen Offizier um die Erlaubnis, in die Kirche gehen zu dürfen, und dieser fragte mich, als er den tiefen Kummer sah, der sich in meiner Haltung aussprach, freundlich, ob ich ein Soldat sei, welches mein Vaterland sei und ob ich einen Verwandten oder Freund verloren hätte. Ich teilte ihm mit, dass ich viele teure Freunde verloren hätte, unter ihnen Manara. Er kannte seinen Namen, fragte nach den näheren Umständen seines Todes und gab mir ebenfalls einige Nachrichten darüber. Ein Jäger von Vincennes, der bei dem Sturme auf die Villa Spada in seiner Nähe war – und den er mir zeigte, als er nahe dem Tor in einer Gruppe von Soldaten stand –, hatte in dem Augenblick, als Manara sich mit seinem Glase dem Fenster genähert, gesagt: »Passen Sie wohl auf, mein Offizier, er ist ein toter Mann.« In demselben Augenblicke feuerte der Soldat und die Kugel traf ihr Ziel; er hatte Manara fallen sehen. Der Kapitän erzählte weiter, aber ich war so niedergeschlagen, dass ich seine Fragen nur mit der Bitte beantworten konnte, mich in die Kirche einzulassen.

»Was wollen Sie da tun?«, fragte er mich.

»Ich wünsche dort die Leiche eines andern Freundes aufzusuchen, der an diesem Tage wieder aus der Erde gegraben und durch Ihr Volk dem Grame seiner Mutter wieder ausgeliefert worden ist.«

Er schickte, die Erlaubnis seines Obersten einzuholen, erhielt sie und wies mich an den Kirchenwärter, mit der Order, mich eintreten zu lassen. Die Kirche war sehr finster; der Führer öffnete eine kleine Tür, welche von dem Kloster nach dem Chor der Kirche führte, gab mir eine kleine Lampe und sagte, indem er auf eine dunkle Ecke zeigte: »Suchen Sie dort.« Er wollte mir nicht weiter folgen.

Ich näherte mich schmerzlich bewegt, ein Schauder durchrieselte meine Adern. Die Stille, die Finsternis, das zweifelhafte Licht der Lampe, das teure Ziel meiner Suche, der leblose Zustand, in dem ich diesen schönen jungen Mann wiederfinden sollte, den ich zu seinen Lebzeiten gekannt hatte – all dies ließ mein Herz heftig schlagen, als ob es meine Brust sprengen wollte. Ich ging leise weiter, und da ich den Ort nicht kannte und nicht wusste, wo die Leiche hingelegt worden war, erhob ich meine Lampe aus Furcht, ich könne auf jene treten. Schließlich bemerkte ich in der Nähe eine lange, dunkle Gestalt; ich ging weiter, die Lampe immer in die Höhe haltend, und entdeckte einen menschlichen Körper. Schwach von Gram und Schrecken, den ich nicht beherrschen konnte, beugte ich mich über ihn.

»O grässlich, grässlich!«

Mit der Hand, die ich frei hatte, löste ich die Schnur, welche die Sterbedecke an seinem Nacken, seinem Leib und seinen Füßen befestigte. Ich hob seinen Kopf in die Höhe; obgleich er sehr entstellt war, sah ich, dass es der teure Jüngling war, den ich suchte. Ich ließ sein Haupt sinken, es fiel mit einem Schalle, den ich nie vergessen werde, auf den Boden nieder; ich hatte nicht ein einziges Haar, an dem nicht ein Tropfen Schweiß hing.

Ich hielt inne und zitterte an allen Gliedern. »Mein Gott, wie groß bist Du! Und wie schrecklich ist der Tod!« Es machte einen tiefen Eindruck auf mich, einen Arzt, der an den Tod gewöhnt ist.

Ich wollte mich indes nicht von ihm übermannen lassen, stellte die Lampe auf eine der Stufen des Altars und heftete aufs Neue meine Augen auf den Toten; sein Gesicht war weißer als das Laken, in das man ihn gehüllt hatte. Ich suchte und berührte seine Wunden. Ich wünschte die letzten Tropfen seines Herzblutes zu haben, um sie seiner Mutter zu bringen und damit ein Kreuz auf die Stirn jedes jungen Italieners zu zeichnen, der einst zur Befreiung seines Vaterlandes die Waffen ergreifen würde. Dann schnitt ich eine Locke seines Haares ab; vielleicht hatte er eine Geliebte, jedenfalls hatte er eine Mutter. Zuletzt drückte ich seine Hand, entblößte mein Haupt aufs Neue vor ihm und murmelte: »Auf Wiedersehen!«

Schaudernd verließ ich die Kirche und nahm dieses Schauspiel des Todes, welches einen so lebhaften Eindruck auf mich gemacht hatte, mit mir, und jetzt noch, wo ich elf Jahre später diese Zeilen schreibe, sehe ich diesen Körper, das blasse Gesicht und das Sterbehemd, alles mit Erde und Blut bedeckt.

Als ich die Kirche verließ, fand ich den Kirchenwächter und auch den Offizier wieder, mit dem ich einen Händedruck wechselte, ohne ein Wort hervorbringen zu können. Am nächsten Tage wurde Morosinis Leichnam in einen Bleisarg gelegt, um auf den Augenblick zu warten, wo er im Verein mit den Körpern seiner Freunde in seine Heimat geschafft werden sollte. Wir alle wünschten gleicherweise die näheren Umstände von Morosinis Tode zu erfahren, aber die andern waren genötigt, zu scheiden; der Tod und nur die blieben zurück, die den Verwundeten Beistand im Sterben leisteten, ich war der Letzte.

Das Folgende ist alles, was ich über Morosinis Tod erfahren konnte. Ich habe diese Details, welche ich geben will, von Herrn de Santi, einem Korsen, der im französischen Sanitätswesen angestellt war und der in der Nacht vom 29. zum 30. Juni als Arzt in der Ambulanz der Laufgräben fungierte. Dieser gute und ehrenwerte Kollege, dem ich für verschiedene Dienste sehr verpflichtet bin, teilte mir mit, dass mit Tagesanbruch des 30. Juni einer unserer Offiziere auf den Ambulanzplatz gebracht wurde, der so jung und schön war, dass er ihn zuerst für ein Mädchen gehalten hatte. Er war leicht am Kopfe, an der linken Hand und in der Brust verwundet, aber tödlich im Leibe. De Santi behandelte ihn freundlich. Morosini, der noch sprechen konnte, sagte: »Was denken Sie von meinen Wunden?«

»Haben Sie Vertrauen zu Gott und Ihrer Jugend«, erwiderte jener.

»Es ist gut«, sagte Morosini, »ich verstehe, es ist mit mir vorbei.« Dann stieß er einen Seufzer aus und sagte: »Meine arme Mutter!« Er legte sein Taschenbuch in die Hände des Doktors, wandte sein Gesicht ab und verweigerte jedes weitere Wort.

Einige Minuten, nachdem Morosinis Wunden verbunden waren, kam ein alter Sergeant vom 32. Regiment in die Ambulanz und sagte, nachdem er das Bett des jungen Offiziers ängstlich gesucht hatte, zum Doktor: »Das ist er ganz gewiss.«

»Wen meinen Sie?«, fragte Herr de Santi.

»Ich habe den armen Knaben um jeden Preis retten wollen. Ich habe alles, was ich konnte, getan, um ihn zu retten – und dies hat unglücklicherweise traurig für ihn geendet.«

Er erzählte dann, dass Morosini, nur von vier Mann begleitet, umringt worden sei. Er wurde aufgefordert, sich zu ergeben, erwiderte aber: »Niemals!« und fuhr fort, mit seinem Säbel um sich zu hauen, wobei er den Soldaten zurief: »Im Namen Italiens verbiete ich euch, euch zu ergeben!« Der alte Sergeant hatte ihm nun sein Bajonett auf die Brust gesetzt, in der Hoffnung, ihn einzuschüchtern, aber Morosini ergriff das Bajonett mit der linken Hand und hieb dem Sergeanten mit seinem Säbel über das Gesicht. Der Letztere verbot trotzdem seinen Leuten, zu feuern, da er hoffte, den jungen Offizier lebendig zu fangen und ihn auf diese Art zu retten.

Aber ein Soldat hinter ihm, der sah, dass Morosini noch immer fortfuhr, sich zu verteidigen, feuerte auf ihn, wobei die Mündung des Gewehrs beinahe seinen Körper berührte. Die Kugel ging durch seine Eingeweide, es war eine tödliche Wunde. Morosini fiel auf ein Knie und auf seine linke Hand, in welcher Lage er immer noch versuchte, seine Angreifer abzuwehren, und seinen Gefährten laut zurief: »Lasst euch töten, aber ergebt euch nicht!« Der erzürnte Sergeant wandte sich zu dem Soldaten um und rief: »Schurke! Was hast du getan? Siehst du nicht, dass er bloß ein Knabe ist?«

Morosini starb einige Stunden später, nachdem er nach dem Verbandsplatze gebracht worden war, und wurde an einem einsamen Platze, in dasselbe Laken eingehüllt, in dem ich ihn in der Kirche der hundert Priester gefunden hatte, beerdigt. Er trug in seinem Gürtel zwei Pistolen, auf deren Knöpfen der Name Kosziusko, eines Freundes seiner Familie, der damit seinem Großvater ein Geschenk gemacht hatte, eingraviert war. Ich machte alle Versuche, das Schwert und die Pistolen Morosinis aufzufinden, aber vergebens; es schien, dass der alte französische Sergeant in ihrem Besitze war, aber dieser erklärte, er würde sie um keinen Preis herausgeben.

Am 4. September 1849 wurden drei Särge, welche die Körper von Heinrich Dandolo, Luciano Manara und Emilio Morosini enthielten, an der Neuen Mole zu Genua ausgeschifft.

Der Tod Goffredo Mamelis

Garibaldi erzählt in seinen Memoiren und in der kurzen Biographie, die er von Goffredo Mameli gegeben hat, dass der junge Poet am Abend des 3. Juni zu ihm kam und ihn um die Erlaubnis bat, einen neuen Angriff auf die Villa Corsini zu machen, was er ihm gewährte. Mameli war am rechten Bein verwundet. Die Wunde an und für sich war nicht bedeutend, aber bei dem schlechten Zustande des Blutes kam der Wundbrand hinzu, und am 18. Juni wurde eine Amputation notwendig. Das Fenster des Zimmers, in dem Mameli in der Ambulanz lag, ließ allen Kugeln freien Durchgang. Mameli zeigte indessen die größte Sorglosigkeit gegenüber dieser Gefahr. Erst dann, als er durch die hinzutretende Eiterung sehr schwach wurde, zeigte er sich einen oder zwei Tage lang ebenso von den Kanonen- und Flintenkugeln belästigt wie ein Kind von den Fliegen.

»Getötet zu werden im offenen Gefechte«, sagte er, »ist ganz gut; in seinem Bette aber wie ein gichtbrüchiger alter Mann zu sterben – nein!«

Am 8. Juli lag er im Delirium – einem angenehmen Delirium –, währenddessen er mit leiser Stimme sang; er erhielt seine Besinnung wieder, aber leider nur für kurze Zeit. Zwischen seinem Singen machte er Prophezeiungen oder sprach Gebete für sein Vaterland. Er war einundzwanzig Jahre alt, als er starb. Ich untersuchte seinen Körper, der in Rom begraben wurde.

Er hatte einen Schlachtgesang komponiert, den Garibaldi oft sang, und er summte fortwährend »Fratelli d'Italia«, welcher Gesang noch jetzt in Italien populär ist.

Der Tod Mellaras

Oberst Mellara wurde im Gefecht vom 3. Juni verwundet und starb am 4. Juli, als die Franzosen bereits die Stadt betreten hatten. Als den Römern nicht länger gestattet war, sich mit den Waffen in der Hand zu widersetzen, versammelten sie sich in der Kirche bei den Seelenmessen für die toten Krieger. Während das Volk in frommer Trauer den Körper, welcher das Symbol des gefallenen Italiens war, umgab, drang ein französischer General, dessen Namen wir nicht nennen wollen, an der Spitze einiger Soldaten in die Kirche, riss die italienische Kokarde von dem Hut des Toten, der nach der Sitte auf dem Sarge lag, und machte dieser Zeremonie ein Ende, indem er die Wachslichter auszulöschen und die Kirche zu leeren befahl, was auch geschah.

Der arme Mellara hatte nicht einmal den letzten Todestrost,

die Tränen, welche ihm von befreundeten Augen flossen. Es kann nicht geleugnet werden, dass politische Leidenschaften sich im reaktionären Rom ebenso heftig geltend machten wie im reaktionären Frankreich. Die Priester und Mönche hauptsächlich benahmen sich schlecht gegen die armen Verwundeten, die ihrer Sorgfalt überlassen blieben. Einem gewissen Giovannini aus Cremona, der am Schenkel verwundet worden war, verweigerten sie ein Glas Wasser, bis er gebeichtet hätte. Um den Schmerz einer solchen Tortur zu beurteilen, muss man Arzt sein und das gebieterische Verlangen nach einem Trunke kennen, welches verwundete Menschen fühlen. Alle römischen Ärzte, welche die verwundeten Patrioten behandelten, verloren ihre Diplome.

Man möge mir gestatten, eine philosophische oder besser moralische Bemerkung einzuflechten. Es ist ein großer Unterschied zwischen dem Tode eines Soldaten, der durch die Wehrpflicht zum Dienste gezwungen ist, und eines andern, der freiwillig seinem Vaterlande dient. Der Freiwillige ist voll von Enthusiasmus, stolz auf seine Wunden, ruhmgekrönt in seinem Tode; bei den schrecklichsten Leiden wird er durch seine Begeisterung und die Liebe zu seinem Vaterlande getröstet, durch die Gelübde, die er tut und durch die Gebete, die er zu Gott für den Triumph seiner Sache ausschickt. Der andere ist stumm oder stößt einige wenige Racheworte gegen den aus, der ihn verwundet hat.

Ein Knabe von nur zehn Jahren aus Bologna gehörte zu der Garibaldi'schen Legion. Er war an der rechten Hand verwundet, erduldete die Amputation am Handgelenke ohne einen einzigen Schmerzensruf und bestand, so schwach wie er war, darauf, an der letzten Schlacht teilzunehmen.

Als man improvisierte Hospitäler errichten wollte, gingen Leute durch die Straßen Roms und schrien mit lauter Stimme: »Für die verwundeten Patrioten!« Sofort öffneten sich alle Fenster, und aus ihnen wurden Decken, Laken, Matratzen und Kissen geworfen. Die Hospitäler wurden durch die besondere Sorge der Obrigkeit errichtet von Bertani.

11.
Der Ausmarsch

Garibaldi hatte, als er den Entschluss fasste, Rom zu verlassen und das Banner der italienischen Unabhängigkeit in die Provinzen zu tragen, auf die Beteiligung aller noch in der Stadt befindlichen Truppen an seinem Zuge gerechnet und durfte dies umso eher, als alle Führer, General Roselli an der Spitze, ihm ihre Begleitung versprochen hatten. Rom hatte während der Belagerung fünfzehntausend Mann regulärer Truppen und Freischärler sowie gegen zehntausend Mann Nationalgarde unter Waffen gehabt; mehr als viertausend davon waren gefallen oder kampfunfähig gemacht, mithin blieb immer noch eine ansehnliche Schar zurück, die dem kühnen Unternehmen Garibaldis Erfolg versprechen konnte. Auf die Nationalgarde konnte der General allerdings nicht zählen, denn sie bestand aus ansässigen Bürgern, deren Patriotismus sich nicht gut zumuten ließ, Familie und Haus zu opfern; aber auch in einem großen Teile der übrigen Truppen hatte er sich leider bitter getäuscht.

Am Abend des 2. Juli sollte sich alles, was sich dem Zuge anzuschließen gedachte, vor der Porta Giovanni an der Ostseite Roms sammeln, und Garibaldi marschierte mit seiner Legion zuerst dorthin. Man erwartete in jedem Augenblicke das Einrücken der Franzosen. Viele Truppenteile erschienen auch auf dem Platze, meistenteils aber nicht vollzählig, selbst ein Bataillon Nationalgarde rückte heran, wie sich aber bald erwies, nur, um den Abziehenden ein kurzes Ehrengeleit zu geben. Den Kern der Truppe würden die tapferen und am besten disziplinierten Bersaglieri Manaras gebildet haben, und der General begrüßte sie mit Freuden; desto schmerzlicher musste es ihn berühren, dass von diesen, nachdem sie unter dem Vorwande, ihre Tornister zu holen, den Platz wieder verlassen hatten, nur eine geringe Anzahl zurückkehrte. Auch dieses schöne Korps war nach dem Tode seines heldenmütigen Obersten entmutigt. Durch eine seiner kräftigen und begeisternden Ansprachen hätte Garibaldi wahrscheinlich ein befriedigenderes Resultat erzielt, seine Hochherzigkeit verschmähte aber das Mittel der Überredung und er wollte nur Männer mit sich nehmen, die ihm und der Sache des Vaterlandes unerschütterliche Anhänglichkeit bewahrt hatten.

Mit Einbruch der Dunkelheit setzte sich der Zug in Marsch, umschwärmt von einer großen Menge Volkes und Soldaten; man schlug den Weg nach Tivoli ein. Als das Volk und mit ihm noch mancher Soldat heimkehrte, waren Garibaldi noch ungefähr 2500 Mann Infanterie und 400 Reiter geblieben.

Der Zug hatte sich folgendermaßen formiert: An der Spitze ritt ernst und düster, ohne indessen durch eine Miene Unentschlossenheit zu verraten, Garibaldi selbst, ihm zur Seite seine Gattin Anita, Pater Ugo Bassi und der römische Volksredner Ciceruacchio, der drei Söhne mit sich nahm. Ihnen folgte unmittelbar die Vorhut von dreißig Reitern und einer Infanterie-Kompanie. In größerem Abstande kamen dann mehrere Karren, Maultiere und Esel, die Lebensmittel und die Reservemunition trugen, hierauf die Kavallerie und die einzige Kanone, welche die Kolonne bei sich hatte, dann die Infanterie und endlich die von den Bersaglieri und einigen Reitern gebildete Nachhut; Letztere befehligte der tapfere und einsichtsvolle Generalstabschef Major von Hoffstetter. Ein geborener Schweizer, war er bei Beginn der Belagerung nach Rom gekommen, hatte im Stabe Manaras gedient und war dann in den Garibaldis, dessen großes Vertrauen er genoß, übergegangen; er hat später ein vortreffliches Tagebuch über die Belagerung Roms und diesen Rückzug des Generals hinterlassen.

Um ein deutliches Bild von dieser Expedition, die trotz ihres unglücklichen Ausganges eine glänzende Episode in der Geschichte Garibaldis bildet, zu geben, müssen wir genauer auf die Zusammensetzung und Ausrüstung des kleinen Korps eingehen, das, ohne das Ziel seiner Bestimmung zu kennen, im vollen Vertrauen auf das Genie und den Stern seines Führers zu neuen Kämpfen und Entbehrungen für das geliebte Vaterland auszog.

Zum Stab des Generals zählten, wie wir es immer bei ihm finden, viele Männer. An seiner Spitze stand der Oberst Marochetti, doch versah den vorzüglichsten Dienst mit dem Titel eines Capo di dettagli dello stato maggiore (Chef der Details des Generalstabes) der vorerwähnte Major von Hoffstetter. Major Cenni war Adjutant und Sekretär des Generals. Außerdem zählten zum Stabe Major Zambianchi, die Kapitäne Pilhes, Sisco, Stagnetti, Torricelli, die Ingenieure Kapitän Montanari und Leutnant Jourdan, Leutnant Gianuzzi als Ordonnanz-Offizier, Leutnant Formagali als Sekretär und ein Zahlmeister. Der wackere Ugo Bassi kann ebenfalls dazugerechnet werden, denn er befand sich stets dem General zur Seite, überbrachte seine Befehle und nahm gern die schwierigsten Aufträge auf sich.

Die Infanterie des Korps war nach altrömischem Muster in Kohorten eingeteilt, jede Kohorte bestand aus sechs Zenturien zu hundert Mann. Drei dieser Kohorten bildeten die erste Legion unter Befehl des Obersten Sacchi, den Stamm der zweiten Legion, welche später Oberst Forbes erhielt, bildeten die Reste verschiedener Abteilungen, dabei die der Bersaglieri Manaras. Im Ganzen war die Infanterie zweitausendfünfhundert Köpfe stark. Die Bewaffnung mit Perkussionsgewehren war gut, Munition hinreichend vorhanden, aber an Mänteln und Tornistern fehlte es zum größten Teile, so dass die Leute ihr Brot tragen mussten, indem sie ein Loch hineinbohrten und eine Schnur hindurchzogen.

Die Kavallerie war nicht recht zuverlässig und schlecht ausgerüstet, obgleich sie gute Pferde hatte; sie konnte eigentlich nur benutzt werden, um den Vorpostendienst zu versehen und Lebensmittel schnell heranzuschaffen. Mit der Artillerie sah es noch trauriger aus, denn sie bestand in einem einzigen, von vier Pferden gezogenen Geschütze, einem kleinen Vierpfünder.

Die Verpflegung und Munition endlich wurde anfangs in Karren fortgeschafft, da Garibaldi aber voraussah, diese würden auf den schwierigen Märschen, die ihm bevorstanden, stercken bleiben, bemühte er sich schon in den nächsten Orten hinter Rom, sie durch Maulesel zu ersetzen; später wurde das ganze Gepäck, das hauptsächlich aus der Reservemunition bestand, von einundvierzig Mauleseln und sechs Eseln getragen. An die Mitführung von Zelten und großen Vorräten an Lebensmitteln war natürlich nicht zu denken; man hatte einiges lebendiges Vieh bei sich, das Übrige musste dem Zufalle und der Geschicklichkeit der mit der Beschaffung beauftragten Offiziere überlassen werden.

Ehe Garibaldi Rom verließ, hatte er von der konstituierenden Versammlung eine auf ihn und General Roselli lautende Vollmacht zu erwirken gewusst, nach der ihm Requisitionen jeder Art im Namen des Volkes freistanden; er durfte demnach für die Entnahme seines Bedarfs Bons ausstellen, die man in Rom einzulösen sich verpflichtet hatte. Überdies führte man den vierwöchentlichen Sold der Truppen in Papiergeld bei sich.

An zuverlässigen Führern fehlte es nicht; Ciceruacchio, seine Söhne und zwei andere ganz ergebene Männer aus dem Volke versahen diesen Dienst, und überdies konnte man sich überzeugt halten, dass man unterwegs noch genug patriotische Männer finden würde, die, mit den Örtlichkeiten ihrer Heimat ganz vertraut, sich bereitwillig diesem Dienste unterzogen.

So marschierte das kleine Korps zuversichtlich in die Nacht des 2. Juli hinein.

12.
Der Marsch

Um zehn Uhr abends hatte man den Sammelplatz der Truppen verlassen. Sobald die Marschordnung hergestellt worden war und das Geleit von Rom sich auf den Heimweg begeben hatte, trat die strengste Disziplin ein, wie es die höchst bedenklichen Umstände erforderten. Der General selbst sprengte von einem Ende der Kolonne zum andern; er duldete nicht, dass geraucht werde, dass man laut spreche, selbst die Befehle mussten geflüstert werden; dabei musste die Kolonne den schnellsten Marsch aufnehmen.

Was war Garibaldis Absicht? – Niemand wusste es, vielleicht nicht einmal der Chef seines Generalstabes, denn er pflegte selten mitteilsam zu sein, dennoch fühlte jeder die Notwendigkeit dieser Heimlichkeit. Hinter sich hatte man in größter Nähe die Franzosen, und es ließ sich nur annehmen, dass diese alles in ihren Kräften Stehende tun würden, den kühnen Führer, den Helden der italienischen Revolution, den sie vor allen anderen zu fürchten hatten, nicht entwischen zu lassen; sie mussten die geringe Stärke seines Korps genau kennen und sie hatten dreißigtausend Mann zu ihrer Verfügung. Garibaldis Leute wussten nur, dass es galt, bei Tivoli das Gebirge zu gewinnen, und dass jeder Verzug die größte Gefahr bedeute. Reiter sprengten voran und zur Seite; wie eine Gespensterschar eilte die Kolonne vorwärts.

Um sieben Uhr morgens war sie in Tivoli, wo sie bereits erwartet wurde, denn einige Reiter hatten sie angekündigt. Man lagerte in der herrlichen Umgebung der Stadt, dicht beieinander, jeden Augenblick zum Kampfe bereit. Die Einwohner strömten aus der Stadt, begrüßten freudig den General und seine tapfere Schar und bewiesen ihren Patriotismus durch Herbeischaffung der besten Lebensmittel, die sie aufbringen konnten. Man sah manches nasse Auge, denn jeder ahnte die Drangsale, die den braven Freiheitskämpfern bevorstanden.

Der General selbst zeigte einen ruhigen, festen Blick und sogar heitere Laune; er hatte den schmerzlichen Kampf, den ihm das Verlassen Roms und die Enttäuschung über eine große Zahl von dessen Vertheidigern gekostet, überwunden und suchte auf jede Weise die ihm treu Gebliebenen zu ermutigen; seine Gattin stand ihm im Ausdrucke dieser ruhigen Sicherheit nicht nach. Mit der liebenswürdigsten Einfachheit hatte sie auf dem Rasen des Lagerplatzes das kleine Mahl geordnet, das an diesem Tage noch glänzend genug ausfiel, und die höheren Offiziere sowie die Mitglieder des Stabes dazu eingeladen; man scherzte und lachte, als sei die nächste Zukunft vollständig gesichert.

Anita war damals etwa achtundzwanzig Jahre alt. Ihre Figur zeichnete sich durch einen zarten Bau aus und trug sich mit ebenso viel Anmut als Würde; in ihrer ganzen Erscheinung verriet sich leicht der bewunderungswürdige Heldenmut, der sie zur untrennbaren Gefährtin der bewegten Lebensschicksale ihres Gatten gemacht und in den südamerikanischen Kriegen schon so große Gefahren überwunden hatte. Ihr Teint war dunkel, ihre Züge rein und klassisch geschnitten, das Auge feurig und entschlossen. Ihr schönes schwarzes Haar wurde an diesem Tage von einem Kalabreserhute mit wehender Straußenfeder bedeckt, die Gestalt umhüllte ein dunkelgrünes Amazonenkleid; diese Tracht behielt sie auch auf dem ganzen weiteren Marsche bei. Sie ritt stets einen prachtvollen Grauschimmel und in ihrer unmittelbaren Nähe befanden sich gewöhnlich zwei noch sehr junge Knaben aus der Umgebung von Bologna, die ihr als Pagen dienten und sie auf zwei Ponys begleiteten; besonders einer von ihnen, Gaetano, ein aufgeweckter kleiner Bursche, war der Liebling des ganzen Offizierkorps, dem er gern Gefälligkeiten erwies.

Die Generalin hatte für jeden, sei er Offizier oder Soldat, einen freundlichen Blick und unterhielt sich auf das Teilnehmendste mit ihnen; im ganzen Korps herrschte eine wahre Begeisterung für sie, und ihre Gegenwart trug oft nicht wenig dazu bei, den gesunkenen Mut wieder neu zu beleben und alle unerhörten Anstrengungen vergessen zu lassen; wer hätte sich von dieser Frau beschämen lassen wollen, die so glänzende Zeugnisse ihres Mutes und ihrer Ausdauer bereits abgelegt hatte und mit stets heiterer Stirn noch an jedem Tage ablegte? Die Tapferen verehrten sie, die Feigen fürchteten sie, denn sie verstand ebenso gut zu zürnen, als durch ihr Lob zu belohnen.

Wie Anita Garibaldi sich aber auch dem großen Zwecke, den ihr Gemahl verfolgte, gewidmet hatte, wie sie auch durch ihr liebenswürdiges Wesen alle zu fesseln suchte, die seinem Sterne folgten, so war es doch bald wahrzunehmen, dass ihr Herz kein heißeres Gefühl in sich barg als die Liebe der Gattin und dass in dem Geräusche dieses stürmischen Lebens ihr Blick nur immer ein Ziel hatte, das Auge Garibaldis. Sie bemühte sich, allen Erleichterung zu schaffen, so weit es in ihren schwachen Kräften stand, doch für ihn entwickelte sie eine wirklich rührende Sorge um seine kleinen Bedürfnisse; durch ihren Scherz brach manchmal ein banger Sorgenblick auf ihn und dann wieder die ganze hingebende Liebe, die ihr nur jene für ihr Geschlecht so wunderbare Stärke verliehen haben konnte.

Anita hatte ihrem Gemahle drei Kinder geboren, zwei Söhne, Menotti und Riciotti, und eine Tochter, Theresa. Als die Nachricht von der Thronbesteigung des Papstes Pius IX. und den Hoffnungen, die sich für Italien daran knüpften, zu Montevideo anlangte und Garibaldi sich entschloss, sich mit einem Teile seiner italienischen Legion in das Vaterland zurückzubegeben, sandte er Frau und Kinder nach Nizza voraus, wo sie bis zu seiner Rückkehr aus der Lombardei lebten. Als er später, abermals von ihr getrennt, in Genua erkrankte, eilte sie sofort zu ihm und ging dann mit ihm nach Florenz. Während der Belagerung Roms hielt es sie dort nicht länger; sie gelangte mit Mühe durch die französischen Vorposten und setzte sich dabei großer Gefahr aus.

Sie befand sich damals in gesegneten Umständen, dessen ungeachtet bestand sie trotz aller Warnungen Garibaldis darauf, ihn auf dieser gefährlichen Expedition zu begleiten, und er musste nachgeben, da sie unerschütterlich blieb. Ihre Kinder hielten sich zu Nizza in dem Hause einer befreundeten Familie auf, der die Mutter sie ohne Bedenken anvertrauen durfte. Beim Abmarsch von Rom befand sie sich in körperlicher Beziehung noch ganz wohl, wenigstens verriet nicht der leiseste Schatten auf ihrer edlen Stirn, dass sie leide, und sie ritt noch mit der alten Gewandtheit und Kühnheit, die ihr als geborener Brasilianerin eigen war.

In Tivoli rastete das Korps den ganzen Tag über; die Einteilung desselben wurde hier durch den General vollendet, und erst am Abend brach man auf der großen Straße nach Neapel auf, nachdem Garibaldi sich gegen die Einwohner der Stadt und seine Soldaten dahin geäußert hatte, dass er sich in das Neapolitanische, in dem der Aufstand heftig gährte, zu werfen gedenke.

Dies lag aber keineswegs wirklich in der Absicht des Generals; er wollte nur durch diese falschen Nachrichten, die sich schnell verbreiten würden, wie sich denken ließ, die ihn verfolgenden Franzosen täuschen. Sein Weg ging nach Norden, denn dort hoffte er am ehesten, das Landvolk des Kirchenstaates und der Toskana begeistern zu können und zu seiner Fahne eilen zu sehen, dort war ihm das Terrain für seine Operationen am günstigsten, und im schlimmsten Falle sollte sein Ziel Venedig sein. Deshalb marschierte das Korps auf dem betretenen Wege nur eine Strecke, bog dann rechts von der Straße ab und kehrte in die Gegend von Tivoli zurück, wo es die Nacht über in einem Versteck blieb, ohne dass die Einwohner der Stadt seine Nähe ahnten. Dann ging es mit Tagesanbruch wieder weiter, nordöstlich auf acht Stunden Entfernung an Rom vorbei, und dieses Mal wurde in einem Kloster und dessen unmittelbarer Umgebung gerastet; kleine Streifen wurden gegen Rom geschickt, das man noch erblicken konnte, eine größere, aus Reiterei bestehend, weiter östlich gegen Viterbo, um sich möglichst zu zeigen und den Feind dadurch auf eine falsche Spur zu leiten.

So setzte man den Marsch mit den äußersten Vorsichtsmaßregeln über Poggio Mirtete, Cantaluvo und Confine bis Terni am Velino fort, einer ansehnlicheren Stadt, die noch in den Ausläufern der Apenninen liegt.

Der General richtete die Märsche stets so ein, dass um die Mitte des Tages und der Nacht jedesmal mehrere Stunden ein Lager bezogen wurde; es fanden also im Laufe von vierundzwanzig Stunden immer je zwei nicht zu anstrengende Märsche statt. Er gewann hierdurch einen doppelten Vorteil; einmal nämlich, die Menschen und Pferde belästigende Tageshitze zu vermeiden, und dann, was noch wichtiger war, seinen Marsch und die geringe Stärke seines Korps den Landeseinwohnern besser zu verbergen. Auf den Ruheplätzen angekommen, stieg er nicht vom Pferde, sondern stellte mit seinem Generalstabschef und einigen anderen Offizieren zuerst die Nachhut und deren Posten an dem geeignetsten Orte auf, dann eilte er weit voraus und erkundete das Gelände, das die Truppe auf ihrem Weitermarsche betreten sollte; gewöhnlich kehrte er von diesem anstrengenden Ritte erst nach Verlauf von zwei Stunden zurück und gönnte sich selbst dann einige Ruhe, indem er das von Anita bereitete Mahl einnahm und, die Satteldecke unter dem Kopfe, auf bloßer Erde schlief. Während seiner Abwesenheit trieben einzelne Reiter, besonders die Offiziere seines Stabes, die aus

Amerika her gut mit dem Lasso umzugehen wussten und dieses stets bei sich führten, einiges Vieh zusammen, das sofort verteilt und geschlachtet wurde.

Fast nie wurden diese Ruhepunkte in einer Stadt oder in einem Dorfe oder in der Nähe desselben genommen, und musste dies der Geländeverhältnisse wegen dennoch geschehen, so ließ Garibaldi stets alle Ausgänge absperren und noch eine Weile nach seinem Abzuge von den Reitern besetzt halten, damit kein Verräter dem stets nahen Feinde Kunde bringen könne; er suchte diesen dann durch falsche Nachrichten über den Weitermarsch zu täuschen. Da er die Brotverpflegung aus bewohnten Orten beziehen musste, benutzte er auch diesen Umstand zu einer Täuschung über die Stärke seiner Schar, indem er gewöhnlich eine bedeutend größere Anzahl Brote, als er brauchte, durch vorausgeschickte kleine Reiter-Abteilungen bestellen ließ. Solcher Vorsicht allein hatte er es zu verdanken, dass er den ersten Teil seines Marsches ganz unangefochten vom Feinde zurücklegen konnte.

Man kann sich leicht denken, wie beschwerlich der Marsch zu Zeiten war, da die großen Straßen fast immer vermieden werden mussten. Obgleich das Korps sich noch nicht im eigentlichen Gebirge befand, boten doch auch schon die Ausläufer desselben in steilen Erhöhungen und Zerklüftungen Schwierigkeiten jeder Art dar. Zuweilen marschierte man auf Fußwegen, die so schmal waren, dass nur ein Mann hinter dem andern folgen konnte; dann durchwatete man Gewässer oder brach sich durch dichtes Dorngebüsch mit Axt und Säbel in der Hand Bahn. Oft, wenn die Hitze die Soldaten niederdrückte, fehlte es an jedem Tropfen Wasser, und kamen sie ins Lager, so waren zuweilen die Brotrationen noch nicht eingetroffen, kamen wohl auch gar nicht mehr an demselben Tage, und rings umher war kein Vieh aufzutreiben. Dann war es nur Garibaldis und seiner Gattin Wort und heiterer Scherz, welche die Erschöpften aufrechterhalten konnten. Desertionen kamen öfter vor, doch zeigte der General seinen Unwillen darüber nicht.

In der Nacht durften nur selten Feuer angezündet werden, damit nicht der Lichtschein den Spähern der Verfolger zum Wegweiser würde, und an jedem Morgen um zwei Uhr trat das ganze Korps unter Waffen, um für jeden Überfall gerüstet zu sein.

Dass unter solchen Umständen, welche die Disziplin nur allzu sehr bedrohten, eiserne Strenge vereint mit der größten Sorge für die Bedürfnisse der Truppen die Ordnung aufrechterhalten musste, ist leicht begreiflich. Garibaldi war ganz der Mann dazu, eine so schwierige Aufgabe richtig zu lösen; seine Soldaten fürchteten ihn ebenso, wie sie ihn vergötterten, selbst die ihm am nächsten stehenden Offiziere, die er mit wahrer Freundschaft behandelte, würden nicht gewagt haben, sich eine unpassende Vertraulichkeit gegen ihn herauszunehmen. Wie Hoffstetter sagt, kannte Garibaldi nur zwei Strafen: den Verweis und den Tod. Bei den Offizieren, die sich unfähig zeigten, kam noch die sofortige Entlassung aus dem Dienst hinzu. Ein Beispiel seiner unerschütterlichen Strenge sollte das Korps schon am 4. Juli, als es bei dem Kloster San Francesco lagerte, erleben.

Garibaldi hatte nämlich die strengsten Befehle erlassen, dass sich niemand von dem ihm angewiesenen Platze entfernen solle, vor allem aber die Plünderung oder den kleinsten Diebstahl mit dem Tode bedroht. Letzteres zu verhindern, war umso notwendiger, weil man sich die Sympathien des Landvolkes jetzt besonders erhalten musste und weil Garibaldi recht gut wusste, dass seine Gegner es liebten, ihn dem Volke als Banditen und seine Truppe als gewöhnliche Räuberbande darzustellen.

Um die Mittagszeit war der General eben von seinem Ritte in die Umgebung zurückgekehrt und hatte sich an einem schattigen Plätzchen unfern der Klostermauer auf den Rasen niedergelassen. Dicht dabei bereitete Anita, von den beiden Knaben aus Bologna unterstützt, mit eigener Hand das einfache Mahl; rings umher kampierten die Kohorten, hatten kleine Feuer zum Kochen angezündet und brieten die Fleischstücke am Spieße – das Kloster hatte reichlich Wein geliefert. Offiziere in ihren roten Blusen und weißen Mänteln, Männer mit schönen, kräftigen und sonnenverbrannten Gesichtern, sprengten herbei und wieder davon, ein Teil des Stabes sammelte sich in der Nähe des Generals, um an seinem Mittagstische, wie es stets geschah, teilzunehmen.

Plötzlich entstand unter den Soldaten, die sich in der Nähe des Klostertores befanden, eine besondere Bewegung. Man sah einen Mönch und einen ältlichen Mann in der Kleidung der Landleute unter ihnen, mit denen sie lebhaft zu sprechen und zu gestikulieren schienen. Die Leute ließen sich aber durch sie nicht irre machen, sondern kamen gerade auf die Stelle zu, an welcher der General lagerte.

Dieser, der sich mit düster zusammengezogenen Brauen ganz seinen Gedanken hingegeben hatte – er blickte in die von Weinhügeln und Obstanpflanzungen bedeckte Ebene hinaus, an deren Horizont im Nebelschleier die Türme der Siebenhügelstadt, von der Peterskuppel überragt, auftauchten –, wandte sich sogleich zu dem Mönche und fragte ihn nach seinem Begehr. Es wurde ihm erwidert, dass der andere Mann, ein Angehöriger des Klosters, von einem Soldaten der Legion um ein Huhn bestohlen worden sei, dass der Dieb mit seiner Beute aber die Flucht ergriffen, als der rechtmäßige Besitzer ihn überrascht habe. Jener hatte sich wieder unter seine Kameraden gemischt und glaubte schwerlich, unter diesen herausgefunden werden zu können.

Zornentbrannt ließ der General sogleich Appell schlagen und sämtliche Truppen in ihre Glieder treten; dann führte er selbst den Bestohlenen umher und forderte ihn auf, den Dieb zu bezeichnen. Nach längerer Zeit, in der die Soldaten heimlich vor dem tiefen, drohenden Ernste ihres Führers zitterten, gelang es dem Manne, den Schuldigen wiederzuerkennen. Dieser leugnete, aber zum Unglück fand sich das Huhn noch in seinem Kochtopfe.

»Er wird sofort erschossen!«, verfügte der General mit einer Ruhe, die auf keine Milderung seines Urteilsspruches hoffen ließ.

Der Schuldige warf sich ihm jammernd zu Füßen, aber er wandte sich kalt ab und ging nach seinem Ruheplatze zurück, während man jenen ergriff und die Exekution vorbereitete. Die darauf bezüglichen Befehle waren schnell ausgegeben, und der Verbrecher gegen die Disziplin und das Eigentum wurde nach einem im Angesichte des ganzen Lagers liegenden freien Platze mehr geschleppt als geführt, denn er schien alle Fassung verloren zu haben. Mehr als ein Auge richtete sich ängstlich fragend auf den General, denn man glaubte noch nicht allgemein, dass er die Exekution werde vollstrecken lassen, aber er hatte der hässlichen Szene den Rücken zugewandt und erteilte keinen Gegenbefehl. Wenn Anita ihn um die Begnadigung des Delinquenten gebeten hätte, wie es vielleicht auch geschehen war, denn man sah Tränen in ihren Augen, gewiss würde er sie ihr nicht gewährt haben.

Als der verurteilte Soldat an die zu seinem Grabe bestimmte Stelle gekommen war und sich ihm das kleine Exekutionskommando näherte, gab ihm die Verzweiflung einen raschen Entschluss und übernatürliche Kraft, ihn auszuführen. Blitzschnell riss er sich von seinen Kameraden, die ihm, wie üblich, die Augen verbinden wollten, los und stürzte davon. Man war anfangs so überrascht durch diesen unerwarteten Vorgang, dass man den Flüchtling einen Vorsprung gewinnen ließ, und vielleicht wäre er entkommen, da ihn viele seiner Kameraden, denen wohl auch bei dieser Strafe des Diebstahls das Gewissen schlug, bemitleideten. Schon war aber auch Garibaldi aufmerksam geworden; er erhob sich und rief mit zornblitzenden Augen und seiner weithin schallenden Donnerstimme, man solle den Flüchtigen ergreifen.

Als diesem der Weg von allen Seiten verlegt war, wandte er sich in wahnsinniger Verzweiflung mitten in das Lager hinein und dem Kloster zu; es gab eine Entsetzen erregende Hetzjagd. Endlich gelang es der Wache am Klostertore, sich des Unglücklichen zu bemächtigen und ihn trotz seines wilden Sträubens zu fesseln. Der General winkte nur, das Urteil zu vollstrecken; wenige Minuten später fielen die Schüsse und die Kugeln hatten das Herz des Unglücklichen durchbohrt.

So strafte Garibaldi, und so musste er strafen.

Eine zweite Exekution aus ganz ähnlicher Veranlassung kam am 14. Juli in der Nahe von Orvieto vor. Hier war eine arme Frau bestohlen worden, und ohne seine Zigarre aus dem Munde zu nehmen, befahl Garibaldi kaltblütig, den Dieb zu erschießen. Die ganze traurige Szene machte diesmal geringeres Aufsehen unter der Truppe; als die Schüsse aber fielen, deutete der General auf den Exekutionsplatz und rief seinen Leuten drohend zu: »So bestrafe ich jeden Dieb! Sind wir Freiheitskämpfer oder Räuber? Sind wir ausgezogen, das Volk zu beschützen oder zu unterdrücken?«

Ein donnerndes »Evviva Garibaldi!« erscholl zur Antwort.

Allein durch solch strenge Mittel ließ sich die Disziplin und der gute Ruf der Truppe bewahren, und mögen bei diesem entbehrungsvollen Leben, das einen so hohen moralischen Mut der Soldaten verlangte, auch noch manche kleine Unregelmäßigkeiten vorgekommen sein, so fielen sie doch jedenfalls nicht dem Ganzen, viel weniger noch dem Führer zur Last.

Am 8. Juli traf das Korps vor Terni ein und wurde von den Einwohnern mit Musik freudig empfangen. Diese Freude sprach sich wohl hauptsächlich deshalb so offen und lebhaft aus, weil schon seit einiger Zeit die Legion des Obersten Forbes in der Stadt lag, die sich hier Garibaldi anschließen wollte. Forbes, ein geborener Engländer, der mit seiner Schaar von ungefähr sechshundert Mann während der Belagerung Roms den kleinen Krieg in der Provinz geführt hatte, war ein tüchtiger Offizier und verehrte Garibaldi hoch; er und seine Leute waren fest entschlossen, die Mühseligkeiten und den Ruhm des Generals zu teilen. Sie vervollständigten von nun an die zweite Legion und waren eine tüchtige Truppe, welche mit Perkussionsgewehren bewaffnet und mit hechtgrauen Waffenröcken mit roten Kragen uniformiert war. Durch sie und anderen Zuwachs, den man dadurch erhielt, dass man zwei andere gerade des Weges kommende Kompanien der ehemaligen römischen Armee gewaltsam dem Korps einverleibte, stieg dessen Stärke wieder auf dreitausend Köpfe.

In der Stadt wurde ein Ruhetag gehalten, und die angestrengten Truppen fanden Gelegenheit, sich einigermaßen wieder zu erholen. Jetzt bekam der General auch die ersten zuverlässigen Nachrichten von der Stellung des Feindes; die Franzosen rückten zwischen Civita Castellana und Narni – letztere Stadt liegt etwa zwei deutsche Meilen von Terni entfernt – auf der großen Straße von Rom heran, die Österreicher standen in kleinen Abteilungen bereits zu Spoleto, drei deutsche Meilen von Terni. Beide wurden durch Reiter-Abteilungen beobachtet, da diese aber meldeten, beide rückten schnell heran, so wurde am Abend des folgenden Tages wieder aufgebrochen und gegen Todi marschiert.

Auf dem nächsten Marsche betraf den General ein schmerzlicher Verlust; er war nämlich genötigt, seinen Freund, den Pater Ugo Bassi, der schwer erkrankte, zurückzulassen. Er ließ ihn in das Haus eines Patrioten zu Cesi schaffen, wo er länger als eine Woche versteckt bleiben musste, dann folgte er aber eiligst dem Korps und holte es im Toskanischen wieder ein.

13.
Weitermarsch und Gefahren

Bis hierher war man noch nicht in unmittelbare Berührung mit den Österreichern gekommen, in denen Garibaldi fast noch größere Feinde als in den Franzosen sehen musste, denn sie hatten guten Grund, alles daranzusetzen, dass er nicht in das lombardisch-venezianische Königreich gelange, und überdies besteht ein Nationalhass zwischen Italienern und Deutschen, wie Erstere ihn gegen die Franzosen nicht kennen; ohne Zweifel musste das Korps deshalb eine viel schlimmere Behandlung erfahren, wenn es in die Hände der Österreicher fiel, als es sie von den Franzosen zu erwarten gehabt hätte. Bis zum 11. Juli stieß man aber noch nicht auf den

Feind, obgleich die Meldungen von seiner Annäherung immer bedenklicher wurden.

An dem genannten Tage hatte die Vorhut bereits Todi, eine zur Verteidigung sehr günstig gelegene Stadt, erreicht, als sich in den Wäldern, welche die Ufer des Tiber gegen Perugia hin besäumen, österreichische Kavalleristen, etwa hundert an der Zahl, blicken ließen. Sobald sie indessen auf die Vorhut des Garibaldi'schen Korps stießen, zogen sie sich ohne Gefecht wieder zurück.

Aus dieser Stadt entsandte Garibaldi nun drei Kompanien auf verschiedenen Wegen in das Land hinein, um den kleinen Krieg zu führen, Gefangene zu machen und die Aufmerksamkeit des Feindes von dem Hauptkorps abzulenken. Eine derselben schickte bereits am folgenden Tage eine Ladung von 5000 Stück Geflügel und 50 000 Eiern, die für die französische Armee in Rom bestimmt gewesen war; man behielt sie natürlich als Kriegsbeute und die Mannschaft feierte ein lukullisches Mahl.

Der Weitermarsch ging längs des rechten Ufers des Tiber nach Orvieto, und das Korps erreichte diese Stadt am 14. Juli. Bei Orvieto vereinigen sich die beiden großen Straßen, die nach Rom und in das Toskanische führen. Die Stadt selbst, ein ansehnlicher Ort mit ungefähr zehntausend Einwohnern, liegt auf einem gegen sechzig Fuß ganz steil aufsteigenden Felsen, dessen Ränder die Unterlage für ihre Mauern bilden; die Zugänge sind steil, und wenn die Tore geschlossen worden, bleibt nichts übrig, als den Felsen auf Leitern zu erklettern.

Als Garibaldis Korps sich der Stadt näherte, kam ihm bereits eine Deputation entgegen. Die ehrenwerten Ratsherren machten, als sie vor den General geführt wurden, sehr bedenkliche Mienen und teilten ihm mit, dass sie jeden Augenblick die Franzosen auf der Straße von Viterbo erwarteten, denn es sei bereits Brot für dieselben bestellt worden. Der General verlangte kurz den Durchzug durch die Stadt und die Auslieferung des Brotes; die Herren verweigerten aber unter vielen Umschweifen das eine wie das andere, wobei sie sich jedenfalls auf die Uneinnehmbarkeit ihrer Stadt stützten. Ohne ein Wort, aber mit ebenso verächtlichem als drohendem Ausdrucke wandte Garibaldi ihnen den Rücken, und sie kehrten, bestürzt über die augenscheinlich üble Aufnahme ihrer Weigerung, nach der Stadt zurück.

Garibaldi war wirklich höchlichst erzürnt; er machte, wie schon an manchen andern Orten, hier wieder die bittere Erfahrung, dass die Furcht vor den Feinden des Landes größer sei als der Patriotismus und dass es ihm nicht gelingen werde, bei dem Volke der Provinzen die Begeisterung hervorzurufen, auf die er bei seiner Expedition gerechnet hatte; die Leute waren ihm und seiner Sache freundlich gesinnt, aber nicht bereit, Opfer zu bringen. Lange blieb er auf dem Lagerplatze, den man vor der Stadt bezogen hatte, nachdenklich liegen; man konnte ihm ansehen, dass er ernstlich mit sich zu Rate ging, und sein Entschluss fiel dahin aus, dass es für ihn und sein Korps nichts Weiteres zu tun gäbe, als die Küste des adriatischen Meeres zu erreichen und sich nach Venedig einzuschiffen, um dort den bedrängten Patrioten Hilfe zu bringen oder mit ihnen zu sterben.

Indessen fiel es ihm keineswegs ein, den Widerstand einer armseligen Stadt zu dulden, die ihn in seinen Operationen störte; er war entschlossen, sich den Durchgang durch Orvieto mit Gewalt zu erzwingen. Als er eben den Befehl erteilte, die einzige Kanone gegen eines der Stadttore in Stellung zu bringen, um es einzuschießen, kehrte die Deputation wieder aus der Stadt zurück, bewilligte sein Verlangen, denn den armen Bürgern war es doch bange ums Herz geworden und sie hatten sich von neuem beraten, und lud ihn endlich höflichst ein, ihre Stadt mit einem Besuche seiner Person zu beehren. Zur Strafe legte ihnen Garibaldi eine sehr mäßige Geldkontribution auf, die auch schnell herbeigeschafft wurde, und ritt dann, von einigen seiner Offiziere begleitet, durch das Tor ein, das ihm ehrfurchtsvoll geöffnet wurde; er fand die ganze Stadt feierlich illuminiert und die Evvivas auf ihn nahmen kein Ende.

Das Korps blieb indessen in seinem Lager vor der Stadt, bis es am Abend des folgenden Tages auf der Straße gegen Nordwesten wieder aufbrach; eine halbe Stunde später rückten die Franzosen in Orvieto ein, fanden ihr bestelltes Brot aber natürlich nicht vor.

Die Österreicher näherten sich jetzt auf eine bedenkliche Weise; sie hatten vier starke Bataillone in Perugia stehen und einen Teil derselben so weit vorgeschoben, dass der General mit seinem Korps die große Straße verlassen und einen Nachtmarsch unter den schwierigsten Verhältnissen machen musste. Zum Glück folgten ihm die dicht hinter ihm befindlichen Franzosen nicht, wohl nur aus dem Grunde, weil sie froh waren, dass die Österreicher von jetzt an seine Verfolgung übernehmen konnten. Am 17. Juli betrat die Kolonne das Gebiet der Toskana. Eine vorausgeschickte Reiter-Abteilung unter Montanari hatte hier ein kleines Gefecht mit der

Nationalgarde der Stadt Chiusi zu bestehen und dabei einen Toten zu beklagen und musste zwei Mann mit ihren Pferden als Gefangene zurücklassen.

Der General war sehr erbittert darüber; er wusste, dass die Mönche an diesen Feindseligkeiten Schuld hatten, und beabsichtigte, sie dafür zu strafen. Deshalb schickte er, als er am 18. Juli unfern Chiusi lagerte, eine Abteilung nach dem nahe gelegenen Kapuzinerkloster, das sich besonders durch Aufwiegelung des Landvolkes ausgezeichnet hatte, und ließ die frommen Väter, etwa vierundzwanzig an der Zahl, festnehmen. Es war ihnen unmöglich, Widerstand zu leisten, und mit ziemlicher Fassung folgten sie den Soldaten, die sie nicht gerade sanft anpackten und sie in eiligem Marsche nach dem Lager brachten.

Wenn die Szene ihres Empfanges durch den General nicht einen unbestrittenen Ernst gehabt hätte, würde sie komisch gewesen sein. Die vom Marsche ermüdeten und staubigen Mönche standen wie arme Sünder vor ihm und er hielt ihnen eine donnernde Rede, in der er ihnen ihre Feindseligkeit vorwarf und mit den Worten schloss: »Ihr sollt Ministri di Dio sein, aber ihr seid Ministri di diavolo!«[*]

Die Mönche wagten nichts zu erwidern, und das war wahrscheinlich ihr Glück, denn der General begnügte sich, zu befehlen, dass sie seiner Kolonne so lange folgen sollten, bis man ihm die beiden Gefangenen mit Waffen und Pferden zurückgebe. Sie wurden wirklich mitgenommen und teilten den beschwerlichen Marsch und die karge Kost, aber Garibaldi erreichte seinen Zweck doch nicht und ließ sie nach einigen Tagen wieder zurückkehren, da er fürchtete, ihre Gefangenschaft könne einen ungünstigen Eindruck auf das Volk machen. Dieses Mal hatte selbst Anita nicht eine Fürbitte getan, denn sie war dem Mönchswesen aufs Entschiedenste abgeneigt.

Im Ganzen zeigte sich die Bevölkerung der Toskana dem Korps übrigens noch freundlicher als die der römischen Provinzen, aber sich ihm anzuschließen, bewies sie ebenfalls keine Lust; Garibaldi gedachte daher die nächste Gelegenheit zu benutzen, sich der Meeresküste zuzuwenden. Dies war indessen ein schwieriges Unternehmen, denn durch ziemlich offenes Gelände und hart bedroht von den Österreichern musste er sich aus dem Gebirge des Suba-

[*] Ihr sollt Diener Gottes sein, aber ihr seid Diener des Teufels!

pennin, in dem er sich noch befand, in den großen Apennin werfen. Dies führte er am 21. Juli aus, indem er mit der dicht geschlossenen Kolonne, die durch die Reiterei gedeckt wurde, von Torita plötzlich rechts abschwenkte und auf Castiglione Fiorentino, einen Flecken am Fuße des Gebirges, marschierte. Dieser Marsch war sehr stark, gegen vier deutsche Meilen weit, und die Soldaten langten sehr ermüdet daselbst an, mussten aber trotzdem sogleich den Aufstieg zum Gebirge bestehen, denn es war ein sehr bedenklicher Zwischenfall eingetreten.

Ein paar Reiter nämlich begegneten, als sie die Straße von Perugia nach Arezzo erreichten, einem Bauern, der mit auffälliger Eile die Post nach letzterer Stadt besteigen wollte. Man überzeugte sich durch seine Sprache, dass er ein geborener Italiener sei; dies minderte jedoch den Verdacht nicht, denn die Österreicher hatten ja viele italienische Regimenter, die sich gegen ihre Landsleute gebrauchen lassen mussten. Der Bauer wurde deshalb verhaftet und dem General zugeführt.

Dieser befahl, als der Bauer weiter leugnete, irgendetwas von den Österreichern zu wissen, und vorgab, nur seinen Geschäften nachzugehen, ihn genau zu durchsuchen, und – siehe da! – es fand sich bei ihm eine Depesche des österreichischen Kommandanten von Arezzo an den von Perugia und auf demselben Blatte die Antwort des Letzteren. Ersterer meldete die Annäherung des Garibaldi'schen Korps und bat auf das Dringendste um Verstärkung; der Kommandant von Perugia hatte darauf erwidert, er werde sofort vier Kompanien auf der großen Straße nach Arezzo senden.

Diese Straße lief nun über Castiglione Fiorentino, wo sich das Garibaldi'sche Korps gerade befand, und in jedem Augenblicke konnte man das Eintreffen der Österreicher erwarten. Der unglückliche Botschafter gestand nun auf die Drohungen des Generals, dass die vier Kompanien bereits abmarschiert seien. Nach dem Kriegsgesetz war er dem Tode verfallen, da man ihn unter einer Verkleidung ergriffen hatte, und Garibaldi befahl, ihn einstweilen in Gewahrsam zu nehmen.

Oberst Sacchi wurde beordert, mit fünf der besten Kompanien des Korps die Straße nach Perugia zu besetzen und dem heranrückenden Feinde einen Hinterhalt zu legen. Dies geschah auch mit aller Umsicht, so dass die Österreicher einen üblen Empfang gefunden haben würden, aber man wartete bis spät in die Nacht hinein und sie kamen nicht. Am Morgen erfuhr Garibaldi, sie hätten in Cortona, anderthalb Meilen von seiner Stellung, Halt gemacht; jedenfalls hatten sie erfahren, dass er bereits in Fiorentino eingerückt sei, und fürchteten bei ihrer zahlenmäßigen Unterlegenheit den Zusammenstoß.

Ein paar Soldaten hatten in dem Posthause, an dem der Spion die Postkutsche besteigen wollte, dessen Uniform aufgestöbert. Auf Befehl des Generals musste er sie anziehen und in ihr vor dem Korps, als es sich zum Abmarsche gerüstet hatte, erscheinen; der arme Bote, ein Unteroffizier der österreichischen Jäger, erwartete nichts anderes, als erschossen zu werden.

»Seht ihn euch an!«, rief der General halb im Scherze, halb drohend seinen Leuten zu. »Er ist ein Italiener, aus Trient gebürtig, und kämpft gegen seine Landsleute. Steht diese Tracht einem Italiener nicht gut? Ich könnte ihn erschießen lassen, aber er ist die Kugel nicht wert. Darum schenke ich ihm das Leben, und er mag gehen, wohin er will.«

Die Soldaten brachen in ein Lebehoch auf Garibaldi und Italien aus, und der beschämte Spion wurde unter Spott und Gelächter fortgejagt. Dann brach das Korps nach Arezzo auf.

Diese Stadt, die von den Österreichern, wie man aus der abgefangenen Depesche wusste, nur äußerst schwach besetzt war und in der große Angst vor Garibaldi herrschte, hatte natürlich ihre Tore geschlossen, aber man sah die feindlichen Jäger auf den Mauern; sie hüteten sich indessen wohl, das Gefecht zu eröffnen. Garibaldi sprach sich nicht darüber aus, ob er einen Angriff beabsichtige, sondern ließ seine Truppe nahe bei der Stadt lagern.

Das Glück begünstigte ihn dieses Mal, denn wieder wurde von den Reitern ein Botschafter der Österreicher eingebracht. Es war ein Postillon, der einen Brief General Stadions an General Paumgarten von Siena nach Perugia brachte. Der Inhalt des Schreibens sagte, dass beide Offiziere nur über je vier Bataillone verfügten und dass sie sich deshalb zu vereinigen wünschten; Garibaldis Stärke wurde mit viertausend Mann und mehreren Geschützen angegeben; man schien sich nicht recht zu trauen, mit ihm anzubinden. Der General war sehr zufrieden, als er den Brief gelesen hatte; er ließ nun den gefangenen Postillon, ebenfalls ein Italiener, vor sich führen.

Der arme Teufel warf sich vor ihm nieder und flehte in Todesangst um Gnade. Auch ihm war dem Kriegsgesetze nach die

Kugel gewiss. Der General blickte ihn mit der Zigarre im Munde kaltblütig an und meinte dann im Fortgehen: »Dieses Mal sollst du davonkommen, ich rate dir aber, dich nicht zum zweiten Male von meinen Leuten erwischen zu lassen.« Der Mann wurde sogleich entlassen.

Am folgenden Morgen wurde Ugo Bassi an das Stadttor geschickt, um über die Übergabe zu verhandeln, aber die Österreicher wollten davon nichts wissen, und Garibaldi entschloss sich, um die Stadt herumzuziehen, weil er, wie er sagte, bei einem Sturme Verwundete gehabt haben würde und diese auf dem Weitermarsche nicht zu transportieren waren; der Besitz Arezzos konnte ihm auch nicht von Wichtigkeit sein, denn die Hauptkolonne der Österreicher musste bald anlangen und es ihm wieder abnehmen. Er begnügte sich, von der Bürgerschaft Lebensmittel zu verlangen, und diese wurden ihm reichlich gebracht, denn die Österreicher duldeten es, um den Sturm zu vermeiden.

Das Korps sollte den ganzen Tag über bei der Stadt lagern, gegen Abend aber kam die Nachricht, dass General Paumgarten auf der großen Straße von Perugia heranziehe. Garibaldi ließ nur die Vorposten zurück, die einige Schüsse mit dem Feinde wechselten und ihm dann folgten; die Österreicher mussten dies nicht für ratsam halten, da die Nacht anzubrechen begann. Das Korps schlug jetzt die Richtung nach Nordosten ein und lagerte nicht fern von Arezzo, ohne weiter von dem Feinde belästigt zu werden. Erst am nächsten Tage kam es zu einigen unbedeutenden Plänkeleien der Reiterei, wobei den Österreichern zwei Pferde abgenommen wurden.

Nun näherten sich aber die Österreicher von allen Seilen mit kleinen Abteilungen, während ihre Hauptmacht folgte; die größte Vorsicht wurde immer nötiger und die Leute konnten nicht einmal im Lager vollständig ausruhen. Indessen machte es Garibaldi doch durch seine geschickten Anordnungen, die stets darauf berechnet waren, den Feind zu täuschen, möglich, dass er unbehelligt den Monte Luna passierte und dann dem Laufe des Flusses Metauro in einer dicht bewaldeten Schlucht folgen konnte. Diese Schlucht war nicht breiter als ungefähr hundert Schritte, erweiterte sich aber bei dem Städtchen San Angelo in Vado zu einem Kessel, der von steilen Höhen gebildet wurde. Hier war es, wo der General am Mittage des 28. Juli von seinen Reitern der Vorhut die Nachricht erhielt, dass österreichische Jäger den jenseitigen Ausgang des Kessels in einer fast uneinnehmbaren Stellung besetzt hielten. Damit war die Situation höchst kritisch geworden; im Rücken drängte die Hauptkolonne der Österreicher, die Garibaldis zweitausend Mann an Zahl um das Dreifache übertraf, der Weg nach vorwärts war vollständig verlegt – es schien keinen Ausweg mehr zu geben.

Garibaldi war entschlossen, sich den Durchgang zu erzwingen, obgleich er nicht einmal vermuten konnte, in welcher Stärke er den Feind vor sich habe. Da entdeckte man zum Glück, dass ein schmaler Seitenweg über die Höhen zur Linken, der in das Tal der Foglia führte, von den Österreichern zu besetzen vergessen worden war. Sofort befahl Garibaldi, ihn einzuschlagen, und nahm auf der Höhe eine Verteidigungsstellung ein, in der er sogar noch unter den Augen des Feindes Lebensmittel aus dem Städtchen an sich zog; er bedurfte ihrer zu nötig, als dass er schleunigst hätte weitermarschieren können, und brachte sogar die Nacht an diesem gefährlichen Punkte zu.

Die Österreicher griffen nicht an, die Nacht brachte aber einen anderen unangenehmen Vorfall. Die Reiterei nämlich wurde von einem gewissen Bueno kommandiert, der mit Garibaldi aus Südamerika herübergekommen war; er glich aber leider nicht seinen übrigen Freunden, sondern zeigte sich stets als ein mürrischer und eigensinniger Mann und als nachlässiger Offizier, dennoch schonte ihn der General der alten Bekanntschaft wegen. Am Morgen vermisste man ihn und zwanzig seiner Reiter, und es ergab sich bald, dass sie mit Pferden und Waffen desertiert waren.

Das Städtchen San Angelo in Vado war die ganze Nacht über von einer Kompanie Infanterie und fünfzig Kavalleristen unter dem braven Major Migliazzo besetzt gehalten worden; am Morgen musste die Infanterie abmarschieren, um sich dem nach dem Foglia-Tale abziehenden Hauptkorps anzuschließen, die Reiter aber sollten umso schärfer auf den Weg nach Arezzo achten, da die Österreicher jeden Augenblick auf demselben zu erwarten waren. Wie schon gesagt, taugte die Kavallerie aber nicht viel, und auch dieses Mal versah sie den wichtigen Dienst nur nachlässig und zerstreute sich zum Teil in der Stadt. Plötzlich drang eine kleine Anzahl österreichischer Husaren in vollem Lauf in die Stadt ein, fand nur unbedeutenden Widerstand und hieb die italienischen Soldaten entweder nieder oder machte sie zu Gefangenen.

Nur wenige kehrten in voller Flucht zum Gros zurück, unter ihnen Migliazzo selbst, der von Garibaldi mit bitterem Tadel empfangen wurde, und der tödlich verwundete Kapitän Jourdan vom Stabe. Es war nichts mehr zu tun, man musste die Gefangenen und Verwundeten ihrem Schicksale überlassen; die Hauptkolonne setzte ihren Marsch ohne Aufenthalt fort und Major von Hoffstetter deckte mit einigen Kompanien den Rückzug, bei dem einige Schüsse mit den österreichischen Jägern gewechselt werden mussten.

Der Abzug hing glücklich vonstatten, man kam in das Tal der Foglia und bezog bei der Stadt Macerata ein Lager; die Österreicher standen jetzt so nahe, dass die Reiter der Vorposten Pistolenschüsse miteinander wechselten. Am folgenden Tage, dem 30. Juli, als das Korps hinter Carpegna lagerte, stellten sich die Österreicher ihm sogar in Schlachtordnung gegenüber, es kam aber nicht zum Kampfe und das Korps zog in grader Richtung auf San Marino ab.

Garibaldi hatte sich entschlossen, sich auf das Gebiet der kleinen Republik San Marino zurückzuziehen, das die Österreicher als neutral nicht betreten durften; von hier sind es nur noch zwei und eine halbe deutsche Meile bis Rimini, dem Hafenplatze an der Küste des Adriatischen Meeres, wo Garibaldi die Mittel zur Einschiffung nach Venedig zu finden hoffte, wenn ihm der Feind nicht zuvorkam. Am 31. Juli morgens hatte man San Marino vor sich und stieg den östlichen Abhang des Gebirges in die Ebene hinab, die sich bis an das Meer erstreckt und in der sich wie eine Insel der steile Felsen erhebt, der das Gebiet der Republik bildet. Die Erlaubnis, es betreten zu dürfen, musste erst von den Behörden eingeholt werden, und der General selbst übernahm diese Verhandlungen; er ließ deshalb die Truppen in der Ebene am Fuße des Felsens stehen und eilte mit einigen Begleitern nach der Stadt.

Er war noch nicht lange fort, als sich einige österreichische Jäger-Kompanien, die sich unbemerkt der Nachhut genähert hatten, auf dieselbe stürzten und sie sofort in wilder Flucht auf das Gros zurückwarfen. Dieses geriet in Verwirrung, die in panischen Schrecken ausartete, als die österreichische Artillerie auffuhr und einige Congreve'sche Raketen in das Tal schleuderte. Der Führer fehlte; ohne an weitere Verteidigung zu denken, stürzte alles in wilder Flucht längs des Felsens von San Marino auf die Straße nach Rimini zu; die Kanone und ein Teil der Verpflegung blieb stehen und fiel in die Hand des Feindes.

Anita Garibaldi befand sich ebenfalls auf dem Lagerplatze im Tale. Sie war seit mehreren Tagen schon sehr leidend, denn die übermäßigen Anstrengungen und Entbehrungen hatten bei ihrem

Zustande ihre Wirkung nicht verfehlen können. Dennoch war die mutige Frau bei dem ersten Alarm im Sattel und ritt den Flüchtigen nach, denn sie begriff vollkommen die unheilbaren Folgen dieser schmählichen Auflösung des Korps. Sie bat, sie beschwor und rief das Ehrgefühl der Soldaten an; der Schrecken hatte alle taub und blind gemacht; umsonst schwang sie selbst die Reitpeitsche.

In diesem kritischen Momente erschien zum Glück Garibaldi selbst, der das Schießen vernommen hatte, im vollen Galopp. Seine Erscheinung und seine mächtige Stimme wirkten zauberisch, und es gelang ihm, die Fliehenden zum Stehen zu bringen und wieder zu sammeln. Wütend über die Schmach seines Korps, führte er dasselbe nach der Stadt den Felsen hinauf, denn er hatte von den Behörden San Marinos erlangt, was er wünschte; sein Glaube an den Wert seines Korps aber war für immer geschwunden und er hegte die schmerzliche Überzeugung fest in seiner Brust, dass er mit diesen Leuten nicht mehr solche Wunder von Heldenmut vollbringen könne, wie seine Pläne sie erforderten.

14.
Kapitulation und Abzug

Die Regierung von San Marino hatte nicht allein dem Garibaldi'schen Korps Quartier angeboten, sondern sich auch verpflichtet, für seine Verpflegung zu sorgen; sie brachte sich dadurch selbst in Gefahr und gab somit ein schönes Beispiel des Patriotismus. Dennoch konnte es ihr nicht unwillkommen sein, als Garibaldi ihr erklärte, er wünsche sein Korps aufzulösen und deshalb durch ihre Vermittelung mit den Österreichern in Verhandlungen zu treten.

Der General hatte genug glänzende Proben seines Mutes und stiller heldenmütiger Ausdauer abgelegt, als dass er nicht über jeden Verdacht, zaghaft geworden zu sein, hätte erhaben sein müssen. Für seine Person fürchtete er gewiss nichts, wohl aber überlegte er, dass es unrecht von ihm sein würde, diese Leute, die sich seiner Leitung freiwillig unterworfen hatten, weiteren Gefahren auszusetzen, ohne dass sich dabei auf einen Erfolg von Bedeutung hoffen lasse. Erhielt er vom Feinde, der ihn einschloss, für sie den freien Abzug, so konnten sie sich ungefährdet in die Heimat begeben und einer besseren Zeit harren, welche sie zur Befreiung Italiens wieder zu den Waffen riefe. Großes konnte er jetzt nicht mehr mit ihnen vollbringen – das wusste er nur zu gut nach dem Ereignisse des 31. Juli.

Das Korps lagerte längs der Stadtmauer von San Marino. An dem Tage des Eintreffens schon erschien folgender Tagesbefehl:

»San Marino, den 31. Juli 1849.
Wir haben den Boden erreicht, der uns eine Zufluchtsstätte gewährt, und sind den großmütigen Gastfreunden die beste Aufführung schuldig. So werden wir die Achtung verdienen, die man dem verfolgten Unglück zollt.
Von diesem Augenblicke an entbinde ich meine Gefährten von jeglicher Verpflichtung und gestatte ihnen die Rückkehr in das Privatleben, aber ich erinnere sie daran, dass Italien nicht in der Schmach verharren darf und dass es besser ist, zu sterben, denn als Sklave der Fremden zu leben.
G. Garibaldi.«

Die Behörden von San Marino hatten seinen Vorschlag angenommen und sich sogleich mit den österreichischen Befehlshabern in Verbindung gesetzt; sie erhielten zur Antwort, dass man mit Garibaldi nicht unterhandeln wolle. Indessen langte abends ein Parlamentär des Feindes an und wollte den General sprechen; dieser aber erklärte, dass er die Regierung der Republik beauftragt habe, die Übereinkunft für ihn abzuschließen. Die Unterhandlungen begannen nun wirklich.

Am 1. August mittags begannen die Österreicher, die Stadt von der Seite des Gebirges her zu umschließen; sie hatten das Gebiet von San Marino schon am Vormittage betreten. Die Stadtbehörden beeilten sich nun noch mehr wegen der Kapitulation und am Abend wurde dieselbe wirklich Garibaldi vorgelegt. Sie enthielt folgende Punkte:

1. General Garibaldi liefert Waffen, Munition und Pferde an die Republik San Marino aus, diese wieder an die Österreicher.
2. Offiziere und Mannschaft werden in ihre Heimat eskortiert; dafür garantiert man ihnen vollständige Amnestie.
3. Garibaldi erhält auf sein Ehrenwort, Italien zu verlassen, einen Pass nach Amerika oder England.
4. Die Österreicher können auf dem Gebiet der Republik San Marino lagern.

5. Garibaldi mit seinem Korps bleibt ruhig in San Marino stehen.
6. Vollständige Gültigkeit erhält der Vertrag erst durch die Ratifikation des Kommandierenden in Bologna.

Garibaldi war mit diesen Bedingungen nicht zufrieden; mit den Punkten 2, 3 und 5 erklärte er sich keineswegs einverstanden, indem er freien Abzug für seine Leute und für seine eigene Person dagegen gar nichts verlangte, sondern sich vorbehielt, nach eigenem Ermessen zu handeln.

Er versammelte nun seine Offiziere um sich, erklärte ihnen die Gründe der Auflösung des Korps, die sie billigen mussten, und seinen Entschluss, noch in derselben Nacht San Marino heimlich zu verlassen. Viele wollten sich ihm anschließen, von den andern nahm er herzlichen und rührenden Abschied.

Seine Gemahlin war an diesem Tage so krank, dass sie das Bett nicht verlassen durfte; dennoch bestand sie trotz seiner dringenden Bitten, dass sie sich schonen und einstweilen in der Stadt zurückbleiben möge, darauf, ihn in diesen Stunden der größten Gefahr nicht zu verlassen.

Als es finster geworden war, sammelte sich die kleine Schar, die ihren Führer nicht verlassen wollte, am östlichen Ausgange von San Marino. Der General war bereits mit seiner Frau und Ciceruacchio eine Strecke vorausgeritten, weil er durch seine Gegenwart in keiner Weise auf die Entschlüsse der Einzelnen einwirken mochte; wer ihm wirklich treu ergeben war, musste ihm auch jetzt noch folgen, die nur im Mindesten Zaghaften beschwerten den Weitermarsch nur, und er wollte nicht die Verantwortung übernehmen, sie aller Wahrscheinlichkeit nach in Tod und Gefangenschaft zu führen. Noch größere Sorge als der Rückzug durch eine vom Feinde stark besetzte und unaufhörlich von dessen Patrouillen durchstreifte Gegend machte ihm der Zustand Anitas. Sie ritt in ihrem Amazonenkostüm wieder an seiner Seite, aber trotz der Worte, mit denen sie ihn zu beruhigen suchte, bemerkte er bald, dass sie sich kaum noch im Sattel zu halten vermochte; jetzt war es aber schon zu spät, umzukehren, und die mutige Frau wollte auch nicht ein Wort davon hören.

Major von Hoffstetter war am Fuße des Felsens zurückgeblieben, um die Getreuen Garibaldis, die sich zu seiner Begleitung einfinden würden, zu sammeln. Im Verlauf von einer Stunde kamen gegen zweihundert, die Hälfte zu Pferde und die Hälfte zu Fuß;

meistenteils waren es jüngere Offiziere, von den älteren ließen sich nur wenige sehen, auch Soldaten fehlten nicht. Da bei einem längeren Aufenthalt Gefahr drohte – denn die Österreicher würden, wenn sie die Flucht entdeckt hätten, sich mit aller Kraft dem General entgegengeworfen haben, da ihnen vorzüglich an der Gefangennahme dieses gefährlichen Mannes lag –, brach die kleine Schar auf und hatte bald den General erreicht.

Garibaldi fand viele seiner Freunde wieder: Ugo Bassi, den Engländer Forbes, Hauptmann Cecaldy und andere, wohl aber mochte der Schmerz sein Herz zusammenschnüren, als er bemerkte, dass andere, wie Sacchi, Marochetti, Cenni, Migliazzo, Montanari, fehlten. Tief gerührt drückte er den Treugebliebenen die Hände, stellte ihnen noch einmal vor, welche geringe Hoffnung er hegen dürfe, Rimini zu erreichen, und wie andernfalls Tod oder langjährige harte Gefangenschaft ihr Los sein würde, und überließ es ihnen, jetzt noch umzukehren. Da sich aber niemand dazu meldete, trat man den Marsch an. Der General, seine Frau und seine nächsten Freunde ritten an der Spitze, dann kamen die übrigen Reiter, hierauf Ugo Bassi, der die Verbindung mit der zuletzt folgenden Infanterie halten sollte.

Die Nacht war mondhell, ein ungünstiger Umstand, der es umso notwendiger machte, schnell aus dem Bereiche der Österreicher zu gelangen. Diese standen in einem Halbkreise von San Marino bis Savignano und Arcangelo, zwei Ortschaften auf der Straße von Rimini nach Forli und nahe an der Küste gelegen, und durchstreiften die ganze Ebene, die hier nur von kleinen Höhenzügen zwischen den vom Gebirge kommenden kleinen Strömen unterbrochen wird, mit ihren Patrouillen. Man kannte nicht einmal genau ihre Stellung und lief Gefahr, ihnen gerade in die Arme zu marschieren.

Die Reiter trabten langsam fort, damit die Infanterie folgen könne; diese Armen waren sehr übel daran, denn zum großen Teile hatten sie nicht einmal mehr Schuhe und mussten dabei so schnell als möglich ausschreiten, um nicht zurückzubleiben; es wurden unerhörte Anstrengungen gemacht, aber jeder hatte auch das Schlimmste zu fürchten, wenn ihn seine Kräfte verließen und er von den Österreichern gefangen wurde.

Garibaldi hatte die große Straße nach Rimini sogleich verlassen und sich nach Norden gewandt; der Weg ging über eine weite Heide, zuweilen durch Wäldchen und ausgetrocknete Bergströme; jede menschliche Wohnung wurde ängstlich vermieden.

Major von Hoffstetter erhielt nach ungefähr zweistündigem Marsche, während dessen man auf keinen Feind gestoßen war, von dem General den Befehl, die Letzten des Zuges, die immer weiter zurückblieben, heranzutreiben; als er den Pater Ugo Bassi erreichte, teilte ihm derselbe voll Sorgen mit, dass ihm die Spitze der Kolonne aus den Augen gekommen sei. Man befand sich gerade wieder am Ufer eines ausgetrockneten Bergstromes, und der Kiesboden desselben machte es noch schwerer, eine Spur von den Vorausgegangenen zu finden. Die zurückgebliebene kleine Schar überzeugte sich endlich, dass sie keine Hoffnung mehr habe, den General zu erreichen. Sie bestand aus etwa sechzig Mann, unter welchen sich Oberst Forbes befand. Um ihr Unglück noch größer zu machen, brach jetzt eine Abteilung österreichischer Ulanen auf sie ein, und wenn es ihr auch gelang, das jenseitige Ufer zu erreichen und zu fliehen, so hatte sie doch zwei Verwundete zu beklagen. Mit Tagesanbruch zerstreute man sich, da es den Einzelnen leichter werden musste, zu entkommen, und wir wollen hier gleich erwähnen, dass ein Teil, unter ihm Major von Hoffstetter, nach unsäglichen Mühen die Heimat wieder erreichte, wobei ihnen einzelne gute Patrioten hilfreich beistanden, dass viele aber auch in die Hände der österreichischen Patrouillen fielen. Diese behandelten sie auf das Härteste und den meisten der Gefangenen wurde der Prozess durch das Kriegsgericht gemacht. Der unglückliche Ugo Bassi wurde zu Bologna exekutiert; man sagt, dass man ihm nicht einmal das letzte Abendmahl vor seinem Tode bewilligt habe, das Volk aber verehrt in ihm noch heute einen Märtyrer.

Major von Hoffstetter schildert diesen Ugo Bassi folgendermaßen: »In Bassi erkannte man auf den ersten Blick den Schwärmer. Die sanften Augen, die hohe Stirn, die wallenden Locken seines Haupthaares und Bartes, die ungewöhnliche Tracht, die begeisterte Rede und die Todesverachtung dieses Priesters überraschten jeden. Zu dem General hegte er eine leidenschaftliche Liebe. Nichts, sagte er mir einige Male, würde mir erfreulicher sein, als für Garibaldi zu sterben!«

Von den übrigen Gefangenen, als welche auch die in San Marino Zurückgebliebenen betrachtet wurden, kam ein Teil, die Angehörigen des lombardisch-venezianischen Königreichs, als Rebellen in die dortigen Gefängnisse, die Römer wurden mit Stockschlägen traktiert und dann in ihre Heimat eskortiert.

15.
Die Einschiffung und Landung

Garibaldi hatte mit seinen hundertundvierzig Begleitern indessen seinen Weg fortgesetzt, das Flussbett des Rubikon passiert und sich gegen Savignano gewandt. Man bemerkte zu spät, dass ein Teil der Mannschaft sich verirrt haben musste, der General hoffte ihn aber in der Nähe von Savignano an einem bestimmten Punkte wiederzufinden, da er sich vorher schon geäußert hatte, dort eine kurze Rast zur Erholung machen zu wollen.

Da man nichts Genaues über die Stellung der Österreicher wusste, sich aber wohl annehmen ließ, dass sie die Küstenorte besetzt haben würden, um jedes Entkommen zur See zu verhindern, mussten einzelne Reiter der kleinen Schar voraus und zur Seite bleiben. Unfern des vorgenannten Punktes entdeckten diese einige auf Vorposten stehende Kavalleristen, wurden selbst aber zum Glück nicht bemerkt. Savignano war also augenscheinlich besetzt und man konnte diese Richtung nicht weiterverfolgen, es war sogar die höchste Zeit, diese gefährliche Gegend zu verlassen.

Schweren Herzens, denn mit dieser Änderung seines Weges entschwand die letzte Hoffnung, die Verlorengegangenen wiederzufinden, entschloss sich Garibaldi, sich mehr östlich zu halten, bei Cesena über die große Straße zu gehen und an der Küste die erste Gelegenheit zur Einschiffung wahrzunehmen. Da der Tag aber schon zu dämmern begann, durfte er sich nicht aus den Bergen in die Ebene hineinwagen und musste sich bis zum nächsten Abend versteckt halten. Man fand einen geeigneten Platz dazu und brachte hier unter Entbehrungen jeder Art den Tag zu; von den Versprengten ließ sich nichts mehr sehen und hören, der General wusste ja auch nicht einmal, ob sie ihn nicht absichtlich verlassen hätten.

Mit Einbruch der Dunkelheit setzte sich der Zug geradewegs auf die Küste zu wieder in Bewegung und näherte sich nach einem mehrstündigen Ritte dem kleinen Fischerdorfe Cesenatico, das an der Straße von Rimini nach Ravenna und dicht am Meeresgestade liegt. Zum Glück fand man es unbesetzt, wenigstens war daselbst nur ein päpstlicher Brigadier der Carabinieri mit drei oder vier Leuten stationiert; übrigens war die ganze Küste schon in Aufregung, denn die Österreicher hatten sich beeilt, allen ihren Posten Nachricht von dem Entweichen Garibaldis aus San Marino zu geben und ihnen die schärfste Wachsamkeit anzuempfehlen.

Die Leute in Cesenatico waren den Patrioten meistenteils freundlich gesinnt und mehrere von ihnen gaben sich alle erdenkliche Mühe zu deren Rettung. Um nicht gestört zu werden und um diese hilfreichen Freunde nicht durch spätere Aussagen der päpstlichen Soldaten in Gefahr zu bringen, ließ der General die Letzteren verhaften und beschloss, sie mit sich nach Venedig zu nehmen. Die Lagunenstadt, die sich unter Manin noch immer tapfer der belagernden Österreicher erwehrte, blieb sein Ziel; es war der einzige Ort Italiens, der ihm Schutz bot und seiner Laufbahn ein rühmliches Ende versprach.

Dreizehn kleine Segelboote, die man in dortiger Gegend Bragossi nennt, wurden aufgetrieben und von ihren Besitzern willig überlassen. Die ganze Nacht arbeitete man auf das Eifrigste daran, sie zu der Fahrt auszurüsten, und Garibaldi legte als Sachkundiger dabei selbst Hand mit an.

Anita, deren Schmerzen mit jeder Stunde gestiegen waren, die dessen ungeachtet aber noch immer nicht daran dachte, in einem gastfreundlichen Hause zurückzubleiben, wohnte diesen Zurüstungen im Freien bei; sie konnte sich kaum noch auf den Beinen halten, versuchte aber noch immer, ihrem besorgten Gemahle gegenüber Stärke und Zuversicht zu heucheln.

Gegen Morgen war alles in Ordnung gebracht, und unter den Segenswünschen der Einwohner von Cesenatico schiffte sich die Schar bei ziemlich hoch gehender See ein und fuhr mit günstigem Winde nach Venedig ab. Die Fahrt erforderte nicht mehr Zeit als zehn bis zwölf Stunden und wurde glücklich zurückgelegt; am Nachmittage hatte man die Stadt bereits in Sicht, und es blieb der kleinen Flottille nur noch übrig, sich durch das österreichische Blockade-Geschwader zu stehlen.

Diesem waren die unscheinbaren Fischerboote, deren zahlreiche Besatzung sich blicken zu lassen wohl hütete, dennoch nicht entgangen, und eine Brigg nebst zwei Kanonierschaluppen suchte ihnen den Weg abzuschneiden. Zum Unglück drehte sich gerade in diesem Augenblicke der Wind derartig, dass ein Entkommen nicht mehr möglich war, wenn Garibaldi auf seinem Plan beharrte; zu seinem großen Schmerz sah er sich daher genötigt, umzukehren, um an einer anderen Stelle das Festland zu betreten. So weit die Küste dem lombardisch-venezianischen Königreiche angehörte, war dies ganz unmöglich, denn die Österreicher hielten sie daselbst scharf besetzt – es blieb also nichts übrig, als nach dem Kirchenstaate zurückzukehren. Die Brigg, die indessen aufgrund der sonderbaren Manöver der kleinen Fischerflottille einen Verdacht gefasst hatte, machte nun Jagd auf dieselbe.

Angesichts dieser verzweiflungsvollen Lage ergriff Garibaldis Schar vollständige Mutlosigkeit; wohin sie sich auch wandte, hatte sie nur Niederlage und Tod zu erwarten. Selbst der General hatte sich aufgegeben, aber er blieb äußerlich kalt und fest, nur das Leiden seiner unglücklichen Frau schien ihm sehr zu Herzen zu gehen.

Die Verfolgung dauerte die ganze Nacht über und am Morgen waren die österreichischen Fahrzeuge den Bragossi so nahe gekommen, dass sie dieselben mit ihren Kanonen beschießen konnten. Man hatte schon Comacchio passiert und befand sich auf der Höhe des kleinen Küstenortes Magnavacco. Hier wurde eines der Boote mit seiner Mannschaft gefangen genommen und drei andere sahen sich bald darauf so hart bedrängt, dass ihnen nichts anderes übrig blieb, als einige Meilen weiter unterhalb auf den Strand zu laufen.

Garibaldis Boot befand sich unter den Letzteren. Die Brigg setzte die Verfolgung der übrigen fort, nachdem sie jenen noch ein paar Kugeln zugeschickt hatte, dann bemannte sie ein Boot mit Soldaten, um diese von den gelandeten Fahrzeugen Besitz ergreifen zu lassen. An eine weitere Verteidigung war nicht mehr zu denken; es handelte sich nur noch darum, in das Innere des Landes zu gelangen und daselbst ein Versteck zu suchen. Alle Küstenorte waren alarmiert und von den Österreichern besetzt, die Kroaten, päpstliche Carabinieri und Häscher schweiften überall umher, um die Anhänger Garibaldis, vor allen Dingen aber ihn selbst, zu fangen.

Als das Boot Garibaldis auf das Land stieß, hatte er nicht einmal mehr die Zeit, seine Papiere und nötigsten Habseligkeiten zu retten; Anita erforderte seine ganze Aufmerksamkeit und Fürsorge. Mit einem kurzen Händedrucke verabschiedete er sich von seinen Gefährten; sie durften nicht länger bei ihm bleiben, denn jeder größere Trupp würde umo eher die Aufmerksamkeit der Patrouillen erweckt haben. Nicht einmal vor den Landleuten der Gegend war man sicher, denn die Österreicher hatten einen ansehnlichen Geldpreis auf den Kopf des »roten Teufels« gesetzt, wie sie den General zu nennen beliebten, und jedem, der ihn oder einen der Seinigen unterstütze, ihnen Aufenthalt oder Lebensmittel gewähre, mit Hinrichtung, Gefängnis oder Stockprügeln gedroht. Die Landesbewohner wussten nur zu gut, dass es den »Tedescos« mit diesen Drohungen Ernst sei, denn in der letzten Zeit hatte es mehr als genug Beispiele grausamer Strenge gegeben.

Garibaldi behielt nur einen Mann bei sich, einen gewissen Leggiero, um seine kranke Frau, die sich nicht mehr fortbewegen konnte, zu stützen oder, abwechselnd mit ihm selbst, zu tragen. Die Arme hatte beim eiligen Verlassen des Bootes, in dem sie auf einem jämmerlichen Lager geruht hatte, sich nicht einmal vollständig ankleiden können; sie ging barfuß.

Auch Ciceruacchio und seine Söhne trennten sich hier von Garibaldi, um auf einem Wege, der dem seinigen entgegengesetzt war, die Nachricht von seiner Anwesenheit möglichst zu verbreiten. Ihr Schicksal war ein trauriges; sie wurden ergriffen und erschossen, denn die Österreicher hielten den berühmten römischen Volksredner ohne Zweifel für einen ihnen sehr gefährlichen Mann.

Die Legionäre zerstreuten sich nach allen Richtungen hin in die Valli di Comacchio, Sümpfe, die oft so tief unter Wasser stehen, dass sie mit Boten befahren werden können. Soldaten waren hier nicht in unmittelbarer Nähe, aber man konnte sie jeden Augenblick erwarten, da die Kunde, ein Teil der Bragossi sei gelandet, schnell am Strande entlanglief. Die roten Blusen der Garibaldianer machten ihre Flucht nur umso gefährlicher, da sie leicht und weithin erkennbar waren.

Die Bauern, die neugierig herbeigelaufen waren, verrieten keine große Teilnahme; sie hatten nicht übel Lust, die Fahrzeuge zu plündern, und nur die Kugeln der Österreicher hielten sie davon ab. Garibaldis Anwesenheit wurde natürlich von keinem seiner Leute verraten; er selbst wurde befragt, wo der General sei, erwiderte aber, derselbe befinde sich noch auf den übrigen Bragossi, die später auch sämtlich von der Brigg genommen wurden. Dennoch mochten ihn einige erkannt haben oder ihre Neugierde durch die Erscheinung der kranken Frau gereizt werden, denn sie umdrängten beide unter dem Vorwande, ihnen behilflich sein zu wollen. Das war gefährlich und man musste sich ihrer zu entledigen suchen, denn wie leicht konnte hinter der Maske des Mitleids ein Verräter stecken! Es gelang dem General und seinem Begleiter endlich, sich von ihnen loszumachen; wie sich aber später ergab, war der halb ohnmächtigen Anita bei dieser Gelegenheit die geringe Summe baren Geldes gestohlen worden, die sie bei sich trug und die das ganze Vermögen ihres Mannes ausmachte.

Mit unsäglicher Anstrengung schleppte sich die kleine Gruppe durch die Sümpfe fort, nur bestrebt, ein Versteck und einen Ruheplatz für die bald ohnmächtige, bald in laute Klagen ausbrechende Anita zu suchen; es schien indes keine Aussicht vorhanden, einen solchen Platz zu finden, der einige Sicherheit böte.

Da kamen plötzlich zwei Männer der besseren Stände in Zivilkleidung eilig über das Feld her auf sie zu. Als sich ihre Gesichter erkennen ließen, belebte ein Hoffnungsstrahl das trübe Antlitz Garibaldis. Er hatte den einen der beiden erkannt; es war ein ihm sonst immer ergeben gewesener Freund und, wie er wusste, feuriger Patriot, ein Signore Bonnet aus der Stadt Comacchio.

»Ich komme, Sie zu retten, wenn es in meinen Kräften steht«, redete ihn Bonnet nach der ersten freudigen Begrüßung an. »Ich suche Sie schon seit mehreren Stunden und bin glücklich, dass mich ein paar Ihrer Soldaten auf die richtige Spur gewiesen haben.«

Der aufopfernde Freund war bei der ersten Nachricht, dass die Garibaldi'sche Flottille in Sicht sei und von den österreichischen Fahrzeugen verfolgt werde, ohne Rücksicht auf die Gefahr, die er selbst dabei lief, von Comacchio in Begleitung eines Freundes aufgebrochen, hatte zuerst einen vergeblichen Versuch gemacht, das Eigentum und die Papiere Garibaldis aus der gestrandeten Barke zu retten, und war dann zu seiner Hilfe weitergeeilt. Er hatte Mühe gehabt, ihn zu finden, denn die nach allen Richtungen zerstreuten Legionäre hatten zum größten Teil seine Fragen gar nicht oder falsch beantwortet, da sie seine gute Absicht bezweifelten.

Die Gefahr, in der seine Frau schwebte, hatte Garibaldi tief erschüttert und weich gemacht; in tiefer Rührung drückte er dem treuen Freunde seinen Dank aus und sagte ihm, dass er sich und Anita ihm vollständig anvertraue.

Signore Bonnet bezeichnete das nahe gelegene Haus eines seiner Freunde, in welches man sich zunächst begeben müsse.

16.
Flucht und Tod

Bald hatte der kleine Zug die einsam im Walde liegende Hütte erreicht; Anita wurde zu Bett gebracht und erhielt zum ersten Male seit mehreren Tagen wieder einige stärkende Nahrung. Ihre Leiden ließen aber trotzdem nicht nach, und es stellte sich heraus, dass ihr eine vorzeitige Niederkunft drohe.

Dessen ungeachtet konnten die Flüchtigen an diesem Orte nicht bleiben; es ließ sich annehmen, dass die Österreicher diese Gegend, in der die Bragossi gelandet waren, jedenfalls zuerst genau durchsuchen würden, und man musste sie daher so schnell als möglich wieder verlassen. Zum Unglück war auch der gefangene päpstliche Brigadier in Garibaldis Boot gelandet und bei der Eile und Verwirrung der Ausschiffung hatte sich kein Mensch um ihn bekümmert; er war ohne Zweifel nach dem nächsten von Truppen besetzten Orte geeilt, um sie auf die Spur des Generals zu leiten.

Signor Bonnet und alle Übrigen sahen daher die Notwendigkeit ein, schleunigst wieder aufzubrechen. Der edle Mann eilte in einem kleinen Fuhrwerke nach Comacchio zurück, woselbst er weitere Vorbereitungen zu Garibaldis Flucht treffen konnte; vorher aber empfahl er diesem als Zufluchtsort das nur einige Meilen entfernte, sehr versteckt in den Bergen liegende Landhaus eines Verwandten und schaffte Männer herbei, die Anita auf einer Tragbahre transportieren konnten. Mit dem Versprechen, so schnell als möglich zurückzukehren, nahm er Abschied und die Flüchtigen machten sich sogleich auf den Weg.

Unangefochten erreichten sie das bezeichnete Haus und wurden freundlich in demselben aufgenommen; Anita fand hier weibliche Pflege und Hilfe.

Während sie hier in ängstlicher Ungeduld auf ihren Freund warteten, kam derselbe in die Stadt und fand daselbst die größte Aufregung. Wie vermutet, war der Brigadier dort eingetroffen, und die Kroaten und Carabinieri verließen bereits die Stadt, um den General in jener Gegend zu suchen; sie glaubten sich ihres Sieges schon ganz sicher und stießen die schrecklichsten Drohungen gegen den ebenso verhassten als gefürchteten »roten Teufel« aus.

Signor Bonnet gelang es nun, drei Fischer von den Valli di Comacchio für vieles Geld zu dem gefährlichen Unternehmen zu bewegen, einen Offizier Garibaldis, seinen Bruder, wie er sagte, zu retten. Die Leute waren zwar ängstlich, aber das Geld blendete sie und sie versprachen zu tun, was in ihren Kräften stünde. Wirklich brachen sie sogleich mit ihrem Boote auf.

Gleichzeitig kehrte Bonnet zu Lande nach dem Versteck seiner Freunde zurück; er beabsichtigte, sie in das Haus einer befreundeten Familie Guiccioli, einen Pachthof zu bringen, der weiter von dem Platze der Landung entfernt lag und also weniger gefährlich erschien. Auf seinem Wege begegnete er öfter Österreichern und sagte ihnen auf ihre Fragen, man habe in Comacchio bereits sichere Nachrichten, dass Garibaldi nach Norden geflohen sei und alle Truppen wendeten sich jetzt nach dieser Richtung. Dies falsche Gerücht fand Glauben, und so wurde der Weg nach dem Innern des Landes, den der General einschlagen sollte, etwas freier.

Inzwischen kamen Bonnets Verwandte auf die Vermutung, sie beherbergten Garibaldi selbst, und diese erfüllte sie mit entsetzlicher Angst, denn sie fürchteten im Falle der Entdeckung die Rache der Österreicher. Als Bonnet wieder in dem Hause eintraf, bestürmten sie ihn mit Bitten und Forderungen, die unglückliche Familie sofort weiterzuschaffen, und sein Leugnen konnte sie nicht überzeugen, dass sie nicht Garibaldi selbst und seine Frau im Hause hätten. Dieses Misstrauen hatte sich auch bei den Fischern eingeschlichen, die bereits angelangt waren; sie erklärten, dass sie unter keinen Umständen die Verantwortung übernehmen wollten, den General selbst zu fahren.

So handelte dieses Volk in der Stunde der Gefahr, für welches der Held der italienischen Freiheit so unbezahlbare Opfer gebracht und sein edles Blut mit Freuden verspritzt hatte!

Als alle Vorstellungen und Bitten des Signor Bonnet nichts fruchteten, nahm er seine Zuflucht zu Drohungen und stellte den kräftigen und entschlossenen Leggiero zu den feigen Fischern mit dem Bedeuten, dass er Gewalt brauchen möge, wenn sie sich länger widersetzten. Das wirkte, die Fischer fügten sich, wenigstens scheinbar.

Anitas Transport schien aber jetzt beinahe unmöglich geworden zu sein; sie stand die fürchterlichsten Qualen aus. Bonnet machte ihrem Gemahle den Vorschlag, er solle sie zurücklassen und ihm anvertrauen, er wolle sie nötigenfalls in seinem eigenen Hause zu Comacchio aufnehmen, unbekümmert um die Folgen, die daraus für ihn entspringen könnten. Was blieb in dieser verzweiflungsvollen Lage anderes übrig? Der General konnte keine mühevollen Wege mit der todkranken Frau mehr machen, er hätte sie nur mit sich in das Verderben fortgerissen oder sie ihn in das ihrige. Nach einem schmerzlichen Kampfe gab Garibaldi nach, aber Anita war nicht zu vermögen, auf diesen Vorschlag einzugehen; sie raffte ihre letzten Kräfte zusammen, suchte ihr Leiden besser zu verbergen und beschwor ihren Gatten, sie nicht zu verlassen. Die mutige und liebende Frau zog den Tod der ungewissen Trennung vor, sie wollte lieber an der Seite ihres Gemahls sterben, als ohne ihn leben, und man musste ihr nachgeben.

Auf einer Matratze wurde sie behutsam in das Boot getragen und nicht immer vermochte sie die herzzerreißenden Klagerufe zu unterdrücken, die jede Bewegung hervorrief. Garibaldi und Leggiero schifften sich ebenfalls ein, und Signor Bonnet kehrte, nachdem er ihnen das Ziel ihrer Reise bezeichnet hatte, wo er sie am andern Tage wiederzufinden hoffte, nach Comacchio zurück.

Welche bittere Entmutigung hätte nicht in das Herz jedes anderen Mannes als Garibaldis einziehen müssen! Wer weiß, wie weit sie auch das seinige in dieser Stunde berührte? Am Ziele der Laufbahn, die er sich vorgezeichnet hatte, das teure Vaterland verloren, verlassen von seinen Freunden; vor kurzem noch kommandierender Feldherr, jetzt beinahe der Willkür einiger ebenso trotzigen wie feigen Fischer preisgegeben; geächtet und verfolgt wie ein gefährliches, reißendes Tier, und vor allem die heiß geliebte Frau, die Gefährtin und der Trost seines bewegten Lebens, sterbend zur Seite! – Es vereinigte sich mehr als genug, um ein starkes Herz niederzudrücken.

Schweigend und mit vom Kummer entstellten Zügen hielt er Anitas zuckende und kalte Hand in der seinigen; ihr halb erloschener, in unsäglicher Liebe an ihm hängender Blick beruhigte ihn jetzt nicht, er führte ihm nur umso deutlicher die ganze Größe und Schwere des Verlustes vor, der ihm wahrscheinlich bald bevorstand.

Die Fischer ruderten schnell, weil sie Gefahr für sich selbst fürchteten, aber mit offenbarem Unwillen über den dunklen, schlammigen See hin. In einiger Entfernung erblickte man andere Boote, mit Soldaten besetzt, die jedenfalls nicht ahnten, dass dieses Boot hier den berge, den sie suchten. An den Ufern sah man hin und wieder Reiter-Abteilungen streifen.

Bei dem kleinen Orte Paviero sollte es noch schlimmer werden;

die Fischer weigerten sich jetzt entschieden, weiterzufahren, da sich die mit Österreichern bemannten Boote immer mehr näherten. Der General wollte keine Gewalt brauchen und verbot dies auch Leggiero. Man landete an einer Stelle des Ufers, die dem Ziele der Reise am nächsten lag und von den Patrouillen noch nicht betreten schien. Leggiero begab sich an Land und fand glücklich ein armseliges, zweiräderiges Fuhrwerk, auf welches Anita geschafft wurde; mit diesem setzte man auf sehr beschwerlichen Wegen die Flucht nach dem Pachthofe Guicciola fort und erreichte ihn spät am Abend.

Signor Bonnet war bereits dort gewesen, bestürzt darüber, dass seine Schützlinge noch nicht angekommen seien, ihnen entgegengeeilt, nachdem er dem Pächter ans Herz gelegt hatte, seine Gäste mit allen Aufmerksamkeiten zu empfangen, und hatte sie wahrscheinlich verfehlt. Wie sich später ergab, war er auf Kroaten gestoßen und von diesen als verdächtig nach Ravenna geschafft worden, wo man ihn indessen am folgenden Morgen wieder entließ. Wir wollen gleich hinzufügen, dass der edle Mann, als man bald darauf von seinen Bemühungen um Garibaldis Rettung erfuhr, verhaftet und ins Gefängnis zu Ravenna geführt wurde, wo der österreichische General von Gorzkowski ihn zu erschießen befahl. Glücklicherweise kam dieses grausame Urteil nicht zur Vollstreckung, da Gorzkowski um dieselbe Zeit durch den General Strassoldo abgelöst wurde. Später entließ man Bonnet und er hat die Freude erlebt, Garibaldi in den Tagen seines Triumphes wiederzusehen und seinen Dank in Empfang zu nehmen.

Niemand wird diesem ehrenwerten Manne und aufopfernden Freunde seine Hochachtung versagen und Italien ist ihm großen Dank für die Erhaltung seines edelsten Sohnes schuldig.

Im Pachthofe Guicciola war Garibaldi keinesweges unbekannt, dessen ungeachtet nahm man ihn doch mit der größten Hingebung auf und für Anita wurde in jeder Weise gesorgt. Aber diese Hilfe kam jetzt zu spät für die unglückliche Frau. Sie lag schon in den letzten Zügen, als man sie von dem Wagen hob und in ein Bett legte. Garibaldis Hand in der ihrigen haltend, bat sie nur noch um einen Trunk Wasser, dann sagte sie ihrem Gatten noch wenige Worte und schloss die Augen für immer.

Anita war tot, und an ihrem Bette lag ihr verzweifelnder Gemahl auf den Knien.

Da stürzte, bleich vor Schrecken, der Pächter in das Zimmer und rief: »Rettet Euch, General! Die Deutschen kommen!« Der Arme war in Todesangst, es handelte sich auch für ihn um das Leben.

Konnte das Schicksal noch grausamer gegen Garibaldi verfahren, als dass es ihn gerade in diesem Augenblicke von dem Leichnam seiner Frau fortriss? Oder wollte es nur den Beweis liefern, dass der starke, wahre Mann auch seinen grausamsten Prüfungen nicht unterliegt? Der Schmerz vermochte sein Herz beinahe zu brechen, aber nicht zu beugen. Mit einer Träne im Auge riss er sich von der teuren Leiche los, nachdem er sie mit seinen Küssen bedeckt hatte. Er musste noch länger seinem Vaterlande leben, sein männlicher Stolz sträubte sich dagegen, sich der Rache des verhassten Feindes und einem schimpflichen Tode preiszugeben – lebend sollten sie ihn nicht haben!

Er bat den Pächter in kurzen Worten, Anita zu bestatten, bis er einmal in späterer Zeit zurückkehren werde, ihre Überreste zu holen, dann war er wieder ganz der tatkräftige, unerschütterliche Mann.

In seinen späteren Aufzeichnungen über Anita ruft er die Ravennaten an, die sterbliche Hülle dieser edlen Frau und ihr Grab zu ehren, und schließt mit den Worten: »O Erde der Ravennaten, sei du einstweilen den Gebeinen der heldenmütigen Tochter Amerikas leicht!«

17.
Der Flüchtling

Die Schreckenskunde, die der Pächter gebracht hatte, war nicht übereilt oder durch blinde Angst vergrößert, denn in der Tat durchstreiften berittene Kroaten schon nach allen Richtungen hin die Umgebung des Pächterhauses und schienen dem Flüchtling jeden Weg abgeschnitten zu haben.

Garibaldi selbst vernahm deutlich die Zurufe, durch die sie sich gegenseitig in ihren Nachforschungen ermutigten, wie sie mit Bestimmtheit behaupteten, er müsse sich in dieser Gegend versteckt haben, und wie sie ihm unter Flüchen mit dem Tode und harter Behandlung drohten. Glücklicherweise hatten sowohl er wie Kapitän Leggiero, sein letzter, treuer Begleiter, bereits die roten Blusen abgelegt und einfache Bauernkleider angezogen; außerdem hatte der General einen ihm von Signor Bonnet besorgten Pass, der auf dessen Bruder lautete, in Händen. Für den Augenblick konnte ihm dieses Papier allerdings wenig oder gar nichts helfen, denn die Österreicher kannten ihn zum Teil persönlich, andererseits ließ sich wohl erwarten, dass ihn viele der Einheimischen, durch Furcht oder Hoffnung auf Belohnung zum Verrat bewogen, anzeigen würden, wenn es gelänge, seiner habhaft zu werden.

In demselben Augenblick, als er und Leggiero in der höchsten Eile das Haus durch eine Hintertür verließen, brachen Kroaten und päpstliche Carabinieri bereits durch die vordere Tür ein. Der von Todesangst erfüllte Pächter und seine Angehörigen rafften alle ihre Fassung zusammen, leugneten entschieden die Anwesenheit des Generals und gaben die Tote, die man vorfand, für eine Verwandte der Familie aus. Nachdem das ganze Haus durchstöbert worden, zogen die Verfolger fluchend wieder ab und zerstreuten sich im Walde.

Indessen hatten der General und sein Begleiter gerade nur noch Zeit gehabt, durch den Garten des Pachthofes das dichte Gebüsch zu erreichen; hier mussten sie sich eine Weile versteckt halten.

Garibaldi befand sich, wie man leicht begreifen wird, in einer mächtigen Aufregung, die weniger seine eigene bedenkliche Lage als der unersetzliche Verlust, den er erlitten, hervorgerufen hatte; sein Herz zog ihn nach dem Hause zurück, das er soeben verlassen hatte und das noch vor seinen Augen lag, die oberflächlichste Überlegung musste ein solches Tun aber für unmöglich erkennen. Die feindlichen Reiter streiften oft unmittelbar an dem Versteck der beiden Flüchtlinge vorbei und aus den an ihr Ohr dringenden Worten mussten sich diese überzeugen, dass ihre Verfolger das Suchen in dieser Gegend nicht so bald aufgeben würden, da die Anwesenheit des Generals ihnen durch Verrat, vielleicht jener Fischer, die sich so trotzig und unzuverlässig gezeigt hatten, bekannt geworden war.

Sobald es sich daher ausführen ließ, setzten die beiden ihren Weg auf die vorsichtigste Weise fort. Sie verfolgten kein bestimmtes Ziel, denn wo konnte es in ganz Italien, und besonders so weit, als es der neuerdings wieder mächtig gewordene österreichische Einfluss beherrschte, Sicherheit für sie geben? Sie kannten nicht einmal genau die Richtung, welche sie einschlugen, denn zu wiederholten Malen mussten sie von der ersten abweichen und die verstecktesten Partien des Gehölzes aufsuchen, um ihren Verfolgern auszuweichen.

Auf diese Weise kamen sie natürlich nur langsam von der Stelle und die Nacht brach herein. Dieses Mal kam sie ihnen erwünscht, obgleich sie nicht wussten, wo sie ihr Haupt niederlegen sollten.

In diesem Walde, etwa drei italienische Meilen von dem Pachthause entfernt, in dem Anitas Leichnam zurückgeblieben war, liegt das kleine und armselige Dorf San Alberto. Der Zufall hatte die beiden Flüchtigen in seine Nähe geführt, und nach langer Beratung entschlossen sie sich, da das Bedürfnis nach Speise und Trank sich dringend geltend machte und österreichische Patrouillen in der Nähe nicht mehr zu entdecken waren, an eines der kleinen Häuser, aus dem noch Licht schimmerte, zu klopfen. Leggiero bestand darauf, dieses Unternehmen allein zu wagen, und der General musste ihn mit großem Widerstreben gehen lassen, da er begriff, man würde ihn eher als seinen Begleiter erkennen und verraten, wenn die Bewohner dieses Hauses der Sache des Vaterlandes nicht eifrig zugetan wären.

Der Kapitän fand einen armen Schuhmacher, den Besitzer des Häuschens, noch bei seiner Arbeit und wurde eingelassen. Der Mann sah sehr bekümmert aus und musterte den Eintretenden mit besorgtem Blicke.

Dieser erklärte sich ihm offen als einen Flüchtling, der den ganzen Tag und einen Teil der Nacht hindurch im Walde umhergeirrt sei; sein nächtlicher Besuch war verdächtig genug, als dass er dies hätte leugnen sollen.

»Ihr gehört zu Garibaldis Tapferen, ist es nicht so?«, fragte der Schuhmacher.

Leggiero bejahte es.

»Dann steht Euch alles zu Gebote, was mein armes Haus aufweisen kann«, erwiderte der Mann. »Vor allen Dingen sagt mir aber: Ist der General gerettet oder schon in den Händen der deutschen Teufel, die diese ganze Gegend durchstreifen? Ist er glücklich nach Venedig entkommen oder mit Euch an dieser Küste gelandet?«

Hocherfreut über das lebhafte Interesse, dass dieser Patriot an Garibaldis Schicksal nahm, sagte ihm Leggiero, der General sei allerdings gelandet, aber seines Wissens noch nicht gefangen worden, dies stehe indessen aller Aussicht nach sehr bald bevor, da sich aus Furcht vor den Österreichern wahrscheinlich in der ganzen Umgebung kein Mensch finden würde, der geneigt wäre, dem General ein Asyl zu geben oder ihn anderweitig zu unterstützen. Der Schuhmacher schüttelte schmerzlich den Kopf und stimmte dieser Ansicht bei; aus seinem ganzen Benehmen ging hervor, dass er den innigsten Anteil nahm; dies bewog Leggiero, ihm mitzuteilen, dass draußen, im Walde versteckt, noch ein anderer Kamerad seiner warte.

»Bringt ihn hierher«, sagte der wackere Mann, »und stärkt Euch zu Eurer gefährlichen Weiterreise in meinem Hause, das Euch hoffentlich einige Sicherheit bietet, da die Deutschen es schon an diesem Tage bis in seine geheimsten Winkel durchsucht haben.«

Leggiero zögerte nicht länger und rief den General, der ihm nach seinem Berichte folgte.

Der Schuhmacher begrüßte den neuen Gast ebenso freundlich wie den ersten, und beiden konnte es nicht entgehen, dass er den General mit eigentümlichen Blicken ansah. Er trug auf, was er herbeizuschaffen vermochte, und entwickelte im Gespräche freimütig seine patriotischen Ansichten; plötzlich aber rief er, zu Garibaldi gewendet, aus: »Herr, Ihr seid der General selbst! Sucht mich nicht zu täuschen, denn mein Herz, das Euch begeistert verehrt, sagt mir, dass ich mich nicht täusche.«

»Ja, ich bin Garibaldi«, erwiderte der General ernst, »ein unglücklicher Flüchtling, den man wie das Wild jagt.«

Begeistert warf sich ihm der Schuhmacher zu Füßen und schwor bei allen Heiligen, dass man ihm vertrauen könne und dass er allen Drohungen der Österreicher zum Trotz Garibaldi so lange bei sich aufnehmen wolle, als es diesem gefallen werde. Gerührt zog ihn der General an seine Brust und dankte ihm; er wollte das edle Anerbieten nicht annehmen, weil er den Mann und seine Familie dadurch auf das Höchste gefährdete, aber dieser ließ mit seinen Bitten nicht nach und seine Argumente, dass die österreichischen Patrouillen nach wenigen Tagen vergeblichen Suchens in eine andere Gegend ziehen würden, um die Verfolgung fortzusetzen, dass Garibaldi und sein Begleiter dann ungehinderter entkommen könnten, fielen allerdings ins Gewicht. Der General entschloss sich, von dieser uneigennützigen Gastfreundschaft Gebrauch zu machen.

Die kleine Familie des Schuhmachers richtete sich ganz nach dem Willen ihres Oberhauptes, obgleich sie nicht einmal erfuhr, wen sie in ihrem Hause beherberge. Von allen Seiten trug man Garibaldi Aufmerksamkeiten zu und sein Trübsinn milderte sich durch die Beweise der Teilnahme, die er erhielt.

Er blieb einige Tage, bis die größte Gefahr vorüber war und die österreichischen Streifpatrouillen sich zurückzogen, da sie ihn in dieser Gegend nicht mehr vermuteten, in dem kleinen Hause zu

San Alberto, bei jeder Annäherung der Verfolger so gut versteckt, dass es diesen bei der sorgfältigsten Durchsuchung des Hauses schwer geworden sein würde, ihn zu entdecken. In dieser Zurückgezogenheit vernahm er durch seinen treuen Wirt, dass das österreichische Oberkommando einen ansehnlichen Preis auf seinen Kopf gesetzt habe, dass in der Umgegend viele Verhaftungen von Leuten vorgenommen wurden, die im Verdachte standen, seine Flucht begünstigt zu haben – auch Signore Bonnet wurde zu Comacchio festgenommen, nach Ravenna gebracht und durch ein Kriegsgericht zum Tode verurteilt, später aber entlassen –, und wie wortbrüchig und grausam seine Leute, die in San Marino kapituliert hatten, behandelt wurden.

Alle diese schmerzlichen Nachlichten vermochten seinen Mut indessen nicht niederzudrücken, und er bewahrte den Entschluss, sich seinem Vaterlande für bessere Zeiten zu erhalten.

Die verschiedenartigsten Gerüchte über seinen Verbleib liefen umher und trugen dazu bei, die Österreicher und die päpstlichen Behörden irrezuleiten; Einige behaupteten, er sei dennoch nach Venedig entkommen, andere, er sei gefangen worden. Sobald der Weg daher frei geworden, musste er an seine Weiterreise denken; als sein nächstes Ziel hatte er Ravenna bestimmt, wo einer seiner zuverlässigsten Freunde wohnte, denn hier würde man ihn am wenigsten vermuten, und die Wege gegen die Grenze der Toskana hin waren überdies scharf bewacht.

Nach einem warmen Abschiede von ihrem aufopfernden Wirte traten Garibaldi und Leggiero den gefährlichen Weg an, wieder in einer Verkleidung und bei Nachtzeit; trotz großer Schwierigkeiten erreichten sie die ungefähr fünf deutsche Meilen entfernte Stadt und das Haus des Freundes glücklich.

Eine als Biographin Garibaldis bekannte Dame, Elpis Melena, erzählt, dass sie Zeugin wurde, wie Garibaldi nach seiner Rückkehr aus der lombardischen Kampagne bei seiner Durchreise durch San Alberto den armen Schuhmacher besuchte, um ihm nochmals zu danken. Der Mann lag im Sterben und hatte bereits die letzte Ölung erhalten, der Besuch des Helden verursachte ihm aber eine solche Freude, dass er von Stund an genas.

In Ravenna konnte Garibaldi nicht lange bleiben, denn wenn auch niemand glaubte, dass er die Kühnheit besitzen könne, sich in dieser von den Österreichern besetzten Stadt aufzuhalten, so konnte doch der geringfügigste Zufall seine Anwesenheit verraten und dann wäre nicht er allein, sondern auch der Freund, der ihn großmüthig beherbergte, verloren gewesen. Letzteres bewog ihn hauptsächlich, sich mit Leggiero wieder auf den Weg zu machen. Es hatte in seiner Absicht gelegen, sich an der nahen Küste einzuschiffen, aber wie sich durch Nachforschungen ergab, war es nicht möglich, einen solchen Plan auszuführen, denn österreichische Posten hielten den ganzen Strand scharf besetzt.

Die einzige Hoffnung, die den Flüchtigen blieb, war, auf dem langen Landwege die Grenze von Piemont zu erreichen, denn dieses war damals das einzige Land Oberitaliens, das nicht von den Österreichern besetzt gehalten wurde, und hier ließ sich auf Sympathie der durch einen nachteiligen Frieden mit Österreich erbitterten Einwohner sowie auf den Schutz der Regierung rechnen, die vor kurzem erst das Schwert für die italienische Freiheit gezückt, gekämpft und nur widerstrebend Frieden geschlossen hatte.

Hin und wieder fanden sich doch noch treue Freunde und Anhänger des Generals und zwar besonders unter dem Landvolke der Romagnolen. Mehrere derselben waren durch seinen Freund zu Ravenna gewonnen worden, ihn auf sicherem Wege fortzuschaffen und zwar zunächst über die Grenze der Toskana.

Nachdem der General und Leggiero mit falschen Pässen heimlich aus Ravenna entkommen waren, fanden sie mit Einbruch der Nacht ein zweirädriges, mit einem Pferde bespanntes Fuhrwerk unter Leitung eines dieser treuen Menschen. In der ersten Nacht schlug man Nebenwege nach Forli ein, das ebenfalls noch von den Österreichern besetzt war; gewöhnlich wurde der dichteste Wald oder solches Gelände gesucht, das eine schnelle Flucht im Notfalle begünstigen konnte. Bis Modigliana an der toskanischen Grenze, etwa acht deutsche Meilen von Ravenna, waren auf solche Weise ein lückenloser Fluchtweg gelegt und alle Vorsichtsmaßregeln getroffen worden, um zu vermeiden, dass die Flüchtigen auf österreichische Streifen stießen. Zu diesem Zwecke hatten sich die eingeweihten Landleute auf dem ganzen Wege von Strecke zu Strecke verteilt und hielten hier und da ein neues Fuhrwerk bereit. Der Führer des Wagens wusste genau, welchen Posten ein jeder seiner Genossen innehatte, und wenn er an einen solchen kam, schlug er im tiefsten Schweigen Feuer an, als wolle er sich die Pfeife anzünden. Wurde dieses Zeichen aus dem Versteck erwidert, so bedeutete dies, dass die Österreicher fern und der Weg bis zum nächsten Posten sicher sei; andernfalls kam der Romagnole heran und benachrichtigte den General, dass ihm Gefahr drohe. Er führte ihn und Leggiero dann zu Fuß auf ungebahnten und heimlichen Wegen weiter, bis man sich wieder in Sicherheit befand, und hier stand dann jedesmal ein neues Fuhrwerk bereit.

Auf diese Weise ging die Reise sicher, aber natürlich nur sehr langsam vonstatten, und Garibaldi bedurfte mehrerer Tage oder vielmehr Nächte, um Modigliana zu erreichen. Während des Tages nahmen ihn die braven Landleute in ihre Hütten auf, ohne die Gefahr, welche ihnen drohte und manche auch bald darauf ereilte, zu scheuen. Diese Getreuen legten eine unbegrenzte Verehrung für ihn an den Tag und lauschten gespannt seinen Worten, wenn er einfache, aber überzeugende Worte von der endlichen Wiedergeburt Italiens zu ihnen sprach; er erzählte ihnen dann Beispiele von heldenmütiger Aufopferung seiner tapferen Soldaten für das Vaterland, ermahnte sie, solchem Beispiele nachzufolgen und die Waffen wieder zu ergreifen, wenn die Zeit dazu gekommen sein würde, und versprach ihnen, dann zurückzukehren und sie zu rufen. Mit warmem Händedruck und Tränen in den Augen verabschiedeten sich die ehrlichen Leute von ihm, wenn er weiterreisen musste, und wirklich aus dem Herzen kommende Glückwünsche begleiteten seinen Weg.

Von Modigliana bis Filigare führte ein junger Priester namens Giovanni Verita den General und seinen Genossen. Sie waren nun auf dem Gebiete des Großherzogs von Toskana, hier aber noch derselben Gefahr wie auf dem päpstlichen ausgesetzt, denn die Österreicher hielten auch das Erstere besetzt und spürten Garibaldi, dessen Flucht nach Piemont sie voraussetzten, auf das Eifrigste nach.

Bei Firenzuola an der Nordgrenze der Toskana kamen Garibaldi und Leggiero, zuweilen von ergebenen Männern geführt, zuweilen genötigt, sich selbst den Weg zu suchen, in das Gebirge. Nicht immer fanden sich solche aufopfernden Freunde, oft durften sie gar nicht wagen, sich zu entdecken, und oft, wenn dies geschah, weil sie die Leute für Patrioten hielten und auf Unterstützung hofften, wandte man ihnen angstvoll den Rücken und überließ sie ihrem Schicksal; glücklicherweise fand sich aber wenigstens kein Verräter. Es war keine Seltenheit, dass die beiden Flüchtigen, von allen Hilfsmitteln entblößt, die ihnen diese unerhörten Anstrengungen hätten erleichtern können, Tag und Nacht hindurch auf kaum gangbaren Wegen über Steine und Felsen kletterten, Bergströme durchwateten und dann ohne Speise und Trank ihr Haupt in einer Felsenhöhle niederlegen mussten, um wenige Stunden zu ruhen, da sich ihnen keine menschliche Wohnung öffnen wollte. Denke man sich dazu den Schmerz um das verloren gegangene Vaterland, welches jetzt von neuem unter dem Joche der Fremden- und Priesterherrschaft seufzte, den Kummer um das Los der treuen Kameraden, die noch weniger glücklich als sie gewesen waren und durch Stockhiebe und schwere Fesseln beschimpft, zum Teil ohne lange Untersuchung niedergeschossen wurden, endlich Garibaldis durch den Tod der geliebten Gattin zerrissenes und gebeugtes Herz – und man wird gestehen müssen, dass großer Mut dazu gehörte, all dem Trotz zu bieten, weiter um das armselige Leben und eine hoffnungslose Zukunft zu kämpfen und dabei stets den zuversichtlichen Glauben in sich zu tragen, Italien dürfe nicht untergehen und werde noch einmal den Arm und das Herz eines jeden seiner Kämpfer brauchen.

Die Flüchtlinge hatten sich bisher schon oft in gefährlicher Nähe der Österreicher befunden, waren aber noch nicht offen mit ihnen zusammengestoßen.

Unfern der Stadt Prato in den westlichen Ausläufern des Gebirges hatten sie eines Abends ein an der Landstraße liegendes ärmliches Wirthshaus betreten, da sie der Stärkung und Erholung allzu nötig bedurften. Beide trugen die Kleidung der Romagnolen, zerrissen und beschmutzt von der gefährlichen Wanderung. Die Wirtsleute und einige in der Gaststube befindliche Bauern erkannten sie nicht, man sprach aber hier wie überall in der Gegend von nichts anderem als dem flüchtigen Garibaldi und richtete sogar diesbezügliche Fragen an den General und seinen Begleiter, die natürlich nichts zu wissen vorgaben.

Aus den Äußerungen dieser Leute ging zur Genüge hervor, dass sie von den Österreichern vollständig eingeschüchtert worden seien und dass man in große Gefahr geriete, wenn man sich von ihnen aushorchen ließe; der auf des Generals Kopf gesetzte Preis schien sogar viele zu locken. Garibaldi und Leggiero suchten sich der Unterhaltung also möglichst zu entziehen und zogen sich bald in eine Ecke der Gaststube zurück, das aufgetragene spärliche Mahl zu verzehren. Kaum war dies geschehen, so hörte man draußen auf der Straße den Hufschlag von Pferden, und zu aller Schrecken machten die Letzteren vor dem Wirtshause Halt und ihre Reiter stiegen lärmend ab und kamen in das Haus. In ängstlichem Flüstertone ging es von Mund zu Mund: »Die Deutschen!«, und wirklich waren es österreichische Soldaten, die zu Garibaldis und seines Freundes Schrecken eintraten; diese mussten sich für verloren halten.

Wie sich aus den Reden der Soldaten, die keine sonderliche Rücksicht auf die übrigen Gäste nahmen, bald schließen ließ, verfolgten sie in diesem Augenblicke glücklicherweise gerade nicht eine bestimmte Spur des Generals und dachten nicht daran, ihn an diesem Orte zu suchen, sondern sie waren nur in das Haus getreten, um sich zu erfrischen, nachdem sie die Flüchtlinge auf einem anderen Wege verfolgt hatten. Indessen unterließen sie doch nicht, in sehr brutalem Tone den Wirt und die Anwesenden auszufragen, ob sie keine Vermutungen oder Kenntnis von Garibaldis Aufenthalte hätten, und dazwischen drohten sie mit der furchtbarsten Rache, wenn man ihnen das Geringste verheimliche, oder zeigten wohl gar ihre geladenen Karabiner, um die Bauern in Schrecken zu setzen.

Garibaldi und sein Freund saßen in einer ziemlich dunklen Ecke, so dass sie nicht sehr in die Augen fielen. Der General hatte Leggiero sofort beim Eintritt ihrer Feinde einen Wink gegeben, dass sie sich nicht von der Stelle rühren dürften, und beide hatten nun die Köpfe auf die über den Tisch gekreuzten Arme gelegt und stellten sich, als seien sie vor übergroßer Müdigkeit eingeschlafen oder nähmen gar keinen Anteil an der Unterhaltung.

Zum Unglück fiel es einem der durch die Österreicher erschreckten Bauern ein, auf die beiden Romagnolen zu weisen und zu bemerken, dass diese eben aus dem Innern des Gebirges kämen und vielleicht die beste Auskunft geben könnten. Ein paar Soldaten griffen diesen Wink sogleich auf und näherten sich in barscher Weise den vermeintlichen Schläfern.

Leggiero saß ihnen am nächsten und sie schüttelten ihn deshalb zuerst ziemlich unsanft auf. Es gelang ihm, sich ganz unbefangen zu stellen, und da er keine Abzeichen seines militärischen Standes mehr an sich trug, erregte er auch wirklich keinen Verdacht. Hätten die Österreicher Garibaldis Gesicht gesehen, so lässt sich gar nicht daran zweifeln, dass wenigstens Einzelne von ihnen seine Züge wiedererkannt haben würden, und die Laufbahn des Helden hätte dann wahrscheinlich ein schnelles Ende zum unabsehbaren Unglück seines Vaterlandes genommen.

Man fasste ihn indessen ebenfalls an und er musste wohl oder übel erwachen, aber er hütete sich wohl, die Hände vom Gesicht zu nehmen, und zum Glück begünstigte die Dämmerung in dem schlecht erhellten Gemache dieses Manöver.

»Von wo seid ihr und wie kommt ihr hierher?«, herrschte man die beiden Romagnolen an.

Leggiero übernahm es, zu antworten, während der General sich noch immer verschlafen stellte.

»Wir sind Landleute von Castiglione (einer kleinen Ortschaft im Kirchenstaate, nahe der Grenze und am Fuße des Monte Casciajo gelegen), erwiderte er, und herübergekommen, um Verwandte in Prato aufzusuchen. Es war ein langer und beschwerlicher Weg über das Gebirge, Ihr Herren, und wie Ihr seht, ist mein Bruder so ermüdet, dass er sich kaum rühren kann.«

»Nun, was sagt man in Castiglione von dem roten Teufel? Weiß man dort nichts von ihm?«

»O, Ihr meint den Garibaldi? Die einen behaupten, er wäre in Venedig, die anderen, er sei im Gebirge gefangen und erschossen worden; gleichviel, er ist ein verlorener Mann und wird seinen Lohn finden.«

Leggiero sprach mit großer Ruhe, aber die Österreicher waren noch nicht befriedigt; sie drohten ihm und seinem Bruder, sie zu erschießen, wenn sie ein unwahres Wort sprächen, aber der Kapitän verlor nicht die Geistesgegenwart und spielte seine Rolle täuschend echt. Auch an Garibaldi selbst wurden einige Fragen gerichtet und er musste sie beantworten, aber er tat es nur im schläfrigen und mürrischen Tone und trug Sorge, dabei seine Stellung nicht zu verändern.

Nach einer Unterhaltung von einer guten Viertelstunde, während deren die Österreicher nicht mehr aus den Romagnolen herausbrachten, als diese sagen wollten, ließen sie von ihnen ab. Es war, als habe eine göttliche Fügung über Garibaldi gewacht und ihn noch zu einem höheren Berufe aufgespart; der kleinste Umstand hätte ihn verraten können, ein unbedachtes Wort Leggieros hätte unermessliche Folgen haben müssen.

Beide hörten herzklopfend, wie die Soldaten darüber stritten, ob diese Romagnolen verdächtig seien oder nicht, ob man sie mit sich nach Prato nehmen und dort verhören lasse, wahrscheinlich trug aber die Bequemlichkeit, die sich nicht unnötigerweise mit Gefangenen befassen mochte, den Sieg davon und das angeregte Vorhaben wurde aufgegeben. An einen Widerstand wäre im entgegengesetzten Falle nicht zu denken gewesen, denn die Österreicher, wenn auch nicht viel an Zahl, waren doch besser bewaffnet und das Landvolk würde aus Furcht vor Strafe jedenfalls ihre Partei genommen haben.

Noch verging eine peinliche halbe Stunde, in der Garibaldi und Leggiero ihren Scheinschlaf fortsetzten, bis ihre Verfolger sich ebenso lärmend und fluchend, wie sie gekommen waren, wieder entfernten und ihre Pferde bestiegen, um nach Prato zurückzukehren; sie ließen sich nicht im Mindesten träumen, wie nahe sie ihrem Ziele gewesen waren.

Die beiden Flüchtigen, durch diese große Gefahr gewarnt, zögerten nun nicht länger, das Wirtshaus zu verlassen, und schätzten sich glücklich, als sie es im Rücken und für die Nacht wieder einen Stein als Kopfkissen hatten.

Garibaldis Absicht konnte, da er den Landweg nach Piemont dicht verlegt fand, nach vergeblichen Versuchen, sich hier durchzuschleichen, nur noch bleiben, die Küste des Ligurischen Meeres zu erreichen, um hier eine Gelegenheit zur Einschiffung zu suchen; aber auch dahin konnte er nicht den nächsten Weg einschlagen, sondern musste sich durch die Verhältnisse jedes einzelnen Tages, die Stellung der Österreicher, die Beschaffenheit der Gegend, die die Flucht am meisten begünstigte, und Freunde oder unbekannte Beschützer, die er zuweilen antraf, die Richtung bezeichnen lassen.

So gelangte er unter unendlichen Mühen, immer von Leggiero begleitet, über Empoli, San Miniato, Volterra und Massa, oder vielmehr um diese Städte herum, nach Follonica, am Ufer des Meeres gelegen. Wir können von dieser Reise nicht mehr sagen, als dass sie, wie bisher, unter den größten Mühseligkeiten und Gefahren zurückgelegt wurde, dass Garibaldi und sein Begleiter mehrere Male der Gefahr ausgesetzt waren, von österreichischen Soldaten oder den toskanischen Polizeibehörden verhaftet zu werden, dass sie sich ihr aber durch ihre Geistesgegenwart und List stets glücklich zu entziehen wussten. So hatten sie in ungefähr vier Wochen einen Weg zurückgelegt, der in gerader Richtung etwas über vierzig deutsche Meilen beträgt, durch ihre Kreuz- und Querzüge sich aber auf über das Doppelte verlängerte.

In Follonica war es ein armer patriotischer Fischer, der beide ganz von Geld entblößte Männer in seine Hütte aufnahm, das wenige, was er besaß, mit ihnen teilte und sie einige Tage nach ihrer Ankunft, in denen sie ihre Kräfte wieder gesammelt hatten, nach der Insel Elba übersetzte. Aber auch hier konnte der General nicht bleiben; die Behörden erfuhren kaum seine Ankunft, als einige Anstalten zu seiner Verhaftung machten, der die Auslieferung an die Österreicher folgen musste, zu denen der Großherzog von Toskana in freundschaftlichem und abhängigem Verhältnis stand. Andere rieten ihm wohlmeinend, sich schleunigst zu retten.

Nach einem Aufenthalte von nur zwölf Stunden bestiegen Garibaldi und Leggiero wieder ein kleines offenes Boot, das ihnen einige Patrioten verschafft hatten, und segelten längs der Küste der Toskana derjenigen von Piemont zu. Noch war die Gefahr, von österreichischen Kreuzern aufgebracht zu werden, nicht vorüber; das kleine, gebrechliche Fahrzeug war trotz der geschickten und erfahrenen Hände, die es steuerten, allen Zufällen des Wetters ausgesetzt, aber das Gefühl der Freiheit schwellte schon wieder die Brust der viel geprüften Helden und die Hoffnung ließ sie alle ihnen möglicherweise noch bevorstehenden Übel gering veranschlagen.

Auf der Höhe von Livorno segelte ein englisches Handelsschiff an sie heran und der Kapitän desselben nahm sie, ohne ihre Namen zu kennen, als flüchtige Unglückliche an Bord und brachte sie bis nahe an Porto Venere im Piemontesischen, das sie wenige Stunden darauf mit ihrem kleinen Boote wohlbehalten erreichten.

18.
Die Verbannung

Am 5. September landete Garibaldi zu Porto Venere. Genau fünfunddreißig Tage war er nach seiner Landung bei Comacchio umhergeirrt und niemand hatte eine gewisse Kunde von seinem Verbleibe gehabt. Die öffentlichen Blätter brachten die verschiedenartigsten Nachrichten darüber; bald sollte man ihn hier, bald da gesehen haben, bald glaubte man ihn als Freiheitskämpfer und Oberbefehlshaber im belagerten Venedig, bald als zum Tode verurteilten Gefangenen in einer Festung eingeschlossen; selbst Anitas Tod wurde in dieser Zeit bezweifelt. Seine Freunde und alle, die das italienische Vaterland liebten und seinen hochherzigen Helden achteten, schwebten in der größten Sorge um ihn, wohl noch mehr seine alte Mutter und seine Kinder, die er in Nizza zurückgelassen hatte.

Jetzt setzte er den Fuß wieder auf den Boden seines engeren

Heimatlandes Piemont, dessen Herrscherhaus im Kampfe dieselben Zwecke wie er verfolgt hatte, und wohl durfte er, wie alle seine Anhänger, sich deshalb mit der Hoffnung schmeicheln, dass er nach so vielen traurigen Schlägen des Schicksals nun eine Freistatt gefunden habe und sich in Frieden zu neuen Anstrengungen für das Glück des Vaterlandes erholen könne.

Die Bevölkerung von Porto Venere empfing den General mit unbeschreiblichem Jubel; die Nachricht von seiner Ankunft und unglaublichen Rettung verbreitete sich wie ein Lauffeuer und erregte die allgemeinste Teilnahme.

Ebenso erging es ihm im nahen Chiavari, wohin er sich mit Leggiero sogleich begab und wo er abends eintraf. Seine alten Freunde und Anhänger eilten ihm entgegen, die ganze Stadt kam in Bewegung und wurde zum Teil illuminiert, die Menge drängte sich um das Haus, in dem er abgestiegen war, und die Evvivas auf Garibaldi und die Freiheit Italiens schienen kein Ende nehmen zu wollen.

Die Aufregung in der Stadt war so groß, dass sie dem Verwalter derselben bedenklich erschien, zumal er noch gar nicht wusste, wie seine Regierung diese Ausbrüche der Sympathie in ihrer durch den Friedensschluss gedrückten Lage aufnehmen werde; diese Huldigungen für den Freiheitshelden mussten wie eine Demonstration gegen Österreich erscheinen, das einen Preis auf den Kopf »des Banditen und roten Teufels« gesetzt und ihn ohne Weiteres hätte exekutieren lassen, wenn es ihn in seine Gewalt bekam.

Garibaldi, stets auf die uneigennützigste Weise bereit, dem allgemeinen Wohle Opfer zu bringen, fügte sich sogleich dem Wunsche, den ihm der Verwalter mitteilen ließ, nicht zu dieser Aufregung der Menge beizutragen und sich vor ihr gar nicht sehen zu lassen; er selbst entfernte und beruhigte das Volk durch freundliche und bescheidene Ansprachen.

Indessen berichtete der Verwalter sofort an die ihm vorgesetzte Behörde und der königliche Kommissar in Genua schickte ohne Säumen einen Hauptmann der Gendarmerie nach Chiavari und ließ Garibaldi höflichst ersuchen, sich in des Letzteren Begleitung nach Genua zu begeben; er sollte nicht als Gefangener betrachtet werden, sondern man wollte nur die Entschließungen der Regierung zu Turin über seine Person einholen.

Das war keine Freude und Hoffnung erweckende Maßregel für den Helden, der wenn auch nicht auf einen begeisterten, festlichen Empfang, so doch wenigstens darauf gerechnet hatte, dass man ihm in seinem Vaterlande erlauben werde, sich ungehindert zu seiner Familie nach Nizza zu begeben und daselbst seinen Pflichten als friedlicher Bürger zu leben. Dennoch gehorchte Garibaldi ohne jede Einwendung und reiste sofort mit Leggiero und dem Gendarmerie-Hauptmann nach Genua ab.

Der General La Marmora empfing ihn hier mit Auszeichnung, bedeutete ihm aber, dass seine Anwesenheit in Genua kein Aufsehen und keinen Volksauflauf erregen dürfe und dass deshalb seine vollständige Zurückgezogenheit notwendig sei; hierzu wies er ihm ein Zimmer im Palazzo del Goderno an.

Garibaldi, obgleich innerlich leicht verletzt, nahm dies Anerbieten mit ruhiger Würde an. Es fehlte ihm übrigens an nichts in dieser Art von Gefängnis; er wurde mit großer Achtung behandelt und durfte so viele Besuche empfangen, als er wollte.

Diese strömten ihm natürlich im Übermaße zu, teils von Neugierigen, teils von teilnahmsvollen und alten Freunden; selbst viele seiner ehemaligen Kriegskameraden, die sich nach Piemont gerettet hatten, begrüßten ihn mit Begeisterung und wurden mit der Einfachheit und warmen Herzlichkeit empfangen, welche den General immer charakterisiert haben.

Am 10. September beriet sich die Turiner Deputiertenkammer, wie man mit seiner Person verfahren solle. Wie gesagt, war die Regierung damals nicht unabhängig und hatte jeden neuen Zusammenstoß mit Österreich zu fürchten, da die Großmächte ihr Eintreten für die italienische Unabhängigkeit ihren bekannten Grundsätzen zufolge keineswegs gebilligt hatten, andererseits mochte man wohl auch den strahlenden Nimbus, den die Begeisterung des Volkes um seinen Helden breitete, etwas bedenklich für sich selbst halten.

Am genannten Tage legte das Ministerium nun den Vorschlag vor, Garibaldi auszuweisen, weil er seine bürgerlichen Rechte verloren habe, indem er ohne Erlaubnis der Regierung den Kampf als General einer fremden Macht nach dem Friedensschlusse fortgesetzt. Es entspann sich eine heftige Debatte darüber und endlich erklärte die Kammer mit großer Mehrheit:* »Die Verhaftung

* Beiläufig bemerkt, befand sich der gegenwärtige Präsident der Ministerrats und Minister der auswärtigen Angelegenheiten, Graf Cavour, damals auch in der Deputiertenkammer. 1809 zu Turin geboren, trat er im Jahre 1848 zuerst in die Öffenllichkeit, indem er zusammen mit Graf Caesar Balbo das konstitutionelle Blatt *Il risorgimento* herausgab, in dem er die Ziele, die er später als

Garibaldis verletze die Rechte eines Bürgers und sei überdies eine Beleidigung der italienischen Nation.«

Die Regierung musste sich diesem Beschlusse fügen, war aber keineswegs zufrieden mit demselben, denn es lag ihr viel daran, Garibaldi zu entfernen und sich dadurch von aller Verantwortung freizuhalten. Sie sann deshalb auf ein anderes, wenn auch gerade nicht sehr edles Mittel und fand es. Garibaldi hatte nämlich im Namen der Römischen Republik bereits nach dem Friedensschlusse Piemonts und Österreichs von der Stadt Arona eine Kontribution von zwölftausend Livres erhoben; jetzt drohte ihm die Regierung, ihn dafür zu belangen, wenn er sich nicht verpflichten wolle, das Königreich schleunigst zu verlassen; dagegen bot sie ihm eine Entschädigungssumme an und wollte die Sorge für seine zurückbleibenden Kinder übernehmen.

Garibaldi, dem diese Eröffnung von dem General La Marmaro in Genua gemacht wurde, erklärte sich bereit, Italien zu verlassen, welche Überwindung es ihn auch koste, dagegen wies er das Anerbieten der Regierung, wie bald darauf ein anderes von zehntausend Francs als freiwilliges Geschenk, entschieden zurück. Er wurde nun einstweilen auf die Kriegsfregatte »Carlo Felice«, welche im Hafen von Genua ankerte, gebracht und es wurde ihm freigestellt, sich einen Zufluchtsort zu wählen; übrigens ließ man ihm die humanste Behandlung und alle Freiheit, nur nicht die, sich in die Stadt zu begeben, zuteil werden.

So behandelte also der italienische Staat, der den Anstoß zur Erhebung des Jahres 1848 gegeben hatte, einen seiner Söhne, vielleicht den besten, und den von der ganzen Nation, für die er sein Blut verspritzt hatte, gefeierten Helden. Es schien sich damals alles zu dem Versuche, Garibalbis Mut niederzudrücken, und zu seiner Kränkung und Verwundung zu vereinigen, aber sein unerschütter-

---

Minister verfolgte, zuerst aussprach: »Unabhängigkeit von Rom, eine konstitutionelle Regierung, Verbesserung der Finanzen.« Als ausgezeichneter Redner gewann er in der Kammer großen Einfluss und wurde, zumal er Beweise von seiner aufrichtigen Anhänglichkeit an König Viktor Emanuel gegeben hatte, bald Minister des Handels und Ackerbaues, dann der Finanzen. Am 4. November 1852 wurde er nach dem Austritte Azeglios aus dem Ministerium Präsident des Ministerrats. Als sich im April 1855 die Dinge so gestalteten, dass sich eine Vereinbarung mit Rom voraussehen ließ, trat er zurück, als diese Unterhandlungen sich aber kurze Zeit darauf zerschlugen, nahm er seinen Posten wieder ein.

liches Herz verzweifelte nicht und sein Patriotismus trug den Sieg über jede Empfindlichkeit davon.

Er bat nur, dass man ihm erlauben möge, seine Mutter und seine Kinder noch einmal wiedersehen zu dürfen, ehe er sich auf lange Zeit, vielleicht auf immer, von ihnen trenne. Die Regierung konnte ihm diesen billigen Wunsch nicht abschlagen und beorderte ein kleines Dampfboot, ihn nach Nizza zu bringen. Am 11. September verließ er Genua auf demselben.

Nizza, seine Vaterstadt, stand in ihrer Dankbarkeit für den Helden der Unabhängigkeit ihren Schwesterstädten nicht nach. Das Volk drängte sich bei seiner Ankunft am Hafen und rief tausendstimmig: »Es lebe Garibaldi!« Männer und Frauen, Greise und Kinder drängten sich um ihn, als er an Land stieg, und suchten einen Händedruck oder ein freundliches Wort von ihm zu erhaschen, wenigstens seine Kleider zu berühren. Selten ist einem siegreich zurückkehrenden Feldherrn ein so aus aufrichtigem Herzen kommender Tribut der Hochachtung und Bewunderung zuteil geworden, wie damals Garibaldi – und doch war er nur ein heimatloser, von seinem Vaterlande ausgestoßener und verbannter Flüchtling, dem man selbst die Zeit karg zumaß, als er seine Familie nach und vor langer Trennung noch einmal sehen wollte.

Seine hochbetagte Mutter empfing ihn mit tränenden Augen, und in die Freude der Kinder mischte sich vom ersten Augenblicke des Wiedersehens an der Schmerz der so nahe bevorstehenden Trennung.

Garibaldi war nur vergönnt worden, einen Tag in Nizza zuzubringen. Er verlebte ihn im Kreise der Seinigen und wies jede öffentliche Kundgebung auf das Entschiedenste zurück. Am 13. September war er wieder in Genua und wurde von neuem auf die Fregatte »Carlo Felice« gebracht, deren Offiziere ihm übrigens ebenso huldigten wie jedermann im Volke, der Anspruch auf den Namen eines guten Patrioten machte und nicht durch allzu dringliche Rücksichten auf die Regierung gebunden war.

Garibaldi hatte sich Tunis als den Ort seines Exils ausersehen. Wir kennen zwar nicht den Grund dieser Wahl, wahrscheinlich aber glaubte er dort am ehesten militärische Beschäftigung in Diensten des Beis zu erhalten. Die Regierung war damit einverstanden und stellte ihm das kleine Regierungsschiff »Tripoli« zur Verfügung, unterließ aber nicht, ihm einen militärischen Begleiter, eine Art Wächter, den Oberst Solchi, zuzuteilen.

Am 16. September stach das Schiff in See, wurde eine Zeit lang durch schlechtes Wetter aufgehalten und kam dann vor Tunis an. Garibaldi selbst war nicht wenig erstaunt und seine Begleiter noch mehr betroffen, als der Bei rundheraus erklärte, er werde die Landung des Generals nicht gestatten. Wie sich leicht begreifen ließ und später auch offen eingestanden wurde, steckte französischer Einfluss hinter dieser Weigerung.

Fürchtete die französische Regierung noch den heldenmütigen Verteidiger Roms?

Der Bei selbst befand sich augenscheinlich in Verlegenheit, denn er bot Garibaldi, um seinen Bescheid zu mildern, ein Dampfboot an, welches ihn nach Malta bringen sollte, aber der General wies dieses Anerbieten zurück, einmal, weil er sich verletzt fühlte, andererseits, weil er wusste, dass seine flüchtigen Landsleute, die sich nach Malta gewendet hatten, daselbst schlecht aufgenommen worden waren.

Oberst Solchi und der piemontesische Schiffskommandant befanden sich nun in keiner geringen Verlegenheit, wo sie den ihrer Obhut anvertrauten General absetzen sollten, und entschlossen sich endlich, ihn einstweilen nach der kleinen, an der Nordostspitze der Insel Sardinien gelegenen Insel Maddalena zu bringen, bis die Regierung eine anderes Ziel bestimmt habe. Garibaldi hatte nichts dagegen einzuwenden.

Wir geben hier eine kurze Beschreibung der Insel San Maddalena, die dem General dieses Mal zwar nur für einen Monat, in späteren Jahren aber noch einmal zum Aufenthalte diente. Diese sowie die kleineren Inseln Caprera, Spargi, Santa Maria und einige andere noch unbedeutendere bilden eine Gruppe in der Meerenge von San Bonifacio; sie alle, durch schmale Kanäle des Meeres voneinander getrennt, sind nichts weiter als große, zum Teil sehr zerklüftete Granitblöcke. Maddalena, die größte von ihnen, wird ungefähr eine Quadratmeile Flächeninhalt haben und liegt drei viertel deutsche Meilen von der sardinischen Nordküste entfernt. Die Vegetation ist der Natur des steinigen, nur mit einer dünnen Erdschicht bedeckten Bodens zufolge nicht überreichlich: kurzer Rasen, große, mit niedrig wachsenden Eriken bedeckte Strecken, hin und wieder wohl auch eine Palme. Dennoch ist Maddalena mit ihrem herrlichen, milden Klima, den oft großartigen Formationen ihrer Felsenhügel und vor allem mit der prächtigen Aussicht auf das Meer und die nahe liegenden Inseln ein Flecken, der sich wohl zur Niederlassung für jemand, der die Zurückgezogenheit von der

Welt liebt, eignet. Ihre kaum fünfzehnhundert Bewohner, meist Fischer und Seeleute, sind zutraulich, fleißig und heiter. Das Städtchen Maddalena, das, an einer Bucht gelegen, sich rückwärts an sanft aufsteigende Anhöhen und schroffe Felsen lehnt, ist durchaus unbedeutend und hat nur eine sehr alte, von einem hundert Fuß hohen Granitfelsen überragte Kirche aufzuweisen.

Garibaldi, dessen Gemütsstimmung diese romantische und reizende Einsamkeit besonders zusagte, wurde von einem Manne namens Susini mit äußerster Freundlichkeit aufgenommen, und die ganze Einwohnerschaft erwies ihm solche Achtung und Liebe, dass er sich wohl unter ihr befand und bereits mit dem Gedanken umging, sich gänzlich auf dieser kleinen Insel niederzulassen und sich der Landwirtschaft zu widmen.

Aber auch dieser bescheidene Wunsch sollte nicht in Erfüllung gehen, denn die piemontesische Regierung war der Ansicht, dass es gefährlich sei, diesen Volksmann in so unmittelbarer Nähe der Insel Sardinien zu haben, und auf Solchis Bericht wurde der General aufgefordert, sich einen anderen, weiter entlegenen Aufenthaltsort zu wählen. Er entschied sich nun für Montevideo, wo er noch viele Freunde hatte, und beabsichtigte, über Gibraltar und London sich dahin zu begeben.

Am 11. Oktober kam die piemontesische Kriegsbrigg »Il Colombo« bei der Insel Maddalena an, um ihn aufzunehmen und bis nach Gibraltar zu befördern, von wo aus es ihm überlassen bleiben sollte, seine Reise allein fortzusetzen. Mit großem Bedauern schied der General von den braven Einwohnern Maddalenas, deren Wünsche ihn begleiteten.

Ohne jeden Unfall langte Garibaldi zu Gibraltar an und wurde ausgeschifft. Die Brigg segelte, nachdem sie ihren Auftrag auf diese Weise ausgeführt hatte, wieder nach Sardinien zurück.

Kaum wurde aber die Anwesenheit des berühmten Garibaldi in der Stadt bekannt, so ließ der englische Gouverneur dem Gaste mitteilen, dass er ihm keinen längeren Aufenthalt als von sechs Tagen gestatten könne. Umsonst waren alle Proteste, da der überall Ausgewiesene in so kurzer Zeit nicht Gelegenheit finden konnte, seine Reise nach Montevideo fortzusetzen.

Warum das gastliche England übrigens Garibaldi aus einer seiner Kolonien auswies, muss dahingestellt bleiben; wahrscheinlich handelte der Gouverneur von Gibraltar nur nach eigenem Ermessen und auf Verlangen der Konsuln gewisser Mächte.

Der General hätte jetzt wohl Grund gehabt, darüber aufgebracht zu sein, aber er schwieg auch diesmal, mietete sich ein kleines Fischerboot und ließ sich nach Tanger übersetzen. Hier wandte sich Garibaldi an den ihm vollständig unbekannten sardinischen Konsul, einen geborenen Genueser namens Carpeneto, und bat denselben um seine Unterstützung.

Signor Carpeneto war ein aufrichtiger Patriot und außerdem ein ehrenwerter und äußerst liebenswürdiger Mann. Wenn er nicht ohnehin schon warmen Anteil an der seinem Vaterlande gewidmeten Heldenlaufbahn Garibaldis genommen hätte, würde ihn jetzt doch dessen verzweiflungsvolle Lage gerührt haben. Er wusste recht gut, dass ihm seine Regierung wenig Dank für die Unterstützung des Generals wissen würde – wirklich wurde er aus diesem Grunde bald darauf seiner Stelle als Konsul beraubt –, dessen ungeachtet war er entschlossen, mit seinen Kräften einen Teil der Schuld abzutragen, die Italien an den Held zu bezahlen hatte.

Deshalb bat er ihn auf das Zuvorkommendste, vorläufig in seinem Hause Wohnung zu nehmen, und da sich bald eine wirklich innige Freudschaft zwischen diesen beiden Männern entspann, verlängerte sich der Aufenthalt Garibaldis in Tanger und diesem gastlichen Hause bis auf ein halbes Jahr.

Der General empfand hier wieder die Folgen seines angestrengten Kriegslebens, die ihn schon auf seinem Zuge nach Rom, wie sich unsere Leser erinnern werden, in Gestalt starker rheumatischer Leiden und Gliederanschwellungen heimgesucht hatten; dessen ungeachtet begann er in dieser Zeit gerade die Aufzeichnung seiner Memoiren, wie wir sie unseren Lesern übergeben haben.* Dieses Leiden nahm in den nächsten Jahren noch mehr zu, als er aber später von neuem den Schauplatz des Krieges in der Lombardei betrat, schien jede Schwäche von ihm gewichen zu sein, und er selbst behauptete, es gebe keine bessere Heilung für ihn als das ebenso mühevolle wie geistanregende Leben im Felde.

---

* Man vergleiche Garibaldis Hinweis am Ende des 21. Kapitels des Ersten Buches.

19.
Bürgerliche Beschäftigungen

Im April des Jahres 1850 trat er seine Reise nach Amerika an, aber nicht, wie er anfangs beabsichtigt hatte, nach Montevideo, sondern nach New York. Er ging mit einem englischen Schiffe zuerst nach Liverpool und von da nach dem Ziele seiner Reise.

Der Name Garibaldi hatte jenseits des Meeres nicht allein durch die heldenmütige Verteidigung Montevideos einen guten Klang, sondern auch die neueren Taten in Italien, welche sich mit diesem Namen verbanden, hatten das hochherzige nordamerikanische Volk für den großen Helden begeistert.

Als der General in New York eintraf – es geschah dies im Juni – erregte er daher trotz seines bescheidenen und unscheinbaren Auftretens doch sofort die allgemeine Aufmerksamkeit und Teilnahme, und die Stadt der freien Republik wollte es sich nicht nehmen lassen, ihn würdig zu begrüßen.

Dies entsprach jedoch nicht seinen Wünschen; er wollte hier nur als Privatmann leben, und zwar unter sehr bescheidenen Verhältnissen, die seine Vermögensumstände bedingten. Daher wies er alle öffentlichen Huldigungen auf eine sanfte, aber entschiedene Weise zurück, und man war auch zartfühlend genug, seinen ganz gerechtfertigten Wunsch zu ehren.

Eine Zeit lang hielt sich der General nun in der Stadt auf, hauptsächlich seiner Krankheit wegen, dann begab er sich nach Staten Island, woselbst ein Bekannter von ihm namens Meucci eine Lichtfabrik besaß. Dieser Mann beschäftigte viele verbannte Italiener und natürlich empfing er vor allen Garibaldi mit offenen Armen.

So war der Held Italiens von der glänzenden Höhe, auf der sein Name vor ganz Europa gestanden hatte, herabgestiegen, um sich in der Neuen Welt im Dunkel einer einfachen bürgerlichen Beschäftigung zu begraben. Ob ihm dieser Wechsel, dem er sich teils freiwillig, teils durch die Verhältnisse gezwungen, unterwarf, leicht geworden ist, ob er ihn nicht vielmehr niedergedrückt hat? – Wir glauben das Letztere nicht, nachdem er in neuester Zeit, wie jener alte römische Feldherr, einen so glänzenden Beweis seiner Selbstverleugnung und Bescheidenheit abgelegt hat, indem er sich wieder auf sein kleines Felsen-Eiland zurückzog und nur ein einfacher

Bürger sein will, sobald das Vaterland nicht mehr seines Schwertes bedarf.

Indessen war die Arbeit, die er in der Fabrik Meuccis übernommen hatte, eine ebenso körperlich angreifende als für ihn geistig tötende. Es bedarf wohl keiner weiteren Versicherung, dass er sich schon nach kurzer Zeit wieder aus ihr hinaussehnen musste. Den ganzen Tag über angestrengt beschäftigt, blieb ihm abends nur der Trost, mit seinen Freunden und Landsleuten die Verhältnisse Italiens zu besprechen, sich seiner ruhmvollen Anstrengungen für seines Vaterlandes Freiheit zu erinnern und von einer besseren Zukunft, die ihn noch einmal für den heiligen Zweck seines Lebens unter die Waffen rufen würde, zu träumen. Manches schmerzliche Gefühl mag damals durch seine Seele gezogen sein, wenn er aus den öffentlichen Blättern den nur halb unterdrückten Schmerzensschrei Italiens heraushörte oder wenn er an die in Nizza zurückgebliebenen Seinigen, jetzt vater- und mutterlosen Waisen dachte.

Das amerikanische Volk vergaß den italienischen Helden in seiner Zurückgezogenheit nicht. Er war etwa ein halbes Jahr bei seiner Beschäftigung, als ihm einer der angesehensten Kaufleute das Anerbieten machte, eines seiner Seeschiffe als Führer zu übernehmen und mit demselben nach Mittelamerika zu gehen.

Erfreut sagte Garibaldi zu; er liebte seinen alten Beruf noch immer, er bedurfte, um zu leben, der Freiheit, der Luft und der Aufregung, und der Kampf mit den Elementen versprach ihm allein, den mit den Unterdrückern der Menschheit zu ersetzen.

Im Frühjahr 1851 übernahm er das Kommando des Schiffes. Er hatte um diese Zeit die Freude, seinen edelherzigen Beschützer aus Tanger wiederzusehen, der, wie schon oben erwähnt, infolge seiner Teilnahme für den als so gefährlich erachteten Flüchtling seines Amtes enthoben worden war und nun seinen Freund in Amerika aufsuchte. Da Signor Carpeneto ganz frei war, entschloss er sich auf Garibaldis Bitten, denselben zu begleiten.

Beide verließen New York im Sommer 1851 und segelten nach der Westküste Amerikas. Garibaldis Energie und Geschicklichkeit traten auch in diesem neuen Verhältnisse zum großen Vorteile seines Reeders auf das Glänzendste hervor und erwarben ihm dessen volles Vertrauen. Nach einer Reihe glücklicher Fahrten und Handelsexpeditionen, besonders in Mittelamerika, erreichte das Unglück aber den Helden von neuem.

In der Stadt Panama befiel ihn ein klimatisches Fieber und diese

Krankheit wurde so ernst, dass er sich entschließen musste, sein Schiff nach der Heimat segeln zu lassen und mit seinem Freunde zurückzubleiben. Nur der zärtlichen Sorge und aufmerksamen Pflege des Letzteren verdankte er seine Rettung vom Tode und seine endliche Genesung, die ihm zu Ende des Jahres erlaubte, sich nach Lima in ein gesünderes Klima zu begeben. Wieder ganz gekräftigt, übernahm Garibaldi im nächsten Frühjahr das ansehnliche Schiff eines in Lima ansässigen Landsmannes; Signor Carpeneto aber trennte sich hier von ihm, um in seine Heimat zurückzukehren.

Bedeutende Reisen, über die wir nichts Näheres anzugeben wissen, als dass er dabei das Schiff »Carmen« führte, nahmen ihn das nächste Jahr über in Anspruch; er segelte nach China und Australien. Bei seiner Rückkehr gab er jedoch sein Schiff auf, ging wieder nach New York und übernahm dort auf kurze Zeit ein anderes Schiff, verließ dann, von unüberwindlicher Sehnsucht nach der Heimat getrieben, Amerika gänzlich und kehrte über London nach Genua zurück.

Dies geschah im Frühjahr 1854. Garibaldi hatte sich durch seine mehrjährige mühevolle Arbeit von neuem einen bescheidenen Wohlstand gegründet, und da er hoffte, dass die Zeit und die veränderten Verhältnisse in der sardinischen Regierung deren Misstrauen gegen seine Person beschwichtigt haben würden, beschloss er, sie um die Erlaubnis zur Rückkehr in sein Vaterland zu bitten.

Graf Cavour stand damals schon an der Spitze des Ministerrates und unter seiner freisinnigen Leitung der Regierung entwickelte sich der niedergedrückte italienische Patriotismus von neuem. Die Bitte des Flüchtlings wurde daher ohne Umstände bewilligt und dieser fand in Genua eine herzliche, wenn auch nicht von stürmischem Volksjubel begleitete Aufnahme. Er begab sich bald darauf nach seiner Vaterstadt Nizza, um seine so lange von ihm getrennt gewesenen Kinder ans Herz zu drücken. Man wird sich erinnern, dass die drei, Menotti, Theresa und Riciotti, bei einer dem General befreundeten Familie zurückgeblieben waren.

Garibaldi hatte damals noch immer mit körperlichen Leiden zu kämpfen. Leute, die ihn damals gesehen haben, sagen, dass er ihnen blass und kränklich erschienen sei. Dennoch gab er sich nicht vollkommen der so lange entbehrten Ruhe im Kreise der Seinigen hin, sondern übernahm bald wieder als Kapitän ein kleines Küstenfahrzeug, »Il Salvatore«, mit welchem er mehrere Reisen nach Marseille unternahm.

Als Bürger und Mensch war Garibaldi in seiner Vaterstadt hoch geachtet. Man wollte auch noch immer den General in ihm verehren, aber er wies dies mit bescheidener Festigkeit zurück und mischte sich überhaupt äußerlich nicht in die Politik.

Einer seiner Freunde und Kriegsgefährten hielt sich damals viel bei ihm auf und begleitete ihn später auch nach der Insel Caprera. Es war dies Nino Bixio, während der Verteidigung Roms sein Stabshauptmann, ein noch junger Mann, der den General sehr liebte. Am Morgen des 3. Juni war er bei dem Sturme auf die Villa Corsini, der diese wieder in die Hände der Italiener bringen sollte, durch den Leib geschossen, später aber glücklich wiederhergestellt worden.

Im engeren Kreise solcher vertrauten Freunde mag Garibaldi wohl oft seine Hoffnungen auf die Befreiung seines Vaterlandes, die ihn nie verließen, ausgesprochen und von neuen Kämpfen geträumt haben; vor anderer Augen betrieb er aber nur seine Geschäfte, lebte der Erziehung seiner Kinder – Menotti soll ein schöner, starker Jüngling von mutvollem, ungekünsteltem und biederemWesen, Theresa eine sanfte, echt weibliche Schönheit sein – und beschäftigte sich in seinen Erholungsstunden fast nur mit militärischen und topographischen Studien; sein Lieblingsdichter ist Ugo Foscolo.

Im Frühling des Jahres 1855 gab Garibaldi seine seemännische Beschäftigung ganz auf, denn es war ein anderer Plan in ihm gereift, nämlich sich auf der Nordküste der Insel Sardinien anzusiedeln.

In dieser Absicht schiffte er sich mit einigen sachverständigen Begleitern auf ein kleines Fahrzeug ein, welches nach Porto Torres zu segeln bestimmt war, um die Vorbereitungen für seine Ansiedlung nahe dem Orte Santa Theresa zu treffen.

Das Schicksal hatte es aber wieder einmal anders bestimmt. Als das Schiff sich bereits in der Straße von San Bonifacio befand, brach ein Sturm aus, der es seinem Untergange nahe brachte; es verlor seine Masten, ein Matrose wurde von den tobenden Wellen über Bord geworfen und man schätzte sich glücklich, den Hafen der Insel Maddalena erreichen zu können.

Hier fand der General eine Menge von Bekannten wieder, die er ungeachtet ihres geringen Standes bei seinem ersten Aufenthalte an diesem Orte schätzen gelernt hatte, und diese bestürmten ihn nun mit Bitten, sich bei ihnen niederzulassen.

Diese freundliche Aufnahme, die zauberische Schönheit dieser Einsamkeit und das gesunde Klima bewegten ihn wirklich, ein Stück Land auf der nur durch eine schmale Meerenge von Maddalena getrennten Insel Caprera anzukaufen, um sich daselbst ein Haus zu bauen und die äußerst schwierige Aufgabe zu übernehmen, den steinigen Boden urbar zu machen.

Die Insel Caprera hat eine Länge von ungefähr fünf viertel und einen Umkreis von beinahe vier deutschen Meilen. Sie ist eine wüste Granitmasse, welche sich zuweilen zu kolossalen Steingebilden erhebt. Nahe dem Strande ist der Boden mit kurzem Grase und Moos bedeckt und reichlich von Eriken besetzt.

Ehe Garibaldi sich ansiedelte, wohnten hierselbst nur ein wohlhabender Engländer, der irgendwelche Gründe gehabt haben musste, sich in diese Abgeschiedenheit zurückzuziehen, und ein paar Hirtenfamilien, welche nicht einmal Wohnungen besaßen, sondern sich in Felsenhöhlen aufhielten.

Der General fand diese schaurige und doch schöne Einsamkeit ganz seinen Wünschen entsprechend. Von Nino Bixio und einigen Arbeitern unterstützt, baute er sich zuerst am Fuße der Felsen ein Bretterhaus, während welcher Zeit er unter einem gewöhnlichen Leinwandzelte schlief; dann errichtete er das einfache Wohnhaus, wie es noch heute zu sehen ist.

Das Haus hat nur ein Stockwerk, welches neun Zimmer enthält; ein nach südamerikanischer Art flaches Dach mit einer Kuppel bedeckt es. Zunächst tritt man in den Flur, der auch als Speisezimmer benutzt wird; auf der einen Seite desselben liegen mehrere Schlafzimmer und hinter diesen die Wohnung des Pächters und seiner Familie; auf der andern kommt man in die Zimmer des Generals und seiner Kinder.

In einem der ersteren Räume, welche Nino Bixio bewohnte, sah man an der Wand eine Sammlung von Waffen und Fahnen, alte Kriegstrophäen Garibaldis, darunter auch die Fahne, welche Montevideo nach dem Gefechte von San Antonio der italienischen Legion als Ehrenzeichen verliehen hatte.

Garibaldis Zimmer ist äußerst einfach ausgestattet, außerdem feucht und ungesund. Ein hölzernes Bettgestell mit harten Matratzen, ein mit einer grünwollenen Decke behangenes Tischchen mit einem defekten Lehnsessel davor, ein Spiegel neben dem einen Fenster, wenige Bilder, unter ihnen das Theresas als vierjähriges Kind, und eine kleine Bibliothek sind alles, was der kleine Raum in sich schließt. Die Bibliothek enthält militärische und nautische

Werke, außerdem Shakespeare, Byron, Young, Plutarch, Kosmas, La Fontaine und andere.

Zu bemerken ist noch ein über dem Kopfende des Bettes hängendes Medaillon, das die Haare Anitas und der Mutter des Generals umschließt.

Dieses von außen ganz stattliche und freundliche Wohnhaus liegt an einer ziemlich weiten Strecke Landes, welche Garibaldi mit unsäglicher Mühe urbar gemacht, besäet und mit einer hohen Mauer von lose aufeinandergelegten Granitblöcken umgeben hat, um seine Ernte vor dem Einbruche der Ziegen zu beschützen, welche sonst großen Schaden tun würden. Letztere und einige Rinder sowie zwei Pferde bilden seinen ganzen Viehstand.

Als diese kleine Einrichtung zur Zufriedenheit ihres Besitzers beendigt war, ließ dieser seine Kinder ebenfalls nach Caprera kommen und lebte seitdem hierselbst ganz zufrieden. Außer seinen wissenschaftlichen Studien und ländlichen Arbeiten gab er sich Vergnügungen wie der Jagd oder dem Fischfang hin. Später kaufte er sich einen englischen Kutter, der den Namen »Emma« führte, und segelte auf demselben zuweilen nach Nizza, wo er stets ein gern gesehener Gast war. Sein ältester Sohn und ein Matrose machten außer ihm die ganze Besatzung dieses kleinen Fahrzeuges aus.

Im Januar 1857 unternahm er wieder eine solche Reise, um Material für den Hafenbau auf der Insel Maddalena zu holen. Schwer beladen kehrte er zurück, als sich zwischen den Inseln Maddalena und San Stefano durch eine uns unbekannte Ursache der im Schiffe befindliche große Kalkvorrat entzündete. Trotz aller Anstrengungen, die Garibaldi und seine Begleiter machten, das Feuer zu löschen, mussten sie sich doch bald von der Unmöglichkeit, dies zu erreichen, überzeugen, das Schiff aufgeben und sich in einem Beiboote nach der nahen Küste retten. Dem General widerfuhr durch diesen Unfall gerade kein großer Schaden, da er Schiff und Ladung versichert hatte, er schaffte sich aber kein neues größeres Fahrzeug wieder an, sondern behielt nur ein kleines Boot, um nach Maddalena überfahren zu können.[*]

Die Zeit bis zu Anfang des Jahres 1859 verging für den General und die Seinigen ohne Ereignisse von Bedeutung. Mit eifriger Aufmerksamkeit folgte er den weltgeschichtlichen Begebenheiten auf

[*] Diese letzten Notizen sind zum großen Teile aus dem Werke von Elpis Melena, Garibaldis Denkwürdigkeiten, entnommen.

dem Festlande und blickte mit denselben freudigen Hoffnungen auf sie wie jeder italienische Patriot.

Graf Cavour war es, der bei den Verhandlungen des Pariser Kongresses die Leiden des lombardisch-venezianischen Königreiches zum ersten Male wieder mit edler Freimütigkeit zur Sprache brachte und dessen Politik sich ganz dem Wohle seines großen Vaterlandes weihte. Als es dennoch schien, als solle Italien sich so bald noch nicht wieder aus seinem nationalen Schlafe erheben, fasste Garibaldi den Entschluss, sich mit Nino Bixio und seiner Familie nach Südamerika zu begeben.

Da rief ihn im Februar 1859 die sardinische Regierung zu neuer militärischer Tätigkeit auf, und freudig, in hoher Begeisterung für das Heil seines Vaterlandes, ließ er alles zurück, was er in der Zeit seiner friedlichen Ruhe lieb gewonnen hatte, und eilte nach Turin.

Das dritte und vierte Buch dieses Werkes werden des Helden wunderbare Siegeszüge in der Lombardei und dem sizilianischen Königreiche schildern. Wir schließen das zweite Buch mit dem Beginn dieser Periode, die den Namen Garibaldis für ewige Zeiten unter die ersten Namen der Weltgeschichte eintragen sollte.

Gründe zur ersten italienischen Erhebung

Als Schluss des Zweiten Buches bringen wir die sehr interessanten Aufschlüsse Alexandre Dumas' über die Gründe zur ersten italienischen Erhebung. Es ist zu bemerken, dass diese Verhältnisse in Garibaldi zwar nicht die erhabene Vaterlandsliebe, die ihn beseelt, erweckten, aber ihn doch dazu trieben, als ein Verfechter seines Vaterlandes aufzutreten. Da dies schon in seine erste Jugendzeit fällt, haben sie also den größten Einfluss auf alle Schicksale seines tatenvollen Lebens geübt.

In den verschiedenen Phasen des Lebens, das wir zu schildern unternommen haben, werden wir oft nach Piemont, der Heimat Garibaldis, geführt. Die Männer von politischer Tätigkeit, wenn sie Männer des Fortschritts sind, haben ihre Stunden der Schwäche, in denen sie, wie Antaios, um neue Kräfte zu gewinnen, wieder dieses Vaterland berühren müssen, das Brutus in seinem erheuchelten Wahnsinn wie die gemeinsame Mutter küsste. Es ist also nötig, dass wir uns kurz davon in Kenntnis setzen, was in Piemont von 1820 bis 1824 vorging, der Epoche, in der diese Geschichte anfängt.

Die Kriege der Republik und die Einfälle des Kaiserreichs hatten zwei Menschen nach Sardinien geführt, die, in ihrer Jugend dorthin ins Exil gegangen, als Greise daraus zurückkehrten; es waren zwei Brüder, in deren Personen sich die männliche Nachkommenschaft der Herzoge von Savoyen endete; der eine war Viktor Emanuel I., der andere Karl Felix.

Alle beide regierten.

Der jüngere Zweig wurde durch den Prinzen Carignano repräsentiert, der im Jahre 1823 als Grenadier der französischen Armee den spanischen Feldzug mitmachte, in dem er sich besonders am Trocadero auszeichnete. Im Jahre 1840 zeigte er mir bei einer Audienz, die er mir erteilte, seinen Grenadiersäbel und seine Epauletten von roter Wolle, die er wie eine Reliquie seiner Jugend aufbewahrte.

König Viktor Emanuel I. hatte, als er den Thron bestieg, der ihm wahrscheinlich nur unter dieser Bedingung überlassen wurde, den Fürsten der Heiligen Allianz versprochen, seinem Volke unter keinen Umständen irgendeine Konzession zu machen. Was aber 1815 leicht zu versprechen war, war 1821 schwer zu halten.

Seit 1820 hatte sich der Carbonarismus in Italien verbreitet. In einem Buche, das mehr ein Geschichtswerk als ein Roman ist, in *Joseph Balsamo*, haben wir den Ursprung des Illuminatismus und der Freimaurerei erklärt.

Diese beiden großen Feinde des Königtums, deren Devise war: L. P. D. (Lilia Pedibus Destrue! – Zertretet die Lilien mit den Füßen!), hatten großen Anteil an der Französischen Revolution. Swedenborg, dessen Adepten Gustav III. ermordeten, war Magier; Philipp Egalité, der für den Tod Ludwigs XVI. stimmte, war Großmeister der Loge, fast alle Jakobiner und eine große Zahl der Cordeliers waren Freimaurer. Napoleon nahm die Freimaurerei unter seinen Schutz; aber während er sie beschützte, verfälschte er sie, wandte sie von ihrem eigentlichen Zwecke ab, machte sie sich untertänig und zum Werkzeuge des Despotismus.

Es ist nicht das erste Mal, dass man Ketten mit dem Schwerte geschmiedet hat. Joseph Napoleon war Großmeister des Ordens, der Erzkanzler Cambacérès Großmeister-Gehilfe, Joachim Murat zweiter Großmeister-Gehilfe. Als die Kaiserin Josephine 1805 in Straßburg war, präsidierte sie dem Feste der Adoption der Loge der freien Kavaliere von Paris. Zu derselben Zeit war Eugen Beauharnais Ehrenmitglied der Loge Saint-Eugène zu Paris; als er später mit der Würde eines Vizekönigs nach Italien kam, ernannte ihn der

Großkophta von Mailand zum Großmeister und Kommandeur des hohen Rates vom 22. Grade, bewilligte ihm also die größte Ehre, die man ihm nach den Statuten des Ordens erweisen konnte.

Bernadotte war Freimaurer; sein Sohn, der Prinz Oskar, wurde Großmeister der schwedischen Loge. In die verschiedenen Pariser Logen wurden nach und nach aufgenommen: Alexander, Herzog von Württemberg, Prinz Bernhard von Sachsen-Weimar, ja selbst der persische Gesandte Askeri-Khan. Der Präsident des Senats, Graf von Lacépède, präsidierte der großen Loge von Frankreich, bei der die Generäle Kellermann, Massena und Soult Ehrenoffiziere waren. Die Prinzen, Minister, Marschälle, Offiziere, Magistratspersonen, endlich alle durch ihre Stellung angesehenen oder berühmten Personen strebten danach, Freimaurer zu werden. Selbst die Frauen wollten ihre Logen haben, und in diese traten die Damen von Vaudemont, von Carignano, Girardin, Bosi, Narbonne und aus vielen andern großen Häusern. Eine einzige wurde nicht als Schwester, sondern als Bruder aufgenommen; es war die berühmte Xaintrailles, welcher der erste Konsul das Patent als Eskadronschef gegeben hatte. Aber nicht allein in Frankreich blühte damals die Freimaurerei.

Der König von Schweden gründete 1811 den bürgerlichen Orden der Freimaurer. Friedrich Wilhelm III., König von Preußen, hatte gegen Ende Juli des Jahres 1800 durch ein Edikt die Konstituierung der großen Loge von Berlin genehmigt. Der Prinz von Wales hörte nicht früher auf, dem Orden in England vorzustehen, als bis er 1813 Regent wurde. Endlich erklärte sich im Februar 1814 der König von Holland, Friedrich Wilhelm, zum Protektor des Ordens und erlaubte, dass der königliche Prinz, sein Sohn, den Titel eines Ehrenmitgliedes der Loge Wilhelm Friedrich zu Amsterdam annahm.

Nach der Rückkehr der Bourbonen nach Frankreich bat der Marschall Beurnonville den König Ludwig XVIII., den Orden unter den Schutz eines Mitgliedes seiner Familie zu stellen; aber Ludwig XVIII. war ein Mann von gutem Gedächtnisse, er hatte nicht vergessen, welchen Anteil die Freimaurerei an der Katastrophe von 1793 hatte; daher erwiderte er, dass er niemals einem Mitgliede seiner Familie gestatten werde, sich an einer geheimen Gesellschaft, welche sie auch sei, zu beteiligen.

In Italien fiel die Freimaurerei mit der französischen Herrschaft; an ihrer Stelle begann aber der Carbonarismus zu erscheinen, der das Werk dort wieder aufzunehmen schien, wo die Freimaurerei es hatte stehen lassen, um es im Namen der Freiheit fortzusetzen.

Zwei andere Sekten stellten sich dieser zur Seite. Die eine nannte sich Katholisch-apostolische und römische Kongregation, die andere Consistoriale.

Die Mitglieder der Kongregation hatten als Erkennungszeichen ein Schnürchen von strohgelber Seide mit fünf Knoten. Die Angehörigen der unteren Grade sprachen nur von Akten der Wohltätigkeit und Frömmigkeit. Was die Geheimnisse der Sekte anbetraf, welche nur die höheren Grade kannten, so durfte man nur davon sprechen, wenn man zu zweit war; kam ein Dritter hinzu, so musste die Unterhaltung in demselben Augenblicke aufhören. Das Losungswort der Kongreganisten war »Eleuteria«, das heißt Freiheit, das geheime Wort »Ode«, das heißt Unabhängigkeit. Diese Sekte, die in Frankreich unter den Neukatholiken entstanden war und zu der mehrere unserer besten und beständigsten Republikaner gehörten, hatte die Alpen überstiegen und war über Piemont in die Lombardei gekommen. Als sie einmal hier war, hatte sie nur wenige Schüler und zögerte nicht, sich aufzulösen, als es den geheimen Agenten Österreichs gelungen war, sich zu Genua die Patente zu verschaffen, die man den Eingeweihten ebenso vorlegte wie die Statuten und die Erkennungszeichen.

Die Consistoriale war hauptsächlich gegen die Österreicher gerichtet. An ihrer Spitze standen die vorzüglichsten Fürsten Italiens, die nicht zum Hause Habsburg gehörten, und Kardinal Gonsalvi war ihr Präsident. Der einzige österreichische Prinz, der davon nicht ausgeschlossen wurde, war der Herzog von Modena. Daher rührten, als diese Verbindung entdeckt wurde, die schrecklichen Verfolgungen der Patrioten durch diesen Fürsten. Er wollte die Verzeihung Österreichs für seinen Abfall erlangen, und es bedurfte nichts weniger als des Blutes Menottis, seines Gefährten bei der Verschwörung, um sich mit Österreich zu versöhnen.

Der Zweck der Consistorialisten war, Italien Franz II. zu entreißen und es unter sich aufzuteilen. Außer Rom und der Romagna, welche der Papst behielt, sollte dieser die Toskana bekommen; die Insel Elba und die Provinz Marken sollten auf den König von Neapel übergehen, Parma, Piacenza und ein Teil der Lombardei auf den Herzog von Modena mit dem Titel eines Königs, Massa Carara und Lucca auf den König von Sardinien; endlich sollte der Kaiser Alexander von Russland, der diese geheimen Pläne aus Abneigung gegenüber Österreich begünstigte, Ancona oder Civitavecchia oder Genua erhalten, um daselbst einen Marinestützpunkt für das Mittelländische Meer anlegen zu können.

Man sieht also, dass das Land, ohne die Völker oder die natürlichen Territorialbeziehungen zu Rate zu ziehen, auf die Köpfe verteilt werden sollte, wie die Araber es nach einem Überfall mit den eroberten Herden tun, und dass den Völkern das Recht, das die niedrigste auf europäischem Boden geborene Kreatur hat, nämlich sich seinen Herrn zu wählen, abgesprochen wurde.

Glücklicherweise war nur einer dieser Pläne, nämlich der der Carbonari, nach Gottes Willen; deshalb ist er auch jetzt im Begriff, sich zu erfüllen.

Der Carbonarismus, der allein berufen war, Früchte zu tragen, wuchs indessen mächtig in der Romagna. Er hatte sich mit der Sekte der Guelfen vereinigt, die ihren Sitz zu Ancona hatte und sich auf den Bonapartismus stützte.

Lucian war zum zweiten Grade des Großmeisters erhoben worden. In den geheimen Versammlungen besprach man die Notwendigkeit, die Macht den Händen der Priester zu entreißen; man rief den Namen des Brutus an und bereitete die Geister auf die Republik vor. In der Nacht des 24. Juni kam es zum Aufstand. Derselbe nahm den traurigen Ausgang, den gewöhnlich Versuche solcher Art haben. Jede Religion, die Apostel haben soll, braucht anfangs Märtyrer: Fünf Carbonari wurden erschossen, die andern auf Lebenszeit zur Galeere verurteilt; wieder andere, die man für weniger schuldig hielt, wurden zehn Jahre lang in einer Festung eingekerkert. Von da an wurde die Sekte klüger, wechselte den Namen und nannte sich Lateinische Gesellschaft.

Zur selben Zeit konspirierte diese Gesellschaft auch in der Lombardei und dehnte ihre Zweige in die andern Provinzen Italiens aus. Mitten auf einem Ball, den der Graf Porcia zu Rovigo gab, ließ die österreichische Regierung mehrere ihrer Mitglieder verhaften und erklärte am folgenden Tage jeden für einen Hochverräter, der sich dem Carbonarismus anschließen würde.

Am stärksten war die Bewegung zu Neapel. Colletta versichert in seiner Geschichte, dass die Anhänger der Gesellschaft im Königreiche sich auf sechshundertzweiundvierzigtausend beliefen, und nach einem Aktenstück der reichshofrätlichen Kanzlei zu Wien wäre er damit noch unter der Wahrheit geblieben. Dies Aktenstück sagt: »Die Zahl der Carbonari im Königreiche beider Sizilien beträgt mehr als achthunderttausend, und weder Polizei noch Überwachung vermögen diese Flut aufzuhalten; es wäre also unsinnig, zu fordern, dass man sie vernichte.«

Am 1. Januar 1820 entrollte Oberst Rafael del Riego – ein weiterer Märtyrer, der einen Todesgesang hinterlassen hat, welcher später ein Siegesgesang wurde – das Banner der Freiheit in Spanien, und ein Dekret Ferdinands VII. erklärte, dass der König, nachdem sich der Wille des Volkes kundgegeben, beschlossen habe, auf die Verfassung von 1812 zu schwören, welche die Generäle und außerordentlichen Ständeversammlungen proklamiert hatten. Die Gefängnisse öffneten sich und gaben Spanien ein Ministerium.

Ferdinand I. von Neapel sollte in seiner Eigenschaft als Infant von Spanien, dabei absoluter Herrscher bleibend, der spanischen Konstitution Gehorsam schwören. Damals ging es wie ein Erdbeben durch Kalabrien, Kampanien und Salerno. Die neapolitanische Regierung, schwach, ungewiss, misstrauisch, erließ einige unzureichende Verfügungen, die den General Pepe nicht verhinderten, seinerseits eine Revolution zu machen. Neapel hatte, wie 1798, seine provisorische Regierung und seine Repräsentantenkammer.

Bald darauf brach die piemontesische Revolution aus. Am Morgen des 10. März ließ der Kapitän Graf Palma das Regiment von Genua unter die Waffen treten und rief aus: »Der König und die spanische Konstitution!« Am nächsten Tage war eine provisorische Regierung eingesetzt; sie erklärte im Namen des Königreichs Italien Österreich den Krieg.

So hatte die Revolution, die von Ancona ausging, Neapel erreicht und war nach Turin zurückgekehrt. Drei Vulkane waren in Italien ausgebrochen, den in Spanien nicht mitgerechnet, und die Lombardei regte sich bereits in diesem Dreiecke von Feuer.

Wie man sich erinnern wird, hatte der König Viktor Emanuel der Heiligen Allianz versprochen, seinem Volke keine Konzessionen zu machen: Am 11. März dankte König Viktor Emanuel, um seinem Worte treu zu bleiben, zugunsten seines Bruders Karl Felix ab, der damals zu Modena war, und ernannte den Prinzen Carignano, den späteren König Karl Albert, zum Regenten.

Diese Verzichtleistung eines Fürsten mit italienischem Herzen zugunsten eines Österreich ganz ergebenen war ein großes Unglück für die Patrioten. Santa-Rosa, einer der Anführer der Bewegung, rief darüber aus: »Oh, Nacht des 13. März 1821! Unglückliche Nacht für mein Vaterland, die uns alle entmutigt hat, die so viele für das Vaterland erhobene Schwerter niederschlug, die so viele teure Hoffnungen brach! Mit dem König Viktor Emanuel verschwand die Nationalität Piemonts; das Vaterland ruhte in dem Könige, es personifizierte sich in diesem treuen Herzen und wir hatten diese Revolution mit dem Rufe unternommen: Mut! Vielleicht wird er uns eines Tages verzeihen, dass wir ihn zum König von sechs Millionen Italienern gemacht haben!« Mit Karl Felix war das anders; mit ihm kehrte man unter das österreichische Joch zurück, man musste wieder ganz von vorne beginnen.

Indessen war noch nicht alle Hoffnung verloren. Am 14. März erschien der Prinz von Carignano, der zum Regenten ernannt war, auf dem Balkon und proklamierte unter lautem Beifallsjubel des Volkes die spanische Verfassung. Da dieses Ereignis in der Zukunft einen unermesslichen Widerhall finden und König Karl Albert eines Tages den Prinzen von Carignano verleugnen sollte, ist es wichtig, hier nicht nur an die mit lauter Stimme proklamierte Verfassung zu erinnern, sondern auch eine Abschrift des Plakats mitzuteilen, das an die Mauern Turins geheftet wurde und auf dem der Prinz Folgendes verkündete:

»In dem schwierigen Momente, in dem Wir Uns befinden, wird es Uns unmöglich, Uns in die engen Grenzen Unserer Rolle als Regent einzuschließen. Unsere Ehrfurcht und Unterwürfigkeit unter Seine Majestät Karl Felix, dem der Thron anheimgefallen ist, würden Uns geraten haben, Uns jeder Änderung an den Grundgesetzen des Königreichs zu enthalten oder wenigstens zu warten, bis Wir die Absichten Unseres neuen Herrschers kennen gelernt haben. Da die Umstände aber gebieterisch fordern und Wir andererseits dafürhalten, dem neuen Könige ein gesundes und glückliches Volk und nicht ein durch die Parteiungen des Bürgerkrieges zerrissenes überliefern zu müssen, haben Wir nach reiflicher Erwägung auf die Empfehlung Unseres Ministerrats und in der Hoffnung, dass Seine Majestät in derselben Erwägung Unseren Entschluss mit Seiner erhabenen Billigung bestätigen wird, beschlossen, dass die spanische Konstitution als Staats-Gesetz unter den Modifikationen, die Seine Majestät und die Nationalversammlung treffen, anerkannt werde.«

Fünf Jahre nach seinem Auftreten in Italien hatte der Carbonarismus erlangt: eine Verfassung in Spanien, eine Verfassung in Neapel und eine Verfassung in Piemont.

Aber die, die zuletzt geboren wurde, sollte als Erste wieder erstickt werden. Anstatt nach Genua oder Mailand zu kommen, anstatt die durch den Prinzen von Carignano gewährleisteten Freiheiten zu billigen und zu bestätigen, erließ König Karl Felix am 3. April des folgenden Jahres nachstehendes Edikt:

»Da es die Pflicht eines jeden getreuen Untertanen ist, sich gutwillig der Ordnung der Dinge zu unterwerfen, die Gott und die souveräne Autoriät bestimmt haben, erklären Wir, von Gott allein erhoben, dass es Uns allein zusteht, die Mittel zu wählen, die Wir am passendsten halten, um das Gute zu erreichen, und dass Wir deshalb den nicht mehr als einen getreuen Untertanen betrachten werden, der gegen die Maßnahmen, die Wir zu treffen für notwendig halten, murren sollte. Wir machen also, als Regel für die Führung eines jeden, bekannt, dass Wir nur diejenigen als getreue Untertanen anerkennen werden, die sich sofort unterwerfen, und machen von dieser Unterwerfung die Rückkehr in Unsere Staaten abhängig.«

Nachdem König Karl Felix dieses Edikt, ein Musterstück an Blindheit, Torheit und Starrsinn, erlassen hatte, ernannte er eine militärische Kommission und beauftragte sie, die Verbrechen des Verrats, der Rebellion und Insubordination, die begangen worden, zu untersuchen. Glücklicherweise waren die hauptsächlichsten Verbrecher, das heißt alle diejenigen, deren Namen heute die ruhmreichsten in Piemont sind, schon auf der Flucht.

Die von Karl Felix ernannte Kommission verlor keine Zeit. Man hat gesehen, dass es den Königen zuweilen an Henkern fehlte, nie aber an Richtern. Das Tribunal urteilte in fünf Monaten über hundertachtundsiebzig Gefangene ab; es verurteilte dreiundsiebzig davon zum Tode und konfiszierte ihr Vermögen, auf die anderen warteten das Gefängnis und die Galeeren. Von den zum Tode Verurteilten waren sechzig abwesend und wurden in effigie gehängt. Wir wollen diese Männer nennen, damit man sehe, wen diese absolute Macht traf, die seit Tarquin nichts anderes verstanden hat, als die höchsten und intelligentesten Köpfe abzuschlagen.

Es waren dies der Leutnant Pavia, der Leutnant Ansaldi, der Arzt Ratazzi, der Ingenieur Appiani, der Advokat Dossena, der Advokat Curri, der Kapitän Baroni, der Graf Bianco, der Oberst Regis, der Major Santa-Rosa, der Kapitän Lesio, der Oberst Caraglio, der Major Collegro, der Kapitän Radice, der Oberst Morozzo, der Prinz della Cisterna, der Kapitän Ferraso, der Kapitän Pachiarotti, der Advokat Marochetti, der Unterleutnant Auzzano, der Advokat Ravina

– im Ganzen sechs höhere Offiziere, dreißig niedere Offiziere, fünf Ärzte, zehn Advokaten, ein Prinz, alle ausgezeichnet durch Klugheit, alle bemerkenswert durch die Eigenschaften ihres Herzens.

Zwei wurden festgenommen und hingerichtet. Es waren der Carabinieri-Leutnant Jean Baptiste Lanari und der Kapitän Giacomo Garelli. Die Exekution des einen fand am 21. Juli, die des andern am 25. August statt.

Einer der Hauptverantwortlichen war ohne Zweifel der spätere König Karl Albert. Er hatte die Verfassung proklamiert, nicht, wie man sagte, seine Anhänger, zwar mit Vorbehalt der Billigung Karl Felix', aber in folgenden Ausdrücken, die keinen Zweifel zuließen: »Nella fiducia che Sua Maësta il re, mosso dàl istesse considerazioni, sara per rivestine questa deliberazione della sua sovrana approvazione, la constituzione di Spagna sara promulgata e osservata come legge dello Stato.«

Bei Empfang des Briefes, der ihn von dem Missbilligung des Königs Karl Felix in Kenntnis setzte, eilte der Prinz von Carignano nach Modena, aber der König weigerte sich, ihn zu sehen, und der Herzog ließ ihm den Befehl zukommen, seine Staaten zu verlassen.

Der Prinz von Carignano zog sich nach Florenz zum Großherzog der Toskana zurück. Dabei handelte es sich nicht um eine einfache Verbannung, eine momentane Ungnade, sondern um den Verlust des Thrones von Piemont. Es verbreitete sich das Gerücht, Karl Felix werde die Krone dem Herzog von Modena überlassen, und dieser würde, nachdem ihm der Thron aufgrund der Verschwörung der italienischen Fürsten gegen Österreich entgangen war, dieses Mal das Ziel seiner Wünsche erreichen.

Der Prinz von Carignano vertraute sich dem Grafen de la Maison-Fort an, unserem Minister zu Florenz, der in dieser Angelegenheit sogleich an Ludwig XVIII. schrieb. Hier ist ein Auszug aus dem Briefe des Grafen:

»Um den Prinzen von Carignano von seinem Erbteil auszuschließen, muss man die Herzogin von Modena, älteste Tochter des Königs Viktor Emanuel, auf den Thron berufen. Dieser Leichtsinn, das edle Haus von Savoyen von einem Throne auszuschließen, den es gegründet hat, diese Undankbarkeit, ein Signum des Jahrhunderts, in dem wir leben, kann von dem Oberhaupte eines Hauses, das mit jenem achtzehn Mal verbunden war, nicht geteilt werden, und es kann dies nicht in der Politik der französischen Regierung liegen, die mindestens das Recht hat, die vollständige Unabhängigkeit des Souveräns zu fordern, der den Schlüssel Italiens in der Hand hält.«

Ludwig XVIII. war der Ansicht seines Ministers. Er schrieb an den Prinzen von Carignano und bot ihm eine Zufluchtsstätte am Hofe Frankreichs an. Das hieß so viel wie: »Sie brauchen nichts zu fürchten, ich nehme Ihre Interessen in meine Hand. Ich werde nicht erlauben, dass ein anderer als Sie König von Piemont werde.«

Und wirklich konnte der König, der seinem Volke im Jahre 1814 die Charte Constitutionnelle oktroyiert hatte, nicht dem Prinzen ein Verbrechen daraus machen, dass dieser dem seinigen eine Konstitution, die nicht anerkannt worden war, versprochen hatte. Allerdings war es nötig, dass der Prinz von Carignano der Heiligen Allianz ehrenvolle Abbitte leistete.

Von den drei Verfassungen, die der Carbonarismus erzeugt hatte, war die eine, die von Piemont, schon bei der Geburt erstickt worden, und zwar eigenhändig durch König Karl Felix; die andere, die von Neapel, wurde durch die österreichische Invasion vernichtet, die dritte, die einzig überlebende, die Spaniens, sollte durch die französische Intervention zunichte gemacht werden.

Derselbe Prinz von Carignano, der die spanische Verfassung zu Turin proklamiert hatte, sollte sie zu Madrid bekämpfen. Diese Arznei war bitter zu schlucken. Der Prinz verbarg seine Schamesröte unter den langen Haaren einer Grenadiermütze, machte den spanischen Feldzug mit und war einer der Sieger am Trocadero, so dass er, als Karl Felix am 26. April 1831 starb, ohne große Schwierigkeiten unter dem Namen Karl Albert auf den Thron steigen konnte. Österreich, das dort lieber seinen Erzherzog von Modena gesehen hätte, machte großen Lärm; es stellte Karl Albert als einen Carbonaro und Verräter dar.

Es log doppelt: Karl Albert war kein Carbonaro; die Proklamation, durch welche er die Konstitution einsetzte, bewies, dass dies nur unter Zwang geschah. Karl Albert war auch kein Verräter, denn er hatte sich persönlich zu nichts verpflichtet; er war ganz einfach ein Prinz, der den Ehrgeiz hatte, König zu werden. Die Schande, nach dem andern Ende Europas gehen zu müssen, um die Verfassung zu bekämpfen, die er zu Turin proklamiert hatte, war durch die Tapferkeit des Grenadiers ausgelöscht worden; der Soldat hatte dem Prinzen die Absolution erteilt.

Seine Thronbesteigung wurde auch von den italienischen Patrioten mit Freuden begrüßt. Del Pozzo schrieb aus seinem Exil in London an ihn: »Unentschlossenheit und halbe Maßregeln helfen zu nichts und bringen in der Politik nichts vorwärts – Piemont will einen konstitutionellen König.« Ein anderer Patriot, der die Anonymität bewahrte, schrieb an ihn aus Marseille:

»Stellen Sie sich an die Spitze der Nation, schreiben Sie auf Ihr Banner ‚Einheit, Freiheit, Unabhängigkeit', erklären Sie sich für den Rächer und Vollstrecker der Völkerrechte, nennen Sie sich den Regenerator Italiens, befreien Sie es von den Barbaren, bauen Sie eine Zukunft auf, geben Sie einem Jahrhundert Ihren Namen, gründen Sie eine Ära, die sich von Ihnen an datiert, seien Sie der Napoleon der italienischen Freiheit!
Werfen Sie mit Ihrem Handschuh den Namen Italiens vor Österreich hin; dieser alte Name wird Wunder tun. Appellieren Sie an alles, was es Großes und Edles auf der Halbinsel gibt. Eine feurige, mutige, von den beiden Leidenschaften, die Helden machen, dem Hass und dem Ruhmbegierde erregte Jugend lebt schon seit langer Zeit in einem einzigen Gedanken und seufzt nach dem Augenblicke, der sie in Tätigkeit setzen wird.
Rufen Sie sie zu den Waffen, stellen Sie die Städte und Festungen unter den Schutz der Bürger, und also frei von jeder anderen Sorge, als der, zu siegen, geben Sie den Anstoß, vereinigen Sie alle um sich, welche der Ruf groß an Geist nennt, stark an Mut, rein von Eigennutz, frei von niedrigem Ehrgeiz. Flößen Sie endlich der Menge Vertrauen ein, indem Sie jeden Zweifel an Ihren Absichten beseitigen und alle freien Männer zur Hilfe aufrufen. Sire, ich sage Ihnen die Wahrheit; die freien Männer erwarten Ihre Antwort durch Taten; wie sie aber auch ausfalle, halten Sie sich für überzeugt, dass die Nachwelt Sie entweder den Ersten der Menschen oder den Letzten der italienischen Tyrannen nennen wird. Wählen Sie.«

Was die Könige wahrhaft zu Erwählten des Herrn macht, ist, dass sie diejenigen sind, an welche man solche Briefe schreibt. Wenn Karl Albert den Rat seines anonymen Korrespondenten befolgt hätte, so hätte er gewiss mit Goïta angefangen, aber es ist wahrscheinlich, dass er nicht mit Novara geendigt hätte.

Karl Albert warf den Brief ins Feuer, und statt auf dem breiten Wege, der sich ihm geöffnet hatte, voranzuschreiten, begab er sich auf den engen Fußsteg einer krummen Politik. Von diesem Augenblicke an war der Bruch zwischen dem Könige von Sardinien und dem jungen Italien besiegelt.

Das junge Italien! Um diese Zeit wurden zum ersten Male diese drei Worte ausgesprochen. Aus wem bestand es damals? Aus Joseph Mazzini, dem unermüdlichen Beförderer der italienischen Einheit, auf dessen Haupt Italien zuerst den Lorbeerkranz des Sieges und heute die Dornenkrone der Undankbarkeit gesetzt hat. Joseph Mazzini, der damals mit einigen patriotischen Veröffentlichungen anfing, sich einen Namen zu machen, den die Polizei Mailands quälte, hatte sich nach Marseille geflüchtet, wo er den Grundstein zu dem von ihm unternommenen unermesslichen Werke legte, indem er unter tausend Schwierigkeiten die Nummern seines *Jungen Italiens* nach Piemont sandte.

Die Großen und die piemontesischen Priester, die sich des Geistes Karl Alberts bemächtigt hatten, zitterten, als sie die Sturmglocke des Gedankens läuten hörten. Es war erst zwei Jahre her, dass sie am Hofe Fuß gefasst hatten, und doch kannten sie ihre Macht. Und sie kannten König Karl Albert, seinen unermesslichen Durst nach Popularität, und obgleich er offen mit Österreich fraternisierte, fürchteten sie, dass ihn eines Tages, wenn nicht ein Weckruf zum Liberalismus, so doch ein Strahl des Ehrgeizes treffen könne. Man wusste, dass Karl Albert in seinen schlaflosen Nächten von dem Throne Italiens träumte. Diesen Thron konnte er nur besteigen, wenn er der Revolution die Hand reichte. Zum König Italiens konnten ihn nicht die Könige, sondern nur die Völker krönen.

Man musste also eine Schranke zwischen ihm und den Patrioten aufrichten.

Eines Tages erhob sich ein Mörder in der Richtermütze und sagte: »Es ist Zeit, dass man ihn Blut kosten lässt.«

An demselben Tage wurde König Karl Albert benachrichtigt, dass man in der Armee ein großes Komplott gegen ihn schmiede; man sagte ihm, dieses Komplott habe den Zweck, ihn zu entthronen. Die Thatsachen wurden verzerrt, die Gefahren übertrieben; man reizte alle Fibern des Menschen und des Fürsten an, um ihm die todbringenden Gefühle einzuflößen, deren jene Menschen bedürfen, die sich Retter der Monarchien nennen. Man verleumdete, log, denunzierte, und so wurde sehr geschickt der Durst nach Blut in der königlichen Kehle erweckt.

In Turin wurde eine außerordentliche Kriminalkommission

geschaffen, die die Leitung aller Strafverfahren in Piemont übernehmen sollte. Die erste Verletzung des Strafgesetzbuches war der Beschluss dieser Kommission, dass alle Angeklagten, Militärs oder nicht, durch einen Kriegsrat gerichtet werden sollten.

Bei dieser Gelegenheit fiel ein denkwürdiger Satz, den ich hier mitteilen will. Ein Offizier, der als Richter in dem Untersuchungsrate saß, befragte einen Rechtsgelehrten über einige Grundsätze des Kriminalrechts. Der Rechtsgelehrte antwortete ihm, dass die erste Basis des Gesetzes, die erste Regel jedes Gesetzbuches diese sei: »Ein militärisches Untersuchungsgericht muss sich für nicht zuständig erklären, über Bürger zu urteilen.«

»Das ist uns nicht möglich«, erwiderte der Offizier, »der General hat uns befohlen, uns für zuständig zu erklären.« Und für dieses Mal wurde der Befehl des Generals die Basis des Gesetzes, die Regel des Gesetzbuches.

Der Erste, der mit seinem Blute den Purpur des neuen Königs färbte, war Korporal Tamburelli; er wurde von hinten erschossen, weil er das Verbrechen begangen hatte, seinen Soldaten aus dem *Jungen Italien* vorzulesen. Der Zweite war Leutnant Tolla, beschuldigt, in seinem Besitze aufrührerische Bücher gehabt und das Komplott, von dem er gewusst habe, nicht angezeigt zu haben. Wie Tamburelli wurde er von hinten erschossen.

Es war eine geistreiche Erfindung der piemontesischen Obrigkeit, die Strafe des Erschießens auf diese Weise der des Galgens ähnlich zu machen; denn es war nicht genug, nur zu töten, man musste auch versuchen, die Verurteilten zu entehren.

Am 15. Juni erschoss man – wie stets: von hinten – die Sergeanten Miglio Giuseppe Beglia und Antonio Garotti.

Alle diese Männer starben mit bewunderungswürdigem Mute.

Jacopo Raffini lag im Kerker des Turme zu Genua. Man suchte ihn durch alle möglichen Mittel seiner Kräfte zu berauben, durch Entziehung der Nahrung und des Schlafes; er fühlte, dass er nicht nur körperlich, sondern auch geistig schwach wurde, und beschloss, nicht abzuwarten, bis man ihn vor die Wahl zwischen Tod und Schande stelle. Da er fürchtete, dass er nicht mehr die Kraft haben werde, an dem Tage, wo dies geschähe, den Tod zu wählen, löste er eine Eisenplatte von der Tür seines Gefängnisses, schärfte sie und schnitt sich damit die Kehle durch.

Im Todeskampfe hatte er noch die Kraft, mit der Spitze seines Fingers mit seinem eigenen Blute auf die Mauer zu schreiben:

»Durch dieses Testament vermache ich Italien meine Rache.« Als man morgens in seine Zelle trat, fand man ihn tot.

Zu Genua wurden erschossen: Luccano Ravenza und Louis Turfo.

Zu Alessandria: Domenico Ferrari, Giuseppe Menardi, Giuseppe Rigano, Amandi Costa, Giovanni Marini und schließlich Andrea Vocchieri.

Wie Jacopo Raffini wollen wir auch Andrea Vocchieri einige Zeilen widmen. Ein Verurteilter aus Alessandria, der die Qualen einer langen Haft in der Festung Fenestrella überlebte, hat in seinen Memoiren die Erzählung vom Tode Andrea Vocchieris hinterlassen.

»Zuerst«, sagt er, von sich selbst sprechend, »nahm man mir meine Bücher, die aus einer Bibel, einer Sammlung christlicher Gebete und einer Geschichte der berühmten Kapuziner von Piemont bestanden. Dann legte man mir Ketten an die Füße und führte mich in einen noch feuchteren, finsterern und schmutzigeren Kerker als den ersten, mit doppelten Gittern an den Fenstern und doppelten Riegeln an den Türen. Dieser Kerker stieß an den des armen Vocchieri; einige schlecht reparierte Ritzen gestatteten mir den Blick von meinem Gefängnisse in das seinige und ein schwaches Licht, das auf ihn fiel, ihn zu erkennen.

Er lag auf einer elenden Bank mit Eisen an den Füßen; zwei Wächter hielten sich an seiner Seite mit bloßem Säbel; ein mit einem Gewehr Bewaffneter stand an der Tür. In diesem schrecklichen Kerker herrschte tiefes Schweigen; die Soldaten schienen bestürzter als der Gefangene selbst. Von Zeit zu Zeit kamen zwei Kapuziner, um ihn zu sehen und zu ermahnen.

So hatte ich ihn eine ganze Woche lang unter den Augen und konnte nicht davon ablassen, ihn zu betrachten, wie großen Schmerz ich auch dabei empfand; endlich führte man ihn eines Tages hinaus, man brachte ihn zur Hinrichtung.«

Was der Gefangene aber nicht erzählt, denn er konnte es nicht wissen, ist, dass Vocchieri auf dem weitesten Wege zu seiner Exekution geführt wurde. Es ist wahr, dass dieser Weg an seinem eigenen Hause vorüberging, dem Haus, das von seiner Schwester, seiner Frau und seinen beiden Kindern bewohnt wurde. Man hoffte, dass ihn beim Anblick alles dessen, was er auf der Welt liebte, der Mut verlassen werde und er zu Geständnissen bereit sei. Er aber sagte, traurig lächelnd: »Sie haben vergessen, dass es eine Sache auf der Welt gibt, die ich mehr liebe als Schwester, Frau und Kind

– es ist Italien! – Es lebe Italien!« Dann wandte er sich gegen seine Wächter, Ruderknechte der Galeeren, die ihn statt der Soldaten erschießen sollten, und sagte: »Gehen wir weiter!« Eine Viertelstunde später fiel er, von sechs Kugeln durchbohrt.

Jetzt waren die Hände Karl Alberts rot vom Blute seines Volkes.

Es gab damals in Nizza einen Jüngling, der dieses Blut fließen sah und sich selbst den Schwur tat, sein ganzes Leben dem Dienst der Freiheit zu weihen, für die so viele Märtyrer starben. Dieser Jüngling, damals sechsundzwanzig Jahre alt, war Joseph Garibaldi.

Drittes Buch

George Sand über den Krieg in der Lombardei

Noch kein Jahr ist seit der Gedächtnisfeier der Geburt Garibaldis verflossen. An demselben Tage schrieben wir über diesen Helden einige Zeilen, die wir heute wieder abdrucken lassen und denen wir einige durch die neueste Situation Italiens hervorgerufene Bemerkungen anschließen.

Vor einigen Tagen wanderten wir in einem schönen Lande auf Fußstegen, die der Gewitterregen tags zuvor ausgespült hatte und die mit furchtbaren, herabgerollten Trümmern besät waren. Imposante Ruinen antiker Vulkane, die mit unermesslichen Weiden bedeckten Berge hatten wieder ihr grünes, mit Ranunkeln und Narzissen übersätes Kleid angezogen. Eine herrliche Sonne funkelte noch auf hartnäckigen Schneelagen, während, zwei Schritte von dem ewigen Winter entfernt, gefleckte Kühe in Frieden die neuen Blumen abfraßen und ein mächtiger Adler mit seinem großen Schatten majestätische und langsame Kreise auf der weiten Wiesenebene beschrieb.

Unter dem Schutze der höchsten Gipfel, auf diesen hoch gelegenen Plateaus, den letzten Heiligtümern des Hirtenlebens, schienen einige in Hütten zerstreute menschliche Wesen gar nicht zu wissen, dass die Welt in Flammen stehe und dass über jenen unermesslichen Horizont hinaus, wo das Auge die Alpen errät, die Geschütze lauter grollten als der Donner, während die Geier über die Schlachtfelder schweiften.

Und dennoch wussten diese Gäste der ewigen Einsamkeit, diese Viehhirten, diese Kinder der Berge und der Wolken, die während der Sommertage selbst ihren Familien fremd werden, dass Krieg sei und kannten die Namen der Tapferen.

Unsere Führer sprachen von Afrika und erzählten von Constantine, sie fragten uns, ob die Soldaten von heute mehr Leiden und Strapazen auszustehen hätten, als sie selbst ehemals.

In dieser erhabenen Ruhe der Natur schlugen doch noch Herzen von Erregung, Erstaunen und Erwartung.

»Sind wir da unten die Sieger? Rücken wir vor? Gewinnen wir Schlachten?«

Und auch hier wie anderswo, in den Hütten wie in den Schlössern, in den Hirtendörfern wie in den Städten, überall auf den Straßen und auf den Feldern lebte ein jeder außer seiner eigenen Person; das Herz war dem kriegerischen Aufschwunge gefolgt und die ländlichen Altäre des Gottesfestes trugen in Buchstaben von blauen Kornblumen, Gänseblümchen und Mohn die Inschrift, die wunderbarerweise die Hände der Frauen und Kinder gebildet hatten: »Ruhm dem Gotte der Schlachten!«

Ebenso war es vielleicht in den Tagen des naiven Glaubens, zu Anfang der ersten Kreuzzüge. Auch damals handelte es sich um die Freiheit. Man wusste oder glaubte wenigstens zu wissen, dass es in der Ferne unterdrückte Christen gab, die alle Tapferen zu ihrer Hilfe herbeiriefen, und ein großherziger Gedanke war die zauberische Verblendung dieser ersten Feldzüge.

Heute gibt es wieder einen Kreuzzug im Namen der Freiheit, aber es handelt sich nicht mehr allein um die materielle Freiheit einiger Glaubensgenossen, sondern um die physische und moralische Freiheit eines ganzen Volkes, das sich würdig zeigt, wieder aufzuleben. Heute ist es ferner noch der Kampf der Zivilisation gegen die unterdrückenden Ideen der Barbarei; das ist ein noch religiöserer Kampf, denn die Fragen des Religionskultus sind es nicht, um die es sich handelt, sondern das Prinzip der Unabhängigkeit, ohne welche der Mensch an nichts glauben, nichts, weder im Himmel noch auf Erden, wirklich lieben kann, weil er von dem Tage an, an dem er nicht mehr zu den Nationen zählt, gar nicht mehr existiert.

Jedermann fühlt diese Wahrheit so gut, dass die Bereitschaft des lombardischen Volkes beim Beginn des Krieges Zweifel einflößte. Man konnte auf den erleuchteten Teil dieser Nation zählen, aber der Landmann, der in jedem Lande die Veränderung fürchtet und alles nur unter der einen Bedingung erträgt, dass man nicht über seine Saaten schreitet, würde womöglich die mit so hohen Kosten verbundene Neuordnung der Dinge bedauern.

Und dennoch war es nicht so. Dieses Volk erhob sich, verstand und begrüßte Piemont, Frankreich und die Freiheit. Man hat es niemals deutsch machen können, es hat den Namen und das Bewusstsein des Vaterlandes nicht vergessen, und wenn es diese einmal verkannt hat – als die Ernte gut stand, als es zu sich selbst sprach: »Möge Italien, möge die Welt untergehen, wenn nur meine Ern te gut wird« –, so kam ein anderer Tag, wo es freudig sein junges Korn abmähte, um es in die Krippen der Pferde seiner Befreier zu werfen.

Seine Befreier sind stark und tapfer, großherzig und aufopfernd. Man würde in Verlegenheit kommen, wenn man sagen sollte, wer der vorzüglichste Held in diesem Kriege ist, und jedenfalls würde man mehr als einen in die erste Reihe stellen müssen.

Es gibt aber Namen, die gewisse romantische Umstände der Sympathie der Landleute zugänglicher machen, und ich war in diesen Tagen nicht erstaunt, das Porträt Garibaldis bei den frommen Bergbewohnern des Velay und der Cevennen zu sehen. Dieser berühmte Abenteurer, den gewisse furchtsame Geister sich unlängst noch als einen Banditen vorstellten, war da unter den Bildnissen der Heiligen aufgestellt.

Und weshalb nicht? Warum sollte er nicht einen Platz unter den Beschützern des armen Volkes finden, er, der in Bezug auf sein italienisches Volk der Gründer des neuen Glaubens ist? Seht doch, ob sein Wort nicht dem der ersten Christen ähnelt? In seinem Munde liegen nicht politische Thesen, nicht Theorien des materiellen Interesses.

»Ich bringe euch«, sagt er, »Gefahr, Anstrengung und Tod. Ich will euch das Heil der Seele und nicht die Ruhe des Körpers predigen. Erhebt euch also und folgt mir!« So sprach er zu den italienischen Landleuten, und sie erheben sich und marschieren, sie gehorchen dem Rufe mit Enthusiasmus. Und man sagt noch, dass die Zeit der Wunder vorüber sei?

Nein, die Zeit der Wunder wird so lange dauern, als das menschliche Geschlecht auf der Erde ist, ohne dass es jemals nötig wäre, die äußeren Gesetze der Natur umzustoßen. Im Herzen des Menschen erfüllt sich das ewige Wunder, der erhabene Kampf der materiellen Gelüste und der Bedürfnisse des höheren Lebens, indem diese jene selbst bei ihren rechtmäßigen Forderungen zum Schweigen bringen. Der kalten Berechnung, welche die rationale Wahrscheinlichkeit der künftigen Begebenheiten abmisst, stellt sich dieses Wunder niemals dar, und dennoch ist es dies Wunder, das alle anscheinend unlösbaren Fragen löst und alle Schlüsse der besten Logik Lügen straft.

Der wahrhaft aufgeklärte Geist sollte deshalb immer auf das Wunder zählen und ihm einen Platz in der Zukunft einräumen. Uns scheint es, als gäbe es ein sehr einfaches Mittel, die Gewissheit des göttlichen Eingreifens, auf das man in Wirklichkeit zählen kann, zu erproben: Man muss sich nur versichern, dass die Sache, die man ihm anheimstellt, seiner auch wirklich würdig ist. Gott spricht, er lässt sich als Gott der Schlachten anbeten, er legt in die Herzen der Menschen, die er zum Handeln erweckt, einen heiligen Zorn, dem nichts widerstehen kann, und eine Selbstverleugnung, die jener alten Zeiten würdig ist, die man allgemein so hoch rühmt und die in jedem Augenblicke, selbst in den Epochen der Erschlaffung, des Skeptizismus und des Spottes, die Gegenwart überragt.

Gott sei Dank ist der Mensch einmal so geschaffen, und es ist kein Traum, daran zu glauben. Ihr findet ihn immer und überall von kleinen Leiden niedergebeugt, denselben Irrtümern unterworfen und unfähig, sich glücklich oder weise, ruhig oder stark in seinem eigenen Werke zu machen; stets und überall werdet ihr ihn aber fähig finden, die großen elektrischen Bewegungen mitzufühlen, dank denen alle eines Tages erhoben sein werden.

Das liegt daran, dass der Mensch größer und besser ist, als er selbst glaubt und weiß. Sein ganzes Unglück ist, dass ihn das materielle Leben auf der Erde niederzudrücken vermag. Er verzehrt sich dabei und vergisst, dass er, je weiter er sich von dem allgemeinen Interesse fernhält, sich desto mehr schwächt und verdirbt. Er bedarf hoher Anregungen, um zu fühlen, dass sein Leben das der andern ist und das der andern das seinige.

Wie gut fühlt er es aber, wenn der Anstoß gegeben ist! Wie schäumt dieses höhere Leben in ihm, wie groß macht es ihn, wie entzieht es ihn sich selbst, wie elend lässt es ihm die großen Interessen und die klugen Überlegungen des vergangenen Tages erscheinen! Das Volk liebt das Wunderbare, das ist gewiss, und es denkt nicht daran, dass es in gewissen Tagen dieses ausgezeichnete Wunder, dieses Unerhörte, dieses Fabelhafte selbst ist, dass es dieses Schauspiel selbst gibt, wenn es sich vorwärtsstürzt und Leib und Gut opfert, nachdem es immer geglaubt hat, es sei klug und gut, sich zurückgezogen zu halten.

Dieses arme, eingeschläferte Volk, das wohl oder übel ebenso viel leiden muss wie die, welche denken und wollen, bedarf aber der Führer; Gott weiß es und schickt sie ihm. Er hat seine Auserwählten für diese wunderbare Mission, dieselben, welche die Bibel Engel und Kaiser Karl der Große seine missi dominici nannte. Die moderne Welt hat keine geeigneten Namen mehr für solche außergewöhnliche Werke, und Garibaldi hat den leeren und schwankenden Titel »Abenteurer« erhalten.

Mag es sein, wenn man damit den Mann der epischen Taten und der übernatürlichen Entschlüsse bezeichnen will. Möge er seinen phantastischen Beinamen behalten! Wenn man aber unter Abenteurer den blinden und brutalen Glücksritter, der seine Tapferkeit dem Meistbietenden verkauft, verstehen will, so würde man einem der festesten und reinsten Charaktere der Neuzeit bitteres Unrecht tun. In den letzten Tagen haben sich genug Zeugnisse zu seinen Gunsten gefunden, so dass diese edle Gestalt schon den ihr gebührenden Platz in der Geschichte gefunden hat, und es würde beinahe schlechter Geschmack zu nennen sein, wenn man sie gegen leere Gerüchte und ungerechtes Misstrauen verteidigen wollte. Wenn man sich damit befasste, so war es unserer Ansicht nach wenigstens unpassend, in seinem Privatleben, seinen Leidenschaften, seinen Liebhabereien diesen geheimen Roman zu suchen, den er allein zu offenbaren und zu beurteilen hat, und wir können es nicht billigen, dass die Neugier des Publikums auf so leichtfertige Weise unterhalten wurde. Man weiß, dass er geliebt hat, dass er eine Heldin zur Gefährtin hatte, und man weiß, wie und wo er sie verlor. Jedenfalls ist das, was man wirklich von ihm weiß, mehr als hinreichend, um es als ein Leben voll bewunderungswürdiger Aufopferung, bitterer Schmerzen und erprobtem Mute hoch zu schätzen.

Das glorreiche Gedicht seines Lebens hat auch seinen Angst- und Schmerzgesang zur Vervollständigung; da liebt man den Helden und weint mit ihm. Man muss es wohl, denn im Unglücke erwecken solche große Existenzen die Sympathie und schließen sich durch Tränen an die Menschheit an. Das Mitgefühl besitzt stets eine unbegrenzte Zärtlichkeit für die, deren Energie unbegrenzt ist, und ein brechendes großes Herz ist ein Anblick, bei dem alle Herzen brechen müssen.

Der Geschichtsschreiber F. T. Perrens sagt in seinem Buch *Zwei Jahre der Revolution in Italien (1848, 1849)*:

»Sobald die Ruhe sich scheinbar wiederhergestellt hatte, verließ Garibaldi aufs Neue Amerika, um sich seinem teuren Italien zu nähern und sich für die Kämpfe der Zukunft bereitzuhalten. (Perrens schrieb dies im Jahre 1857.) Inzwischen verschaffte er sich und seinen Kindern durch sein altes Seemannshandwerk die Mittel, zu existieren. Er ist ein heldenmütiger Soldat, als General hat man ihn verschiedentlich verurteilt, aber er hat sich die Achtung selbst seiner Feinde erworben. Es ist noch nicht lange her, dass der österreichische General Asper zu einer hoch gestellten piemontesischen Persönlichkeit sagte: Ihr habt den Mann verkannt, der euch in eurem Unabhängigkeitskampfe am nützlichsten werden konnte; es war Garibaldi.«

Wer auch die Person, auf die sich der Geschichtsschreiber hier bezieht, gewesen sein mag, Graf Cavour hat sich der Worte des Österreichers erinnert, und Garibaldi ist nach Nizza zurückgekehrt, daselbst zu leben und auf die herrlichen Ereignisse zu warten, die sich heute mit seiner Hilfe erfüllen.

Fünf Jahre lang lebte Garibaldi mit seinen Söhnen zurückgezogen auf der kleinen Insel Caprera, die zwischen Sardinien und Maddalena liegt. Er bebaute das Land auf einer großen Klippe, bearbeitete unkultivierten Boden und legte zu großen Nutzungen bestimmte ländliche Werke an. Von Zeit zu Zeit sah man ihn in Nizza auf einem kleinen Kutter ankommen, den er als Transportmittel für seine Materialien zur Verfügung hatte. (Anatole de la Forge.)

So eignet sich also dieser tätige, ernste Geist zu allem, und die Mußestunden, die ihm der Krieg lässt, sind Arbeiten von ernster Nützlichkeit geweiht. Diese geistige Fruchtbarkeit ist bemerkenswert und zeigt den erhabenen Verstand in einer ungestümen Natur. Wir wollen nochmals und mit Vergnügen Herrn Anatole de la Forge zitieren:

»Die angesehensten und bedeutendsten Männer der Stadt (Nizza), von der französischen Kolonie, Alphonse Karr an der Spitze, wissen, wie hoch Garibaldi dort unten geachtet ist. Dieser tapfere Soldat, dessen Ruf als Privatmann unantastbar ist, hat sich die Sympathie und die Hochschätzung aller zu erwerben gewusst; seine politischen Gegner selbst erkennen die Ehrenhaftigkeit seines Charakters an.« (*Le Siècle*, 26. Mai 1859.)

»Als ich ihn zum ersten Male sah«, erzählt Alphonse Karr (*Les Guêpes*, Mai 1859), »und die Ehre hatte, ihm die Hand drücken zu dürfen, war er bei einem Handwerker-Bankett bei Gelegenheit einer Taufe. Ich saß neben ihm. Er war ruhig, zurückhaltend und einfach. Diese Einfachheit zeigte sich in allen seinen Gewohnheiten. Später begegnete ich ihm von Zeit zu Zeit am Meeresufer in dem abgelegenen Viertel Lazaret. Sonntags spielte er mit den Seeleuten Kegel.«

Ohne Zweifel haben der König von Sardinien und Graf Cavour in ihm, wenn nicht mehr, so doch wenigstens etwas anderes in ihm gesehen als in allen Helden, die sie dem Feinde des Vaterlandes gegenüberstellen konnten und wollten. Sie sahen in Garibaldi, was schon das Volk in ihm sah, eine Art Ritter der alten Zeit, einen Apostel der Befreiung, einen Führer, wie wir ihn schon nannten; denn sie haben ihm die Mission übertragen, die seiner wunderbaren Bestimmung, seinem schnellen Einflusse, dem Reize seines begeisterten Wortes, seinem edlen Aussehen und der hinreißenden Kraft seines patriotischen Glaubens gebührte. Mit seinem Auftrage, die Bevölkerung gegen Österreich aufzuwiegeln und die neue gute Kunde zu verbreiten, während er den Feind neckte, spielte er eine in der Geschichte ganz neue Rolle. Er macht eine Revolution zugunsten des Königreichs, er macht sie mit Bewusstsein, entschlossen, loyal, ohne getäuscht zu werden oder zu täuschen.

Wir werden hier am meisten betroffen von seinem starken Gedanken, von seinem moralischen Werke. Seine Taten sind jetzt in aller Munde, und diese poetische, mit dem ganzen Reize des Unbekannten umkleidete Figur nimmt in Frankreich alle Herzen und Phantasien auf das Tiefste ein. Wir sind darüber nicht erstaunt. Garibaldi ähnelt keinem andern und er birgt eine Art von Geheimnis in sich, das zum Nachdenken auffordert. Leichtfertige Köpfe meinen vielleicht, dass er seine Zauberkraft der Jugend und Schönheit verdanke – einige sagen, seiner physischen Kraft und seiner Stentorstimme – andere, seinem riesenhaften Wuchse und seinem theatralischen Kostüme. Glücklicherweise ist heute nichts von alledem wahr und dennoch dauert der Zauber fort. Garibaldi trägt das Kostüm, das seinem militärischen Range zukommt, er ist nicht mehr in der ersten Jugend, sein Gesicht ist mehr edel und ernst als schön in seinen Zügen. Er sieht weder wie ein Abenteurer noch wie ein Räuber aus, seine Natur ist vielmehr delikat und gewählt, die Seele regiert den Körper und teilt ihm vor allem ihre Macht mit. Seine Stimme ist sanft, seine Miene bescheiden, seine Manieren erhaben; edle Großmut und unermessliche Güte vereinigen sich mit unbeugsamer Festigkeit und hoher Gerechtigkeit. Er ist gerade der Mann zum Befehlen, aber zum Befehlen durch Überredung, er kann nur freie Männer beherrschen. Er hat kein anderes Anrecht an ihnen, als das geheiligte des gegebenen und empfangenen Wortes. Es ist etwas Enthusiastisches und Religiöses, das unter regulären Truppen nicht seinesgleichen hat und das eine der seltensten Phänomene in unserer Zeit ist, mitten in einem Kriege, den kluge Berechnungen und strenge Disziplin leiten. Diese kleine Parteigänger-Armee, die auf eigene Rechnung mit der einzigen Bestimmung, zu siegen oder zu sterben, marschiert, hat nicht ein einziges Mal die geordneten Pläne der verbündeten Armeen gestört. Ganz im Gegenteil hat Garibaldi, von unbesieglichen Helden umgeben, die gleichzeitig kühn wie Löwen und schlau wie Füchse sind, nach seinem Geschmack und seiner Art sein persönliches Werk verfolgt, als er in die Flanken der Expedition geworfen wurde wie ein Querschläger, wie ein überraschender und verzehrender Feuerbrand, aber stets wie ein überzeugender Apostel, der den Unwillen aufreizt, den Mut belebt und die Ketten bricht, indem er dem Volke zuruft: »Hilf dir selbst, so wird dir der Himmel helfen!«

Und dennoch hat man zum Teil in Frankreich unter dem Einflusse unangenehmer Erinnerungen diesem Manne von Eisen, dieser Seele voll Feuer misstraut, ohne die Größe seines Benehmens und seiner Hingebung zu begreifen. Man sagte: »Er ist ein Feind des französischen Namens, er ist der Verteidiger Roms« – sagen wir es nur: »Er ist ein Republikaner und Sozialist.«

Jetzt muss man freilich schweigen; denn Republikaner oder nicht, konstitutionell oder radikal, Schüler Manins oder Mazzinis, er ist da, gestattet nicht, dass man ihn um seine Meinung befrage, und trotzt an jedem Tage dem Tode für den Sieg der Sache, welche die Könige zu der ihrigen gemacht haben. Die Könige haben Vertrauen zu ihm, ohne dass das Volk an ihm zweifelt, ohne dass die alten und neuen Freunde des großen Parteigängers sich um seinen Ruhm streiten, ohne dass sich eine Stimme in Italien erhebt, um ihm vorzuwerfen, dass er zu viel für die Republik von gestern und zu viel für das konstitutionelle Königtum von heute getan habe.

Das ist so, weil er zu den seltenen Charakteren gehört, die über jeder klugen Berechnung stehen. Weder Verleumdung noch Misstrauen, kein Vorwurf vermag durch das reine Gold seines Brustharnisches zu dringen. »Alles fürs Vaterland« ist seine Devise. Man fühlt, dass keine Erwägungen der Freundschaft, der Berechnung, der Furcht vor der öffentlichen Meinung bei ihm in die Waagschale fallen, wenn es sich um die Pflicht handelt. Man weiß, dass man weder denen, die gestern dienten, noch denen, die heute dienen, Misstrauen gegen ihn einflößen kann, und wenn dies auch geschähe, würden sie doch rufen: »Und wenn auch!« und würden sich in das Feuer stürzen, alles verleugnend, selbst den Schein der Ehre, nur auf die Gerechtigkeit der Geschichte und das Urteil Gottes im Herzen der edlen Menschen zählend.

Solchen Männern repräsentieren meist weniger eine bestimmte Idee als vielmehr ein allgemeines Gefühl. Sie vereinigen die Seele einer Nation in sich, und wenn man wohl darauf achten will, dann wird man in diesem hier eine Art Personifikation des wiedererstehenden Italiens mit seiner schmerzvollen Vergangenheit, seinen bitteren Dramen, seiner stummen Geduld, seinem großen tätigen Geiste und besonders seinem Hass gegenüber dem Joch der Fremden sehen, das jeden eitlen Stolz und jede traurige Uneinigkeit fallen lässt, wenn die Stunde gekommen ist, in der es sich darum handelt, zu sein oder nicht zu sein.

Rohant, den 4. Juli 1859.
George Sand.

Heute ist das Mailändische befreit, das Zentrum Italiens hat das Prinzip der Einheit proklamiert. Sizilien hat sich gegen den Bourbon von Neapel erhoben und Garibaldi ist in Sizilien. Der Ruf seiner Siege ist seiner Landung vorausgeeilt, und heute, am 26. Mai, weiß man hier, wo ich bin, noch nicht, ob Palermo nicht schon in seiner Hand ist. Mehr als je ist dieses abenteuerliche Leben fabelhaft geworden, aber diese Fabel ist Geschichte. Nichts scheint für Garibaldi unmöglich. Umsonst erklären ihn neapolitanische Proklamationen für geschlagen und besiegt. Niemand lässt sich dadurch täuschen, die Geschichte spricht schon und sie sagt im Voraus: »Er ist Sieger!«

Ist es möglich, dass er unterliegt? Nein! Er hat noch einmal alles gewagt. Mit einer Hand voll seiner würdigen Tapferen ist er ausgezogen, eine furchtbare Armee zu bekämpfen; das Geheimnis und der Zauber begleiten ihn; ein Wunder geschieht, dass er sich ausschiffen kann; die Einbildungskraft sucht ihn ängstlich in dem Labyrinthe der Gebirge. Im feindlichen Lager herrscht panischer Schrecken; man flieht, ohne ihn vielleicht erblickt zu haben. Der Schrecken herrscht am Hofe von Neapel. Alles dies gleicht einer Dichtung. Dieser Mann, der fast allein steht, ist ein Mann des Wunders; er lässt Throne erzittern, er ist die Oriflamme, das feuerfarbene, sternenübersäte Banner einer neuen Ära. Ganz Europa richtet die Augen auf ihn und erwacht jeden Morgen mit der Frage, wo er ist und was er tags zuvor getan hat.

Das kommt daher, dass er in sich den Glauben der heroischen Zeiten trägt, und die Wunder der Ritterzeit erscheinen wieder mitten im neunzehnten Jahrhundert. Die Welt ist also noch nicht gestorben? Wer wollte sagen, dass sie alt sei, dass nichts Unwahrscheinliches in diesem Zeitalter der Aufklärung und der Vernunft mehr möglich wäre, dass nichts Großes mehr eine zu weit vorgeschrittene und zu gefestigte Zivilisation erregen könne? Viele kluge Leute, viele starke Geister behaupteten das noch gestern, was sagen sie aber heute?

Kommt es denn darauf an, was sie behaupten? Wo sind diese Leute und was tun diese starken Geister, wenn es sich darum handelt, den Fremden zu verjagen und die Freiheit zurückzuerobern? Da ist ein einziger Mann ohne Geld, ohne Macht und Stütze, im Kampfe mit allen Hindernissen, die dem Menschen in der bestehenden Gesellschaft entgegentreten können, und in einem Augenblicke hat dieser Mann Freunde, ergebene Anhänger, unerschrockene Gefährten, Völker, die ihm zujubeln. Der Mensch, welcher glaubt, ist also doch allmächtig! Er flüstert ein Wort, er gibt einen Wink in den Schatten hinein, und die Tapfern eilen herbei, die Mittel finden sich, die Völker erheben sich, die Gefahren weichen mit den Hindernissen, die Welt erseufzt von einem Ende bis zum andern und beschließt den Sturz des Monarchen, der bedroht ist, bevor er noch einen einzigen Mann verloren hat. Man fühlt, dass dies heute oder morgen geschehen wird, dass das menschliche Bewusstsein es will, dass Gottes Finger sich erhoben hat, dass Garibaldi, wenn er auch durch eine Kugel fiele, immer noch im Geist und wie eine übernatürliche Erscheinung an der Spitze seiner siegreichen Legionäre stehen und dass sein Name allein die Wunder seines Willens fortführen würde.

Italien hat heute drei ausgezeichnete Männer auf der Bresche stehen – diejenigen nicht mitgerechnet, die sich zurückhalten, aber stets die Tiefe des Volksgeistes erregen, indem sie ihm mit Beredsamkeit und Leidenschaft die nationale Einheit und die vollständige Vernichtung der Fremden predigen. Da dies keine gründliche Abhandlung, sondern ein Ruf aus unserm Herzen, eine Anrufung Italiens und der Freiheit ist, wollen wir nur von dem außerordentlichen Trio sprechen, das in diesem Augenblicke die drei sich schnell der Krisis nähernden Termine repräsentiert: gestern, heute und morgen. Zwei dieser Männer ähneln sich sehr: Viktor Emanuel würde, wenn er nicht König wäre, mit Garibaldi unter einem Zelte sein. Durch zu berücksichtigende Erwägungen und fürstliche Verpflichtungen zurückgehalten, muss er den Augenblick abwarten, bis die vox populi, die vox Dei sein Recht und seine Pflicht heiligen wird, bis er durch den begeisterten Ruf der Massen berufen wird, die heiligste aller politischen Pflichten, die schönste aller Aufgaben zu erfüllen, nämlich eine große, aus sich selbst lebende Nation wiederherzustellen. Der König Viktor Emanuel repräsentiert also das Recht Italiens, und dieses Recht fällt dank der Vorsehung in die Hände eines sprichwörtlich edlen Mannes. Wir wollen beiläufig bemerken, dass die Volksbezeichnung »Re galantuomo« sich nicht hinreichend durch unser Wort »ein ehrenhafter Mann« übersetzen lässt.

Zwischen diesen beiden feurigen Seelen beschützt ein scharfer und tiefer Geist das Geschick Italiens. Ein Unglück wäre der Tag, an dem die Weisheit und Ausdauer des Herrn von Cavour nicht mehr die Zügel, die so schwer zu führen sind, halten würde, denn Adel, Volk, Armee, Klerus, Vergangenes und Gegenwärtiges müssen in Übereinstimmung für die Zukunft arbeiten.

Gewiss hat Graf Cavour einen sehr vernünftigen Begriff von den drei Terminen, aber er ist durch die Bestimmung der modernen Zeit besonders berufen, die Rechte des ersten, der Vergangenheit zu vermitteln. Garibaldi, ungestüm gegen die Zukunft hinarbeitend, repräsentiert den äußersten Termin. Gewiss ist er durch sein Gefühl und das Bewusstsein seiner Mission gezwungen, gegen die in den Augen des Ministers oft nötigen Barrieren anzustürmen. König Viktor Emanuel ist mit der ganzen Last der Gegenwart beladen, und er hat mit dem Patriotismus und der Loyalität eine gewisse Heiterkeit des Charakters erhalten, eine Gesundheit der Seele und des Körpers, die seine gefährliche Situation notwendig erfordert.

Können diese Männer sich ohne größte Gefahr für die allgemeine Sache entzweien? Wir, deren Teilnahme entschieden Garibaldi und seiner Kühnheit gilt, die wir glauben, dass in den Stunden des heißesten Kampfes die Ideen den Taten Platz machen müssen, wir bewahren doch die Meinung, die uns das allgemeine Gefühl eingibt, dass, wenn König Viktor Emanuel und Garibaldi Arm und Schwert Italiens sind, Graf Cavour der Schild ist, ohne welchen diese nicht vor den Pfeilen des Hinterhalts geschützt sein würden. Diese Ägide des Verstandes stellt sich zwischen das kriegerische Italien und das feindliche, misstrauische oder gefühllose Europa. Der sie trägt und aufrechterhält, hat die homerischen Kämpfer beschützt, die französischen Herzen für die Befreiung entflammt, hat den lauen Parteien, den furchtsamen und, wie man weiß, in ihrer Untätigkeit so gefährlichen Geistern Vertrauen eingeflößt; er hat die Interessen vereinigt, und so haben sich alle Klassen wie ein Mann erhoben; die Zurückgezogenheit ist eine öffentliche Schande geworden, eine Schande, die sich vor sich selbst gerechtfertigt haben würde, indem sie sich hinter der Furcht vor zu neuen und zu exklusiven Ideen verschanzt.

Wir wollen nicht behaupten, dass eine andere Lehre als die von der konstitutionellen Monarchie nicht auch endlich die Fremden hätte vertreiben können, selbst ohne die ruhmreiche Intervention unserer Truppen. Italien hat bewiesen, dass es auch allein große Dinge vollbringen kann, aber sich die Zustimmung der anderen Mächte zu erhalten, sich dagegen zu wehren, von den einen zermalmt, von den andern verlassen zu werden, das ist es, was es vor einem halben Jahrhundert noch nicht vermocht hätte, und das hat die Weisheit des Herrn von Cavour zu bewirken gewusst. Indem er das für Italien einzig anwendbare Prinzip repräsentierte, hat er zu dessen Befreiung in so hohem Maße beigetragen, dass es eine große Undankbarkeit oder wirkliche Verblendung sein würde, dies zu leugnen.

Wir wissen wohl, dass unser Wunsch, diese drei Männer möchten ihre Einigkeit bewahren, vielen unzulässig erscheinen wird, die durch einen dieser drei Namen, welche in diesem Augenblick einen so hellen Glanz um sich verbreiten, in die italienische Politik verwickelt worden sind. Wir sind der festen Überzeugung, dass der, der Italien liebt, will, dass es mit allen seinen Kräften, in seiner ganzen Größe, in allen seinen Gliedern, in seinem ganzen Ruhme lebe. Bei diesem neuen und furchtbaren Kampfe, den das Schweigen Roms und der falsche Schlummer Österreichs verbergen, ist es notwendig, dass der eine alles wagt, der andere viel tut und der Dritte immer wacht.

Das ist unmöglich, wie es scheint. Die Vergangenheit wird der Zukunft immer ein Hindernis werden, die Zukunft immer ein Rebell sein, der die Vergangenheit mit seinem unglücklichen Widerstande bedroht, die Gegenwart wird ihre historische Entwicklung nie anders finden, als durch tiefe Zerstörungen und blutige Kämpfe.

Die Geschichte lehrt es, aber die Geschichte führt auch glänzende Ausnahmen an, wunderbare Verleugnungen dieses schrecklichen Gesetzes. Sie bestätigt, dass nichts Großes, Schönes und Dauerndes in der Welt sich ohne übermenschliche Anstrengung des Willens, des Bewusstseins und der menschlichen Weisheit erfüllt hat. Da, wo eine dieser drei fehlte, fuhr der Sturmwind als wilder Herr daher und die Nation hat sich nur mit Mühe und langsam auf den Ruinen wiederhergestellt, wenn sie nicht ganz zugrunde gegangen ist.

Gebe der Himmel, dass unsere Mahnung nicht vergeblich sei und dass auf den Trümmern der alten Regierungen sich die italienische Einheit auf einem Gefühle moralischer und philosophischer Einigkeit gründe.

Gebe der Patriotismus – eine erhabene Tugend, der man in gewissen Zeiten alles opfern muss –, dass eine der lebendigen Kräfte der italienischen Seele nicht gewaltsam die beiden andern ersticke! Wenn es so käme, müsste man bittere Tränen vergießen über das edelste Unternehmen und die schönste Hoffnung, die es jemals gab.

Wir wollen hoffen, dass das Wunder sich erfüllen wird, dass die patriotische Revolution Italiens nicht wie alle Revolutionen dadurch scheitern wird, dass sie ihre Leute zu schnell abgenutzt, und dass diese Revolution das neue und große Beispiel sein wird, das der Welt zu geben sie Gott selbst aufgefordert hat.

Rohant, den 26. Mai 1860.
George Sand.

I.

Entwicklung des Krieges in der Lombardei von 1859

Man weiß bereits, dass das Jahr 1849 über Italiens Schicksal entschieden hatte; die blutige Schlacht bei Novara war geschlagen und die Piemonteser, die sich der unterdrückten Freiheit ihres großen gemeinsamen Vaterlandes angenommen hatten, waren besiegt worden. Venedig und Rom hatten kapituliert. Piemont war durch den Friedensschluss, den die Großmächte Europas garantierten, ohnmächtig geworden, Österreich breitete seine Hand wieder über das lombardisch-venezianische Königreich, sein Einfluss auf die ihm befreundeten und verwandten Höfe von Toskana, Parma und Modena hatte sich von neuem gestärkt und war größer als zuvor; selbst in den päpstlichen Städten der Romagna standen seine Garnisonen. Papst Pius IX. saß wieder auf dem apostolischen Stuhle, den die Truppen Frankreichs und Österreichs stützten, während beide Länder um die Wette strebten, den Einfluss des andern zu verdrängen und den eigenen über alle Entschließungen und Regierungsmaßregeln des weltlichen Kirchenfürsten auszudehnen; Österreich triumphierte offenbar in diesem Kampfe. Neapel endlich seufzte unter dem unerträglichen und kaum glaublichen Drucke der Bourbonen.

So waren auf der ganzen Halbinsel alle Elemente zur Unterdrückung und zur heimlichen Unzufriedenheit ihres Volkes, das soeben noch um das heilige Recht seiner Nation gekämpft hatte, vereinigt; die Gewalt unterdrückte ihren offenen Ausbruch, in der Tiefe gärte es aber gewaltig fort. Dieses Werk hat sich bisher schon deutlich genug darüber ausgesprochen, was das italienische Volk wollte, und die öffentliche Meinung hat entschieden, ob es ein Recht zu seinen Forderungen hatte. Seine besten Söhne lebten in der Verbannung, seine natürlichsten Rechte wurden täglich gekränkt, die Gemüter immer mehr erbittert – und dennoch glaubte man von gewissen Seiten, Italien schlafe wieder seinen alten Todesschlaf!

Die freiheitliche Politik des Grafen Cavour scharte die italienischen Patrioten um ihn; die Freiheitsbestrebungen Italiens regten sich zuerst wieder in Piemont, noch aber hielt sie die bedächtige Weisheit des Ministers Viktor Emanuels zurück, denn die für ihre laute Äußerung günstige Zeit war noch nicht gekommen. Piemont musste zunächst sein beschädigtes Ansehen im Völkerrate wiedergewinnen, deshalb schloss es sich im Krimkriege tätig an Frankreich, das ihm zuerst die Hand reichte, und England an. Es leistete keine schlechten Dienste, seine Soldaten verdienten sich ihre Lorbeeren an der Brücke über die Tschernaja; die Folge war, dass Sardinien Zutritt zum Pariser Kongress erlangte.

Hier war es, wo Graf Cavour mit edler Freimütigkeit den Schleier von den Leiden des italienischen Volkes zog und dessen gerechte Interessen zu vertreten suchte. Seine Stimme schien zu verhallen, aber der Anfang zu der neuen großen Bewegung war gemacht.

Frankreich näherte sich von da an Sardinien; das Kabinett der Tuilerien wandte sich an das Österreichs und der übrigen italienischen Fürsten und machte ihnen entschiedene Vorschläge, den gerechten Wünschen des italienischen Volkes nachzugeben. Diese Vorschläge wurden von allen Seiten zurückgewiesen und statt eines heilsamen Eingehens auf die unbestreitbaren Missbräuche, unter denen das Volk litt, und statt ihrer Abschaffung wurde Sardinien beschuldigt, den Geist des Aufruhrs von neuem zu erwecken und blutige Ereignisse heraufbeschwören zu wollen. Dieses Misstrauen betraf allerdings Frankreich selbst noch mehr.

Während diese Verhandlungen also in keiner Weise zum Ziele führten, gab Sardinien seine Sympathien für den Gedanken, der ganz Italien im Stillen belebte, immer offener kund. Seine Presse und Kammern griffen die Rechte Österreichs auf das lombardisch-venezianische Königreich ohne Rückhalt an, tadelte die neuen Einrichtungen daselbst, wie das Rekrutierungsgesetz und den neuen Münzfuß, und die Regierung selbst tat einen bedeutenden Schritt, indem sie sich weigerte, die von den österreichischen Truppen desertierten Italiener auszuliefern. Durch alle diese Vorgänge stieg die Empörung in Italien nicht mehr weiter an, denn sie war schon auf dem Höhepunkt – sie zeigte sich nur offenkundiger.

Kaiser Napoleon III. war der Einzige, der auf Seiten Sardiniens und Italiens stand. Am 1. Januar 1859 sprach er den österreichischen Gesandten zu Paris, Baron Hübner, bei Gelegenheit der Vorstellung des diplomatischen Korps an: »Ich bedaure, dass meine Beziehungen zu Ihrer Regierung nicht mehr so gut als früher sind, aber ich bitte Sie, dem Kaiser mitzuteilen, dass meine Gefühle für ihn keine Änderung erlitten haben.«

Dieses Wort zuckte wie ein Blitzstrahl in die ganze politische Welt Europas hinein. Niemand zweifelte mehr, dass Frankreich entschlossen sei, seinen Vorschlägen in Bezug auf Italien energischen Nachdruck zu verleihen und dass der Krieg unvermeidlich sei, wenn Österreich nicht nachgeben wolle.

Um diesem Sturme zuvorzukommen, legte sich England ins Mittel. Es sandte, im Einvernehmen mit Russland, Lord Cowley nach Wien, um auf folgenden Grundlagen, deren Annahme Frankreich billigte, eine Versöhnung herbeizuführen:

1) Man solle die Mittel festsetzen, durch welche der Krieg zwischen Sardinien und Österreich vermieden werden kann.

2) Man solle feststellen, wie sowohl die französischen als auch die österreichischen Truppen am besten aus dem Kirchenstaate gezogen werden können.
3) Man solle untersuchen, ob sich in der inneren Verwaltung der römischen und der übrigen italienischen Staaten, deren Regierung Mängel zeigten, die in der Tat dahin führten, einen dauernden und gefährlichen Zustand der Unruhe und Unzufriedenheit zu schaffen, Reformen vornehmen ließen, und welches diese Reformen sein würden.
4) Man solle an Stelle der Verträge zwischen Österreich und den Herzogtümern eine Konföderation der italienischen Staaten zu gegenseitigem inneren und äußeren Schutze errichten.

Österreich nahm diese Vorschläge zwar an, knüpfte indessen eine Menge von Bedingungen daran, deren hauptsächlichste die sofortige Entwaffnung Sardiniens war, später dehnte es dieses Verlangen auch auf Frankreich aus.

In der Tat hatten diese beiden Staaten große Anstregungungen zur militärischen Aufrüstung unternommen. Die überraschend schnelle Vermählung des Prinzen Napoleon, des Vetters des Kaisers, mit der Prinzessin Klothilde, der ältesten Tochter König Viktor Emanuels von Sardinien, am 30. Januar 1859, bekräftigte außerdem noch die innige Verbindung, die auf ein Trutzbündnis gegen Österreich deutete. Als Viktor Emanuel am 10. Januar die Kammern seines Landes eröffnete, äußerte er sich folgendermaßen:

»Der Horizont, an dem sich das neue Jahr erhebt, ist nicht ganz klar; dessen ungeachtet werden Sie sich mit gewohnter Tätigkeit Ihren parlamentarischen Arbeiten weihen. Durch die Erfahrungen der Vergangenheit gekräftigt, wollen wir entschlossen den Eventualitäten der Zukunft entgegengehen; diese Zukunft wird glücklich sein, denn unsere Politik beruht auf Gerechtigkeit, Liebe zur Freiheit und zum Vaterlande. Wenn unser Land an Territorium auch nur klein ist, so hat es doch im Rate Europas Gewicht gewonnen, weil es groß ist durch die Ideen, die es vertritt, und durch die Sympathien, die es einflößt. Eine solche Lage ist nicht ohne Gefahren, denn wenn wir auch die Verträge hoch achten, sind wir andererseits doch nicht unempfindlich für den Schmerzensschrei, der aus so vielen Teilen Italiens an uns dringt. Stark durch Einigkeit, voll

Vertrauen auf unser gutes Recht wollen wir mit Klugheit und Festigkeit die Bestimmungen der göttlichen Vorsehung erwarten.«

Wie ein Lauffeuer flogen diese königlichen Worte durch die ganze Halbinsel und wurden mit unermesslichem Jubel begrüßt. Schon einmal hatten sich die italienischen Patrioten um das Banner Piemonts geschart, und voll unbegrenzten Vertrauens auf den einzigen Staat, der seine Interessen stets mit denen der ganzen großen Nation vereinigte, und auf den hochherzigen König, dessen Adel der Gesinnung ganz Italien rühmte, eilten sie ihm jetzt wieder zu. Die Begeisterung hatte ihren Gipfel erreicht; aus allen Teilen der Halbinsel eilten Freiwillige herbei und sammelten sich zu den Freikorps, deren Bildung die sardinische Regierung autorisierte; oft hatten sie mit den größten Gefahren zu kämpfen, um die Grenzen ihrer heimathlichen Staaten zu überschreiten, deren Behörden alle Mittel anwandten, sie gewaltsam zurückzuhalten. Besonders groß war der Zulauf aus dem lombardisch-venezianischen Königreiche, und keine Strafandrohungen, keine Verkündigung des Standrechts vermochten ihn zu hemmen.

Diese freiwilligen Legionäre waren keine Abenteurer, die ihrer Armut oder Lust am Kriegsleben halber zu den Waffen griffen, sondern größtenteils junge Leute aus den besten Ständen. Sie suchten nicht Ruhm oder Beförderung, sondern in allen lebte nur der eine übermächtige Herzensdrang, ihr schönes und ehemals so großes Vaterland von der es entwürdigenden Fremdherrschaft befreien zu helfen.

Die sardinische Regierung unterließ gleichzeitig nicht, ebenso wie Frankreich innerhalb seiner Grenzen, ihr reguläres Militär schleunigst mit Aufbietung aller Anstrengungen für den Krieg zu rüsten. Der Krieg war unvermeidlich, durch das ganze Land ertönte in Städten und Dörfern der Ruf: »Es lebe Italien und Viktor Emanuel! Fort mit den Österreichern!« Und was man sich in Piemont laut zurief, das sagten sich die in den unfreien Ländern noch zurückgehaltenen Patrioten leise und mit von Hoffnung und Kampfesmut leuchtenden Blicken.

2.
Garibaldi und die Bildung von Freikorps

Wir verließen Garibaldi, als er im Januar des Jahres 1859 sich entschlossen hatte, mit seinen Kindern und seinem Freunde Nino Bixio nochmals nach Amerika zu gehen. Vielleicht dachte er schon an die offizielle Berufung, die er bald erhalten sollte, und es war ihm mit seiner Absicht, gerade in dieser Zeit Europa zu verlassen, nicht ganz Ernst; jedenfalls musste er sich aber sagen, dass die sardinische Regierung ihn nicht mit offenen Armen empfangen würde, wenn er aus freier Entschließung käme, sich an der bevorstehenden vaterländischen Bewegung zu beteiligen, denn er musste sich noch gut genug ihres Misstrauens, das ihn aus Europa verbannt hatte, erinnern.

Man hatte ihn damals für einen entschiedenen und gefährlichen Republikaner gehalten, dessen Grundsätze nie mit den Interessen einer monarchischen Regierung übereinstimmen könnten – aber man hatte sich getäuscht: Garibaldi hatte stets nur ein Ziel vor Augen, das Glück und die Größe seines Vaterlandes, gleichgültig in welcher Form dieselben sich entwickelten. Er achtete den König von Sardinien hoch, weil er zurzeit in ihm den einzigen Mann sah, der Italien zur Freiheit zu führen vermochte; er war von seinem guten Willen dazu überzeugt, und mehr bedurfte es nicht für ihn, zu solchem Zwecke auch dem monarchischen Prinzip seine Arme zu leihen. Dass er wirklich so dachte, bewies er, ehe er noch die Absichten des Königs in Bezug auf seine eigene Person kannte, dadurch, dass er sich nach Kräften bei der von Manin, dem ehemaligen Präsidenten der Republik Venedig, angeregten Subskription, hundert Kanonen für die Festung Alessandria zu beschaffen, beteiligte.

Graf Cavour musste ihn indessen richtig einzuschätzen wissen, denn er erinnerte sich, als die Stunde zum Kampfe da war, seines Patriotismus und seines populären Feldherrnnamens und forderte ihn im Januar des Jahres 1859 auf, nach Turin zu kommen und die Organisation eines Freiwilligenkorps zu übernehmen.

Eine Genugtuung, die ihn mit größerer Freude erfüllte, hätte dem Helden nicht werden können; ohne Verzug reiste er von Caprera ab und stellte sich in Turin dem Minister zur Verfügung. Seine Häuslichkeit und seine Familie vermochte ihn nicht von dem mühe- und gefahrvollen Kriegsleben, in das er sich aufs Neue zu stürzen gedachte, zurückzuhalten, seine Kränklichkeit war wie von Zauberhand von ihm gewichen, denn die alte Heldenkraft des Geistes triumphierte wieder über sie; sein Blick strahlte wieder in dem alten, begeisterten Feuer, das seine Anhänger stets zu Taten unsterblichen Ruhmes und zur Selbstverleugnung um des Vaterlandes willen entzündet hatte, und seine Freunde erkannten ihn kaum wieder, als er den Fuß auf das Festland setzte.

Doktor Bertani, dessen man sich von der Belagerung Roms her noch erinnern wird, erzählt, dass Garibaldi eines Morgens freudestrahlenden Antlitzes bei ihm eintrat und zu im sagte: »Dieses Mal gehen wir ernstlich ans Werk. Ich habe heute Morgen einen Besuch an höherer Stelle gemacht, der mich vollständig zufriedengestellt hat. Man hat mir die Vollmacht erteilt, alle meine Freunde auffordern zu dürfen, dass sie sich bereithalten, denn wir müssen zusammenhalten, wenn wir Italien wiederherstellen wollen. Ich rechne also auch auf Sie und Ihre tätige Mithilfe.«

»Aber die Franzosen?«, meinte Doktor Bertani, des Generals Hand drückend.

»Je mehr wir sind«, erwiderte Garibaldi, »desto weniger brauchen wir zu fremder Hilfe unsere Zuflucht zu nehmen. Wenn wir einig sind und Waffen haben, können wir für uns selbst handeln. Wenn wir erst alle Soldaten sind, werden wir uns heute oder morgen für unsere Freiheit schlagen; inzwischen müssen wir uns zu Soldaten zu machen suchen.«

Die Nachricht, dass Garibaldi, der häufige Unterredungen mit dem Grafen Cavour und selbst mit dem Könige hatte, der ihn äußerst freundlich und vertrauungsvoll in geheimen Audienzen empfing, wieder ein militärisches Kommando übernehmen werde, verbreitete sich rasend schnell nicht allein in Turin, sondern durch ganz Italien. Man konnte hierbei recht deutlich sehen, dass das Volk seine wahren Lieblinge und Helden nicht vergisst und wie ein wahrhaft populärer Name, wenn ihn das Unglück eine Zeit lang auch scheinbar verdunkelt, sich in vollem Glanze seiner zündenden Strahlen wieder erhebt, wenn die Stunde gekommen ist, in welcher sich neue Hoffnungen an denselben knüpfen. Italien hatte eine große Schuld an Garibaldi abzutragen, und jetzt entledigte es sich ihrer zu seiner vollständigen Genugtuung.

Die Begeisterung über die Nachricht, dass er wieder da sei, war allgemein und gab sich auf stürmische Weise kund; wer aus bangem Zweifel an dem glücklichen Ausgange des bevorstehenden Kampfes oder geleitet von anderen politischen Gesinnungen, als sie Viktor Emanuel und Graf Cavour proklamierten, und den Letzteren noch immer misstrauend das Schwert bisher noch nicht ergriffen hatte, der tat es jetzt, denn der Name Garibaldi war die sicherste Bürgschaft, dass das Wohl des Vaterlandes auf dem Spiele stehe und von den Lenkern der Bewegung auch wirklich erstrebt werde. Die Freiwilligen strömten noch einmal so zahlreich als vorher in die für die Bildung von Legionen eingerichteten Depots.

Garibaldi hatte, von der erhaltenen Erlaubnis Gebrauch machend, sich wirklich an seine ehemaligen Kampfgenossen gewandt und sie aufgefordert, ohne Zögern zu ihm zu eilen.

Da war zunächst Nino Bixio, der die letzte Zeit mit dem General auf Caprera verlebt hatte. Wir haben schon öfter von ihm gesprochen und fügen nur noch hinzu, dass er einer der glühendsten Patrioten und ergebensten Freunde Garibaldis war. Schon im Jahre 1847 hatte er sich dadurch bemerkbar gemacht, dass er auf dem Platze des Dogen-Palastes zu Genua das Pferd König Karl Alberts am Zügel festhielt und ausrief: »Sire, gehen Sie über den Ticino, und wir alle sind mit Ihnen!« Später trat er als Freiwilliger in eine der lombardischen Legionen, wurde dann Leutnant in der von Mantua, ging mit Zambeccari nach Venedig und kam darauf zu der Garibaldi'schen Legion, woselbst er nach dem Gefechte bei Palestrina wegen besonderer Leistungen zum Major befördert wurde; wie schon gesagt, erhielt er bei der Verteidigung Roms eine schwere Verwundung. Nach dem Untergange der Römischen Republik und seiner Genesung ergriff er wieder, wie in seiner Jugend, den Seemannsberuf und führte ein Schiff »Goffredo Mameli« nach Australien; später schloss er sich Garibaldi bei dessen Rückkehr nach Europa auf Caprera an.

Die bedeutendsten anderen Freunde des Generals, die sich jetzt wieder unter seine Befehle stellten, waren: Heinrich Cosenz, der auf der Militärschule zu Neapel erzogen worden war und sich bei der Verteidigung Venedigs im Jahre 1848 ausgezeichnet hatte; Gaëtano Sacchi, der in diesem Werke schon öfter erwähnt wurde und während der Kämpfe Garibalds in Montevideo und Rom vielfach verwundet worden war; Giacomo Medici, der bei der römischen Belagerung den Vascello so tapfer und hartnäckig verteidigt hatte; Nicolao Ardoïno, geborener Genueser und in den spanischen Bürgerkriegen erprobter Kämpfer, der dann während der Kriegsjahre

1848 und 1849 als Oberst in der piemontesischen Armee gedient hatte; ferner der greise Marochetti, der alte General der Römischen Republik, Giovanni Ferrari, ehemals Adjutant des Generals Durando und intimer Freund Manaras, sowie Bronzetti, Gorini, Indrino, Tadolini, Sartorio und viele andere.

Offiziere und Freiwillige, die sich als Soldaten einreihen lassen wollten, strömten täglich in das zu Turin eingerichtete Rekruten-Depot. Bis zum 3. März zählte man bereits sechstausend, vom 11. bis 18. März kamen allein 1529 Mann, davon 647 Lombarden, 400 aus Parma und Piacenza, 353 aus Modena, 6 Romagnolen, 2 Neapolitaner und 1 Ungar; die Übrigen waren Sardinier. Die Regierungen, deren Staaten diese jungen Leute angehörten, sahen dies natürlich nicht stillschweigend mit an. Österreich hatte allen Auswanderern schon mit den härtesten Strafen gedroht, Modena folgte diesem Beispiele zuerst und setzte auf die Auswanderung ein- bis zweimonatliche Arbeitshausstrafe. Letztere Regierung verlangte schon im Februar von der sardinischen Regierung die Auslieferung ihrer Deserteure, mit welchem Namen sie die neuen Freischärler bezeichnete, Graf Cavour gab aber die bündige Erklärung, er könne diese Leute nicht als Deserteure, sondern nur als freiwillige Auswanderer betrachten und sehe deshalb gar keine Veranlassung zu ihrer Auslieferung. Österreich stellte bald darauf dieselbe Forderung, die Antwort wurde aber in die Länge gezogen, bis der Ausbruch des Krieges sie überflüssig machte.

Ganz besonders zeichnete sich Genua durch die kriegerische Begeisterung seiner Jugend aus. Ein Teil dieser Freiwilligen wurde zwar unter die regulären Regimenter der sardinischen Armee gesteckt, der größte strömte aber Garibaldi zu. Die Wohlhabenderen von ihnen sorgten selbst für Pferde, und der General formierte sie zu einer Kompanie, zu deren Vervollständigung zwar noch anderswo Gebürtige genommen werden mussten, die aber dennoch die Benennung »Genuesische Schützen« erhielt.

Der Zulauf von Freiwilligen war übrigens so groß, dass das Depot zu Turin bald nicht mehr hinreichte, sich ihrer aller anzunehmen; es musste deshalb ein zweites in Savigliano errichtet werden, über das Medici, dem ebenso wie Cosenz und Ardoïno der Rang eines Oberstleutenants verliehen worden war, die Oberaufsicht erhielt, später ein drittes in Cuneo unter Ardoïnos Befehl.

In diesen Depots fungierten als Militärärzte: der schon öfter genannte Doktor Bertani, besonderer Freund Garibaldis, als Stabsarzt, dann Pietro Maestri aus Mailand, Marozzi aus Pavia, Ripari aus Cremona und Sacchi aus Mantua.

Wenn sich nun, was oft geschah, junge Leute meldeten, die entweder mit körperlichen Schwächen behaftet waren oder noch im Knabenalter standen, so dass sich kaum erwarten ließ, sie würden den Entbehrungen und Anstrengungen des Krieges gewachsen sein, und wenn die Ärzte in solchen Fällen sie zurückweisen wollten, so baten diese Rekruten so flehentlich, dass man sie annehmen und sie nicht der Schande aussetzen möge, unverrichteter Dinge heimzukehren und untätige Zuschauer des großen Freiheitskampfes bleiben zu müssen, dass bald nichts anderes übrig blieb, als einen jeden für tauglich zum Dienst zu erklären. Oft hörte man sie ausrufen: »Sie werden sehen, dass wir Wunder tun werden!« Und sie taten später, als sie im Feuer standen oder wenn es die angestrengtesten Märsche galt, wirklich solche Wunder an Tapferkeit und Ausdauer; im Veltlin erkletterten sie die steilsten Bergabhänge und ertrugen wohlgemut Hunger und Kälte.

Mazzini entfaltete zu derselben Zeit seine ganze Tätigkeit; seine Sendboten durchzogen das Land und riefen es zur Erhebung auf; seinen entschieden republikanischen Ansichten gemäß war er aber keinesweges damit einverstanden, dass Italien sich unter dem Banner eines Königs, Viktor Emanuels, erhebe, noch viel weniger damit, dass die Franzosen diese Erhebung stützen sollten. »Wir brauchen die Fremden nicht«, sagte er mit einer Überzeugung, die gewiss ehrenhaft genannt zu werden verdient, zumal wenn man bedenkt, dass dieser Mann sein ganzes Leben hindurch dem Vaterlande zuliebe der Verbannung und den größten Gefahren der persönlichen Sicherheit trotzte: »Ebenso gut, wie ihr ruft: ‚Fort mit den Österreichern!' müsst ihr rufen: ‚Fort mit allen Fremden!' Unsere große Nation ist an und für sich stark genug, sich die Unabhängigkeit zu erringen.«

Seine Ansicht war die Idee eines großen Herzens, ob sie aber praktisch war, ließe sich wohl bezweifeln. Er protestierte im *Pensiero di Azione* gegen die Einmischung der Franzosen; ohne dieselbe stünde Italien heute wohl schwerlich auf dem Punkte, den es erreicht hat.

Mazzini, von derselben heiligen Vaterlandsliebe wie Garibaldi beseelt, stand ihm dennoch augenblicklich gegenüber; er war der Mann des großen Gedankens und Wortes, Garibaldi der der Tat. Mazzini wollte eine große und starke Republik Italien, Garibaldi nur ein großes und starkes Italien, gleichviel unter welcher Regierungsform.

Der Circolo d'Indipendenza Italiana zu Genua bat um Beiträge an Geld und Wertpapieren für die Vaterlandsverteidiger, und dieser Bitte wurde auf die bereitwilligste Art entsprochen. Die Regierung verlangte eine freiwillige Anleihe von fünfzig Millionen Lire – das Ausland, besonders deutsche Zeitungen, zweifelten stark, ob der italienische Patriotismus so hohe Opfer zu bringen bereit sein werde –, aber man drängte sich nicht allein in Sardinien, sondern selbst in den der Fremdenherrschaft unterworfenen Staaten zur Unterzeichnung, und die Anleihe kam zustande. Es mag dies nur zur Charakteristik eines Volkes dienen, das seine Freiheit wirklich verdient hat.

Sardinischer Kriegsminister war damals der General La Marmora. Am 17. November 1804 geboren, Sohn des Marquis Coelestin Ferreri la Marmora, wurde er nach dem frühen Tode seiner Eltern von einer seiner Schwestern erzogen, besuchte eine militärische Bildungsanstalt, wurde im Alter von einundzwanzig Jahren Artillerie-Leutnant, 1831 Kapitän und machte dann zu seiner militärischen Ausbildung große Reisen. Bei der Erhebung von 1845 zeichnete er sich bei Monzambano, Borghetto, Valeggio und Peschiera aus und besonders im April 1848 gegen die Österreicher bei Pastrengo. Im Oktober desselben Jahres wurde er Brigade-General, war aber bei Novara nicht zugegen. Im November 1849 zum Kriegsminister ernannt, gelang es ihm, die Armee in einen Stand zu setzen, der sie zu den ruhmreichen Expeditionen im Krimkriege befähigte; damals übernahm er selbst den Befehl über die auf der Krim eingesetzten Truppen, die sich besonders an der Tschernaja auszeichneten, und erhielt dafür den englischen Bathorden und das Kreuz der französischen Ehrenlegion. Ein tüchtiger und durchaus ehrenwerter Soldat, hing er doch zu entschieden an den militärischen Formen und schätzte die Erhebung des Volkes, repräsentiert in den Freikorps, nicht besonders hoch; Erfolge erwartete er nur von einer lange geschulten regulären Armee, und die Bildung von Freikorps sowie die Berufung Garibaldis waren jedenfalls nicht mit seiner Billigung geschehen.

So kam es denn, dass sich deren Organisation auch mancherlei Schwierigkeiten in den Weg legten. Von den Freiwilligen wurden so viele als möglich in die reguläre Armee gezogen, indem man ihnen davon besondere Vorteile verhieß; zum Teil wurden sie für die reglementsmäßige Dienstzeit eingestellt, zum Teil auf drei Jahre oder ein Jahr, für die Dauer des Krieges und sechs Monate darüber. Mit Garibaldi konnte sich der Kriegsminister am wenigsten verständigen und begriff auch nicht recht, wie er ihn eigentlich einsetzen solle. Anfangs wollte er ihn zum Führer der Bürgergarde machen, dann ihm gewisse Korps, die mit derselben verbunden waren, unterordnen, dann sprach er bald von Regimentern, Bataillonen und Kompanien, worauf Garibaldi ihm lachend erwiderte: »Meinetwegen lassen Sie es auch Kompanien sein!«

Obgleich der General des Volkes sich in alles, was man vorschlug, fügte, weil er sehnlichst wünschte, mit seinen Freiwilligen in Aktion zu treten, zögerte der General des Königs noch immer mit bestimmten Anordnungen zur Formation der Korps. Eine natürliche Folge davon war, dass sich der Geist des Misstrauens und der Unzufriedenheit unter den feurigen jungen Leuten, die nicht umsonst die Heimat verlassen haben wollten, zu regen begann; allerlei Gerüchte kamen hinzu, diese Unzufriedenheit auf den höchsten Gipfel zu steigern. So erzählte man sich mit Entrüstung, Frankreich habe die förmliche Auflösung aller Freikorps verlangt und die Minister seien über diese Maßnahme untereinander uneinig, besonders die Garibaldi'schen Freiwilligen seien dem Kriegsminister lästig und er werde sie dem Innerministerium unterstellen, um später die Rekruten für die regulären Regimenter aus ihnen zu ziehen, sie würden nie zu selbstständigen Korps vereinigt werden und vor den Feind kommen und dergleichen mehr.

Oberst Medici übernahm es, dieser Angelegenheiten halber mit dem Grafen Cavour zu sprechen und stellte ihm die Notwendigkeit vor, die Freiwilligen durch entschiedene Widerlegung solcher Gerüchte und besonders durch tätige Maßnahmen zu beruhigen. Der Ministerpräsident erwiderte ihm darauf, er respektiere vollkommen die Meinungen und Wünsche der Freikorps, verlange keine politischen Konzessionen von ihnen und verlasse sich ganz auf die Aufrichtigkeit ihres Anschlusses an die Regierung; übrigens werde Piemont, so lange es in Italien noch einen Soldaten habe, den Krieg mit Österreich auf Tod und Leben führen.

Durch diese Antwort, welche Medici den Freiwilligen mitteilte, stellte sich das Zutrauen bei ihnen wieder her.

Nino Bixio sagte eines Tages zu Graf Cavour: »Wir haben bis jetzt beständig konspiriert; heute sind wir mit Ihnen, werden an Ihrer Seite kämpfen und uns wieder mit Ihnen vereinigen, wenn der Sieg unsere gemeinschaftlichen Anstrengungen gekrönt hat. Ersteht Italien aber nicht wieder durch diesen Krieg, versucht man, uns zu entwaffnen, damit wir nicht allein handeln können, so werden wir von neuem konspirieren und schonungslos gegen jeden kämpfen, der uns zurückhalten oder täuschen wollte.«

Garibaldi gehörte schon seit dem Juli des Jahres 1856 der National-italienischen Gesellschaft zu Genua an, die sich unter den Schutz des Grafen Cavour gestellt und der Sache der Unabhängigkeit seitdem große Dienste geleistet hatte. Überall auf der italienischen Halbinsel hatte sie Zweiggesellschaften errichtet, die gegenseitig Verbindung hielten, die Bewegung organisierten und ihr Einheit gaben. Garibaldi hatte damals, als er in diese Gesellschaft einzutreten beabsichtigte, an Georgio Pallavicino geschrieben:

»Mein teurer Pallavicino!
Sie waren der Freund und Unglücksgefährte Forestis, des Märtyrers unserer heiligen Sache, Sie haben daher unbestreitbare Ansprüche auf mein Vertrauen und meine Zuneigung. Ich stehe bei Ihnen, bei Manin, bei all den andern Italienern, die Sie mir genannt haben. Erzeigen Sie mir die Ehre, mich in diese Gesellschaft aufzunehmen, und lassen Sie mich wissen, wann wir etwas zu tun haben; ich werde unter allen Verhältnissen glücklich sein, Ihre Befehle zu empfangen.
Ihr
ergebener Garibaldi.«

Diese Gesellschaft nahm sich der Ausrüstung und Organisation der Freiwilligen jetzt auf das Eifrigste an und unterstützte Medici, der deshalb nach Genua gesandt wurde, wesentlich. So bildeten sich hier zwei Bataillone, jedes zu vier Kompanien, die, zu einem Regimente vereinigt, Cosenz zum Kommandeur erhielten; später wurde zu Savigliano ein zweites, gleich starkes Regiment unter Medicis Kommando formiert, dann ein drittes, das Ardoïno erhielt.

Am 17. März erschienen zwei Dekrete des Königs. Das erste bestimmte, dass die bereits zu Cuneo formierten Freiwilligen-Bataillone den Namen »Alpenjäger« annehmen sollten, dass die Leute auf ein Jahr bei der Fahne verpflichtet seien, dass Offiziere, Unteroffiziere und Soldaten denselben Sold wie die Infanterie der Linie empfangen sollten und denselben Strafgesetzen und Disziplinarbestimmungen unterworfen seien und dass endlich die Offiziere eine von dem Präsidenten des Ministerrates unterzeichnete Anstellungsbescheinigung erhalten würden. Das zweite Dekret brachte Garibaldis Ernennung zum Generalmajor und Kommandeur des Alpenjäger-Korps mit der Verpflichtung, dem Könige den üblichen Schwur der Treue zu leisten. Gleichzeitig schrieb Graf Cavour an Garibaldi einen Brief, in dem er sagte: »Die Erfahrung und Gewandtheit des Kommandeurs, den die Regierung den Alpenjägern gibt, die schöne Disziplin, die dieser Kommandeur stets bei den unter seinen Befehlen stehenden Truppen zu erhalten wusste, werden hinreichend die fehlende militärische Ausbildung ersetzen und die Mängel, die bei einem neu gebildeten Korps unvermeidlich sind, unschädlich machen.«

Garibaldi erwiderte hierauf, dass er ewig erkenntlich für den ihm gegebenen Beweis von Vertrauen sein werde, und wenige Tage nachher leistete er zum ersten Male in seinem Leben einem Fürsten den Eid der Treue. Gleich darauf hielt er seine erste Ansprache an die unter sein Kommando gestellten Freiwilligen in den verschiedenen Depots zu Cuneo, Savigliano und Turin; sie lautete: »Ich kann euch nicht mehr als Durst und Hitze am Tage, Kälte und Hunger zur Nachtzeit bieten, zu jeder Zeit Gefahren; aber das Ziel aller dieser Leiden ist die Unabhängigkeit Italiens. Diebe lasse ich ohne Erbarmen erschießen, die Insubordination bestrafe ich auf das Strengste. Handelt nun so gut, als Ihr vermögt, und lasst euch nicht gefangen nehmen, denn man wird euch doch keinen Pardon geben. Es hängt ganz von euch ab, ob ihr wie die Hunde von einem Zuge Kroaten erschossen werden oder mit dem Säbel in der Hand auf den Leichen eurer Feinde und mit dem Rufe ‚Es lebe Italien!' sterben wollt.«

Diese Rede, ohne Zweifel ein Meisterstück militärischer Beredsamkeit, erregte unter den Alpenjägern stürmische Begeisterung; wer noch nicht unter Garibaldi gefochten hatte, fing an, ihn zu verstehen und ergab sich ihm in unbegrenzter Anhänglichkeit.

Bald darauf kam ein neues Dekret der Regierung, des Inhalts, dass die Alpenjäger als zur Armee gehörig betrachtet werden und dem Kriegsministerium unterstehen sollten. Das war schon ein Fortschritt in der Lage des Korps, leider hatte er aber nicht die Folgen, die sich davon erwarten ließen.

Die den Freiwilligen zu Cuneo angewiesenen Kasernen waren unbequem, die zu Savigliano lagen halb in Trümmern, außerdem reichten sie für die bedeutende Zahl bei weitem nicht zu. Dies konnte indessen bei Leuten von so hoher kriegerischer Begeisterung nicht weiter in Betracht kommen, und jeder half sich mit seiner Einquartierung so gut, als er es vermochte.

Unangenehmer war es aber, dass das Kriegsministerium sich keineswegs mit der Verteilung von Ausrüstungsgegenständen, selbst Waffen, beeilte. Die Röcke trafen nur nach und nach ein, einige Leute erhielten nicht einmal Patronentaschen, das ganze Korps niemals militärische Kopfbedeckungen, Mäntel, Decken oder Lagerzelte. Die Gewehre wurden so langsam ausgegeben, dass ein Teil der Jäger höchstens erst zwei Mal nach der Scheibe geschossen hatte, als das Korps in das Feld rückte.

Allen diesen Schwierigkeiten zum Trotz ließ Garibaldi die Leute so gut als möglich ausbilden und erreichte nicht allein militärische Tüchtigkeit bei ihnen, sondern auch militärisches Aussehen. Da die Bevölkerung des Landes ohnehin ein starkes Kontingent für die reguläre Armee zu stellen hatte, waren die Freiwilligen meistens Städter, Advokaten, Studenten, Künstler, Gymnasiasten, schöne, gewandte und gebildete Leute; man hörte die berühmtesten Namen unter ihnen nennen, wie die der Belgiojoso aus Mailand, der Sanseverino und Cocroli und anderer edler Familien, die zuweilen sogar durch drei oder vier ihrer Mitglieder vertreten wurden. Die Lombardei und die Toskana waren am stärksten vertreten, jeder andere italienische Staat hatte aber auch seine Angehörigen gesandt, selbst die Kalabresen waren auf dem langen Rücken der Apenninen herbeigezogen und bildeten eine Kompanie für sich. Meistens standen diese Jäger im Alter von zwanzig bis dreißig Jahren.

Ihre Uniformierung, einfach und der Bestimmung der Truppe zufolge so unscheinbar als möglich, bestand in einem grauen Oberrock, dunkelblauen Beinkleidern, einer gleichfarbigen Mütze mit rotem Rande und einer an schwarzledernem Gürtel um den Leib getragenen Patronentasche. Die Offiziere trugen einen blauen Waffenrock mit grünen Aufschlägen, blaue Hosen mit grünen Streifen und ihre Rangabzeichen bestanden, wie bei den Offizieren der Zuaven in der französischen Armee, in schmalen silbernen Tressen, die auf dem Ärmel des Waffenrockes angebracht waren. Die fünfzig Reiter, größtenteils auf eigene Kosten beritten, die am 27. April unter Befehl des tapferen Simonetta zum Korps stießen und den Namen Guiden führten, trugen graue Jacken, gleichfarbige Beinkleider mit schwarzen Streifen und graue Mützen; bewaffnet waren sie mit Lanzen, Säbeln und zwei Revolvern.

Garibaldi hatte alles, was in seiner Macht stand, unternommen, um seine Alpenjäger kriegstüchtig zu machen, er stieß aber auf immer neue Hindernisse beim Kriegsminister La Marmora, der, ebenso wie die meisten Offiziere und Soldaten der regulären Armee, mit einem gewissen verächtlichen Stolz auf sie herabsah; nur General Cialdini war es zu verdanken, dass die Freiwilligen einige gewandte Instruktoren von der Armee erhielten, die ihnen wenigstens die Handgriffe am Gewehr beibrachten. Ebenso wenig konnte Garibaldi für bessere Ausrüstung, Einquartierung und Verpflegung seiner Leute und Offiziere tun. Den Letzteren hatte man ihre von Graf Cavour unterzeichneten Anstellungspapiere wieder abgefordert, als das Korps der Alpenjäger dem Kriegsministerium unterstellt wurde; der General verlangte für sie Patente, ähnlich dem seinigen, das König Viktor Emanuel selbst unterzeichnet hatte, aber er erhielt sie niemals.

Indessen waren die Ereignisse, die den Ausbruch des Krieges herbeiführten, immer weiter vorangeschritten, und man befand sich in der zweiten Hälfte des April.

3.
AUSBRUCH DES KRIEGES UND ERSTE STELLUNGEN DER ALPENJÄGER

Schon seit Ende des Monats Februar hatte die reguläre sardinische Armee unter Oberbefehl des General-Leutnant Fanti[**] längs der Linie von Turin, Casale, Alessandria, Voghera, Novi, Tortona und

[*] Manfredo Fanti, aus einer der edelsten italienischen Familien, wurde zu Carpi, im Herzogtum Modena, geboren. In der Pionierschule zu Modena erzogen, verließ er dieselbe als Ingenieur-Leutnant. Schon bei der Bewegung des Jahres 1831 in Modena zeichnete er sich, der liberalen Partei angehörig, durch seine Verwegenheit aus, wurde von den modenesischen Truppen gefangen genommen, bei der Flucht des Herzogs aber wieder befreit. Nun diente er als Offizier unter Zucchi, focht bei Rimini gegen die Österreicher, wurde bei der Kapitulation Anconas abermals gefangen genommen und saß länger als ein Jahr in den Gefängnissen zu Venedig, bis Frankreichs Vermittlung ihn wie seine Genossen befreite. Er ging nun nach Lyon, trat in französische Dienste und zeichnete sich bei den dortigen Festungsarbeiten aus. Im Jahre 1835 focht er in Spanien gegen Don Carlos, war 1848 Generalstabschef in Madrid, kehrte aber bei der Kunde von der italienischen Erhebung sofort nach der Heimat zurück. In Mailand zum Generalmajor ernannt, trat er nach dem Waffenstillstande in

Genua ihre Aufstellung so genommen, dass sie sich auf das verschanzte Lager von Casale stützte und den Österreichern, die sich an der lombardischen Grenze bedeutend verstärkt hatten, in einem Halbkreise gegenüberstand. Sie wurde allmälich bis auf zweiundsechzigtausend Mann gebracht, über welche nun König Viktor Emanuel selbst das Kommando übernahm und Alessandria und Turin zu decken suchte, bis die französischen Hilfstruppen ankämen.

Am 25. April war das offizielle Ersuchen Sardiniens um den Beistand des Kaisers Napoleon III. in Paris eingetroffen, und sogleich setzten sich vier französische Korps in Marsch; ein Teil überstieg die Alpen und betrat am 27. April das sardinische Gebiet, andere wurden zu Genua und Toulon eingeschifft.

Auf Seiten Österreichs wurde am 23. April bereits Baron von Kellersberg, ein Adjutant des Kommandierenden der österreichischen Streitkräfte in der Lombardei, des Feldzeugmeisters Graf Gyulay**, nach Turin mit dem Ultimatum abgesandt, das mit sofortiger Eröffnung der Feindseligkeiten drohte, wenn Sardinien sich nicht zur Entwaffnung entschließen würde, das heißt, seine Armee wieder auf den Friedensfuß setzte und die Freiwilligen-Korps verabschiedete. Baron von Kellersberg hatte den Befehl erhalten, drei

---

piemontesische Dienste, wurde Brigadier und 1849 Führer der lombardischen Division. Ungerecht von Feinden beschuldigt, wurde er später mit Pension entlassen, trat bei dem Krimkriege aber wieder als Brigadier ein und zeichnete sich besonders aus.

* Franz Graf Gyulay von Maros-Nemeth und Nadaska, wurde als Sohn des Grafen Ignaz zu Pesth im Jahre 1799 geboren. 1816 trat er als Unterleutnant in das Infanterie-Regiment Nr. 60 ein, dessen Kommandeur sein Vater war, wurde 1820 Oberleutnant bei dem Husaren-Regimente Hessen-Homburg, 1821 Kapitän-Leutnant, 1822 Rittmeister bei den Kaiser-Ulanen, 1829 Oberstleutnant bei der Hessen-Homburg-Infanterie, 1831 Oberst und Kommandeur eines Regiments, 1838 Generalmajor; 1845 wurde er Kommandeur des 33. Infanterie-Regiments, 1846 Feldmarschall-Leutnant, 1847 Kommandeur der Division von Triest. Bei der Revolution des Jahres 1848 zeichnete er sich durch Mut und Entschlossenheit aus, indem er die Marine im Hafen von Pola vor der Wegnahme durch die Italiener rettete, die Küstenplätze befestigte und die Unternehmungen gegen Triest vereitelte. 1849 wurde er zum Kriegsminister ernannt, bat aber, nachdem er sich in Ungarn sehr tätig erwiesen, um Enthebung von seinem Amte und den Befehl des mailändischen Armeekorps; er erhielt beides. Bei den bevorstehenden Kriegsaussichten wurde er anstelle des Erzherzogs zum Militär- und Zivilgouverneur des lombardisch-venezianischen Königreichs und Oberbefehlshaber sämtlicher hier operierenden Truppen ernannt.

Tage lang auf die Antwort der sardinischen Regierung in Turin zu warten und, wie Herr von Buol zum Schlusse sagte, »wenn er nach Ablauf dieses Termins keine Antwort erhalten hätte oder wenn diese nicht vollständig befriedigend ausgefallen sei, so würde die Verantwortlichkeit schwerer Folgen, welche diese Weigerung herbeiführen müsse, ganz allein auf die Regierung Seiner sardinischen Majestät fallen.«

Wie sich leicht denken lässt, weigerte sich Sardinien wie bisher, auf die österreichischen Bedingungen einzugehen, und Baron von Kellersberg verließ Turin am 26. April abends. Am folgenden Tage legte ein einstimmiges Votum der Deputiertenkammer die exekutive und legislative Gewalt während der Dauer des Krieges in die Hand König Viktor Emanuels, und dieser hielt eine kräftige und begeisternde Ansprache an sein Volk.

Schon seit längerer Zeit hatte sich auch in den Herzogtümern Toskana, Parma und Modena die Aufregung auf bedenkliche Weise kundgegeben und der Hass gegen das deutsche Element wurde offen ausgesprochen; diese Gärung wuchs natürlich, je weiter die Ereignisse in Oberitalien voranschritten und Hoffnungen erregten.

Am 28. April kam die Revolution zuerst in Florenz zum Ausbruch, und zwar durch das Militär, das sich, der Gouverneur an der Spitze, weigerte, bei einem Ausbruche der Bewegung die Stadt von den Zitadellen aus zu beschießen, dann offen verlangte, dass der Großherzog sich Sardinien im Kampfe gegen Österreich anschließe, und ihm, als er sich dazu nicht verstehen wollte, den Gehorsam aufkündigte.

An demselben Tage noch verließ der Großherzog mit seiner Familie Florenz und begab sich nach Bologna. Es wurde eine provisorische Regierung eingesetzt und der König von Sardinien zum Diktator der Toskana ausgerufen. Parma und Modena folgten bald diesem Beispiele.

Am 29. April erhielt die österreichische Armee, die sich hinter dem Ticino vom Lago Maggiore bis Pavia und Piacenza ausdehnte, den Befehl, den Fluss zu überschreiten und das sardinische Gebiet zu betreten. Dies geschah in drei Kolonnen, deren eine sich auf Biella wandte, die zweite gegen Mortara und die dritte gegen Vespolate. Graf Gyulay erließ hierbei zwei Proklamationen, die eine an seine Soldaten, die andere an die Bevölkerung des lombardisch-venezianischen Königreichs; die Letztere lautete:

»Die Herausforderungen, welche eine jeder Ordnung und jedem Rechte feindliche, verwegene Partei im piemontesischen Staate gegen die kaiserliche Regierung gerichtet hat, und die Hartnäckigkeit, mit der sie jedes Wort des Friedens und der Mäßigung zurückweist, haben die großmütige Langmut unseres erlauchten Kaisers ermüdet und ihn bestimmt, mit Waffengewalt die Sache des guten Rechts und der Gerechtigkeit zu schützen und sieghaft zu machen. Durch den Willen des Monarchen zum Oberbefehlshaber der Armee berufen, werden in dem Augenblicke, in welchem die kaiserlichen Adler und unsere glorreiche Fahne die piemontesische Grenze überschreiten, auf allerhöchsten Befehl für die Dauer des Krieges die Gewalten der Zivil- und Militärregierung im lombardisch-venezianischen Königreiche in meinen Händen vereinigt. Die Schnelligkeit, mit der eure Jugend von euren blühenden Fluren weg zu den kaiserlichen Waffen geeilt ist, die Freiwilligkeit, mit der ihr für die Bedürfnisse unseres tapferen Heeres gesorgt habt, das allgemeine Pflichtgefühl endlich bürgen mir für die Aufrechterhaltung der Ruhe und der öffentlichen Ordnung angesichts jeder perfiden Einflüsterung der Umsturzpartei. Zum Schutz eurer Sicherheit, falls irgendein Wahnwitziger sie stören sollte, wird eine ausreichende Macht in eurer Mitte bleiben, um über eure Ruhe zu wachen. Wehe demjenigen, der in irgendeiner Weise es versuchen wollte, die Ruhe zu stören und die Leiden des eigenen Landes noch zu erschweren. Gerechtigkeit, Achtung vor den Gesetzen, Gehorsam gegen die Autorität, so hat meine Devise von jeher gelautet.«

Die Piemonteser, zu schwach, vor dem Eintreffen der französischen Armee einen Zusammenstoß mit den Österreichern bestehen zu können, hinderten deren langsames Vorrücken nicht und räumten sogar Novara.

Garibaldi erhielt nun von der Regierung den Befehl, mit seiner Brigade nach Brusasco aufzubrechen, einem kleinen, zwischen Turin und Casale südlich und unfern vom Po gelegenen Orte.

Die Tätigkeit der National-italienischen Gesellschaft hatte damit ihr Ziel erreicht; sie hielt ihre letzte Sitzung in dem Palaste ihres Präsidenten, des Marquis Pallavicino, zu Turin, und der Sekretär La Farina schloss seinen Bericht darüber mit folgenden Worten: »Wir haben die lebendigen Kräfte Italiens vereinigen wollen, indem wir die italienische Erhebung mit der piemontesischen Armee verbänden. Diese Verbindung ist zustande gekommen und die von uns vorgeschlagene Diktatur ist durch die Repräsentanten der Nation dekretiert worden. Unser Werk ist also beendet. Im Namen des Zentralkomitees erkläre ich die National-italienische Gesellsschaft für aufgelöst in dieser Provinz, und im Namen desselben Komitees vertraue ich die Geschicke Italiens der Regierung des Re galantuomo an. Der Augenblick ist entscheidend; jetzt heißt es: schweigen und handeln, aber weise, kräftig und voll Ausdauer handeln. Vereinigen wir uns alle, König und Volk! Vereinigt, werden wir stark sein; stark, werden wir frei sein, werden endlich Italiener sein! Es lebe Viktor Emanuel! Es lebe Italien!«

Vor dem Abmarsche hielt Garibaldi folgende Ansprache an seine Soldaten: »Wir stehen jetzt an dem Ziele unserer Wünsche. Eure Hoffnung wird euch nicht täuschen; ihr werdet gegen die Unterdrücker des Vaterlandes fechten. Vielleicht schon morgen werdet ihr von den Österreichern Rechenschaft für ihre Plünderungen und Beschimpfungen fordern können. Der Mut allein reicht im Kampfe nicht hin, eine strenge Disziplin ist nicht weniger unerlässlich. Mögen die jungen Leute das nicht vergessen und blindlings ihren Offizieren, Veteranen früherer Kriege, gehorchen. Der erhabene Enthusiasmus, mit dem ihr dem Rufe des berühmten Herrschers, welcher jetzt die Geschicke Italiens in seiner Hand hält, gefolgt seid, ist mir ein sicherer Bürge für euer zukünftiges Verhalten. Bald, hoffe ich, werden eure Mitbürger von euch mit Stolz sprechen und euch für würdig erachten, unserer braven Armee anzugehören.«

Garibaldis Korps bestand nun aus den drei Regimentern Cosenz, Medici und Ardoïno, jedes aus zwei Bataillonen zu vier Kompanien zusammengesetzt; diese Infanterie hatte eine Stärke von ungefähr dreitausend und sechshundert Mann; dazu kam noch eine Schützen-Kompanie von zweihundert Köpfen und dann die Guiden, welche sich späterhin auch bis auf zweihundert Reiter verstärkten, jetzt aber nur fünfzig zählten.

Garibaldi hatte den Wunsch gehabt und für nötig befunden, dieser Brigade noch eine Pionier-Kompanie hinzuzufügen, aber der Kriegsminister hatte dieses Gesuch nicht berücksichtigt. Ebenso ging es mit einer Batterie leichter Berggeschütze, welche Garibaldi von dem Marquis Ala Puzoni angeboten wurden und die dem kleinen Korps eine viel bedeutendere Stärke gegeben haben würde. Auch hier antwortete der General La Marmora, dass er über die Artilleristen nicht zu solchem Zwecke verfügen könne und dass es an den zur Bespannung nötigen Mauleseln fehle, Garibaldi möge sich noch gedulden und weitere Befehle über diese Angelegenheit abwarten.

Am 26. April traf die Garibaldi'sche Freischar in Brusasco ein. Ihr Auftrag war, die Ortschaften Brusasco, Gabbiano und Ponte Stura, dicht am Po in einer Linie von etwa zwei deutschen Meilen Ausdehnung gelegen, besetzt zu halten und die dortigen Übergänge über den Fluss zu bewachen; wenn der Feind mit überlegenen Kräften den Fluss dennoch überschreiten, auf der Militärstraße von Casale nach Turin Position nehmen und die Dora-Baltea-Linie passieren würde, sollten die Alpenjäger sich über Cavagnolo oder Barzolo zurückziehen, um sich auf die Spitzen der französischen Kolonnen zu stützen, deren baldige Ankunft bereits angekündigt war.

Garibaldi hielt die strengste Ordnung und fortwährende Kampfbereitschaft in seiner Truppe aufrecht, wie er es bei seinen früheren Feldzügen gewöhnt war. Er schonte sich selbst nicht im Mindesten, sondern ging den ganzen Tag und oft auch nachts umher, inspizierte die Posten und verschiedene Truppenteile, erkundigte sich nach den Bedürfnissen der Soldaten, entflammte ihren Mut durch passende Worte; selten nur sah man ihn schlafen. Dass er von diesen Soldaten vergöttert wurde wie von seinen früheren Kampfgefährten, kann man sich leicht denken.

Der Dienst war anstrengend. Jeden Morgen um drei Uhr schon blies der Stabstrompeter nahe bei dem General zum Wecken, was von allen Bataillonshörnern wiederholt wurde. Die Soldaten nahmen sogleich die Waffen in die Hand, die Wachen wurden abgelöst, die Außenposten eingezogen und Patrouillen mussten umherstreifen. Die größte Rücksicht auf Person und Eigentum der Landesbewohner war Offizieren und Soldaten besonders anempfohlen worden. Sehr genaue Berichte über alles, was sich sowohl im Innern als außerhalb des Lagers zutrug, wurden von den Führern der Bataillone und der Vorposten dem General täglich eingereicht; jede Nachlässigkeit bestrafte er streng. So befand sich seine Brigade nach kurzer Zeit schon in einem Zustande der Disziplin und der Kriegsgeübtheit, die sich mit dem jeder regulären und erfahrenen Truppe vollkommen messen konnte.

Am 1. Mai erhielt Garibaldi ein Schreiben des Generals Cialdini, worin er ersucht wurde, sein Korps schnell zu sammeln und sich mit ihm nach Ponte Stura zu begeben, da die Österreicher bereits den Ticino überschritten, das sardinische Territorium betreten und

Novara und Mortara besetzt hätten; sie marschierten nun gegen die Sesia und der Oberbefehlshaber der italienischen Armee habe deshalb an alle Truppen den Befehl erlassen, sich in den starken Positionen zwischen Casale und Alessandria zu konzentrieren.

Kaum war Garibaldi, der diesem Winke ohne Säumen folgte, zu Ponte Stura angekommen, so empfing er einen zweiten Brief Cialdinis, der folgendermaßen lautete: »Die Österreicher haben den Po bei Caresana passiert; sie nähern sich auf dem linken Ufer. Jeden Augenblick können sie vor meinem Brückenkopfe in Casale stehen. Ich habe Ihnen zwar keine Befehle zu erteilen, aber ich würde mich glücklich schätzen, wenn ich Sie mit ihren Jägern ankommen sähe. Ich rate Ihnen Eile an. Der Feind bleibt dabei, bei Frasinetto eine Brücke schlagen zu wollen, und wenn ihm dies gelingt, wird es Ihnen beinahe unmöglich werden, Casale zu erreichen.«

Cialdini war ein tüchtiger, sehr tapferer Offizier; auch er gehörte zu den Helden, die, wie Fanti, in Spanien gekämpft und dort eine hohe Stellung erworben hatten, die sie im Jahre 1848 freiwillig aufgaben, um ihre Kräfte dem Vaterlande zu weihen. Garibaldi schätzte seine militärische Erfahrung hoch und war ihm sehr dankbar für die Hilfe, die er ihm bei der Bildung seines Freikorps durch Überlassung von Instruktoren gewährt hatte. Er säumte also nicht, dem Rufe des Generals zu folgen; die Hörner bliesen zum Aufbruch und die Brigade setzte sich nach Casale hin in Marsch.

Garibaldi hatte an diesem Tage zum ersten Male seine gewöhnliche bürgerliche Kleidung abgelegt und trug die glänzende Uniform eines piemontesischen Generalmajors; der mit reicher Silberverzierung geschmückte Helm schien ihm jedoch sehr beschwerlich zu werden, denn er schob ihn fortwährend hin und her, bis er endlich die Geduld verlor, ihn abnahm und in eine der Satteltaschen steckte; dafür nahm er den schwarzen Filzhut mit breiten Rändern, den man in Italien allgemein unter dem Namen Garibaldi-Hut kennt, hervor und setzte dann, augenscheinlich erleichtert, seinen Weg fort.

Den ganzen Tag über regnete es in Strömen und die zweieinhalb deutschen Meilen bis Casale waren schwierig genug zurückzulegen; erst als man sich Casale näherte, hellte sich der Himmel auf. Weder Feind noch Freund war zu erblicken, obgleich zahlreiche Patrouillen die ganze Umgegend durchstöberten, während das Korps eine Meile vor Casale Halt gemacht hatte. Garibaldi entschloss sich daher, in Casale einzurücken, das er von einem Teil der Division Cialdinis noch besetzt fand.

Man erwartete die Österreicher vergebens; sie hatten am Abend des 30. April mit einer ihrer Kolonnen das etwa zwei deutsche Meilen von Casale liegende Mortara besetzt und bereiteten wirklich einen Übergang über die Sesia bei Frasinetto vor, wurden durch den strömenden Regen aber von weiterem Vorrücken abgehalten. General Cialdini beschloss daher, am nächsten Morgen nach Garibaldis Einrücken die Stellung des Feindes auszukundschaften. Hierzu wurden neun reitende Jäger unter Leutnant Minghetti und eine Abteilung der Reiterei von Alessandria unter Befehl des Kapitäns Incisa verwandt; sie gingen am Ufer der Sesia bis Villanova vor. Die Österreicher näherten sich dem Flusse noch weiter und bedrohten Casale mit einem baldigen Angriff.

Am 3. Mai rückten die 4. Division der Armee und die Alpenjäger von Casale um vier Uhr morgens mit dem doppelten Auftrage aus, die Bewegungen der Österreicher zu beobachten und in der Umgebung so viel Heu und Stroh als möglich zu requirieren, denn daran herrschte in der Festung Mangel. Diese ganze Truppenmasse hatte sich in drei Kolonnen geteilt; die des rechten Flügels ging über Terranova, die der Mitte marschierte über Villanova und die dritte auf dem linken Flügel über Balzola. Garibaldi befehligte diese Letztere, die aus elf Kompanien der Alpenjäger, einem Bataillon des 17. Linien-Regiments, einer Sektion der ersten Feldbatterie und fünfzehn oder sechszehn reitenden Jägern zusammengesetzt war.

Bei Ca'Angiolino nahmen das Bataillon vom 17. Regiment und die Artillerie-Sektion den äußersten linken Flügel ein und marschierten auf Marana, während Garibaldi mit seinen elf Jäger-Kompanien sich gegen Balzola wandte und es auch erreichte. Als er an die zerstörte Brücke, die sich am Eingange dieser Stadt befand, gekommen war, ließ er seine Leute Halt machen, bestieg den Glockenturm und untersuchte von hier aus zunächst die umliegende Gegend. Vom Feinde war nichts zu sehen, deshalb traf er, als er zurückgekommen war, die Anordnung, dass eine Kompanie Due Stura besetzen, vier andere sich nach Riva, jenseits Balzola, begeben und die übrigen sechs mit einigen genuesischen Schützen in Balzola zurückbleiben sollten.

Die vorgerückten Kompanien entsandten ihre Patrouillen weit hinaus und brachten gegen Abend die Nachricht zurück, dass die Österreicher bereits in Vercelli eingerückt seien. Indessen hatte man etwa dreißig Wagenladungen voll Heu und Stroh zusammengebracht und trat nun mit diesen Fuhrwerken wieder den Rückweg nach Casale an.

Als die Spitze der Kolonne zu Papolo angekommen war, sprengte Menotti Garibaldi, der älteste Sohn des Generals, der in diesem Feldzuge unter den berittenen Guiden diente und sich an diesem Tage bei der Nachhut befand, heran und meldete seinem Vater, dass eine von Costanzana kommende Reiter-Patrouille des Feindes ihnen in großer Nähe folge.

»Nun, wir wollen versuchen, sie zu Gefangenen zu machen«, meinte der General. Er erließ den Befehl, die Brigade solle Halt machen, sobald sie das Dorf passiert habe, und stellte dann ungefähr zwanzig genuesische Schützen nach der Seite, von welcher der Feind kam, hinter das Gebüsch, das den Weg besäumte. Er empfahl nun denselben, nicht früher als auf zwanzig Schritte Feuer zu geben, oder besser noch, zu warten, bis die feindlichen Reiter vollständig in die Falle gegangen seien; dann versteckte er sich selbst in eine nahe gelegene Hütte.

Es dauerte nicht lange, bis sich zwei österreichische Husaren auf dem Wege zeigten; sie näherten sich nur langsam und mit großer Vorsicht. Garibaldi beobachtete sie genau von einem Fenster der Hütte aus und glaubte bereits, sie in Händen zu haben, denn sie waren nicht mehr zwanzig Schritte weit von dem Hinterhalte entfernt, als ein Schütze Feuer gab; seine übrigen Kameraden folgten diesem Beispiel sogleich. Die Husaren warfen ihre Pferde kurz herum und verschwanden wie der Blitz.

Als Garibaldi seine Beute sich auf diese Weise entschlüpfen sah, zuckte er die Achseln und murmelte in der schlechtesten Laune: »Diese verwünschte Furcht! Diese verwünschte Furcht!«

Diese zufällige Begebenheit gab übrigens am nächsten Tage zu folgendem Befehle Anlass: »Gestern befanden sich die Alpenjäger zum ersten Male dem Feinde gegenüber. Alle Umstände ließen ein Zusammentreffen erwarten. Ihre entschlossene Haltung legt von ihrem lebhaften Wunsche, sich mit den Österreichern zu messen, Zeugnis ab; das ist aber noch nicht genug. Bei unbedeutenden Alarmierungen, die im Laufe des Tages vorkamen, mangelte es ihnen an Kaltblütigkeit. Die Italiener besitzen unbestreitbare Tapferkeit, aber es fehlt ihnen an dem festen und ruhigen Mute, der ihre Vorfahren charakterisierte. Die Offiziere der Alpenjäger haben alle Anstrengungen zu machen, dass diese Wahrheit wohl verstanden werde. Ich bin überzeugt, dass dieser Fehler mit der Gewöhnung an den Kampf verschwinden wird, jedenfalls können ein wenig Überlegung und der gute Rat der an den Krieg gewöhnten Veteranen dieser Erfahrung zu Hilfe kommen. Ich hoffe, dass die Alpenjäger sich bei der nächsten Gelegenheit der Sache, für die sie fechten, würdig zeigen werden.«

So ernste, väterlich tadelnde Worte Garibaldis konnten ihre Wirkung auf Leute, die ihn verehrten und den besten Willen hatten, nicht verfehlen; sie bewiesen es schon in nächster Zeit. Am Morgen des 8. Mai näherten die Österreicher sich den Werken des Brückenkopfes von Casale. Die Alpenjäger hielten gerade an diesem Tage die Vorposten besetzt; sie folgten dem Rate ihres Generals und gaben erst Feuer, als der Feind sich nahe genug befand, dass ihre Kugeln treffen konnten, dann machten sie einen Bajonett-Angriff auf einen Zug Tiroler Jäger, warfen sich auf eine Kanone, eroberten einen Teil der Reserve-Munition und verdienten das Lob, das ihnen ihr Befehlshaber, Kapitän Cristoforis, in seinem Rapporte spendete; er sagte:

»Unsere Jäger haben sich wie gute, sogar wie erfahrende Soldaten gehalten; deshalb sind sie auch auf die wärmste Weise von den Bersaglieri beglückwünscht worden, als deren würdige Kameraden sie sich heute gezeigt haben.«

Nach diesem kleinen Gefechte erhielten die Alpenjäger den Befehl, auf Ranzone und Torcelli zu rücken; die Vorhut, die den Marsch des Hauptkorps decken sollte, besetzte das rechte Ufer des Po mit Posten.

Garibaldi, der sich inzwischen nach dem Hauptquartier des Königs begeben hatte, welcher seit dem 1. Mai den Befehl über seine Armee selbst übernommen, holte seine Brigade bei Ponte Stura ein. Er trug folgenden königlichen Befehl bei sich:

»San Salvatore, den 8. Mai 1859.
Der General Garibaldi, der augenblicklich damit beauftragt ist, sich den Fortschritten des gegen Turin vorrückenden Feindes zu widersetzen, wird sich später über Jorea nach Biella begeben. Er wird von der Seite des Lago Maggiore her auf die rechte Flanke der Österreicher wirken und zwar auf die Weise, die er für die geeignetste hält. Daher fordere ich alle Zivil- und Militärbehörden ebenso wie alle Stadtverwaltungen auf, ihm in allem, was die Unterhaltung und Einquartierung seiner Truppen betrifft, Hilfe zu leisten.
Der General wird hierdurch autorisiert, alle Freiwilligen, die sich

gegenwärtig zu Savigliano, Aqui und anderswo befinden, unter seinen Befehlen zu vereinigen und solche Freiwillige überall in seine Reihen aufzunehmen, wenn sich dazu Gelegenheit bietet und wo er es mit Nutzen tun zu können glaubt.
Viktor Emanuel.«

Die Alpenjäger brachen nun nach Brazolo auf, aber diese Bewegung, die bestimmt war, Turin zu decken, ließ sich wegen des schlechten Zustandes der Wege, die vom Regen vollständig durchweicht waren, nur mit äußerster Langsamkeit ausführen. Die Gepäckwagen blieben häufig stecken, und der General, welcher sich selbst nie schonte, schob mit eigenen Händen mehr als einmal die Räder vorwärts. Das Korps erreichte Brazolo erst mit Tagesanbruch.

Am folgenden Morgen erhielt Garibaldi eine Depesche, die ihn schleunigst zu dem Ministerpräsidenten nach Turin berief. Er übergab seine Brigade deshalb dem Oberstleutnant Cosenz und befahl ihm, sie von Brazolo nach Chivasso zu führen. Man machte ihm bemerklich, dass die Soldaten schon zu ermüdet wären, um einen so weiten Weg in einem Tage zurücklegen zu können. »Die Offiziere müssen das Beispiel geben, und die Soldaten werden ihnen folgen«, erwiderte der General unerschütterlich.

Die Alpenjäger, die seit dem Abmarsche von Casale, also seit fünf Tagen, kaum einen Augenblick Ruhe gehabt hatten, waren wirklich auf das Äußerste ermüdet, aber die Worte ihres geliebten Generals gaben ihnen die Kräfte wieder. Die Offiziere gingen mit gutem Beispiele voran, wie Garibaldi es vorausgesetzt hatte, Cosenz und sie ermunterten die Leute und sprachen von der Notwendigkeit des beschleunigten Marsches zu ihnen, und die Brigade kam früher nach Chivasso, als man gehofft hatte.

Als Garibaldi von Turin zurückgekommen war, nahm er seine Wohnung zu Chivasso in dem bescheidenen Zimmer eines Wirtshauses. Hier bezog er zum ersten Male seinen Feldsold als Generalmajor der sardinischen Armee; da er sein ganzes Leben hindurch immer bescheiden und einfach gelebt hatte und fast gar keine Ansprüche zu machen gewöhnt war, fand er die Summe, die er ausbezahlt erhielt, ungeheuer groß. An einem Morgen hatte er sie auf einem Tische aufgezählt und betrachtete sie nachdenklich, als einer seiner Offiziere eintrat und unbeweglich stehen blieb, da er den General so in Überlegung versunken sah. Als Garibaldi ihn bemerkte, sagte er lachend zu ihm: »Wollen Sie etwas davon? Es ist mein Gehalt. Wie viel Geld! Ich weiß nicht, was ich damit anfangen soll, es ist zu schwer für mich.«

Graf Cavour, der um jene Zeit auch die Funktion des Kriegsministers versah, schrieb am 11. Mai an Garibaldi: »General! Ich fordere Sie auf, mit Ihrer Brigade nach San Germano zu marschieren. Sie werden sich General Sonnaz zur Verfügung stellen, der sich dort aufhält und der den Befehl erhalten hat, die Österreicher aus Vercelli zu vertreiben. Wenn diese Stadt befreit worden, können Sie nach den Bestimmungen, die Seine Majestät Ihnen gegeben haben, handeln.«

Am nächsten Tage schon wurde die Brigade in voller Stärke, samt den berittenen Guiden und den Kranken mittelst der Eisenbahn nach San Germano geschafft.

General Sonnaz, der ihnen bereits entgegenkam, befehligte zu San Germano ein kleines Truppen-Korps, das sich aus vier Regimentern der Linien-Kavallerie, zwei Batterien leichter Artillerie und einer Abteilung Infanterie zusammensetzte; obgleich er einer der ältesten piemontesischen Generäle war, hatte er doch dieses Kommando angenommen, das jedem anderen, dem er seit einer Reihe von Jahren vorgestanden, untergeordnet war, um Turin zu sichern, das in großer Angst schwebte, von den Österreichern besetzt zu werden.

Indessen hatten die Österreicher, sobald das schlechte Wetter einigermaßen nachließ, ihre Operationen auf Wegen, welche der Regen ebenso wie die Arbeiten der Sardinier halb unbrauchbar gemacht hatten, fortgesetzt. Graf Gyulay hatte sein Hauptquartier weiter vorwärts gegen die Sesia zuerst nach Lomello, dann nach Mortara verlegt und suchte sich mit Feldmarschall-Leutnant von Benedek*, der bei Piacenza auf das rechte Ufer des Po gegangen

* Ludwig Ritter von Benedek ist 1804 zu Oldenburg geboren, erzogen in der Militär-Akademie zu Neustadt, und trat 1823 in das 28. Infanterie-Regiment. Nachdem er seit 1830 im Generalstabe beschäftigt gewesen war, wurde er im Jahre 1840 als Major Adjutant bei dem galizischen General-Kommando und erhielt später das 33. Infanterie-Regiment. Zuerst zeichnete er sich in den galizischen Unruhen des Jahres 1846 aus, indem er bei Gdow unfern Wieliczka die Aufständischen zersprengte, und erhielt für seine Entschlossenheit bei dieser Gelegenheit das Ritterkreuz des Leopold-Ordens, 1847 wurde er Kommandeur des Infanterie-Regiments Graf Gyulay, das in Italien stand. Bei dem Aufstande in Mailand erhielt er den Befehl über ein Korps von fünf Bataillonen und drei Schwadronen, zeichnete sich am 9. Mai 1848 bei dem Sturme auf die starke Linie von Curtalone, den er kommandierte, aus, wofür er das Ritterkreuz des

war, zu vereinigen, um die Verbindung der von Genua heranrückenden Franzosen mit der sardinischen Armee zu verhindern. Um diese Absicht dem Feinde aber besser verborgen zu halten und seine Aufmerksamkeit auf andere Punkte zu lenken, ging ein österreichisches Korps von Biella gegen Jorea vor, ein anderes besetzte Vercelli, und gleichzeitig machte man bei Frasinetto Anstalten, eine Brücke über den Po zu schlagen und sprengte einige Bogen der Eisenbahnbrücke bei Casale.

Am 13. Mai erhielt Garibaldi den Befehl, eine Bewegung gegen Vercelli zu machen, um die Österreicher womöglich aus dieser Stadt zu vertreiben; General Cialdini, auf dessen Urteil er, wie schon gesagt, viel gab, war aber anderer Ansicht und warnte vor einem ernstlichen Engagement, da die Österreicher zu überlegen seien. Das Korps näherte sich daher Vercelli nur, um zu spähen, wobei die Alpenjäger einige Flintenschüsse mit den österreichischen Vorposten wechselten, dann zog sich der General auf dem Wege nach San Germano zurück, indem er hoffte, der Feind werde sich mit einzelnen Abteilungen zur Verfolgung verleiten lassen und ihm dadurch Gelegenheit zu kleinen Scharmützeln geben; er ließ aus diesem Grunde auch mehrere Male Halt machen, aber die Österreicher hüteten sich, aus der Stadt herauszukommen.

Inzwischen waren die Franzosen bereits in großer Stärke angelangt und hatten sich mit den Sardiniern vereinigt; ihre Hauptmacht stand auf dem rechten Ufer des Po bei Valenza, Casale und Alessandria und deckte Turin vollkommen. Am 9. Mai hatte Kaiser Napoleon von Paris aus sein Kriegsmanifest erlassen, das alle italienischen Herzen zur Begeisterung entflammte, denn darin war zu lesen, man habe die Absicht, »Italien frei bis zur Adria zu machen«.

Maria-Theresien-Ordens erhielt, dann bestand er am 30. Mai das heftige Vorhut-Gefecht gegen Goido.

Im Feldzuge von 1849 gegen Piemont nahm er am 21. März Mortara ein, wobei er 6 Kanonen eroberte und 2000 Gefangene machte, und zeichnete sich wieder am 23. März bei Novara besonders aus. Im April 1849 zum Generalmajor befördert, wurde er nach Ungarn versetzt. Hier leistete er Ausgezeichnetes bei Raab und am 11. Juli bei Komorn, woselbst ihm ein Pferd unter den Leibe erschossen wurde, dann am 5. August bei Szöreg, wo ihn eine Granate am Fuße verwundete und zu weiterem Kampfe unfähig machte. Nach dem Frieden wurde er Kommandeur des 28. Infanterie-Regiments und Chef des Generalstabes der italienischen Armee, 1852 Feldmarschall-Leutnant, 1857 Kommandeur des 4. Armeekorps in Lemberg und Geheimer Rat.

Für Garibaldi kam jetzt die Zeit, selbstständig zu operieren, wie König Viktor Emanuel es ihm in seinem Schreiben vom 8. Mai befohlen hatte; sein Auftrag war, im Norden den rechten Flügel der Österreicher zu beunruhigen, durch notwendig werdende Truppenentsendungen zu schwächen sowie durch sein Auftreten dort die Bevölkerung zum Aufstande zu bewegen, dem sie mit Sehnsucht entgegensah. Erfreut, diese Selbstständigkeit, die für ihn und seine Truppe so gut passte, erreicht zu haben, trennte Garibaldi sich von der großen Armee und trat seinen Marsch auf Biella an.

4.
Selbstständige Operationen des Garibaldi'schen Korps bis zum Übergang über den Ticino

Als das Alpenjäger-Korps zu Biella anlangte, fand es einen freudigen und stürmischen Empfang von Seiten des Volkes und der Behörden. Besonders der dortige Bischof, der früher lange Zeit im Orient als Missionar gewesen war, zeigte sich sehr begeistert, nahm Garibaldi in seinem Palaste auf, und nach Beendigung des glänzenden Diners fehlte wenig daran, dass er, sein Vikar und sein Sekretär sich entschlossen, in eigener Person die Waffen zu ergreifen.

Auf dem Lande war der Jubel bei dem Erscheinen des Generals ebenso groß. Als er am Tage nach seinem Eintreffen mit einigen seiner Generalstabs-Offiziere sich zu Pferde nach Andorno-Cacciorno begab und noch ungefähr eine Meile von diesem Flecken entfernt war, kamen ihm die Einwohner, ihr Syndikus an der Spitze, entgegen und bewillkommneten ihn mit dem hundertstimmigen Rufe: »Es lebe Garibaldi! Es lebe die Freiheit!«

Im förmlichen Triumphzuge wurden er und seine Begleiter von der Menge bis auf den Marktplatz geführt, woselbst angekommen der Syndikus dem Volke Schweigen gebot und ihm mitteilte, Garibaldi sei gekommen, die Heimat Pietro Miccas zu besuchen, der am 29. August Turin gerettet hatte.

Dieser Micca war zu Savigliano, einem kleinen, jenseits Andorno-Cacciorno gelegenen Dorfe, geboren, wo man eine kleine Marmorplatte mit seinem Namen findet. Die Bewohner des Fleckens begleiteten den General in Menge, und als man durch das Dorf kam, wurde Letzterer mit einem Regen von Blumen, die man aus den Fenstern herabwarf, empfangen. An Ort und Stelle stieg der

General vom Pferde und näherte sich dem einfachen Denkmal des unerschrockenen piemontesischen Artilleristen und tapferen italienischen Soldaten; eine Weile blieb er, in Nachdenken versunken, vor demselben stehen, dann ersuchte er einen Handwerker, der, wie man ihm sagte, ein Abkömmling von Pietro Micca war, um einen Schemel, stieg auf denselben und hing eine Blumenkrone an die Gedächtnistafel.

»Ein Held erzeigt dem andern seine Huldigung!«, rief der Syndikus in einem Tone so hoher Bewegung aus, dass die Umstehenden und Garibaldi selbst sich davon ergriffen fühlten. Bei seinem Zurückritte strömte man ihm ebenso zu und warf wieder Blumen auf ihn und seinen Weg; er grüßte nach rechts und links, dankte gerührt der Menge, erwiderte den Händedruck der Einzelnen, die sich an ihn drängten, lächelte jeden freundlich an und richtete an Männer, Frauen und Greise bewegte Worte. Als er den Flecken passiert hatte, setzte er sein Pferd in Galopp, dennoch folgte ihm aber ein Haufen Kinder mit dem unaufhörlichen Geschrei: »Es lebe Italien! Es lebe Garibaldi!«

»Kehrt nur zu euren Eltern zurück«, antwortete er ihnen gütig. »Ich versichere auch euch, dass ich euch bald zur Verteidigung Italiens Gewehre geben werde.« Dann sagte er, sich zu seinen Offizieren wendend: »Ich habe nie Soldaten besser, mit mehr Kühnheit und Entschlossenheit kämpfen sehen, als eine Kompanie, die ich im Jahre 1849 zu Rom aus Knaben gebildet hatte; obgleich die Mehrzahl von ihnen keine andere Waffe besaß, als Steine, zögerten sie doch nie, sich den Franzosen bis auf Steinwurfweite entgegenzuwerfen.«

Am 19. Mai abends kam auch Sebastian Tecchio aus Vicenza, ein Mitglied des italienischen Parlaments und außerordentlicher königlicher Kommissarius für die Landesteile von Jorea, Vercelli und Novara, nach Biella. Garibaldi ganz ergeben und von der Hoffnung getragen, dass er einst mit ihm jenseits der Etsch kämpfen werde, glaubte er mit Überzeugung, wie viele andere, dass der Kampf nicht eher enden werde, als bis Venedig befreit sei. Er war jetzt so glücklich gewesen, die Stadt Jorea vor dem Feinde zu bewahren, der, eingeschüchtert durch die entschlossene Haltung der Nationalgarde, der Bevölkerung und der Militärschule, sie nicht anzugreifen gewagt hatte, und wie er stets voll Tätigkeit und Energie war, brachte er jetzt die Nachricht, dass die Österreicher an demselben Morgen Vercelli nach Sprengung zweier Brückenbogen geräumt und sich am linken Ufer der Sesia mit starker Artillerie verschanzt hätten.

Am 20. Mai morgens brach die Garibaldi'sche Brigade von Biella wieder auf, schlug den Weg nach dem Lago Maggiore ein und kam abends nach Gattinara, am nächsten Tage passierte sie die Sesia auf einer Schiffbrücke, gelangte nach Romagnono und bald darauf nach Borgomanero, einem Städtchen, das etwa eine deutsche Meile südwestlich von der Spitze des Sees liegt. Hier hielt sich die Brigade nur ein paar Stunden auf, um sich zu erholen und auf den bevorstehenden Kampf vorzubereiten; der General erließ hier auch an Offiziere und Soldaten den Befehl, alles überflüssige Gepäck zurückzulassen, damit man unbeschwert marschieren könne; niemand durfte mehr bei sich tragen als ein Hemd, ein Paar Schuhe und Strümpfe. Garibaldis eigenes Gepäck war in ein Leinwandbündelchen zusammengeschnürt.

Nachmittags um drei Uhr setzte man sich wieder in Marsch und schlug den Weg nach Santa Christinetta ein. Niemand wusste, welchen Zweck dieser Marsch habe und wohin er führen werde, denn der General machte, wie er es liebte, das strengste Geheimnis daraus. Er selbst ritt an der Spitze der Kolonne, rauchte ruhig seine Zigarre und plauderte mit seinen Stabsoffizieren ganz unbefangen über gleichgültige Dinge. Indessen versäumte er keine Vorsicht, seinen Marsch zu sichern, indem er zahlreiche Reiterpatrouillen nach allen Seiten ausschickte; man befand sich nahe der Grenze des lombardisch-venezianischen Königreichs und konnte nicht wissen, ob die Österreicher nicht auch schon in diese Gegend Truppen geworfen hätten. Von Oleggio Castello, das vier Meilen von Borgomanero entfernt liegt, steigt der Weg gegen die Stadt Arona hinab.

Dieser Weg führte durch Wald und eröffnete durch die lichteren Stellen desselben hindurch die Aussicht auf den Lago Maggiore, an dessen Westgestade Arona liegt. Man bemerkte, dass ein österreichisches Dampfschiff, nicht fern vom Ufer, auf dem See schiffte, von dem aus man mittelst eines Fernrohres die Garibaldi'sche Kolonne, sobald sie aus dem Walde trat, deutlich hätte beobachten können. Der General wünschte dies gerade zu verhindern und ließ deshalb dem Oberstleutnant Cosenz, der die Vorhut kommandierte, den Befehl zukommen, Halt zu machen und sich so weit zurückzuziehen, dass er nicht dem Feinde zu Gesicht kommen könne. Dies geschah, und erst als das österreichische Dampfschiff, dessen Mannschaft die Nähe der Alpenjäger nicht ahnte, weit genug entfernt war, wurde der Marsch fortgesetzt.

Eine Strecke vor der Stadt Arona musste die Brigade Halt machen. Garibaldi selbst begab sich mit den Guiden zu Pferde nach der Eisenbahnstation, und der Führer der Reiter, Simonetta, musste in der Stadt für dreitausendfünfhundert Mann und hundertundfünfzig Pferde Quartier und Lebensmittel bestellen. Dies war aber nur eine List, um die Österreicher auf eine falsche Spur zu lenken, denn es ließ sich gar nicht daran zweifeln, dass sie auch in Arona ihre Spione hätten, die ihnen nun den Einzug der Alpenjäger hinterbringen würden.

Um Mitternacht brach die Brigade aus ihrer Stellung vor der Stadt auf und marschierte nach Castelletto am rechten Ufer des Ticino, wo sie am Abend des 22. Mai anlangte. Als die Nacht einbrach, begab sich Garibaldi in Begleitung Medicis und Sacchis an das Flussufer und entwarf den Plan zu dem Übergange, der noch in der Nacht bewerkstelligt werden sollte. Er ließ nun alle Boote, die in der Umgebung aufzutreiben waren, heranschaffen und in zwei Abteilungen so aneinander befestigen, dass sie zum Übersetzen einer größeren Truppenzahl, die zum sofortigen Angriff vereinigt bleiben musste, geeignet waren. Dann besetzten zwei Bataillone das Haus Visconti, als beabsichtige man nichts anderes, als sich am rechten Ufer des Flusses festzusetzen, und zwei Kolonnen schlichen sich unter dem Schutze der Dunkelheit und im tiefsten Schweigen durch den Visconti'schen Park nach dem Ufer hin, woselbst sie die Boote bestiegen. Leise ruderte man nach dem andern Ufer hinüber, das die Österreicher mit Posten besetzt hielten, und schiffte sich dort ebenso vorsichtig aus. Der Feind war nicht wachsam genug; er bemerkte noch immer nicht, dass die Alpenjäger sich auf dem linken Ufer des Ticino, der hier die Grenze bildet, also schon auf lombardischem Boden befanden.

Indessen teilten sich die übergeschifften Alpenjäger in verschiedene kleine Abteilungen und rückten auf das Städtchen Sesto-Calende vor, das eine kurze Strecke vom Flusse entfernt liegt und eine schwache Besatzung von österreichischen Gendarmen hatte. Eine dieser Abteilungen stieß auf einen Zollwächterposten und machte die daselbst befindlichen Männer zu Gefangenen, und bald war die Stadt ganz umzingelt. Simonetta drang mit zwanzig Soldaten in die Kaserne ein, nachdem er das Tor eingeschlagen hatte, und nahm vierzig Gendarmen, die, aus dem Schlafe erweckt, nicht an

Widerstand dachten, gefangen; unter ihnen befanden sich auch der Zoll-Kommissarius und mehrere andere kaiserliche Beamte.

Die ebenfalls aus dem Schlafe aufgeschreckte Bevölkerung Sesto-Calendes, die wie jedermann recht gut wusste, dass Garibaldi nur mit einer kleinen Schar operiere und das Gros der Armee sich noch in weiter Entfernung befinde, war nicht allein auf das Höchste erstaunt, sondern auch über diesen kühnen Streich erschrocken und besorgt. Die österreichischen Gefangenen, die man in eine kleine Kirche geführt hatte, wussten nicht, wie ihnen geschehen war; die Liniensoldaten unter ihnen wagten nicht, die Augen aufzuschlagen, die Gendarmen heuchelten sorglose Fassung oder machten feindselig drohende Mienen; die Beamten vermochten ihren Schreck am wenigsten zu verheimlichen. Das Volk fürchtete noch zu sehr das Anrücken einer österreichischen Verstärkung, um seiner Freude den lauten Ausbruch zu gestatten.

Der General hatte sein Quartier in einem nahe am Flusse liegenden Gasthause genommen. Er ließ die Briefe auf der Post fortnehmen, belegte die Papiere der öffentlichen Verwaltung mit Beschlag, ließ alle Waffen, die man finden konnte, zusammenbringen und bestellte die angesehensten Einwohner der Stadt zu sich, um sie zu ermutigen und zur Bildung einer Nationalgarde aufzufordern. Dann schrieb er sogleich einen Bericht über diese Vorgänge an den Grafen Cavour und sandte ihn ab, befragte die österreichischen Gefangenen und befahl, sie nach Piemont abzuführen.

Nachdem er das Königtum Viktor Emanuels und den italienischen Unabhängigkeitskrieg proklamiert hatte, erließ er folgenden Aufruf an die Lombarden:

»Lombarden!
Ihr werdet zu einem neuen Leben berufen und ihr müsst diesem Rufe Folge leisten, wie es eure Väter bei Ponsida und Legnano taten. Der Feind ist noch immer derselbe: grausam, Mörder, Plünderer. Eure Brüder aus allen Provinzen haben geschworen, mit uns siegen oder sterben zu wollen. Wir haben die Beleidigungen, den Schimpf und die Knechtschaft von zwanzig vergangenen Generationen zu rächen. Wir müssen unseren Kindern ein Erbe hinterlassen, das nicht durch die Gegenwart fremder Soldaten befleckt wird.
Zu den Waffen also! Die Knechtschaft muss aufhören!
Wer eine Waffe führen kann und sie nicht ergreift, ist ein Verräter.

Italien wird mit seinen einigen und von fremder Herrschaft befreiten Kindern den Platz wiederzuerobern wissen, den ihm die Vorsehung unter den Nationen angewiesen hat.
Garibaldi.«

Der General kam in seinem Quartiere nicht einen Augenblick zur Ruhe, so bedürftig er derselben auch war; von Laveno, Varese und Gallarate, aus der ganzen Umgegend strömten die Vaterlandsfreunde unaufhörlich herbei, um die genauesten Nachrichten über das Vorgegangene, das sich schnell verbreitet hatte, zu erhalten, denn sie beabsichtigten, auch ihrerseits alles Mögliche zu tun, um die Revolution in der Lombardei zu entfachen und Garibaldi Hilfe zuzuführen. Der General empfing sie alle wie alte Freunde, wobei er in seinem Zimmer in Hemdsärmeln auf dem Bette saß; für jeden hatte er Worte, seinen Eifer zu ermutigen und seinen Wunsch, sich Italiens Befreiung zu widmen, zu loben. Er verteilte seine Proklamation an sie, um sie in ihrer Heimat weiterzuverbreiten, und überall in der Umgegend gab sich die lebhafteste Begeisterung kund. Der Stadtvorsteher Carcano zu Varese erließ nachstehenden Aufruf an seine Bürgerschaft:

»Heute gegen Mitternacht soll eine Kolonne der italienischen Armee unter Befehl Joseph Garibaldis, General des hochherzigen Königs Viktor Emanuel, bei euch ankommen. Die Stadtverwaltung ist glücklich, ihren Mitbürgern diese Kunde bringen zu können; mit ihnen nimmt sie an der Freude und der Bewegung unseres wiedererstehenden Vaterlandes lebhaften Anteil. Die Embleme der fremden Unterdrückung liegen im Staube. Wir sehen das heilige dreifarbige Banner wieder flattern, dieses Symbol der Ordnung, Einigkeit, Freiheit und einer großen Zukunft. Heil den Braven, die es uns wiederbringen! Wir wollen sie mit Enthusiasmus empfangen, liebe Mitbürger. Wir wollen der Eingebung unseres Herzens folgen, und unser Bewillkommnungsruf sei: Es lebe Italien!«

In der Tat lag es in Garibaldis Absicht, so schnell als möglich, damit ihm die Österreicher nicht zuvorkämen, nach Varese zu marschieren und dasselbe zu besetzen; deshalb brach er noch an demselben Tage dahin auf. Schon vor dem Übergang über den Ticino hatte er Patrouillen westlich des Lago Maggiore über Onta und Omegna nach Pallanza gesandt, teils, um diese Gegend aufzuklären, teils, das dortige Volk zur Erhebung zu veranlassen; jetzt entsandte er zu demselben Zwecke kleine Abteilungen südlich gegen den rechten Flügel der österreichischen Armee, während er mit der Hauptkolonne sich auf Varese wandte.

5.
Varese

Während das Garibaldi'sche Korps seinen Zug unternommen hatte, wurde der rechte Flügel der Österreicher an der Sesia von den Sardiniern beschäftigt und dadurch also das Vordringen der Alpenjäger begünstigt.

Am 21. Mai griffen die Sardinier die österreichischen Vorposten in Borgo Vercelli an und warfen sie auf Orfengo zurück; erst als bedeutende Verstärkungen eintrafen, zogen sie sich wieder auf das rechte Ufer der Sesia zurück. Am 22. und 23. Mai kam es zu ähnlichen Scharmützeln ohne große Bedeutung weiter südlich bei Palestro, Breme und Candia, am 24. Mai unterhalb Vercelli bei Porto Terrassa, wo die Sardinier sich auf einer Insel der Sesia festsetzten, sie aber vor dem überlegenen Geschützfeuer der Österreicher wieder räumen mussten.

Diese Operationen, welche die ganze Aufmerksamkeit des Feindes in Anspruch nahmen, hatten bewirkt, dass er im Norden weniger wachsam war; sobald aber die ersten Nachrichten von dem Erscheinen der Alpenjäger, der Überrumpelung Sesto-Calendes und Besetzung Vareses eintrafen, entsandte das Militärkommando in Mailand Abteilungen unter den Obersten Bakalovich und Schindlöcker nach Oleggio und Borgo Ticino sowie gegen Gallarate und Sesto-Calende. Die erste Abteilung traf die Alpenjäger gar nicht, die zweite indessen stieß bei Sesto-Calende am 25. Mai auf eine Abteilung unter dem Hauptmann Christoforis. Garibaldi hatte diesen zuverlässigen Offizier mit zweihundertundfünfzig Mann in der Stadt zurückgelassen, und nun griffen ihn die Österreicher in einer Stärke von dreihundert Mann Infanterie, hundertunddreißig Reitern und zwei Geschützen an, zogen sich aber, als sie hartnäckigen Widerstand fanden und einige der Ihrigen gefangen genommen worden waren, nach Somma zurück, das ebenfalls am linken Ufer des Ticino liegt; Christoforis vereinigte sich darauf in Varese mit dem Hauptkorps. Graf Gyulay, der sein Hauptquartier damals in

Garlasco hatte, musste sich nun entschließen, dem Garibaldi'schen Korps mehr Aufmerksamkeit zu schenken, und befahl Feldmarschall-Leutnant Freiherrn von Urban, es mit achttausend Mann anzugreifen und zu vernichten. Gleichzeitig erließ er folgende Proklamation an die Einwohner der Lombardei:

»Es scheint die Absicht des Feindes zu sein, im Rücken der Armee, welche unter meinem Befehle steht, die Revolution hervorzurufen, um in dieser Weise mich zu zwingen, eine Stellung zu verlassen, welche er, wie es scheint, nicht im offenen Felde anzugreifen wagt. Das soll ihm jedoch nicht gelingen. Binnen kurzem werden aus den Erbstaaten unseres erhabenen Monarchen neue imposante Kräfte anlangen, welche genügen werden, mit der größten Tatkraft jede etwa ausbrechende Revolution zu unterdrücken. Ich gebe mein Wort, dass all diejenigen Orte, welche gemeine Sache mit der Revolution machen, den Durchzug der Verstärkungen für meine Armee verhindern, die Kommunikation, die Brücken usw. zerstören würden, mit Feuer und Schwert bestraft werden sollen. Ich erlasse in diesem Sinne meine Instruktionen an meine Unterkommandanten. Ich hoffe, dass man mich nicht nötigen werde, zu solchen äußersten Mitteln zu greifen, und dass man nicht zu den für das Land ohnehin unseligen Folgen des Krieges noch die Schrecken eines Bürgerkrieges werde hinzufügen wollen.
Gegeben in meinem Hauptquartier
Garlasco, den 25. Mai 1849.
(gez.) Gyulay.«

Feldmarschall-Leutnant Carl Freiherr von Urban, den Gyulay für den Kampf gegen Garibaldi am geeignetsten hielt, wurde 1802 als Sohn eines österreichischen Offiziers zu Krakau geboren. In der Olmützer Kadettenschule erzogen, trat er 1815 in das 29. Infanterie-Regiment als Fähnrich ein, diente dann im 59. Infanterie-Regimente, war seit 1828 Adjutant des Feldmarschall-Leutnants von Ekhardt in Mähren und Österreichisch Schlesien, wurde 1846 Major, 1847 Oberstleutnant und Adjutant des Generalkommandos im Banat. Im Jahre 1848 weigerte er sich, nach dem Befehle des ungarischen Kriegsministeriums der ungarischen Konstitution den Eid zu leisten, vereitelte in jener Gegend zum Teil die Bildung der Honved-Bataillone und begünstigte die Vereinigung der österreichischen Truppen in Siebenbürgen. Zu Ende desselben Jahres kämpfte er in mehreren Gefechten glücklich gegen die Ungarn und nahm ihnen Dees und Klausenburg; erstere Stadt, die indessen wieder in die Hand des Feindes gefallen war, eroberte er im November zum zweiten Male. Von General Bem gänzlich eingeschlossen, schlug er sich bei Apasida mit seinem kleinen Korps und fünf Geschützen mit großer Entschlossenheit glücklich durch und erreichte nach verschiedenen Kämpfen die Bukowina. Inzwischen zum Oberst befördert, überrumpelte er die Stadt Moroscheny und befreite das südliche Siebenbürgen von General Bems Truppen, wofür er mit dem Ritterkreuz des Maria-Theresien-Ordens, dem Leopold-Orden und Erhebung in den Freiherrnstand belohnt wurde. Nachdem er im Jahre 1849 eine Zeit lang Gouverneur von Klausenburg gewesen war und dann die Spitze der russischen Armee gebildet hatte, wurde er Generalmajor und erhielt den Befehl über eine böhmische Brigade. Bei allen seinen Taten hatte er sich durch Energie und schnelle Entschlossenheit ausgezeichnet, und Graf Gyulay hielt sich für überzeugt, dass er mit seiner bedeutenden Übermacht ihn Garibaldis bald entledigen werde.

Inzwischen hatte Garibaldi, der ganz isoliert dastand und sich keine Hoffnung darauf machen durfte, von der regulären französischen oder sardinischen Armee unterstützt zu werden, beschlossen, einer solchen Übermacht mit Schnelligkeit und Kühnheit zu begegnen, wobei er zuversichtlich auf die Verstärkung seines Korps durch die Bevölkerung des Landes hoffte. Deshalb brach er noch am 23. Mai nach Varese auf und langte daselbst, vom Jubel der Bevölkerung empfangen, abends elf Uhr an.

Am folgenden Tage erschienen nachstehende Bekanntmachungen des vorgenannten Stadtvorstehers Carcano, der nun von Garibaldi zum provisorischen Kommissär Seiner Majestät des Königs von Sardinien ernannt worden war, an die Bewohner Vareses und der Umgebung:

»I. Kraft der Gewalten, die durch heutiges Dekret dem Unterzeichneten vom General Giuseppe Garibaldi, Oberkommandant der Alpenjäger, verliehen worden sind, macht derselbe Folgendes bekannt:

1. Die österreichische Regierung ist ihrer Rechte für verlustig erklärt; sie wird durch die des hochherzigen Viktor Emanuel ersetzt, in dessen Namen in Zukunft die Behörden den ihnen gegebenen Instruktionen gemäß regieren werden.

2. Die Maßregeln öffentlicher Ordnung und die betreffs der Verteidigung des Landes sind in der Person des Unterzeichneten konzentriert und, was deren Ausführung anbelangt, dem Patriotismus der Bevölkerung und der Nationalgarde anvertraut, die sofort organisiert werden wird. Die Bewohner mögen volles Vertrauen haben und auf den Unterzeichneten zählen, der sich bemühen wird, auf würdige Weise den guten Absichten des von ihm repräsentierten hochherzigen Königs und seines Generals zu entsprechen, der ihm diese außerordentlichen Gewalten zum Wohle des Landes und Italiens in den jetzigen ernsten Umständen anvertraut hat. Die Residenz des königlich-sardinischen Kommissärs wird in dem Lokale des ehemaligen Distriktskommissärs sein.

II. Zur Verteidigung des Landes und zur Beförderung der Unterstützung, welche alle Italiener dem nationalen Kriege gegen Österreich leisten müssen, befiehlt der königliche Kommissär nach Einholung der Befehle des Generalkommandanten der Alpenjäger, wie folgt:

1. Es werden zwei Bataillone Freiwilliger aus den Bewohnern dieser Stadt und der Provinz gebildet; sie werden von dem Hauptmann Fonti, der den desfallsigen Auftrag erhalten hat, organisiert werden.
2. Das Depot dieser Bataillone wird in dem auf dem Platze St. Marlene gelegenen Gemeindegebäude errichtet, wo man von jetzt an die Einschreibungen der Freiwilligen annehmen wird, die in kürzester Frist eingekleidet, bewaffnet und militärisch beschäftigt werden.
3. Zur nämlichen Zeit wird die Nationalgarde organisiert werden, und zwar einem Dekrete gemäß, das sofort veröffentlicht werden soll.

Varese, den 24. Mai 1859.«

Varese, das drei deutsche Meilen von Sesto-Calende und ebenso weit von Como entfernt, etwas nördlich gerade zwischen den südlichen Spitzen des Lago Maggiore und Comer Sees liegt, eignet sich vortrefflich zur Verteidigung, da seine Häuser eine eigentümlich feste Bauart haben. Sobald daher am 25. Mai die Nachricht eintraf, dass ein größeres österreichisches Korps sich nähere, befahl Garibaldi, in allen Straßen Barrikaden zu errichten, bewaffnete die

Bürger und verließ dann um Mitternacht die Stadt, wobei tausend Alpenjäger zur Verteidigung derselben zurückblieben; er selbst marschierte mit den Übrigen nach dem nahen Monforte und legte sich daselbst an der Landstraße in einen Hinterhalt.

Morgens vier Uhr erschien ein Teil des Korps von Feldmarschall-Leutnant Urban vor der Stadt und griff sie an; er bestand aus zwei Bataillonen des Infanterie-Regiments Kellner, vier Kompanien Szluiner Grenzsoldaten, zwei Schwadronen Haller-Husaren und zwei halben Batterien. Das Gefecht entspann sich, und die Besatzung von Varese verteidigte sich heldenmütig, bis der General mit seinem Korps dem Feinde in die Flanke fiel und ihn mit großem Verluste zurücktrieb. Das Bajonett der Alpenjäger spielte dabei eine Hauptrolle, die genuesischen Schützen zeichneten sich durch ihre Kaltblütigkeit im Feuern aus, und zwei österreichische Kanonen fielen, von ihren Artilleristen verlassen, in die Hände der Sieger. Garibaldi lobte seine Leute laut und ernannte einen gewissen Camillo Stallo auf dem Schlachtfelde zum Offizier.

Dieser junge Mann, der Begründer der genuesischen Schützengesellschaft und ihr sicherster Schütze, rief, als er bemerkte, dass seine Kameraden nicht im Stande waren, durch ihre Büchsenkugeln die österreichische Artillerie zum Schweigen zu bringen, fünf der gewandtesten zu sich und bat sie, ihm die Gewehre zu laden, da er allein mit der Batterie fertig zu werden hoffe. Mit den ersten fünf Schüssen tötete er fünf feindliche Artilleristen, worauf die anderen erschrocken ihre Kanonen vernagelten, sich auf die Pferde schwangen und davonsprengten.

In dem Kampfe, der zwei Stunden dauerte, hatten aber auch die Garibaldianer Verluste zu beklagen; der Graf Belgiojoso aus einer der angesehensten italienischen Familien wurde an Garibaldis Seite getötet, ebenso Rollero, ein erst zwanzigjähriger Student; ein junger Geschäftsmann namens Burlando war schwer am Kopfe verwundet worden; außerdem hatte man noch einige andere empfindliche Verluste erlitten, der des Feindes war aber bei weitem größer. Man gibt hundertzweiunddreißig Tote und Verwundete an. Die sich zurückziehenden Österreicher wurden von den Alpenjägern bis zum Dorfe Maleate verfolgt.

An demselben Tage erschien auch der wirkliche Kommissär der sardinischen Regierung, Emilio Visconti Venasca, in Varese und erließ eine Proklamation, die mit den Worten schloss:

»Unser Unternehmen ist sichergestellt. Die tapfere, vom Könige geführte piemontesische Armee kommt uns zu Hilfe. Italien bereitet sich zum Unabhängigkeitskriege vor. Napoleon hat das Schwert Frankreichs, unserer Schwester und natürlichen Alliierten aller edlen Unternehmungen, in die Waage des Schicksals geworfen. Ganz Italien verlangt die Herstellung eines mächtigen Staates, der dem Volke zum Bollwerk und seinen zukünftigen Schicksalen zur Bürgschaft diene. Die Wünsche, die das Land seit so langen Jahren hegt, werden sich erfüllen, und ihr könnt euch mit dem Vertrauen erheben, dass unsere Einheit sich bald unter dem Rufe verwirklichen wird: Es lebe Viktor Emanuel, unser konstitutioneller König!«

Aber in Wirklichkeit dachte man nicht daran, Garibaldi zu unterstützen und ihm eine Kolonne regulärer Truppen folgen zu lassen; die einzige Instruktion, die er von Graf Cavour erhielt, bestand aus den beiden Worten: »Allgemeiner Aufstand«.

6.
Como

Am nächsten Morgen verließ Garibaldi die Stadt Varese, um den Feind auf der Straße nach Como zu verfolgen. Sein Weg war sehr schwierig, denn er führte über Carallasca und Velgosa zwischen den Seen und dem Schweizer Gebiete hindurch, das er seiner Neutralität wegen nicht verletzen durfte und wo zahlreiche Truppenzusammenziehungen an der Grenze stattgefunden hatten; ein paar seiner Reiter, die sich zu weit wagten, wurden bei dieser Gelegenheit sogar von den Schweizern, die sich gegen die Österreicher weniger vorsichtig zeigten, gefangen genommen. Hinter dem Dorfe Chiasso verengt sich der Weg zwischen dem Comer See und dem Gebirge zu einem schmalen Pass, und hier hatten die Österreicher die Höhen besetzt, während ihre Hauptmacht mit Geschützen bei Camerlata, einer Station der Eisenbahn zwischen Como und Mailand, stand, also durch Garibaldis geschickten Marsch vermieden wurde.

Als die genuesischen Schützen ankamen, machten sie sich sogleich daran, einen von zwei österreichischen Bataillonen besetzten Hügel zu ersteigen. Carlo Mosto, ein junger genuesischer Student, erzählt davon folgendermaßen:

»Wir bildeten die Vorhut und ich ging mit achtzehn Schützen unserer Kolonne ziemlich weit voraus. Der Kampfeslärm und Pulvergeruch hatten uns ganz berauscht. Ohne Zweifel befanden sich rechts und links von uns noch andere Schützen, die zu unserer Kompanie gehörten, da der Hügel aber dicht mit Gebüsch besetzt war, wussten wir nichts von ihnen und kümmerten uns auch keineswegs um sie. Wir fühlten in uns allein die Kraft, die Österreicher zu schlagen, und indem wir sie von Gebüsch zu Gebüsch verfolgten, zeigten wir sie uns einander, gerade als ob wir auf der Jagd wären und es sich um Hasen handelte:

‚Siehe, da sind drei hinter der Hecke!'

‚Passe auf die da zur Linken auf!'

‚Gib Acht! Visiere auf den Größten, ich nehme den andern auf mich!'

Auf diese Art nach und nach vorrückend, erreichten wir den Gipfel des Hügels, von dem wir die Österreicher in die Ebene neben der Stadt hinabwarfen.«

Ein feindliches Bataillon stellte sich, nachdem die Anhöhen geräumt worden, in der Ebene auf dem zur Stadt führenden Wege auf; nur wenige Schüsse fielen gegen dasselbe, dann stürzten sich die Alpenjäger mit dem Bajonett darauf und trieben es auf diese Weise bis an die Vorstadt Vico. Hier versuchten sich die Österreicher noch einmal zu sammeln, wurden aber wieder auseinandergesprengt und bis Camerlata verfolgt, von wo sie sich nach Mailand begeben wollten. Neue Bajonett-Attacken erfolgten, und General Urban, der einsah, dass er nirgends sich halten könne, gab den Befehl, den Rückzug auf Marano anzutreten.

Como, der Geburtsort der beiden Plinius, ist eine reizende Stadt an der Südspitze des nach ihr benannten herrlichen Sees, die sich durch herrliche Villen auszeichnet, in denen der Mailänder Adel den Sommer zuzubringen pflegt. Durch seine bergige Umgebung, die sich zur Verteidigung eignet, und seinen Hafen ist es von militärischer Wichtigkeit, weshalb Garibaldi es auch in seine Hände bringen musste. Seine Einwohner, zwanzigtausend an der Zahl, sind immer gut italienisch gewesen und kämpften im Jahre 1848 vier Tage lang, während deren sie in Ausfällen drei Landhäuser eroberten und 1500 Gefangene machten, tapfer gegen die Österreicher. Dieses Mal waren sie aber durch die drohende Proklamation des Grafen Gyulay so eingeschüchtert worden, dass sie während des Gefechtes nicht die geringste Bewegung zur Unterstützung ihrer tapferen Landsleute und Befreier machten. Als der Feind aber vertrieben war und die der Ruhe so bedürftigen Alpenjäger in die Stadt einrückten, empfingen sie dieselben mit Beifallsrufen und Lebehochs, Blumen und Festbeleuchtung.

Wie in Varese verkündete Garibaldi auch hier das konstitutionelle Königtum Viktor Emanuels und rief zu den Waffen; eine Nationalgarde wurde aufgestellt. Das Volk sprach er in einer Proklamation wie folgt an:

»Bürger!
Ich rufe alle jungen Leute auf, die ein Gewehr tragen können, sich um das dreifarbige Banner zu scharen.
Keiner von euch wird untätig und ohne Waffe dem heiligen Kriege beiwohnen wollen; keiner von euch wird sich dem aussetzen wollen, dass er eines Tages errötend gestehen muss, er habe daran nicht teilgenommen.
Der Augenblick ist gekommen, zu zeigen, dass ihr nicht gelogen habt, wenn ihr von dem Hasse gegen Österreich spracht.
Zu den Waffen also!
Kein Opfer darf euch zu groß erscheinen, denn wir sind die Generation, die das Werk der italienischen Unabhängigkeit erfüllen wird.
Garibaldi.«

Die Begeisterung war jetzt allgemein; die neuen Freiwilligen-Korps bildeten sich schnell, die Nationalgarde wurde aus allen waffenfähigen Männern aufgestellt, und Rekruten strömten aus der ganzen Umgegend herbei, so dass die Brigade ihre bisherigen Verluste wieder vollkommen ausgleichen konnte und stärker war als bei ihrem Einrücken auf lombardisches Gebiet. Wer nicht die Waffen zu führen vermochte, suchte sich dadurch nützlich zu machen, dass er den Operationen der Österreicher in anderer Weise Hindernisse in den Weg zu legen suchte; so wurde die Eisenbahn zwischen Como und Monza und zwischen letzterem Orte und Bergamo an vielen Stellen zerstört, ebenso der Telegraph von Colico nach Lecco und Bergamo und in das Veltlin hinauf. Indessen bombardierten die österreichischen Dampfer »Benedek« und »Radetzky« vom Lago Maggiore aus das sardinische Dorf Canobbio ohne besonderen Erfolg. Diese beiden Schiffe waren die ganze aktive Macht, die Österreich in jener Gegend noch hatte, denn die Besatzung des an demselben See gelegenen befestigten Laveno war vollständig von den Ihrigen abgeschnitten und konnte sich aus ihren Stellungen nicht herauswagen.

Bei seinem Einrücken in Como waren die auf dem dortigen See stationierten Schiffe durch das aufständische Volk in Garibaldis Hand gefallen, die Gegend, die er durchzogen hatte, war also nach dem Rückzuge der Österreicher bei Varese bis nach Laveno vollständig geräumt und dem General blieb, ehe er nach Lecco weiterzog, nichts anderes mehr übrig, als sich auch Lavenos zu bemächtigen. Sein Korps bestand nun aus acht Bataillonen, zweihundert Reitern unter Major Foresti und einigen leichten Geschützen, im Ganzen etwa sechstausend Mann; Generalstabschef war Oberst Carrano.

Wir dürfen hier einen besonderen Vorfall nicht übergehen, den wir nicht verbürgen können, sondern nach Alexander Dumas' Erzählung geben.

Unmittelbar nach seinem Rückzug von Como hatte General Urban den einzigen Alpenjäger, den die Österreicher zum Gefangenen gemacht hatten, erschießen lassen. Als Garibaldi dies erfuhr, gab er den Befehl, zwei von den einundzwanzig Gefangenen, die er in Händen hatte, ebenfalls zu erschießen; als die Exekution vorüber war, rief er den ältesten der Gefangenen zu sich heran und sagte ihm: »Du bist frei. Gehe zu General Urban zurück. Er hat einen meiner Soldaten erschießen lassen, als Antwort habe ich dasselbe mit zwei der seinigen getan. Erzähle es ihm. Ich schwöre, dass ich, wenn ich je wieder erfahre, dass ein einziger Gefangener auf solche Weise das Leben verloren hat, alle sterben lassen werde, die in meine Hände fallen, seien sie auch Marschall oder Kaiser von Österreich. Man möge mich nicht zwingen, zu zeigen, wie weit die Wut eines Vaters gehen kann, dem österreichische Soldaten ein kaum dreizehn Jahre altes Kind ermordet haben!«

Gewisse deutsche Journale, die nie ein Wort des Tadels für die Österreicher hatten, wenn sie Frauen peitschten, Männer prügelten, das Eigentum konfiszierten, beuteten diesen Akt gewaltsamer Rechtspflege zu ihren Zwecken aus. Sie beschuldigten Garibaldi und seine Soldaten, jeden Tag die ersten Grundregeln des zivilisierten Krieges zu verletzen, sie versicherten, dass es ganz unmöglich sei, nach Como zu reisen, dass die Fremden dort schwer belästigt und den qualvollsten Formalitäten unterworfen würden; sie erklärten ferner, dass die friedlichen Bewohner der angrenzenden Länder, besorgt um die Neutralität ihres Territoriums und unaufhörlich von unverbesserlichen und wilden Revolutionären bedroht, genötigt wären, ihre Arbeit zu verlassen und ihre Grenzen mit den Waffen zu verteidigen.

Sie hatten leichtes Spiel, denn manche Regierungen des Festlandes entstellten gern die Nachrichten, die genaue und detaillierte Aufklärung über die Helden der italienischen Unabhängigkeit gaben, aber das freie England strafte sie Lügen: Es unterließ nicht, ganz offen die Art und Weise zu tadeln, mit der man in absoluten oder administrativen Monarchien die Öffentlichkeit täuschte; es tat noch mehr und stellte die Tatsachen in ihrem wahren Lichte dar.

Ein Augenzeuge, Korrespondent einer großen Londoner Zeitung, widerlegte, indem er die kriegerischen Vorsichtsmaßregeln der Schweizer vollständig bestätigte, erfolgreich die auf Garibaldi und seine Soldaten gehäuften Verleumdungen:

»Einer meiner Freunde, australischer Kolonist, zwei Damen und ich wollten die Schweiz nicht verlassen, ohne Garibaldi und seine Alpenjäger gesehen zu haben. Wir sind drei Tage lang in der Gegend, die sie besetzt hielten, geblieben. Was ich aufgezeichnet habe, wird Ihre Leser ohne Zweifel interessieren, ich schicke es Ihnen daher.
Es war Nacht, als wir in Lugano eintrafen, und regnete in Strömen. Wir hofften, ein gutes Abendbrot und komfortables Bett in dem Hotel du Parc, vor dem wir anhielten, zu finden, aber das Haus war überfüllt, denn zweihundert Personen, die fast alle der lombardischen Aristokratie angehörten, hatten sich hierher geflüchtet; sie hatten selbst die Zimmer für die Bedienung besetzt, und es gab nicht mehr ein einziges verfügbares Bett. Im Hotel du Lac und Hotel de la Couronne waren wir nicht glücklicher. Unsere Situation war eine der traurigsten. Ein kleiner Haufen von Menschen, der sich um unsern Wagen gebildet hatte, schien uns benachrichtigen zu wollen, dass wir uns umsonst Mühe gäben, unterzukommen, gleichviel, wo. Der Regen strömte fortwährend, und wir hatten leine Lust, die Nacht auf der Straße zuzubringen. Wir entschlossen uns daher, nach dem Hotel du Parc zurückzukehren, appellierten an die Menschlichkeit des Wirtes, der sich auch rühren ließ und einwilligte, zwei für den Generalstab des schweizerischen Oberbefehlshabers der Truppen reservierte Säle für uns in Schlafzimmer umzuwandeln.

Man sagte uns, dass wir gewiss nicht bis Como kommen würden, dass wir übrigens auch in einer solchen Räuberhöhle nicht sicher sein würden, dass ein Gentleman und zwei Damen –Engländer, die vor kurzem im Hotel du Parc gewohnt hätten – zwei Tage und zwei Nächte lang dort aufgehalten worden seien, dass man vor ihre Tür Schildwachen gestellt habe, dass außerdem die Österreicher zwanzig Meilen vor Como mit imposanter Macht stünden und dass man an demselben Tage Kanonendonner gehört habe. Joseph Fetier, unser Führer, befragte einen ihm befreundeten schweizerischen Soldaten deswegen und erhielt eine dem ganz entsprechende Antwort. Ein Einziger riet uns, unsern Weg fortzusetzen; es war ein alter französischer Gentleman, der seine Rede mit den Worten endigte, die Engländer könnten ebenso wie die Narren überall hingehen. Aus alledem schlossen wir, dass man in Lugano weniger als wir von den Kriegsbegebenheiten wusste, und bestanden nun mehr als je darauf, die Dinge mit eigenen Augen anzusehen.
Schweizer Truppen hielten, als ob sie dem Feinde dicht gegenüberstünden, die Gegend zwischen Lugano und der Stadt Chiasso besetzt. Überall standen Schildwachen, in Melide hatte man eine Kirche zur Hauptwache gemacht, zahlreiche Patrouillen begegneten uns. Die Bevölkerung indessen gab sich ihren gewöhnlichen Beschäftigungen hin, und wir sahen, wie ein Reiter, der im scharfen Trabe von der Grenze kam, bei einigen jungen Mädchen vorüberritt, die am Rande des Weges Maulbeerblätter pflückten, ohne dass sie nur den Kopf wandten, um ihn anzusehen. Zehn Meilen von der Grenze entfernt sagte man uns, Garibaldi sei mit Verlusten zurückgetrieben worden, und prophezeihte christlicherweise unserem Kutscher, dass ihm seine Pferde von der einen oder anderen Partei abgenommen werden würden. Wir unserenteils fühlten uns ganz sicher. Wenn die Österreicher Herren des Landes waren, kam eine Umkehr nicht in Frage, wenn im Gegenteil Garibaldi noch in Como war, so ließ es sich nicht denken, dass seine Leute, mochten sie auch die größten Schufte von der Welt sein, die Räuberei auf einem zwei Meilen breiten Landstriche zwischen Chiasso und dem Hauptquartier ihres Kommandanten ausüben würden. Fetier und der Kutscher schienen unserer Ansicht zu sein, wenigstens gehorchten sie gutwillig unserem Befehle, so schnell als möglich weiterzufahren.
Wir passierten schnell einen schönen Weg, der Englands würdig war, und kamen durch Chiasso, wurden aber am Ausgange dieser

Stadt genötigt, anzuhalten. Der Regen hatte inzwischen aufgehört, das Wetter war prächtig und eine Menge Damen und Herren, die, wie wir voraussetzten, wohl meistenteils das Kriegstheater geflohen hatten, promenierten im heiteren Gespräch. Zu unserer Rechten hatten wir drei österreichische Zollwächter, die, am Wege stehend, uns mit ruhiger und würdiger Miene betrachteten, zur Linken eine Wache, vor der mehrere Pyramiden glänzender und wohlgehaltener Gewehre standen, und eine Gruppe einfach gekleideter Männer. Zwei von diesen näherten sich uns und fragten nach unseren Pässen. Wir waren bei den Vorposten Garibaldis. Der eine dieser Garibaldianer schien etwa dreißig Jahre alt zu sein; er war von hohem Körperwuchse und hatte ein wohlwollendes und gutgelauntes Gesicht. Er trug einen braunen Jagdrock und Hose, ein dunkelgraues Wams und einen Filzhut mit breitem Rande; alles das hatte zwar schon lange gedient, war aber sehr reinlich. Der andere, der ungefähr fünfzig Jahre zählte, ähnelte sehr einem ehrlichen Schuhmacher, der als Besitzer eines kleinen Ladens und zahlreicher Familie zwanzig Jahre lang sich bei seinen Nachbarn dadurch in Autorität zu setzen gewusst, dass er über die Einigkeit Italiens und die österreichische Tyrannei sprach, und der eines schönen Tages die Flinte ergriffen hatte, um die Tat mit den Worten zu vereinigen. Fetier zeigte seinen Führerschein, erklärte, wer wir seien, und wir zeigten einen Brief unseres Hotelwirtes, der bestätigte, dass wir die Absicht hätten, noch an demselben Abende nach Lugano zurückzukehren. Die Garibaldianer sagten uns darauf, dass sie uns für unsere Pässe einen Empfangschein geben und dass jene uns wieder zugestellt werden würden, wenn wir zurückkämen. Sie grüßten uns höflich, als sie uns den Schein überreichten, und wir konnten ohne weitere Förmlichkeiten unseren Weg fortsetzen.

Die Landbewohner waren ebenso friedlich wie die Schweizer bei ihrer Arbeit, und mehrere Personen, denen wir auf ihrem Rückwege von Como begegneten, sagten uns, dass Garibaldi sogleich nach seinem Einzuge in die Stadt die Verwaltung des Distrikts organisiert habe.

Die Straßen Comos waren voll bewaffneter Leute, aber man ging frei zwischen ihnen umher. Das Wirtshaus zum Engel, in dem wir abstiegen, war noch ebenso, wie wir es das Jahr zuvor gesehen hatten, nur stand ein Posten vor der Haupttür und wir mussten durch ein Zimmer gehen, in dem mehrere Offiziere mit Schreiben beschäftigt waren. Garibaldi hatte hier sein Hauptquartier aufgeschlagen. Wir waren der Ansicht, dass wir die Neutralität unserer Nation nicht ernstlich kompromittieren würden, wenn wir dem Verteidiger Roms, dem, der mitten unter den Missgriffen und Verwirrungen des Jahres 1848 bewiesen hat, dass bis jetzt nur Zeit und Gelegenheit den Italienern gefehlt haben, um mit dem Heldenmute und einer des alten Roms würdigen Beständigkeit zu handeln, unsere Ehrerbietung bezeigten; deshalb schickten wir ihm nach dem Frühstück unsere Karten. Ein Adjutant ließ uns erwidern, der General schliefe, sobald er aber erwacht sei, würden ihm unsere Karten übergeben werden. Nach Verlauf einer Stunde wurden wir benachrichtigt, dass er unserem Wunsche entgegenkommen wolle, und bald darauf sahen wir den berühmten Guerillaführer in unser Zimmer treten.

Garibaldi ist von mittlerer Figur; er hat nicht mehr als fünf Fuß und ein bis zwei Zoll Höhe. Seine Schultern und Brust sind breit, der Kopf schön geformt, der Teint der eines Engländers, der sich guter Gesundheit erfreut, Bart und Haar kastanienbraun, in das Rotblond spielend, kurz geschnitten und leicht ergraut. Er hat sehr einfache Manieren und die Haltung eines wahren Gentlemans. Sein Gesicht voll Güte hat nichts Bemerkenswertes für einen flüchtigen Beobachter und bezeichnet keineswegs einen Mann, der fähig ist, solche militärischen Operationen wie die Verteidigung Roms oder die Einnahme Comos zu entwerfen und auszuführen; wenn er aber von der Unterdrückung oder den Leiden seines Vaterlandes spricht, so drücken Augen und Lippen lange verschlossene Gefühle aus, verraten einen besonders kühnen Charakter und unerschütterlichen Willen. Ein Kind würde ihn auf der Straße ansprechen, um ihn zu fragen, was die Uhr sei, aber der zum Tode Verurteilte würde, wenn er einmal einen Blick auf dieses unempfindliche und energische Antlitz geworfen hätte, nicht versuchen, um Gnade zu bitten. Er sprach lange von den jetzigen politischen Angelegenheiten, erwähnte aber nicht ein Wort von dem, was ihn persönlich betraf. Er hatte wenig von der südlichen Lebendigkeit, und allein bei Erwähnung der Sympathien des englischen Volkes für Italien verließ ihn seine echt britische Ruhe.

Ich hatte bis zu diesem Augenblicke stets geglaubt, dass er bei seinen kriegerischen Unternehmungen mehr dem Ungestüm seines Temperaments folge als wissenschaftlichen strategischen Kombinationen; jetzt überzeugte ich mich vom Gegenteil. Unstreitig ist Garibaldi kühn, unternehmend und selbst verwegen, aber er ist auch ein sehr kalter und sehr nachdenklicher Berechner. Ich beobachtete ihn scharf, während er den Damen seine Ausflüge nach China und zu den Antipoden mit ebenso viel Anmut und Liebenswürdigkeit erzählte, als ob er sich in einem Londoner Salon befunden hätte; er konnte von einem Augenblicke zum anderen das Gewehrfeuer der österreichischen Truppen, die in überlegener Zahl auf der Eisenbahn bis an seine Vorposten geführt worden, vernehmen, und ich zweifelte nicht eine Minute, dass er, was sich auch zutragen möge, schon im Voraus bestimmt habe, was zu tun sei, und dass er dies ausführen werde. Besonders war ich über die Tragweite seines Geistes erstaunt. Ich war ihm mit dem Gedanken entgegengetreten, dass er durchaus nichts anderes sei, als ein Führer revoltierender Volksmassen; nachdem ich ihn gesehen und gehört hatte, war ich überzeugt, dass seine militärische Karriere nur eine Episode seines Lebens sei und dass er in der öffentlichen Meinung noch größer werden wird, wenn er sich erst mit der politischen Regeneration und der Regierung seines Vaterlandes beschäftigt.

Sobald er uns verlassen hatte, stieg er zu Pferde und ritt, begleitet von zwei Adjutanten und zwei leichten Kavalleristen, ab. Als er durch seine Jäger ritt, riefen diese, die für ihn die größte Verehrung und die größte Ergebenheit zu haben scheinen, ihm zahlreiche Vivats zu.

Nachher gingen wir durch die Stadt spazieren, und die Haltung der Alpenjäger bestärkte uns in der Meinung, dass alle Berichte, die man uns von ihrer Indisziplin und ihren Räubereien gemacht hatte, ebenso absurd als lügnerisch seien. Es gab vielleicht unter ihnen junge drollige Leute, die mehr als einmal starke Rügen ihrer Eltern verdient und ihre persönliche Unabhängigkeit zu erobern gesucht hatten, um für die ihres Vaterlandes kämpfen zu können, ist stehe aber nicht an, entschieden abzuleugnen, dass es wirkliche Missetäter in dieser Truppe oder in einem ihr beigegebenen Korps gibt. Sehr viele, denen wir begegneten, schienen Gentlemen zu sein, kleine Landeigentümer oder die Söhne solcher, Gutshofbesitzer oder Geschäftsleute. Außerdem fand man auch viele städtische oder ländliche Arbeiter, die zu den unteren Klassen der Gesellschaft gezählt werden, starke, sich gut tragende lustige Burschen, anständig und bequem bekleidet, von einer Sauberkeit, die bei Leuten, welche lange Zeit hindurch schlafen mussten, ohne sich entkleiden zu können, überraschte. Keiner von ihnen war zerlumpt oder befand sich in trunkenem Zustande. Alle schienen bereit, auf das erste

Signal die Waffen in die Hand zu nehmen, und führten sich auf die anständigste und passendste Weise auf. Als wir die Kathedrale in Augenschein nahmen, wohnten zwei oder drei von ihnen dem Gottesdienste in einer Seitenkapelle bei. Die, welche die Kaffeehäuser besuchten, traten meistenteils nur ein, um Briefe zu schreiben, und schienen von ihrer Korrespondenz ganz in Anspruch genommen zu sein.

Die Lust zum Kaufen fehlte ihnen nicht, aber die Händler trieben den Patriotismus nicht so weit, ihnen zuliebe den Preis der Waren herabzusetzen. Ich sah einen jungen Mann um einen kleinen ledernen Reisesack, wie ihn die Reisenden gewöhnlich am Riemen tragen, handeln; der Verkäufer wollte seine Forderung nicht billiger stellen, und die Börse des Soldaten war so mittelmäßig bestellt, dass er auf den Gegenstand seines Wunsches verzichten musste. Zwei junge anständige Männer, wahrscheinlich Brüder, die von Laden zu Laden gingen, um Reitzeug für den Älteren, einen Jüngling von neunzehn bis zwanzig Jahren, anzuschaffen, interessierten mich unendlich. Der Jüngere hatte dieses kräftige Ansehen, das einige Wochen im Felde dem Soldaten geben, wenn die auf feuchter Erde verbrachten Nächte ohne andere Decke als das Gewölbe des Himmels ihn nicht töten oder in das Hospital bringen. Der Ältere hatte noch die Jugendblüte, die der rauen Berührung mit der Welt selten widersteht; seine Augen flammten von Hoffnung und Enthusiasmus, noch war der Krieg für ihn seine ganze Poesie, während sein Gefährte, obgleich ebenfalls voll Glut, so vorsichtig und so ernst wie ein Veteran erschien; er wusste bereits, dass der Krieg eine schreckliche Wirklichkeit ist, und untersuchte sorgfältig den großen Regenmantel, den der andere wie ein das Kleid eines Triumphators um sich hüllte.

Nach ihrem Äußeren und ihrem Benehmen zu schließen, sind die Alpenjäger weit davon entfernt, eine Ähnlichkeit mit den Halbräubern und Halbsoldaten zu haben, die ehemals die spanischen Guerillabanden bildeten, sie sind einfach ehrenwerte Bürger, die für die Unabhängigkeit ihres Landes kämpfen und die dessen ungeachtet heute ebenso wenig das Leben und Eigentum der Leute, welche sie nicht angreifen, bedrohen, als sie es zur Zeit des Friedens taten. Seit sie in Como sind, haben sie nach dem Geständnis der Einwohner nicht den mindesten Grund zur Klage gegeben. Sie sind voll Lebendigkeit und patriotischem Eifer, aber sie erlauben sich keine Zügellosigkeit, machen nie Lärm, versuchen nie, jemanden einzuschüchtern oder zu beleidigen, und werden nur laut, wenn sie ihren General erblicken.«

7.
Gefährliche Lage des Alpenjäger-Korps

Indessen hatte sich Feldmarschall-Leutnant Urban in Monza, wohin er mit seinem geschlagenen Korps zurückgekehrt war, bedeutend verstärkt und verließ diese Stadt am 30. Mai mit drei Brigaden, in einer Gesamtstärke von gegen zehntausend Mann mit zwei halben Batterien. Obgleich es unaufhörlich regnete und die Wege ganz durchweicht waren, erreichte er an demselben Tage mit einer Kolonne noch Gallarate und mit der andern Tradate, drei beziehungsweise anderthalb Meilen von Varese entfernt. Am folgenden Tage rückte er bis Varese, das er noch verbarrikadiert, aber nicht mehr von den Alpenjägern besetzt fand, denn schon am 29. Mai hatte seine Vorhut mit der Kompanie des zurückgebliebenen Kapitäns Christoforis ein hitziges Gefecht bestanden, in dem die Garibaldianer durch die Übermacht vollständig geschlagen und ihr tapferer Führer durch einen Säbelhieb in den Kopf tödlich verwundet worden war. An anderen tapferen Offizieren fielen an diesem Tage und den nächsten noch die Leutnants Bataglia, Cairoli, Pedotti und Ferrini sowie eine bedeutende Anzahl von Jägern.

Die besiegten Alpenjäger warfen sich in voller Flucht auf Como, und jetzt zeigte sich recht deutlich, wie hilflos die Alpenjäger-Brigade, von jeder Verbindung mit der großen Armee abgeschnitten, inmitten einer Bevölkerung dastand, die sich durch glückliche Erfolge ebenso leicht begeistern wie durch die Furcht vor den Österreichern, sobald diese von neuem vorrückten, einschüchtern ließ. Der Revolution hatte sich beinahe schon im ganzen Norden der Lombardei verbreitet; bei der Kunde vom Einrücken Garibaldis in Como hatte sich die Stadt Lecco erhoben, ihre schwache Besatzung verjagt und die dreifarbige Fahne aufgesteckt, dasselbe war am 24. Mai in Sondrio im Veltlin geschehen. In letzterem Orte stellte zwar ein österreichischer Kommissarius, der eine drohende Proklamation des Feldmarschall-Leutnants von Zobel mitbrachte, für den Augenblick die Ruhe wieder her, aber schon am 29. Mai zog man von neuem durch die Straßen, ließ Garibaldi hochleben und teilte seine Proklamation aus, die er in Como erlassen hatte und in der er Viktor

Emanuel als König ausrief. Ähnliches geschah in dem noch nördlicher gelegenen Chiavenna und in anderen Orten dieser Gegend.

Dagegen verbreitete die Niederlage, die ein Teil der Alpenjäger bei Varese erlitten hatte, maßlosen Schrecken und Entmutigung, selbst in Como, wo Garibaldi noch mit seiner Hauptmacht stand. Varese dachte nicht an Widerstand, als die Österreicher sich mit der Absicht, es zu besetzen, näherten. Die Letzteren, die ungehindert einzogen, wurden reuig empfangen, und die Stadt war froh, mit einer ziemlich hohen Kontribution an Geld sowie von fünfhundert Ochsen und sämtlichem Tabak und Zigarren, die sich auftreiben ließen, davonzukommen; diese Kontribution sollte zu drei Terminen geliefert werden, nämlich in zwei Stunden, nach sechs Stunden und dann nach vierundzwanzig Stunden; zu diesen Lieferungen soll es aber wegen des schleunigen Aufbruches Urbans und seiner Truppen nicht mehr vollständig gekommen sein.

Auch in Como hatte sich Angst ausgebreitet, nur die braven Alpenjäger verzagten, vollkommen auf das Genie ihres Führers vertrauend, nicht; sie begriffen recht gut, dass die Niederlage einer kleinen Schar der Ihrigen gegenüber einer bedeutenden Übermacht keine Veranlassung sei, alle Hoffnung aufzugeben. Wir führen einen Zug an, der ihre Stimmung charakterisiert.

Man fragte den Jäger Burlando, der bei Varese am Kopfe verwundet worden war und sich kaum aufrechthalten zu können schien, sich aber dennoch wieder ins Glied stellte, als Garibaldi am 30. Mai von Como aufzubrechen im Begriff war: »Warum hast du dich nicht ins Lazarett aufnehmen lassen?«

»Ich bin unter meinen Kameraden sicherer als überall anderswo«, erwiderte Burlando. »Ich bin hier viel besser dran, denn hätte ich dem Arzte gehorcht, der mich im Hospital zu Varese behalten wollte, so würden die Österreicher mich jetzt in meinem Bette ergriffen haben.«

Man wusste, dass der Feind die gefangenen Alpenjäger als Räuber zu betrachten liebte, daher wäre auch niemand, der weniger mutig als Burlando gewesen wäre, gern zurückgeblieben. Aber nicht darum allein handelte es sich, sondern die Liebe zu Garibaldi, das feste Vertrauen, er werde sich und die Seinigen nicht gefangen nehmen lassen und wenn sein Talent keinen Ausweg mehr finde, lieber mit ihnen sterben, gab seinen Leuten diesen hohen Mut, der nie verzweifelt, welchen hoffnungslosen Anschein die Verhältnisse auch gewinnen mögen.

Der General hatte schon Kunde von dem schnellen Anrücken der Österreicher auf Varese erhalten, denn die ihm freundlich gesinnten und patriotischen Landbewohner versorgten ihn gut mit Nachrichten. Dennoch war er entschlossen, seine Pläne in Bezug auf Laveno auszuführen. Durch diese schnelle Veränderung seiner Stellung vermochte er übrigens wieder den Feind zu täuschen, der ihn in Como aufsuchen musste und darin lag ja gerade seine Stärke gegenüber der bedeutenden Übermacht, dass er die geringe Zahl seiner Männer durch überraschende Operationen und Schnelligkeit wettmachte.

Am 30. Mai rückte er mittags von Como aus. Schon am 1. Juni langte in Varese eine Abordnung aus Como an, darunter der Bischof, und bat den Feldmarschall-Leutnant Urban um Schonung ihrer Stadt, die sich der österreichischen Regierung demütig wieder zu unterwerfen versprach.

Indessen war Garibaldi mit seiner Brigade so schnell wie möglich nach Laveno marschiert und hatte gegen Mitternacht Cettiglio, ein drei Meilen vor der Festung gelegenes Dorf, erreicht; er traf sogleich seine Anstalten zu einem nächtlichen Überfalle, den zwei Kompanien ausführen sollten.

Laveno liegt am östlichen Ufer des Lago Maggiore, ihm gegenüber im See die Borromäischen Inseln und drüben auf dem westlichen Gestade Pallanza; es ist von einzelnen hoch liegenden Forts umgeben und besitzt einen ziemlich ansehnlichen Hafen, in dem damals die beiden Kriegs-Dampfschiffe »Radetzky« und »Ticino« ankerten, um die Ufer zu überwachen und Truppen hin und her zu transportieren. In dem Orte lag eine Besatzung von etwa sechshundert Mann des Erzherzog-Carl-Infanterie-Regiments unter Befehl des Hauptmanns Honner.

Garibaldi selbst führte am Morgen, noch vor Anbruch der Dämmerung, eine Kompanie gegen das Fort am Monte Castello, das aus einer Erdschanze und einem gemauerten Verteidigungsbau besteht; wie sich später ergab, war es von zwei Kompanien Infanterie, zwei Positions- und fünf Raketengeschützen besetzt. Eine zweite Kompanie der Alpenjäger sollte sich unbemerkt dem Schanztore der Festung nähern, dasselbe aufsprengen und so den ersten Angriff unterstützen.

In tiefstem Stillschweigen schlich man sich zu den Anhöhen und begann dieselben so vorsichtig als möglich zu erklettern; keine Schildwache aus dem Innern des Forts rief sie an, trotz der Schwierigkeiten, die sich dem Hinaufklettern entgegensetzten, gelangten die Alpenjäger unbemerkt bis an den Fuß der hohen Erdschanze und begannen sie zu ersteigen. Jetzt wurde aber drinnen Lärm geschlagen und die Besatzung, die gewacht hatte, fing heftig zu feuern an. Der junge Mosto ergriff einen Gewehrlauf, der sich ihm durch eine Schießscharte entgegenstreckte, und benutzte ihn als Stütze, um sich auf die Brustwehr zu schwingen; seine Kameraden folgten ihm unerschrocken, stießen aber auf den hartnäckigsten Widerstand der Österreicher. Es entspann sich ein furchtbarer Kampf Brust an Brust, in dem hauptsächlich das Bajonett zur Geltung kam, man aber auch mit Säbeln und Messern kämpfte. Ein paar Mal drangen die Alpenjäger in das Fort, wurden aber von dem zahlenmäßig überlegenen Feind immer wieder zurückgeworfen. Auch die beiden Kriegsdampfer eröffneten ein scharfes Feuer auf die Stürmenden, die sehr darunter litten. Die andere Kompanie der Alpenjäger hatte sich verirrt und griff nicht in das Gefecht ein. Mit einem Verluste von acht Gefangenen, worunter sechs Schwerverwundete, die auf dem Platze zurückgelassen werden mussten, zogen sich die erschöpften Garibaldianer nach halbstündigem blutigen Gefechte endlich zurück.

Mit Tagesanbruch versuchte der General einen zweiten Angriff, musste ihn aber wegen des Geschützfeuers von den Batterien und Schiffen mit großen Verlusten wieder abbrechen. Ein dritter Angriff erfolgte in der nächsten Nacht, schlug aber gänzlich fehl.

Garibaldis Lage war jetzt wirklich eine verzweifelte geworden. Auf offene Unterstützung der entmutigten Bevölkerung konnte er nicht mehr rechnen, von der großen Armee war er weit entfernt und hatte von ihr keine Hilfe zu erwarten, er wusste sogar, dass manche dort es gar nicht ungern gesehen hätten, wenn er eine vollständige Niederlage erlitte und seinen hohen Ruhm einbüßte. Er befand sich mit seinem Korps auf einem kleinen Fleckchen Land eingesperrt, im Westen, Norden und Osten von den Seen und der Schweizer Grenze umschlossen und im Süden von den mehr als doppelt so starken Österreichern unter Urban, die Arona, Sesto-Calende und Varese besetzt hielten, auf das Äußerste bedroht.

Die nächsten Tage waren nun ein fortwährendes Kämpfen, Hin- und Zurückdrängen, bei dem die Alpenjäger-Brigade große Verluste erlitt und die schwersten Anstrengungen zu bestehen hatte. Dieser kleine Krieg, den Garibaldi so gewandt zu führen verstand, dass er auch unter den ungünstigsten Verhältnissen seine Feinde täuschte und sogar neckte, ihnen immer noch Schaden zufügte und stets unbesiegt blieb, erinnert lebhaft an seinen meisterhaften Rückzug von Rom nach San Marino. Wie auf seinen früheren Feldzügen kam es auch jetzt wieder vor, dass er sich, von allen Seiten umzingelt, nur dadurch zu helfen vermochte, dass er sein ganzes Korps auflöste und es ein paar Stunden später mehrere Meilen entfernt wieder um sich scharte; die Einzelnen schlichen sich dann mit großer Gewandtheit mitten durch die feindlichen Linien, und zur bestimmten Stunde, wenn die Österreicher bereits vollständig triumphiert zu haben glaubten, standen ihnen die Alpenjäger wieder in vollständiger Ordnung im Rücken und griffen von neuem an.

Lange Zeit hätte dieser Kampf der List und Unerschrockenheit gegen die übermächtige Gewalt aber wohl nicht dauern können. Schon berichteten die Zeitungen, das ganze Korps sei von Urban aufgerieben worden oder es habe sich in vollständiger Flucht in die Berge zerstreut oder es sei über die Grenze gegangen und habe sich den Schweizern gefangen gegeben – tatsächlich mussten nur sechs Mann zu diesem letzten Mittel greifen –, und niemand wusste mehr, was aus Garibaldi geworden sei. So telegraphiert man am 2. Juli nachmittags von Bellinzona in Regierungs-Angelegenheiten nach Como, wo indessen die österreichischen Beamten wieder eingesetzt worden waren, und erhält die überraschende Antwort: »Evviva Garibaldi!«

Garibaldi war wieder in Como mit seinem ganzen Korps, der Norden der Lombardei brannte von neuem in hellem Aufruhr. Dieses Mal hatten die glücklichen Verhältnisse im Süden, das Vordringen der verbündeten Armee den General gerettet.

Wir müssen, um dies verständlich zu machen, jetzt einen kurzen Blick auf die Operationen der Hauptarmeen werfen. Nachdem Kaiser Napoleon in Alessandria am 15. Mai eingetroffen und die verbündeten Armeen ihre Linien eingenommen hatten, ging Graf Gyulay im Norden über die Sesia zurück, indem er Vercelli aufgab; am 20. Mai befahl er die große Erkundung gegen die auf dem rechten Po-Ufer stehenden Franzosen, die mit dem für die Österreicher nachteiligen Gefechte bei Montebello endigte. Am 21. Mai griffen die Sardinier unter General Cialdini Vercelli an, mussten sich aber wieder über die Sesia zurückziehen. Die nächsten Tage brachten die Demonstrationen an der Sesia bei Palestro, Breme und Candia; diese dauerten bis zum 29. Mai. Am folgenden Tage erzwang König Viktor Emanuel bei Palestro den Übergang über die Sesia und wurde am 31. Mai heftig angegriffen, bestand aber dieses blutige

Gefecht siegreich. Am 1. Juni begannen die Österreicher den Rückzug von der Sesia bis Valenza, worauf der französische General Niel in Novara einrückte, am 2. Juni folgte ein Vorposten-Scharmützel bei Robbio an der Trebia, worauf die Österreicher diese Stadt räumten und die Piemonteser sie besetzten; am 3. Juni warfen die Franzosen bei Turbigo die österreichischen Vorposten zurück und schlugen eine Brücke, Graf Gyulay zog sich über den Ticino zurück und schlug sein Hauptquartier in Abbiategrasso auf. Die Absicht Napoleons war nun, die Österreicher nach Süden zu drängen und von Mailand abzuschneiden; er ging deshalb am Morgen des 4. Juni mit zwei Kolonnen bei Buffalora und Turbigo über den Ticino, griff mittags die Brücke von Magenta über den Naviglio Grande an und nahm sie nach hartnäckiger Gegenwehr mehrere Male, wobei das rechtzeitige Eintreffen des Marschalls Mac Mahon den Sieg entschied. An demselben Abende kam es zum Aufstand in Mailand, das die Österreicher schleunigst räumen mussten und wo die verbündete Armee am 6., der Kaiser und der König am 8. Juni einzogen.

Inzwischen hatten Toskana, Parma und Modena Viktor Emanuel als ihren Diktator ausgerufen und der Prinz Napoleon war mit einem Korps in die Herzogtümer eingerückt, Venedig wurde von der französischen Flotte blockiert, und in Rom sprach sich bei der Nachricht von Garibaldis Einfall in die Lombardei die Freude und die Lust zur Erhebung, welche nur die Anwesenheit der französischen Okkupationstruppen niederhielt, so unverhohlen aus, dass es zu ernstlichen Konflikten mit der Polizei kam. Ganz Italien stand in Flammen, und wo sie nicht offen hervorschlugen, wie im Kirchenstaate, Neapel und dem noch von Österreich besetzten Teile des lombardisch-venezianischen Königreichs, gärte der Hass gegen die Unterdrückung desto stärker im Geheimen fort.

Am 9. Juni erließ König Viktor Emanuel von Mailand aus folgende Proklamation: »Einander folgende Siege haben uns nach Mailand geführt; eure Wünsche werden meine Regierung wieder stärken. Die Unabhängigkeit Italiens ist gesichert, und eine freisinnige und dauernde Regierung wird gegründet werden. Die Subalpinen haben große Opfer gebracht, die italienischen Freiwilligen haben eine große Tapferkeit gezeigt, was sehr dazu beitrug, dass wir den Sieg errungen haben. Der Kaiser der Franzosen, unser großmütiger Verbündeter, Erbe des Namens und des Genies Napoleons I., hat die heldenmütige Armee, die bestimmt worden, Italien zu befreien, selbst anführen wollen. Unterstützt auf dem Schlachtfelde diese heldenmütigen Absichten, zeigt euch nach einem Jahrhundert der Leiden des Geschickes des neuen Italiens würdig.«

Der Rückzug der österreichischen Hauptarmee, die noch einen vergeblichen Versuch gemacht hatte, sich in Marignano zu halten, erfolgte nun schnell bis hinter die Adda. Schon ihre erste Rückzugsbewegung hatte Garibaldi Luft verschafft, denn damit erhielt Feldmarschall-Leutnant Urban den Befehl, sich der Hauptarmee wieder anzuschließen, und dazu war es hohe Zeit, denn er lief große Gefahr, von der vordringenden verbündeten Armee gänzlich abgeschnitten zu werden.

Garibaldi hatte dies kaum erfahren, als er keinen Augenblick mehr zögerte, seinen Marsch weiter fortzusetzen. Schon am 2. Juni war er, selbst leicht am Arme verwundet, in Como eingetroffen; sein nächstes Ziel war Lecco.

Viktor Emanuel vergaß über sein Glück und den Jubel, der ihn in Mailand empfing, nicht Garibaldis und seiner tapferen Schar; noch am Tage seines Einzugs erließ er folgenden Armeebefehl:

»Generalkommando der sardinischen Armee.

Tagesbefehl Nr. 16.

Während die verbündete Armee sich noch in der Defensive hielt, verließ der General Garibaldi an der Spitze der Alpenjäger kühn die Ufer der Dora und marschierte mit außergewöhnlicher Schnelligkeit in die rechte Flanke der österreichischen Armee. In wenigen Tagen kam er nach Sesto-Calende, von wo er nach Vertreibung des Feindes auf lombardisches Territorium drang und sich in Varese festsetzte. In dieser Stadt von dem Feldmarschall-Leutnant Urban mit dreitausend Mann Infanterie, zweihundert Pferden und vier Kanonen angegriffen, hielt er, obgleich ganz von Artillerie entblößt, einen heißen Kampf aus, aus dem er als Sieger hervorging. Durch andere darauf folgende Kämpfe öffnete er sich den Weg nach Como, und indem er hier wieder die Österreicher zurückwarf, bemächtigte er sich ihrer Magazine und Vorräte. Diese schönen Waffentaten sind das schönste Lob dieser jungen Freiwilligen, die wie alte Soldaten gekämpft haben. Sie haben sich um das Vaterland sehr verdient gemacht. Seine Majestät finden sich bewogen, ihnen Ihre hohe Zufriedenheit zu bezeigen, und haben befohlen, der ganzen Armee die Namen der braven Jäger, die sich am meisten ausgezeichnet haben, gleichwie die Belohnungen, welche ihnen bewilligt worden, bekannt zu machen:

Die goldene Medaille für militärische Tapferkeit: Joseph Garibaldi, Kommandeur der Alpenjäger.
Das Offizierkreuz des militarischen Ordens von Savoyen: Oberstleutnant Medici.
Das Ritterkreuz desselben Ordens: Major Sacchi.
Die silberne Medaille für militärische Tapferkeit: Kapitän Cenni, Puggi, Christoforis; Leutnant Prebustini; Unterleutnant Pedotti, Guerzoni; Jäger Vigevano.
Ehrenvolle Belobigung: Oberstleutnant Cosenz, zweiundzwanzig Kapitäne, Leutnants, Unterleutnants, Sergeanten und Soldaten.

Im General-Hauptquartier,
Mailand, den 8. Juni 1859.
Auf Befehl Sr. Majestät:
Der General-Leutnant und Generalstabschef der Armee.
Della Rocca.«

8.
Bergamo und der Engländer Garibaldis

Am 5. Juni schiffte sich das Alpenjäger-Korps, das nach den letzten Verlusten jetzt noch dreitausendundfünfhundert Köpfe zählte, zu Como auf den von dem aufständischen Volke erbeuteten Schiffen ein, um sich nach Lecco zu begeben.

Der Comer See läuft mit seinem südlichen Ende in zwei Spitzen aus, an deren westlicher Como und an deren östlicher die Stadt Lecco liegt, und die das schöne Bergland Brianza mit seinen Villen und kleinen Seen umschließen. Lecco selbst ist ein kleiner Ort von zweitausend Einwohnern und hat keine militärische Bedeutung. Daher hielt sich der General, nachdem er die Stadt zu Wasser erreicht hatte, dort auch nicht lange auf, ermahnte und ermutigte nur die Einwohner und rückte dann auf Bergamo, das noch von den Österreichern besetzt sein sollte. Einen Teil seines Korps schickte er weiter nördlich in das Veltlin, um daselbst die Revolution zum Ausbruch zu bringen.

In der Tat standen unmittelbar bei Bergamo ein österreichisches Infanterie-Regiment und eine Batterie im Lager unter freiem Himmel. Jedenfalls hatten sie die Absicht, sich Garibaldis Aufmarsch, von dem sie schon Kunde haben mussten, zu widersetzen, denn am 6. Juni schon griffen sie zu den Waffen, als sich die Nachricht verbreitete, die Befreier rückten an. Während ihrer Abwesenheit ermordete das Volk drei Spione, zu einer Bestrafung dieser Tat kam es aber nicht, denn mitten in der Nacht zogen die Soldaten ab, selbst das bei der Stadt befindliche Fort wurde verlassen. Eine große Aufregung brach nun in der Stadt aus; noch nachts um zwei Uhr wurde dieselbe hell erleuchtet und alle Embleme der österreichischen Herrschaft vernichtet.

Garibaldis Korps näherte sich indessen schnell; einmal musste es einen Umweg machen, um ein nahes österreichisches Korps zu vermeiden, denn der General hielt es für wichtiger, sich der Stadt schnell zu bemächtigen, als sich auf einen unnützen Kampf einzulassen. Noch wenige Meilen von Bergamo entfernt, das die Alpenjäger besetzt zu finden erwarteten und mit Sturm zu nehmen entschlossen waren, kamen ihnen Abgesandte der Bürgerschaft entgegen und verkündeten ihnen freudig, dass der Feind in der Nacht abgezogen sei, nachdem er seine Kanonen vernagelt habe; auch seine Magazine waren zurückgeblieben.

Als das Korps einrückte, strömte ihm die ganze Bevölkerung entgegen. Obgleich sich die Begeisterung bei dem Empfange der Alpenjäger überall gezeigt hatte, war doch noch kein Einzug mit solchem Glanze wie in dieser Stadt gefeiert worden. Garibaldi wurde wie ein vom Himmel herabgestiegener Gott begrüßt, doch obgleich er diese Huldigungen mit freudigem Stolze und seiner gewöhnlichen Güte entgegennahm, ließ er sich dadurch nicht von der Aufmerksamkeit auf den Feind ablenken, der, wie er ahnte, sich noch in der Nähe befand. Patrouillen der Reiterei wurden deshalb sogleich auf allen Wegen entsandt, und ehe der General noch vom Pferde gestiegen war, erhielt er schon die Meldung, dass eine von Brescia anrückende starke Kolonne dicht vor der Stadt sei; er ging ihr mit seinen Truppen sogleich entgegen.

Ein Offizier der Alpenjäger beschreibt in einem Briefe das nun sich entwickelnde Gefecht wie folgt:

»Wir hatten, das Gewehr auf der Schulter, Bergamo verlassen und hinter einem ziemlich weit von der Stadt entfernten Hügel Position genommen. Unsere Spitze stand mit den Österreichern schon im Gefecht. Das Gewehrfeuer wurde immer lebhafter, der Feind schien sich zu nähern, und wir waren sehr ungeduldig, an dem Feste teilnehmen zu können. Endlich empfing unser Kapitän einen Papierstreifen, auf den einige Worte mit Bleistift geschrieben waren; er gab den Befehl, dass wir uns als Schützen in einem Felde auflösen sollten, wo das Getreide so hoch stand, dass wir uns kaum zu bücken brauchten. Unmittelbar darauf eröffneten wir unser Feuer. Der Feind glaubte wahrscheinlich mit einer ganzen Division zu tun zu haben; er ließ eine Batterie auffahren, deren in das Kornfeld geschleuderte Kugeln uns anfangs keinen großen Schaden taten, als er aber bald darauf mit Kartätschen feuerte, wurden mehrere von uns verwundet. Wir waren ungefähr vierhundert Meter (fünfhundertsechzig Schritte) von der Batterie entfernt. Jetzt bildeten wir wieder geschlossene Züge und stürzten uns, da wir die Artilleristen zu überraschen hofften, schnell auf den Feind. Auf halbem Wege bemerkte er uns und sandte uns noch einen Kartätschenhagel, als wir aber ungestüm vorwärtseilten, fuhren die erschrockenen Artilleristen die Batterie im Galopp ab. Eines der Geschütze stürzte um und blieb am Boden liegen, so dass die Lafette in die Luft ragte; ein anderes stieß dagegen und zerbrach die Lafette; wir stürzten uns darauf, um uns ihrer zu versichern. In diesem Augenblicke sprengte eine halbe Schwadron schwarzer Husaren mit dem Säbel in der Hand im Galopp heran – die Zeit drängte; wir warfen uns wie Verzweifelte auf etwa fünfzig Artilleristen, die uns mit ihren Karabinern empfingen, und stießen sie sämtlich nieder bis auf einen, den wir zum Gefangenen machten. Nichtdestoweniger umzingelten uns die Husaren, und wir wären ohne einen Unteroffizier von gigantischem Wuchse und herkulischer Kraft verloren gewesen; dieser ergriff einen Setzkolben und schlug rechts und links auf Menschen und Pferde los, wodurch er eine große Verwirrung anrichtete. In diesem Augenblicke kam uns unser Kapitän mit dreißig Mann zu Hilfe; wir begannen, das Bajonett zu gebrauchen, und die Husaren machten sich mit Hinterlassung von dreiunddreißig der Ihrigen und der beiden Kanonen aus dem Staube. Mein Sergeant und zwei meiner Unteroffiziere waren an meiner Seite getötet worden; die Kugel eines Husaren hatte mir das linke Epaulett abgerissen, aber ich war nicht verwundet. Da nun eine geschlossene feindliche Kolonne anrückte, waren wir gezwungen, den Rückzug anzutreten.

Ich befand mich – ich weiß nicht, wie es gekommen war – bei dem zweiten Bataillon und hatte meine Schlachtlinie verloren, ich erhielt aber den Befehl, keinen Versuch zu machen, sie wieder aufzusuchen. Eine Batterie von zwölf Geschützen, die in unserer rechten Flanke aufgefahren worden war, eröffnete ein schreckliches Feuer, das glücklicherweise nicht lange anhielt. Als die Geschütze eines nach dem andern zum Schweigen gebracht worden waren, wurde unsere Position indessen nicht viel angenehmer, denn wir mussten auf der Stelle stehen bleiben und jede Minute wirbelten Kartätschenkugeln, die ich weiß nicht woher kamen, Staubwolken auf, die uns blendeten und kleine Steine in das Gesicht schleuderten. Mit lebhafter Genugtuung hörten wir endlich das Kommando: ‚Vorwärts!'

Wir rückten im Laufschritt vor, und da der Rauch, den der Wind uns entgegentrieb, sich für einige Augenblicke hob, sahen wir eine lange weiße Linie, die unbeweglich unter dem Feuer unserer Kanonen stand. Von Zeit zu Zeit zog sich diese Menschenmenge enger zusammen, um die Lücken, welche unsere Kugeln rissen, wieder auszufüllen; wir sollten sie jetzt mit dem Bajonett angreifen. Drei furchtbare Artilleriesalven empfingen uns. Wir sprangen über Tote und Verwundete, mit denen der Boden bedeckt war, und stürmten immer weiter. Die feindliche Linie machte eine Bewegung; sie glich einer Welle von Menschen, wich zurück, rückte wieder vor und wich nochmals – endlich hatten wir sie erreicht. Die österreichischen Glieder, die einen Augenblick in Unordnung gekommen waren, schlossen sich wieder und gingen zum Angriff über. Jetzt wichen wir um etwa zehn Schritte zurück. Eine Stimme rief uns zu: ‚He, Soldaten! Flieht das Regiment etwa?'

Diese Worte brachten uns wieder zu uns selbst und elektrisierten uns; in zwei Sprüngen hatten wir wieder Boden gewonnen. Die Österreicher machten kehrt, schossen noch einmal auf uns, aber es war unnütz, wir zauderten nicht einmal und bedienten uns des Bajonetts, des Bajonetts allein, und fast immer hat diese Waffe unsere Feinde, die übrigens brave Soldaten sind, demoralisiert.

Die Artillerie donnerte vor uns, hinter uns, auf unseren Flanken; der Feind und wir litten gleich darunter. Es wurde ein furchtbares Handgemenge. Wie hätte man Gefangene machen sollen? Niemand erbat und niemand erteilte Quartier.

Wie lange dauerte der Kampf? Zehn Minuten oder zwei Stunden? Mir ist es unmöglich, das zu sagen. Alles, was ich weiß, ist, dass wir nach einer gewissen Zeit Herren des Platzes blieben und dass die Schlacht gewonnen war.«

Es war spät am Abend, als die Alpenjäger nach diesem blutigen Gefechte wieder in Bergamo einzogen und einquartiert wurden; sie waren bis auf den Tod ermüdet.

Am folgenden Morgen reiste der General nach Mailand ab, um den König um weitere Instruktionen zu bitten; er wurde auf das Wärmste empfangen und hatte die Freude, dass ihm der Tagesbefehl vom 8. Juni, der sein Korps so hoch belobigte, in die Hand gelegt wurde. Der König äußerte sich bei dieser Gelegenheit, nachdem er den Helden herzlich beglückwünscht hatte, dass er selbst gern seine Krone und seine Staatssorgen abtreten würde, wenn er Führer eines Freikorps wie Garibaldi sein und die Spitze der italienischen Armee kommandieren könne. Die Instruktion, die der General erhielt, war wieder ganz allgemein, das heißt: vorzurücken, den Feind in seiner rechten Flanke zu beschäftigen und den Aufstand im nördlichen Teile der Lombardei zu erwecken und zu unterstützen. Garibaldi reiste noch an demselben Tage schleunigst wieder ab, denn er hatte keine Zeit zu verlieren und war nicht ehrgeizig genug, die Triumphe zu feiern, die man ihm in Mailand zu bereiten gedachte.

Während seiner Abwesenheit kam eine telegraphische Anfrage von Palazzuola, einem einige Meilen weiter südlich gelegenen Orte, wo man das Einrücken der Garibaldianer noch nicht erfahren haben musste, in Bergamo an, des Inhalts, ob ein ungarisches Bataillon auf der Eisenbahn ungehindert nach Monza kommen könne. Der in Bergamo Kommandierende gedachte sich diesen Irrtum zunutze zu machen und ließ zurücktelegraphieren, die Eisenbahn sei frei und die Stadt unbesetzt. Bald darauf erhielt man die Nachricht, das Bataillon sei bereits auf dem Wege gewesen, habe aber in Serviate, einer Station, die ein paar Meilen vor Bergamo liegt, angehalten, nachdem ihm die Anwesenheit der Garibaldianer verraten worden sei, und sich in dem dortigen Eisenbahngebäude zur Gegenwehr befestigt. Sofort wurde Kapitän Bronzetti mit einer Kompanie in höchster Eile dorthin geschickt, fand die Österreicher noch vor und griff sie trotz seiner Schwäche entschieden, aber vergeblich an. Nach ernstem Gefechte musste er sich mit einem Verluste von einem Offizier und elf Soldaten zurückziehen und dem feindlichen Bataillon gestatten, auf der Eisenbahn zurückzukehren.

Bald darauf griffen einige Alpenjäger auf der Landstraße einen Bauer auf, der eine Depesche aus dem Hauptquartier bei sich hatte.

Garibaldi brach sie auf und sah zu seiner großen Freude, dass sie an den ehemaligen österreichischen Kommandanten von Bergamo gerichtet war und den Befehl für ihn enthielt, Bergamo, wenn es noch nicht verlassen sei, um jeden Preis zu halten. Garibaldi hätte nicht viel Aussicht gehabt, diese stark befestigte, von Wällen umgebene Stadt zu stürmen, wenn sie ernstlich verteidigt worden wäre, glücklicherweise kam die Depesche viel zu spät an. Die Stadt war so stark, dass sie die neu formierte Nationalgarde nun recht gut gegen einen etwa anrückenden Feind zu verteidigen vermochte; deshalb ließ er an den geeigneten Punkten noch starke Barrikaden errichten, ermahnte die Bürgerschaft, ihre Stadt nicht wieder in die Hände der Österreicher fallen zu lassen, und rückte, nachdem die Alpenjäger einer Ruhe von zwei Tagen genossen hatten, weiter gegen Brescia vor, um dem Korps des Generals Urban, das sich in jener Gegend befinden musste, zu folgen.

In letzter Zeit hatte das Alpenjäger-Korps wieder bedeutenden Zuwachs erhalten, und selbst eine Menge von Ausländern strömte ihm zu. Außer den Genuesern, Lombarden, Toskanesen, Romagnolen und Kalabresen fand man darunter auch Franzosen, Deutsche, Spanier, Schweizer, Amerikaner aus dem Norden und Süden, einen Chinesen und einen Engländer, der allgemein der Engländer Garibaldis genannt wurde und keine Uniform trug, da er sich dem General unter besonderen Umständen angeschlossen hatte.

Dieser Engländer hatte die Eigentümlichkeit, dass er gegen den Feind auf die Jagd ging wie gegen Hirsche, Eber, Wölfe oder jedes andere Wild, einzig und allein des Jagdvergnügens wegen, dass er das Italienische recht schlecht sprach, wenig von dem Laufe der politischen Angelegenheiten wusste und sich nicht besonders für die Sache interessierte, der er diente.

Als Garibaldi im Begriff war, den Feldzug zu beginnen, sah er einen Mann auf sich zukommen, groß, mit prächtigen, funkelnden Augen unter einer offenen und durch die nach hinten gekämmten Haare noch vergrößerten Stirn; sein grauer Bart, in dem das Weiß schon vorzuherrschen begann, fiel ihm weit auf die Brust nieder. Er konnte achtundfünfzig bis sechzig Jahre alt sein. Er trug einen Hut mit breitem Rande, vorn grün aufgeschlagen, um die Augen zu schonen, eine voll Patronen gestopfte Kartusche und ein sehr großes Opernglas. Sein Feldzugskostüm wurde durch eine vorzügliche Büchse mit zwei Läufen vervollständigt.

»Der General Garibaldi?«, fragte er.

»Ich bin es«, erwiderte Garibaldi ziemlich knapp, »was wünschen Sie von mir?«

»Ich bin Sir John Williams Peard.«

»Und weiter?«

»Ich komme, Sie um die Gunst zu bitten, unter Ihren Befehlen dienen zu dürfen.«

Garibaldi betrachtete sich seinen Rekruten. »Hm«, meinte er, »unter meinen Befehlen dienen; wissen Sie, wozu man sich verpflichten muss, wenn man unter meinen Befehlen dienen will?«

»Nein, aber ich werde es erfahren, wenn Sie die Güte haben wollen, es mir zu sagen.«

»Es gibt keine Besoldung.«

»Das ist mir gleichgültig, denn ich bin reich.«

»Jeden Tag zehn Meilen marschieren, so ungefähr wenigstens.«

»Ich bin ein guter Fußgänger.«

»Alle Tage Flintenschüsse.«

»Das ist es gerade, was ich suche.«

»Unbedingter Gehorsam und Unterwerfung unter meine Befehle.«

»Hm!«

»Sie sehen also wohl, dass Ihnen das nicht passen wird?«

»Ich würde es vorziehen, mich auf meine eigene Manier zu schlagen.«

»Wie ist denn Ihre Manier?«

»Ich bin ein guter Jäger.«

»Ah so!«

»Ich schieße recht gut.«

»Und was weiter?«

»Ich möchte mit Ihren Schützen zusammen fechten.«

»Nun, so mag es sein! Sie werden mit meinen Schützen zusammen fechten.«

»Ich möchte auch mein Kostüm behalten, das mir sehr bequem ist.«

»Sie sollen es behalten.«

»Ich möchte ferner noch ...«

»Meiner Treu, Sie möchten auch gar zu viel!«, rief Garibaldi ungeduldig. »Wenn ich Herrn La Marmora gegenüber so anspruchsvoll gewesen wäre wie Sie, so würde ich niemals ins Felde gekommen sein.«

»Nun, es ist gut«, erwiderte Sir John, »ich werde mich auf eigene Rechnung schlagen.«

»Sie haben Recht, schlagen Sie sich auf eigene Rechnung, das wird besser sein.«

Sir John grüßte Garibaldi und Garibaldi grüßte Sir John.

Am folgenden Morgen fand das Gefecht bei Varese statt. Garibaldi hatte seine Schützen vorangeschickt, welche Eile sie aber auch haben mochten, an den Feind zu kommen, so hätten sie Sir John schon mit ihm beschäftigt gefunden.

Sir John hatte, wie er sich ausdrückte, Österreich den Krieg erklärt und schlug sich auf eigene Rechnung. Er schlug sich nicht allein auf eigene Rechnung, sondern auch auf seine eigene Manier. Er blieb aufrecht stehen, ohne einen Zoll von seinem hohen Wuchse einzubüßen, ohne eine Ecke seines großen Körpers im Mindesten zu decken. Er kümmerte sich durchaus nicht um die Kugeln der Kanonen und Flinten, ganz so, als wenn sie Fliegen oder Bienen gewesen wären.

Er zielte ebenso ruhig, als ob er auf dem Anstande gelegen hätte, feuerte, stellte seine Büchse zwischen die Beine, nahm seinen immer bereiten Operngucker und sah da hindurch nach der Wirkung seines Schusses, machte eine verneinende oder billigende Bewegung mit dem Kopfe, je nachdem, ob er unzufrieden oder befriedigt war, lud sein Gewehr wieder, visierte von neuem, gab Feuer, nahm von neuem seinen Operngucker zur Hand und gab wiederum seine Unzufriedenheit oder Zufriedenheit zu erkennen.

Als der Feind in die Flucht geschlagen und Garibaldi, wie gewöhnlich, Herr des Schlachtfeldes war, beschäftigte sich Sir John nur noch damit, seine Toten und Verwundeten aufzusuchen, die er so genau wiedererkannte, wie der Jäger bei einem Treiben die Hasen wiedererkennt, die er getötet oder nur verwundet hat. Sobald er sie gefunden und die einen wie die anderen in sein Taschenbuch eingetragen hatte, schickte der Engländer sich an, die Österreicher zu verfolgen, und holte mit seinen langen Beinen gewiss die besten Läufer ein.

Garibaldi hatte ihn also zwei oder drei Mal ganz nach seinem Belieben schießen lassen und schien gar nicht auf ihn Acht zu geben. Da Garibaldi aber vor allem die Tapferen liebt, hielt er eines Tages an, ging gerade auf den Engländer zu und sagte mitten im Feuer zu ihm: »Sir John, ich mache Ihnen mein Kompliment, Sie sind tapfer.«

»Ich weiß es wohl«, erwiderte der Engländer.

»Und mehr noch, Sie sind mein Freund.«

»Ah, das wusste ich noch nicht«, erwiderte Sir John, »und ich bin Ihnen sehr dankbar dafür. Aber – Verzeihung! – da ist ein Teufel von Österreicher, der gerade auf mich zielt.«

Sir John führte die Büchse an seine Schulter, und der Österreicher, der auf ihn gezielt hatte, erhielt seinen Schuss mitten in die Brust, machte drei Schritte vorwärts und stürzte zu Boden. Sir John nahm seinen Operngucker, musterte seinen Österreicher, machte ein Zeichen der Billigung und drehte sich dann zu dem General um.

»Guten Tag, General«, sagte er, ihm die Hand reichend. »Befinden Sie sich heute bei guter Gesundheit?«

Seit dieser Zeit nannte man Sir John Williams Peard nur noch den »Engländer Garibaldis«.

9.
Brescia und Castenodolo

Der Name Brescia ist in jedes wahrhaft italienische Herz neben dem von Vicenza eingeschrieben, dieser anderen heldenmütigen Stadt, die auch so viele ihrer Kinder unter den Märtyrern für die nationale Sache zählt.

Brescia, eine Stadt von vierzigtausend Einwohnern, zwischen den südlichen Spitzen des Iseo- und Gardasees, von jeder etwa drei deutsche Meilen entfernt, und an der Eisenbahn von Verona nach Bergamo gelegen, sah der Ankunft der Befreier mit ebenso großer Ungeduld entgegen, wie es nur jeder andere echt patriotisch gesinnte Ort tun konnte. Dahin hatte Garibaldi zunächst zu ziehen beschlossen, obgleich die verbündete Armee noch weit zurück, Brescia besetzt und der fünfundvierzig Meilen lange Weg dahin durch starke österreichische Truppenabteilungen gedeckt war. In Brescia befand er sich vollständig im Rücken der feindlichen Armee und konnte derselben höchst bedenklichen Abbruch tun. Seine Alpenjäger nahmen diesen Gedanken mit stürmischer Begeisterung auf, und als sie aus Bergamo zogen, waren sie guter Dinge und riefen wiederholt in ihrer Freude aus: »Nach Brescia! Nach Brescia!«

Garibaldis Absicht konnte es erneut nicht sein, sich unterwegs durch zweifelhafte Gefechte aufzuhalten, deshalb lag ihm viel daran, den Feind zu täuschen. Zuerst wandte er sich mit seinem Korps gegen Romano, eine nahe an der großen Straße von Mailand gelegene Stadt, und lockte wirklich die Österreicher in diese Gegend; nun wandte er sich aber plötzlich nördlich und legte in vierundzwanzig Stunden einen Weg von fünfundvierzig Meilen oder elf deutschen Meilen zurück, wodurch er schon am 13. Juni vor Brescia stand. Hier erhielt er die angenehm überraschende Nachricht, dass die österreichische Besatzung, die nicht im Mindesten an die Möglichkeit eines so kühnen und schnellen Zuges glaubte, die Stadt schon am 11. Juni verlassen habe und dass er daher, ohne auf Widerstand zu stoßen, einrücken könne, denn es braucht wohl nicht erst gesagt zu werden, dass die Einwohnerschaft ihm mit offenen Armen entgegenkam.

Noch erinnerte sich Brescia gut an den Widerstand gegen Haynau im Jahre 1849, noch seufzte und schauderte es über den Schimpf, der ihm damals auferlegt worden; darum empfing es seine Befreier auf eine so glänzende Weise, dass die erschöpften Soldaten ihre Müdigkeit vergaßen und sich für ihre Anstrengungen reichlich belohnt fühlten.

Sogleich nach seinem Einmarsche erließ Garibaldi nachstehende Proklamation:

»Bürger von Brescia!
Der Empfang, den ihr den Alpenjägern habt zuteil werden lassen, ist eine neue Probe eures patriotischen Enthusiasmus.
Das erhabene Schauspiel, das eure Stadt darbietet, beweist, dass ihr eures alten Rufes würdig geblieben seid. Indem ihr auf den ersten Ton der Alarmglocke zu den Alpenjägern geeilt seid, habt ihr bewiesen, dass ihr als eifrige Anhänger der Unabhängigkeit entschlossen seid, dieselbe zu verteidigen und für sie euer Blut zu vergießen.
Ruhm den Einwohnern von Brescia!
Die Feinde, die noch in der Umgegend umherstreifen, sind nicht Soldaten, die eure Stadt bedrohen, sondern Feinde auf der Flucht, die, um sich einen Weg zu bahnen, überall Spuren ihrer verabscheuten Macht zurücklassen.
Bürger von Brescia und Bewohner des Landes! Der Augenblick ist endlich gekommen, zu kämpfen und eure Brüder zu rächen, die auf den Schlachtfeldern gefallen sind oder in den Kerkern Mantuas schmachten. Erinnert euch an eure bewunderungswürdige und ruhmvolle Vergangenheit!

Setzet der Wut eurer Feinde, die gezwungen sind, für immer euer schönes Land zu verlassen, unerschütterlichen Mut entgegen!
Kommt herbei, die Reihen der Freiwilligen zu verstärken! Nichts darf euch zu teuer sein, eure Unabhängigkeit wiederzuerobern.
Die dreifarbige Fahne, das Idol unseres Herzens, weht über euren Häuptern und mahnt euch an die Ergebenheit und Liebe für das Vaterland.
Sorgt dafür, dass die ruhmreiche französisch-italienische Armee euch eurer Befreier würdig finde!
Brescia, den 13. Juni 1859.
Garibaldi."

Diese Proklamation hatte zur Folge, dass aus der Stadt und nächsten Umgebung allein sich dreitausend Männer in das Garibaldi'sche Korps einreihen ließen.

Schon am Morgen des 14. Juni gingen Oberst Türr, Major Camuzzi in einem Wagen und achtzehn Jäger in einem Omnibus nach Idro ab. Sie waren mit einem mehr politischen als militärischen Auftrage betraut, das heißt, sie sollten die Einwohner jenes Distrikts zur Erhebung und Ergreifung der Waffen auffordern. Sobald sie nach Idro kamen, wurde daselbst mit allen Glocken geläutet und das dreifarbige Banner aufgepflanzt; die Stadtverwaltung beeilte sich, das konstitutionelle Königtum Viktor Emanuels zu verkündigen, und die jungen Leute nahmen ein österreichisches Dampfboot auf dem Idrosee fort. Nach einigen Stunden schon konnten die beiden Offiziere nach Brescia zurückkehren und nahmen zweihundertundfünfzig freiwillige Rekruten mit sich; die Jäger blieben als Garnison in dem Flecken.

Die sardinische Vorhut hatte sich indessen der Stadt genähert. In Garibaldis Absicht lag es nun, so zu manövrieren, dass er den Österreichern jeden Rückzug nach Südtirol abschneiden könne. Zu diesem Zwecke brach er in der Nacht vom 14. auf den 15. Juni schon wieder von Brescia auf und schlug den Weg auf Ponte San Marco ein, um hier eine Brücke über den Chiese zu schlagen und sich dann längs des Gardasees nach Norden zu wenden. Bei diesem Marsche stand ihm aber, wie er wusste, die Division des Feldmarschall-Leutnants Urban in seinem Rücken und seiner rechten Flanke, weshalb er zwei Kompanien unter Oberst Medicis Befehl auf halbem Wege zwischen Brescia und Ponte San Marco bei Rezzato, einem Dorfe, aufstellte, welche ihre Posten wiederum bis Castenodolo erstreckten. So gesichert, begann er den Brückenschlag bei Ponte San Marco.

Inzwischen räumte Urbans Nachhut in derselben Nacht Capriano, wo sie gestanden hatte, um sich über Castenodolo gegen Montechiaro an den Chiese zurückzuziehen; dabei stieß sie auf die Posten Medicis, und sofort entspann sich ein Gefecht. Die Österreicher waren den Alpenjägern um das Doppelte überlegen, denn sie waren ein ganzes Bataillon stark. Dessen ungeachtet nahmen die Alpenjäger den Kampf auf; die Österreicher wurden bei ihrem Vorrücken so heftig angegriffen, dass sie nach dem Dorfe zurückweichen mussten. Die durch diesen ersten Erfolg ermutigten Jäger folgten ihnen unvorsichtig und ungestüm, drangen in Rezzato ein und stießen auf die Brücke eines kleinen Kanals, an der sich mehrere Wege vereinigen. Hier hatten ihnen die Österreicher einen Hinterhalt gelegt und begrüßten sie mit einem Hagel von Kugeln; starke Truppenmassen standen ihnen gegenüber und warfen sie wieder auf Castenodolo zurück; weiter wichen die braven Jäger aber nicht, trotz der ungeheuren Übermacht; die Offiziere gingen ihnen mit gutem Beispiel voran und riefen ihnen zu, man müsse hier Garibaldis Unterstützung erwarten; es ließ sich nicht daran zweifeln, dass er den Seinigen Hilfe senden werde, denn er musste das Gewehrfeuer gehört haben. Wie sich bald ergab, hatten die beiden Kompanien die ganze Brigade des Generals Rupprecht vom Urban'schen Korps vor sich.

Endlich kam Garibaldi, der sofort seinen Brückenschlag bei Bettolo aufgegeben hatte, mit zwei Regimentern im Laufschritt herbei; ein paar leichte Geschütze begleiteten ihn, konnten aber gegen die zwei Batterien, welche die Österreicher nun auffuhren, wenig ausrichten.

Das Gefecht, das überaus blutig wurde, stand nun eine Weile bei Castenodolo; vergeblich machten die Alpenjäger unter des Generals eigener Führung einen Versuch, den Feind aus seinen Stellungen zurückzuwerfen, wobei sie über hundert Tote und Verwundete hatten; die Österreicher waren zu sehr in der Übermacht, dennoch aber wagten sie keinen entschiedenen Angriff und ließen Garibaldi ungehindert über Rezzato und Treponti abziehen. General Cialdini, der die bei Brescia stehende Spitze der sardinischen Hauptarmee befehligte, hatte ebenfalls den Kanonendonner vernommen und entsandte sofort eine starke Abteilung seiner Division nach Rezzato, den Alpenjägern zu Hilfe; man erwartete hier einen Angriff Urbans, aber dieser begnügte sich, die über den Chiese geschlagene Brücke wieder zu zerstören, und setzte dann seinen Rückzug fort.

Die Verluste der Alpenjäger waren beklagenswert; auch viele Offiziere waren verwundet; ein Kapitän, der die beiden Schützen-Kompanien befehligt hatte, war durch drei Kugeln schwer verwundet worden, Oberst Türr durch den Arm geschossen. Dennoch hatte dieses Gefecht seinen Nutzen gehabt, indem es sowohl das Selbstbewusstsein der Jäger hob, die wirklich heldenmütig gekämpft hatten, als das Vertrauen und die Begeisterung der Bevölkerung jener Gegend von neuem stärkte; die Verluste an Mannschaft waren durch Freiwillige bald mehr als ersetzt.

Am folgenden Tage schon wurde die von den Österreichern zerstörte Brücke über den Chiese wiederhergestellt und Garibaldi setzte seinen Marsch auf Lonato fort, das er am 15. Juni erreichte.

Noch immer strömten ihm neue Rekruten zu; die Worte, die der General in seinen Proklamationen gebrauchte, machten einen mächtigen und überzeugenden Eindruck, dazu kam der Hass, den das Benehmen der Österreicher schürte. Graf Cavour wusste ihn zu nähren; er hatte eine Untersuchung über verschiedene Vorkommnisse in der Zeit, als die Österreicher sich noch auf piemontesischem Gebiete befanden, eingeleitet, und wenn wir auch weit entfernt sind, alles zu glauben, was Österreich und seinen Truppen zur Last gelegt worden ist, wenn wir auch recht gut wissen, dass der Krieg manche schreckliche Notwendigkeit mit sich bringt, so können wir uns doch nicht enthalten, hier einen Fall, den eine deutsche, den italienischen Bestrebungen nicht gerade besonders gewogene Zeitung (*Vossische Zeitung*, 21. Juni 1859) bringt, mit ihren eigenen Worten anzuführen:

»Die *Gazetta Piemontese* bringt heute ein Aktenstück nebst gerichtlichen Belegen, wonach acht Personen aus Foricella bei Casteggio und eine aus St. Julietta am 20. Mai von einer österreichischen Patrouille unter einem Korporal mitgenommen und auf der Landstraße erschossen wurden. Die Erschossenen, darunter eine Junge von vierzehn Jahren, standen im Verdachte, im Besitze von Pulver und Blei und Waffen zu sein, auch hat der eine der Bauern, der erst am 25. Mai infolge seiner Verwundung starb, ausgesagt: ‚Ich bin unschuldig wie Jesus. Die Feuerwaffen, die wir im Hause hatten, haben wir sechs Tage vor Erscheinen der Österreicher versteckt und mit Erde zugedeckt; sie haben im Hause nichts gefunden.' Graf Cavour hat diesen Vorfall zum Gegenstande eines Rundschreibens an die sardinischen Gesandtschaften gemacht, um zu zeigen, ‚dass Österreich die Kriegsgesetze schnöde verletzt hat und dass das Benehmen seiner Truppen nicht dasjenige war, das zivilisierte Nationen auszeichnet.' Das Cavour'sche Rundschreiben stellt den Fall so dar: Am 20. Mai, am Tage des Gefechts bei Montebello, erschien eine österreichische Patrouille im Dorfe Torricella, holte den dortigen Gerichtsboten, den sie auf der Straße fand, nahm denselben mit und ließ sich von ihm in das Haus des Pächters Cignoli führen, wo sie eine Haussuchung anstellte und alle Mitglieder der Familie Cignoli nebst einigen Leuten aus dem Dorfe, die zufällig auf dem Hofe waren, verhaftete, im Ganzen neun Personen, darunter ein Sohn von siebzehn, ein anderer von neunzehn Jahren, und zwei nicht zu der Familie gehörende Jungen von vierzehn und fünfzehn Jahren. Der Hausvater Cignoli war sechzig Jahre alt. Die Patrouille führte die Verhafteten, nachdem sie im Hause nichts als eine kleine Menge Jagdblei und einen kleinen Pulverbeutel gefunden, vor den österreichischen Befehlshaber, der zu Pferde inmitten seiner Truppen auf der Landstraße hielt. Nachdem Letzterer einige Worte in deutscher Sprache mit den Soldaten gewechselt, sagte er dem Gerichtsboten, er solle auf seinem Platz bleiben, und befahl dann den neun Bauern, in den Graben an der Landstraße hinabzusteigen. Dies war kaum geschehen, als der Befehlshaber einer Abordnung Soldaten der Landstraße ein Zeichen zum Feuern gab. Acht Bauern waren auf der Stelle tot, der neunte wurde tödlich verwundet. Die Truppen setzten sich wieder in Marsch und der Befehlshaber sagte dem Gerichtsboten, nun könne er gehen; damit er jedoch von den österreichischen Truppen in der Umgegend nicht festgehalten werde, wolle er ihm einen Geleitschein geben, den er im Notfalle vorzeigen könne. Dieser Geleitschein bestand in einer Visitenkarte, auf der unter einer Grafenkrone zu lesen ist: ‚F.-M.-L. Urban'. Diese Karte befindet sich unter den Belegstücken der Untersuchung.«

Kann sich bei einem solchen Aktenstücke, dessen Wahrhaftigkeit wir nicht zu untersuchen vermögen, die deutsche Langmut noch wundern, dass das italienische Volk freudig zu den Waffen griff?

Am 15. Juni rückte das Alpenjäger-Korps auf Lonato vor, das die Österreicher noch besetzt hielten. Diese Stadt liegt etwa zwei Meilen vor Desenzano an der südwestlichen Spitze des Gardasees;

an seinem südöstlichen Ende, durch die Eisenbahn mit Desenzano verbunden, liegt die starke Festung Peschiera. Die sardinische Armee nahm ihre Stellung zu beiden Seiten der Eisenbahn hinter der Mella, einem Nebenflusse des Oglio, der, südwestlich vom Stilfser Joche entspringend, durch das Val Camonica in südwestlicher Richtung in den Iseosee fließt und diesen an seinem südwestlichen Ende wieder verlässt, um sich dann, nachdem er von der Eisenbahn durchschnitten worden, scharf gegen Südosten zu wenden und südwestlich von Mantua sich in den Po zu ergießen.

Das Vorrücken der Sardinier bewog die Österreicher, ihre starken Stellungen bei Lonato und Montechiaro zu verlassen und sich gegen den Mincio zurückzuziehen, den sie bald darauf überschritten. Die französische Armee stand jetzt, am 16. Juni, mit ihrem ersten Korps in Urago d'Oglio, mit dem zweiten in Chiari und Cartrezzato, mit dem dritten in Orneino und Orsinovo, mit dem vierten in Fontanella und Antiquata, mit der Garde in Chalcio, woselbst sich auch Napoleons Hauptquartier befand; Viktor Emanuel hatte das seinige in Castegnato. Am 17. Juni trat der österreichische Feldzeugmeister Graf Gyulay von seinem Kommando an der Spitze der Armee ab, da ihn vorzüglich der Vorwurf der bisher so ungünstigen Operationen traf, und dasselbe übernahm nächst dem Kaiser, der jetzt selbst bei der Armee eintraf, der General der Kavallerie Graf Schlick.*

* Sein voller Name ist Graf Schlick zu Bassano und Weißkirchen. Am 23. Mai 1789 zu Prag geboren, widmete er sich der juristischen Laufbahn und trat erst 1808 als Führer der Landwehr von seinen Gütern in den Militärstand über. 1813 wurde er als Leutnant im Kürassier-Regiment Herzog von Sachsen angestellt, machte die Schlachten bei Aspern und Wagram mit, wurde Adjutant des Feldmarschall-Leutnants Graf Vubna und Rittmeister bei dem Regimente der Radetzky-Husaren, später bei anderen Regimentern. In den weiteren Feldzügen nahm er an den Schlachten von Dresden, Kulm und Leipzig teil, in welcher Letzteren er das Auge verlor. 1815 war er wieder in Frankreich als Major. Nachdem er im Frieden bis zum Feldmarschall-Leutnant und Gouverneur von Krakau aufgestiegen war, übernahm er 1848 ein Korps gegen die Ungarn, eroberte Kaschau, siegte bei Szikso, und schlug zu Anfang 1849 die Ungarn nochmals bei Kaschau; besonders zeichnete er sich durch Mut und Entschlossenheit bei Keresstin aus. Ferner leistete er die wichtigsten Dienste bei Kapolna, Katvan, Isaszeg, Acs und Komorn sowie bei der Einnahme Raabs. Bei Dreispitz hinderte er den ungarischen General Görgey, sich mit General Dembinski zu vereinigen, und zwang ihn dadurch, sich mit seinem Korps bei Villagos zu ergeben. Als Belohnung für seine Dienste in dem ungarischen Kriege erhielt er das Ritterkreuz des Maria-Theresien-Ordens, das Verdienstkreuz

Kaum hatten die Österreicher Lonato aufgegeben, so zog Garibaldi in dasselbe ein. Noch einmal bestand er bei dem Dorfe Banino in dieser Gegend ein Gefecht, wobei ihn ein Teil der Division General Cialdinis unterstützte. Hier standen ihm gegen dreitausendundfünfhundert Feinde gegenüber, die er nach kurzem Kampfe zurücktrieb.

Von Lonato marschierte er auf Salo am westlichen Gestade des Gardasees, da er den Auftrag erhalten hatte, sich nordwärts in das Veltlin zu wenden, um alle den Österreichern aus Tirol zukommende Hilfe aufzuhalten und zurückzuwerfen. Zu diesem Zwecke hatte man ihm eine Verstärkung, bestehend aus zwei Bataillonen der Division Fanti und einer Batterie, geschickt.

Um dieselbe Zeit wurde dem General durch Herrn Edmond Ferner, Redakteur der französischen Zeitung *Le Siècle*, ein prachtvolles Gewehr, wofür die Kosten durch Subskription zusammengebracht worden, als ein Zeichen der Hochachtung der Franzosen überreicht.

10.
Kämpfe im Veltlin

Das Veltlin oder Val Tellina, eines der größten Alpentäler, nimmt den Norden der Lombardei ein und erstreckt sich von den Ufern des Comer Sees längs der Adda, von der es von ihren Quellen an bis zu ihrem Eintritte in den genannten See durchströmt wird, ostwärts bis an die Grenzen Graubündens und Tirols; im Norden von den Bernina-Alpen, im Süden von zerklüftetem Berglande begrenzt, hat es eine Längenausdehnung von ungefähr zwölf deutschen Meilen und beinahe eine gleiche Breite. Der im Osten daranstoßende Landesteil ist das zu Österreichisch Tirol gehörige Trientiner Land, dessen Einwohner Italiener sind, die infolge des Wiener Kongresses aller Natur und Geographie zuwider in Österreich und damit in den Deutschen Bund einverleibt wurden. Da sich dieses

---

und das Großkreuz der Eisernen Krone; 1849 wurde er General der Kavallerie und kommandierender General in Mähren und Österreichisch Schlesien, 1854 wurde er kommandierender General in Galizien und der Bukowina. Seine vorzüglichsten Eigenschaften sind schnelle Entschlossenheit, Kaltblütigkeit und schnelle, richtige Einschätzung der Gefechtslage, und er genießt das vollkommene Vertrauen und die Liebe des österreichischen Soldaten.

Bergland nun tief in das lombardisch-venezianische Königreich hineinerstreckt und durch fünf gangbare Pässe mit dem Veltlin in Verbindung steht, war Letzteres für die verbündeten Armeen von größter Bedeutung, denn stets blieben Österreich hier Zugänge, die es, wenn auch im Süden überwunden, benutzen konnte, frische Truppen nach Italien hineinzuschicken, vielleicht gar durch das Veltlin im Rücken des jetzigen Kriegstheaters nach Mailand vorzustoßen. Dieser Übelstand wurde dadurch noch bedenklicher, dass das Trientiner Land in den Deutschen Bund aufgenommen worden war, mithin jeder Angriff auf dasselbe, jede Verletzung der Grenze einen Krieg mit ganz Deutschland herbeiführen musste. Es blieb deshalb nichts übrig, als im Veltlin ansehnliche Kräfte aufzustellen, um die Österreicher mit Macht zurückwerfen zu können, wenn sie einen Einfall versuchten, und dieser Auftrag war Garibaldi und der Division des Generals Cialdini zuteil geworden, sobald die Verbündeten den Chiese überschritten hatten. Cialdini sollte den südlicher gelegenen Pass von Tonale beobachten, die Alpenjäger das Stilfser Joch im hohen Nordosten des Veltlins.

Das Stilfser Joch, etwa zwei Meilen nördlich der Ortlerspitze, war früher nur auf den beschwerlichsten Wegen zu passieren, ist aber auch für größere Truppenmassen leicht passierbar geworden, nachdem die Österreicher unter der Regierung des vorigen Kaisers in den Jahren 1821–1824 eine Landstraße mit den größten Mühen und Kosten hinübergeführt haben, ein wahres Kunstwerk, denn sie erreicht eine Höhe von 8600 Fuß.

Der Aufstand im Veltlin hatte sich, wie schon gesagt, bereits während Garibaldis Zug über Varese und Como erhoben, und der General hatte nichts versäumt, ihn zu unterstützen. Schon früher hatte er einen kleinen Teil seines Korps unter tüchtigen Offizieren nach Sondrio gesandt, und diese hatten daselbst ein Korps lombardischer Freiwilliger gebildet, das sich auf eine Stärke von dreitausend Mann belief. Am 16. Juni besetzten die Österreicher, aus Tirol vorrückend, das Stilfser Joch und schoben einzelne Abteilungen in das Veltlin hinein nach Bormio (Worms), in welchem letzteren Orte vierhundert Mann standen.

Bormio, im Valle di Sotto sehr hoch gelegen, ist ein unbedeutender Ort, in dessen Nähe sich die warmen Bäder von San Martino befinden. Etwa tausend Garibaldianer kamen am 19. Juni nach der fünf deutsche Meilen südwestlich davon gelegenen bedeutenderen Stadt Tirano und schoben ihre Vorposten auf den halben Weg bis

Bolladore vor, während die Österreicher sich nach und nach zu verstärken begannen.

Inzwischen war Garibaldi mit seiner Brigade in Salo angelangt, wo er sich ein paar Tage aufhielt. Kaum war er eingetroffen, so näherte sich vom östlichen Ufer des Gardasees das österreichische Dampfschiff »Franz Joseph« der Stadt, um die Position der Garibaldianer auszukundschaften. Die piemontesische Batterie, die sich bei der Brigade befand, eröffnete sogleich das Feuer, als der Dampfer in Schussweite gekommen war. Zwei ihrer Wurfgeschosse zerstörten die Galionsfigur des Schiffes, das sich nun schleunigst davonzumachen bestrebt war. Im Augenblicke, als es wendete, traf eine Granate das Verdeck, schlug in die Pulverkammer durch und bewirkte eine furchtbare Explosion. In weniger als fünf Minuten stand die »Franz Joseph« in Flammen. Sie hisste ein Notsignal; ehe man aber von Peschiera aus die »Benedek« der Mannschaft zur Hilfe schicken konnte, ging die »Franz Joseph« unter. Von den zweihundert Menschen, die sich an Bord befanden, wurde nicht ein Einziger gerettet; alle kamen in den Flammen um oder ertranken in den Fluten des Gardasees.

Seitdem hatte Garibaldi in diesem Feldzuge nie wieder etwas mit der österreichischen Marine zu tun.

Nach einigen Tagen brachen die Alpenjäger wieder von Salo auf, nachdem sie am 19. Juni einen Spähtrupp gegen den rechten Flügel der österreichischen Armee nach Desenzano geschickt hatten, der nach einem Vorpostengefechte aber zurückgedrängt worden war, und trafen am 29. Juni in Tirano ein. Die Österreicher hatten unterdessen zwischen Glurns und Trafoi auf dem Gebiete Tirols, dicht hinter dem Stilfser Joche, dreizehn Kompanien Infanterie und zwei Jäger-Kompanien zusammengezogen, starke Befestigungen und auf diesen Batterien angelegt, welche die Straße über den Bergrücken bestrichen; sie schienen also einen Einfall in Tirol zu fürchten und durften wohl umso eher solche Besorgnisse hegen, als die ganz italienisch gesinnten Bewohner dieser Gegend erst vor kurzem eine Abordnung an Viktor Emanuel mit der Bitte abgesandt hatten, sich auch Südtirols anzunehmen und es mit dem einigen großen Italien zu verbinden; in Trient musste sogar bald darauf der österreichische Militär-Kommandant den Befehl erlassen, dass die Bevölkerung innerhalb dreier Tage alle Waffen abzuliefern hätte.

Die Alpenjäger, jetzt etwa achttausend Mann stark, verstärkt durch zwei reguläre sardinische Bataillone und im Ganzen mit vierzehn Kanonen versehen, bezogen nun ihre Quartiere in Tirano und in dem nahen Madonna. Am Nachmittage des 2. Juli rückte die Brigade über Santa Lucia auf Bormio vor, das von Tiroler Schützen besetzt war; die Letzteren ließen es indessen nicht zum Gefechte kommen, sondern zogen sich zurück, und Garibaldi rückte in die Stadt ein. Von hier entsandte er starke Abteilungen nach den Tälern der Viola und Fraila und besetzte am andern Tage das noch weiter nördlich gelegene Bagni Nove.

Man stand nun den Österreichern, die zum größten Teile aus Tiroler Schützen bestanden und ungefähr dreitausendundfünfhundert Mann stark waren, nah gegenüber. Die Alpenjäger und die Schützen der sardinischen Truppen erstiegen den Monte Scala und griffen den rechten Flügel des Feindes an, gleichzeitig machte Garibaldi eine Attacke auf den linken. Das Gefecht dauerte die ganze Nacht hindurch und kostete die Alpenjäger zehn Verwundete, die regulären Truppen hatten drei Tote und vier Verwundete; die Tiroler hatten viel größere Verluste erlitten, besetzten aber am Morgen Cantonica und zogen hier ihre Verstärkung an sich.

Am 6. Juli schritt Garibaldi dazu, die Pass-Enge des Stilfser Joches zu stürmen. Die Tiroler befanden sich in der vorteilhaftesten Stellung, so dass sie vor dem Artilleriefeuer fast ganz gedeckt waren. Vergeblich stürmten die Angreifer zu verschiedenen Malen; es wurden zwei Raketen unter sie geworfen, die allein vierzig Mann töteten und verwundeten, und der heldenmütigsten Anstrengungen ungeachtet war die Position nicht zu nehmen, obgleich in der Nacht noch ein zweiter Angriff unternommen wurde; bei dieser Gelegenheit verloren die Alpenjäger auf dem Rückzuge sogar ihr Schlachtvieh, das sie mit sich führten.

Da traf plötzlich, nachdem in den nächsten Tagen noch einige unbedeutende Vorpostengefechte stattgefunden hatten, die überraschende Nachricht von dem am 11. Juli zu Villafranca zwischen den Kaisern Napoleon und Franz Joseph abgeschlossenen Waffenstillstande ein und machte dem Feldzuge ein schnelles Ende. Garibaldis Alpenjäger hatten also die Ehre gehabt, in diesem Feldzuge die letzten Kugeln mit den Österreichern zu wechseln.

II.
Der Frieden

Nachdem die österreichische Armee bei Pizzighettone über die Adda zurückgegangen war, hatte sie am 11. Juni die Festung Piacenza aufgegeben und die Brücken hinter sich gesprengt; ohne sich aufzuhalten, überschritt sie nacheinander den Oglio, den Chiese und den Mincio und nahm eine durch den letzteren Fluss gedeckte Stellung zwischen Mantua und Peschiera ein. Um dieselbe Zeit übernahm Graf Schlick, wie schon oben gesagt, das Kommando von Graf Gyulay, und Kaiser Franz Joseph selbst stellte sich an die Spitze seiner Armee.

Die verbündeten Armeen folgten langsam und gingen auf dem anderen Ufer des Mincio in Stellung, den Österreichern gegenüber; ihre Absicht war, den Fluss bei Peschiera zu überschreiten. Aber die Österreicher kamen ihnen zuvor; in der Nacht des 23. Juni schlugen sie vier Brücken über den Mincio, überschritten sie und griffen am Morgen des 24. Juni die Höhen an, die sich südöstlich von Lonato über Castiglione, Solferino, Cavriano und Volta bis nach Pozzolo erstrecken. Die Sardinier auf dem linken Flügel der verbündeten Armee wurden zurückgedrängt; als aber Kaiser Napoleon selbst anrückte, löste er sie durch seine Truppen ab und ließ sie den linken Flügel verstärken. Hierauf richtete er seinen Angriff auf das Zentrum des Feindes, trieb ihn aus Solferino und durchbrach seinen Linien bei Cavriano, wodurch auch die Flügel der österreichischen Truppen zum Weichen gezwungen wurden. Deren Verfolgung hätte den Österreichern vollends zum Verhängnis werden können, wäre sie nicht durch einen orkanartigen Gewittersturm behindert worden.

Die Schlacht von Solferino, wie Kaiser Napoleon sie nannte, war verloren, die Österreicher zogen sich schnell über den Mincio zurück, der Verlust war auf beiden Seiten ein so außerordentlicher gewesen, wie ihn die hohe Vervollkommnung der neuen Feuerwaffen nur herbeizuführen vermocht hatte. Am 29. Juni gab Kaiser Franz Joseph den Oberbefehl an den Feldzeugmeister Freiherrn von Heß* ab.

---

* Heinrich Freiherr von Heß ist 1788 zu Wien geboren worden, trat 1805 in die Infanterie der Armee und wurde zunächst in Ungarn bei militärischen Ver-

Nach der Schlacht zogen sich die Österreicher über den Mincio zurück in das so genannte Festungsviereck, das die Festungen Mantua, Legnano, Verona und Peschiera bilden, eine überaus starke Stellung; die verbündeten Armeen folgten ihnen erst am 27. Juni. Während die Piemonteser nun Peschiera umschlossen hielten, dehnten sich die Franzosen von dort über Goito und Valeggio bis zum Armeekorps des Prinzen Napoleon aus, das eilig aus den Herzogtümern heranrückte.

Die Sardinier begannen mit der Beschießung Peschieras, zogen sich aber weiter zurück, als sie bei einem Ausfalle am 6. Juli große Verluste erlitten hatten; vor Venedig lag eine vereinigte sardinische und französische Flotte und bereitete sich zum ernstlichen Bombardement vor. Da sandte plötzlich der Kaiser Napoleon einen Unterhändler nach Verona, und am 8. Juli unterzeichneten der Feldzeugmeister Heß und der französische Marschall Vaillant einen vorläufigen Waffenstillstand.

Am 11. Juli fand eine Zusammenkunft der beiden Kaiser zu Villafranca statt, deren Zweck man in der Armee nicht vorauszusehen vermochte. Kaiser Franz Joseph kam von Verona über Dossobuona nach Villafranca, wo ihn Napoleon empfing.

Die beiden Kaiser reichten sich die Hand und begaben sich allein in das Haus, das Napoleon im Orte bewohnte; hier kam ohne Zeugen während einer Unterredung von einer Stunde der vorläufige Friedensschluss auf folgenden Grundlagen zu Stande:

»Eine italienische Konföderation unter Vorsitz des Papstes.

Der Kaiser von Österreich tritt seine Rechte auf die Lombardei an Kaiser Napoleon ab, dieser überträgt sie auf den König Viktor Emanuel von Sardinien. Das venezianische Land verbleibt Österreich, bildet aber einen Teil der italienischen Konföderation.

Allgemeine Amnestie von Seiten Österreichs.«

Viktor Emanuel, der sich zu dieser Zeit in Mailand befand, war bei

---

messungen beschäftigt. An den Feldzügen gegen Frankreich nahm er als Major im Stabe des Fürsten Schwarzenberg Teil, stieg 1829 zum Oberst auf, wurde 1830 Chef des Generalstabes in Italien, 1834 Generalmajor und kämpfte 1848 unter Radetzky mit. 1849 wurde er General-Quartiermeister und in den Freiherrnstand erhoben. Öfter mit diplomatischen Aufgaben betraut, übernahm er im Jahre 1854 das Generalkommando der 3. und 4. Armee in den Donaufürstentümern. Er gilt als einer der umsichtigsten Generäle der Armee und genießt großes Vertrauen unter Offizieren und Soldaten.

dem Vertrage nicht zurate gezogen worden; noch am 9. Juli hatte Graf Cavour infolge des abgeschlossenen Waffenstillstandes bekannt gemacht: »Der König, der sich an den rein militärischen, bis zum 15. August geltenden Waffenstillstand hält, empfiehlt die energische Vermehrung des Heeres und ersucht dringend darum.«

Am 13. Juli erließ Viktor Emanuel zu Mailand nachstehende Proklamation:

»Bewohner der Lombardei!
Der Himmel hat unsere Waffen gesegnet. Mit Hilfe unseres hochherzigen und tapferen Alliierten, des Kaisers Napoleon, haben wir in wenigen Tagen, von Sieg zu Sieg eilend, die Ufer des Mincio erreicht. Ich kehre heute in eure Mitte zurück, euch die glückliche Nachricht zu bringen, dass Gott unsere Wünsche erhört hat. Ein Waffenstillstand und der darauf folgende vorläufige Friedensschluss sichern den Bewohnern der Lombardei ihre Unabhängigkeit, wie sie es so oft gewünscht haben. Fortan bildet ihr mit unseren alten Staaten eine einige und freie Familie. Ich werde eure Geschicke unter meinen Schutz nehmen und bin überzeugt, dass ich bei euch den Beistand finde, dessen ein Staatsoberhaupt bedarf, um eine neue Verwaltung einzurichten. Ich sage euch, Bewohner der Lombardei: Vertraut eurem Könige! Ich will dafür sorgen, das Glück der neuen Landesteile, die der Himmel meiner Regierung anvertraut hat, auf unvergänglichen Grundlagen zu erbauen.«

Am 14. Juli reichte Graf Cavour zu Turin seinen Rücktritt ein, und der König, der ihn annahm, beauftragte den Grafen Arese mit der Bildung eines neuen Ministeriums.

Alexandre Dumas sagt über diesen die Hoffnungen so tief niederdrückenden Friedensschluss:

»Die kurze, harte und doch vage Depesche, die durch den elektrischen Telegraphen befördert wurde, durchlief die ganze Halbinsel schnell und brachte einen tiefen und sonderbaren Eindruck hervor. Die Städte bekamen, als wenn sie von einem Zauberstabe berührt worden seien, ein anderes Aussehen. Der freudige Enthusiasmus, der noch wenige Stunden vorher daselbst herrschte, machte plötzlich der bittersten Trauer Platz. Ein Grabschleier schien sich über Mailand, Turin und Florenz gebreitet zu haben und umhüllte mit seinen düsteren Falten alle Klassen der Gesellschaft.

Was sollte man von Venetien sagen? Von der Höhe des San Marco herab hatten die Venezianer auf jede Bewegung der französischen Flotte gespäht; von den Wällen Veronas hatten die Bürger, die Augen auf den Horizont heftend, jeden Augenblick das Erscheinen des dreifarbigen Banners ihrer Befreier zu erblicken geglaubt, und nun sagten ihnen ein paar trockene Worte, dass alle Hoffnung verloren sei. Einige gaben sich selbst den Tod, andere, die der moralischen Qual unterlagen, wurden vollständig närrisch, und von einem Ende Italiens zum andern erklang das Wort: ‚Venetien bleibt unter österreichischer Herrschaft' wie das Trauergeläute der Freiheit, der Ordnung und des Vaterlandes im tiefsten Grunde aller Herzen.

Die Italiener, den widersprechendsten, wildesten und trostlosesten Empfindungen überlassen, das Unglück der Zukunft, das noch schrecklicher als das der Gegenwart ist, fürchtend, mussten das äußerste Misstrauen fühlen. Sie waren auf unwürdige Weise getäuscht worden. Das große Wort: ‚Italien frei von den Alpen bis zum Adriatischen Meere' war nichts als eine trügerische Lockspeise gewesen; wahrscheinlich hatte ihr mächtiger Alliierter nie die Absicht gehabt, es zu verwirklichen.

Die Italiener waren nach dem Frieden von Villafranca endlich überzeugt, dass die Anklagen, welche die wahren Liberalen Europas dem Kaiser der Franzosen entgegenschleuderten, nicht übertrieben seien, und sie bereuten, auf diejenigen nicht gehört zu haben, die ihnen vor Beginn der Feindseligkeiten gesagt hatten:

‚Die den letzten Gedanken Orsinis bewilligte Öffentlichkeit ist eine Art moralischer Verpflichtung, welche der Kaiser eingegangen ist, etwas für Italien zu tun; diese Verpflichtung muss er einhalten, wenn er nicht von neuem diese donnernden Bomben, deren Andenken seit dem 14. Januar 1858 den Schlaf der Tuilerienbewohner stört, platzen sehen will; die Letzteren selbst haben es ausgesprochen, ‚dass man zwischen Krieg und Mordanfällen wählen muss'. Übrigens steht man auch nicht lange an der Spitze einer kriegerischen und ungeduldigen Armee von fünfhunderttausend Mann, ohne Lust zu bekommen, sich ihrer zu bedienen. Da ist eine gewaltige Kraft zu zügeln; ihrer Natur gemäß ist sie der Ruhe feindlich gesinnt; wenn sie mit einer gewissen Einigkeit ihren Willen, zu handeln, ausdrückt, so wird es gefährlich, ihr zu lange die Zerstreuungen und den Ruhm des Schlachtfeldes zu verweigern. Das Land seinerseits sieht nicht mit gleichgültigem Auge zu, wie sich der bewaffnete Friedenszustand über das Maß hinaus verlängert;

dieser Zustand, der weder Frieden noch Krieg ist, hat, aus dem Gesichtspunkte der geschäftlichen Tätigkeit und der Sicherheit der Handelsverträge, alle Unbequemlichkeiten des Krieges, ohne dafür einen wirklichen oder eingebildeten Ersatz durch die Aussicht auf Siege zu bieten. Wenn die öffentliche Meinung dieser unentschiedenen Lage, welche den Geist lähmt, ohne dem Nationalgefühle zu schmeicheln, müde wird, so hat eine Regierung keine andere Alternative mehr, als zu entwaffen oder vorwärtsmarschieren zu lassen. Die Entwaffnung gehört nun aber nicht zu der napoleonischen Tradition, die von dem neuen Kaiserreiche so getreu befolgt wird. Was aber, im Gegenteil, in dieser Tradition wesentlich ist, das ist ein italienischer Krieg, den der Kaiser in eigener Person leitet. Wenn der Krieg jetzt in Frankreich noch nicht ebenso populär erscheint, wie er es zu anderen Zeiten war, so wird er es bald werden. Kaum wird der erste Kanonenschuss gefallen sein, so wird sich die Nation auch in einem einzigen Willen für den Triumph ihrer Armee erheben. Steht der Franzose einmal auf dem Schlachtfelde, so liebt er den Kampf um des Kampfes willen. Um die Keime der Opposition zu ersticken – und diese fehlen keiner Regierung, selbst den despotischen nicht –, gibt es kein besseres Mittel als den Krieg; er ist ein Ableiter, dessen man sich von Zeit zu Zeit bedienen muss. Schlägt es fehl, so feilscht die in ihrer Existenz bedrohte Nation nicht um die Opfer, im glücklichen Falle vergisst sie alles, um sich am Ruhme zu berauschen; in beiden Fällen hat die Regierung freies Spiel gewonnen und kann sich nach Belieben bewegen. Der Krieg ist für Napoleon III. eine Notwendigkeit, er will ihn und er wird ihn anfangen, um die Unabhängigkeit Italiens macht er sich im Grunde keine Sorge.‘

Die Ereignisse hatten in der Tat die Richtigkeit dieser Ansicht bewiesen. Die Italiener wussten jetzt, woran sie sich zu halten hätten; sie waren an der Nase herumgeführt worden und ihre Befreiung war nur ein Vorwand gewesen. Der großmütige Verfechter der unterdrückten Völkerschaften hatte, getreu der ihm eigenen Politik, die ihm bis auf den heutigen Tag Früchte getragen hat, die europäischen Großmächte erschreckt, indem er sie das Gespenst der Revolution sehen ließ, er hatte dann, als er sich unfähig fühlte, die von ihm selbst geschaffene Situation zu beherrschen, plötzlich kehrtgemacht, hatte sich zum natürlichen und notwendigen Beschützer der Ordnung und Autorität erklärt und mit dem Kaiser von Österreich unterhandelt, ohne es der Mühe wert zu halten, seinen Alliierten, den König von Piemont, zurate zu ziehen. Hunderte von Millionen waren verschleudert worden, Tausende von Menschen umgekommen, und nichtsdestoweniger waren die Österreicher noch in Italien, daselbst ebenso fest als vorher gestützt in dem furchtbaren Festungsviereck, das man nicht anzugreifen gewagt hatte. Keine Frage war gelöst oder befand sich auf dem Wege der Lösung, weder die von Rom noch die von Neapel, selbst nicht die der Herzogtümer. Was kümmerte das aber Napoleon III.? Er hatte einen Augenblick lang Europa seinen Willen auferlegt, er hatte den Leugnern und Spöttern den Glauben beigebracht, dass er der Herr der Weltgeschicke sei und immer sein werde, er hatte einige Monate lang die Aufmerksamkeit seiner Untertanen von den Gegenständen seiner inneren Politik abgelenkt, er hatte sich selbst die Genugtuung gegeben, eine wirkliche Armee auf einem wirklichen Schlachtfelde als oberster Feldherr zu kommandieren, gerade wie sein Onkel berühmten und traurigen Andenkens, er konnte nun an der Spitze seiner siegreichen Scharen als Triumphator in seine Hauptstadt zurückkehren, er hatte damit also sein Ziel erreicht, das einzige, das er je gehabt hatte.

Die Bestürzung der italienischen Patrioten war umso größer, als dieses Beispiel von Egoismus und Gleichgültigkeit für die italienische Sache Nachahmung finden konnte, und sie fürchteten, auch noch mit der prophetischen Unfehlbarkeit der Ultra-Revolutionäre kämpfen zu müssen. Diese hatten nämlich behauptet, dass der König von Sardinien, als er die Waffen ergriff, nur von Beweggründen persönlichen Ehrgeizes geleitet worden sei, und sie versicherten, dass er, zufrieden damit, seine Staaten um das Doppelte vergrößert zu haben, gehorsam den Frieden von Villafranca anerkennen und sehr bereitwillig auf jeden weitern Versuch zugunsten der italienischen Unabhängigkeit verzichten würde.

Die Kunde von dem Rücktritte des Grafen Cavour und der unverhohlenen Verzweiflung Viktor Emanuels, die anfangs die Unruhe und Erregung noch zu vergrößern schien, erhob nun im Gegenteil die Geister und flößte ihnen neuen Mut ein. Die Italiener begriffen alle, dass der König noch bei seinem Volke stand, dass der Minister eher seine mächtige Stellung niederlegte, ehe er in einen verhassten Frieden willigte. Zu ihrer ewigen Ehre verstanden sie es, diese harte Prüfung zu bestehen, ohne dass eine einzige Gewalttat vorgekommen wäre. Die vollständige Befreiung ihres Vaterlandes, in deren Namen man passiven Gehorsam von ihnen gefordert hatte, war auf ungewisse Zeit aufgeschoben, weil sie sich mit der treulosen und abenteuerlichen napoleonischen Politik nicht in Einklang bringen ließ, und dessen ungeachtet beleidigten sie mit keinem Worte diejenigen, die ihnen diese grausame Enttäuschung bereitet hatten. Sie sympathisierten mit dem Kummer der französischen Armee, die nicht zu Unrecht bedauerte, dass ihr glänzender Feldzug schon beendet sei, und wenn sie den Kaiser der Franzosen auch nur kalt empfingen, so kamen sie ihm doch mit der Ehrfurcht entgegen, die sie dem Manne schuldeten, der, obgleich er vor Erfüllung aller seiner Versprechen Halt gemacht, doch sein Leben aufs Spiel gesetzt und das Blut seiner Soldaten für die italienische Unabhängigkeit vergossen hatte.«

So sagt Dumas, und wenn wir auch den Schmerz des italienischen Volkes begreifen und die Politik des Kaisers Napoleon als ein Rätsel ansehen, das noch nicht gelöst worden, von dem sich der Schleier aber gewiss in allernächster Zeit heben wird, so können wir uns doch nicht enthalten, zu bemerken, wie schwer militärische Gründe in die Waagschale seines damaligen Entschlusses fielen, was das harte Urteil Dumas' durchaus nicht rechtfertigt.

Die französische Armee hatte in dem kurzen Feldzuge Außerordentliches geleistet, fast Beispielloses; sie würde bei einer Fortsetzung des Krieges vielleicht ebenso viel oder noch mehr geleistet haben, aber klug wäre es unter den so gewichtigen obwaltenden Verhältnissen nicht gewesen, diesen hohen militärischen Ruhm auf ein sehr zweifelhaftes Spiel zu setzen. Wer kann in diesem Augenblicke behaupten, dass Napoleon Italien aufgegeben und verraten habe? Nur der damalige Augenblick konnte ihm nicht günstig erscheinen, seine Absichten durchzuführen, und dafür gibt es der Gründe genug.

Die österreichische Armee hatte eine Stellung eingenommen, die, von allen Seiten durch die vier Festungen unterstützt, eine sehr gesicherte und für den Angreifer gefährliche war; die Vorzüge der französischen Taktik, die sich auf den Schlachtfeldern erwiesen hatten, konnten hier nicht mehr in Betracht kommen; überdies war die Belagerung Peschieras, das vermittelst des Gardasees mit Tirol in Verbindung stand, von woher die Österreicher also alles an sich ziehen konnten, dessen sie bedurften, aller Voraussicht nach eine lange und vergebliche. Wichtiger noch aber wurde die Haltung des Auslandes; England war misstrauisch und eifersüchtig auf die französischen Erfolge, ganz Deutschland rüstete sich, Russland fürchtete die ungarischen Agitationen, die sich auch auf Polen erstrecken mussten; schritt der Kaiser weiter vor, so musste bald ganz Europa gegen ihn in Waffen stehen, und ein eigensinniges Widerstreben gegen eine solche Übermacht würde wahrscheinlich mindestens den Verlust des Eroberten und die Zurückführung der Lombardei unter österreichische Herrschaft zur Folge gehabt haben.

Die italienische Einheit tat auch ohne die Fortsetzung des Kampfes einen weiteren großen Schritt vorwärts; Parma, Toskana, Modena und die Romagna sprachen sich für den innigen Anschluss an Sardinien aus, und die nächste Zeit hat gelehrt, dass sie ihn erreicht haben.

12.

Garibaldi fordert seine Entlassung aus sardinischen Diensten

Als Garibaldi die Nachricht von dem vorläufigen Friedensschluss erhielt, wollte er anfangs gar nicht daran glauben, obgleich er im Geheimen stets an der Aufrichtigkeit und der Interesselosigkeit des Kaisers Napoleon gezweifelt hatte; nur zu bald kam auch für ihn die offizielle Bestätigung. Es lässt sich leicht begreifen, von wie tiefem Schmerze sein Herz niedergedrückt wurde, als er, auf dem besten Wege, das Werk vollendet zu sehen, das er sich zum Ziele seines Lebens gemacht hatte, dessen gewaltsame Unterbrechung vor Augen sah.

Auf sein Korps ließen sich damals die schönsten Hoffnungen stützen; es bestand aus zwölftausend Mann, sämtlich Leuten von größtem Enthusiasmus und geprüftem Mute, gut bewaffnet und an das Feuer des Feindes gewöhnt; dieses Korps setzte sich zurzeit zusammen aus fünf Regimentern Infanterie, jedes in einer Stärke von zweitausendundvierhundert Köpfen, einer Kompanie Schützen, einer Kompanie Pioniere und einer Artillerie-Abteilung mit vierzehn Kanonen. Es hielt die Gegend vom Stilfser Joche bis Tonale, das ganze Veltlin, Val Camonica und Valsalia besetzt und hatte seine Depots, in denen die Anwerbungen noch immer fortdauerten, in Brescia und Como.

Die neu gebildeten Apenninenjäger, die mit dem Alpenjäger-Korps verbunden waren, standen zu Sondrio und in dem unteren

Tale. Längs des ganzen Weges durch den Aprica-Pass, vom Tale der Adda bis zum Tale des Oglio sah man die Spuren jüngsten Kämpfe, quer über die Wege aufgebaute Barrikaden, ebensolche im Grunde der Täler und tiefen Schluchten, alles in der Eile aufgeworfene Verteidigungsmittel, um den ungestümen Angriff zu brechen und ohne zu großen Nachteil gegen die mörderischen Büchsen der Tiroler Schützen mit dem einfachen Gewehre, welches die Garibaldianer besaßen, kämpfen zu können.

Der erste diesen tapferen Leuten von Schmerz und Verzweiflung eingegebene Gedanke war, in Masse ihren Abschied zu nehmen, selbst der General teilte ihn, aber dessen ungeachtet lockerten sich die Bande der Disziplin nicht im Mindesten und alle blickten mit demselben Vertrauen, das sich im heißesten Feuer des Gefechts so glänzend bewährt hatte, zu ihrem Führer auf; es hätte nur eines Wortes von ihm bedurft und sie hätten entweder ruhig die Waffen niedergelegt und, auf eine bessere Zeit wartend, sich in ihre Heimat zurückbegeben oder wären ihm zu weiteren Kämpfen auf eigene Hand gefolgt.

Garibaldi dachte zunächst an Ersteres; er und seine sämtlichen Offiziere reichten ihr Entlassungsgesuch beim Kriegsminister ein, nachdem das Korps den Befehl erhalten hatte, das Veltlin zu verlassen und sich nach Mailand und Lovera am Iseosee zu begeben. General La Marmora stand jetzt an der Spitze des Kabinetts, nachdem es dem Grafen Arese, einem persönlichen Freunde des Kaisers Napoleon, nicht gelungen war, ein solches zu bilden.

Das neue Ministerium setzte sich folgendermaßen zusammen: General La Marmora war Ministerpräsident, Kriegs- und Marineminister, General-Leutnant Joseph Dabormido Minister der auswärtigen Angelegenheiten, Urbano Ratazzi Minister des Innern, Giovanni Optana Finanzminister, Vincenzo Miglietti Justizminister und Marquis Monticelli war für die öffentlichen Arbeiten zuständig.

Auf sein Abschiedsgesuch wurde Garibaldi im Namen des Königs am 15. Juli von Lovera, wo er sein Hauptquartier genommen und den größten Teil seines Korps vereinigt hatte, nach Brescia zu General La Marmora berufen. Er war hier bei dem Ministerpräsidenten zur Tafel geladen, und beide hatten eine lange und ernste Unterredung, in der La Marmorar den dringenden Wunsch des Königs aussprach, Garibaldi möge sein Entlassungsgesuch zurückziehen, da man seiner auch noch im Frieden bedürfe, er als angestellter piemontesischer General übrigens auch nicht berechtigt sei, zurückzutreten. Der italienische Held, nur von den reinsten Absichten der Vaterlandsliebe geleitet und überzeugt, wie unglücklich Viktor Emanuel selbst über den verhängnisvollen Friedensschluss sei, brachte jetzt eines der größten Opfer und verzichtete auf seine Entlassung.

»Es war«, sagt Dumas sehr richtig, »unbestreitbar ein Glück für Italien, dass Viktor Emanuel einen solchen Einfluss auf den Geist des Volksführers besaß und seinen Entschluss zu ändern vermochte. In diesem Augenblicke wäre der Rücktritt Garibaldis ebenso schädlich gewesen, als der des Grafen Cavour heilsam war. Der Graf Cavour, ein äußerst kühner und angriffslustiger Minister, der Österreich ewigen Hass geschworen hatte, konnte kein auf den Frieden bezügliches Dokument unterzeichnen, ohne sein ganzes bisheriges Streben zu dementieren. Wenn Garibaldi dagegen, der Mann des Krieges, der in keiner Beziehung zur Politik oder Diplomatie stand, seine Entlassung eingereicht hätte, so würde ganz Italien vorausgesetzt haben, dass der Monarch und die piemontesische Regierung die nationale Sache verraten hätten.«

Das begriff Garibaldi und legte sein Kommando nicht nieder.

Am folgenden Tage kehrte er nach Lovera zurück, langte daselbst aber körperlich so geschwächt an, dass er sich sogleich niederlegen musste; es schien, als sei mit der kühnen Zuversicht und der heiligen, ihn beseligenden Hoffnung auf die Befreiung des Vaterlandes auch der so unsäglichen Anstrengungen preisgegebene Körper zusammengebrochen; der Wille aber hielt den General aufrecht, und bald hatte er sich wieder erholt.

Am 19. Juli erließ er folgenden Tagesbefehl an seine Truppen:

»Wie der Gang der politischen Ereignisse sich heute auch gestalten mag, dürfen die Italiener sich doch nicht der Ruhe überlassen; im Gegenteil müssen sie ihre Reihen verstärken und Europa beweisen, dass sie, geführt von dem tapferen Viktor Emanuel, bereit sind, den Wechselfällen des Krieges von neuem entgegenzugehen.
Der General Garibaldi.«

Er hatte von dem General La Marmora die Nachricht mitgebracht, dass sein Korps einen besonderen Teil der regulären sardinischen Armee bilden solle, und zwar in der Formation von drei Brigaden unter seiner Führung. Das beruhigte seine Leute sehr, und er ließ sie dem Könige von neuem den Treueeid leisten. Die Einstellung von Rekruten in den Depots wurde übrigens fortgesetzt.

Oberst Ardoïno, der damals in Breno stand, fügte obigem Befehle des Generals folgende Worte hinzu, nachdem er seine Leute aufgefordert hatte, die Waffen nicht niederzulegen: »Der Friede ist noch nicht unterzeichnet, und wir müssen uns erinnern, dass wir versprochen haben, nach Beendigung des Krieges noch sechs Monate unter den Waffen zu bleiben. Vielleicht wird in dem Augenblicke, wo wir am wenigsten daran denken, das Alarmsignal von neuem ertönen.«

Um dieselbe Zeit hatte der General die Freude, dass ihm seine Vaterstadt Nizza einen Ehrendegen mit der schmeichelhaften Anerkennung seines Heldenmutes übersandte; er antwortete darauf an den Stadtvorsteher:

»Herr Syndikus!
Die edle Kundgebung meiner schönen und geliebten Geburtsstadt gegen mich hat mich tief bewegt und zu Dank verpflichtet. Das wenige, was ich für die heilige Sache der Nation getan habe, betrachte ich als eine Bürgerpflicht, und die Zufriedenheit meines Gewissens genügt mir.
Das ehrenvolle und kostbare Geschenk, welches mir der Gemeinderat von Nizza mit so vieler Aufmerksamkeit zugehen ließ, übertrifft bei weitem meine Verdienste. Mein Arm mag schwächer und zur Führung des Ehrendegens, den Nizza mir überreicht, untauglich werden, meine Seele aber wird bis zum letzten Atemzuge nichts von ihrer Liebe und ihrer unbegrenzten Hingebung für mein Vaterland einbüßen.
Empfangen Sie, Herr Syndikus, den Ausdruck meiner innigsten Dankbarkeit für die Verwaltung unserer Stadt.
G. Garibaldi.«

Eine andere Aufmerksamkeit erzeigten ihm und seinen Truppen die Frauen der Stadt Bergamo, indem sie ihm eine selbst gestickte Fahne nach Lovera übersandten; er erwiderte darauf:

»Ich sage den liebenswürdigen Damen Bergamos, die mir eine Fahne für mein Armeekorps zum Geschenk gemacht haben, meinen Dank. Die Fahne ist dem ersten Regiment anvertraut worden, und ich bin gewiss, dass sie dazu beitragen wird, die in ihrem Besitze befindlichen Soldaten in denselben Gefühlen der Vaterlandsliebe zu erhalten, von denen die Geberinnen beseelt werden.

Lovera, im Juli 1859.
Garibaldi.«

Das körperliche Leiden des Generals, dasselbe, das ihn schon vor dem Feldzuge heimgesucht hatte, nahm indessen zu und nötigte ihn, sich nach Brescia bringen zu lassen; man hatte allen Grund, ernstlich für ihn zu fürchten.

Indessen hatten die Abstimmungen in den Herzogtümern stattgefunden und diese sich fast einstimmig für den Anschluss an Sardinien und das Königtum Viktor Emanuels erklärt; es herrschte dort große Aufregung wegen eines befürchteten Einfalls der vertriebenen Fürsten mit Unterstützung fremder Mächte. Garibaldi hatte an die mittelitalienischen Staaten schon am 23. Juli eine Proklamation erlassen; sie lautete:

»Bewohner Mittel-Italiens!
Vor wenigen Monaten sagten wir zu den Lombarden: Eure Brüder aller italienischen Landesteile haben geschworen, mit euch zu siegen oder zu sterben. Die Österreicher wissen, wie wir unser Wort gehalten haben. Morgen sagen wir euch dasselbe, was wir damals den Lombarden sagten, und die edle Sache unseres Landes wird uns auf dem Schlachtfelde in demselben Geiste vereinigt finden, der uns in der letztverflossenen Zeit beseelte, in der Achtung gebietenden Haltung von Männern, die ihre Pflicht getan haben und immer tun werden. Wenn ihr in eure Heimat und zu euren Familienfreuden zurückgekehrt seid, so vergesst nie die Dankbarkeit, die wir Napoleon III. und der heldenmütigen französischen Armee schuldig sind, von der mancher tapfere Sohn verwundet und verkrüppelt für die Sache Italiens noch auf dem Schmerzenslager liegt. Möge die Diplomatie über unser Geschick beschließen, was sie wolle, so vergesst doch vor allem nicht, dass wir nie von dem heiligen Rufe lassen dürfen: Italien und Viktor Emanuel!
Lovera, den 23. Juli.
Garibaldi.«

Der Graf Palieri in Parma hatte zwischen den provisorischen Regierungen von Parma und Modena ein geheimes Bündnis zustande gebracht, das die gemeinschaftliche Verteidigung dieser Länder gegen die gefürchteten Bestrebungen von außen her bezweckte, auch die Toskana und die Romagna schlossen sich an dasselbe an, und es war nun die Rede davon, den Oberbefehl über sämtliche Truppen, die sich noch fortwährend rüsteten, unter einem Kommando zu vereinigen. Die toskanischen Truppen, die Hauptmacht, standen unter dem General d'Ulloa; nun handelte es sich darum, ob dieser oder Garibaldi an die Spitze des Ganzen treten würde.

Deshalb begab sich Malanchini, ein Mitglied der florentinischen provisorischen Regierung, zu Garibaldi, um ihn zur Übernahme dieses Kommandos aufzufordern; der General nahm es an, aber mit der ausdrücklichen Bedingung, dem Könige Viktor Emanuel die geschworene Treue zu bewahren. Infolgedessen reichte er zum zweiten Mal seine Entlassung ein, erhielt sie aber wiederum nicht sogleich.

Durch einen Befehl der Regierung vom 6. August wurde es den Alpen- und Apenninenjägern freigestellt, ihren Abschied zu fordern, dagegen sollten diejenigen Leute dieser Korps, die sich zum Bleiben entschlössen, mit der Division von Brescia der regulären Armee vereinigt werden; dabei war keine Rede davon, welches Kommando man Garibaldi und seinen höheren Offizieren vorbehalten habe. Diese Anordnung fand wenig Anklang unter den Alpenjägern, und als der General einige Tage später wirklich abtrat, löste sich der eigentliche Kern seiner Scharen auf.

Der Rücktritt Garibaldis erfolgte auf eine wiederholte Eingabe seinerseits; der König hatte die lebhaftesten Einwände dagegen erhoben, der General diese aber auf bescheidene Weise widerlegt, in der Überzeugung, dass er seinem großen Vaterlande in der ihm angebotenen Stellung nützlicher werden könne. Am 11. August erhielt er seinen Abschied, den er, wie es offiziell hieß, »aus dem Gouvernement fremden Gründen« erbeten habe. An demselben Tage noch erließ er folgenden Befehl an sein Korps:

»Meine Waffengefährten!
Ich bin genötigt, für den Augenblick den Dienst zu verlassen. Seine Majestät hat den General Pomaretto mit dem Kommando der Brigade beauftragt. Ich hoffe, dass ihr euch ebenso diszipliniert zeigen werdet, als ihr im Kampfe unerschrocken waret und dass ihr bemüht seid, die militärische Gewandtheit zu erlangen, die euch in das erste Glied stellen muss, wenn ihr den Feinden unseres Vaterlandes wieder gegenübersteht.«

13.
Garibaldi als Kommandeur der mittelitalienischen Truppen

Ehe sich Garibaldi nach Florenz zur Übernahme seines neuen Kommandos begab, hielt er die Zeit für geeignet, eine heilige Pflicht zu erfüllen, nämlich die Überreste seiner verstorbenen Frau Anita zu besuchen. Seine Gesundheit hatte sich bis auf einen starken Rheumatismus wieder vollständig hergestellt und er trat deshalb seine Reise nach Bologna an. Hier besuchte er, nachdem er auf dem ganzen Wege von der Bevölkerung mit dem tausendstimmigen enthusiastischen Rufe: »Es lebe Garibaldi! Es lebe unser General!« begrüßt worden war, das Grab des Paters Ugo Bassi, der 1849 von den Österreichern erschossen worden war, und begab sich dann nach Ravenna.

Als er mit seinem ältesten Sohne, seiner Tochter und einigen Freunden nach San Alberto, demselben Dorfe, in dem ihm ein armer Schuhmacher einst eine Zufluchtsstätte gegeben hatte, gekommen war, unterließ er nicht, wie wir schon früher erzählten, denselben zu besuchen, und brach dann nach dem Ziele seiner Reise, dem Dorfe Mandriola auf. Mit welchen Gefühlen mochte er diese Gegend wieder betreten, die vor zehn Jahren Zeuge seiner bittersten Verzweiflung und der herbsten Schicksalsschläge gewesen war. Eine Menge seiner damaligen Freunde und Beschützer drängte sich jetzt wieder um ihn und erinnerte ihn an einzelne Begebenheiten aus jener Zeit; erregt und tief bewegt drückte er ihnen die Hände, sprach seinen Dank aus und mahnte sie dann, in Treue an der Einigkeit des geliebten Vaterlandes festzuhalten.

Als er in die kleine Kirche, die mit Kränzen geschmückt war, eintrat, empfingen ihn Kinder mit Blumenkronen. Der Geistliche winkte ihm, näher zu treten, und er begab sich mit seinem Sohne und seiner Tochter in eine kleine neben der Sakristei gelegene Zelle. Hier stand ein mit schwarzem Stoffe bedeckter Betschemel vor dem Grabe Anitas. Alle knieten nieder, und während der Priester die Totengebete hersagte, vergossen Garibaldi und seine Kinder schmerzliche Tränen. Als die traurige Zeremonie vorüber war, hatten ihre Gesichter einen Ausdruck so tiefen Schmerzes, dass das herbeigeströmte Volk in richtigem Takte unterließ, den General mit lauten Zurufen zu begrüßen, und sich stillschweigend zerstreute. Erst später, als man sich im Dorfe zu einem einfachen Mahle niedergelassen hatte, kamen die Leute wieder herzu und bezeugten auf die rührendste Weise ihre Anhänglichkeit.

Während die zur Schlichtung der italienischen Angelegenheiten schon am 6. August zusammengetretene Konferenz der Bevollmächtigten der beteiligten Staaten – Baron Bourquenay und Herr von Banneville für Frankreich, Graf von Colloredo-Wallsee und Freiherr von Meysenbug für Österreich, Desambrois und Kavaliere Focteau für Sardinien – in Zürich noch immer umsonst tagte, erklärte die Nationalversammlung zu Florenz am 20. August, »dass die Dynastie Lothringen, welche am 29. April 1859 aus freiem Antriebe die Toskana verlassen hat, ohne daselbst eine irgend gestaltete Regierung zurückzulassen, und in dem feindlichen Lager Schutz gesucht hat, sich unbedingt unverträglich mit der Ordnung und dem Glücke der Toskana gemacht habe – dass sie (die Versammlung) kein Mittel kenne, wodurch diese Dynastie wieder eingesetzt und beibehalten werden könnte, ohne die Gefühle der Bevölkerung zu beleidigen, ohne eine beständige und unvermeidliche Gefahr, beständig den öffentlichen Frieden zu beunruhigen und Italien zu schaden – dass endlich aus allen diesen Gründen man die lothringische Dynastie weder zurückrufen noch empfangen könne, um sie wieder auf den Thron der Toskana zu setzen.«

Die anderen Herzogtümer folgten schnell diesem Beispiele.

Wir wollen an dieser Stelle noch einen Blick auf die Dynastien dieser Länder zurückwerfen, der unseren Lesern interessant sein dürfte.

In der Toskana herrschte der Großherzog Leopold II., der durch die Revolution vom 27. April 1859, deren wir schon früher erwähnten, vertrieben wurde, nachdem er im Jahre 1849 sein Land schon einmal hatte verlassen müssen. Nach seiner Abdankung ist es der Erbprinz Ferdinand, der als Großherzog den Namen Ferdinand IV. führen sollte, der jetzt noch seine Ansprüche auf Tokcana macht. Er war bei dem Volke beliebter als sein Vater und sein Bruder Karl, man verlangte sogar von Ersterem bei Ausbruch der Revolution, dass er zugunsten dieses Sohnes abdanke; Letzterer zog sich, nachdem die Familie das Land hatte verlassen müssen, nach Paris zurück, um daselbst seinen Protest einzulegen.

In Parma und Piacenza regierte die Herzogin Louise, eine Tochter des Herzogs von Berry und Witwe Ferdinand Karls III., für ihren im Jahre 1848 geborenen Sohn Robert I.; sie hielt sich trotz der vorherrschenden Unzufriedenheit des Volkes bis nach der Schlacht von Magenta auf dem Thron, verließ dann aber mit ihren Kindern das Land; am 10. September 1859 wurde die Entthronung dieser Dynastie auch formal ausgesprochen.

In Modena endlich hatte Franz V. schon seit dem Januar 1846 regiert; auf Veranlassung seines Vaters, des verhassten Herzogs Franz VI., war er von Jesuiten erzogen worden und später beim Volke stets unbeliebt, wozu er auch genügenden Grund gegeben hat. Am 19. August 1859 erklärte die Volksvertretung auch ihn für abgesetzt und sprach, gleich den übrigen Herzogtümern, ihren Willen dahin aus, sich Sardinien anzuschließen.

Der Vertrag von Villafranca hatte die Wiedereinsetzung aller dieser vertriebenen Fürsten bestimmt, die Ausführung scheiterte aber an dem hartnäckigen Widerstande der Völker; Frankreich sah sich dadurch außer Stand gesetzt, jenen Vertrag in diesem Punkte zu erfüllen, denn der bewaffnete Widerstand, der sich in höchster Eile und mit großer Energie organisierte, würde – besonders seit Garibaldi an seine Spitze getreten war – das Äußerste gewagt haben, die Rechte des Volkswillens zu wahren.

In Begleitung des Obersten Medici begab sich Garibaldi nun nach Livorno, wo ihm der vorerwähnte Malenchini entgegenkam und ihm seine Ernennung zum General-Leutnant und Oberbefehlshaber sämtlicher Truppen der mittelitalienischen Liga überbrachte. Am 14. August langte der General in Florenz an.

Mit seiner gewöhnlichen Bescheidenheit wollte er sich dem Volke bei seiner Ankunft nicht zu erkennen geben, aber der Zufall fügte es, dass ihn einige seiner ehemaligen Alpenjäger, die in ihre florentinische Heimat zurückgekehrt waren, erkannten und seinen Namen laut ausriefen. Das Volk hatte seinen Helden schon erwartet; der Ruf: »Garibaldi ist da!« verbreitete sich von Munde zu Munde, die Leute strömten aus den Häusern heraus, folgten dem Wagen mit dem Triumphgeschrei: »Es lebe Garibaldi!« und die ganze Stadt kam in die lebhafteste Bewegung. Es war ein Freudentag für Florenz; überall sah man Kränze und dreifarbige Fahnen an den Fenstern, das Gasthaus, in dem Garibaldi abstieg, wurde unter Jubelgeschrei förmlich belagert, und zu verschiedenen Malen musste er auf den Balkon hinaustreten und zu dem stürmisch erregten Volke sprechen. Auch die provisorische Regierung schickte eine Abordnung an ihn und ließ ihn bewillkommnen, und zahlreiche

Freunde und alte Soldaten von ihm besuchten ihn; er empfing all diese Besucher mit gleicher Freundlichkeit.

Er übernahm nun sogleich den Befehl über die Truppen, die sich im Ganzen in gutem Zustande befanden; die Absicht war, sie für alle mittelitalienische Staaten zusammen auf vierzigtausend Mann zu bringen. Die Aufgabe, der er sich unterzogen hatte, war nicht leicht durchzuführen, denn die allgemeine Stimmung war noch immer im höchsten Grade erregt, da man an die gewaltsame Zurückführung der Herzöge durch Vermittlung Frankreichs glaubte; dazu kam, dass die republikanische Partei, an ihrer Spitze Mazzini, lebhaft agitierte und Versuche unternahm, anstatt des Anschlusses an Sardinien die Republik auszurufen; übrigens gab es auch eine nicht ganz unbedeutende Partei für die Wiedereinsetzung der Herzöge, die im Stillen, da sie sich nicht offen regen durfte, dahin wirkte, das Misstrauen zu schüren und die Unzufriedenheit zu erwecken. Garibaldi trat sein Kommando mit einem Befehle an, in dem die charakteristische Stelle vorkommt: »Ich werde jeden erschießen lassen, der sich als Mazzinist, Republikaner, Sozialist oder selbst Garibaldist bekennt. Ich will nur Soldaten und Italiener!«

In einer anderen Ansprache, an die Bewohner von Modena, sagte er unumwunden, »sie möchten weniger schreien und mehr tun«. Nur mit solcher Energie ließ sich eine glückliche Lösung der noch immer vorherrschenden Verwickelungen erwarten, und Garibaldi war gewiss der geeignetste Mann dazu, sie durchzuführen.

Was die Kriegstüchtigkeit der Truppen, insbesondere derjenigen der Toskana anbetraf, so waren darüber böse Gerüchte in Umlauf gekommen, was den Vorgänger Garibaldis, General d'Ulloa, veranlasste, sich an Malenchini zu wenden und von ihm eine Beurteilung Garibaldis zu erbitten; dieser gab sie bereitwillig, und wir setzen sie hierher, da sie, aus dem Munde des Generals kommend, wohl die zuverlässigste zur Einschätzung der damaligen Verhältnisse in dieser Beziehung ist. Garibaldi schrieb zu Anfang des Septembers an Malenchini:

»Mein lieber Malenchini! Einige Zeitungen haben die Nachricht gebracht, dass die toskanischen Truppen durch den General Ulloa demoralisiert, entmutigt und desorganisiert worden seien. Ich bin mit dem Befehl über diese Truppen, die heute die elfte Division der italienischen Armee bilden, betraut worden. Um die Wahrheit zu sagen, erkläre ich offen, dass ich diese Truppen gerade in ganz entgegengesetztem Zustande, als man verbreitet hat, befunden habe. Allgemeine Klagen dieser tapferen Offiziere und Soldaten, die ich gehört habe, laufen einstimmig dahin hinaus, dass sie nicht zu rechter Zeit eingetroffen sind, Italiens Feind zu bekämpfen, weil sie zu einem französischen Korps gehörten, das wegen des unerwarteten Waffenstillstandes von Villafranca nicht an dem auf dem Schlachtfelde erworbenen Ruhme teilnehmen konnte. Außerdem muss ich hinzufügen, dass ich, nach dem Geiste, der Disziplin und dem kriegerischen Aussehen dieser Division zu urteilen, nicht zweifle, dass sie in würdiger Weise an der Seite der Sieger von San Martino, Solferino und Magenta gefochten haben würde.«

Indessen rüstete sich der Herzog von Modena am unteren Po auf österreichischem Gebiete und seine Agenten bestrebten sich, unter dem stumpfen, aller politischen Einsicht fremden Bauernvolke einen Aufstand vorzubereiten; auf diese Kunde hin begab sich Garibaldi nach Modena und rückte von dort aus am 22. August mit Truppen gegen den Fluss vor, um jedem Angriffe bei Zeiten die Spitze bieten zu können; als er durch Parma kam, spannte das Volk die Pferde von seinem Wagen aus und zog ihn unter Ausbrüchen der höchsten Begeisterung durch die Stadt.

Da indessen kein Angriff auf das modenesische Gebiet erfolgte, begab sich Garibaldi selbst einige Zeit später nach Bologna, woselbst der sardinische General Fanti die Bewaffnung organisierte und wohin ein Teil der toskanischen Truppen geschickt wurde.

Die höchsten Ehrenbezeigungen empfingen Garibaldi auch in Rimini, und als er hier vom Balkon aus zu dem Volke sprach, bediente er sich der Worte: »Solche Beweise von Wohlwollen und Ehre sind mir überaus angenehm, denn da ich selbst ein Prinzip bin, so nehme ich sie als ein sicheres Zeichen hin, dass ihr Italien, seinen Ruhm und seine nationale Einheit und Unabhängigkeit liebt.«

In Rimini wurden unter dem Kommando Garibaldis, Fantis und Rosellinis Truppen zusammengezogen, da die päpstliche, heimlich durch Österreicher verstärkte Armee von Pesaro und Ancona aus die Provinzen des Kirchenstaates bedrohte. Die Generale vereinigten hier vierzehntausend Mann; Garibaldi hatte mit den toskanischen Truppen den Auftrag, den Po zu überwachen, General Fanti hatte gegen die päpstlichen Truppen Front gemacht und hielt die Linie der Cattolica vom Ufer des Meeres bis an die Berge von Pesaro besetzt.

Diese Verhältnisse änderten sich indessen bald. Als älterer sardinischer General stand Fanti im Rang über Garibaldi und führte auch den Titel eines Oberbefehlshabers der mittelitalienischen Truppen; er war vorzüglich mit der die Leitung der Organisation beschäftigt, Garibaldi dagegen die der etwa nötig werdenden aktiven Operationen zugedacht. Das Hauptquartier wurde Bologna, und hier sowie in Rimini, dem Aufenthalte Garibaldis, entwickelte sich nun eine großartige Tätigkeit, die Truppen auf kriegstüchtigen Fuß zu bringen. Die Anwerbungen dauerten fort, neue Truppenteile wurden formiert und Garibaldi beschäftigte sich besonders mit dem Baue von zwölf Transportschiffen, um nötigenfalls eine Landung an der südlicher gelegenen Küste bewerkstelligen zu können. Für diese Zwecke brachte das Land noch immer große Opfer; so hatte Garibaldi einen Aufruf zur Anschaffung einer Million Gewehre erlassen, der den lebhaftesten Beifall fand; er selbst hatte als Erster die ansehnliche Summe von fünftausend Lire beigetragen, selbst der ärmste Patriot gab sein Scherflein dazu, das reiche Bankhaus Noseda zu Mailand zeichnete allein hunderttausend Lire, und selbst das Ausland zahlte bedeutende Summen.

Der Schwur, den der General die in sein Korps eintretenden Rekruten leisten ließ und den er selbst aufgesetzt hatte, lautete:

»Gesegnet sei die Waffe des tapferen Italieners; sie ist das Symbol der Befreiung des Vaterlandes; verflucht sei der, welcher sie nicht zu ergreifen wagt! – Ich ergreife sie, küsse sie und schwöre, mit der Hand auf dem Herzen, bei dem Gotte der Unterdrückten, dass ich sie nicht eher niederlegen werde, bis Italien einig, unabhängig und frei ist. Meine Hoffnung ist Viktor Emanuel und sein tapferes Heer, mein politisches Glaubensbekenntnis sein konstitutioneller Thron. Ich will als Preis des Sieges die Freiheit, aber nicht die Zügellosigkeit, die Feindin unserer Wiedergeburt. Ich will die Diktatur des kriegerischen Königs, so lange noch ein Österreicher auf italienischem Boden ist. Wir wollen die Ordnung, die Freiheit, die Gerechtigkeit verteidigen, die der Despotismus verletzt und zerstört. Meine Fahne ist die italienische dreifarbige mit dem savoyischen Kreuz, mein Feldgeschrei: Es lebe Italien! Es lebe König Viktor Emanuel!«

Der Not, in welche die Familien der zu den Waffen Eilenden zuweilen gerieten, suchte Garibaldi durch eine Proklamation an die Gemeinderäte abzuhelfen, in welcher er sagte:

»Bei den tapferen alten Völkern wurden die Frauen und Kinder der für das Vaterland fechtenden Krieger für das heiligste, dem Gewissen und dem Dankbarkeitsgefühle aller Bürger anvertraute Gut gehalten. Indem wir uns damit beschäftigen, die Jugend zu den Waffen zu rufen, wollen wir die Verpflichtungen, die wir haben, wenn wir sie ihren Familien und ihrer Arbeit entziehen, nicht vergessen. Wäre es nicht der bitterste Undank, wenn wir zugäben, dass der zur Verteidigung aller eilende Soldat fürchten muss, dass seine Familie dem Mangel preisgegeben werde und dass solcher Kummer des Herzens noch zu den Strapazen des Krieges komme? Muss nicht die Bürgerliebe den Verlassenen den Verlust ihrer Teuren anders als durch leere Worte ersetzen? Es ist Zeit, meine Herren, dass wir aus vollem Herzen einem lebhaften und unvermeidlichen Gerechtigkeitsgefühle nachkommen; es ist Zeit, dass die Behörden der Gemeinden sich ernstlich mit der Unterstützung der bedürftigen Familien der Freiwilligen beschäftigen, wie es in der Toskana schon geschehen ist. Wir wollen nicht das traurige Schauspiel von Eltern haben, die in Not vergehen, weil ihre Söhne sich hochherzig gegen das Vaterland zeigen. Darum bitte ich dringend die Behörden sowie die vermögenden Mitglieder der Gemeinden, sich gegen die bedürftigen Familien unserer Freiwilligen mildtätig und freigebig zu benehmen. Die Korps-Kommandanten werden den Divisionsstabs-Quartieren die genaue Liste derjenigen Soldaten, deren Familien bedürftig sind, einsenden und der Generalstab wird dieselben den Gemeindebehörden zugehen lassen.«

Wir müssen hier nachtragen, dass sich die Landesvertretungen der Herzogtümer, sowie später der Provinzen des Kirchenstaates, schon im September an Viktor Emanuel gewandt und ihn gebeten hatten, Letztere in seine Staaten einzuverleiben. Die Antwort des patriotischen Königs befriedigte vollkommen, obgleich sie sich aus Rücksicht auf die Großmächte nicht ganz offen aussprechen konnte; auch er wollte ein einiges und starkes Italien und wünschte, sich auf den einstimmigen Wunsch des Volkes an seine Spitze zu stellen. Damals aber tagten noch die Züricher Konferenzen und Frankreich befand sich – da jene Konferenzen sich auf den vorläufigen Friedensschluss von Villafranca beriefen, also auch auf den Punkt, dass die alten Regierungen in den Herzogtümern wiederhergestellt werden sollten – in der üblen Lage, dem Willen des italienischen Volkes entgegenzustehen; indessen hatte Kaiser Napoleon dem ihn in Paris aufsuchenden Abgesandten der Herzogtümer erwidert, dass er seine Herrschaft dem Volke nicht gewaltsam aufzuzwingen gedenke, nachdem es seine so entschiedene Abneigung dagegen kundgegeben habe. Gegen die Bestrebungen Österreichs und der vertriebenen Herzöge aber stand Mittel-Italien eben unter den Waffen. Noch schwieriger war das Verhältnis der Provinzen des Kirchenstaates dem Papst gegenüber.

Am 30. September, noch ehe die Züricher Konferenzen beendet waren, erklärte die provisorische Regierung von Toskana, dass sie von diesem Tage an im Namen Viktor Emanuels regiere; Parma und Modena hatten dies bereits getan und die Provinzen des Kirchenstaates folgten bald ihrem Beispiele. An genanntem Tage wurde die Fahne Sardiniens auf dem Palazzo Vecchio zu Florenz aufgezogen, und von nun an führte man als Zahlungsmittel überall die Münze mit dem Bildnisse Viktor Emanuels ein, erließ alle Verordnungen in seinem Namen, hob die Zollgrenzen zwischen den einzelnen Staaten auf usw.

Am 17. Oktober wurde zu Zürich der Friedensvertrag zwischen Frankreich und Österreich unterzeichnet; seine Hauptpunkte waren: Abtretung der Lombardei an Frankreich und von diesem an Sardinien, Anerkennung Viktor Emanuels als König der Lombardei von Seiten Österreichs, Rückkehr des Großherzogs der Toskana auf seinen Thron. Die Durchführung letzterer Bedingung, die Fragen Parmas, Modenas und der Provinzen des Kirchenstaates sollten einem europäischen Kongresse zur Lösung überlassen werden. Letzterer Umstand war es, welcher Mittel-Italien noch immer in Aufregung und unter Waffen hielt.

In dieser Zeit, im Oktober, erteilte die Stadt Rimini, in der sich der General damals aufhielt, diesem das Bürgerrecht für sich und seine Nachkommen, worauf er schriftlich erwiderte:

»An die Gemeindevorsteher zu Rimini.
Sehr ehrenwerte Herren!
Nicht meinem Verdienste, sondern der erhabenen Idee der Befreiung des Vaterlandes, für die ich kämpfe und mein Leben lang kämpfen werde, verdanke ich die Sympathie dieser hochherzigen Bevölkerung und das ehrenvolle Geschenk, das Sie mir heute machen. Ich bin Ihnen meine vollkommene Dankbarkeit schuldig. Wenn ich glücklicherweise der italienischen Sache so zu dienen vermag, wie ich es wünsche, werde ich der mir teuren Stadt Rimini, die mich

auf so edle Weise zu ihrem Bürger hat erwählen wollen, Ehre machen. Mit vollkommener Ergebenheit bin ich
Ihr Mitbürger
Garibaldi.«

14.
Garibaldis Rücktritt vom Kommando

Zu Ende des Monats Oktober erregte ein vom Kaiser Napoleon an Viktor Emanuel persönlich gerichteter Brief lebhafte Unruhe bei allen italienischen Patrioten, der die Absicht ausdrückte, die Entscheidung über die mittelitalienischen Staaten einem Kongresse vorzulegen, während dem die Anwendung von Gewalt ausgeschlossen bleiben sollte, und in welchem der König zur Teilnahme an einem friedlichen Ausgleich mit Rücksicht auf die von Kaiser Napoleon beim Friedensschlusse übernommene Verpflichtung der Wiederherstellung der alten Regierungen aufgefordert wurde.

König Viktor Emanuel wurde dadurch in die unangenehme Lage versetzt, entweder den Wünschen seines hohen Alliierten zuwider erklären zu müssen, dass er sich verpflichtet fühle, die mittelitalienischen Staaten zu schützen, oder Letztere und damit die Idee der italienischen Einigkeit und Unabhängigkeit, die er bisher so tapfer verfochten hatte, aufzugeben.

Welches großes Vertrauen er in den ersten Mann des Volkes, in Garibaldi, setzte, bewies sein Entschluss, in dieser wichtigen und bedenklichen Angelegenheit dessen Rat in Anspruch zu nehmen; er berief ihn daher von Rimini schleunigst nach Turin.

Am 27. Oktober verließ Garibaldi Rimini und reiste, da er unerkannt zu bleiben und den glänzenden Empfang zu vermeiden wünschte, inkognito; aber überall erkannte man ihn und begrüßte ihn mit geräuschvoller Begeisterung. Besonders geschah dies auf der Eisenbahnstation von Voghera, und hier erwiderte er die Zurufe der Volksmenge unter anderem mit den Worten: »Mit einem Könige wie Viktor Emanuel, mit einer Armee, wie die unsrige und mit einem Volke, wie wir es sind, darf Italien nicht eher innehalten, als bis der letzte Fußbreit seines Landes von der Fremdenherrschaft befreit ist.«

Der König empfing den General, der auch in Turin mit lautem Jubel begrüßt wurde, sehr herzlich und hatte lange und vertrauliche Unterredungen mit ihm. Eine Folge derselben war, dass der König dem Kaiser auf das Freundschaftlichste, aber auch Entschiedenste erklärte, er könne auf seine Ratschläge nicht eingehen und die Rückkehr der Herzöge in ihre Staaten sei bei der Stimmung und dem deutlich ausgesprochenen Willen der Bevölkerung eine Unmöglichkeit geworden. Ferner wandte man sich an England und erhielt die Zusicherung, dass man dem europäischen Kongresse, wenn ein solcher zustande komme, beitreten und dort Italiens Interessen vertreten werde.

Am 31. Oktober verließ Garibaldi, nachdem man ihm ein glänzendes Mahl in seinem Hotel gegeben hatte, Turin, sehr zufrieden mit der Haltung des Königs und den gefassten Beschlüssen. Zunächst begab er sich nach Modena, das jetzt nicht mehr bedroht erschien, da die Truppen des ehemaligen Herzogs nach allen Seiten hin desertierten und sich dadurch auflösten, dann nach Rimini. Hier trat der General an die Spitze des National-italienischen Vereins, der sich schon früher so verdient um das Vaterland gemacht hatte und nach den damaligen Prinzipien, jetzt mit Anerkennung des konstitutionellen Monarchen Viktor Emanuel, weiterwirkte.

Zu Anfang November erfolgte in allen mittelitalienischen Staaten die Wahl des Prinzen von Carignano und Savoyen zum Diktator von Parma, Modena, der Toskana und der Romagna, bis der König diese Staaten mit Sardinien vereinigen werde; die Absicht dieser Maßregel war, den zweifelhaften Beschlüssen eines europäischen Kongresses zuvorzukommen. Der Prinz schlug aber diese Wahl aus und verwies sie an den Ritter Buoncompagni, den ehemaligen sardinischen Gesandten in Florenz und seit Ausbruch der Revolution daselbst königlichen Kommissarius; dieser nahm die Regentschaft an.

Ungefähr um dieselbe Zeit begab sich Garibaldi abermals nach Turin zum Könige. Er hatte den überraschenden und Italien beunruhigenden Entschluss gefasst, sein Kommando niederzulegen. Zum Teil war er mit dem Verhältnisse, in dem er zu dem General Fanti stand, unzufrieden; überhaupt legte ihm die Eifersucht manche Schwierigkeit in den Weg, was ihn einmal zu der bitteren Äußerung veranlasste: »Ihr glaubt, ich sei euren Plänen hinderlich – nun gut, so gehe ich.«

General Fanti, der einen so wichtigen Einfluss auf die Entschließung Garibaldis ausübte und dessen Leben wir in 3. Kapitel dieses Dritten Buches skizziert haben, wurde von Garibaldi keineswegs geliebt, und zwischen beiden gab es bei ihrem gemeinsamen Kommando über die mittelitalienische Armee von vornherein Schwierigkeiten. Garibaldi glaubte wohl mit Recht, sich genügend Ansprüche erworben zu haben, um sich Fanti nicht unterordnen zu müssen; als er deshalb, sobald ihm das Kommando angetragen wurde, Fantis Rücktritt zur Bedingung machte, reichte dieser seine Entlassung ein, die aber von den Diktatoren der Toskana und Parmas, Ricasoli und Farini, nicht angenommen wurde. Garibaldi fügte sich, ganz nach dem Grundsatze, den er stets befolgt hatte, nämlich dass er trotz solcher Schwierigkeiten nie aufhören werde, seinem Vaterlande Dienste zu leisten.

Das schlechte Einvernehmen blieb aber bestehen, da Fanti die Formation der Truppen nicht schnell und energisch genug betrieb und überhaupt andere Ansichten, nämlich die vorerwähnten seines Freundes, des Generals La Marmora, bei ihrer Ausbildung verfolgte. Man behauptet, Fanti habe den König Viktor Emanuel zu dem Entschlusse gebracht, Garibaldis Rücktritt zu veranlassen. Als die beiden Generäle sich in Modena bei dem Diktator Farini sahen, konnte dieser nur mit Mühe einen offenen Streit verhindern, da Garibaldi klagte, dass seine Truppen nicht genügend bekleidet und verpflegt würden, welches Fantia Aufgabe war. Wirklich war auch zu solchen Klagen Anlass gegeben worden, und als Garibaldi einmal mit Mühe erlangt hatte, dass er das Notwendigste für seine Leute erhalten sollte, verbot Fanti dies auf das Entschiedenste und erbitterte damit seinen persönlichen Gegner noch mehr.

Die neapolitanische und päpstliche Armee standen an der Grenze; unter einem Führer, wie es Garibaldi ist, konnte sich bei den Soldaten nur die lebhafteste Sehnsucht nach kriegerischer Tätigkeit kundtun; sie wollten dem Feinde entgegengehen und ihn schlagen, sie wollten wenigstens einen Zweck in den Opfern sehen, die sie gebracht hatten, indem sie Haus und Familie verließen und sich in den militärischen Zwang fügten. Der General dachte ähnlich, wenn auch überlegter; er verfolgte stets den Plan, dem er sein ganzes Leben gewidmet hatte, die Befreiung Italiens, er wünschte dasselbe wie seine Soldaten, denn noch seufzte die Hälfte des italienischen Volkes unter dem unerträglichen Joche der Knechtschaft – aber die Politik legte seiner glühenden Sehnsucht Fesseln an, sie drohte, das geliebte Vaterland nie zur Einheit gelangen zu lassen, und sein gutes Verhältnis zu König Viktor Emanuel zwang ihn, auf dessen zurückhaltende Politik Rücksicht zu nehmen. So konnte er sich in seiner Stellung nicht wohl befinden, sie musste ihm sogar eine Last werden.

Andererseits stellte ihm der König in Turin selbst vor, dass seine Anwesenheit in Mittel-Italien zurzeit gefährlich sei und feindliche Kräfte in ihr einen Grund fänden, die sardinische Politik zu verdächtigen, dass sein Rücktritt also nicht unerwünscht sein würde. Indessen kleidete Viktor Emanuel diesen Vorschlag doch so ein, dass er Garibaldi nicht beleidigend erscheinen konnte, und wenn dieser auch die ihm angebotene Ernennung zum sardinischen General-Leutnant ausschlug, so schied er doch ohne Unmut gegen die Person des Königs von diesem, nachdem er gesagt hatte, dass er sich in das Privatleben zurückziehen, auf den ersten Ruf aber wieder bereit sein würde, die Waffen zu ergreifen. Am Abend des 16. November war Garibaldi in Turin eingetroffen, am Morgen des nächsten Tages hatte er die Unterredung mit dem Könige und verließ sogleich danach die Stadt, um daselbst nicht Anlass zu Volksdemonstrationen wegen seines höchst ungern gesehenen Rücktrittes zu geben.

Solche Demonstrationen fanden indessen bei dem Korps des Generals wirklich statt, wurden aber schnell und hauptsächlich durch seine eigenen Bemühungen unterdrückt; ebenso vermochte er viele seiner Offiziere, die ihre Entlassung eingereicht hatten, darunter die Brigadiers Cosenz und Medici sowie die Obersten Bixio, Sacchi und Ouintini, dieselben einstweilen wieder zurückzuziehen.

Zunächst begab er sich nach Nizza, wo er am 19. November eintraf, und veröffentlichte in dem dortigen Journal *Gazzetta di Nizza* nachstehende Ansprache:

»An die Italiener!
Im Dunkeln schleichende Umtriebe behindern fortwährend die Handlungsfreiheit, die mit dem Rang, welchen ich in der Armee Mittel-Italiens bekleide und den ich nur benutzt habe, den Zweck zu erreichen, den sich jeder gute Italiener vorgesetzt hat, notwendig zusammenhängen muss. Ich ziehe mich daher von dem militärischen Dienste zurück.
An dem Tage, an dem Viktor Emanuel, ungeduldig, das Vaterland zu befreien, von neuem seine Soldaten zu den Waffen rufen wird, werde ich irgendwo wieder eine Waffe und einen Platz an der Seite meiner tapferen Kameraden finden. Die elende und peinliche Poli-

tik, die in diesem Augenblicke dem erhabenen Fortschritte unserer Angelegenheiten entgegenwirkt, beweist, dass wir uns um den tapferen und loyalen Soldaten der Unabhängigkeit, um den großmütigen Herrscher, der von seiner edlen Mission nicht abweichen wird, scharen müssen. Heute müssen wir mehr als je Gold und Eisen haben, um denen widerstehen zu können, die uns ins Elend der Vergangenheit zurückstoßen möchten.
Nizza, den 18. November 1859.
Joseph Garibaldi.«

Die Stadt Nizza erzeigte dem General die höchsten Ehren; am 20. November paradierte die Nationalgarde an ihm vorbei, und als man ihm darauf ein Ständchen brachte, redete er vom Fenster aus das Volk an:

»Meine teuren Einwohner von Nizza! Ich bin euch unendlich dankbar für die Teilnahme, die ihr mir erzeigt. Es ist mein größtes Glück und ich bin stolz darauf, dem Volke von Nizza anzugehören. Ich danke euch von ganzem Herzen. Seit langen Jahren habe ich mit der vollständigsten Hingebung für die Sache Italiens gekämpft; noch ist nicht alles vollendet und ich bin noch immer bereit, für diese edle Sache wieder die Waffen zu ergreifen. Lasst uns der Vorsehung danken, dass sie uns einen Mann gab, der zwanzig Generationen gerächt hat; halten wir mit ihm fest zusammen! Die jetzige Epoche erzeugt selten so großherzige Männer. Dieser Mann ist Viktor Emanuel. Lasset uns die Waffen nicht niederlegen, solange es noch einen Fußbreit Land gibt, das der Fremde unterjocht. Meine lieben Nizzaer! Ich sage euch nochmals für eure Beweise der Teilnahme meinen Dank und freue mich, dass ich Zeitgenosse dieser Nizzaer Jugend bin, welche – ich hoffe es – für die italienische Unabhängigkeit ebenso viel als jede andere Provinz Italiens tun wird.«

Von Nizza begab sich der General bald nach Genua, wo er am 20. November eine Proklamation an die bisher unter seinen Befehlen stehenden Soldaten erließ. Dieselbe lautete:

»An meine Waffengefährten in Mittel-Italien!
Meine augenblickliche Entfernung möge in keiner Weise euren Eifer für die Sache, die wir verteidigen, erkalten lassen. Ich bin betrübt und schmerzlich bewegt, da ich euch verlasse, euch, die ich

als die Repräsentanten einer erhabenen Idee, der Idee der italienischen Unabhängigkeit, liebe, aber die Gewissheit, dass ich mich bald wieder unter euch befinden und euch helfen werde, das auf so glänzende Weise begonnene Werk zu beendigen, tröstet mich.
In meinen sowie in euren Augen würde es das größte Unglück sein, nicht da sein zu können, wo man sich für Italien schlägt. Junge Leute, die ihr dem Vaterlande und dem Führer, der euch den Weg zum Siege zeigen soll, den Eid der Treue geschworen habt, legt die Waffen nicht nieder; bleibt fest auf eurem Posten stehen. Werdet gut ausgebildete und disziplinierte Soldaten.
Der Waffenstillstand wird nicht lange dauern. Die alte Diplomatie scheint nicht gerade geneigt, die Sachen so aufzufassen, wie sie in Wirklichkeit sind. Sie weiß nicht, dass in euch die Elemente einer großen Nation vorhanden sind, dass in euren freien und unabhängigen Herzen der Same der Weltrevolution keimt, und dass diese ausbrechen muss, wenn man unsere Rechte nicht heiligen und uns nicht Herren in unserer Heimat sein lassen will. Wir fallen nicht in fremdes Gebiet ein – so möge man uns auch auf dem unsrigen in Frieden lassen! Wer damit nicht einverstanden ist, wird sich überzeugen, dass man ein für seine Freiheit zu sterben entschlossenes Volk vernichten muss, ehe man es der Sklaverei unterwerfen kann!

Selbst wenn wir alle fallen sollten, würden wir noch den zukünftigen Generationen die Gefühle des Hasses und der Rache als Erbe zurücklassen, die uns die Fremdenherrschaft eingeflößt hat; wir würden dann unseren Kindern ein Gewehr und das Bewusstsein ihrer Rechte vermachen – und, so wahr Gott lebt, der Schlummer der Unterdrücker würde niemals ein ruhiger sein! Ich wiederhole es, Italiener, legt die Waffen nicht nieder. Schart euch enger als jemals um eure Führer und beobachtet die strengste Disziplin.
Mitbürger! Jedermann in Italien muss sein Scherflein zu der National-Subskription beitragen, jedermann muss sein Gewehr liefern, um, vielleicht schon morgen, durch Gewalt zu verlangen, was man, aller Gerechtigkeit zuwider, uns heute zu bewilligen zögert.«

Schon am 26. November schrieb der General an einen Kapitän Baggio, dessen Vorschläge, von denen in Garibaldis Brief die Rede ist, wir nicht genau kennen:

»Lieber Kapitän Baggio!
Mit Ihrem Plane eines italienischen Kreuzzuges bin ich ganz einver-

standen; ich halte ihn für eine Maßregel, die eines Volkes würdig ist, das sich um jeden Preis erheben will. Was ich für meine Person aber nicht wünsche, ist der Titel Generalissimus; sagen Sie nur, dass ich dabei bin – das wird genug sein. Wenn Ihr mich braucht, so ruft mich, aber erst dann, wenn es ordentlich losgeht.
Genua, den 26. November 1859.«

So betrieb der General die Beschaffung der Million Gewehre, die er angeregt hatte, noch immer auf das Eifrigste und setzte unter anderem auch den Bürgermeister von Mailand, den Grafen Belgiojoso, davon in Kenntnis, dass dieselbe ungestört fortgehe, auch wenn er einen Posten verlassen hätte, auf dem er mit Ehren nicht mehr bleiben konnte.

Anfangs war es seine Absicht, sich von Genua sofort wieder nach seiner Besitzung auf der Insel Caprera zu begeben, aber seine Freunde bestürmten ihn mit Bitten, sich noch länger unter ihnen aufzuhalten. Er trennte sich nun von der National-italienischen Gesellschaft, deren Präsident er in letzter Zeit gewesen war, da ihre Mehrheit sich den Ansichten des sardinischen Ministeriums allzu entschieden zuneigte; dafür trat er an die Spitze einer anderen Gesellschaft, der »Bewaffneten Nation«; als sich diese aber schon nach Verlauf von wenigen Tagen wieder auflöste, kündigte er dies mit folgenden Worten an:

»Von einigen unserer Freunde berufen, die Rolle des Vermittlers zwischen allen Fraktionen der liberalen italienischen Partei zu übernehmen, wurde ich aufgefordert, die Präsidentschaft einer Gesellschaft unter dem Namen der ‚Bewaffneten Nation' zu bekleiden.
Da aber die bewaffnete italienische Nation eine Sache ist, die sowohl innerhalb als außerhalb Italiens alles, was illoyal, verderberisch und tyrannisch ist, erschreckt, so regten sich auch die modernen Jesuiten ängstlich und verhängten ihren Kirchenbann über uns.
Die Regierung des Re galantuomo ist durch diese Schreier beunruhigt worden, und um sie nicht zu kompromittieren, habe ich beschlossen, das Amt aufzugeben, mit dem man mich beehrt hatte. In Übereinstimmung mit allen Mitgliedern der Gesellschaft erkläre ich demnach die Gesellschaft der ‚Bewaffneten Nation' für aufgelöst und lade jeden Italiener, der sein Vaterland liebt, ein, an der Subskription zur Beschaffung einer Million Gewehre teilzunehmen.

Wenn Italien mit einer Million Gewehre den Fremden gegenüber nicht einmal eine Million Soldaten bewaffnen könnte, müsste man an der Menschheit verzweifeln. Möge Italien sich bewaffen – und es wird frei sein!«

15.
Schmerzliche Erfahrungen

In Sardinien standen sich zu Anfang des Jahres 1860 zwei Parteien gegenüber, die »Liberale Union«, die Graf Cavour an der Spitze hatte und welche, im Einverständnis mit dem Ministerium und, wenn auch mit innerem Widerstreben, sich der französischen Politik fügend, einstweilen jede Anwendung von Waffengewalt zur Schaffung eines einigen Italiens ausschloss, und die »Bewaffnete Nation«, der Garibaldi, bewegt von Oberst Brofferio, beigetreten war; Letztere war geneigt, alles auf die Spitze des Schwertes zu setzen.

Dass Garibaldi, mehr Soldat als Staatsmann, diesen Weg eingeschlagen hatte, ist nicht verwunderlich, zumal wenn man bedenkt, welche Anstrengungen gemacht worden waren, ihn dazu zu überreden. Die bisher zum Heile des Vaterlandes errungenen Siege verdankte man hauptsächlich dem Schwerte, die vorsichtige Politik drohte sogar, dem Anscheine nach, das Errungene wieder zu gefährden, und so ehrlich Cavour es gewiss auch meinte, so war es doch natürlich, dass die beiden Helden der Nation sich in dieser Beziehung nicht ganz verständigen konnten. Garibaldi trieb das übermächtige Gefühl vorwärts, Cavour wurde durch die besonnene Überlegung zurückgehalten; dass Letzterer den richtigen Weg einschlug, hat der Erfolg bewiesen. Den Mazzinisten, die eine Republik, nicht aber ein Königreich Italien erstrebten, setzen alles daran, den Mann, den das italienische Volk vergötterte und dem es blindlings folgte, Garibaldi, der in hochherziger Begeisterung das Schwert für das Königtum gezogen hatte, für sich zu gewinnen und mit diesem Königtum zu entzweien; der erste Versuch, diesen so bedenklichen Zwist, der Italiens Interessen gefährdete, hervorzurufen, war gelungen – Garibaldi hatte sich an die Spitze der »Bewaffneten Nation« gestellt.

Am 27. Dezember kam Garibaldi in Turin an und wurde vom Volke sowie von den Offizieren der Nationalgarde so enthusiastisch wie immer begrüßt; er sagte ihnen damals von dem Balkon seines Hauses an der Porta Nuova herab: »Italien darf die Waffen nicht ablegen, so lange noch der Fuß eines Fremden seinen Boden entheiligt, denn diesen Boden hat Gott für die Italiener allein geschaffen.« Man griff dieses Wort mit Freuden auf, nur die Regierung fühlte mit vollem Recht die Bedenklichkeit einer Lage, die Italien vollends in die Verwirrung stürzen und ihm die Sympathien Englands und besonders Frankreichs durch unbesonnene gewalttätige Schritte rauben konnte. Deshalb gab man sich auch alle Mühe, Garibaldi von dieser Bahn abzubringen.

Anfangs schien dies nicht zu gelingen; der General ging in seinem edlen Eifer sogar noch weiter, und nicht ohne Bedeutung war wohl der Toast, den er am 1. Januar 1860 bei einem ihm zu Ehren gegebenen Mahle auf Ungarn, den Bruder Italiens, ausbrachte, und den sein treuer Gefährte, Oberst Türr, ein geborener Ungar, damit erwiderte, dass er Garibaldi im Frühjahre in Pesth zu begrüßen hoffe. Auch schien der verderbliche Zwist sich noch ausweiten zu wollen, als am folgenden Tage die »Liberale Union« den Beschluss fasste, keinen Versuch zur Vereinigung mit der »Bewaffneten Nation« zu machen.

Jetzt legte sich aber der König selbst ins Mittel, und bei dem Charakter Garibaldis kann wohl keine Rede davon sein, dass ein Machtwort oder andere unreine Einflüsse ihn bewogen haben sollten, nachzugeben. Der Held begriff eben nur die Gefahr, die eine Unvorsichtigkeit über das Vaterland bringen musste, und wie er stets zur Verleugnung seiner eigenen Ansichten bereit war, wenn es das Wohl Italiens galt, löste er durch die vorstehende Erklärung vom 4. Januar die Gesellschaft der »Bewaffneten Nation« auf; es ist dies einer der Schritte, die seinen edlen und reinen Charakter in das hellste Licht stellen. Die beiden größten Männer des italienischen Volkes, Garibaldi und Cavour, der um dieselbe Zeit wieder die Präsidentschaft des sardinischen Ministeriums übernahm, reichten sich von neuem freundschaftlich die Hand.

Wie beklagenswert es auch sein mag, dass ähnliche, noch schwerere Verwickelungen sich wiederholten, so haben sie doch auf dem Charakter dieser beiden edlen Männer auch späterhin keinen Flecken zurückgelassen; jeder von ihnen verfolgte streng seinen Weg, das Auge fest auf ein Ziel, das Heil des teuren Vaterlandes, gerichtet, und gingen diese Wege zuweilen auseinander, so lag das nur in den überaus verwickelten Verhältnissen und der Verschiedenheit ihrer Ansichten, welche notwendig von ihrer Stellung bedingt wurden.

Inzwischen verfolgte Garibaldi mit dem lebhaftesten Eifer seinen Plan, der Nation die Mittel, ihre Kraft zu benutzen, in die Hand zu geben, das heißt die Beschaffung der Million Gewehre. Alle freien und edlen Nationen steuerten dazu bei, denn einer solchen wird die Sympathie für ein hochherziges Volk, das sich der Sklavenfesseln zu entledigen entschlossen ist, natürlich nie fehlen, während andere ihre Teilnahme an großen weltgeschichtlichen Ereignissen nur auf das jammervolle Räsonieren hinter dem Zeitungsblatte beschränken; am eifrigsten beteiligten sich Amerika und England; Ersteres sandte damals allein fünfundzwanzigtausend Gewehre.

Mag es uns bei dieser Gelegenheit übrigens gestattet sein, als einen Beweis der hohen Achtung, in der Garibaldi in dem freien und stolzen England stand, anzuführen, dass dasselbe sich im Januar an ihn wandte, um sich die Mitteilung seiner Ansicht über den Vorschlag zur Bildung von englischen Freiwilligen-Schützenkorps zu erbitten. Er erwiderte darauf:

»Diese Maßregel war das Beste, was England tun konnte; sie schützt es am besten gegen jeden feindlichen Einfall. Täte unser Italien doch auch desgleichen! – Schlage den Feind! ist ein praktischer Grundsatz, der wichtiger ist als alle Theorie. Die so vortrefflich geschulten Österreicher sind den weniger gut disziplinierten französischen Zuaven unterlegen, was den Beweis liefert, dass es nicht des engen Waffenrocks und der Halsbinde bedarf, um ein guter Soldat zu sein. Wenn strenge Disziplin auch das Haupterfordernis bei einer regulären Truppe ist, warum soll man Freiwillige, die geschworen haben, zu ihrer Fahne zu halten, so lange das Vaterland ihrer bedarf, nicht auch disziplinieren können und warum sollten Patriotismus und Enthusiasmus so wenig in Betracht zu ziehende Gefühle sein, da sie die Ordnung einer regulären Truppe keineswegs notwendig zerstören? Sie sind nicht zu verachten, denn ein umsichtiger General wird sie zu benutzen wissen. Napoleon I. ist von den Engländern, die man ein Krämervolk nennt und die er nicht besonders schätzte, besiegt worden. Niemand wird es wagen, England anzugreifen, wenn es zweihunderttausend Freiwillige stellt und schult, so dass sie an Disziplin mit einer regulären Armee wetteifern können. Ich stimme Sir John Burgoynes' Ansicht über Freiwilligen-Korps zu, doch nicht darin, dass fünfzigtausend Reguläre hunderttausend tüchtig ausgebildete Freiwillige schlagen werden. Ich halte die Bildung von Schützen-Korps in allen Ländern für zweckmäßig und wünschte, sie wäre auch in Italien allgemein eingeführt; die kaltblütigen und im Feuer mutigen Engländer könnten sich ohne Zweifel in dieser Art formieren.«

Zwei wichtige Begebenheiten greifen um diese Zeit auf tiefschmerzliche Weise in das Leben Garibaldis ein; die eine betrifft sein Privatleben, die andere verletzte ihn bitter in seinen patriotischen Gefühlen. Wir geben die Erstere nach den öffentlichen Nachrichten, ohne die Richtigkeit der einzelnen Umstünde verbürgen zu können.

In einer schönen Villa am Comer See wohnte der reiche Signor Raimondi mit seiner Familie, ein Mann, der sich im Jahre 1848 durch seinen offenen Patriotismus und seine Beteiligung an der Erhebung der Lombardei so gefährdet sah, dass er nach Piemont fliehen musste; die österreichische Regierung konfiszierte damals seine Besitzung und machte aus der Villa eine Kaserne. Das Jahr 1859 führte die Familie nach der Lombardei zurück, sie trat wieder in ihren rechtmäßigen Besitz, und Signor Raimondi sah bei den glänzenden Festlichkeiten, mit denen er die Wiedergeburt seines Vaterlandes feierte, auch dessen ersten Helden öfter in seinem Hause.

Der General fühlte sich damals bewogen, der schönen ältesten Tochter dieser Familie seine Hand anzutragen, und am 7. November fand die Vermählung statt. Dieselbe war kaum vollzogen – nach einigen Quellen war es, als die Hochzeitsgesellschaft noch beim Mahle saß, nach anderen am nächsten Morgen –, als ein junger Offizier, der unter Garibaldi gedient hatte und ihm dieselbe leidenschaftliche Ergebenheit wie alle seine Untergebenen zeigte, in höchster Eile zu Pferde eintraf und eine peinliche Eröffnung machte, welche die sofortige Trennung und baldige Scheidung der neuen Gatten zur Folge hatte.

Der Bericht der *Vossischen Zeitung* vom 14. Februar 1860 stellt die Sache folgendermaßen dar:

»Turin, 9. Februar.
Garibaldi ist von seiner jungen Frau geschieden. Folgendes ist der Hergang dieser überraschenden Entwicklung, nach einem offiziellen an die Regierung gesandten Berichte. Am Morgen nach der Hochzeit erscheint ein junger Offizier der piemontesischen Armee,

welcher früher unter Garibaldi gedient hatte und von diesem begünstigt worden war, und verlangt eine Unterredung mit Madame Garibaldi im Beisein ihres Mannes und ihres Vaters. Garibaldi willigt ein und der junge Offizier wendet sich nun an den General und redet ihn ungefähr mit folgenden Worten an:
‚Mein General! Ich hege, wie Sie wissen, die größte Bewunderung für Sie und ich mag nicht, dass Sie getäuscht werden. Leider komme ich zu spät, denn ich sollte schon vor einigen Tagen hier eintreffen, aber ich war verhindert. Die Vollziehung Ihrer Ehe soll mich indes nicht abhalten, Ihnen zu sagen, dass Sie auf unwürdige Weise betrogen sind. Madame, die hier steht, ist die Geliebte von Herrn X., die Geliebte von Herrn Y. usw. gewesen, und sie ist unwürdig, einen so glorreichen Namen zu führen.‘
‚Was haben Sie hierauf zu entgegnen?‘, fragte der General seine Frau.
‚Ich halte es für unter meiner Würde, darauf zu antworten!‘, lautete die Entgegnung.
‚Nun denn, so ziehe ich mich zurück‘, sagte der General, und man trennte sich in aller Freundschaft.«

Nach einem anderen Berichte wäre jener Offizier während der Abendtafel eingetroffen und hätte Garibaldi unter vier Augen die erwähnte Mitteilung gemacht, dieser habe ihn darauf genötigt, sie in Gegenwart der ganzen Gesellschaft zu wiederholen, wobei die junge Frau mit den deutlichsten Kennzeichen ihrer Schuld in Ohnmacht gefallen sei.

Den März brachte der General, von seinen alten Leiden heimgesucht, auf Caprera zu, seine Pflichten als Kammer-Deputierter für Nizza riefen ihn aber schon im nächsten Monat wieder nach Turin, um die Rechte seiner durch die französischen Ansprüche auf Savoyen gefährdeten Vaterstadt zu vertreten.

Es wird genügend bekannt sein, dass der Kaiser Napoleon III. Savoyen beanspruchte, um es seinen Staaten einzuverleiben, und wie er diese Abtretung gewissermaßen zum Preise seiner Einwilligung in den Anschluss der Herzogtümer an Sardinien erkaufte. Hier hatte die Abstimmung der Bevölkerung folgendes Resultat ergeben: In der Toskana waren von 386 445 Stimmen 366 571, in Parma von 53 947 Stimmen 53 782 und in Modena von 427 512 Stimmen 426 006 für die Vereinigung mit Sardinien unter dem konstitutionellen Könige Viktor Emanuel gewesen.

Natürlich konnte ein Patriot wie Garibaldi nicht mit gleichgültigem Auge auf die Abtretung einer italienischen Provinz an den französischen Bundesgenossen blicken, der eben noch das Schwert für die Einheit ganz Italiens gezogen hatte; in seinem Unwillen begriff er nicht sogleich die Notwendigkeit, die den König und Cavour zwang, dieses Opfer zu bringen. So brach der Streit mit Letzterem von neuem aus.

Bei der Konstituierung der Turiner Deputierten-Kammer am 6. April erhob sich der General in Gegenwart des Ministers, während über eine Wahl diskutiert wurde, und verlangte das Wort zu einer Anfrage von hoher Wichtigkeit. Graf Cavour machte darauf aufmerksam, dass die Kammer sich noch nicht konstituiert habe, und äußerte, als Garibaldi auf seinem Verlangen beharrte, er erkläre »im Voraus, dass ich dem ehrenwerten General Garibaldi jetzt nicht antworten werde«; die Kammer stimmte ihm bei.

Wenige Tage später sprach Garibaldi zum Volke, welches eine Demonstration zu seinen Gunsten veranstaltete, und sagte unter anderem: »Hätte Nizzas Schicksal von dem Turiner Volke abgehangen, so würde es niemals von seinem Vaterlande zu trennen gewesen sein; ich danke euch im Namen des verlassenen Nizza.«

Bald darauf schrieb er an die Bürgerschaft von Chiavari, die ihm das Bürgerrecht angeboten hatte, da seine Vaterstadt französisch werden sollte:

»Mit Dank habe ich das Bürgerrecht von Chiavari angenommen, das mir der Verwaltungsrat großmütig im Namen einer Stadt anbot, welche die Wiege unserer Väter und aus so vielen Ursachen meinem Herzen teuer ist. Dessen ungeachtet will ich doch nicht aufhören, Bürger von Nizza zu sein. Ich erkenne niemandem auf Erden die Macht zu, die Nationalität eines unabhängigen Volkes zu beeinträchtigen, und ich protestiere gegen das Nizza durch Korruption und brutale Gewalt angetane Unrecht, indem ich mir und meinen Mitbürgern die Eigentumsansprüche auf unser Geburtsland für den Tag vorbehalte, an dem das Recht der Nationen nicht mehr ein bloßes Wort sein wird.«

Aber auch dieses Mal siegte ruhige Einsicht und Überlegung wieder über das heiße und schmerzlich erregte Blut Garibaldis. Als das Ministerium seine Einwilligung zu der Abtretung jener Landesteile an Frankreich gegeben hatte, vorbehaltlich der freien Abstimmung der dortigen Einwohner, erklärte Garibaldi nur mit großer Ruhe: »Die Abtretung Nizzas widerspricht dem Rechte des Volkes, und wenn Piemont als Ersatz auch zwei größere Provinzen erhalten hat, so widerstrebt dieser Völkerhandel doch dem öffentlichen Rechtsbewusstsein.«

Graf Cavour erwiderte hierauf: »Wir hätten freilich diesen Vertrag mit Frankreich abweisen können, aber wir hätten damit einen verhängnisvollen Fehler gemacht, wir hätten unsere bisherigen Eroberungen in Gefahr gebracht und unserem Vaterlande den gewissen Untergang bereitet.«

Von diesem Gesichtspunkte aus handelte Cavour richtig, ebenso Garibaldi von dem seinigen als tapferer Soldat, der sich nur auf sein gutes Schwert stützt. Er hasste Frankreich nicht, wie man ihm vorwarf, und als Beweis dessen mag sein Schreiben an einen Franzosen, den Herrn Planat de la Faye dienen, der sich für die Sache der italienischen Unabhängigkeit in Frankreich tätig bemühte:

»Genua, den 27. April 1860.
Mein teuerster Planat!
Sie wissen, wie sehr ich Sie liebe, und ich habe Ursache, Sie nicht nur wegen der reichlichen Gaben, die Sie mir sandten, sondern auch deshalb zu lieben, weil ich in Ihnen ein wahres französisches und wahres Pariser Herz erkannt habe. Ihr schönes Andenken, das meinem Herzen immer sehr teuer sein wird, veranlasst mich augenblicklich, Ihnen etwas mitzuteilen, das sonst vielleicht nicht geschrieben worden sein würde und das, wie Sie wissen, sowohl mich wie Ihre braven Landsleute betrifft. In Bezug auf die Annexion Nizzas, die unbedacht zwischen dem Kaiser und Cavour vereinbart wurde, hat man meinen Unwillen bemerkt, und es ist dies natürlich bei einem Manne, der wie ich sein ganzes Leben der Sache seines Vaterlandes geweiht hat und sich nun plötzlich durch einen diplomatischen Kunstgriff, der niemandem, wie die Zukunft lehren wird, zum Heile dienen kann, seiner Nation entfremdet und einer anderen übergeben sieht, die wahrlich nicht weiß, was sie mit ihm machen soll. Mein Unwille wird von den verständigen Männern aller Nationen nur für allzu natürlich erachtet werden; da es mir aber nicht an Feinden fehlt, so werden diese zu beweisen suchen, dass ich ein Feind Frankreichs sei; das ist aber nicht wahr, denn ich bin nur der Feind einer Politik, die kein anderes Resultat

haben kann, als zwischen zwei Völkern, die aus hundert Ursachen bestimmt sind, in politischen Sachen wie zwei Schwestern Hand in Hand zu gehen, eine Antipathie zu erwecken. Ich gebe Ihnen diese Erklärung mit Vergnügen, damit Sie sehen, dass ich der Freund der großen Nation bin, der wir so viel Dank schulden. In inniger Freundschaft
Ihr
G. Garibaldi.«

16.
Der Aufstand auf der Insel Sizilien

Gärte die Revolution in den noch nicht freien Teilen Italiens fort und fand hin und wieder ihren Ausbruch, so erschien dies wohl in dem Königreiche der beiden Sizilien am bedenklichsten. Als Ferdinand II. am 22. Mai 1853 die Augen schloss, nachdem er, ohne auf die wohlgemeinten Warnungen der fremden Großmächte zu achten, seit der italienischen Erhebung von 1848 mit unerhörter Strenge regiert und jede liberale Bestrebung unterdrückt hatte, übernahm sein dreiundzwanzigjähriger Sohn Franz, Herzog von Kalabrien, das einzige Kind aus seiner ersten Ehe mit der Prinzessin Maria Christina von Savoyen, einer Tochter König Viktor Emanuels, die Regierung. Das sizilianische Volk hatte dieser Veränderung mit Sehnsucht entgegengesehen, und der Jubel wäre in Neapel ohne Zweifel groß gewesen, hätte ein an dem Tage der Thronbesteigung tobender furchtbarer Gewittersturm den dort so weit verbreiteten Aberglauben nicht mit bösen Befürchtungen, die sich nur zu bald verwirklichen sollten, beunruhigt.

Der neue König war streng asketisch von Jesuiten erzogen worden; er begrüßte das Volk mit einer Ansprache, in der man vor allem das Versprechen längst erhoffter Reformen durchaus vermisste. Bald zeigte es sich, dass er auf der Bahn, die sein Vater betreten hatte, zu bleiben entschlossen war, das heißt der des innigen Anschlusses an Österreich und der Unterdrückung jeder liberalen Regung, und dass er sich gänzlich von seinem Hofstaate, den Priestern und der unter seinem Vorgänger so überaus vollkommen ausgebildeten Polizei leiten ließ. Die Ereignisse, die damals die ganze italienische Halbinsel in so hohe Erregung versetzten, konnten unter solchen Umständen natürlich nur die Unzufriedenheit des

Volkes nähren und mussten schnell einen gewaltsamen Ausbruch herbeiführen.

Hören wir, was Victor Hugo bei Gelegenheit eines Treffens zu Jersey am 14. Juni 1860, das der Erörterung einer Unterstützung des Garibaldi'schen Zuges nach Sizilien diente, über die sizilianischen Zustände sagt*:

»Das Königreich Neapel, mit dem wir uns in diesem Augenblicke beschäftigen, hat nur eine Institution, die Polizei. Jeder Distrikt hat seine Bastonaden-Kommission. Zwei Schergen, Ajossa und Maniscalco, regieren unter dem Könige; Ajossa verprügelt Neapel, Maniscalco Sizilien. Aber der Stock ist nur das türkische Hilfsmittel; diese Regierung besitzt außerdem noch das Verfahren der Inquisition, die Tortur nämlich. Ja, die Tortur! Hört mich! Ein Scherge, Bruno, bindet den Angeklagten den Kopf zwischen die Beine, bis sie gestehen. Ein anderer Scherge, Pontillo, setzt sie auf einen Rost und zündet Feuer unter ihnen an; das nennt man den ‚glühenden Stuhl'. Ein anderer Scherge, Luigi Maniscalco, ein Verwandter des Polizeichefs, hat ein besonderes Instrument erfunden; man legt den Arm oder das Bein des Delinquenten hinein, dreht eine Schraube, und das Glied ist zerbrochen; man nennt das die Engelsmaschine. Ein anderer hängt einen Menschen mittelst zweier Ringe an einer Mauer an den Armen und an einer zweiten, gegenüberstehenden an den Füßen auf; wenn das geschehen ist, springt er auf diesen Menschen und verrenkt ihm die Glieder. Es gibt Daumenschrauben, welche die Finger zerbrechen, es gibt das Tourniquet, einen eisernen Ring, der durch eine Schraube um den Kopf zusammengepresst wird und die Augen beinahe aus ihren Höhlen treibt. Hin und wieder ist einer entkommen; ein Mann, Casimiro Arsimano, entfloh; seine Frau, seine Söhne und Töchter wurden ergriffen und an seiner Stelle auf den glühenden Stuhl gesetzt. Das Kap Zafferano stößt an ein verlassenes Gestade; dahin schleppen die Schergen Säcke, in welchen sich Menschen befinden. Man drückt den Sack unter das Wasser und hält ihn da so lange, bis er sich nicht mehr bewegt; dann zieht man ihn heraus und sagt zu dem, der darin ist: ‚Gestehe jetzt!' Wenn er es verweigert, drückt man ihn wieder un-

* Diese Rede findet sich ausführlich im Ersten Buch des französischen Originals der Memoiren Garibaldis von Dumas, weshalb wir hier einige Stellen daraus folgen lassen, ohne die Richtigkeit jeder Angabe bestätigen zu können; indessen haben die englischen Blätter Ähnliches gebracht.

ter das Wasser. Giovanni Vienna aus Messina ist auf diese Weise gestorben. Zu Monreale gerieten ein Greis und seine Tochter in den Verdacht des Patriotismus; der Greis starb unter der Peitsche, seine Tochter, die gerade schwanger war, wurde entkleidet und starb ebenfalls unter der Peitsche.«

In Neapel zeigten sich die ersten Spuren des Sturmes schon zu Ende des Monats Februar; verschiedene Kundgebungen an öffentlichen Orten, besonders in den Theatern, veranstaltet durch Studenten und andere, fanden statt; Gerüchte der beunruhigendsten Art liefen umher; Straßen und Plätze wurden mit Kanonen und Militär besetzt, und die Verhaftungen mehrten sich auf eine wahrhaft erschreckende Weise. In einer Nacht wurden gegen fünfzig der angesehensten Personen, selbst vom Hofstaate, festgenommen und ein großer Teil von ihnen wurde ohne jede gründliche Untersuchung aus der Stadt oder dem Lande verbannt. Vergeblich machten die Gesandten von England und Frankreich dem König und den Ministern Vorhaltungen wegen dieser übermäßigen Strenge, mit der die Polizei verfuhr, und gaben zu bedenken, dass diese Maßnahmen die Revolution hervorrufen müssten. Einer dieser Gesandten suchte bei dem Könige um eine Audienz nach, man erwiderte ihm aber: »Seine Majestät ist nirgends zu finden«, worauf jener sich mit den Worten entfernte: »Dann ist Seine Majestät verloren.«

Indessen brach auf der Insel Sizilien zu Palermo, Messina und Catanea der offene Aufstand aus. Besonders bedenklich war er in der erstgenannten Stadt, wo am Morgen des 4. April von auswärtigen, in die Stadt gedrungenen Aufständischen ein Angriff auf die königlichen Truppen unternommen wurde, nachdem die Mönche des Klosters Gancia sich geweigert hatten, den Letzteren, welche daselbst Verhaftungen vornehmen wollten, ihre Tore zu öffnen. Vom Lande strömten gegen zehntausend Menschen herbei, und der Kampf wütete bis zum folgenden Tage mit wechselndem Glücke, wobei die Straßen schonungslos mit Kanonen beschossen wurden; endlich wurde das Kloster von den Truppen genommen und der Aufstand damit gedämpft, nachdem beide Teile bedeutende Verluste erlitten hatten. In den nächsten Tagen schon kehrten die Aufständischen zurück, bezogen ein Lager in der Nähe der Stadt und beunruhigten von da aus fortwährend die königlichen Truppen.

In Messina begann der Kampf damit, dass einzelne Wachtposten überfallen wurden, worauf die Truppen mit einer Schonungslosigkeit verfuhren, dass sich die fremden Konsuln ins Mittel legen mussten, um die Stadt vor der Plünderung zu bewahren.

Andere Orte folgten diesem Beispiel mit mehr oder weniger Glück, im Ganzen blieben die königlichen Truppen, die schnell bis auf fünfunddreißigtausend Mann verstärkt wurden, aber siegreich und trieben ihre Gegner, denen es an Waffen und Munition, vorzüglich aber an intelligenten und kriegserfahrenen Führern fehlte, immer wieder in das Innere der Insel und in die Gebirge zurück.

Es entspann sich nun ein kleiner Krieg, der von beiden Seiten mit der größten Erbitterung geführt wurde. Die Aufständischen hatten sich anfangs bei Messina und Palermo verschanzt und zogen sich dann auf Carini zurück, das sie ernstlich zu verteidigen entschlossen waren. Der Kampf dauerte hier vom 18. bis zum 21. April und endete mit dem Rückzuge der Aufständischen, die zweihundertundfünfzig Tote auf dem Platze ließen; die Verluste der Truppen war aber nicht geringer.

Welch entsetzliche Szenen dieser Bürgerkrieg herbeiführte, dafür diene nur als Beispiel, dass, nachdem dreizehn gefangene Aufständische in Palermo erschossen worden, deren Genossen wenige Tage später zu Carini die doppelte Anzahl gefangener Soldaten aufhängten. Carini wurde geplündert und niedergebrannt. Ein Bauer und sein noch junger Sohn wurden erschossen, weil Ersterer den Aufständischen eine Kuh verkauft und Letzterer sie ihnen zugeführt hatte. Am 21. und 22. April kam es zu Gefechten in Galati, und auch diese Stadt wurde, wie so viele andere Orte, niedergebrannt.

In ganz Italien gab sich die lebhafteste Teilnahme an diesen Ereignissen kund; in der Turiner Deputierten-Kammer kam es sogar zu Beratungen, ob man nicht verpflichtet sei, sich für die tätige Einmischung in diese Angelegenheiten zu erklären und den sizilianischen Brüdern, die der Übermacht der königlichen Truppen allmählich zu unterliegen schienen, Hilfe zu bringen. Graf Cavour schlug aber die Verhandlungen darüber nieder, indem er entschieden erklärte, die Politik erlaube der Regierung König Viktor Emanuels derartige Schritte nicht und man habe sich jetzt vor allen Dingen mit den inneren Staatsangelegenheiten zu beschäftigen. In der Tat wäre jede Einmischung von Seiten der Regierung gefährlich gewesen, denn Frankreich und England hatten sich entschieden dagegen ausgesprochen, obgleich besonders Letzteres sein Missfallen über das Verhalten der neapolitanischen Regierung offen aussprach.

Indessen fehlte es nicht an edlen, heißblütigen Vaterlandsfreunden, die nur den Schmerzensschrei und dringenden Hilferuf Siziliens vernahmen und sich von den Fesseln einer zögernden Politik nicht einschnüren ließen. Dass Garibaldi, der sich wieder nach Caprera zurückgezogen hatte, sich unter ihnen befand, lässt sich leicht denken; aber noch zögerte er, denn er erwartete eine Aufforderung, die seinen außergewöhnlichen Entschluss rechtfertigen könne. Sie wurde ihm bald, und zwar durch Männer, deren Patriotismus allgemein anerkannt wurde, von dem sie schon glänzende Proben abgelegt hatten. Die patriotischen Komitees bestimmten Franz Crispi, einen sizilianischen Emigranten, der 1848 Generalsekretär des Kriegsministeriums gewesen war, den schon öfter erwähnten Doktor Bertani, damals Parlaments-Deputierter, Nino Bixio, Rasolino Pilo und Orlando zu Mitgliedern einer Gesandtschaft, die sich nach Caprera begeben und Garibaldi dazu bewegen sollte, sich an die Spitze der sizilianischen Bewegung zu stellen und einen geregelten Widerstand zu organisieren.

Auf Caprera fanden ernste Beratungen statt, denn dem Unternehmen standen große Schwierigkeiten entgegen, die wohl erwogen sein wollten. Garibaldi musste gewissermaßen mit König Viktor Emanuel brechen, indem er jetzt und in dieser Sache das Schwert von neuem zog; der König durfte seinen Entschluss nicht billigen, weil es ihm sehr missdeutet werden konnte, wenn er einen solchen Versuch zur Entthronung seines Neffen offen begünstigen würde, und weil er sich gerade in dem Augenblicke der Konstituierung seines neuen Staates noch in zu großer Abhängigkeit von den europäischen Mächten befand; diese Mächte konnten ferner das Unternehmen als einen bloßen Freibeuterzug betrachten und mit überlegener Macht intervenieren, und wie gering waren endlich die Mittel, die Garibaldi zu Gebote standen, im Vergleich zu der sich auf der Insel immer mehr verstärkenden Macht des Königs von Neapel! – Aber Garibaldi und die fünf Männer, die sich zu ihm begeben hatten, dachten nur an das Unglück Siziliens und dass es sich um die Unterstützung und Befreiung der italienischen Brüder handle, und das Unternehmen wurde beschlossen.

Die neapolitanische Regierung hatte, wie das ganze Land, diesen Schritt vorhergesehen und fürchtete ihn nicht wenig, denn sie suchte durch englische Vermittlung den Grafen Cavour dazu zu bewegen, Garibaldi auf jede Weise von einem solchen Plan abzuhalten. Der Minister erklärte, dass dies auch in seiner Absicht liege und dessen Einschiffung nach Sizilien nötigenfalls mit Gewalt zu verhindern wissen werde. Wirklich wandte er sich, als Garibaldi, um seine Vorbereitungen besser zu verbergen, das Gerücht ausstreute, dass er nach Amerika gehen werde, an ihn, sagte ihm, dass er sich durch ein solches Vorgeben nicht täuschen lasse, stellte ihm die Tragweite seines Planes vor und beschwor ihn, diesem zu entsagen. Damit hatte der General nicht gerechnet; zwar war er überzeugt gewesen, die sardinische Regierung werde ihn nicht offen unterstützen, aber er hatte auch gehofft, sie werde ein Auge zudrücken und den heimlichen Zurüstungen nichts in den Weg legen; die Schwierigkeiten des Unternehmens wurden dadurch umso größer, sie erschütterten dessen ungeachtet aber Garibaldis Entschluss nicht im Mindesten.

17.
Vorbereitungen auf den Zug nach Sizilien

Natürlich handelte es sich vor allen Dingen um die Beschaffung der zu der Expedition nötigen Geldsummen. Der Gedanke lag am nächsten, diejenigen hierzu zu verwenden, welche die Subskription für die Beschaffung der Million Gewehre zusammengebracht hatte, denn der Zweck dieser freiwilligen Gaben war ja die Befreiung der noch unterdrückten Teile Italiens gewesen. Der General wandte sich daher an eine zu Mailand ansässige Kommission, welche diese Gelder verwahrte, und forderte sie auf, ihm so viel zu schicken, als er vorläufig brauchte; wider Erwarten machte die Kommission aber Schwierigkeiten, da sie von der Regierung zur Verantwortung gezogen zu werden fürchtete, wandte sich mit einer Anfrage an den Gouverneur von Mailand und antwortete Garibaldi auf dessen Rat, dass sie einer Anweisung der Regierung bedürfe, ihm diese Summe zu geben. Es war unmöglich, sich diesbezüglich an die Regierung zu wenden, und Garibaldi, für den in diesem Verfahren der Kommission eine bittere Kränkung lag, äußerte sich in seinem Unmute dahin, man wolle ihm das Leben unerträglich machen und ihn davon abhalten, seinem Vaterlande zu dienen.

Indessen blieb man nicht müßig, und auch diese Schwierigkeit wurde gehoben; die Nationalbank zu Genua und zwei dortige Bankiers lieferten bereitwillig das nötige Geld, außerdem eröffneten sie dem General einen Kredit von einer Million, sobald er auf Sizilien gelandet sein würde. Eine Menge von Privatleuten bot ebenfalls Beiträge an, und Bertani wurde beauftragt, dieselben zu sammeln und eine so genannte Garibaldi-Kasse anzulegen, um dem General von Genua aus Hilfsmittel zu übersenden. Garibaldi erließ an den Doktor Bertani kurz vor seiner Abreise am 5. Mai nachstehendes Schreiben, welches veröffentlicht wurde:

»Genua, den 5. Mai 1860.
Mein lieber Bertani!
Von neuem auf die Bühne der Ereignisse getrieben, hinterlasse ich Ihnen folgenden Auftrag: alle möglichen Geldmittel zu sammeln, um uns in unserer Unternehmung zu unterstützen; den Italienern begreiflich zu machen zu suchen, dass, wenn man uns großmütig hilft, Italien mit wenig Kosten in kurzer Zeit konstituiert sein wird, und dass die Patrioten, wenn sie sich auf einige unfruchtbare Subskriptionen beschränken, an ihren Pflichten gefehlt haben werden; dass das freie Italien statt hunderttausend Soldaten jetzt fünfhunderttausend stellen muss, eine Zahl, welche mit der Bevölkerung keineswegs im Missverhältnis steht, sondern in den benachbarten Staaten, die nicht einmal um ihre Unabhängigkeit kämpfen, feststeht – bei einer solchen Armee bedarf Italien nicht der Fremden, die vorgeben, es befreien zu wollen, und es dabei stückweise verspeisen –; dass überall, wo die Italiener gegen die Unterdrücker fechten wollen, man sie dazu ermuntern und ihnen das Nötige mitgeben werde, dass die Erhebung Siziliens nicht nur in Sizilien, sondern überall, wo es Feinde gibt, unterstützt werden muss. Ich habe nicht zu der Erhebung Siziliens geraten, nachdem aber unsere Brüder in den Kampf gegangen sind, war es meine Pflicht, ihnen zu Hilfe zu eilen. Unser Feldgeschrei ist: ‚Italien und Viktor Emanuel!' Ich hoffe, dass auch dieses Mal wieder die italienische Fahne siegreich aus dem Kampfe hervorgehen wird.«

Besonders bemüht, die Expedition zu unterstützen, war der italienische Nationalverein, der an alle Nationen öffentliche Aufrufe zu Geldbeiträgen erließ; besonders in Frankreich und England wurde ihnen auf die großmütigste Weise entsprochen.

Der General hatte in aller Stille an seine Getreuen die Aufforderung erlassen, sich in Genua einzustellen, und sogleich folgten sie diesem Rufe; alle seine alten Freunde scharten sich wieder um ihn. Auch die Soldaten, die ehemals unter ihm gedient hatten, eilten, sobald sie seine Absichten erfuhren, voll Begeisterung herbei und sammelten sich in den Depots, die an verschiedenen Orten des Landes und zu Genua ganz öffentlich in der Strada Carlo Felice und in der Strada Garibaldi unter den Agenten Acarbi und Doktor Chiossone eingerichtet worden waren. Da es aber an genügenden Transportmitteln fehlte, mussten einstweilen bei der schleunigen Abreise noch viele von ihnen zurückgelassen werden.

Wir geben hier den Tagesbefehl vom 8. Mai, der an Bord der Schiffe bekannt gemacht wurde, da er die Zusammensetzung des damals etwa vierzehnhundert Köpfe starken Expeditions-Korps enthält. Er lautete:

»Korps der Alpenjäger.
Dieses Korps, das die Wiedergeburt des Vaterlandes im Auge hat, wird, wie in der vergangenen Zeit, die vollständigste Selbstverleugnung in der Erfüllung seines Berufes beobachten. Die braven Jäger dienen und werden ihrem Vaterlande noch einmal mit ebenso viel Hingebung und Disziplin als die besten militärischen Körper dienen, und zwar ohne etwas anderes zu beanspruchen als die Genugtuung ihres Gewissens.
Diese Tapferen lockt keine Beförderung, keine Ehrenbezeigung, keine Belohnung! Wenn die Gefahr vorüber ist, werden sie bescheiden in das Privatleben zurücktreten; sobald aber die Stunde des Kampfes schlägt, sieht sie Italien in der ersten Reihe, frisch, voll guten Willens, bereit, ihr Blut für das Vaterland zu vergießen.
Das Feldgeschrei der Alpenjäger ist dasselbe, wie es vor einem Jahre an den Ufern des Ticino widerhallte: ‚Italien und Viktor Emanuel!‘
Wenn wir diesen Ruf ausstoßen, wird er überall unter den Feinden Italiens Schrecken verbreiten.

Organisation des Korps.
Oberbefehlshaber: Garibaldi.
Chef des Generalstabs: Oberst Sirtori.
Offiziere des Generalstabs: Calvino, G. Manin, Majocchi, Barchetta, Griziotti, Bruzzisi.
Adjutanten des Generals: Oberst Türr, Oberst Tuckery, Major Cermi, Menotti Garibaldi, Montanari, Bandi, Stagnetti.
Geheimer Sekretär des Generals: G. Basso.
Der Expedition beigegebener Zivil-Kommissarius: F. Crispi.

Kommandeure der sieben den Effektivbestand bildenden Kompanien: Nino Bixio, La Masa,
Stocco, Carini, Anfossi, Cairoli, Bassini.
Kommandeur der Artillerie: Orsini.
Kommandeur des Ingenieurwesens: Mirentilli.
Intendantur: Major Acerbi, Rechiedri, Nervo, Bazzetti.
Gesundheitsdienst: Ripari, Maestri, Baldrini Giulini.

Bemerkung.
Organisation ist dieselbe wie bei der italienischen Armee, welcher wir angehören, und die mehr nach Verdienst als nach Gunst erteilten Grade sind dieselben, welche schon auf anderen Schlachtfeldern erworben worden.«

Die Waffen für diese Truppen lagen in Genua bereit, denn dort befand sich ein Depot von zwanzigtausend Gewehren, welche bereits in Folge der Subskription angeschafft worden waren. Als der Regierung aber kein Zweifel mehr daran blieb, dass sich ein Freikorps zu einem Zuge nach Sizilien formiere, erließ sie an den Gouverneur von Genua den Befehl, jene Waffen mit Beschlag zu belegen. Der Befehl war indessen bei der Stimmung des Volkes nicht zur Ausführung zu bringen, und nur zum Scheine wurden einige wenige Waffen fortgenommen; als das Ministerium später dem Gouverneur eine Rüge deswegen erteilte, entschuldigte sich dieser damit, er habe keine Mittel gehabt, energisch aufzutreten, denn wenn er die Truppen nicht in den Kasernen gehalten hätte, würden dieselben sich sämtlich Garibaldi angeschlossen haben. Und so blieb die Regierung in der Tat machtlos und außer Stande, den Plan des Helden zu vereiteln; sie hatte die Volksstimme in dieser Beziehung überall gegen sich und konnte sich damit entschuldigen, als Frankreich durch Herrn Thouvenel heftig gegen die sizilianische Expedition protestierte.

Der Gouverneur von Genua hatte nicht Unrecht gehabt, wenn er angab, seine eigenen Soldaten hätten große Lust zum Desertieren gezeigt; so war es beinahe in der ganzen sardinischen Armee und besonders unter den Truppen, die sich in den Herzogtümern und der Romagna befanden. Garibaldi sah sich dadurch genötigt, noch vor seiner Abreise an die italienischen Soldaten folgende Ansprache zu veröffentlichen:
»Italienische Soldaten!

Mehrere Jahrhunderte hindurch haben Uneinigkeit und Disziplinlosigkeit unserem Vaterlande große Leiden verursacht. Heute beseelt eine bewundernswürdige Eintracht alle unsere Völkerschaften, von Sizilien an bis zu den Alpen. Aber noch bedarf die Nation der Disziplin, und ihr seid es, die ein so bewundernswürdiges Beispiel von Tapferkeit gegeben haben, auf die sie heute rechnet, um sich zu reorganisieren und sich denen, die sie unterdrücken wollen, kräftig entgegenstellen zu können.
Bleibt also auf eurem Posten, ihr jungen Leute, die ihr die Schlachten des Vaterlandes überlebt habt. Denkt daran, dass wir im Norden Feinde und geknechtete Brüder haben und dass im Falle neuer Zusammenstöße eure militärische Haltung der Bevölkerung des Südens, wenn sie von den Söldnern des Papstes und des Bourbonen befreit ist, als Beispiel dienen wird.
Im Namen des wiedererstehenden Vaterlandes empfehle ich der Jugend, welche die Reihen unserer braven Armee bildet, sie nicht zu verlassen, sondern sich enger und enger um ihre tapferen Offiziere und unseren Viktor zu scharen, dessen Tapferkeit einen Augenblick durch kleinliche Nachfragen zurückgehalten werden mag, der aber nicht anstehen wird, euch zu einem entscheidenden Siege zu führen.«

An König Viktor Emanuel schrieb der General vor seiner Abreise, nachdem er am 4. Mai förmlich sein Abschiedsgesuch aus der regulären Armee eingereicht hatte, wie folgt:

»Sire:
Der Schrei der Verzweiflung, der von Sizilien aus an mein Ohr dringt, hat mein Herz und das einiger hundert meiner alten Waffengefährten bewegt. Ich habe meinen sizilianischen Brüdern nicht zu der aufständischen Bewegung geraten, da sie sich aber einmal im Namen der italienischen Einheit, deren Personifikation Eure Majestät ist, gegen die schändlichste Tyrannei unserer Zeit erhoben haben, konnte ich nicht zögern, mich an die Spitze der Expedition zu stellen. Ich weiß, dass ich mich zu einem gefährlichen Unternehmen einschiffe, aber ich setze mein Vertrauen auf Gott und den Mut und die Ergebenheit meiner Gefährten.
Unser Feldgeschrei wird immer sein: ‚Es lebe die Einheit Italiens! Es lebe Viktor Emanuel, sein erster und tapferster Soldat!' Wenn unser Plan misslingt, so werden, wie ich hoffe, Italien und das liberale

Europa nicht vergessen, dass dieses Unternehmen durch von jedem Egoismus reine und durchaus patriotische Beweggründe bestimmt worden ist. Wenn wir unser Ziel erreichen, so werde ich stolz sein, die Krone Eurer Majestät mit diesem neuen und glänzenden Edelsteine zu schmücken, vorausgesetzt, dass Eure Majestät sich dem widersetzen, dass Ihre Minister diese Provinz dem Fremden wieder ebenso abtreten, wie sie es mit meiner Vaterstadt getan haben.
Ich habe Eurer Majestät meinen Plan nicht mitgeteilt, weil ich fürchtete, es könne Ihnen bei meiner Hingebung für Ihre Person gelingen, mich davon abzubringen.
Ich bin Eurer Majestät, Sire, ergebenster Untertan
Garibaldi.«

So war denn alles für die Expedition vorbereitet und man musste eilen, sie ins Werk zu setzen, um der Regierung nicht Gelegenheit zum ernstlichen Einschreiten zu geben; es fehlte nur noch an den Schiffen, welche die Truppen nach Sizilien bringen sollten, und auch darüber war schon ein Entschluss gefasst. Garibaldi und seine Freunde hatten eine außerordentliche und mühevolle Tätigkeit entwickelt. Am 4. Mai schrieb der General in einem Privatbriefe an einen Freund:

»Lieber Freund!
Wenn Du dieses Schreiben erhältst, bin ich schon auf dem Meere. Die sizilianische Erhebung trägt das Schicksal unserer Nationalität in ihrem Schoße. Ich gehe, ihr Los zu teilen; ich werde mich wieder an meiner Stelle befinden und meine Tätigkeit dem Dienste einer großen Idee widmen. Es bedurfte nicht weniger, um meinen Mut inmitten der mir gewordenen Enttäuschungen aufrechtzuerhalten. Man möge mich nicht der Unvorsichtigkeit anklagen, sondern abwarten; ich bin von Hoffnung und Vertrauen beseelt. Unsere Sache ist eine edle, eine große, die Einheit Italiens – unser liebster Traum, das Ziel unseres ganzen Lebens; möge uns ein günstiger Wind wehen! Castiglia und mein Sohn sind mit mir und küssen Dich. Du gehörst zu den wenigen Freunden, denen ich die Hand drücken und vor meiner Abreise Lebewohl sagen wollte.
Ganz der Deinige
Garibaldi.«

18.
Die Einschiffung und Überfahrt

Garibaldi hatte seinen Aufenthalt in der Villa Passano in Quarto bei Genua genommen und leitete von hier aus die nächsten Vorbereitungen zur Einschiffung, die auf die Nacht vom 5. zum 6. Mai festgesetzt war.

Am 5. Mai langten von Tunis zwei Dampfschiffe, die »Lombardo« und die »Piemonte«, die der Rubattino'schen Dampfschifffahrtsgesellschaft gehörten, im Hafen von Genua an. Mit den Kapitänen musste wohl eine Verabredung getroffen worden sein oder sie wurden durch List getäuscht, denn sie begaben sich an Land und die Schiffe blieben unter Befehl Guiseppe Arlandys, eines Flüchtlings aus Palermo. Um Mitternacht erschien plötzlich Nino Bixio und ein sizilianischer Marineoffizier namens Castiglio, ließen sich die beiden Dampfer übergeben und führten sie sogleich an den Landungsplatz im Hafen, wo sich nicht allein die einzuschiffenden Alpenjäger, sondern auch eine große Menge ihrer Bekannten und neugierigen Volkes eingefunden hatte; Garibaldi war nicht anwesend. Die Behörden ließen sich nicht sehen, und die Einschiffung ging unter lautem Abschiednehmen und den jubelnden Glückwünschen der Zurückbleibenden ganz offen und ungestört vonstatten. Gegen Morgen hissten die Fahrzeuge das amerikanische Sternenbanner und stachen in See.

Etwas später verließ auch der General in Begleitung von dreiundzwanzig Freunden, worunter Oberst Türr, auf einer offenen Schaluppe die Villa Passano in Quarto und segelte nach der Insel Capraja, wo er die »Piemonte« bestieg und sogleich den Befehl übernahm; als Schiffskapitän fungierte der Genueser Schiaffino; Nino Bixio befehligte die »Lombardo«. Bis dahin hatte Garibaldi sich noch zu keinem seiner Soldaten, mit Ausnahme der ihm ganz vertrauten Offiziere seines Generalstabes, darüber geäußert, wohin er sich zu begeben gedenke; jetzt rief er Nino Bixio auf das andere Schiff hinüber mit weithin schallender Stimme zu: »Wohlan, nach Sizilien! Es gilt, die Untertanen vor dem Könige von Neapel zu retten!«

Für die Rubattino'sche Dampfschifffahrtsgesellschaft hatte Garibaldi folgendes Schreiben zurückgelassen:

»Meine Herren Direktoren der National-Dampfschiffe! Bei Beginn einer Unternehmung zur Rettung von Italienern, welche für die Sache des Vaterlandes kämpfen und welche zu unterstützen falsche diplomatische Rücksichten die Regierung verhindern, habe ich mich zweier Dampfschiffe der von Ihnen, meine Herren, verwalteten Gesellschaft bemächtigen müssen, und zwar ohne Wissen der Regierung und jedermanns. Ich habe einen Gewaltstreich ausgeführt; wie die Verhältnisse sich aber auch entwickeln mögen, so hoffe ich doch, dass meine Maßnahme durch die Heiligkeit der Sache, in deren Dienste dies geschehen ist, gerechtfertigt erscheinen und vom ganzen Vaterlande anerkannt werde, dass das Letztere die Verpflichtung habe, den durch mich der Verwaltung verursachten Schaden zu tragen. Sollte meine zuversichtliche Erwartung sich nicht erfüllen und die Nation Sie nicht entschädigen, so biete ich Ihnen alles zum Pfande, was an Geld und Material von der Subskription für die Million Gewehre noch vorhanden ist. Dieser Art werden Sie für Havarien oder andere Verluste, kurz, für allen Schaden, der Ihnen aus dieser Maßnahme erwachsen könnte, schadlos gehalten sein.
Mit vollkommenster Hochachtung
G. Garibaldi.«

Das Wetter begünstigte die Fahrt in den ersten Tagen keineswegs, und die nicht an die See gewöhnten Alpenjäger, denen es überdies noch an genügend Nahrungsmitteln fehlte und die auf sehr enge Räumlichkeiten angewiesen waren, litten dadurch nicht wenig; es hatte auch noch keine ordentliche Organisation der einzelnen Abteilungen vorgenommen werden können, dessen ungeachtet zeigten die Leute aber unbedingtes Vertrauen zu dem ihnen längst bekannten Führer und eine ausgezeichnete Disziplin.

Am 7. Mai näherten sich die Schiffe dem kleinen Orte Talamone, der an der Grenze der Toskana auf römischem Gebiete zwischen den kleinen Flüssen Ombrone und Albegna liegt, und gingen hier an Land. Die Absicht des Generals war, ihnen eine kurze Ruhe zu gestatten und hier einiges Geschütz an Bord zu nehmen, das seine Freunde zur Stelle zu schaffen versprochen hatten. Aber die Kanonen waren nicht da, und Oberst Türr wurde mit einem kleinen Kommando nach dem drei Meilen entfernten toskanischen Fort Orbitello geschickt, um sie herbeizuholen; er brachte am nächstfolgenden Tage vier kleine Feldgeschütze, eine

Feldschlange, Munition und Lebensmittel zurück, deren Einschiffung alsbald erfolgte. Die römische Bevölkerung von Talamone zeigte sich den Alpenjägern sehr freundlich und bewirtete sie reichlich.

Während das Korps hier in Kompanien zu je etwa hundertundsechzig Mann formiert wurde, erließ der General nachstehende Proklamation an die Italiener:

»Italiener!
Die Sizilianer kämpfen gegen die Feinde Italiens und für Italien. Die Pflicht eines jeden Italieners ist, ihnen Geld, Waffen und vor allem die Hilfe ihrer Arme zuzutragen. Der Geist der Uneinigkeit und die Indifferenz einer Provinz gegenüber dem Schicksal der benachbarten hat die Leiden Italiens verursacht.
Das Heil Italiens hat mit dem Tage angefangen, an dem die Söhne derselben Erde herbeieilten, ihre Brüder in der Gefahr zu verteidigen.
Wenn wir die braven Kinder Siziliens sich selbst überlassen, so werden sie nicht nur die Söldner des Bourbonen zu bekämpfen haben, sondern auch die Österreichs und die des Priesters, welcher in Rom herrscht.
So mögen denn die Völker der freien Provinzen laut ihre Stimme zugunsten ihrer kämpfenden Brüder erheben! Mögen sie die großmütige Jugend dahin schicken, wo man für das Vaterland kämpft!
Mögen sich die Marken, Umbrien, die Sabina, die Campagna von Rom und das neapolitanische Festland im Aufstande erheben, um die Kräfte unserer Feinde zu binden.
Wenn die Städte dem Aufstand keine hinreichende Basis darbieten, so mögen die Entschlossensten sich bandenweise auf dem Lande betätigen.
Ein Tapferer findet immer Waffen! Im Namen eures Gottes, höret nicht auf die Stimme der Feigen, die sich an gut besetzten Tafeln vergnügen.
Zu den Waffen, zum Kampfe für unsere Brüder! Morgen werden wir für uns selbst kämpfen.
Eine Hand voll Tapferer, die mir auf die Schlachtfelder des Vaterlandes folgten, zieht mit mir auf die Eroberung aus. Italien kennt sie: Sie erscheinen, wenn die Stunde der Gefahr schlägt. Gute und edle Waffengenossen! Sie opferten dem Vaterlande ihre Exis-

tenz, sie werden ihm den letzten Tropfen ihres Blutes geben; sie suchen keine andere Belohnung als die, ihre Pflicht getan zu haben und das Bewusstsein zu besitzen, dass sie sich nichts vorzuwerfen haben.

Italien und Viktor Emanuel! Dieser Ruf, der unser Feldgeschrei war, als wir den Ticino überschritten, wird an den flammensprühenden Felsen des Ätna widerhallen.

Vor diesem prophetischen Kampfgeschrei, das die Hochgebirge Italiens bis zum Tarpejischen Felsen wiederholen werden, wird der erschütterte Thron der Tyrannei zusammenbrechen und alle werden sich wie ein einziger Mann erheben.

Zu den Waffen! Beendigen wir mit einem einzigen Schlage unsere jahrhundertelangen Leiden. Beweisen wir der Welt, dass auf diesem Boden ehemals das starke römische Geschlecht gelebt hat!«

Den Römern insbesondere sagte Garibaldi gleichzeitig:

»Römer!

Die Priester Lamoricières werden morgen sagen: ‚Einige Muselmänner haben euer Land überfallen.' Nun wohl, diese Muselmänner sind dieselben, die in Montevideo und Rom für Italien kämpften, dieselben, an die ihr eure Kinder mit Stolz erinnern werdet, wenn einst der Tag gekommen sein wird, an dem ihr, von doppelter Tyrannei befreit, euch wieder in Freiheit erinnern dürft. Jene wichen einen Augenblick vor den zahlreichen und kriegserprobten Soldaten Bonapartes zurück, aber sie hielten dabei das Gesicht dem Feinde zugewandt und schwuren dabei einen Eid, den Kampf wieder von neuem zu beginnen und ihren Kindern kein anderes Erbteil zu hinterlassen, als den Hass gegen die Unterdrückung und Knechtschaft. Denkt an meine Waffengefährten, die vor euren Mauern kämpften, an Manara, Melona, Masina, Mameli, Daverio, Perralla, Panizzi, Ramorino, Danieli, Montaldi und so viele andere Tapfere, die jetzt in euren Katakomben schlafen und die ihr dort begraben habt, nachdem sie die Kugel in die Brust erhalten hatten. Unsere Feinde sind geschickt und mächtig, aber wir betreten jetzt den Boden der Scävola und der Horatier. Unsere Sache ist die Sache von ganz Italien. Unser Feldgeschrei ist dasselbe, das in Varese und Como ertönte: ‚Italien und Viktor Emanuel!' und ihr wisst, dass wir, sei es als Sieger oder Besiegte, keinen Flecken auf die Ehre Italiens kommen lassen.

Garibaldi,
römischer General, ernannt von einer durch allgemeine Stimmenwahl eingesetzten Regierung.«

Am 10. Mai wurden die Alpenjäger wieder eingeschifft; die Dampfer legten bei Santo Stefano an, um Kohlen aufzunehmen, und setzten dann ihren Weg zur Nachtzeit fort, da einige neapolitanische Schiffe, denen sie verdächtig geworden waren, ihnen denselben zu verlegen suchten; es wurden einige Schüsse auf sie abgefeuert, aber durch die geschickten Manöver Garibaldis und Bixios litten sie keinen Schaden und täuschten glücklich ihre Verfolger, die sie bald aus dem Gesicht verloren.

Wie der General erfahren hatte, waren die königlichen Truppen auf der Insel Sizilien neuerdings bis auf fünfzigtausend Mann verstärkt worden, deren Hauptmacht verschanzte Lager bei Palermo und Messina besetzt hielt; große Vorbereitungen waren zur See getroffen worden, um die gefürchtete Landung der Alpenjäger zu verhindern; so war ein Geschwader am Kap Bon im Süden stationiert, ein anderes im Tyrrhenischen Meere längs der Küste von Kalabrien, und ein drittes unterhielt die Verbindung zwischen Neapel und der Insel.

Garibaldi umging diese Aufstellung mit seinen Schiffen und steuerte auf die afrikanische Küste westlich vom Kap Bon zu, wo er auf der Regentschaftsspitze landete und sich von neuem mit Lebensmitteln versah, dann ging er auf Sizilien zurück und bekam am Mittag des 11. Mai dessen Küste in Sicht, ohne dass ein neapolitanischer Kreuzer zu sehen gewesen wäre. Ein Fischer, dem die »Piemonte« begegnete, brachte die Nachricht, dass eine Segelfregatte, die »Amalia«, und zwei Dampfkorvetten, die »Stromboli« und die »Capri«, die schon seit mehreren Tagen vor Marsala stationiert seien, an demselben Morgen die Reede verlassen hätten und gegen Trapani gesteuert seien. Der General befahl nun, da der Hafen von Marsala augenblicklich frei war, mit vollem Dampfe in denselben einzulaufen und die Ausschiffung so schnell als möglich ins Werk zu setzen.

Marsala, bekannt durch seine vortrefflichen Weingärten, die sich fast sämtlich in englischen Händen befinden, liegt am Kap Boeo und ist eine Stadt von zweitausend Einwohnern; der Hafen ist schlecht und versandet.

Der offizielle Bericht des vor Marsala stationierten englischen

Kommandeurs der »Intrepid«, Joseph Henry Marryat, über die Landung, deren Augenzeuge er gewesen, lautet:

»An Bord der Intrepid, den 12. Mai 1860.
Von Palermo fuhr ich nach Marsala, wo die ‚Argus' zu mir stieß. Während ich an Land war und mich durch den Vizekonsul über die Zustände in der Stadt und im Lande unterrichten ließ, kamen zwei Dampfer unter sardinischer Flagge in Sicht, dampften geradeaus auf den Mole zu und begannen zahlreiche Abteilungen Bewaffneter auszuschiffen. Ich muss hierbei bemerken, dass der größere Dampfer etwa dreihundert Fuß vom Ende der Mole auf Grund lief, dass er jedoch augenblicklich von einer Menge Boote aller Art umgeben war, die ihm beim Ausschiffen der Mannschaft an die Hand gingen. In einer Entfernung von fünf bis sechs Meilen befand sich ein neapolitanischer Kriegsdampfer, und etwas weiter vom Lande eine große Segelfregatte. Ersterer steuerte gegen den Hafen heran und befand sich in Kanonenschussweite, bevor noch die Hälfte der Mannschaft aus dem gestrandeten Dampfer das Ufer erreicht hatte, doch feuerte er aus irgendeinem Grunde nicht eher, als bis die Gelandeten sich in Reihe und Glied auf den Weg nach der Stadt begeben hatten. Auch die Fregatte kam mit Hilfe einer starken Brise gerade noch zur rechten Zeit heran, um eine wirkungslose Breitseite abzufeuern. Der Kommandeur des Dampfers kam an Bord der ‚Intrepid', tat einige Fragen in Bezug auf die an Land gesetzten Truppen, erklärte, dass er sofort sein Feuer werde eröffnen müssen, und stellte das Ansuchen, alle etwa in der Stadt befindlichen englischen Offiziere zurückzurufen.
Demgemäß sandte ich einen Offizier dahin und gab Signal zur Rückkehr; aber schon waren die Stadttore durch die Gelandeten besetzt worden, worauf unseren Leuten von den dortigen Wachhabenden höflich bedeutet wurde, dass sie einen Erlaubnisschein von General Garibaldi erwirken müssten, was auch ohne Zeitverlust geschah.
In Begleitung des Kommandeurs Ingram und des Herrn Vizekonsuls Coffins begab ich mich nun an Bord des neapolitanischen Dampfers. Der kommandierende Offizier meldete mir, es sei eine starke Abteilung bewaffneter Ausländer gelandet und er habe auf sie feuern müssen. Er schien wegen des Vorfalls sehr beängstigt und aufgeregt, und ich bemerkte, dass er sich ganz besonders hütete, auf die beiden sardinischen Dampfer zu feuern, auf denen noch

immer die sardinische Flagge, aber kein Wimpel wehte. Bei meiner Rückkunft auf die ‚Intrepid' fand ich einen neapolitanischen Offizier an Bord, der von einem andern neapolitanischen Dampfer gekommen war. Er war von dem Kommandeur mit dem Ersuchen an uns abgeschickt worden, dass ich ein Boot mit diesem Offizier zu den sardinischen Dampfern hinsenden und Letztere zur Übergabe auffordern möge. Diese Zumutung lehnte ich entschieden ab, denn wofern die Fahrzeuge gänzlich verlassen waren, wie ich bestimmt glaubte, war es ihm nur darum zu tun, sich von dieser Tatsache mit Hilfe der englischen Flagge zu überzeugen, und wenn im Gegenteil noch Leute auf denselben waren, hätte man nachträglich behaupten können, dass unsere Flagge gebraucht worden sei, sie zur Kapitulation zu bewegen. Schließlich wurden von sämtlichen neapolitanischen Kriegsschiffen bemannte und bewaffnete Boote entsandt, deren Besatzung an Bord der beiden Dampfer ging, die sardinische Flagge herabnahmen und die Schiffe besetzten. Noch muss ich hinzufügen, dass ich bei meiner Anwesenheit auf dem feuernden Dampfer das Ansuchen gestellt hatte, die englische Flagge, wo immer sie (in der Stadt) entfaltet war, zu respektieren, was der Offizier auch versprach.«

Zur Ergänzung dieses Berichts dient ein anderer desselben Offiziers, in dem es unter anderem heißt:

»Als der neapolitanische Dampfer sich dem gestrandeten Garibaldis auf bequeme Schussweite genähert hatte, war aus diesem noch nicht der vierte Teil der Mannschaft ausgeschifft. Der Neapolitaner hatte die Geschützpforten offen und die Kanonen gerichtet, so dass wir auf die Wirkung seines Feuers gespannt waren. Zuvor schon hatte ich den Besitzern von zwei oder drei englischen Schonern den Rat gegeben, den Hafen zu verlassen, da sie leicht getroffen werden könnten, aber Gegenwind hinderte sie am Auslaufen, und so mussten sie auf jede Gefahr hin vor Anker liegen bleiben. Der Neapolitaner aber ließ, anstatt zu feuern, ein Boot aussetzen, das sich gegen die sardinischen Schiffe in Bewegung setzte. Auf halbem Wege jedoch ließ der Offizier wieder umschwenken und ruderte, so schnell er nur konnte, zu seinem Schiffe zurück.
Nun waren wir überzeugt, dass das Feuern beginnen werde, aber zu unserer Überraschung kam der Dampfer, statt die Landung zu verhindern, auf die ‚Intrepid' zu, um sich zu erkundigen, ob eng-

lische Truppen am Lande seien. Die Antwort lautete: ‚Nein, es befinden sich bloß die beiden Kommandeure nebst zwei oder drei englischen Offizieren an Land.'«

Der englische Kapitän beweist nun, dass die Beschuldigung der Neapolitaner, die englischen Schiffe hätten sich so postiert, dass sie gehindert worden wären, die Landung der Alpenjäger durch ihr Feuer zu verhindern, ganz grundlos sei und dass allein die Unentschlossenheit der Neapolitaner dafür verantwortlich gewesen seien, vorausgesetzt, dass es überhaupt deren Absicht war, die Landung der Sardinier zu verhindern.

Die vollständige Ausschiffung war um sieben Uhr abends beendet und, wie obiger Bericht schon meldet, feuerten die Neapolitaner nur ein paar wirkungslose Kanonenschüsse auf die Alpenjäger ab, als diese in die Stadt hineinmarschierten. Die fünf Geschütze gab Garibaldi auf und sie fielen mit den beiden Dampfern in die Hand der Königlichen; andere Verluste hatte er nicht erlitten.

Nachdem die Alpenjäger die Stadt und die umliegenden Höhen mit Vorposten besetzt hatten, sandte der General eine Abteilung gegen Trapani, wo sich das Lager der am nächsten stehenden neunhundert Mann königlicher Truppen befand, um dieselben zu auszukundschaften. Inzwischen begannen die königlichen Dampfer, die noch durch zwei andere Schiffe verstärkt worden waren, mit dem Bombardement der Stadt.

An demselben Tage noch trafen daselbst mehrere Führer der Aufständischen ein und begrüßten Garibaldi als Befreier und Oberbefehlshaber. Er erließ nun eine Reihe von Proklamationen. Den Sizilianern sagte er:

»Sizilianer!
Ich habe euch eine Hand voll Tapferer zugeführt, die auf den heroischen Ruf Siziliens herbeigeeilt sind. Wir, die wir die lombardischen Schlachten überlebt haben, sind nun bei euch! Wir erstreben nur die Befreiung des Vaterlandes.
Seien wir alle einig, und die Arbeit wird leicht und kurz sein! Zu den Waffen! Wer nicht zur Waffe greift, ist ein Feiger oder ein Verräter.
Mangel an Waffen darf nicht als Vorwand dienen. Wir werden Gewehre haben, zu dieser Stunde taugt aber auch jede andere Waffe in der Hand eines Tapferen.

Die Stadtverwaltungen werden die Sorge für die zurückgelassenen Frauen, Kinder und Greise übernehmen.
Also alle zu den Waffen! Sizilien wird der Welt noch einmal beweisen, wie sich ein Land kraft des starken Willens eines einigen Volkes von seinen Unterdrückern befreit.«

An die Soldaten der neapolitanischen Armee erließ er folgenden Aufruf, der in den nächsten Tagen schnelle Verbreitung fand:

»Fremde Anmaßung beherrscht die italienische Erde aufgrund der italienischen Uneinigkeit. An dem Tage aber, an dem die Söhne der Samniter, mit ihren sizilianischen Brüdern vereint, den Italienern des Nordens die Hand reichen werden, an demselben Tage wird unser Volk, dessen schönster Teil ihr seid, wie in der Vergangenheit wieder seine Stelle unter den ersten Nationen Europas einnehmen. Als italienischer Soldat habe ich nur einen Ehrgeiz: euch in einem Gliede mit den Soldaten von Varese und San Martino zu sehen, wie ihr gemeinsam die Feinde Italiens bekämpft.«

Die Bewohner des Königreichs Neapel redete er endlich folgendermaßen an:

»Die Zeit ist da, dem großherzigen Beispiele der Sizilianer zu folgen und euch gegen die schändlichste aller Tyranneien zu erheben. Möge endlich an die Stelle der meineidigen und meuchelmörderischen Gewalt, die euch so lange gefoltert und in den Staub getreten hat, die liberale Regierung, deren sich bereits elf Millionen Italiener erfreuen, treten und die schmachvolle Fahne der Bourbonen mit dem glorreichen dreifarbigen Banner vertauscht werden, dem heilbringenden Symbol der nationalen Unabhängigkeit und Einheit, ohne die jede wahre, dauernde Freiheit unmöglich ist. Eure Brüder aus dem Norden kennen keinen höheren Ehrgeiz, als euch in die große italienische Familie eintreten zu sehen.«

19.
Folgen der Landung und Vorrücken auf Palermo

Garibaldis Landung zu Marsala machte einen ungeheuren Eindruck auf ganz Sizilien. Die Guerillakorps der Insulaner, die sich in letzter Zeit vor den Truppen hatten zurückziehen müssen, strömten ihm jetzt schnell zu, denn ihre Führer, deren bedeutendste der Baron Santa Anna, Marquis Firmaturi, Rosalino Pilocapaco, Capola und andere waren, hatten bereits gewisse Nachricht, wo und wann er mit seinen Alpenjägern landen würde. Alle Städte, die nicht von einem zu großen Truppenverband besetzt waren, erhoben sich zum Aufstande.

Palermo hatte eine zu starke Besatzung, als dass daselbst die Revolution zum Ausbruch kommen konnte; die Abneigung des Volkes gegen die Machthaber gab sich aber nur zu deutlich kund. Schon am 12. Mai durchzogen Männer und Frauen die Straßen mit den Rufen: »Es lebe Italien! Es lebe Viktor Emanuel! Es lebe Kaiser Napoleon!« Einige Soldaten, die verhöhnt wurden, antworteten darauf mit Flintenschüssen und der Statthalter, Fürst Castelcicala, veröffentlichte einen drohenden Erlass. Dessen ungeachtet kam es am 14. Mai schon wieder zu neuen Unruhen, indem nach Beendigung der Messe in den Kirchen ähnliche Ausrufe ausgestoßen wurden und die Volksmenge dann lärmend die Stadt durchzog, wobei wieder hier und da von Soldaten und Polizeibeamten auf sie gefeuert wurde. Alle Tage fanden zahlreiche Verhaftungen und kriegsgerichtliche Verurteilungen statt, die Läden wurden geschlossen, ihre Besitzer durch die Polizei aber gezwungen, sie wieder zu öffnen, Handel und öffentlicher Verkehr lagen vollständig darnieder. Der für kurze Zeit aufgehobene Belagerungszustand wurde von neuem erklärt, aber selbst unter den königlichen Truppen kam es bereits zu Kundgebungen der Auflehnung.

In Neapel war die Gärung unter dem Volke kaum weniger groß und die Bestürzung bei Hofe zeigte sich in den Versuchen zur Versöhnung, die man durch die Zusicherung einer liberalen Verfassung anbahnen wollte; aber das Volk war schon zu misstrauisch geworden, es hatte die Ereignisse, die nun eingetreten waren, mit zu großer Sehnsucht erwartet, um nun zur Nachgiebigkeit geneigt zu sein. Am 15. Mai erließ der König nachstehendes Dekret:

»Franz II., von Gottes Gnaden König beider Sizilien usw. In Erwägung, dass nach Landung der Aufwiegler auf Sizilien die öffentliche Ordnung daselbst sehr gefährdet befunden worden, in der Absicht, so schnell wie möglich den für die öffentliche Sicherheit und das Wohl Unserer geliebten Untertanen jenseits der Meerenge nachteiligen dermaligen Stand der Dinge zu beseitigen, da es, bei der Fürsorge Unseres Herzens, Unser Wille ist, die Ordnung zweckmäßig durch weise und energische Maßregeln herzustellen und alle durch die Natur der daselbst erfolgten Ereignisse nötig gewordenen Mittel anzuwenden, so haben Wir auf Antrag Unseres Staatssekretärs, des Präsidenten des Ministerrates, zu verordnen beschlossen und verorden:

Art. 1. Wir ernennen den General-Leutnant D. Ferdinande Lanza zu Unserem außerordentlichen Bevollmächtigten auf Sizilien mit den Vollmachten eines Alterego, damit derselbe sich in diesen Teil Unserer königlichen Besitzungen und an die ihm geeignet erscheinenden Orte verfügt, um die Ruhe wiederherzustellen, die Ordnung wieder aufzurichten, die guten Bürger zu ermutigen und sowohl Personen wie Eigentum zu schützen.

Art. 2. Derselbe wird die diesem Range innewohnenden Befugnisse ausüben, bis Wir nach Herstellung der Ordnung den königlichen Prinzen an Ort und Stelle geschickt haben, den Wir bereits zu Unserem General-Statthalter in Unseren Besitzungen jenseits der Meerenge ausersehen haben.

Art. 3. Er soll in Unserem königlichen Namen vollständige allgemeine Amnestie all jenen Unserer Untertanen bewilligen, welche, gegenwärtig zwar auf Abwegen, der gesetzlichen Obrigkeit sich unterwerfen.

Art. 4. Unser Minister Staatssekretär, unser Ministerpräsident sowie unsere sämtlichen Staatssekretäre sind, jeder in seinem Amte, mit Vollzug der gegenwärtigen Verordnung beauftragt.

Neapel, den 15. Mai 1860.

Franz.«

Garibaldi hatte schon am 14. Mai von Salemi aus folgendes Dekret veröffentlicht:

»Joseph Garibaldi, Oberbefehlshaber der Nationalarmee von Sizilien, dekretiert auf Veranlassung der angesehensten Bürger und der Erklärung der freien Gemeinden der Insel, dass er – in Erwägung,

dass es in Kriegszeiten notwendig sei, die Zivil- und Militärgewalt in ein und derselben Hand zu vereinigen – im Namen Viktor Emanuels, Königs von Italien, die Diktatur Siziliens übernimmt.
G. Garibaldi.«

Am 20. Mai war Lanza in Palermo eingetroffen, verkündete daselbst die Amnestie, die wenig Beachtung fand, erließ verschärfte Verordnungen gegen die Aufständischen und begann, nachdem er zweiunddreißigtausend Soldaten um sich vereinigt hatte, die Stadt durch Erdwerke zu befestigen.

Indessen hatte Garibaldi sich mit einigen Geschützen, Pferden, Mauleseln und anderen Transportmitteln versehen und verließ am 13. Mai um vier Uhr morgens Marsala mit seinem Korps, das durch die Aufständischen, denen er Waffen und Munition gegeben hatte, verstärkt worden war. Seine Absicht war, schleunigst auf Palermo vorzurücken und es anzugreifen; um aber eine Basis für seine Operationen zu behalten, ließ er den Befehl zurück, die Stadt so gut als möglich durch Erdwerke und Barrikaden zu befestigen, und sorgte für die Erhaltung der Verbindung zwischen ihr und seinem Korps. Die Bürgerschaft von Marsala, die ihn mit Enthusiasmus empfangen hatte, bildete sofort ein Komitee und wandte sich an die Städte Agrigent, Syrakus, Catania und Caltanisetta, um gemeinsam die Verteidigung des Nordwestens der Insel zu organisieren.

Die Garibaldianer vermieden bei ihrem Marsche auf Palermo absichtlich den gebahnten Weg, der durch Trapani an dem Berge San Giuliano vorbeiführt und sich dann durch die Schluchten zieht, sie verfolgten einen kürzeren und direkteren, der am Fuße der Berge hinläuft. Sie lagerten bei Ramengado, wo sich ihnen wieder zwei Aufständischen-Korps (bewaffnete Bauern) anschlossen, traten den Marsch mit Sonnenaufgang von neuem an und machten um die Mittagszeit einige Stunden Halt, um zwei andere Scharen Aufständischer, die von Alcamo kamen, zu erwarten. Abends kamen sie nach Salemi.

Von Salemi marschierte das Expeditions-Korps nach Vitu, einem kleinen Dorfe, das auf halbem Wege nach Calatafimi liegt. Calatafimi ist eine Stadt von vier- oder fünftausend Einwohnern, und liegt zum Teil auf einem Berge, zum Teil im Grunde einer Schlucht. Die Schluchten von Calatafimi sind der einzige Punkt, an dem man, wenn man von Marsala kommt, in die Provinz Palermo eindringen kann.

Als die Garibaldianer am 15. Mai um neun Uhr morgens von Vitu abmarschierten, erblickten sie die Neapolitaner, die sich vor Calatafimi stark verschanzt hatten. Es war ein Korps von dreitausendfünfhundert Mann, das der Brigadier Landi befehligte. Das Gros der feindlichen Kräfte hielt eine steile Anhöhe besetzt, die unter dem Namen des Monte del Pianto di Romani bekannt ist, und die Artillerie war derartig aufgestellt, dass sie eine furchtbare Feuerkraft auf die Stürmenden herab entwickeln konnte.

Nachdem Garibaldi mit seinem Chef des Generalstabes, Oberst Sirtori, die Position des Feindes ausgespäht, gab er den Befehl zum Angriff. Er hatte kaum siebenhundert Mann in das Gefecht zu stellen.

Die Spitze seiner Truppen bestand aus einem Zuge genuesischer Schützen, der aus der siebten Kompanie unter Kapitän Cairoli, die von jungen Leuten aus Pavia gebildet wurde, und den Bergamasken unter Kapitän Bassini bestand. Von der Kompanie Nino Bixios und einem Haufen sizilianischer Aufständischer, die Major Acerbi, der Intendant der italienischen Armee, befehligte, unterstützt, nahm sie die erste Position des Feindes mit dem Bajonett.

Die Neapolitaner, die sich Schritt für Schritt verteidigt hatten, formierten sich auf der zweiten Höhe, woselbst sie die Häuser von Calatafimi im Rücken hatten und durch einige aufgeworfene Erdwerke in der Front geschützt wurden, von neuem.

Die Garibaldianer griffen wieder an. Zum ersten Male wurden sie zurückgeworfen und erlitten empfindliche Verluste, aber sie wiederholten den Angriff mit Wut. Jetzt war ohne Ausnahme alles an dem Gefecht beteiligt, die Spitze, die Hauptmacht und die Reserve-Kompanien. Selbst der Generalstab, der General an der Spitze, hatte den Säbel zur Hand genommen.

Als die Neapolitaner nach dem zweiten Sturme die Offensive ergriffen, befand sich Garibaldi einen Augenblick lang mit etwa fünfzig Soldaten und seinen unerschrockensten Offizieren Sirtori, Türr, Nino Bixio, Tuckery, Baldi, Elia, Schiaffino, Menotti Garibaldi, Maiocchi, Griziotti, Montanari, Bruzzeti, Richiedei, Nievo, Bazzetti, die Wunder der Tapferkeit vollbrachten, dem Feinde allein gegenüber.

Von der siebenten und achten Kompanie unterstützt, konzentrierte der General den Kampf wieder auf das Zentrum; als er darauf bemerkte, dass die Neapolitaner ihn in der rechten Flanke zu umgehen suchten, warf er ihnen die genuesischen Schützen und etwa vierzig Leute von allen Kompanien, die gerade um ihn waren, entgegen und zwang sie, sich in Unordnung bis auf die letzte Höhe zurückzuziehen, wo ihre Geschütze und ihre Reserve standen.

Es war drei Uhr und die Sache musste zu Ende gebracht werden. Der General zog alle Kompanien zusammen, stellte sich mit seinem Generalstabe an ihre Spitze und marschierte unter einem Hagel von Kugeln und Kartätschen auf den Feind.

Der heldenmütige Schiaffino stürzte sich mit einer Fahne in der Hand mitten in die Reihen der königlichen Truppen. Er fiel, mit Wunden bedeckt. Sein Tod erfüllte seine Kameraden mit furchtbarer Wut, sie warfen sich, ihren Eifer verdoppelnd, auf die Neapolitaner, und es entspann sich nun ein schreckliches Gemetzel.

Lange Zeit hindurch war dies eine wahrhafte Schlächterei, wie ein Augenzeuge erzählt. Von beiden Seiten war die Erbitterung ungeheuer groß; die Aufständischen gewannen zwar an Boden und hatten schon die am besten verteidigten Punkte erobert, aber sie hatten auch eine große Zahl der Ihrigen verloren und waren überaus erschöpft. Die Garibaldianer, die ungefähr auf fünfhundert Köpfe geschmolzen waren, matt und müde vom Fechten, verloren endlich ihre physischen Kräfte, begannen zu fürchten, dass es ihnen bald zur Unmöglichkeit werden müsste, weiter vorzudringen, und baten mehrere Male ihre Führer um einige Stunden Ruhe.

»Nur bis zum Abend«, riefen sie, »dann werden wir das Übrige vollbringen.«

Nino Bixio glaubte, dies dem General sagen zu müssen.

»Nein«, erwiderte dieser mit dem leisen Lächeln, das man an ihm bereits kennt, und mit der Kaltblütigkeit, die sich niemals bei ihm verleugnet, setzte er hinzu: »Wir können uns nicht ausruhen, ohne dass die neapolitanischen Truppen glauben, wir seien geschlagen worden. Noch sind sie nicht demoralisiert, die Soldaten schlagen sich gut. Wenn wir jetzt das Gefecht abbrächen und uns ausruhten, so würden wir sie an diesem Abend nicht schlagen können, weil sie wüssten, dass wir jetzt, in diesem Augenblicke nicht über sie triumphieren konnten. Wir müssen sie in Schrecken versetzen. Das Schicksal Italiens liegt hier auf diesem Schlachtfelde, in unserem ersten Zusammentreffen mit den Königlichen. Hier müssen wir siegen oder alle sterben. Das Gefecht muss entscheidend sein, möge es uns Tod oder Sieg bringen!«

»So sehen Sie also die Lage?«, erwiderte Nino Bixio, der Tapferste der Tapferen. »Dann also vorwärts, vorwärts!«

Dieses »Vorwärts!« wurde in einem solchen Tone ausgerufen, dass die Männer in den roten Blusen ihre Kräfte neu erstehen fühlten und noch energischer als zuvor mit dem Bajonette anzugreifen begannen. Von den Garibaldianern im Zentrum, von den Scharen Capolas und Sant' Annas in der Flanke bedrängt, mussten die Neapolitaner endlich weichen; sie warfen ihre Waffen von sich, verließen einen Teil ihrer Geschütze und wichen in Unordnung auf Calatafimi zurück, das sie am Abend ganz aufgaben, nachdem sie es auf schreckliche Weise ausgeplündert hatten.

Dieser Kampf hatte die italienische Armee, die auf dem Schlachtfelde lagerte, achtzehn Tote und hundertundachtundzwanzig Verwundete gekostet. Schiaffino, Montanari und De Amicis waren getötet worden, Oberst Sirtori, Maiocchi, G. Manin, Menotti Garibaldi, Bandi, Elia Missori, Montignani, Perduca, Palezzolo, Nullo, Stocco, Sprovieri und Sant' Anna alle mehr oder weniger schwer verwundet.

Der Verlust der königlichen Truppen war bedeutend größer gewesen; sie zählten neunzig Tote, zweihundertvierzig Verwundete, und eine ansehnliche Menge von Verwundeten war in den Händen der Alpenjäger geblieben, ebenso zwei Kanonen. Als die Reste der geschlagenen Kolonne Landis drei Tage später in Palermo einzogen, boten sie einen traurigen Anblick dar und wurden von dem Volke mit den Rufen: »Es lebe Garibaldi! Vittoria! Vittoria!« begrüßt. General Landi hatte die Nachricht von seiner Niederlage bereits unmittelbar nach Beendigung des Gefechtes an den General-Statthalter von Palermo abgeschickt, und der Zufall fügte es, dass der Bote und dieses Schreiben in die Hand einer Garibaldi'schen Patrouille fielen; Letzteres enthielt die dringende Bitte um Unterstützung und begann mit den Worten: »Hilfe, schleunige Hilfe!«

Am folgenden Morgen hielten die Alpenjäger unter unbeschreiblichem Jubel der Einwohner ihren Einzug in Calatafimi. Hier veröffentlichte der General folgende Ansprache im Tagesbefehl an seine braven Soldaten:

»Mit solchen Gefährten, wie ihr seid, kann ich alles unternehmen; das habe ich euch gestern bewiesen, als ich euch in ein sehr heiß zu nennendes Gefecht, wenn man die Zahl der Feinde und ihre starke Position in Betracht zieht, geführt habe. Ich zählte auf eure furchtbaren Bajonette, und ihr seht, dass ich mich nicht getäuscht habe. Lasst uns die harte Notwendigkeit, italienische Soldaten bekämpft

zu haben, beklagen, aber auch anerkennen, dass wir einen Widerstand gefunden haben, der einer besseren Sache würdig gewesen wäre; dieser Widerstand zeigt uns, wessen wir an dem Tage fähig sein werden, an dem die ganze italienische Familie um das Banner der Erlösung vereinigt sein wird.
Morgen wird das italienische Festland den Sieg seiner freien Brüder und unserer braven Sizilianer feiern; eure Mütter und eure Geliebten werden, stolz auf euch, erhobenen Hauptes auf den Straßen erscheinen.
Der Kampf kostete uns das Leben teurer Brüder, welche in der ersten Reihe gefallen sind; diese Märtyrer der heiligen Sache Italiens werden in den Strahlen des italienischen Ruhmes fortleben.
Ich werde dem Vaterlande die Namen der Helden nennen, die junge und bisher noch unversuchte Soldaten so tapfer in den Kampf geführt haben und morgen auf einem besseren Schlachtfelde wieder Soldaten führen werden, die berufen sind, die letzten Ringe der Ketten zu zerbrechen, in die unser viel geliebtes Italien geschmiedet worden.
Italien und Viktor Emanuel!«

Als Garibaldi am 17. Mai mit seiner Kolonne nach Alcamo gekommen war, einer Stadt, die etwa zehn Meilen von Palermo, im Hintergrunde des Golfs von Castellamare liegt, ernannte er Franz Crispi zum Staatssekretär und dekretierte eine allgemeine Aushebung aller zum Kriegsdienst tauglichen Männer, die im Alter von siebzehn bis fünfzig Jahren standen, und zwar sollte die Altersklasse von siebzehn bis dreißig Jahren zum aktiven Dienst in den Linien-Bataillonen gezogen werden, die von dreißig bis vierzig zum aktiven Distriktsdienst, die von vierzig bis fünfzig zum Dienst in den Gemeinden. Ferner sollten acht neue Linien-Regimenter, Nr. 53 bis Nr. 60, gebildet werden, welche sich der zweiundfünfzig Infanterie-Regimenter starken sardinischen Armee anschließen sollten.

Am 18. Mai brachen die Alpenjäger wieder von Alcamo auf, passierten die kleine Stadt Partenico, welche die Soldaten des Generals Landi auf ihrer Flucht geplündert und in Brand gesteckt hatten, und lagerten im Renna-Passe. Hier hielt sie strömender Regen die ganze Nacht hindurch und selbst einen Teil des folgenden Tages auf, und erst am 20. Mai kamen sie nach Pioppo, einem Dorfe, das nicht mehr weit von Monreale bei Palermo liegt.

Der General erfuhr hier, dass die beiden Guerillaführer Rosolino Pilo und Corrado mit ihren Scharen, die ziemlich stark waren, etwas oberhalb von Monreale bei San Martino stünden; er schickte ihnen darauf durch den Kapitän Calvino vom Generalstabe den Befehl, sofort die königlichen Truppen anzugreifen, die zu Monreale und in dessen Umgegend stationiert waren. Dies geschah und das Gefecht wurde sehr lebhaft. Die Sizilianer erlitten sehr empfindliche Verluste; ihr Führer Rosolino Pilo, einer der tapfersten und besten Unterbefehlshaber Garibaldis, wurde getötet, aber seine Leute blieben Herren der Höhen von San Martino, und es hatte dem General sehr viel daran gelegen, in den Besitz dieses strategisch wichtigen Punktes zu kommen.

Noch am Abend desselben Tages verließ das Korps wieder Pioppo, verfolgte eine Zeit lang den Weg nach San Joseph, wandte sich dann aber plötzlich nach links und schlug einen in die Berge führenden Fußsteg ein.

Inzwischen war es Nacht geworden und man konnte kaum ein paar Schritte weit sehen; der Regen goß wieder in Strömen herab, und der Fußsteg hatte sich in einen förmlichen Strom verwandelt, so dass die Pferde auf ihm nicht weiter vorwärtskommen konnten. Man musste nun Geschütze und Munition ziehen und auf den Armen tragen, und der General, der immer bereit war, mit gutem Beispiele voranzugehen, schonte sich dabei nicht mehr als der Letzte seiner Soldaten.

Dieser mühselige Nachtmarsch auf fast ungangbaren Wegen brachte die Garibaldianer nach Parco, das auf der anderen Seite von Monreale, auf der alten Straße von Carleone, liegt. Hier wurde einige Stunden geruht, und am 23. Mai erstiegen die Alpenjäger die Höhen, welche Parco beherrschen, als ob sie sich daselbst gegen einen Angriff der Neapolitaner befestigen wollten; dadurch hofften sie die königlichen Truppen dazu zu bewegen, ihre festen Stellungen zu verlassen und einen Angriff zu ihrer Vertreibung zu unternehmen.

Ehe wir den sich nun entspinnenden Kampf schildern, wollen wir einen Rückblick auf das werfen, was sich inzwischen in Sardinien zugetragen hatte.

Die heftigen Angriffe, die Graf Cavour von dem neapolitanischen Gesandten zu Turin wegen der Garibaldi'schen Expedition zu erdulden hatte, die von Frankreich und mehreren anderen Mächten – nur England machte eine Ausnahme – ausgesprochene Unzufriedenheit damit, dass man jene nicht energischer verhindert habe, veranlassten ihn zu einer öffentlichen Erklärung, die zufälligerweise an demselben Tage abgegeben wurde, an dem der Held der italienischen Freiheit durch die Benennung, die er den auf Sizilien neu gebildeten Regimentern gab, einen klaren Beweis lieferte, dass er seine Eroberungen nur für Sardinien gemacht hatte. Diese Erklärung lautete:

»Einige auswärtige Zeitungen, denen Journale dieses Landes, welche in Opposition zur Regierung des Königs und den nationalen Institutionen stehen, ein Echo gegeben, haben das Ministerium des Einverständnisses mit der Expedition des Generals Garibaldi angeklagt.
Die Würde der Regierung erlaubt ihr nicht, alle diese Anklagen eine nach der anderen aufzunehmen und zu widerlegen. Einige Aufklärungen werden hinreichend sein.
Die Regierung hat die Expedition des Generals Garibaldi missbilligt und sie durch alle Mittel, die ihr Klugheit und Gesetzlichkeit freistellten, zu verhindern gesucht.
Die Expedition hat trotz der Wachsamkeit der örtlichen Behörden stattgefunden; sie ist durch die Sympathie der Bevölkerung für die sizilianische Sache unterstützt worden.
Kaum war die Abreise der Freiwilligen bekannt geworden, so erhielt die königliche Flotte den Befehl, die beiden Dampfschiffe zu verfolgen und ihre Landung zu verhindern; dies gelang der königlichen Marine aber ebenso wenig als der neapolitanischen, die doch schon seit mehreren Tagen in den Gewässern Siziliens kreuzte.
Übrigens weiß Europa, dass die Regierung des Königs, so wenig sie auch ihre Sympathie für das gemeinsame Vaterland verschleiert, das Prinzip des Völkerrechts kennt und respektiert und auch fühlt, dass sie es in dem Staate, für dessen Sicherheit sie verantwortlich ist, zur Geltung zu bringen hat.«

Im Anschluss waren die öffentlichen Sammlungen zur Unterstützung der sizilianischen Expedition verboten worden, dessen ungeachtet setzten sie aber Doktor Bertani und die verschiedenen Komitees unbekümmert fort, und hinsichtlich der Begeisterung der Bevölkerung für Garibaldi und seinen Zug wäre es nicht ratsam gewesen, sie mit Gewalt zu unterbinden, da dies unzweifelhaft einen ernsten Bruch zwischen Volk und Regierung, deren Benehmen in dieser Sache ohnehin keineswegs gebilligt wurde, herbeigeführt haben würde. Der Gemeinderat von Mailand übersandte, nachdem er schon hunderttausend Lire für die Subskription zur Anschaffung von Gewehren unterzeichnet hatte, jetzt wieder hunderttausend Lire für die sizilianische Expedition, Como fünfzigtausend, Lodi sechstausend Lire usw.

Ebenso wurde die Anwerbung von Freiwilligen aufs Eifrigste fortgesetzt, besonders zu Genua, wohin die begeisterten Patrioten jeden Standes und Alters, selbst Franzosen, in großer Menge strömten; von Zeit zu Zeit wurden kleine Abteilungen, meistens mit englischen Pässen versehen, nach Sizilien geschickt.

Es waren besonders zwei Männer, die große Anstrengungen unternahmen, die junge Mannschaft zu bewaffnen und vorläufig auszubilden und so die Lücken reichlich zu füllen, welche der Kampf auf der Insel Sizilien in die Reihen der Alpenjäger gerissen hatte.

Der schon öfter erwähnte Oberst Medici, der treue Waffengefährte Garibaldis, ist aus der Lomellina gebürtig; nachdem er in Spanien gekämpft hatte, ging er nach Amerika und schloss sich daselbst der italienischen Legion von Montevideo an; dann hatte er als Führer eines Freiwilligen-Korps den Feldzug von 1848 in der Lombardei mitgemacht und sich bei der Belagerung Roms besonders ausgezeichnet; 1859 kämpfte er wieder als Oberstleutnant der Alpenjäger.

Ihm zur Seite stand Oberst Enrico Cosenz. Er war, 1820 zu Gaëta geboren, in der Nunziatella, der Militärschule zu Neapel, erzogen worden, denn seine eigentlich aus der Schweiz stammende Familie lebte daselbst und sein Vater, Ludwig Cosenz, war Marschall und einer der tüchtigsten Offiziere des Königs von Neapel. Dann trat er in die päpstliche Armee und wurde darauf mit General Pepe zur Verteidigung Venedigs abkommandiert. Hier verteidigte er, als die Österreicher nachts durch das Lagunentor eindringen wollten, dieses allein so lange, bis seine durch den Überfall aus dem Schlafe aufgeschreckten Waffengenossen ihm zu Hilfe eilten und die Feinde zurückschlugen. Auch er hatte den Feldzug des Jahres 1859 unter Garibaldi als Oberstleutnant mitgemacht und schlug eine Anstellung bei der toskanischen Armee unter General D'Ulloa aus, weil er sich nicht von Garibaldi trennen wollte. Er war dann in die reguläre sardinische Armee getreten und zum Brigade-General befördert worden, legte seine Charge aber wieder nieder, als Garibaldi die Aufforderung an ihn ergehen ließ, sich dem Zuge nach Sizilien anzuschließen.

20.
Kampf um und in Palermo

Wir geben den Bericht über die Kämpfe bei Palermo nach Alexander Dumas, und werden ihn später durch den Bericht der *Times* nach Augenzeugen ergänzen.

Nachdem die Alpenjäger die Stellung von Monreale eingenommen hatten, um den Feind aus seinen Positionen zu locken, verließ General Bosco, wie Garibaldi es vorausgesehen hatte, an der Spitze einer Division von sechstausend Mann, die aus Schweizern und Bayern bestand, am nächsten Morgen Monreale, in der Absicht, die Garibaldianer aus ihrer Position zu vertreiben.

Die italienischen Truppen erwiderten das Feuer der Königlichen ziemlich kühl, bliesen gegen zehn Uhr zum Rückzuge, gingen über Piana dei Greci und teilten sich nach dem Plane des Generals um sechs Uhr abends in zwei Korps. Oberst Orsini schlug mit der Artillerie, den Gepäckwagen, einer starken Kompanie Alpenjäger und mehreren Haufen sizilianischer Aufständischer die große Straße von Corleone ein, während Garibaldi mit dem Generalstab und dem Rest der Kolonne sich auf einen Fußsteg zur Linken begab und auf Misilmeri marschierte, das an der großen Straße von Catanea liegt.

Als General Bosco Piana dei Greci erreicht hatte, hörte er, dass sich das Gros der Armee und der Artillerie in die Richtung auf Corleone zurückgezogen habe. Überzeugt, dass Garibaldi sich nicht von dem Hauptkorps getrennt haben könne, setzte er entschlossen die Verfolgung Orsinis fort, der immer weiter zurückwich, um ihn so weit als möglich nach sich zu ziehen.

Garibaldi kam am 24. Mai in Misilmeri, einem kleinen Dorfe mitten in den Bergen, welche die Ebene von Palermo beherrschen, an und fand daselbst den Oberst La Masa und den größten Teil der neu gebildeten Trupps der Aufständischen. Er schlug sein Lager auf einem ziemlich weiten Plateau auf, das sich mit einer Seite gegen die Ebene, mit der anderen gegen Kap Zafferano, die Spitzen des Gebel Rosso und die Schlucht von Mezzagua erstreckt.

Das Wort »Zelt« stand nicht im Wörterbuche Garibaldis, indessen konnte der General die Soldaten nicht daran hindern, dass sie vier Lanzen in die Erde steckten, eine Decke darüber warfen und unter dieses Schutzdach einen Sattel und eine Schafsfell für ihn warfen, die ihm als Bett und Kopfkissen dienen sollten. Die Truppen schliefen im Schatten einiger Oliven auf der bloßen Erde.

Am folgenden Tage berief Garibaldi seine obersten Offiziere, mehrere Einwohner von Palermo, die mit Mönchen und Priestern nach seinem Lager gekommen waren, und die verschiedenen Guerillaführer zu sich, um sie von seinen Absichten in Kenntnis zu setzen. Er sagte ihnen, er habe sonst nicht die Gewohnheit, einen Kriegsrat abzuhalten, aber er glaube, sie dieses Mal zurate ziehen zu müssen, weil das Schicksal Siziliens und vielleicht ganz Italiens von dem getroffenen Entschlusse abhänge. Man könne jetzt nur zweierlei tun: sich entweder Palermos durch einen Handstreich bemächtigen oder sich ins Innere der Insel zurückziehen und daselbst eine Armee organisieren; was seine Person anbeträfe, so sei er für den Handstreich, der unmittelbar über das Schicksal der Expedition entscheiden würde. Er setzte hinzu, man müsse sich kurz fassen und nicht lange beraten.

Die meisten der Anwesenden waren über die Kühnheit dieses Planes erstaunt und machten die Bemerkung, dass es an Munition fehle. Der General erwiderte, nicht Flintenschüsse seien es, die den Neapolitanern imponierten, man müsse ihnen entgegengehen und die Munition sparen. Nach dieser Erklärung stimmten ihm alle bei und die Führer wurden entlassen, um sich zu ihren Leuten zu begeben, sie von dem neuen Beschlusse in Kenntnis zu setzen und ihren patriotischen Eifer zu nähren.

Anfangs war man dahin übereingekommen, dass der General mit seinen Alpenjägern die Spitze bilden und die sizilianischen Freischaren folgen sollten; einige der Führer erbaten aber als eine besondere Gunst, vorausgeschickt zu werden, und man gab ihrem Drängen nach. Die Guiden und einige Jäger bildeten unter Befehl des Oberst Tuckery die Vorhut, dann folgten die Sizilianer unter Oberst La Masa, darauf die genuesischen Schützen und endlich zwei Bataillone Jäger. Sizilianische Freischärler bildeten die Nachhut.

Der Mond erhellte das Feld, und die Signalkanone des Forts, welche nahe beim Stadttore stand, hatte schon lange den Abendschuss abgegeben, als man sich in Marsch setzte. Wie gewöhnlich hatte man die Feuer, die seit Garibaldis Landung jeden Abend auf den Gipfeln der Hügel brannten, wieder angezündet, damit die Neapolitaner glauben sollten, die Aufständischen hätten noch immer dieselben Stellungen inne.

Die Picciotti (die Kleinen), welchen Namen man den Rekruten der Aufständischen gegeben hatte, waren in ziemlicher Ordnung aufgestellt worden, was keine leichte Sache gewesen war, denn bei der Dunkelheit hatten die Führer nur mit großer Mühe ihre Leute zusammenfinden können. Sie stiegen einer hinter dem andern den Berg auf einem steilen Fußpfade in einer unendlich langen Reihe hinab, von ungeheuren Felsen beschattet; jeden Augenblick mussten sie anhalten, und ein Irrtum der Führer, die den Weg verfehlten und die Kolonne auf einen Punkt zuführten, wo die Königlichen in großer Stärke standen, verursachte bedeutenden Zeitverlust, so dass der Tag schon zu grauen begann, als man bei den ersten Häusern ankam.

Die Leute von den sizilianischen Freischaren stießen sogleich ein lautes Geschrei aus, das den Posten an der Brücke von Ammigliato weckte, so dass sich die Neapolitaner auf den Widerstand vorbereiten konnten, und so wurde die Spitze der italienischen Armee, die jene überfallen sollte, mit heftigem Feuer empfangen.

Bei den ersten Schüssen sprangen die Picciotti über die Mauern, die zur rechten und linken Seite der Straße waren, und ließen die dreißig oder vierzig Mann der Vorhut allein auf dem Wege zurück. Das erste Jäger-Bataillon, das diesen sogleich zur Hilfe gesandt wurde, bemächtigte sich ziemlich schnell der Position; während es die Neapolitaner zurückwarf, bestrebte man sich, die Picciotti von neuem zu sammeln. Als man sie aber vor die Brücke führte, schienen sie lieber darunter, als darüber fortgehen zu wollen; dem General und seinem Generalstabe gelang es endlich, sie zum Vorwärtsmarschieren zu bewegen.

Die Spitze der Truppen befand sich jetzt der Allee gegenüber, die zum Meere, nicht weit von der Porta dei Termini, führte. Das an deren Eingang errichtete neapolitanische Fort eröffnete ein ziemlich lebhaftes Feuer, das sich mit dem von zwei in der Nachbarschaft der Porta Sant' Antonia platzierten Geschützen kreuzte. Die Jäger stürzten sich mit dem Bajonett auf diese gefährliche Passage und nahmen sie; dabei wurde ihrem Führer, dem Oberst Tuckery, das Knie zerschmettert.

Man musste durchaus in die Stadt eindringen, um von den Neapolitanern nicht in die Flanke genommen werden zu können; deshalb erhielten auch die Picciotti den Befehl, teils die Gartenmauern, die sich zur linken Seite der Straße erstreckten, zu besetzen, teils den Jägern zu folgen. Gleichzeitig errichtete man rückwärts eine Barrikade. Dieses Verteidigungsmittel schien den Picciotti so sinnreich, dass sie auch vor sich eine Barrikade aufbauten, ohne dass man sie daran hätte hindern können, und dadurch den Marsch der Kolonne hemmten. Die, welche an dem Angriffe teilnehmen sollten, zeigten ein gewisses Widerstreben, sich dem Eingange der Allee, der durch Kreuzfeuer verteidigt wurde, zu nähern. Ein genuesischer Schütze, der dies bemerkte, wollte sie ermutigen; er stellte vier oder fünf Stühle mitten auf die Straße, pflanzte eine dreifarbige Fahne auf einen derselben und setzte sich daneben hin. Dieser Zug von Unerschrockenheit bewog die Picciotti, sich in die Allee zu wagen.

Die Einwohner von Palermo hatten das Versprechen gegeben, sich zu erheben, sobald Garibaldi sich an den Toren der Stadt zeigen würde. Sie hielten auch Wort. Um sechs Uhr begannen alle Glocken der Kathedrale zu läuten und das Volk füllte die Straßen mit dem Rufe: »Es lebe die Freiheit! Es lebe Sizilien! Es lebe Viktor Emanuel!«

Niemals hat man eine so einstimmige und so furchtbare Bewegung gesehen. Die Truppen schossen auf die Menge, und es entspann sich ein grauenvoller Kampf. Garibaldi erschien zu Pferde und von seinen Jägern umgeben, wobei man ihm das Banner der italienischen Unabhängigkeit vorantrug, da, wo der Kampf am heftigsten wütete; er übernahm sogleich die Leitung des Aufstandes.

General Lanza, der Oberbefehlshaber der neapolitanischen Streitkräfte, verfügte über ungefähr fünf- bis achtundzwanzigtausend Mann. Achtzehntausend davon, die in einem großen militärischen Quartiere zusammengefasst waren, wurden durch zwei Kasernen, den Palast des Königs und eine nahe am Tore platzierte Batterie sowie durch Verschanzungen, die man auf der großen Straße von Monreale aufgeworfen hatte und die rechts und links mehrere Kanonen verteidigten, gedeckt. Zwei- oder dreitausend Mann waren zwischen dem Palast des Königs und der Kathedrale innerhalb der Porta Nuova aufgestellt, fünfhundert befanden sich im Jesuitenkloster in der Toledostraße, zweitausend auf dem Marineplatz gegen den Cassaro, noch weitere im Zollamt, im Fort Castellamare, im Finanzgebäude, in dem Palazzo Pretorio, im Palast des Platzkommandanten und in den vier Militärunterkünften.

Garibaldi hatte seine Truppen in drei Kolonnen geteilt. Er kommandierte in Person die des Zentrums, welche die große Straße besetzt hielt, La Maja kommandierte die rechte und Nino Bixio die linke Flügelkolonne.

Die Garibaldianer wurden von einem furchtbaren Feuer der ganzen königlichen Artillerie empfangen und stürzten im Laufschritte, ohne nur einen einzigen Gewehrschuss zu tun, vorwärts.

General Colonna kam nun mit der Kavallerie aus Quattro Venti, der Kaserne der vier Winde, hervor; jetzt aber öffnete sich die Kolonne des Zentrums und entblößte die garibaldianische Artillerie, welche mit Kartätschen auf die Königlichen schoss. Diese wichen in Unordnung zurück, die Garibaldianer folgten ihnen mit gefälltem Bajonett, und bald entspann sich ein schrecklicher Kampf, der bis gegen zehn Uhr dauerte.

Aus ihren Positionen geworfen und gegen die Porta Nuova gedrängt, wurden die Königlichen in der Toledostraße mit Geschossen aller Art, mit Flinten- und Pistolenkugeln, die man aus den Fenstern auf sie abschoss, mit siedendem Wasser, Blumentöpfen, Möbeln, ja selbst mit Pianos, die man von den Dächern und Balkonen auf sie herabwarf, überschüttet. Ein Teil flüchtete sich in das Fort Castellamare, die andern zogen sich mit General Lanza in den königlichen Palast an der Porta Nuova zurück.

Als die sie verfolgenden Garibaldianer bei der Porta Nuova anlangten, beschossen die Kriegsschiffe der königlichen Marine, die an die Porta Felice angelegt hatten, gerade der Porta Nuova gegenüber, die Toledostraße mit Kartätschen, während das Fort von Castellamare und die auf der Reede befindlichen Schiffe die Stadt zu bombardieren begannen.

Zwei von Nino Bixio und La Masa befehligte Kolonnen wandten sich gegen Norden und zeigten sich vor der Favorita bei der Porta Macqueda, die, nicht weit von dem Fort Castellamare, den Hafen beschützt; eine dritte warf sich rechts gegen die Porta dei Termini, und Garibaldi ging – ungeachtet des Kartätschenhagels von den Schiffen und Forts – bis zu den vier Militärunterkünften vor und nahm sein Hauptquartier im Palast des Platzkommandanten.

Oberst Türr und der Generalstab bezogen den Palazzo Pretorio, wo das revolutionäre Komitee von Palermo seine Sitzungen abhielt.

Am Ende des Tages war Garibaldi Herr des ganzen Stadtteiles, der sich im Norden der Porta Macqueda bis an die Porta dei Termini erstreckt; die Barrikaden, von welchen die Stadt starrte, machten die Rückkehr der Truppen in die befreiten Stadtteile unmöglich.

General Lanza, der im königlichen Palast belagert und durch das Gros der Revolutions-Streitkräfte von der Zitadelle abgeschnitten war, leistete nur noch sehr mäßigen Widerstand, und nachdem das ausländischen Konsulate ebenso wie die Kommandanten der fremden Kriegsschiffe energisch gegen das Bombardement protestiert hatten, hörte das Feuer der neapolitanischen Schiffe und vom Palaste her zwar nicht ganz auf, milderte sich aber bedeutend.

Am 28. Mai morgens befand sich das Hauptquartier der Aufständischen in der Piera Vecchia, nahe dem piemontesischen Konsulat; die Neapolitaner hatten die Tore aufgegeben, und mehrere Trupps von Aufständischen, welche von Carini, Favorotta und anderswo herkamen, betraten die Stadt.

Im Laufe des Tages leerten die Königlichen die Gefängnisse, das Magazin, die Kaserne der vier Winde und flohen auf die äußerste Spitze der Mole, von wo aus sie laut nach den Booten der neapolitanischen Kriegsschiffe riefen, die sie aufnahmen.

Am Abend eröffneten die Aufständischen ein lebhaftes Gewehrfeuer gegen den königlichen Palast. Sie drangen in den erzbischöflichen Palast ein und schossen von da auf die Soldaten, die dadurch genötigt wurden, das Finanzgebäude und den Palazzo Ospitella zu verlassen.

Zahlreiche Banden von Bauern und Bergbewohnern neckten die ganze Nacht hindurch die königlichen Truppen, welche die Höhen von Monreale verließen, zwischen den Cappucini und dem Dorfe Olivezza ihr Lager aufschlugen und dem General Lanza, der noch immer im königlichen Palast belagert wurde, nicht zur Hilfe kommen konnten.

Am 29. Mai bemächtigten sich die Aufständischen vierer Kanonen und eines zwölfpfündigen Geschützes, die sich in der von den Neapolitanern verlassenen Gefängnis-Kaserne befanden, aber ungeachtet ihrer unaufhörlichen Angriffe hielten jene sich im königlichen Palaste, und als am Abend die Zitadelle ihr Feuer wieder aufnahm, brach eine große Feuersbrunst in der Nähe der Piazza San Domenico aus. Ungefähr dreitausend Bomben waren bereits auf die Stadt geschleudert worden, und mehr als hundert von ihnen waren auf die Hallen der Händler gefallen und hatten alle Läden in denselben zerstört.

General Lanza begann es an Lebensmitteln zu mangeln. Die zehntausend Soldaten, welche sich im königlichen Palast um ihn befanden, waren ausgehungert, sie verteidigten sich nur noch schwach, sprachen schon von Waffenstillstand, von Verhandlungen und fingen an, in großer Zahl zu desertieren. General Lanza entschloss sich daher, einen Unterhändler an Garibaldi zu schicken, und es wurde ein Waffenstillstand von sechs Stunden bewilligt.

Mit Anbruch des nächsten Tages erschien ein neuer Unterhändler und bat um Verlängerung des Waffenstillstandes, auch schlug er eine Zusammenkunft an Bord eines der auf der Reede ankernden fremden Schiffe vor.

Der Befehl, das Feuer einzustellen, wurde erlassen und um zwei Uhr führte ein Wagen, auf dem eine weiße Flagge wehte, General Lanza, General Letizia und Brigadier Christiane nach dem Quarantäne-Ausschiffungsplatze, von wo sie sich an Bord des englischen Schiffes »Hannibal« begaben. Hier befanden sich der Konteradmiral Sir John Mundy, der Kommandant der französischen Fregatte »Vauban« und der der amerikanischen Fregatte »Der Irokese«. Zur selben Zeit langte Garibaldi in Begleitung seines Sohnes Menotti, des Oberst Türr und des Staatssekretärs Franz Crispi an.

Trotz der größten Vermittlungsbemühungen der ausländischen Offiziere konnte man sich nicht verständigen. General Lanza machte Ansprüche darauf, Bedingungen zu diktieren, anstatt sich denen Garibaldis zu unterwerfen, zu dem er mit einem gewissen Hochmute sagte, solche Bedingungen könne man nicht einem Manne vorschlagen, der seit so vielen Jahren Krieg führe wie er.

»Ich bestreite das nicht, ich habe nie Krieg geführt«, erwiderte Garibaldi in ironischem Tone, der den englischen und französischen Offizieren ein Lächeln entlockte, »ich meine nämlich den Krieg im Großen, wie es der Herr General, unser Gegner, getan hat.«

Endlich kam man dahin überein, dass der Waffenstillstand bis zum 31. Mai mittags verlängert werden solle, damit Zeit bliebe, dass sich die Frauen und Kinder vom Kriegsschauplatze wegbegäben und dass man die Toten begraben und die Verwundeten zu drei Villen der Umgegend, die zu vorläufigen Hospitälern umgewandelt werden sollten, schaffen könne.

Als Garibaldi zum Palazzo Pretoria zurückgekehrt war, redete er zu dem Volke, das noch immer die Waffen in den Händen hielt und mit Ungeduld das Ergebnis der Konferenz erwartet hatte. Er sagte, da sich unter den vorgeschlagenen Bestimmungen einige demütigende für die Bevölkerung von Palermo befunden hätten, habe er sie mit Verachtung zurückgewiesen und die Feindseligkeiten würden mit dem folgenden Tage wieder beginnen. Die Volksmenge antwortete seiner Rede mit dem einstimmigen Rufe: »Krieg! Krieg! Es lebe Garibaldi!«

Der General ließ es sich nun angelegen sein, die Stadt in einen solchen Zustand zu versetzen, dass man den Kampf fortführen und energisch aufrechterhalten könne. Er verfügte die Bildung einer Nationalgarde, die Eröffnung einer Subskription, um den Kriegsbedarf zu beschaffen, und die Schaffung einer Verteidigungskommission, die sich aus vierzehn Mitgliedern zusammensetzte, sowie eines provisorischen Kriegskomitees, dessen Aufgabe sein sollte, die Anwerbung von Soldaten zu besorgen. Außerdem unterzeichnete er ein Dekret des Inhalts, dass alle Personen, die sich des Diebstahls, des Mordes oder der Plünderung schuldig machten, mit dem Tode bestraft und durch ein Kriegsgericht abgeurteilt werden sollten; ein zweites, das verbot, die Polizeischergen zu verfolgen und mit Waffen in der Hand, wenn man nicht einem militärischen Führer untergeordnet wäre, durch die Straßen zu laufen; ein drittes, das Salvatore und Onofrio Benedetto zu Stadtverwaltern mit dem Auftrage ernannte, den Verwaltungsdienst Palermos zu organisieren, und endlich ein viertes, das alles Eigentum der Regierung beschlagnahmte.

Das offizielle Journal von Palermo, der *Moniteur de Dictature*, veröffentlichte gleichzeitig zwei frühere, noch in Alcamo erlassene Dekrete. Das erste setzte in jedem der vierundzwanzig Distrikte Siziliens einen Gouverneur ein und reinstallierte in allen Gemeinden den Zivilrat sowie alle Behörden, die vor der königlichen Okkupation bestanden hatten; zudem schloss es all diejenigen Personen vom Zivilrat und allen anderen öffentlichen Ämtern aus, welche direkt oder indirekt die Restauration der Bourbonen begünstigen würden, im Namen der königlichen Gewalt öffentliche Ämter bekleidet hätten oder sich notorisch der Befreiung des Vaterlandes widersetzten. Das zweite Dekret bestimmte, dass die Verwaltung jeder Gemeinde den Bestand der öffentlichen Kassen feststellen und eine summarische Aufstellung darüber machen sollten; es verfügte ferner, dass die Auflage des Soldaten-Quartiergeldes und alle übrigen Steuern, die seit dem 15. Mai 1849 von der königlichen Gewalt auferlegt worden, abgeschafft seien und forderte die Bürger in allen von königlichen Truppen besetzten Gemeinden dazu auf, die Bezahlung der Steuern zu verweigern, da diese von nun ab der Nation gehörten.

Am 31. Mai, noch bevor der Waffenstillstand abgelaufen war,

nahm General Lanza, der sah, dass die Desertionen in seiner Armee auf die beunruhigendste Weise zunahmen, die Bedingungen an, die ihm der Diktator bei der Zusammenkunft an Bord der »Hannibal« auferlegt hatte. Er bat um eine Verlängerung des Waffenstillstandes um weitere drei Tage, damit General Letizia sich nach Neapel begeben und König Franz II. um die Vollmacht bitten könne, abschließend verhandeln und Palermo räumen zu dürfen.

Garibaldi willigte in diese neue Verlängerung des Waffenstillstandes.

General Letizia kehrte am 3. Juni, dem Tage, mit dem der Waffenstillstand ablief, von Neapel zurück. Franz II. hatte nicht zugeben wollen, dass seine Truppen geschlagen und zur Kapitulation gezwungen seien; er schickte General Lanza die Order, die Stadt lieber zu zerstören, als mit Garibaldi zu verhandeln.

Sobald der Diktator die Antwort des jungen Königs vernommen hatte, bereitete er sich darauf vor, die Feindseligkeiten von neuem zu beginnen, aber General Lanza verlangte – in der Überzeugung, dass er weniger denn je auf seine Soldaten zählen könne – erneut einen Aufschub von drei Tagen, der ihm auch sofort bewilligt wurde.

General Letizia kehrte noch einmal nach Neapel zurück; er hatte den Auftrag erhalten, dem Könige zu erklären, dass die Desertionen mit jedem Tage zahlreicher würden und dass die königlichen Truppen sich zu kämpfen weigerten. Franz II. begriff nun endlich, dass Palermo für ihn verloren sei und die Notwendigkeit gebiete, mit dem Führer der Revolution zu verhandeln. General Lanza erhielt die Erlaubnis zur Kapitulation.

Der Korrespondent der *Times*, William Russell, erzählt es im Wesentlichen ebenso, und wir wollen nur einzelne Stellen von seinem Berichte geben. Nachdem Garibaldi die Königlichen getäuscht und am 23. Mai Parco erreicht hatte, fährt der Bericht fort:

»Erst jetzt begriffen die Neapolitaner, dass sie von ihm getäuscht worden seien. Sie sandten nun alle Truppen, die man vor Monreale entbehren konnte, auf Parco. Am 23. und 24. Juni fanden nur Scharmützel statt; das war es aber gerade, was Garibaldi wollte, denn während derselben marschierte er mit dem Gros seiner Armee heimlich wieder ab. Die Königlichen besetzten hinter ihm Parco und Madonna della Grazia, plünderten, brandschatzten, mordeten und sandten ein glänzendes Siegesbulletin nach Palermo und

Neapel. Die neapolitanischen Bulletins standen zwar nicht gerade in dem Rufe großer Zuverlässigkeit, dennoch waren die Einwohner von Palermo tief betrübt, als sie erfuhren, Garibaldi habe sich zum zweiten Male zurückziehen müssen.

Ich war der Gerüchte, wie sie unter den Einwohnern herrschten, überdrüssig geworden und beschloss daher, zu versuchen, ob ich nicht zu dem Garibaldi'schen Lager kommen könne. Freunde beschrieben mir den Weg, den ich nehmen solle, ein zweispänniger Wagen wurde beschafft und bald fuhr ich auf der nach Catanea führenden Hauptstraße auf Misilmeri zu. Diese Straße war am schwächsten besetzt, weil sie von der See aus ganz mit Kanonen bestrichen werden konnte, und so gelangte ich, ohne von einzelnen Posten belästigt zu werden, auf das freie Feld.

In Salento standen die ersten Vorposten der Aufständischen, und hier war man viel wachsamer. Einer der Bewaffneten bot mir an, mich weiterzuführen, was mir sehr angenehm war. Als ich durch das Dorf fuhr, drängten sich die Einwohner an mich heran und küssten mir die Hände; sie sagten, sie möchten gern alle fechten, aber es fehle ihnen an Waffen; dessen ungeachtet brachten sie Hurras für Italien, Viktor Emanuel und Garibaldi aus. Wir mussten im Galopp davonfahren, um nur von ihnen loszukommen. Nach einer halben Stunde war ich in Misilmeri, einem elenden Orte, der auf den Namen einer Stadt Anspruch macht.

Auf der einen Seite des dortigen Marktes tagte das provisorische Exekutivkomitee, auf der anderen saß der Chef des Garibaldi'schen Generalstabes in primitiver Einfachheit auf einer hölzernen Treppe. Zwei Offiziere von dem amerikanischen Dampfer »Der Irokese« empfingen soeben von Oberst Sirtori Pässe, sich in das Lager begeben zu dürfen. Ich schloss mich ihnen an, und in Begleitung eines Offiziers ritten wir im Galopp die zum Gebel Rosso und zum Pass von Mezzagua aufsteigenden Höhen hinan. Bald hatten wir die wenigen Häuser hinter uns, links die Ruinen eines alten Schlosses, und um uns herum grünten prächtig die Oliven, Weinstöcke und Kornfelder, trotz des steinigen Bodens. Der General hatte sein Lager gerade über der Schlossruine auf einem ziemlich weiten Plateau aufschlagen lassen.

Als wir ankamen, war der General nicht anwesend; er machte gerade seinen Morgenspaziergang, aber seine Vertrauten standen sämtlich vor seinem Zelte: der Ungar, Oberst Türr, der überall ist, wo die Gefahr herrscht, obgleich er noch immer an einer Armwunde

leidet, die er während des Feldzuges des vorigen Jahres erhalten hatte, dann der bekannte Oberst Nino Bixio, Oberst Carini, der tapferste Sizilianer, und andere Tapfere, darunter der Sohn Garibaldis, der bei Calatasimi durch das Handgelenk geschossen worden ist, und der Sohn Danielo Manins, der am Schenkel verwundet worden. Bei ihnen standen der ehemalige Priester Guzmaroli, ein Romagnole, der Garibaldi mit hingebendem Enthusiasmus überwacht, und mehrere Guiden, meistens den vornehmen Familien der Lombardei angehörend, die eigentlich beritten sind, aber jetzt immer zu Fuß in dem ersten Gliede kämpfen. Einer der Interessantesten war ohne Zweifel der sizilianische Frater Pantoleone, der so lustig wie ein Mönch des Mittelalters, aber voll Feuer und Patriotismus und einer der Tapfersten ist.
In der Mitte dieser Gesellschaft, der sich zwei amerikanische und drei englische Marine-Offiziere anschlossen, stand ein dampfender Kessel mit Kalbfleisch, Zwiebeln und Brühe, daneben ein Korb mit frischem Brot und ein Fass Marsala-Wein. Sie aßen mit Gabeln und Fingern, tranken aus einem zinnernen Becher, und jeder Einzelne schien würdig, das Modell für einen Morillo abzugeben. Im Hintergrunde erhob sich die Kette der sizilianischen Gebirge, so schön wie Griechenlands Berge. Es war ein wunderschönes Bild!
Garibaldi langte auch bald an und bewillkommnete seine Gäste mit der ihm eigenen zauberischen Anmut; er erklärte sich bereitwillig, Autographen zu verschenken, und beantwortete freundlich alle Fragen, die wir an ihn richteten. Als die Gäste sich verabschiedet hatten, ging er an seine Tagesgeschäfte.«

Nachdem der Bericht nun von dem Kriegsrate gehandelt hat, fährt er über den Angriff auf die am schlechtesten bewachte Porta dei Termini von Palermo fort:

»Man hatte anfangs die Stadt um Mitternacht angreifen wollen, weil die Neapolitaner bei einem Nachtgefecht leicht in Verwirrung zu kommen pflegen, da sich dasselbe aber auch von den Sizilianern fürchten ließ, verschob man den Angriff auf den frühen Morgen. Auf den Rat mehrerer Sizilianer wurde beschlossen, den Pass von Mezzagua als den kürzesten Weg zu wählen; sie versicherten nämlich, dass der Weg ganz gut sei, was sie als Einheimische wohl am besten wissen mussten.
Die nötigen Befehle wurden ausgegeben und die verschiedenen

Korps traten den Weg durch den Pass hinauf an. Es war nicht viel Zeit zum Einpacken nötig gewesen, denn es war nichts zum Einpacken da, das Hauptquartier war daher auch bald auf dem Marsche. Der Weg führt durch Reihen riesengroßer Kaktushecken, die der Gegend den Charakter des Orients geben. Als wir die Höhe erreichten, ging gerade die Sonne unter und durch eine Bergspalte blickten wir auf Palermo, den Golf und weit in die See hinaus – ein Schauspiel, das uns an die Märchen der Feenwelt erinnerte. Alle Berge ringsumher wurden von den Strahlen der untergehenden Sonne beschienen und glänzten in dem roten Lichte, das man an den Bergspitzen von Attika so bewundert. Es war einer der schönsten Anblicke, die ich jemals genossen habe; die Luft war vom Blütenduft geschwängert, und dieser Duft nahm zu, je tiefer die Sonne sank. Hinter uns sahen wir das prächtigste Bergpanorama und vor uns – einen entsetzlich schlechten Weg.

Garibaldi selbst ritt auf einen hohen Punkt, von wo aus er alles überblicken konnte; vielleicht hatte er auch einen jener Augenblicke träumerischen Sinnens, denen er sich in feierlichen Momenten hinzugeben pflegt und die mit einer Konzentration aller seiner Fähigkeiten auf einen einzigen ihn bewegenden Gedanken endigen.

Der ganze Weg war eine Art Fußsteg zwischen Felsen, fortwährendes Überschreiten eines Bergbaches, dann ging es eine Strecke in dessen Bette vorwärts, dann kamen wieder Spalten und gefährliche Schluchten – und das bei einem Abfall von fünfundzwanzig Grad, und zwar mitten in der Nacht. Der General schwor, sich nie wieder auf einen Sizilianer zu verlassen, wenn es ein Urteil über Wege gelte, aber endlich kamen wir doch alle wohlbehalten unten in der Ebene mit den Oliven an.

Es wurde nun angehalten, um die letzten Kolonnen abzuwarten, als sich ein Intermezzo ereignete, das für die künftige Tapferkeit der Picciotti gerade keine gute Vorbedeutung war. Eines von den Pferden, die fast alle Hengste sind, scheute und schlug wütend um sich, die zunächst Stehenden traten zurück, die hinten Stehenden drängten vorwärts; sie fielen über Kameraden, welche die Zeit benutzten, ein wenig zu schlafen; die Schläfer erwachten, hielten die Olivenbäume für Neapolitaner, die Sterne für Bomben und den Mond für irgendein schreckliches Geschoss. Alle flohen voll Angst zu den Olivenbäumen, um sich zu decken, einige feuerten sogar ihre Gewehre ab, und es fehlte nicht viel, dass die schlimmste Verwirrung ausgebrochen wäre, da aber jeder das Seinige tat, wurde

die Ordnung bald wiederhergestellt, und nachdem uns die Ungeschicklichkeit der Führer noch einmal irregeführt hatte, erreichten wir endlich die nach der Stadt führende große Straße.
Als wir auf dieser, die von Gartenmauern begrenzt wurde, standen, dämmerte es schon, und wir mussten daher eilen. Die Picciotti waren indessen nicht leicht zum schnellen Vorrücken zu bewegen, riefen aber ganz laut ihre Evvivas, als ob sie schon vor dem Tore stünden. Die Folge dieses törichten Geschreies war, dass die Neapolitaner aufmerksam wurden und Zeit zu Verteidigungsanstalten gewannen.«

Eine weitere Stelle des Berichts lautet, nachdem erzählt worden, wie die Garibaldianer in die Stadt eingedrungen:

»Dicht hinter der Porta dei Termini befindet sich der alte Markt, die Vecchia Fiera. Hier hielt Garibaldi zuerst an. Man hätte sehen sollen, wie die Palermitaner sich in halber Raserei um ihn drängten, um ihm die Hände zu küssen. Als die Alpenjäger den unteren Teil der Stadt genommen hatten, kamen die Leute aus ihren Häusern, den Befreier zu begrüßen. Um halb sechs Uhr morgens war er durch das Tor eingedrungen, und zu Mittag war schon die Hälfte der Stadt von den neapolitanischen Soldaten verlassen. Das Bombardement von der Zitadelle aus hatte zwei Stunden vor Mittag angefangen, anfangs ziemlich schwach, nach und nach sehr heftig; man warf mit dreizehnzölligen Bomben, glühenden Kugeln, kurz, mit den gefährlichsten Geschossen. Gegen Mittag eröffneten auch die Kriegsschiffe im Hafen das Feuer, welches viele Häuser in den unteren Stadtteilen zerschmetterte und viele Menschen tötete. Zwei der größten Bomben fielen in einen der Krankensäle des Lazaretts, überall gab es einstürzende Gebäude, Feuersbrünste, Leichen und Verwundete. Wenn die Neapolitaner nur schrecken wollten, so können sie sich rühmen, ihren Zweck erreicht zu haben.
Man suchte, wenn man es vermochte, bombensichere Räume, andere beteten, weinten und rangen verzweiflungsvoll die Hände. Der Anblick war umso trauriger, da fast nur Leute von dem Unglück heimgesucht wurden, die sich an der Katastrophe gar nicht beteiligt hatten.«

Vom 27. Mai abends berichtet derselbe Augenzeuge folgendermaßen:

»Das Bombardement währt mit kurzen Pausen noch immer fort, besonders vom Schlosse her, wo der Stellvertreter des Königs sich aufhält. Admiral Mundy hat dem Kommodore vergebens Vorhaltungen wegen des Bombardements der Stadt gemacht. Dennoch sind die Truppen aus den meisten ihrer Stellungen innerhalb der Stadt verdrängt worden, mit Ausnahme der Umgebung des königlichen Schlosses und dessen Verbindung mit der Mole; im unteren Stadtteile ist noch das Finanzgebäude und Castello Amare von einigen Kompanien besetzt. Die meisten Fremden haben sich auf die Schiffe geflüchtet, ebenso alle Konsuln, bis auf den englischen, Mr. Goodwin, der als echter Brite seine Nationalflagge nicht verlassen will. Man behauptet allgemein, das Bombardement sei dieses Mal ganz anderer Art als im Jahre 1848, denn damals warfen die Neapolitaner nur eine oder zwei Bomben in einer halben Stunde, während sie dieses Mal kaum ihre Mörser sich abkühlen lassen.
Die Garibaldianer sind todmüde infolge der durchwachten Nacht, des anstrengenden Marsches und des Kampfes. Soeben ruht der General auf der Plattform, die den großen Springbrunnen auf der Piazza del Pretorio umgibt, daselbst tagt auch das permanente Komitee. Er ist sehr beschäftigt, die vielen Bedürfnisse der Truppen zu befriedigen, und der Wille ist bei diesen Palermitanern besser als die Tat.
Die Stadt ist erleuchtet und bietet während der Pausen im Bombardement einen lebendigen Anblick, die Läden bleiben aber geschlossen. Besonders macht die Beleuchtung durch die altmodischen, von den Balkonen herabhängenden Lampen einen sehr hübschen Eindruck; die durch die Nacht fliegenden glühenden Geschosse erhöhen diesen Eindruck noch.«

Vom 28. bis 30. Mai heißt es unter anderem in demselben Bericht:

»Mit jeder Stunde mehren sich die Desertionen (der Königlichen). Mit Einschluss der in den Hospitälern Gefundenen sind jetzt tausend Mann bei Garibaldi, er hat befohlen, dass sie gut behandelt werden, und ich habe noch keine Unfreundlichkeit gegen sie bemerkt; desto eifriger macht das Volk auf Polizeibeamte Jagd, doch ist von diesen bis jetzt nur einer getötet worden, nachdem er auf die, welche ihn verhaften wollten, Feuer gegeben hatte.
Während ich bei dem General war, traf ein Sch reiben von Corleone des Inhalts ein, dass der dort kommandierende neapolitanische

Oberst übergehen wolle, wenn man ihm seinen jetzigen Offiziersrang zusicherte. Man nahm natürlich seinen auf indirektem Wege gemachten Antrag an. Dies hat mich durchaus nicht überrascht, denn gestern kamen mehrere Offiziere in Zivilkleidung zu uns herüber und ergaben sich; an einer einzigen Stelle habe ich sechzig bis siebzig Mann, zum Teil Gefangene, zum Teil Deserteure, gesehen, welche für die Unabhängigkeit Italiens zu kämpfen wünschten. Die Häuser der Stadt sind meistens so leicht gebaut, dass eine einzige Bombe hinreicht, sie in einen Trümmerhaufen zu verwandeln, unter dem die Einwohner verschüttet werden. Auf diese Art sind ganze Familien verschwunden und Hunderte von unschuldigen Menschen getötet und verwundet worden. Die Flotte warf am ersten Tage etwa achtzig bis neunzig Bomben, das Kastell muss über dreihundert geworfen haben.«

Über die Garibaldianer sagt der Berichterstatter noch im Allgemeinen:

»Man könnte ein Epos schreiben über die Taten dieser eintausendzweiundsechzig Italiener und fünf Ungarn in den letzten zwanzig Tagen auf Sizilien, wie sie fochten, marschierten und Strapazen ertrugen. Wäre jeder Sizilianer bereit, nur den tausendsten Teil von dem zu leisten, was sie geleistet haben, so würde es keines Kampfes mehr bedürfen. Das Wort ‚Besoldung' ist ganz unbekannt; die meisten derer, welche gekommen sind, haben eigenes Vermögen, fordern nur Munition, leben von dem, was sie sich selbst kaufen, und scheinen beinahe vergessen zu haben, was Schlaf heißt. Übel ist allein, dass sie nur tausendzweiundsechzig Köpfe bei ihrer Landung zählten und dass diejenigen, welche sich als große Männer in der italienischen Sache ansehen, es für ihre Pflicht halten, ernstlich alle Zuzüge zu verhindern. Wenn man boshaft wäre, so könnte man den Argwohn hegen, dass sie die Gelegenheit für günstig hielten, sich Garibaldis zu entledigen – vielleicht irren sie sich aber doch.«

Weiter wird erzählt, wie Garibaldi am Nachmittage des 31. Mai einen Inspektionsgang durch die Stadt machte, nachdem infolge des ersten Waffenstillstandes das Feuern aufgehört hatte. Er trug dabei, wie gewöhnlich, seine rote Flanellbluse, ein buntes Tuch lose um den Hals geschlungen und auf dem Kopfe den abgetragenen Kalabreser; der Jubel, mit dem er von dem Volke begrüßt wurde,

überstieg alle Grenzen. »Es war für einen Menschen beinahe zu viel Anbetung«, heißt es, »dennoch verlor Garibaldi nicht einen Augenblick lang seine Ruhe; er lächelte ewig freundlich und sanft, tröstete, beruhigte, gab Ratschläge und verhieß für die Zukunft das Beste.«
So schwer es auch war, die Erbitterung der Soldaten während des Waffenstillstandes in Schranken zu halten, gelang dies Garibaldis Einflusse doch, dagegen war es unmöglich, das Volk von Palermo davon abzuhalten, dass es die Polizeischergen, die sich versteckt hatten, aufspürte und ohne Umstände niederschoss.

21.
Kapitulation von Palermo und Vorbereitung zu weiteren Kämpfen

Schon nach dem ersten Waffenstillstande hatte Garibaldi nachstehende Proklamation erlassen:

»Sizilianer!
Der Feind hat uns einen Waffenstillstand vorgeschlagen, den ich in einem hochherzigen Kriege, wie der ist, in dem wir kämpfen, nicht abzulehnen für geraten erachtet habe. Die Beerdigung der Toten, die Verpflegung der Verwundeten, mit einem Worte, alles, was die Gesetze der Menschlichkeit erheischen, hat stets die Tapferkeit des italienischen Soldaten geachtet. Zudem sind auch die neapolitanischen Verwundeten unsere Brüder, obgleich sie mit grausamer Feindseligkeit handeln und gegenwärtig noch von der Finsternis des politischen Irrtums umfangen sind; aber es dauert nicht mehr lange, bis die Nationalfahne sie dahin bringen wird, die Reihen der italienischen Armee zu vermehren, und damit die Bestimmungen der vereinbarten Konvention mit der strengen Rechtschaffenheit, die unserer würdig ist, beobachtet werden, machen wir Folgendes bekannt« – es folgten nun die Bedingungen des Waffenstillstandes.

Am 3. Juni veröffentlichte Garibaldi folgende Ansprache:

»Sizilianer!
Fast immer folgt auf Windstille Sturm, und so müssen wir uns auch auf Sturm rüsten, wenngleich das ersehnte Ziel noch nicht voll-

ständig erreicht werden sollte. Die Verhältnisse der Nationalsache waren glänzend, der Sieg war von dem Augenblicke an gewiss, wo ein hochherziges Volk die erniedrigenden Anträge mit Füßen trat und sich entschloss, zu siegen oder zu sterben. Ja, unsere Lage wird mit jedem Augenblicke besser. Doch dies darf uns nicht abhalten, unsere Pflicht zu tun und für den Sieg der heiligen Sache zu sorgen. Darum schafft Waffen her und rüstet euch! Wetzet das Eisen und setzet alle Mittel zu Schutz und Trutz in Stand! Zum Enthusiasmus und zu Lebehochs haben wir noch Zeit, wenn das Land von Feinden reingefegt ist. Schafft Waffen her und bewaffnet euch! rufe ich euch nochmals zu. Wer in diesen drei Tagen nicht an eine Waffe denkt, der ist ein Verräter oder ein Feigling, und das Volk, das unter Ruinen und den Trümmern seiner in Brand gesteckten Häuser für die Freiheit und das Leben seiner Frauen und Kinder kämpft, kann kein Feigling und kein Verräter sein.«

Nachdem General Letizia nach Palermo zurückgekehrt war, kam es am Morgen des 6. Juni zwischen dem Oberst Türr und dem neapolitanischen Oberst Rovo und General Letizia andererseits wirklich zur Unterzeichnung nachstehender Kapitulation:

»Vertrag zwischen den Unterzeichneten, um dem Blutvergießen zwischen den Kämpfenden in Palermo Einhalt zu tun.
Aus Rücksichten der Humanität wird der Waffenstillstand bis zur Vollführung folgender Operationen verlängert:
Art. 1. Die zurzeit in den Hospitälern oder an anderen Orten aufgenommenen Kranken werden so schnell wie möglich eingeschifft.
Art. 2. Es steht dem ganzen in Palermo befindlichen Armeekorps frei, sich mit seiner Equipage, Material, Artillerie, Pferden, Gepäck und allem Eigentum einzuschiffen oder zu Lande abzumarschieren, je nachdem Se. Exzellenz General Lanza es für zweckmäßig erachtet; einbegriffen ist das Material des Forts Castellamare.
Art. 3. Wird die Einschiffung vorgezogen, so findet zunächst die des Kriegsmaterials und eines Teiles der Tiere statt, die Einschiffung der Truppen folgt darauf.
Art. 4. Die Einschiffung geschieht an der Molo, danach soll alles nach Quattro Venti geschafft werden.
Art. 5. General Garibaldi räumt das Fort Castelluccio an der Mole und die Batterie Lenterna.

Art. 6. General Garibaldi liefert alle in seiner Gewalt befindlichen Kranken und Verwundeten aus.
Art. 7. Die Gefangenen werden von beiden Seiten sämtlich und nicht der Kopfzahl nach ausgewechselt.
Art. 8. Sobald die Einschiffung oder der Abmarsch sowie der Abzug von Castellamare erfolgt ist, werden die sieben Gefangenen (es waren Edelleute aus Palermo, die man im Verdacht des Einverständnisses mit den Aufständischen gehabt hatte) aus dem Fort Castellamare in Freiheit gesetzt werden. Sie werden an der Mole ausgeliefert, wohin sie die Besatzung transportiert.
Art. 9. Nach Unterzeichnung dieser Artikel hat man sich dahin vereinigt, dass die Einschiffung an der Mole von Palermo stattfinden wird.
Palermo, den 6. Juni 1860.
Für den General Lanza: Oberst Camillo Rovo, Unterchef des Generalstabes. General Joseph Letizia.
General Joseph Garibaldi.«

Der Abzug der königlichen Truppen begann schon am folgenden Tage, verzögerte sich aber noch mehrere Tage hindurch, da die Einschiffung der Menge von Material und Truppen viel Zeit erforderte. General Lanza verließ Palermo am 13. Juni, die letzten Truppen zogen erst am 19. Juni ab. Der Kapitulation gemäß legten die Alpenjäger den Königlichen kein Hindernis in den Weg; sie hielten nur die Straßen besetzt und präsentierten sogar das Gewehr vor den Besiegten.

An dem Tage der Kapitulation hatte Garibaldi auch den Schmerz, einen seiner besten Offiziere, den ungarischen Oberst Tuckery, zu verlieren; er starb, nachdem man ihm das Bein abgenommen hatte, an der Wunde im Knie, die er bei der Erstürmung der Stadt erhielt. Nachdem er die ungarische Erhebung mitgemacht, hatte er in türkischen Diensten gekämpft und sich bei Kars besonders ausgezeichnet.

In einer auf seinen Tod bezüglichen Proklamation sagte Garibaldi: »Das freie Italien ist solidarisch mit der ungarischen Freiheit und für dieselbe verantwortlich. Die Kinder unseres Landes werden auf den Kriegsruf antworten, wenn er sich gegen die Tyrannei an den Ufern der Donau erhebt. Ja, die Italiener schwören am Grabe dieses heroischen Märtyrers – die ungarische Sache wird die ihrige sein, und sie werden mit ihren Brüdern Blut um Blut tauschen.«

Am 13. Juni erließ der General wieder eine Proklamation:

»Einiges und freies Italien!
Jetzt ist noch nicht die Zeit zur Ruhe! Viele unserer Brüder sind noch unterdrückt, und wir haben geschworen, sie zu befreien. Es sind nun vierzig Tage verflossen, seitdem ihr Liguriens Gestade verließet, nicht um eines Gewinnes, nicht um eines Lohnes willen, sondern für Italiens Freiheit zu kämpfen. Soldaten von Varese und Como! Die Erde Siziliens ist von eurem Blute gerötet worden und deckt mehrere unserer Kameraden; aber überall, wohin wir den Fuß setzen, folgt uns der Segen des Volkes. Europa staunt über eure beiden Schlachten gegen kriegsgeübte Soldaten. Auf euren scharfen, gefeierten Bajonetten ruht die Freiheit Italiens. Ein jeder von euch hat den Beruf, die italienische Jugend zu neuen Kämpfen und zu neuen Siegen zu führen. In eure Reihen also! — Bald kehrt ihr wieder zu der Bequemlichkeit des häuslichen Lebens, in die Umarmung der Eurigen, zu den Liebkosungen eurer Frauen zurück! In eure Reihen! Soldaten von Calatafimi! Lasst uns das herrliche Werk vollenden, das wir begonnen haben!
Palermo, den 13. Juni 1860.«

Inzwischen war die Einstellung und Bewaffnung von Freiwilligen zu Genua und an anderen Orten des Festlandes rüstig fortgeführt worden und es hatte sich eine zweite, größere Expedition unter Oberst Medici vorbereitet.

Hierzu hatten sich etwa dreitausend junge Leute, den angesehensten und wohlhabendsten Familien angehörig, teils Gewerbetreibende, teils Kaufleute, zum großen Teil Studenten, zusammengefunden, die Namen Degrossi, Guastalla, Gaillardi, Lavaretta, welcher Letztere durch den sechzehnjährigen Sohn eines der reichsten Gutsbesitzer Liguriens vertreten wurde, und andere gehörten zu den geschätztesten; darunter befand sich auch ein Vater mit seinen sechs Söhnen. Ein anderer wohlbekannter Mann war der Ritter Joseph Rossi, Professor der Mathematik, der dem General seine Dienste als Ingenieur anbieten wollte.

Als man schon unterwegs auf See war, entdeckte sich ein junges Mädchen in Männerkleidern, deren Geschlecht man nicht geahnt und die es verheimlicht hatte, weil sie zurückgewiesen zu werden fürchtete, dem Oberst Medici; auf ihr inständiges Bitten, die Expedition als Kämpferin begleiten zu dürfen, wurde ihr dies wenigstens als Marketenderin zugestanden. Simonetta, ein sehr reicher Mann, hatte allein zwölfhundert junge Leute herbeigeführt. Zwei angesehene Damen aus Genua hatten ihre Kräfte als Pflegerinnen der Verwundeten angeboten und schifften sich wirklich mit ein. Unter anderen sah man auch wieder Sir John Peard, den aus den lombardischen Kämpfen bekannten so genannten Engländer Garibaldis.

Am 10. Juni schiffte sich die Medici'sche Schar zu Genua ein, ohne dass die Behörden es gewagt hätten, sie daran zu hindern; man beobachtete nur die Vorsicht dabei, sich in kleinen Trupps außerhalb der Stadt zu begeben und sich dort von den Booten abholen zu lassen. Die beiden Schiffe, welche die Expedition übersetzten, waren die »Franklin« und die »Washington«, beide amerikanisch und von dem durch die Subskriptionen eingegangenen Gelde gekauft; eines derselben führte Malenchini, das andere Medici selbst. Die Unbequemlichkeit war in Folge der engen Räumlichkeit und bei der starken Hitze sehr groß, aber am 20. Juni erreichten die Alpenjäger ohne Unfall Cagliari, schifften sich daselbst aus und marschierten sogleich auf Palermo.

Sobald sie hier angekommen waren, inspizierte Garibaldi die neuen Truppen und hielt noch an demselben Tage Kriegsrat mit all seinen höher gestellten Offiziere, der den einstimmigen Beschluss zum Resultat hatte, sobald als möglich auf Messina zu marschieren.

Inzwischen hatte der Diktator eine ungeheure Tätigkeit entwickelt. Schon während der Waffenstillstands-Unterhandlungen war eine geordnete Regierung für Sizilien eingesetzt worden; Garibaldi hatte ein Ministerium ernannt, das sich folgendermaßen zusammensetzte: für den Krieg und die Marine Oberst Orsini, für das Innere Franz Erispi, für die Finanzen Domenico Pirani, für die Justiz Andrea Guarnieri, für den öffentlichen Unterricht und Kultus Monsignore Gregorio Ugdulena, für das Auswärtige und den Handel Baron Casimire Pisani, für die öffentlichen Arbeiten Joanno Raffaele.

Alle diese Minister waren energische und aufgeklärte Patrioten, voll Eifer und Ergebenheit für die nationale Sache, und machten sich sogleich daran, die Provinzial- und Gemeindeverwaltung zu organisieren. Auf ihre Veranstaltung begann sogleich die Musterung in den verschiedenen Gemeinden, deren jede von fünfzig Mann immer einen zu dem neu zu bildenden Heere abzustellen hatte; sie setzten ferner nach der Kopfzahl der Bevölkerung die Lasten fest, welche die Ortschaften zu tragen hatten, und nahmen, mit einem Worte zu sagen, alle Maßregeln, die notwendig erscheinen konnten, das angefangene Werk zu Ende zu bringen, nämlich die Befreiung Siziliens.

Mobile Kolonnen wurden in die Distrikte geschickt, die sich noch nicht erhoben hatten; überall wurden sie mit Enthusiasmus empfangen, überall in den Küsten- und in den inneren Provinzen folgten Städte und Dörfer dem Beispiele Palermos, und bald hatten die königlichen Truppen, die von der Bevölkerung geschlagen und umhergehetzt wurden, nur noch einige feste Plätze in Händen, wie Syrakus und Agosta, wo sie sich konzentrierten, ebenso wie zu Milazzo und Messina. Freiwillige kamen von allen Punkten der Insel herbeigeeilt, sich um das Banner der Revolution zu scharen.

An Menschen fehlte es nicht, wohl aber an Transportmitteln, die Freiwilligen vom Festlande, die sich noch immer sammelten, herbeizuschaffen. In Marseille waren einige Transportschiffe gemietet worden; man hatte sie in wenigen Tagen ihrer bisherigen Bestimmung entkleidet, mit Geschütz-Unterlagen versehen, die Ausrüstung gewechselt, neue Kommandanten ernannt, Kanonen an Bord gebracht, aber alles das blieb noch sehr unzureichend und der Diktator wandte sich deshalb an einen Liverpooler Schiffsreeder, Mr. Parker, und erhielt von ihm eine Liste zu verkaufender Schiffe. Er erwiderte darauf, er wolle zwei von ihnen ankaufen und wünsche noch mehrere andere, die ebenso wie die englischen Kanonier-Schaluppen gebaut seien oder noch zu bauen wären. Zum Schlusse seines Briefes sagte er: »Ich danke Ihnen für alle Ihre guten Wünsche und kann Sie versichern, dass ich lebhaft die Sympathie empfinde, die England für unsere Sache an den Tag legt. England muss sich erinnern, dass es nur unter freien Völkern aufrichtige Verbündete haben kann und dass es deren auf dem Kontinent sehr wenige findet. Ein freies und einiges Italien würde diese Lücke ausfüllen und würde eines der größten Hindernisse für die Pläne des französischen Gouvernements werden. Schicken Sie uns schnell Waffen, Schiffe und Materialien jeder Art, und ich garantiere Ihnen dafür, dass jenes Resultat schnell erreicht sein wird.«

Zwei kleine Schiffe, die »Utile« und die »Clipper«, die von Genua achthundert Freiwillige nach der Insel führten und unter amerikanischer und sardinischer Flagge segelten, hatten Unglück. Zwischen den Inseln Elba und Pianosa stießen sie auf eine neapolitanische Fregatte, an deren Bord sich der königliche Admiral Roberts befand; wie es hieß, lockte das Kriegsschiff sie durch Aufziehung der englischen Flagge an sich und belegte sie dann mit Beschlag, obwohl die Schiffspapiere in Ordnung und die Freiwilligen sämtlich mit amerikanischen Pässen versehen waren. Sie waren nach Gaëta gebracht worden, die amerikanische Gesandtschaft legte aber sofort Protest dagegen ein, und die endliche Folge war die Herausgabe von Schiffen und Mannschaft.

Diese Anschaffungen von Schiffen und Kriegsmaterial kosteten natürlich große Summen, deren Beschaffung hauptsächlich dem Doktor Bertani in Genua anheimfiel; der wackere Mann erließ daher wieder einen Aufruf an die Italiener:

»Genua, den 26. Juni 1860.
Ich habe eine wichtige Botschaft aus Palermo erhalten; sie bewegt mich, einen energischen Aufruf an die Italiener zu wiederholen. Ich sage euch daher: In diesem Augenblicke liegt die einzige belebende Kraft des Krieges in klingender Münze. Garibaldi, die Personifikation des kämpfenden Italiens, besteht auf die Anleihe und verlangt inzwischen Geld. Welche Schande wäre es für uns, wenn wir es ihm verweigerten! Mögen die Italiener also jenen Geld geben, die ihr Blut geben und noch geben werden. Ihre Belohnung wird der Dank des Vaterlandes sein. Die Darlehensgeber, an welche wir uns dringend wenden, mögen als Garantie die feierlichen Worte Garibaldis annehmen: ‚Hier auf Sizilien haben wir die Mittel, alles wiedererstatten zu können.‘ Garibaldi bricht sein Wort nie. Die Mittel, deren er erwähnt – die Ruinen Palermos –, sind ein Schatz, aber in der bombardierten Hauptstadt Siziliens ist dieser Schatz noch keine bare und klingende Münze. Die Italiener stehen für den Ausgang dieses Kampfes ein und es ist ihre Pflicht, jenen Schatz in Geld umzuwandeln. Dieser gewünschte und siegreiche Krieg wurde durch das Volk geführt; wer geben kann, der verweigere nicht seine Hilfe. Möge sich kein Italiener dem Vorwurfe aussetzen, dem Vaterlande seine Unterstützung vorenthalten zu haben. Jetzt ist Geld die einzige Waffe für Italien, seine Stärke, die Sicherung seines Sieges.
D. Agostino Bertani.”

Dieser Aufforderung wurde wieder auf das Bereitwilligste und Freigebigste entsprochen. Auch auf Sizilien selbst kamen viele freiwillige Beiträge zusammen, und einen ansehnlichen Zuschuss lieferte die von Garibaldi übernommene Bank von Palermo. Als der Gemeinderat von Partenico, einem Städtchen zwischen Alcamo und

Monreale, den Beschluss gefasst hatte, einem der Plätze des Ortes den Namen »Garibaldi-Platz« zu geben und daselbst eine Statue des Helden zu errichten, erwiderte dieser sogleich:

»Palermo, den 4. Juni 1860.
Meine Herren!
Ich habe den Beschluss des Gemeinderates gelesen, den Sie mir am 2. Juni zukommen ließen, und daraus ersehen, dass die Gemeinde von Partenico mir die Ehre eines Denkmals erzeigen wollte. Indem ich Ihnen für so große Aufmerksamkeit meinen Dank sage, fühle ich mich verpflichtet, Sie zu erinnern, dass ich nach Sizilien gekommen bin, um Krieg zu führen; jede Ausgabe, die nicht in diesem Sinne geschieht, kann mir keine Freude machen. Geben Sie daher den Gedanken an die Aufstellung einer Statue auf und verwenden Sie das Geld zum Ankaufe von Waffen und Munition. Tragen Sie auf diese Weise zur Unterstützung der italienischen Einheit, für welche ich fechte, bei, und Sie werden Ihren Stein zur Errichtung des ersten aller Monumente beigesteuert haben.
Der Diktator G. Garibaldi.«

Bei der Räumung der Trümmer von Palermo ergab sich nach einer vorläufigen Schätzung von Geschworenen ein durch das Bombardement der Königlichen angerichteter Schaden von siebzig Millionen Taler; man fand siebenhundertdreiundsiebzig Leichen von Einwohnern, teils erschossen, teils durch die zusammenstürzenden Häuser erschlagen. Den Plünderungen des Pöbels, die sich bei solchen Gelegenheiten wohl nie vermeiden lassen, setzte Garibaldi dadurch bald ein Ende, dass er neun des Raubes und Diebstahls Überwiesene ohne weiteres erschießen ließ.

In Palermo mussten die Barrikaden nun einstweilen stehen bleiben für den Fall, dass die Königlichen einen Angriff auf die Stadt machen sollten, sobald Garibaldi sie mit der Armee verließ, um auf Messina zu marschieren; an die Einwohner wurden Piken zu Tausenden verteilt. Auch eine Kanonengießerei wurde daselbst angelegt, wohin die Kirchenglocken geliefert werden mussten. Oberaufseher der Armenanstalten wurde Graf Manzoni.

Interessant ist nachstehendes Dekret Garibaldis:

»In Erwägung, dass die Jesuiten und die Ligurianer während der traurigen Periode der bourbonischen Herrschaft die tätigsten Un-

terstützer des Despotismus gewesen sind, dekretiere ich kraft der mir verliehenen Gewalt:
Die in Sizilien unter den verschiedenen Namen von Gesellschaft und Haus Jesu und heiligem Erlöser bestehenden Körperschaften von Ordensgeistlichen sind aufgelöst. Die dazugehörigen Mitglieder werden von dem Territorium der Insel ausgewiesen. Ihre Güter werden zum Staatsvermögen geschlagen.
G. Garibaldi. Crispi.«

Die italienische Armee hatte durch die Einziehung von Wehrpflichtigen und die aus Genua ankommenen Verstärkungen – Anfang Juli zum Beispiel viertausend Mann, meistens Lombarden, unter dem Brigadier Cosenz – einen ziemlich ansehnlichen Effektivbestand erlangt, so dass ein so kühner General wie Garibaldi nicht nur einen Angriff auf Messina unternehmen, sondern auch einen Einfall auf das Festland versuchen konnte. Die Armee setzte sich folgendermaßen zusammen:

Disziplinierte und felddienstfähige Truppenkörper:
Drei Brigaden Linien-Infanterie, jede zu vier Bataillonen, kommandiert von Nino Bixio, Jacobo Medici und Henrico Cosenz.
Vier Bataillone Cacciatori dell' Etna (Ätnajäger), sizilianische Freiwillige, die sich für die Dauer des Feldzuges zu dienen verpflichtet hatten.
Zwei Bataillone Alpenjäger und eine Kompanie genuesischer Schützen, wahre Elitetruppen.
Ein Bataillon der »Söhne der Freiheit«, eine Art Fremdenlegion in der Stärke von ungefähr neunhundert Mann, das von dem englischen Oberst Drum kommandiert wurde.
Eine Schwadronn Guiden.
Zwei Batterien Artillerie.
Ein Bataillon Pioniere.

Korps, deren Vervollständigung in den nächsten Tagen bevorstand:
Zwei Brigaden Linien-Infanterie.
Sechs Bataillone Ätnajäger.
Ein Regiment Kavallerie.
Zwei neue Artillerie-Brigaden.

Außerdem hatte der General zu seiner Verfügung zwei Hundertschaften der Polizei, eine Schwadron Waffengefährten, die Miliz-Bataillone der ersten Kategorie, eine Art von mobiler Nationalgarde, und man war eben im Begriff, den Kern eines zweiten Kavallerie-Regiments und einer fünften Batterie zu formieren.

Die Uniformen dieser verschiedenen Korps hatten eine gewisse revolutionäre Fremdheit, der es nicht an Malerischem fehlte. Die Linien-Soldaten trugen Tunikas und rote Mützen, die Alpenjäger die rote Bluse und den mit schwarzen Federn geschmückten Kalabreserhut, die Ätnajäger Blusen von dunklem Kaffeebraun und rote Käppis, die von Medici zugeführten Soldaten eine grau-schwarze Bluse mit roten Vorstößen und weißen Knöpfen, einen blauen Helm mit roten Rändern, die »Söhne der Freiheit« weiße Jacken, rote Mützen, mit Weiß garniert, die Kavallerie eine rote Tunika mit blauen Aufschlägen und rot-grüne, mit Silber bestickte Käppis; alle trugen Beinkleider von ungebleichter oder weißer Leinwand. Die piemontesische Uniform hatten nur die Artilleristen und die Pioniere.

Auch die Marine war schon auf dem Wege der Organisation, und Garibaldi hoffte nächstens seinen Plan einer Landung an den Küsten des Königreichs Neapel ins Werk setzen zu können. Er hatte sich an die Turiner Handels-und-Industrie-Kasse wegen des Ankaufs dreier Dampfer von der transatlantischen Kompanie gewandt, die mit den beiden in England gekauften Fahrzeugen den Kern der sizilianischen Flotte bilden sollten. Fünf andere Dampfschiffe hatte er von amerikanischen Reedern verlangt, und der frühere Kapitän der »Piemont«, Salvatore Castiglia, war nach Malta gegangen, von wo er alle Schiffe, welche er für die militärischen Operationen geeignet halten würde und die man ihm verkaufen wollte, herbeizubringen Befehl erhalten hatte. Man bildete auch in den Häfen der Insel, die der revolutionären Regierung bereits gehörten, Marine-Kompanien, kommandiert von besonders zur Leitung der Aus- und Einschiffungen bezeichneten Offizieren.

22.
La Farina und Auszug von Palermo

Es gab in Sizilien eine Partei, die mit großer Zufriedenheit auf die Tätigkeit Garibaldis in militärischer Hinsicht sah, die aber seine revolutionären Tendenzen missbilligte und sich deshalb bemühte, die Leitung der öffentlichen Angelegenheiten in die Hand zu bekommen. La Farina, ein einflussreiches Mitglied der National-italienischen Gesellschaft, war von dem Grafen Cavour in der Eigenschaft eines außerordentlichen Kommissarius des sardinischen Gouvernements nach Palermo geschickt worden und stand an der Spitze dieser Partei, die den größten Teil der angesehenen gemäßigten Liberalen zu den Ihrigen zählte.

Joseph La Farina, aus Messina gebürtig, war schon in den früheren Jahren als historischer Schriftsteller von republikanischen Ansichten bekannt gewesen; 1848 war er in der sizilianischen Erhebung Mitglied des Parlaments und Minister geworden und hatte sich bei der Okkupation der Insel durch die Königlichen nach Turin flüchten müssen, wo er seitdem lebte. Durch seinen Eifer und seine diplomatische Geschicklichkeit gewann er sich das Vertrauen des Grafen Cavour, der ihn zur Vermittlung mit Garibaldi brauchte.

Allgemein gab sich auf Sizilien schon der Wunsch zu erkennen, dass der Anschluss der Insel an Sardinien so bald als möglich erfolge, weil man sich dadurch umso gesicherter vor den Bourbonen glaubte. Die sardinische Regierung verleugnete aus diplomatischen Rücksichten Garibaldis Unternehmen noch immer, im Geheimen aber hegte sie denselben Wunsch und hatte Farina eben aus dem Grunde, insgeheim dahin zu wirken, nach Palermo gesandt.

Garibaldi hatte sich indessen folgende Überzeugung gebildet: »Ob ich Sizilien diktatorisch an Piemont anschließe oder ob ich dies durch eine Versammlung tun lasse, immer bin ich durch Turin gebunden, und das will ich nicht, ich will mir das Feld frei halten, um die Revolution nach Neapel und ins übrige Land tragen zu können.« Der General wusste, dass man ihm im anderen Falle von Seiten der sardinischen Regierung unüberwindliche Schwierigkeiten in den Weg legen würde, seine Pläne, welche die Freiheit ganz Italiens bezweckten, zur Ausführung zu bringen.

Auch Mazzini war damals in Palermo eingetroffen, und er und seine Anhänger stellten sich zwar, als wären sie ganz mit Garibaldis

Ansichten zufrieden und wollten die konstitutionelle Monarchie Viktor Emanuels anerkennen, ihre Absicht war aber nur, den Diktator um jeden Preis vorwärtszudrängen, den Anschluss an Sardinien zu hintertreiben und später die Republik zu proklamieren. Beide Parteien waren Garibaldi gefährlich, zumal er sie nicht vollkommen durchschaute; er ging aber ungehindert den Weg fort, den ihm seine eigene Überzeugung vorschrieb.

Farina gab sich nun alle Mühe, von Garibaldi die Ausweisung der Mazzinisten zu erlangen, aber obgleich der General von Herzen wünschte, mit Farina in gutem Einvernehmen zu bleiben, willigte er doch nicht in diesen Vorschlag. La Farina setzte nun Himmel und Hölle in Bewegung. Er gründete das Journal *Der Anschluss*, und seine Freunde schrieben in der *Unita Italiana*, dem Organ der Revolutionäre, Artikel, die das Volk für ihre Pläne gewinnen sollten.

Endlich gelang es Farina, Garibaldi dahin zu bewegen, dass er den Fürsten Turrearsa, einen Anhänger des Anschlusses, zum Vizediktator ernannte, aber auch dessen Einfluss auf den Diktator konnte nicht durchdringen, da die absolut-italienische und mazzinistisch-garibaldistische Partei diesem mit Erfolg die Gefahren eines sofortigen Anschlusses für das südliche Italien vorzustellen wussten.

Infolgedessen nahm La Farina zu einem öffentlichen Auftritt seine Zuflucht. Er stand in innigen Beziehungen zum Stadtrat Palermos und bewog dessen Mitglieder, eine Bitte zugunsten des Anschlusses vorzutragen, als sie Garibaldi den Titel eines palermitanischen Bürgers antrugen. Der Diktator war genötigt, darauf zu antworten; er tat es in einer sehr ernsten, wohldurchdachten und ausführlichen Rede, in der er die Situation vollständig auseinandersetzte und unter anderem sagte:

»Es haben sich bereits alle Gemeinden Siziliens, bis auf einige unwichtige Flecken, für den Anschluss an das italienische Königreich unter dem ruhmwürdigen Viktor Emanuel ausgesprochen. Meine Herren, ich war es, der den Feldzug von 1859 mit dem Programm eröffnete: ‚Italien und Viktor Emanuel!‘ Ich kenne und schätze persönlich die ausgezeichneten Eigenschaften dieses hochherzigen Fürsten, und vom ersten Tage, an dem ich ihn sah, war ich überzeugt, dass er der von der Vorsehung bestimmte Mann sei, die verschiedenen Zweige der italienischen Familie wiederzuvereinigen und diese zu begründen. Auf das Votum der Gemeinden mich stützend, könnte ich durch einen Diktatorial-Akt die Union proklamieren; aber verstehen wir uns wohl, ich bin gekommen, für Italien zu kämpfen und nicht für Sizilien allein, und wenn nicht ganz Italien wiedervereinigt und frei ist, so wird auch das Schicksal eines seiner Teile nie gesichert sein. Alle diese getrennten Teile wieder aneinanderzuknüpfen, sie in den Stand zu setzen, dass sie ein Italien bilden, ist das Ziel meiner Unternehmung. Wenn wir in diesen Zustand gelangt sein werden, wenn wir, zu wem es auch sei, sagen können: ‚Italien soll eins sein, und mag es Ihnen nun gefallen oder nicht, es ist so!', dann wird es Zeit zum Anschluss sein. Wenn wir heute Sizilien allein anschließen, würden die Befehle von andersher kommen, und dann müsste ich mein Werk verlassen und mich zurückziehen.«

Diese Worte bedurften keines Kommentars. Fürst Turrearsa, der Vizediktator, reichte seine Entlassung ein, Baron Casimire Pisani, der Minister der auswärtigen und Handelsangelegenheiten, folgte seinem Beispiele, und die Anhänger des Anschlusses waren dadurch, wenn auch nicht zum Schweigen, so doch zur Untätigkeit verdammt.

Garibaldi sagte übrigens La Farina geradezu, er sei nur nach Palermo geschickt worden, um Unruhen und Zwistigkeiten zu erregen, ließ ihn sowie zwei Korsen, Griselli und Tosti, welche zur geheimen Polizei der französischen Regierung gehören sollten, in der Nacht des 7. Juli festnehmen und sofort an Bord des Passagier-Dampfers nach Genua bringen. Das war eine Art Bruch mit der Regierung, und Farina, der sehr erbittert war, griff Garibaldi nun in öffentlichen Schriften an, erhielt aber eine kurze und scharfe Abfertigung. Dieser Gewaltakt hatte erschreckt, und der General hatte nun freie Hand für seine militärischen und politischen Pläne.

Für die entlassenen Minister traten andere ein, Amari, Interdonato und Errante; Crispi, Orsini, La Logia und La Fonta blieben.

In dieser Zeit langte die neapolitanische Kriegskorvette von sechzehn Kanonen, »Kapitän Anguizzela«, mit einer Parlamentärsflagge im Hafen von Palermo an und ließ Garibaldi melden, dass sie ihm Depeschen zu übergeben habe; sobald der General aber das Schiff betrat, hisste dasselbe die sardinische Flagge und erklärte, dass es bereit sei, zu den Italienern überzugehen. In den nächsten Tagen schon kaperte es zwei kleine mit Geld und Schuhen beladene königliche Fahrzeuge nicht weit von Palermo und brachte sie in den Hafen.

Nachdem Oberst Medici schon am 28. Juni mit seiner Brigade gegen Messina vorgerückt war, bereitete sich auch Garibaldi mit dem

Hauptkorps auf den Marsch ebendahin vor. Vorher erließ er zwei Proklamationen, die eine an die Frauen von Palermo:

»In dem Bewusstsein, ein gutes Werk zu tun, mache ich Ihnen einen Vorschlag, der edlen Herzen, wie den ihrigen, gewiss nur willkommen ist – Ihnen, die ich in der Stunde der Gefahr kennen gelernt habe, die so schön in Ihrem Zorne und in ihrer erhabenen Vaterlandsliebe sind, die in der Wut des Kampfes die grausamen fremden Söldner vernichteten und die Söhne der italienischen Erde, die sich vereinigt hatten, um frei zu werden oder zu sterben, durch Worte anfeuerten! Voll Vertrauen wende ich mich an Sie, liebenswürdige Palermitanerinnen, um Ihnen einen Anfall von Schwäche zu gestehen. Ich alter Soldat beider Hemisphären habe, im tiefsten Herzen bewegt, geweint: nicht beim Anblicke der Leiden und Verheerung, zu denen diese schöne Stadt verdammt wurde, auch nicht beim Anblicke der Trümmer des Bombardements und der verstümmelten Leichen, sondern beim Anblicke der Kinder und Waisen, die verurteilt sind, Hungers zu sterben! Im Waisenhause gehen von hundert Kindern immer neunzig zugrunde, weil es an Verpflegungsmitteln für sie fehlt. Eine einzige Amme nährt an ihrer Brust vier arme Wesen, die zu Ebenbildern Gottes geschaffen worden sind. Das Weitere lasse ich Ihre milden Herzen, die bereits durch diese traurige Mitteilung bewegt wurden, erraten. Von den vielen Abschieden in meinem Leben wird gewiss derjenige am schmerzlichsten sein, der mich von Ihrer mir so teuren Einwohnerschaft trennt. Ich werde an diesem Tage trauern, aber ich hoffe, dass Sie, der edelste Teil dieses Volkes, meinen Schmerz mildern werden durch die Hoffnung, die Überzeugung, dass diese verlassenen, unschuldigen Kinder, die mehr Zufall als Fehltritt in Schande geführt hat, die lange Zeit aus dem Kreise der menschlichen Gesellschaft ausgestoßen und zu einem Leben der Schande und des Elends verurteilt worden sind, der schätzbaren Fürsorge dieser werten Damen anvertraut bleiben, an die mich mein Leben lang ein ewiges Gefühl der Liebe und Dankbarkeit fesselt.«

Den Männern von Palermo rief er zu:

»Das italienische Festland sendet mir in großer Menge seine Söhne, die durch die Unterdrückten gerufen worden; ich marschiere mit ihnen auf Messina.

Da erwarte ich die brave sizilianische Jugend, da werden wir zum dritten Male den tyrannenfeindlichen Bund besiegeln, der die letzten Glieder unserer Ketten brechen und den letzten Stein zu dem nationalen Bauwerke fügen soll.
Bei Calatafimi, bei Palermo wurden die Söhne dieses Landes nicht vergeblich gerufen von
Joseph Garibaldi.«

Am 3. Juli hatte der General bereits eine Inspektion über neuntausend seiner Freiwilligen abgehalten, und am 14. Juli wohnte er zu Palermo noch dem Feste der heiligen Rosalia bei, der Schutzheiligen der Stadt, das gewöhnlich vom 11. bis 15. Juli dauert und bei dem feierliche Umzüge, Vergnügungen verschiedener Art und besonders ein feierliches Hochamt in der königlichen Kapelle stattfinden, bei welchem Letzteren der Erzbischof und die Geistlichkeit dem jedes Mal anwesenden Könige oder seinem Stellvertreter die dem Papste gebührenden Ehren als zweitem Oberhaupte der Kirche erweisen.

Wegen der augenblicklichen Lage fielen die übrigen Festlichkeiten aus, nur das Hochamt wurde gehalten. Eine Korrespondenz der *Vossischen Zeitung* vom 28. Juli 1860 berichtet darüber:

»Das Fest begann um elf Uhr vormittags. Vor der Kathedrale war die Nationalgarde aufgestellt, im Mittelpunkt des Domes selbst aber bildeten die Diktatorialgarden ein Spalier. Nach zehn Uhr begab sich der Senat (diesen Titel führt der Stadtrat von Palermo) in seiner Festtracht nach spanischem Schnitt, schwarzseidenen Talaren mit weißen, goldgestickten Ärmeln und Kragen nach dem königlichen Palast, um den Diktator abzuholen. Den Zug eröffneten berittene Wachen mit Trommeln und Trompeten; dann kamen die zwei ungeheuren Staatskarossen des Senats, vergoldet, mit weißen Federbüschen geschmückt, die eine vom römisch-kaiserlichen Adler überragt. Unterdessen wartete der Erzbischof, umgeben von seinem Domkapitel, mit dem Sprengwedel und dem roten Baldachin am Tore des Domes, um den Diktator zu empfangen. Dieser war jedoch um zehn Uhr noch auf der Mole, um der Einschiffung von Soldaten beizuwohnen; um elf Uhr erschien er in einem Fiaker, in roter Bluse, mit dem Kalabreserhute und seinem kapuzenartig umgeschlungenen Seidenschal. Der Jubel des Volkes und die Klänge der Musikkapelle verkündeten seine Ankunft; die

Nationalgarde präsentiert das Gewehr, der Erzbischof samt dem Klerus empfangen ihn mit tiefen Verbeugungen, nehmen ihn unter den roten Baldachin und geleiten ihn zum Hauptaltar und auf den Thron. Er besteigt ihn, das Hochamt beginnt und er nimmt an demselben den vom Zeremoniell vorgeschriebenen Anteil, die Anweisungen genau befolgend, welche ihm der zu diesem Behufe anwesende Zeremonienmeister gibt. Inzwischen kommt der Senat mit den Staatssekretären, die ihn im königlichen Palast erwartet hatten, während er in einer Mietskutsche von der Mole nach dem Dome gefahren war, in größter Eile herbei und die Feier kommt zum Schlusse. Jetzt muss er jedoch in der vergoldeten Staatskarosse des Senats Platz nehmen; er allein nimmt den Rücksitz ein, ihm gegenüber setzen sich die Senatoren in ihren Talaren. Das Volk jubelt, von den Balkonen regnet es Blumen, und Garibaldi kehrt in sein Soldatenquartier zurück.«

In Palermo herrschte noch immer ein Geheimnis darüber, wohin seit dem 15. Juli die ersten Garibaldi'schen Truppen abgegangen seien; ebenso wenig wusste man mit Bestimmtheit, wohin sich der Diktator verfügte, nachdem er seine diktatorische Vollmacht an den General Sirtori abgegeben hatte, der an Orsinis Stelle zum Kriegsminister und Oberkommandeur der Artillerie ernannt worden war, als er sich mit tausend Mann plötzlich am 18. Juli auf dem englischen Dampfer »City of Aberdeen« einschiffte.

Über die damals in Neapel herrschende Situation berichtet ein Brief vom 24. Juli in der *Indépendance*:

»Hier die Günstlinge, dort das Ministerium, der König zwischen beiden hin und her schwankend; hier die Armee, dort das Volk, dazwischen die Presse, Nationalgarde und neue Polizei nach allen möglichen Richtungen hinstrebend; alle Autoritäten des Staates im Zwiespalt, und diesem Durcheinander gegenüber ein Mann, der unbekümmert seinen Weg geht, Garibaldi, der Neapel nehmen wird.

In diesem Augenblicke ist das Ministerium obenauf, es dezimiert die Günstlinge und hat neue einflussreiche Mitglieder des geheimen Rates aus dem Lande gewiesen. Ebenso triumphiert das Volk über die Armee. Weil der König dem Volke misstraut, lässt er die Reaktion gewähren, und das Volk misstraut dem Könige, weil er der Reaktion keinen Einhalt tut. Bei Hofe meint man genug getan zu haben, wenn man beiden Teilen schmeichelt, und man gibt den Garden Geld, weil sie dreinschlagen, und schenkt zweitausend Dukaten dem Fonds für die heimgekehrten Verbannten, die morgen vielleicht Hiebe von der Garde bekommen.«

Das *Journal des Débats* sagt:

»An der Spitze der Trümmer der absolutistischen Monarchie der Bourbonen steht die alte Königin in Gaëta; ihre Hauptstützen sind der Sohn dieser Königin, der Graf von Trani, sowie des Königs Oheim, der Graf von Trepani, dieser ehemalige Jesuitenschüler, den Spanien sich als Gatten Isabellas II. verbeten hat.«

Und die *Vossische Zeitung* vom 31. Juli fügt in einer Korrespondenz aus Neapel hinzu:

»Den *Débats* zufolge hat der König Franz keine Ahnung von dem, was ihm bevorsteht, während die Königin vollkommen klar sieht, aber nicht Einfluss genug besitzt, um die Katastrophe beschwören zu können. Der König spricht bei jedem Zugeständnis von Opfern, die er sich auferlege, und kommt deshalb mit allem zu spät, oder er verwandelt hinterher die Zugeständnisse in ihr Gegenteil. Der König und der Diplomat des Kabinetts, Herr de Martino, verhehlen nicht, dass es ihnen überhaupt nur darum zu tun ist, Zeit zu gewinnen, bis die Freunde der Dynastie Bourbon und der Autonomie des Königsreichs beider Sizilien wieder in Reihe und Glied stehen.«

Zum Schlusse dieses Buches geben wir den merkwürdigen Briefwechsel zwischen dem Könige Viktor Emanuel und Garibaldi, obgleich derselbe erst einige Tage später stattfand, als Garibaldi sich bereits in Milazzo befand; er charakterisiert am besten die Festigkeit des Entschlusses, mit dem der Freiheitsheld zu neuen Kämpfen auszog, die ihn für ewige Zeiten verherrlichen sollten.

Gegen Ende Juli schrieb Viktor Emanuel und sandte diesen Brief durch einen seiner General-Adjutanten an Garibaldi:

»Mein lieber General!
Sie wissen, dass ich nicht meine Zustimmung zu Ihrem Abgange nach Sizilien gegeben habe. Heute entschließe ich mich, Ihnen unter den augenblicklich so ernsten Verhältnissen eine Warnung zu-

kommen zu lassen, da ich die Aufrichtigkeit Ihrer Gesinnung gegen mich kenne.
Um dem Kriege zwischen Italienern und Italienern ein Ende zu machen, erteile ich Ihnen den Rat, den Gedanken aufzugeben, sich mit Ihren tapferen Truppen nach dem Festlande übersetzen zu lassen, sobald der König von Neapel nur darin willigt, die ganze Insel zu räumen und den Sizilianern die Freiheit zu lassen, über ihr Schicksal zu beraten und selbst zu bestimmen. Sollte Franz II. diese Bedingung nicht annehmen können, so würde ich mir vollständige Freiheit des Handelns in Betreff Siziliens vorbehalten.
General! Folgen Sie meinem Rate, und Sie werden sich überzeugen, dass er für Italien nützlich ist, denn Sie werden es ihm leichter machen, sein Verdienst dadurch zu erhöhen, dass es Europa beweist, wie es ebenso gut zu siegen, als den Sieg zu benutzen versteht.
(gez.): Viktor Emanuel.«

Darauf erwiderte Garibaldi:

»Milazzo, den 27. Juli 1860.
Sire!
Trotz der Achtung und Ergebenheit für Eure Majestät verbietet mir die Situation Italiens, Ihnen zu gehorchen. Die Bevölkerung ruft mich; ich würde meine Pflicht verletzen und die Sache Italiens aufs Spiel setzen, wenn ich zögern wollte. Erlauben Sie mir, Sire, dieses Mal nicht zu gehorchen. Wenn meine Aufgabe erfüllt ist, werde ich meinen Degen zu Ihren Füßen niederlegen und mein Leben lang Ihnen Gehorsam leisten.«

Viertes Buch

I.
Milazzo

In Messina, wo die Bevölkerung mit Sehnsucht auf die Befreier wartete und ihre Gefühle fast täglich durch revolutionäre Kundgebungen an den Tag legte, hatten die Königlichen, die seit Mitte Juli unter Befehl des verhassten General Clary standen, bedeutende Truppenmassen zusammengezogen und sich durch Anlegung vieler Verschanzungen noch mehr zu sichern gesucht. Die festen Bastionen San Francesco, San Diego, Santo Stefano, San Carlo und Muremberg waren mit gezogenen Kanonen bewaffnet und es waren neue Außenwerke ausgeworfen worden.

Die Einwohner befanden sich in der schlimmsten Lage, denn sie mussten nicht allein auf ein Bombardement nach dem Beispiele Palermos vorbereitet sein, sondern hatten auch von den Soldaten ungemein zu leiden, deren Zügellosigkeit wuchs, je mehr ihr Mut und die Hoffnung sank, die Stadt halten zu können, was der König unter allen Umständen zu tun befohlen hatte. Die Landhäuser in der Umgebung, selbst die Häuser in der Stadt wurden von den Soldaten geplündert, die Polizeiwillkür überstieg alle Grenzen, und wer es nur irgend konnte, verließ Messina.

Schon am 28. Juni hatte General Medici mit seiner Brigade Palermo verlassen, den Weg auf Messina eingeschlagen und war bis Barcellona Pozzo di Gotto vorgerückt, als er erfuhr, General Bosco – derselbe, der bei Palermo gefochten hatte – rücke mit fünftausend Mann und acht Geschützen gegen ihn vor. Dies geschah in drei Kolonnen, von denen die eine am Meeresufer vorging, um sich mit der Besatzung von Milazzo – einer befestigten Stadt von zehntausend Einwohnern, die auf einer sich nördlich gegen die Liparischen Inseln erstreckenden Landspitze liegt – zu vereinigen, eine zweite auf der Konsularstraße und die dritte am Vorgebirge.

Die Stellung der Garibaldianer war folgende: Medici stand mit der Hauptmacht in Barcellona, General Cosenz mit viertausend

Mann und zehn Kanonen zwischen Milazzo und Poli, fünftausend Mann mit vier Kanonen unter General Eber in Catania, Nino Bixio mit einem kleineren Korps in San Placido. Als Bosco sich näherte und am 14. Juli nach Milazzo gekommen war, zog sich Medici, um ihn in die Ebene zu locken, auf Meri zurück, ein kleines Dorf, und nahm daselbst hinter einem Bache Position, dessen Ufer er mit Kanonen besetzte.

In der Nacht vom 16. zum 17. Juli wurden von Medici zwei Kompanien zur Erkundung gegen Milazzo vorgeschickt, und bei dieser Gelegenheit wurden einzelne Flintenschüsse mit den königlichen Vorposten gewechselt. Am Morgen des 17. Juli machte General Bosco mit zweitausend Mann einen Versuch, Medici in der rechten Flanke zu umgehen, weshalb ihm dieser vier Kompanien unter Oberst Malenchini entgegenwarf; es entspann sich ein heftiges Gefecht, in dessen Folge sich die Königlichen nach drei Stunden wieder auf Milazzo zurückzogen. Die Garibaldianer hatten sieben Tote und mehrere Verwundete zu beklagen.

Abends um acht Uhr griffen die Neapolitaner mit dreitausend Mann von neuem an und warfen Bomben; der Kampf dauerte zwei Stunden, und erst durch zwei lebhafte Bajonett-Attacken gelang es den Italienern, ihn siegreich zu entscheiden und den Feind abermals nach Milazzo zurückzudrängen.

In Folge dieser Ereignisse hatte Medici, zumal er hörte, es zögen von Messina aus Verstärkungen für General Bosco heran, Garibaldi Bericht erstattet und um Unterstützung gebeten, was den Diktator veranlasste, schleunig von Palermo aufzubrechen. Er landete in Poti, fünfzehn Meilen von Milazzo entfernt, ruhte ein wenig in Barcellona und begab sich dann nach Meri und von da zu den Vorposten nach Corriola. General Bosco hielt Milazzo sowie das ganze Land zwischen dem Konsularwege und dem Meeresufer besetzt.

Am 20. Juli mit Sonnenaufgang, erzählt Dumas, griffen die Garibaldianer die Königlichen an, die sich vor Milazzo verschanzt hatten. Oberst Malenchini kommandierte den äußersten linken Flügel, die Generäle Medici und Cosenz das Zentrum, wohin sich auch Garibaldi verfügte, weil er glaubte, das Gefecht werde hier am lebhaftesten werden; der rechte Flügel, der nur aus einigen Kompanien bestand, sollte nur das Zentrum und die linke Flanke decken und sie vor einer Umgehung sichern.

Das Feuer begann auf dem linken Flügel auf halbem Wege zwischen Meri und Milazzo. Ein von einem englischen Dichter befehligtes Bataillon wurde zuerst ernstlich in die Kämpfe verwickelt.

Die Garibaldianer waren gezwungen, gegen einen Feind zu fechten, der sich überall durch Weingärten zu decken vermochte, und waren daher anfangs etwas im Nachteil; nur durch Wunder der Tapferkeit ließ sich eine Gleichheit des Kampfes herstellen. Zuerst machten sie eine sehr entschiedene Vorwärtsbewegung, kamen dann aber eine Weile zum Halten, weil mehrere Salven der Artillerie große Verheerungen in ihren Gliedern anrichteten; indessen schlossen sie sich bald wieder aneinander. Garibaldi eilte zur Stelle, stellte die Ordnung vollständig wieder her und der Feind wurde nun durch eine heftige Bajonett-Attacke bis an den Eingang der Halbinsel zurückgeworfen. Die Neapolitaner verloren dabei drei Kanonen, deren sich die Garibaldianer bemächtigten. (Sie selbst hatten gar kein Geschütz, nur die »Veloce« feuerte von der See aus.) Sie verließen eine vierte Kanone, weil es derselben an Bespannung fehlte, und der Boden blieb mit ihren Toten und Verwundeten bedeckt; viele von ihnen wurden zu Gefangenen gemacht und nach Barcellona abgeschickt.

Man schöpfte nun ein wenig Atem; dann erfolgte der zweite Angriff, ebenso ungestüm wie der erste, brachte die Garibaldianer bis an den Damm, der die Stadt mit der Landenge verbindet, und darauf bis zur Festung, die den Zugang zu der Halbinsel verteidigt.

An dieser Stelle erhob sich ein furchtbares Gemetzel. Man schlug sich Brust an Brust und die Königlichen wurden halb bis an die Tore der Stadt gedrängt. Eine auf dem Kai aufgestellte Batterie beschützte sie und erlaubte ihnen einige Augenblicke, sich wieder zu sammeln, aber die Garibaldianer stürmten von neuem. Die Artilleristen entflohen auf der zur Festung führenden Straße und versuchten vergeblich, zwei ihrer Kanonen zu verteidigen, die umzingelt und mit der blanken Waffe genommen wurden. Bunt durcheinander gelangten Königliche und Garibaldianer in die Stadt; man schlug sich in jeder Straße, in jedem Hause.

Um ein Viertel auf drei Uhr war die Stadt in Garibaldis Besitz; die Königlichen hatten sich in die Festung zurückgezogen, deren eines Tor sogleich angegriffen und genommen wurde. Ein Teil der äußeren Verteidigungswerke und des ersten Verteidigungsringes, den der Feind mit Artillerie- und Gewehrfeuer zu verteidigen suchte, fielen auch bald in die Hände der Garibaldianer.

Um halb fünf Uhr hörte das Feuern überall auf; man hatte noch keinen Waffenstillstand geschlossen, aber beide Teile bedurften der Ruhe, um ihre Lage übersehen zu können.

Obgleich die Garibaldianer ungefähr zwölfhundert Tote und Verwundete hatten, waren sie jetzt doch zahlreicher, als bei Beginn des Kampfes, denn sie hatten ansehnliche Verstärkungen und auch einige gezogene Kanonen erhalten, die ihnen ein großes Übergewicht verschafften.

Die Königlichen, die, um die Hälfte geschwächt, in einer Festung ohne Ausgang eingeschlossen und von Lebensmitteln und Munition entblößt waren, konnten nicht länger zögern, sich zu ergeben, und auf den Höhen bemerkte man mehrere neapolitanische Abteilungen, die sich in aller Eile davonmachten und auf Messina marschierten.

Da Garibaldi einen Ausfall der Neapolitaner befürchtete, ließ er Barrikaden errichten und sorgsam die Seite der Stadt beobachten, zu der man von der Festung aus gelangen konnte; aber die Nacht und der folgende Tag vergingen, ohne dass die Königlichen irgendeinen Angriffsversuch gemacht hätten.

Ein Bulletin vom 21. Juli berichtet vom Schlachtfelde:

»Gestern um sechs Uhr morgens begann der Kampf bei Milazzo und endigte erst um acht Uhr abends. Das Gemetzel war schrecklich; man focht auf der ganzen Schlachtlinie. Die Bourbonisten badeten in ihrem Blut; sie schlugen sich mit großer Ausdauer, so dass man ihnen das Terrain unter einem furchtbaren Hagel von Kartätschen Schritt für Schritt abgewinnen musste. Das Schlachtfeld, das mit toten Feinden und Ausrüstungsgegenständen aller Art, darunter fünf Kanonen, bedeckt war, wurde mit dem Rufe: ‚Es lebe Italien! Es lebe Garibaldi!' erobert. Unsere jungen Leute wetteiferten mit den Tapferen der Garibaldi'schen Legion, die bei der Erstürmung Milazzos und der Festung stets mit dem Bajonett voranging. Unsere Verluste sind nicht bedeutend gewesen, die Garibaldi'sche Legion hatte einige Verwundete, die jungen Freiwilligen haben auch wenig gelitten, aber die tapferen Kämpfer vom Festland haben recht viele Männer verloren. Der Feind hat sehr große Verluste erlitten, als er auf seinem Rückzuge gegen die Verteidigungswerke und von da in die Festung gedrängt wurde; bis dahin wurde er verfolgt, und wir zerstörten die Wasserleitungen.

Heute, am 21. Juli, kam Bosco und verlangte vom Diktator freien Abzug mit allen kriegerischen Ehren. Garibaldi lehnte ab und

setzte hinzu: ‚Aber wenn es Ihnen beliebt, können Sie ohne Waffen abziehen.‘
Fabrici und Interdonato (zwei hohe Offiziere Garibaldis) sind auf Befehl des Oberbefehlshabers nach Gesso marschiert. Der Feind, welcher diesen Ort besetzt hatte, zog sich sogleich nach Messina zurück. In einem Kavallerie-Scharmützel bei Milazzo hieb der Diktator dem Major des neapolitanischen Korps, der ihn angriff, den rechten Arm ab; die neapolitanische Kavallerie wurde darauf in die Flucht gejagt. Es ist eine gerechte Strafe für diese brudermörderische Starrheit! Es lebe Italien! Es lebe Viktor Emanuel!«

Die Kapitulationsverhandlungen wurden am 23. Juli vom Kapitän des französischen Dampfers »Protis« aufgenommen, den die neapolitanische Regierung zum Transport von Lebensmitteln gemietet hatte und der am Tage zuvor auf der Reede von Milazzo angelangt war; der Kapitän bot seine Dienste als Vermittler zwischen General Bosco und Garibaldi an, man stimmte dem Vorschlag zu und führte ihn mit verbundenen Augen und einem Trompeter, der eine weiße Flagge trug, in die Festung zu General Bosco.

Anfangs hielt sich dieser sehr bedeckt, dann wurde er mitteilsamer, gab zu, dass seine Lage kritisch, wenn auch nicht verzweifelt sei, und erklärte sich bereit, die Festung zu räumen, vorausgesetzt, dass es unter ehrenwerten Bedingungen stattfände und dass die neapolitanische Regierung dieselben billige.

Der Kapitän der »Protis« kehrte nach der Stadt zurück, um Garibaldi das Resultat seiner Unterredung mitzuteilen, und man kam überein, ein Schreiben nach Neapel zu senden, in welchem General Bosco König Franz II. um die Erlaubnis bitten sollte, die Festung von Milazzo räumen zu dürfen; gerade zu derselben Zeit aber langten vier neapolitanische Fregatten auf der Reede an, darunter die »Fulminante«, die an ihrem Fockmast die Parlamentärsflagge zeigte.

Oberst Franz Anzani vom Generalstabe, der vom König mit den Übergabeverhandlungen beauftragt war, kam an Land und hatte eine Unterredung mit Garibaldi. Um sieben Uhr war alles zu Ende gebracht; man hatte festgelegt, dass die königlichen Truppen mit Waffen und Gepäck die Festung räumen, dass in derselben aber Kanonen, Munition, Kriegsvorräte aller Art zurückbleiben sollten und dass Garibaldi die Kavallerie-Pferde und mehr als die Hälfte der Maulesel erhalte.

Dies wurde sogleich ausgeführt, und da Messina nun ganz offen stand und auch Gesso bereits von den Königlichen aufgegeben war, rückte Garibaldi sofort auf Messina vor.

2.
Messina

General Clary, dem nach der Einnahme Milazzos von der Regierung Truppen in bedeutender Anzahl zur Verstärkung geschickt worden waren, hatte jetzt ungefähr zwanzigtausend Mann unter seinem Befehl; da er aber kaum auf ihre Zuverlässigkeit rechnen konnte, hielt er es für besser, jedes Gefecht im freien Felde zu vermeiden, behielt nur so viele Soldaten bei sich, wie er zur Verteidigung der Zitadelle brauchte, und schickte die Übrigen nach Reggio auf die andere Seite der Meerenge.

Garibaldi langte am 25. Juli vor Messina an, ohne dass er den geringsten Widerstand gefunden hätte, und noch an demselben Tage rückte General Medici mit seiner Brigade in die Stadt ein. Am Abend kam es zwar zwischen neapolitanischen Vorposten und den Leuten eines Guerillaführers namens Interdonato zu einem unbedeutenden Scharmützel und man erwartete für den folgenden Tag ein lebhafteres Gefecht, aber die Königlichen, die sich in der Zitadelle konzentriert hatten, rührten sich nicht. Gegen Mittag sprach man bereits von Waffenstillstand, und am 28. Juli wurde derselbe auf folgenden Grundlagen abgeschlossen und unterzeichnet: Der Waffenstillstand sollte bis 1. August gelten; die Garibaldianer sollten Messina sowie die Forts Bonzaga und Castellaccio besetzen, die Neapolitaner in der Zitadelle und den Forts San Blasco, Santerna und San Salvadore verbleiben; die Zitadelle dürfe nicht angegriffen werden, die Königlichen sollten freie Verbindung nach Messina, Syrakus und Agosta haben; endlich sollten die Schiffe beider Flaggen, der neapolitanischen und italienischen, gleiche Rechte haben und sich frei auf der Meerenge bewegen dürfen.

Am 29. Juli ritt Garibaldi, von seinem Stabe umgeben, in die Stadt ein; ihm folgten die Brigaden Cosenz, Nino Bixio und Malenchini. Der Empfang von Seiten der Einwohnerschaft war ungemein enthusiastisch, in den Straßen, die bis dahin verlassen, drängten sich die Menschen und auf allen Häusern und Balkonen wehte die dreifarbige Fahne; viele der entflohenen Einwohner und die Fremden, die sich auf die Kriegsschiffe ihrer Nation begeben hatten, waren wieder zurückgekehrt.

Am 31. Juli trafen vier Dampfschiffe mit bedeutender Verstärkung ein: die »Aberdeen« mit tausend Mann von der Brigade des Oberst Sacchi und einer Batterie in Palermo gegossener Kanonen, die »Oregon« und die »Medea« mit sechshundert Mann derselben Brigade und die »Franklin« mit der Artillerie unter Gerneral Orsini.

Garibaldi machte nun schleunigst Anstalten, um, wenn er den Zeitpunkt für geeignet halte, seine Truppen, die von nun an die »Südarmee« genannt wurde, über die Meerenge schiffen lassen zu können. Zu diesem Zweck wurde eine Menge von kleinen Fahrzeugen zusammengebracht und im Hafen vor Anker gelegt, daselbst zu ihrem Schutze auch eine starke Batterie errichtet.

Indessen war General Clary nach Neapel abgereist, um dem Könige den Abschluss des Waffenstillstandes zu melden und ihn zu bewegen, dem Abzug der Truppen von der Zitadelle Messinas zuzustimmen; dies gelang ihm aber nicht und er brachte am 1. August nur Forderungen zurück, die Garibaldi nicht annehmen konnte.

Beide Generäle hatten an diesem Tage eine geheime Unterredung, von der nichts weiter bekannt wurde, als dass die Königlichen Syrakus und Agosta räumen sollten und dass der Waffenstillstand um fünf Tage verlängert sei. Hierauf reiste General Clary sofort wieder nach Neapel ab. Über den Zweck dieser Reise schrieb die *Times*:

»Der Zweck der Bedingungen, die Garibaldi dem Könige von Neapel hat vorlegen lassen, ist eine Verschmelzung Nord- und Süditaliens, so weit es die praktischen Interessen Italiens erfordern, und zwar, ohne die Bourbonen des Thrones zu berauben – eine enthusiastische Idee, wie sie eben nur in Garibaldis Kopf entspringen kann. Er erstrebt nämlich nichts weniger, als eine Verbrüderung der beiden Könige, ihrer Politik und ihrer Heere; Viktor Emanuel soll dabei als der Ältere den Vorrang haben, die zu beobachtende Politik vorzeichnen und die verbundenen Armeen befehligen, Neapel soll ihm folgen, mit einem Worte: in Italien aufgehen, aber seine Dynastie behalten. Der erste Schritt dieser Verschmelzung soll sein, dass oberitalienische Truppen nach Neapel und neapolitanische nach dem Norden verlegt werden, das Gleiche soll mit den Flotten geschehen; die Konstitution Norditaliens soll für Neapel gelten und jede Zollsperre aufhören.«

Wenn Garibaldi, was uns unwahrscheinlich vorkommt, einen solchen Gedanken gehabt haben sollte, so mag dieser wohl durch die Verdrießlichkeiten in den politischen und inneren Angelegenheiten Siziliens erweckt worden sein. Er litt damals sehr darunter, denn noch immer suchten einzelne Parteien Unzufriedenheit gegen seine Maßnahmen zu schüren und seinen Weitermarsch auf das Festland zu hintertreiben. Sie bewogen die Sizilianer, ihm unzählige Briefe zugehen zu lassen, in denen diese den Anschluss verlangten, während sowohl die Garibaldianer als auch die republikanische Partei der Ansicht waren, es sei dazu noch zu früh und man müsse zuvor die italienische Einheit vollkommen herstellen.

Obgleich Garibaldi König Viktor Emanuel ganz ergeben war und den Anschluss befürwortete, wollte er, wie er den Mitgliedern des Stadtrates von Palermo erklärt hatte, sich nicht den Beschlüssen des Turiner Kabinetts beugen; andererseits musste er aber auch auf die Wünsche der so genannten Gemäßigten und der Mehrheit der sizilianischen Bevölkerung Rücksicht nehmen. So stand er zwischen zwei Parteien mit einander direkt zuwiderlaufenden Ansichten und Plänen, durfte weder die eine noch die andere vor den Kopf stoßen, wusste nicht, auf wen er hören solle, und war nur eifrig bemüht, die Sizilianer, die schnell aus dem gesetzlosen Zustande, in dem sie sich gegenwärtig befanden, herausgeführt werden mussten, in Geduld zu erhalten; er zögerte deshalb, überlegte und sah sich zu unaufhörlichen Umbesetzungen seines Ministeriums gezwungen.

Ende Juli ernannte er den Advokaten Augustin Depretis, den ehemaligen Gouverneur von Brescia und Mitglied des Nationalparlaments, zum Vizediktator, an General Sirtoris Stelle, den sein militärischer Beruf wieder in das Hauptquartier rief. Depretis betrieb mit großem Eifer die Reorganisation der sizilianischen Verwaltung, und als er mit Hilfe des Staatssekretärs Franz Crispi überall etwas Ordnung herzustellen vermocht hatte, veröffentlichte er ein Dekret, dessen beide erste Artikel lauteten: »Das Fundamental-Gesetz ist das konstitutionelle Statut vom 4. März 1848, das im Königreich Italien besteht. Es tritt für die verschiedenen Provinzen in Kraft zu der Zeit, die später noch durch Diktatorial-Dekret festgesetzt werden wird.«

Die Erwägungen, die diesen Artikeln vorangeschickt wurden, konnten sowohl die Gemäßigten als auch die Männer der Bewegung beruhigen; den einen bewiesen sie, dass der Anschluss Siziliens, obgleich einstweilen aufgeschoben, definitiv beschlossen sei, den anderen, dass der Diktator nicht eher auf seine Macht verzichten werde, als bis die Revolution vollständig zu einem guten Ende geführt worden sei. In der Folge nahmen die Kundgebungen und Proteste ab und Garibaldi konnte sich nun, während er dem Vizediktator die Sorge für die politischen und administrativen Angelegenheiten überließ, ausschließlich damit beschäftigen, alles für eine baldige Landung an den Küsten des Königreichs Neapel vorzubereiten. An das neapolitanische Volk richtete er am 6. August folgende Proklamation:

»Der Widerstand des Auslandes, das an unserer Erniedrigung und innerem Zwiespalte interessiert ist, hat Italien bisher verhindert, sich zu konstituieren.
Es scheint heute, als habe die Vorsehung unseren Leiden ein Ziel gesetzt. Die Einmütigkeit der Provinzen und der Sieg, der überall die Waffen der Söhne der Freiheit begleitet, sind eine Garantie dafür, dass die Leiden dieses Landes ihr Ende bald erreicht haben werden.
Ein Schritt bleibt noch zu tun übrig – ich fürchte ihn nicht. Wenn man die schwachen Mittel, die eine Hand voll Tapferer bis an diese Meerenge geführt haben, mit den bedeutenden Hilfsquellen vergleicht, über die wir heute verfügen, so muss jedermann urteilen, dass diese Unternehmung nicht unmöglich ist.
Doch möchte ich das Blutvergießen zwischen Italienern gerne vermeiden; deshalb wende ich mich an euch, Kinder des neapolitanischen Festlandes.
Ich weiß, dass ihr Mut habt, ich möchte es nicht noch einmal erproben. Wir wollen unser Blut auf den Leichen der Feinde Italiens vergießen; zwischen uns sei Friede!
Nehmt, ihr Tapferen, die Hand an, die niemals einem Tyrannen, sondern dem Volke gedient hat. Ich fordere euch auf, die Einheit Italiens herzustellen, ohne seine Kinder zu opfern. Ich will dem Vaterlande mit euch dienen und für es sterben.«

Dennoch kam es in Neapel nicht zum erhofften Ausbruch der Revolution. Die Partei-Intrigen der Liberalen wie der royalistischen Sansedisten, der Unitarier wie der Föderalisten lähmten alles. Die Lazzaroni, der Pöbel von Neapel, hatten indessen ihre Meinung geändert; sie riefen nun »Es lebe Garibaldi!« anstatt »Es lebe der König!« Sie brachen in Begeisterung aus, als man ihnen ein Manifest des revolutionären Zentralkomitees vorlas; sie hielten auf den Straßen und Plätzen tumultartige Versammlungen ab, beleidigten und verprügelten von Zeit zu Zeit ein Paar Polizeischergen oder Soldaten, aber sie erhoben sich nicht und schienen sich für ganz unfähig zu halten, etwas Entscheidendes gegen die demoralisierte Armee und die schwache Regierung zu unternehmen.

Während Garibaldi noch darauf wartete, dass Neapel sich erhebe, wurde General Clary auf seinem Posten in der Zitadelle von Messina durch General Fergola abgelöst und die Garibaldianer setzten die Vorbereitungen zu ihrer Einschiffung weiter fort. Zwei kleine Buchten der Halbinsel, welche durch die vorerwähnte Batterie gedeckt wurden, waren zu Häfen für die Expeditions-Fahrzeuge bestimmt worden, die aus etwas hundertundfünfzig Fischerbarken bestanden. Außerdem hatte Garibaldi durch Oberst Brodani zwanzig besonders konstruierte Fahrzeuge bauen lassen, deren jedes zwanzig Pferde, etwa hundert Mann und einige Geschütze aufnehmen konnte. An Transport-Dampfern hatte man die »City of Aberdeen«, die »Calabria« und die »Veloce«. Diese Mittel reichten hin, etwas fünftausend Mann in einer halben Stunde überzusetzen, denn an der schmalsten Stelle ist die Meerenge nur eine viertel deutsche Meile breit.

Endlich entschloss sich Garibaldi, die Landung zu unternehmen, denn er war überzeugt, das Festland werde sich trotz der augenblicklichen Unentschlossenheit erheben, sobald sich die Nachricht von seinem weiteren Vorrücken verbreiten würde.

Wir wollen jetzt sehen, was inzwischen zu Neapel vorgegangen war.

Die Siege Garibaldis hatten die Regierung endlich zum Nachgeben veranlasst und sie von der Gefahr, in der sie schwebte, überzeugt; der König versprach Ende Juni die Einsetzung der Konstitution von 1848. Die Lazzaroni, die in früheren Zeiten sich dem Königshause immer ergeben gezeigt hatten, begrüßten die Bekanntmachung dieses Entschlusses mit großem Jubel und ließen den König ein über das andere Mal hochleben, die ruhigere und besonnenere Bevölkerung der Stadt Neapel verharrte dagegen in ihrem düsteren Schweigen, denn sie glaubte nicht an die Aufrichtigkeit des Versprechens und mochte sich nicht mehr von den durch Garibaldis Siege erregten Hoffnungen auf eine noch glücklichere Umgestaltung der Verhältnisse trennen.

Schon derselbe und der folgende Tag brachten Kundgebungen und Angriffe auf die Polizei, deren Büros geplündert und wobei selbst mehrere Beamte getötet wurden; der Ruf ging durch die Straßen: »Es lebe Garibaldi! Es lebe der Anschluss! Nieder mit der Polizei!« Darauf wurde der Belagerungszustand erklärt. Dennoch verbreitete das revolutionäre Zentralkomitee seine Aufrufe zum Aufstand ganz ungescheut durch Anschläge an den Mauern, welche die Polizei nicht mehr fortzunehmen wagte.

Unterdessen zeigte sich die Regierung kleinmütig und war vor allem bemüht, durch Vermittlung des französischen Gesandten ein Bündnis mit Sardinien zustande zu bringen; die Polizei wurde ganz zurückgezogen und die Entlassung der politischen Gefangenen wenigstens versprochen, selbst die beim Volke wegen ihres Einflusses auf Franz II. sehr verhasste Königin-Mutter begab sich auf allgemeinen Wunsch von Neapel nach Gaëta; indessen blieb sie, wie man wohl wusste, in steter Verbindung mit dem Könige und erteilte ihm nach wie vor ihre Ratschläge.

Die Bildung des freisinnigen Ministeriums Spinelli schien die Aufregung einigermaßen beruhigt zu haben, als am 15. Juli die Gardesoldaten mit dem Rufe: »Nieder mit der Verfassung!« einen Versuch zur Konterrevolution unternahmen, der indessen an der festen Haltung der Nationalgarde scheiterte und in allen Klassen der Bevölkerung Misstrauen schürte. Es trat damit ein Zustand vollständiger Anarchie ein, in dem die Lazzaroni einmal für diese, einmal für jene Seite Partei nahmen, einander bekämpften, plünderten und die Polizei mit Dolchen überfielen.

Solche bedenklichen Unruhen herrschten auch in den Provinzen. Derselbe Geist der Revolution begann sich nun auch in der Armee, vorzüglich in der Marine, zu zeigen; hier und da brachen Aufstände aus, viele Offiziere wurden verhaftet und selbst höhere Offiziere weigerten sich, den ihnen erteilten Befehlen zu gehorchen.

Am 14. August wurde für die Stadt Neapel erneut der Belagerungszustand erklärt. Die bourbonische Monarchie lag im Sterben.

3.

Garibaldis Landung auf dem Festlande

Nachdem Garibaldi den Entschluss gefasst hatte, auf Neapel vorzurücken, wohin ihn das revolutionäre Zentralkomitee und die Wünsche der Bevölkerung riefen, schrieb er an General Sirtori, der damals noch Vizediktator war, und übergab ihm das militärische Oberkommando, da er selbst sich einige Zeit von der Insel entfernen wolle. Niemand wusste, welche Ziele der Diktator bei seiner Reise zu verfolgen gedachte.

Schon am 6. August hatte er Major Missori von den Guiden in Verkleidung auf das Festland geschickt, um zu erkunden, an welcher Stelle sich der Angriff am besten bewerkstelligen lasse. Am 9. August berichtet die *Times* aus Messina:

»Gestern gab es eine große Bewegung und die Straße nach dem Hafen war kaum zu passieren. Eine reguläre Armee hätte sich auf einem dreimal so großen Platz nicht bewegen können, aber diese Truppe von Freiwilligen hat sehr wenig Gepäck und weiß nichts von Verpflegungsstellen zu erzählen; wer zwei Hemden und zwei Paar Socken besitzt, die nicht viel Platz im Tornister fortnehmen, kann von Glück sagen; die meisten besitzen nur eine wollene Decke, und so lässt sich die Armee wie die Röhren eines Fernglases zusammenschieben.

Gestern erhielten die Divisionen Cosenz und Sacchi die Order, hierher zu marschieren; sie erhielten sie abends und schon um elf Uhr standen sie, zur Einschiffung bereit, auf dem Platze. Die in Messina einquartierte zweite Brigade der Division Türr sollte bei Tagesanbruch in dem Dorfe Pace stehen, so dass etwa zehntausend Mann, ohne die Artillerie, nach dem Hafen bestellt waren. Offenbar handelte es sich um eine Landung.

Garibaldi zog es vor, nicht direkt auf Neapel zu marschieren, sondern vorerst kleine Abteilungen nach Kalabrien zu schicken, damit die Kalabresen an der Expedition gegen die Hauptstadt teilnehmen könnten. Zwischen Torri di Cavallo und Punta di Pezzo liegt ein drei Meilen langes Gestade, das sich besonders zu einer Landung eignet; Torri di Cavallo liegt am nächsten, fällt aber gegen das Meer als unersteiglich steiler Felsen ab und ist auf der Landseite befestigt. Südlich davon liegt das Fort Fiumara; alle beide bestreichen den Landungsplatz und haben vielleicht nicht mehr als zweihundert Mann Besatzung.

Major Missori von den Guiden wurde, um sich darüber Gewissheit zu verschaffen, verkleidet hinübergeschickt. Er landete glücklich, blieb zwei Tage fort und kehrte glücklich wieder zurück – ein sehr seltsam erscheinendes Wagnis, wenn es bei diesem neapolitanischen Feldzug überhaupt noch etwas Seltsames geben kann.

Genug, er spähte drüben alles genau aus und überzeugte sich, dass die Besatzung auf hundertundzwanzig Mann verstärkt und sehr wachsam sei; trotzdem riet er zu einem Angriff auf dieses Fort. Allmählich sollten hundert als Bauern verkleidete Leute übergesetzt werden und eine Überrumpelung der Garnison versuchen. Dieser Plan stand schon so ziemlich fest, als sich Garibaldi für einen direkten Angriff auf Fort Fiumara entschied und den Major Missori damit beauftragte. Dieser erhielt zu diesem Behufe vierzig Guiden, ausgesuchte junge Männer, hundert Mann von der Brigade Sacchi und noch fünfzig Mann von verschiedenen Korps. Drei Kanonenschüsse sollten im Falle des glücklichen Gelingens das Signal sein. Unterdessen sollte die ungefähr zweitausend Mann starke Division Cosenz bereitgehalten werden, um auf den Dampfern und anderen Transportschiffen zu folgen, sobald das Fort erobert sein würde.
Alles schien dem Unternehmen günstig; die Nacht war still und finster. Die Abenteurer waren schon eine halbe Stunde auf See und man hörte nichts von ihnen; alle glaubten, der Streich sei gelungen, als plötzlich Kanonenschüsse fielen, dann ein paar Flintenschüsse; eine halbe Stunde später kamen die abgeschickten Fahrzeuge zurück. Sie hatten ihre Mannschaft glücklich gelandet, aber gleich darauf entstand Lärm im Fort und die Boote mussten schnell den Rückzug antreten.
Wir warteten in großer Besorgnis die ganze Nacht hindurch, aber jenseits blieb alles still und wir hatten keine Vermutung, was das Schicksal der Übergesetzten sein möge. Auch der anbrechende Tag brachte keine Aufklärung, und wir sahen nur durch unsere Ferngläser, dass die Besatzung in Bewegung war; endlich begaben wir uns sehr ermüdet zur Ruhe.«

Am 10. August berichtet der Korrespondent der *Times* weiter:

»Gestern um Mitternacht bekamen wir endlich beruhigende Nachrichten von unseren verloren geglaubten Leuten. Sie waren sämtlich in Santo Angelo im Gebirge in Sicherheit und hatten sich bereits mit einer Anzahl Kalabresen vereinigt.
Um die Aufmerksamkeit der Neapolitaner vom Innern des Landes abzulenken und den Aufständischen Zeit zu geben, sich zu sammeln, hatten unsere Dampfer gestern Abend Feuer unter den Kesseln machen müssen, als würde eine Landung beabsichtigt. Diese List hatte Erfolg; auf der ganzen Küste wurden fortwährend Si-

gnale gegeben, und die Neapolitaner konnten auf das, was hinter ihnen vorging, nicht achten.«

Die Expedition des Majors Missori war trotz der königlichen Dampfschiffe, die in großer Zahl vor Messina kreuzten und wahrscheinlich nichts bemerken wollten, glücklich über die Meerenge gekommen; ein Zufall hatte aber das Ziel des Unternehmens geändert. Eines der Bote war durch die Strömung bis in die Nähe der Villa San Giovanni getrieben worden, und die englischen und französischen Freiwilligen, die sich darauf befanden, waren bei einer neapolitanischen Batterie gelandet, da sie die dem Major Missori mitgegebenen Instruktionen nicht kannten. Die Königlichen hatten sie bemerkt und auf sie mit Gewehren und einer Kanone geschossen; sie hatten dadurch zwei Verwundete und suchten nun das Weite. Bei dem Lärm des Gewehrfeuers und der Kanonade glaubte Major Missori, der gerade auf das Fort vorrückte, dass eine Überrumpelung nicht mehr möglich sei, und zog sich deshalb in die Berge zurück. Hier begegnete er neapolitanischen Truppen, schlug sie nach langem und heftigem Kampfe zurück und drang bis Aspromonte vor, einem kleinen, mitten im Gebirge gelegenen Dorfe. Die Bewohner der Villa San Giovanni und der Villa Santo Stefano vereinigten sich mit ihm und er organisierte nun den Aufstand auf einer ziemlich weiten Strecke, nötigte dadurch die Generäle Franz' II., ihre Kräfte zu teilen und konnte die Landung einiger weiterer Boote bwerkstelligen.

Die am Abend des 8. August bereits zu Messina eingeschifften Truppen wurden am 10. August wieder ausgeschifft und der Angriff einstweilen ausgesetzt, da Garibaldi jetzt seine eigene Expedition unternahm. Dazu schiffte er sich am 12. August mit tausend Mann auf der »Washington« ein; seine Absicht war, sich vor Neapel zu zeigen, dort die Lage zu erkunden und gleichzeitig die neapolitanische Fregatte »Der Monarch« zu kapern. Dieses Schiff, das Kapitän Acton von der königlichen Marine befehligte, lag in der Werft von Castellamare zu Neapel. Die »Washington« zeigte sich schon am Nachmittag auf der Reede von Salerno, ohne Verdacht zu erregen, da sie die englische Flagge führte; abends war sie an der Südspitze der Insel Capri.

Um elf Uhr nachts näherte sie sich plötzlich dem »Monarchen«, ließ ihre Boote zu Wasser, die auf das feindliche Schiff zufuhren. Erst nach längerer Zeit bemerkte die Mannschaft des »Monarchen«

den Angriff, und es entspann sich nun ein Gefecht, bei dem der Kapitän und drei seiner Leute verwundet wurden; da in der Stadt Lärm entstand, mussten die Garibaldianer das Unternehmen jedoch aufgeben und sich zurückziehen, blieben aber den ganzen folgenden Tag noch auf der Reede von Neapel.

Die Aufregung in Neapel darüber war ungeheuer groß, denn man glaubte an einen förmlichen Angriff Garibaldis, der sich indessen nur hatte überzeugen wollen, ob die Hauptstadt bei dem Lärm zu den Waffen greifen würde, was indessen nicht erfolgte.

Von hier begab sich die »Washington« nach Cagliari auf der Insel Sardinien, woselbst Garibaldi mehreren Dampfschiffen mit Freiwilligen den Befehl erteilte, sich nach Messina zu begeben. Am 16. August fuhr er von Cagliari nach Palermo; er begegnete dabei einem englischen Schiffe, der »Queen of England«, das dreißigtausend Gewehre und fünfzehn gezogene Kanonen für ihn nach Messina brachte.

Über seine Reise nach Messina berichtet ein Korrespondent der *Times*:

»Kaum hatte ich meinen gestrigen Brief von Palermo beendigt, so erfuhr ich, dass Garibaldi, der in der Nacht zu Byzantin angekommen war, mit dem englischen Dampfer ‚Amazon' sofort nach Messina abgehen werde. Ich begab mich sogleich dorthin, um neun war ich an Bord, und eine halbe Stunde darauf lichteten wir den Anker.

General Türr war ebenfalls an Bord, mit ihm Oberst Graf Teleki und ihre ungarischen Freunde. Türr hielt sich für vollkommen hergestellt von seinem Brustleiden, betrachtet man aber sein Gesicht, so bemerkt man auf demselben die Spuren der Krankheit, die ihm wohl so leicht nicht erlauben wird, einen langen Feldzug auszuhalten. Übrigens finden sich bei Garibaldi noch mehrere seiner treuesten Freunde, wie der sardinische Major Trechi, der auf seine Adjutantur bei dem Könige verzichtete, um in der Leibgarde eines Mannes zu dienen, den er ebenso wie den König liebt; er glaubt, Viktor Emanuel selbst würde gern eine rote Flanellbluse anziehen und neben Garibaldi fechten, da er mehr Lust an Abenteuern als Ehrgeiz besitze. Neben Trechi sah ich den Schriftsteller Augusto Vecchi, dessen bei Genua an der Riviera gelegene Villa Spinola Garibaldi oft in schweren Momenten seines wechselvollen Lebens gastfreundlich aufgenommen hat. Dann war da der

römische Veteran Fruscianti, von dem sich Garibaldi nie trennt, sowie noch zwei oder drei andere Graubärte, die seine Züge in der Alten und Neuen Welt mitgemacht haben, und andere jüngere Kampfgenossen. Darunter gab es auch einige Engländer, den Oberst Leveson, ein kleiner Mann von ungefähr dreiunddreißig Jahren, ausgezeichnet durch seine herkulische Stärke und den Mut eines Löwen, der dem General seine Privat-Yacht zur Verfügung gestellt hat, die er mit zwölf englischen Matrosen und sechzig ausgefuchsten Teufelsburschen seines Vaterlandes bemannen will, ferner Kapitän D. Dowling, der eine Batterie Whitworth-Kanonen kommandieren soll, und ein junger Seemann, Mr. Edwin Jarvis. Kapitän Weeks von der ‚Amazon' ist genauso begeistert für Garibaldi wie alle Übrigen.
Ich sprach schon früher einmal über die Anziehungkraft, die Garibaldi auf alle sich ihm Nähernde ausübte. Gestern waren wir ganz unter uns, und obgleich Kapitän Weeks seine Privatkajüte ganz zu Garibaldis Verfügung gestellt hatte, kam dieser doch zu der allgemeinen Gesellschaft, um einen glücklichen und heiteren Tag zu verleben. Vorgestern hatten wir starke Hitze gehabt, auch gestern war es auf dem Schiffe fürchterlich heiß, so dass wir alle, nach Luft schnappend, auf dem Rücken lagen: Der General ging indessen immer auf dem Verdeck umher, hatte für jeden ein freundliches Wort und für jeden, den er von früher kannte, eine Erinnerung parat. Er trug seine gewöhnliche Diktatorenkleidung, die rote Flanellbluse, ein seidenes Tuch um den Hals, hellgraue Beinkleider und den Kalabreser auf dem Haupte. Seine breiten Schultern, seine kolossale Brust und die Würde seiner Haltung lassen ihn stets größer erscheinen, als er wirklich ist; erst wenn er neben anderen steht, bemerkt man, dass er nur von mittlerer Größe ist. Sein Haar ist dunkelbraun, beinahe schwarz, und der um vieles hellere kurz geschnittene Bart verkürzt sein ungewöhnlich langes Gesicht etwas, die hervorstehenden Backenknochen, die gerade Nase, die Farbe des Bartes, das lange Haar, das rötlich gefärbte, eigentümlich gesprenkelte Gesicht und sein ernst durchbohrendes und gleichzeitig mildes Auge geben ihm jene eigene Physiognomie, die man seine Löwen-Physiognomie zu nennen pflegt.
Gegen Mittag war er gerade mit Türr im Gespräch begriffen, als seine Aufmerksamkeit durch fröhliche Stimmen auf den vorderen Teil des Schiffes gezogen wurde. Er ging nun sogleich zu dieser Gesellschaft, die im Begriff war, eine Art Dilettanten-Konzert zu

geben, und näherte sich ihr allmählich immer mehr, bis er sich endlich in ihre Mitte setzte. Man sang nacheinander alle politischen National- und Volkslieder und dergleichen, die in den Jahren von 1831 bis 1849 einen gewissen Ruf erlangt haben, und Garibaldi beklagte, dass gerade Italien, das Land der Musik, sich unter allen Ländern der Erde nicht einer Volkshymne zu rühmen habe. Mit einem Anfluge von Bitterkeit sagte er: ‚Ich kann euch die Kriegslieder von zehn barbarischen, ganz wilden Völkern vorsingen, aber kein italienisches Volkslied, das das Herz des Italieners so bewegt, wie die Marseillaise der Franzosen oder das God save the Queen der Engländer.'

Dennoch sang er später ein italienisches Lied, und seine tiefe, klangvolle Stimme, die diesen Klang aber nur beim Singen hat, denn sonst ist sie oft schneidend, übertönte den ihn begleitenden Chor. Es war ein Lied, das Italien seinen Kindern vorsingt und das so beginnt:

Via, toglietimi dal capo
La corona delle spine;
Che una volta almen sul crino
Splenda il serto del valor.

(Nehmt mir die Dornenkrone vom Haupte, dass endlich einmal im Haare der Kranz der Tapferen erglänze.)

Man versuchte noch mehrere andere patriotische Gesänge, doch fand man nicht den gewünschten Erfolg.

Es befanden sich auch drei Damen auf dem Schiffe, die zu der Gesellschaft gehörten und denen Garibaldi kleine Aufmerksamkeiten erzeigte. Dieser Mann muss eine Spur von Galle in sich haben, denn sonst könnte er nach der Begebenheit von Como wohl keine Frau mehr anblicken. Zwei dieser Damen waren Sängerin von Profession, und die eine ließ sich durch Bitten endlich bewegen, einen gewählteren musikalischen Vortrag zu geben. Garibaldi hatte sich auf eine Wassertonne gesetzt, stützte den Fuß auf die Ankerkette, die Ellenbogen auf die Knie und das Kinn auf beide Hände und horchte mit aufwärtsgekehrtem Gesichte auf den Gesang mit einer Aufmerksamkeit, wie sie nur ein Mann zeigen kann, der von der Natur mit der Empfänglichkeit für alles Schöne begabt worden ist. Einer seiner Begleiter, ein Maler, hatte Feder und Bleistift bei sich und skizzierte die Gruppe; der Augenblick war wirklich erhebend, denn Garibaldi, ganz in seine Gedanken vertieft, sah unaussprechlich sanft und freudig aus. Als der Gesang sein Ende gefunden hatte, fing das Choralsingen, Lärmen und Lachen von neuem an, und es war wohltuend zu sehen, wie heiter Garibaldi, der Mann, auf dessen Schultern jetzt das Geschick Italiens ruht, dabei war. Auch seine nächsten Freunde freuten sich seiner heiteren Laune nicht weniger als alle anderen. Es geht über alle Begriffe, wie sehr dieser Mann geliebt und geehrt wird. Er liebt jeden Menschen, dafür liebt ihn jeder wieder, ohne dass er einen ganz in sein Vertrauen zöge; nur sein Herz steht allen offen. Seine Gedanken verbirgt er stets, und sein Wille duldet weder Zweifel noch Widerspruch.

Ich hatte eine lange Unterhaltung mit Vecchi, einem seiner ältesten und besten Freunde. Beide waren soeben eine Woche beieinander gewesen und hatten die Freiwilligen am Golfo degli Aranci auf der Insel Sardinien besichtigt, als Garibaldi plötzlich auf den Einfall geriet, seine Vertrauten in seine reizende Häuslichkeit auf der Insel Caprera einzuführen. Als sie sich der Insel näherten, bemerkte einer von der Gesellschaft, sie sei doch nur ein gar zu kleines Stück Land, aber Garibaldi wollte dies durchaus nicht zugestehen. Als sie an Land gingen, war er außer sich vor Freude über die Luft und das Land, zeigte ihnen mit Stolz seine Artischocken und Obstbäume, empfing dann seine zwei- und vierfüßigen Untertanen, seine Schweine, Ziegen und Schafe, von denen er jedes genau kannte, auch seine vier Esel, denen er die Namen berühmter und hoch gestellter Zeitgenossen gegeben hat. Sie kannten ihn alle und ließen sich von ihm streicheln. Auch seine Feldarbeiter kamen herbei, die nicht ahnten, dass ihr Herr ein großer Mann geworden sei, schüttelten ihm die Hand und meldeten den Stand der Kälber und Kühe, worüber er so gründlich sprach, als ob das Schicksal der Welt davon abhinge. Er liebt dieses felsige Caprera so sehr, dass er in vollem Ernste Vecchi überreden wollte, seine Villa bei Genua aufzugeben und die kleine, Caprera gegenüberliegende Insel zu kaufen. Er meinte, sie könnten sich dann gegenüber wohnen und sich aus ihren Fenstern durch Signale miteinander unterhalten. Man spreche noch von Aristides, Fabricius oder Cincinnatus!

Als wir auf der Hälfte des Weges waren, ging die Sonne unter. Um ein Uhr nach Mitternacht passierten wir Milazzo, woselbst Türr und Teleki an Land gingen, weil Ersterer seine dort lagernde Division besichtigen wollte. Wir warteten bis Tagesanbruch auf sie, lichteten bei schönem Wetter die Anker und erreichten nach drei Stunden unser Ziel, den Hafen von Messina.«

Noch vor der Abreise des Generals von Messina hatten bereits verschiedene Landungsversuche an der Küste des Festlandes stattgefunden; so unter anderen eine bedeutendere Unternehmung, bei der vierhundert Mann zwischen Del Cavallo und der Villa San Giovanni landen sollten. Ein vom Festland herübergekommener Kalabrese hatte diese Expedition geführt, da er behauptete, eine von den Königlichen gar nicht bewachte Stelle zu kennen. Als die Männer indessen um Mitternacht landen wollten, wurden sie mit Gewehrfeuer empfangen, das von den Kanonen der Batterie unterstützt wurde. Die sizilianischen Bootsleute begannen nun, wie der Berichterstatter der *Times* sich ausdrückt, wie die Affen zu schreien, und waren nicht zum Rudern zu bewegen, obgleich man sie niederzuschießen drohte; die Verwirrung wurde so groß, dass man umkehren musste. Auf die Meldung des Kommandierenden dieser verunglückten Expedition erwiderte Garibaldi nur: »Wir werden morgen eine bessere Gelegenheit finden; gehen Sie zu Bett, machen Sie's Ihren Leuten bequem, und gute Nacht.«

Derselbe Berichterstatter sagt weiterhin: »Wir sind hier viel schlimmer dran, als die Neapolitaner jenseits. Sie sind Herren der See, wir aber müssen alles von weither beschaffen, und unsere Kranken haben nicht einmal Matratzen und Decken. Die Arznei kommt aus Messina, und das einzig gut eingerichtete Lazarett befindet sich zu Barcellona.«

Zu derselben Zeit wurde auch ein Mordversuch gegen Garibaldi unternommen, und zwar von einem kalabresischen Banditen, dem indessen im entscheidenden Augenblicke der Mut zur Ausführung seiner Schandtat fehlte und der sogleich ergriffen wurde. Seinen Aussagen nach war er von einer hohen Persönlichkeit des neapolitanischen Hofes gedungen worden.

Am 19. August eröffnete Garibaldi den neuen Feldzug durch folgende Proklamation an seine Soldaten:

»Zu den Eigenschaften, welche in der italienischen Armee vorherrschen müssen, gehören die Tapferkeit und die Leutseligkeit, durch welche die Freundschaft der Soldaten erworben und bestätigt wird; es hat gar keine Schwierigkeit, dass ein tapferer und zugleich beliebter Soldat Gehorsam, Unterordnung, das in schwierigen Lagen nötige Feuer und vor allem die Festigkeit, welche die Strapazen eines langwierigen Feldzuges erfordern, erlangt. Er muss jene Unverwüstlichkeit haben, die fast immer in der Schlacht den Sieg davonträgt. Durch Härte mag er zwar eine strenge Disziplin herstellen, aber es ist mehr wert, eine solche auf mildem Wege durch einen wohlberechneten Einfluss zu erzielen. Die echte Tapferkeit ist stets eine Schwester der Großmut. Der italienische Held muss großmütig gegen jedermann auftreten und vorzüglich gegen die, unter denen er weilt. Dieser Befreiungskrieg, den ihr so hochherzig begonnen, verdankt seinen Erfolg dem Heldenmute und der Sympathie des Volkes. Die Bewegung, die uns von Parco nach Gibilrossa und von Gibilrossa nach Palermo führte, also diejenige, welche die Befreiung der Hauptstadt von Sizilien bewirkte, führte zu diesem glänzenden Resultate nur deshalb, weil der Feind keine genaue Kenntnis erlangen konnte, obgleich er über zahlreiche Spione verfügte. Dies war die Folge der Liebe des sizilianischen Volkes zu der heiligen Sache, deren Verfechter wir sind, und der edlen Haltung unserer Soldaten den Einheimischen gegenüber. Um unter allen Provinzen Italiens eine vollkommene Harmonie zu befestigen, ist gerade hierauf ein besonderes Augenmerk zu richten. Leider wurde diese Wahrheit, obgleich alle sie einsahen, nur von einigen berücksichtigt. Die Norditaliener, die infolge der bereits über Italiens Feinde errungenen Siege mehr an das Geräusch der Waffen gewöhnt sind, sollten sich mit den Soldaten des Südens verbrüdern, sie sollten mit ihnen ihre Erfahrungen austauschen, um sie durch freundschaftliches Zusammenwirken zu ermutigen; sie sollten vor allen Dingen nicht vergessen, dass während der letzten Feldzüge Italien die Erfahrung gemacht hat, dass es ohne Ausnahme auf alle seine Söhne rechnen kann: Sie dürfen sich davon überzeugt halten, dass in jeder Epoche ihrer Geschichte die italienische Tapferkeit sowohl in den kälteren Ebenen der Lombardei, Piemonts und Venetiens als auf der Lava der Gegenden Mittel- und Süditaliens geglänzt hat. Ich brauche den italienischen Soldaten daher nicht zur Tapferkeit zu ermahnen, ich muss ihm aber von ganzem Herzen eine solche Disziplin empfehlen, wie das alte Rom sie zeigte, eine unwandelbare Eintracht des einen mit dem andern und der einen Provinz mit der anderen, sowie auch die vollkommene Achtung vor fremden Eigentum, besonders vor dem Eigentum der armen Landleute, die ohnehin genug Mühe und Sorge haben, um ihren Familien das tägliche Brot zu erwerben.

Ich kann es nicht oft genug wiederholen: Ein von seinen Leuten geliebter und geachteter Offizier wird mit Freuden den Einfluss wahrnehmen, den er durch seine Tapferkeit und Leutseligkeit erlangt,

und dies umso mehr, wenn Kriegsgefahren, Strapazen, Mangel an Lebensmitteln und die Langwierigkeit des Kampfes ihre Untätigkeit zu rechtfertigen scheinen. Noch ein Ruck, und der Sieg ist unser! Da wird denn wohl geantwortet, die Soldaten seien erschöpft! Jetzt eben ist der Augenblick gekommen, wo die Stimme, wo das Ansehen eines beliebten Offiziers genügt, um den erschöpften Mann wieder straff zu machen und ihn von neuem ins Feuer zu führen. Ohnehin ist es ein Ding der Unmöglichkeit, dass ein Soldat auf dem Schlachtfelde einen Offizier im Stiche lässt, der sich gegen ihn gut benommen hat, der für seine Bedürfnisse nach besten Kräften gesorgt und der in Strapazen wie in Ruhmestaten des Feldzuges immer voranging. Aus diesen Gründen sollen die Offiziere auf das Eifrigste um ihre Soldaten besorgt sein und sie hegen und pflegen, als ob sie zu ihrer eigenen Familie gehörten.
Schließlich rufe ich allen Italienern, in der Überzeugung, dass sie auf mich hören werden, zu, dass der Kampf, wenn wir nur wenige sind, langwierig werden und viele Opfer an Gut und Blut kosten wird, dass wir dagegen, wenn wir viele sind, die Einheit rasch begründen und uns dadurch zugleich die Bewunderung und die Dankbarkeit künftiger Geschlechter erwerben können.«

Am 19. August um ein Uhr mittags bestieg Garibaldi mit seinem Generalstabe und dem General Türr die »City of Aberdeen«, die sich um fünf Uhr nach Giardano begab, wo die Brigade Bixios zur Einschiffung bereit stand; Bixio nahm die Parade ab und sagte seinen Leuten, dass der Augenblick zur Landung in Kalabrien jetzt gekommen sei. Die »Torino« nahm zweitausend Mann an Bord, die übrigen siebenhundert Mann wurden auf der »Franklin« und zwei Segelschiffen eingeschifft. Um zehn Uhr fuhren die Schiffe in Richtung Catania ab. Nach einer halben Stunde schon hatten sie die Überzeugung gewonnen, dass ihre Fahrt nicht überwacht werde, und die »Franklin«, die die amerikanische Flagge führte, hielt nun mit vollem Dampfe auf Capo dell' Armi zu, einen rechts von Reggio gelegenen Punkt. Die »Torino« blieb zur Beobachtung zurück.

Als Garibaldi sich überzeugt hatte, dass diese Stelle des Gestades nicht bewacht werde, ging er an Land, und in einer halben Stunde waren alle Leute, die sich an Bord der »Franklin« befanden, ausgeschifft.

Die »Franklin« bemerkte unterdessen in der Ferne eine Rauchwolke, die von zwei sich nähernden Dampfschiffen stammte; sie hisste ein Signal und die »Torino« näherte sich dem Ufer; da sich der Kapitän aber unvorsichtig benahm, lief das Schiff auf den Strand. Sobald die beiden Dampfer, die sich als königliche erwiesen, auf Schussweite herangekommen waren, eröffneten sie das Feuer, und die Garibaldianer mussten sich nun unter einem Hagel von Kugeln ausschiffen. Jetzt erschien am Horizont ein drittes Dampfschiff. Die Neapolitaner, die darunter ein Schiff Garibaldis vermuteten, gingen ihm entgegen, fanden aber nur ein Paketboot der kaiserlich-französischen Post. Währenddessen fanden die Garibaldianer Zeit, sich vollständig auszuschiffen. Als die neapolitanischen Dampfschiffe zurückkehrten, steckte die »Franklin«, die nun schon zwei Stunden daran arbeitete, die »Torino« loszumachen, die englische Flagge auf und ging nach Messina zurück; die Königlichen konnten sich nur dadurch rächen, dass sie die noch immer unbeweglich festsitzende »Torino« mit ihren Kugeln durchlöcherten.

In der folgenden Nacht wurden die Truppen auf hundertunddreißig Fischerbarken, zwei Dampfern, fünf Brigantinen und sechzehn großen Fährschiffen über die Meerenge geführt und landeten zwischen Bagnara und Scylla.

4.
Reggio und Monteleone

Die Garibaldianer marschierten, sobald sie gelandet waren, sofort auf Reggio. Diese Stadt, die Hauptstadt der Provinz Calabria ulteriore prima, liegt an der Via Aquilia an der Meerenge und hat siebentausend Einwohner; bei ihr befindet sich ein Fort, dessen Befestigungen aber zu dieser Zeit noch nicht ganz vollendet waren. Hier lagen vier Infanterie-Kompanien der königlichen Armee.

Major Missori, der sich nach seiner verunglückten Landung in die Berge von Aspromonte geworfen hatte, vereinigte sich jetzt wieder mit dem General, und man entwarf einen Plan, nach welchem Nino Bixio die Stadt in der Front angreifen und Garibaldi und Missori das Fort umgehen und dadurch die Königlichen zwischen zwei Feuer bringen sollten.

Um drei Uhr morgens stieß Bixios Vorhut auf die feindlichen Vorposten, und es entspann sich auf der ganzen Linie ein lebhaftes Gewehrfeuer; bald wurde das Gefecht allgemein.

Das Feuer der Königlichen, die sich in großer Zahl an der offenen Seite von Reggio postiert hatten, wurde so gut unterhalten, dass der rechte Flügel Bixios einen Augenblick erschüttert wurde, aber der tapfere Genuese, der sich auf diese Weise bedroht sah, eilte selbst mit zwei Bataillonen zu Hilfe, ergriff wieder die Offensive und zwang den Feind durch einige heftige Bajonettangriffe, sich auf die Zitadelle zurückzuziehen.

Zu derselben Zeit gelangten Garibaldi und Missori auf Flintenschussweite an das Fort heran. Die genuesischen Schützen, die mit vortrefflichen Präzisionsgewehren bewaffnet waren, töteten eine Menge Artilleristen des Forts auf ihren Kanonen und brachten das Feuer der Letzteren zum Teil zum Schweigen, hierauf verjagten sie die feindlichen Schützen, welche sich in den Gärten und Weinbergen postiert hatten.

Die Königlichen wurden gegen die Mitte der Stadt zurückgedrängt und sofort von drei Seiten auf einmal angegriffen. Die Garibaldianer nahmen nacheinander eine nicht weit vom Meer etablierte Mörserbatterie, eine Feldbatterie, die bei der Kathedrale aufgestellt war, mehrere Barrikaden, welche die Zugänge zur Zitadelle verteidigten, und nach einem hartnäckigen Kampfe, der mehr als zwei Stunden gedauert hatte, mussten sich die Königlichen teils in die Zitadelle, teils auf die Höhen von Piale, eine starke Position, zurückziehen, wo sie sich verschanzten.

Am folgenden Tage warf die Besatzung der Zitadelle einige Bomben auf die Stadt; Garibaldi schickte darauf einen Unterhändler an sie ab und ließ ihnen sagen, dass er sie, wenn sie das Bombardement fortsetzten, alle über die Klinge springen lassen werde, sobald die Zitadelle in seiner Gewalt sei; die Artillerie schwieg darauf und etwas später verlangte die Garnison zu kapitulieren.

Die Besiegten durften mit ihren Gewehren und ihrem Privateigentum abziehen. Vor Ort fanden die Garibaldianer fünfhundert Gewehre, alte Feldgeschütze, zwei achtzig- und sechs sechsunddreißigpfündige Pairhans'sche Bombenkanonen, zwölf Mörser, acht Positionsgeschütze und außerdem viele Pferde, Maulesel und einen bedeutenden Vorrat von Lebensmitteln und Kohlen. Kaum war dies geschehen, so rückte Garibaldi auf der großen Heerstraße weiter nach San Giovanni und besetzte es nach unbedeutendem Gefechte. General Cosenz war mit drei- bis viertausend Mann am 21. August gelandet, beinahe ohne Widerstand zu finden, aber eine traurige Begebenheit ereignete sich den folgenden Tag.

Paul de Flotte, früherer Offizier der französischen Marine und ehemals Repräsentant des Volkes bei der gesetzgebenden Versammlung, der 1851 von Napoleon III. verbannt worden war, landete mit etwa fünfzig Engländern und Franzosen. Während er sich bemühte, eines der tags zuvor gelandeten Korps aufzusuchen und sich mit ihm zu vereinigen, hatte er mehrere Scharmützel mit den neapolitanischen Vorposten zu bestehen. Zu Solaro geriet er mitten in ein königliches Bataillon, das ein sehr lebhaftes Feuer gegen seinen kleinen Trupp eröffnete. De Flotte, der immer voraus war, erhielt einen Flintenschuss in den Kopf; seine Soldaten nahmen seine Leiche mit sich und es gelang ihnen glücklich, sich mit Cosenz zu vereinigen.

Am 24. August las Garibaldi, der ungeachtet seiner zahllosen Beschäftigungen immer noch Zeit fand, an seine Waffengefährten zu denken, der Armee in französischer Sprache nachstehenden Tagesbefehl vor:

»Wir haben De Flotte verloren!
Die Bezeichnungen eines tapferen Mannes, eines Ehrenmannes, eines wahren Demokraten sind unzureichend, um den ganzen Heroismus dieser unvergleichlichen Seele auszudrücken!
De Flotte, ein edler Sohn Frankreichs, ist eines dieser bevorzugten Wesen, das sich ein einziges Land anzueignen kein Recht hat – nein, De Flotte gehört der ganzen Menschheit an, denn sein Vaterland war, wo sich ein Volk für seine Freiheit erhob. De Flotte, der für Italien gestorben ist, hat dafür gekämpft, wie er für Frankreich gekämpft haben würde. Dieser berühmte Mann ist ein sehr kostbares Band der Brüderlichkeit zwischen den Völkern, welche die Zukunft der Menschheit bringen wird. In den Reihen der Alpenjäger gefallen, war er mit einer Anzahl seiner braven Landsleute der Repräsentant der großmütigen Nation, die man wohl einen Augenblick aufhalten kann, die aber von der Vorsehung bestimmt worden ist, der Emanzipation der Völker und der Zivilisation der Welt die Bahn zu brechen.«

Außerdem verfügte Garibaldi die Bildung einer Kompanie, welche »Compagnie de Flotte« genannt und an erster Stelle von einem französischen, an zweiter Stelle von einem ungarischen Offizier kommandiert werden sollte. Etwas später ordnete ein anderes Dekret die Errichtung eines Denkmals zur Erinnerung an Paul de Flotte an.

Inzwischen war schon ganz Kalabrien im Aufstande. In Foggia, einer Stadt von zwanzigtausend Einwohnern, zog das Landvolk der Umgegend am 15. August mit dreifarbigen Fahnen ein, und die demselben entgegengeschickten königlichen Dragoner stimmten bald in den Ruf ein: »Es lebe Viktor Emanuel! Es lebe Garibaldi!« General Floras entsandte nun, um den Aufstand zu dämpfen, zwei Kompanien vom 13. Linien-Regiment nach der Stadt und begab sich selbst dahin, als auch diese sich den Aufständischen anschlossen, musste aber unverrichteter Dinge seinen Rückzug antreten.

In Corleto pflanzte ein Führer der revolutionären Bewegung, Oberst Baldoni, unter großem Jubel die sardinische Flagge auf und erklärte den Anschluss an Viktor Emanuels Staaten.

Am 18. August zogen die Aufständischen von hier nach Potenza, einer Stadt von neuntausend Einwohnern, die sich ihnen sofort anschlossen und über vierhundert daselbst stationierte Gendarmen herfielen; es kam zum Gefecht zwischen den Gendarmen und der Nationalgarde, in welchem Erstere sieben Tote, drei Verwundete und fünfzehn Gefangene zu beklagen hatten, worauf sie sich zurückzogen und sich unter Oberst Mignonna eine provisorische Regierung bildete.

Das 6. Linien-Regiment, das von Salerno aus gegen Potenza entsandt wurde, schloss sich ebenfalls der Bewegung an. Ähnlich ging es in allen Teilen des Landes, durch die Garibaldis Truppen marschierten.

Auch ein Priester-Bataillon bildete sich im Kloster San Nicolo, und nach und nach kam es auf eine Stärke von beinahe achthundert Köpfen. Als Abzeichen trug es eine Schnur in den italienischen Farben mit einem am Gürtel befestigten kleinen Kruzifix. Befehligt wurde es von dem Pater Paolo Sardo. Ein anderer Mönch, Agostino Rotolo, bildete und kommandierte selbst ein Bataillon Ätnajäger.

Die Neapolitaner gedachten sich bei Monteleone zu verteidigen; bis dahin befindet sich längs der Seeküste eine Reihe von kleinen Forts, die sie besetzt hielten, außerdem hielten die Brigaden Briganti und Melendez, etwa zweitausend Mann stark, oberhalb des Forts von Punta di Pizza die Ebene zwischen der am Seegestade entlanglaufenden Straße und den weiter ins Land hinein gelegenen Höhen besetzt.

Als Garibaldi die Höhen von San Giovanni eingenommen hatte, rückte er am 23. August mit seiner Hauptmacht, von den Bergen gedeckt, so geschickt in die Flanke des Feindes, dass dieser ihn gar nicht bemerkte; eine Abteilung rückte dem Feinde, um seine Aufmerksamkeit abzuziehen, ganz offen auf der Straße entgegen und eine dritte von genuesischen Schützen umging ihn mit großer Heimlichkeit vollständig.

Jetzt rückten diese Abteilungen plötzlich von allen Seiten vor, und der Feind empfing sie mit einem Feuer aus vier Kanonen; Garibaldi ließ aber nicht feuern, da die Kapitulation der Königlichen außer allem Zweifel liegen musste. Hingegen schickte er einen Parlamentär vor, um sie dazu aufzufordern; dieser wurde aber erschossen. Endlich bemerkten die Neapolitaner, dass sie von allen Seiten eingeschlossen seien, und sandten nun ihrerseits einen Unterhändler, welcher einen Waffenstillstand verlangte. Dieser wurde ihnen bis halb fünf Uhr nachmittags bewilligt, da Nino Bixio mit dem Geschütz noch nicht herangekommen war und der General ein ganz unnützes Blutvergießen zu vermeiden wünschte.

Erst um fünf Uhr fassten die Königlichen einen Entschluss und brachen plötzlich in den Ruf aus: »Es lebe Garibaldi! Es lebe Italien!« Sie ergaben sich nun, Offiziere und Soldaten, ohne Widerstand und lieferten ihre Waffen ab, zweitausend Gewehre, vier leichte und zehn schwere Geschütze des Forts, das ebenfalls kapitulierte. Die Waffen mussten zurückbleiben, die Leute konnten gehen, wohin sie wollten, und zogen sehr zufrieden ab.

Am 25. August brachten die Garibaldianer die Nacht in Palmi zu, und am folgenden Morgen ging der General selbst auf Erkundung aus, von nur vier Personen begleitet, auf einem leichten Wagen gegen Monteleone hin, wo elftausend Königliche Stellung genommen haben sollten; die Brigade Cosenz ließ er folgen.

Der *Times*-Korrespondent, der sich bei dieser Expedition befand, erzählt darüber:

»Nach etwa drei viertel Stunden begegneten wir einem Wagen; der darin Sitzende redete einige Worte mit dem General, worauf dieser einem Adjutanten befahl, die Brigade Cosenz vorrücken zu lassen. Wir fuhren darauf weiter bis zu einem Hügel, der eine weite Aussicht über das Meer und die Ebene eröffnet. Garibaldi stieg, nur von einem seiner Begleiter gefolgt, hinauf und blieb, sein Fernrohr scharf auf den Horizont gerichtet, zwei ganze Stunden oben.

Unterdessen kamen die Generäle Cosenz und Sirtori, ein großer Teil des Stabes und mehrere andere, so dass wir nach einer Stunde ungefähr fünfzig Reiter waren, einige derselben, wie Kapitän

Peard, »Garibaldis Engländer«, Kapitän Berkeley und andere Freiwillige aus allen Teilen Europas, mit Eseln beritten. Das war augenblicklich alles, was wir dem Feinde entgegenstellen konnten.
Nach anderthalb Stunden ungefähr erreichte uns die Brigade Cosenz und marschierte voraus.
Um elf Uhr kamen wir nach Rosareo und fanden das arme, vom Fieber heimgesuchte Dorf noch in großer Angst wegen des wilden Benehmens der desorganisierten Königlichen, die bis vor wenigen Stunden dort gestanden hatten. Wir rasteten hier eine Stunde und erreichten Mileto erst mit Einbruch der Nacht. Auch hier hatten die Neapolitaner arg gehaust.«

Hier waren am 25. August, wie eben erzählt, die entwaffneten Truppen des Generals Briganti eingetroffen und hatten auf dem Markte kampiert, als ihr ehemaliger Führer durch die Stadt ritt, um sich nach Monteleone zu begeben; die Soldaten griffen ihn nun plötzlich mit dem Rufe an, dass er sie verraten habe, und ermordeten ihn auf schreckliche Weise; dann plünderten sie die Wein- und Zigarrenläden der Stadt.

Hier in Mileto, zwei Meilen von Monteleone, blieben die Garibaldianer die ganze Nacht unter Waffen stehen, da man den Feind in der Nähe wusste; am anderen Morgen wurde schleunigst auf Monteleone gerückt, man fand aber hier keine Armee mehr vor, denn ihr General Pial hatte sie aufgegeben, als er ihre Unlust zum Fechten wahrnahm; dreitausend Mann waren darauf desertiert, und der Rest hatte sich unter General Ghio auf den Weitermarsch begeben.

Die königliche Armee zerfiel immer mehr. Das bei Salerno gelegene Hauptlager war auf dem Punkte, sich aufzulösen, und in der Gegend zwischen Cap Spartivento und Eboli sah man nicht mehr einen einzigen Soldaten Franz' II.

5.
Einzug in Neapel

Die drei Provinzen Kalabriens, die von Salerno, Bari, Avellino, die Basilicata, die Capitanata, der ganze Süden des Königreichs Neapel waren in vollem Aufruhr – dreißigtausend Garibaldianer, die überall mit Enthusiasmus empfangen wurden und mit denen sich zahlreiche bewaffnete Haufen vereinigten, marschierten auf Neapel, und ihr des Erfolges ganz sicherer Führer konnte ohne Übertreibung in allen Journalen bekannt machen und an den Mauern anschlagen lassen, dass er am 8. September in Neapel einziehen werde.

Franz II., noch jung und unerfahren, von Militärs und Höflingen umgeben, die ihn zu verraten, wenigstens zu verlassen bereit waren, wusste nicht mehr, welchen Entschluss er fassen solle. Bald wollte er seine Staaten verlassen und sich nach Spanien flüchten, am anderen Tage entschied er sich wieder, zu bleiben und gegen die Revolution anzukämpfen; bald hörte er auf den Fürsten Ischitella, der ihm zuredete, sich energisch zu verteidigen, bald auf seinen Minister Liberio Romano, der ihm riet, einige Konzessionen zu machen, und unterdessen wurden die Verhältnisse immer bedenklicher. Als er am 3. September erfuhr, dass Garibaldi auf Salerno vorrücke, berief er die meisten in Neapel anwesenden Generäle zu einem Kriegsrate zusammen.

Es wurden drei Pläne vorgelegt. Der erste bestand darin, Salvio zwischen Rocera und Salerno zu besetzen und hier die Garibaldianer zu erwarten – es war General Pianelli, der diesen Rat gab, und man stimmte ihm bereits bei, als General Ulloa, der ehemalige Verteidiger Venedigs, vorschlug, die Provinzen ganz aufzugeben und nur die Stadt Neapel zu verteidigen, wie Radetzky es in Oberitalien im Jahre 1848 getan habe; der dritte Vorschlag war, Neapel zu räumen und die königliche Armee zwischen Capua und Gaëta zu konzentrieren, wo sie sich auf zwei sehr wichtige Stellungen stützen könne. Dieser dritte Vorschlag wurde endlich angenommen.

General Bosco hatte diesen letzteren Rat gegeben; plötzlich aber verzagte er infolge der eingegangenen Nachrichten, die ihm jede Hoffnung auf die Zuverlässigkeit der Truppen raubte, und bat um seine Entlassung.

Am 6. September verließ Franz II. sein Schloss zu Neapel, nachdem er an das diplomatische Korps eine Erklärung erlassen hatte, die folgendermaßen lautete:

»Nachdem ein verwegener Condottiere mit allen Kräften, über die das revolutionäre Europa verfügt, und unter Berufung auf den Namen eines mit Uns befreundeten und verwandten italienischen Monarchen Unsere Länder angegriffen hat, haben Wir während fünf Monaten mit allen Uns zu Gebote stehenden Mitteln für die geheiligte Unabhängigkeit Unserer Staaten gekämpft. Das Glück der Waffen hat uns nicht begünstigt.

Die verwegene Unternehmung, die jener Fürst in der förmlichsten Weise anzuerkennen vorgab und die während des Verlaufs von Unterhandlungen, welche darauf berechnet waren, ein intimes Einverständnis herzustellen, gerade in seinen Staaten Hilfe und Unterstützung fand, diese Unternehmung, der ganz Europa gleichgültig zusah, nachdem es das Prinzip der Nicht-Intervention proklamiert hatte, während es Uns den allgemeinen Feind bekämpfen ließ, ist auf dem Punkte, ihre traurigen Wirkungen auch auf unsere Hauptstadt auszudehnen.

Andererseits haben Sizilien und die Provinzen des Festlandes, die seit langer Zeit und in jeder Weise durch die Revolution, deren Drängen sie aufreizte, bearbeitet worden, provisorische Regierungen gebildet mit dem Titel und unter der namentlichen Protektion jenes Herrschers und einem angeblichen Diktator die Autorität und die Vollmacht über ihr Schicksal übergeben. Stark durch Unsere, auf die Geschichte, die internationalen Verträge und das europäische Völkerrecht sich gründenden Rechte, sind Wir, während Wir Unsere Verteidigung so lange als möglich fortzusetzen beabsichtigen, nichtsdestoweniger zu jedem Opfer entschlossen, um Unserer großen Metropole, dem ruhmwürdigen Sitze der ältesten Erinnerungen, der Wiege der Künste und der Zivilisation des Königreichs, die Schrecken eines Kampfes und der Anarchie zu ersparen.

Wir werden deshalb mit Unserem Heere diese Mauern verlassen, indem Wir auf die Loyalität und die Liebe Unserer Untertanen in Betreff der Aufrechterhaltung der Ordnung und der den Behörden schuldigen Achtung vertrauen.

Indem Wir einen solchen Entschluss fassen, fühlen Wir gleichzeitig die Verpflichtung, die Uns Unsere alten und unverletzlichen Gerechtsame, Unsere Ehre, das Interesse Unserer Erben und Nachfolger und mehr noch das Unserer viel geliebten Untertanen auferlegen, und protestieren laut gegen alle bisher vollzogenen Akte und alle Ereignisse, die geschehen sind und in Zukunft geschehen werden. Wir behalten Uns alle Unsere Titel und Gerechtsame vor, die aus den Verträgen und den heiligen und unbestreitbaren Rechten der Erbfolge herstammen.

Wir erklären feierlich alle erwähnten Ereignisse und Fakta für nichtig, unrechtmäßig und ungültig, indem Wir, was Uns betrifft, Unsere Sache und die Sache Unserer Völker in die Hand des allmächtigen Gottes legen, in der festen Überzeugung, dass Wir in der so kurzen Zeit unserer Regierung keinen einzigen Gedanken gehegt haben, der nicht ihrem Wohle und ihrem Glücke gewidmet gewesen wäre. Die Rechte, die Wir ihnen unwiderruflich garantiert haben, sind dafür ein Unterpfand.

Diesen Protest werden Wir an alle Höfe gehen lassen und wollen, dass er, von Uns unterzeichnet, mit dem Siegel unseres königlichen Wappens versehen und von Unserem Minister der auswärtigen Angelegenheiten gegengezeichnet, in Unseren königlichen Staatsministerien des Auswärtigen und der Justiz und vom Präsidenten des Ministerrates aufbewahrt werde als ein Denkmal Unseres steten Willens, die Vernunft und das Recht stets der Gewalt und Usurpation gegenüberzustellen.

Neapel, den 6. September 1860.

Franz II. (gegengez.) Jacobo de Martino.«

Den König begleiteten die Gesandten von Spanien und Österreich; die Höflinge, die betressten und bebänderten Lakaien hatten alle feige den Hof verlassen. Franz II. stieg auf einer geheimen Treppe zum Hafen hinab und schiffte sich auf einer spanischen Kriegsfregatte ein. Was er auch versucht hatte, die Marine zum Mitgehen zu bewegen, war gescheitert. Während er zur See nach Gaëta abging, marschierten achttausend Soldaten zu Lande nach Gaëta und Capua. Ungeachtet der fortwährenden Desertionen konnte er noch immer über etwa fünfzigtausend Mann zwischen diesen beiden starken Stellungen verfügen.

In Neapel ließ er vier Bataillone Jäger mit dem Auftrage zurück, gemeinsam mit der Nationalgarde über die Aufrechterhaltung der Ordnung zu wachen, außerdem noch zwei Regimenter, welche das Fort St. Elmo besetzt hielten.

Garibaldi war in der Nacht zuvor in Pitri gelandet und kam am Morgen des 6. September nach Salerno. Am nächsten Tage schon, als sich die Kunde von der Entfernung des Königs verbreitet hatte, reiste eine Deputation von Neapel zu ihm, darunter der Bürgermeister und Kommandeur der Nationalgarde, und baten ihn, die Stadt zu betreten.

Am 7. September nachmittags um ein Uhr kam Garibaldi auf der Eisenbahn in der Stadt an. Es befanden sich nur einige Offiziere seines Stabes bei ihm, und er trug sein gewöhnliches Kostüm, die rote Bluse und den Filzhut mit breitem Rande, alles mit Staub bedeckt. In dem einfachen Mietswagen, den er bestieg, saß der Maler Sallezaro, der eine Fahne in der Hand hielt, auf welcher das Pferd von Neapel sich dem Löwen von Sardinien zugewandt hatte. Garibaldi, der mit nassen Augen die Fahne und den Mann umarmt hatte, schlug seinen Weg nach dem zur Aufnahme fremder Fürsten bestimmten Palazzo Foresteria ein, und drei lange Wagenreihen folgten ihm, während das Volk in fast besinnungsloser Freude die Straßen, die er passierte, mit den Geschrei »Es lebe Garibaldi! Es lebe Italien!« erfüllte. Nachdem er den Palast, der auf dem Schlossplatze liegt, betreten hatte, verlangte das Volk, ihn zu sehen, und endlich zeigte er sich auf dem Balkon.

Er wollte reden, aber der Jubel war so stürmisch, dass er erst eine beschwichtigende Handbewegung machen musste; dann sprach er mit klarer, heller Stimme und mit strahlendem Blick: »Ich bin von Freude erfüllt, indem ich den Fuß in diese Stadt, die schönste Italiens, setze. Dieser Tag ist ein feierlicher für ein Volk, das, wie dieses hier, vom Joche so vieler Tyrannen befreit, zum Leben freier Nationen erwacht und wieder ein Vaterland erhält. Durch eure langen Schmerzen habt ihr ein Recht auf diese Erlösung erworben; ihr werdet euch ihrer würdig erweisen, wenn ihr eurerseits nun denen die Hand reicht, die noch dulden. Heute gehört ihr Italien an. Eure Befreiung überhäuft die Italiener mit Freude und tröstet die Menschheit. Ich komme allein mitten unter euch, nicht, um euch zu erobern, sondern euch die Hand zu reichen. Heute, da wir vereinigt sind, können wir allem trotzen und unser Geschick erfüllen. Wir wollen von keinem Fremden etwas, wir wollen nur unser Italien, und Italien wird unser sein!«

Die *Times* sagt:

»Der Ruf: ‚Es lebe Italien!‘ von tausend Umstehenden aufgenommen und wiederholt, brauste wie ein mächtiger Schrei von einem Ende der Stadt bis zum andern. ‚Viva Italia! Viva Italia!‘ – er schien bis zu den Wolken zu dringen und als Echo widerzutönen. Diese Szenen in der Volksmenge! Man sah die zweihundert Frauen der Amazonen-Legion in Garibaldi'scher Uniform, die ein feierliches Gelübde getan hatten, sich vor Garibaldi und die Nationalgarde zu stellen, wenn das Militär einen Angriff wagen sollte. Man sah Priester mit dreifarbigen Schärpen über der Brust und der Freiheitsfahne in der Hand, Mönche mit dem Gewehre auf der Schulter, Männer und Weiber mit blanken Schwertern, Dolchen und Stockdegen, die ihre Waffen in dem ganzen Rausche des Enthusiasmus schwangen, dessen ein solches Volk in solchen Augenblicken fähig ist. Man sah Hunderte von Lazzaroni, bewaffnet mit Piken und bereit, Barrikaden zu errichten, wenn es nötig würde.

Am Nachmittage besuchte Garibaldi den Dom, und der Jubel war beinahe noch wilder, die Volksmenge noch gedrängter. Es war eine würdige Demonstration. Vom Dome kehrte er nach dem Palais Angri im Toledo zurück, wo er jetzt wohnt. Ein Rätsel ist mir, wie es die Lungen des Volkes aushielten, aber buchstäblich hörte das Schreien, das Hin- und Herrennen, Küssen und Umarmen den ganzen Tag nicht auf. Jetzt, zur Nachtzeit, ist jedes Haus erleuchtet. Die Fahnen aus den gegenüberliegenden Fenstern stoßen aneinander, und dazwischen glüht ein wahres Meer von Licht. Durch die ganze Stadt finden Fackelzüge zu Wagen und zu Fuß statt. Die Volksmenge tobt jubelnd durcheinander, in einer Hand führen sie das Schwert, in der andern die Fackel; hin und wieder halten sie in ihrem Siegesmarsche an, umarmen und küssen andere ihnen begegnende Gesellschaften und wünschen allen, die sie finden, Glück zur Befreiung. Die neapolitanischen Schiffe im Hafen, mit der sardinischen Flagge am Topp, salutieren dazwischen mit ihren Kanonen. Ich kann nur immer dasselbe schreiben: Das Schauspiel ist rührend, erhaben, glorreich, wie ich noch keines gesehen.«

Man erzählt noch, dass, als Garibaldi den Balkon des Palazzo Foresteria verlassen hatte, Signor Ricciardo sich näherte, um ihm die provisorische Regierung vorzustellen, das heißt fünf oder sechs Individuen, die an demselben Morgen den Einfall gehabt hatten, sich zu einem Gouvernement zu konstituieren und Garibaldi zum Diktator zu ernennen.

Bei dem Worte »provisorische Regierung« rief Signor Petrucelli aus der Gaëtina: »General, es gibt hier nur eine feste Regierung, und das sind Sie!«

Doktor Bertani, der bald darauf zum Generalsekretär ernannt wurde, fing an zu lachen; auch Garibaldi lächelte und sagte zu den Mitgliedern der provisorischen Regierung, sie möchten warten, er müsse ein wenig ruhen und wolle dann zu Mittag speisen.

Er empfahl nachher dem General Cataldo, der ihm meldete, dass die Garnison ganz zu seiner Verfügung stehe, die Aufrechterhaltung der Ordnung und konnte, da die Volksmenge ihn stets aufhielt, erst sehr spät dazu kommen, sich im Palazzo Angri seine Wohnung einzurichten.

Um den Bestrebungen des Hofes, die Marine wieder an sich zu ziehen, ein schnelles Ende zu machen, ließ er sogleich an allen Mauern eine Order anschlagen, durch welche die neapolitanische Flotte mit der piemontesischen vereinigt und unter den Befehl des Admirals Persano gestellt wurde. Außerdem wurden zwei Proklamationen veröffentlicht; die erste, an die neapolitanische Armee, lautete:

»Wenn ihr Garibaldi nicht als Waffengefährten verschmäht, so will er an eurer Seite gegen die Feinde des Vaterlandes kämpfen. Friede unseren Streitigkeiten, den jahrhundertealten Plagen unseres Vaterlandes!
Italien, das die Trümmer seiner Ketten abschüttelt, zeigt uns im Norden den Weg der Ehre gegen den letzten Wall der Tyrannei.
Ich verspreche euch nur eines, euch kämpfen zu lassen.«

Die zweite, an das Volk von Neapel gerichtete, lautete:

»Als ein Sohn des Volkes betrete ich mit wahrer Ehrerbietung und wahrer Liebe diesen imposanten Zentralpunkt des italienischen Volkes, das viele Jahrhunderte des Despotismus weder zu erniedrigen noch zu zwingen vermochten, das Knie vor der Tyrannei zu beugen. Das erste Erfordernis für Italien war die Eintracht, um zur Einheit der großen italienischen Familie zu gelangen. Heute hat die Vorsehung für die Eintracht gesorgt, dank der erhabenen Einmütigkeit aller Provinzen zugunsten der nationalen Wiedergeburt. Sorgen wir nun für die Einheit. Unserem Vaterlande ist Viktor Emanuel gegeben, den wir von diesem Augenblicke an den wahren Vater des italienischen Vaterlandes nennen können.
Viktor Emanuel ist ein Muster der Souveräne, er wird seine Nachkommen ihre Pflichten für das Heil eines Volkes lehren, das sie mit grenzenloser Hingebung an seine Spitze stellt. Die italienischen Priester haben, wenn sie sich ihres Berufes bewusst sind, zur Garantie die Ehrfurcht, die man ihnen angedeihen lassen wird, die Begeisterung, die Vaterlandsliebe, die wahre, echt christliche Haltung ihrer unzähligen Mitbrüder, die wir, von den wohlverdienten Mönchen von La Ganzia an bis zu den hochherzigen Geistlichen

des neapolitanischen Festlandes, stets an der Spitze unserer Soldaten den größten Gefahren der Schlachten trotzen sahen.

Ich wiederhole, dass die Eintracht die erste Notwendigkeit für Italien ist.

Wir wollen daher die Andersgesinnten, welche jetzt aufrichtig ihren Stein zum Aufbau des Vaterlandes beitragen wollen, als Brüder empfangen. Das Haus des Nachbarn respektierend, wollen wir in dem unsrigen sein, mögen die Mächte der Erde es wollen oder nicht.

Salerno, am Morgen des 7. September.

Joseph Garibaldi.«

Am 8. September begab sich Garibaldi nach der Kirche Santa Maria di Piedigrotta, um daselbst die Madonna aufzusuchen, wie es sonst der König zu tun pflegte; am Abend war er im Theater San Carlo, wo der Jubel alle Grenzen überstieg, sobald er sich nur in der königlichen Loge sehen ließ. An diesem Abende sowie auch am folgenden war die Stadt wieder festlich erleuchtet, und in allen Straßen herrschte die lebhafteste und lauteste Bewegung, nur in der Gegend des Palazzo Angri herrschte von zehn Uhr an die tiefste Stille. Rührend war es, zu sehen, wie die Lazzaroni leise umhergingen und allen Vorbeikommenden mit auf den Mund gelegtem Finger zuflüsterten: »Stille, er schläft jetzt!«

Am 8. September langte schon ein Teil der Divisionen Türr und Cosenz, die im Golf von Policastro und Salerno ausgeschifft worden, denn sie hatten den Weg zur See gemacht, in Neapel an, zwei Tage später die Truppen Nino Bixios und Medicis. Am folgenden Tage besetzten auf Garibaldis Einladung sardinische Bersaglieri, welche sich auf den Schiffen des sardinischen Geschwaders befanden, die Forts.

Die nächsten Tage brachten nun schon eine Reihe von administrativen Verfügungen. Liberio Romano, der letzte Minister Königs Franz II., blieb auf seinem Posten, Cosenz bekleidete einstweilen das Kriegsministerium.

Von nun an sollten alle offiziellen Akte im Namen des Königs Viktor Emanuel vollzogen werden, die Staatsschulden wurden anerkannt, die Pässe für ganz Italien, so weit es frei war, abgeschafft. Alle Justizbeamten, die nicht innerhalb zehn Tagen zu ihrem Amte zurückkehren würden, sollten entlassen werden, ebenso die Offiziere der Armee, die sich nicht binnen einer gewissen Frist meldeten, dagegen sollten die übrigen wieder in ihrem früheren Rang angestellt werden.

Die so genannten Gemäßigten schmeichelten sich noch immer mit der Hoffnung, Garibaldi werde von nun an eine mit der des Grafen Cavour übereinstimmende Politik befolgen, aber sie täuschten sich; er hatte seine Ansichten und Pläne durchaus nicht geändert. Im Gegenteil misstraute er jetzt mehr als je den Politikern und Diplomaten; er wollte noch immer ein freies Italien von den Alpen bis zum Adriatischen Meere, und er glaubte, er selbst und seine Leute könnten wohl am besten beurteilen, was es noch für die Befreiung und das Glück des Vaterlandes zu tun gäbe. Die Gemäßigten waren daher über nachstehende Proklamation, die Garibaldi an die Bevölkerung von Palermo richtete, sehr enttäuscht:

»Ob nah oder fern, ich bin immer bei dir, Volk von Palermo, bei dir für das ganze Leben.
Bande der Liebe, gemeinsame Arbeit, Gefahr und Ruhm fesseln mich unlöslich an dich. Wenn ich, in meiner tiefsten Seele bewegt, nach meinem Gewissen als Italiener zu dir spreche, so weiß ich, dass du nicht an meinen Worten zweifeln wirst.
Von dir durch das Interesse der gemeinschaftlichen Sache getrennt, habe ich dir mein anderes Ich, Depretis, hinterlassen. Depretis ist von mir vor dem guten Volke Siziliens legitimiert worden. Er repräsentiert mehr als mich, er repräsentiert die nationale Idee, Italien und Viktor Emanuel! Depretis wird dem teuren Volke Siziliens den Tag der Anschlusses an das übrige freie Italien anzeigen. Aber Depretis ist es auch allein, der treu meinem Willen und dem Interesse Italiens den glücklichen Tag bestimmen soll.
Die Elenden, welche heute vom Anschluss zu dir sprechen, Volk von Sizilien, sind dieselben, die vor einem Monate davon sprachen. Frage sie, Volk, wie ich hätte fortfahren können, für Italien zu kämpfen, wenn ich auf ihre schändlichen persönlichen Interessen gehört hätte. Könnte ich dir dann heute einen Liebesgruß aus der schönen Hauptstadt des süditalienischen Festlandes senden?
Volk von Palermo, du wirst also den Verführern, die sich versteckten, während du auf den Barrikaden kämpftest, von deinem Garibaldi sagen, dass wir den Anschluss an das Königreich des Re galantuomo in Italien bald proklamieren werden, aber erst vom Gipfel des Quirinal, wenn Italien alle seine Kinder vereinigt sehen wird und sie alle frei an seine erhabene Brust drücken und segnen kann.
Neapel, den 10. September 1860.
Garibaldi.«

6.
Capua

Während die Garibaldi'schen Truppen nach kurzem Verweilen in Neapel dasselbe verließen, um den Königlichen zu folgen, hatte der General schon mehrere Male mit einigen Begleitern die Gegend von Capua erkundet, denn hier hatten sich die Neapolitaner, die aus einem Garde-Regiment, einigen Bataillonen Jägern und einem Teile der Fremdenlegion bestanden, unter Befehl des Grafen von Caserta, des Bruders des Königs, zunächst festgesetzt. Garibaldi schickte einige Bataillone zur Beobachtung dahin, die Brigade Eber und die Division Bixio begaben sich nach Caserta und Santa Maria, und bald war die Südarmee nicht weit von Capua konzentriert und bereit, die Operationen gegen die Stadt zu beginnen.

Am 17. September traf der General, den man dort gar nicht erwartet hatte, zu Palermo ein, denn die Umtriebe auf der Insel wegen des Anschlusses beunruhigten ihn. Er kam mit dem Schiffe »Elettrico« und stieg, vom jubelnden Volke umdrängt, im königlichen Palast in der Toledostraße ab. Zweck seiner Reise war die Bildung eines neuen Ministerrates. Von nun an sollten verantwortlich sein: für den Krieg Fabrizi, für die Finanzen Di Perrani, für den Kultus Ugdulena und für die öffentlichen Arbeiten Orlando, alles ihm ganz ergebene Männer. Zum neuen Vizediktator ernannte er Mordini. Bei dieser Gelegenheit erließ er erneut eine Proklamation an die Palermitaner:

»Das Volk von Palermo hat sich in letzter Zeit den Agitatoren gegenüber, die es auf falsche Wege zu leiten suchten, ebenso unbeirrt gezeigt, wie an dem Tage des Bombardements.
Diese Leute haben zu euch vom Anschlusse gesprochen, als ob sie Italiens Wiedergeburt ebenso ersehnten wie ich. Ihr Zweck ist nur, gemeinen Privatinteressen zu dienen. Ihr habt ihnen aber geantwortet, wie es einem Volke ziemt, das seine Würde kennt und Vertrauen auf das geheiligte und unverletzliche Programm setzt, das ich aufgestellt habe: Italien und Viktor Emanuel!
Volk von Palermo, erst in Rom werden wir das Königreich Italien proklamieren; erst dort werden wir die freien Familien und diejenigen, welche noch Sklaven in unserem Lande sind, vereinigen. Hätte ich den Anschluss schon zu Neapel gewollt, so würde ich

den Volturno nicht überschritten haben, hätte ich sie zu Palermo gewollt, so würde ich die Meerenge nicht überschritten haben. So lange aber in Italien noch Ketten zu zerbrechen sind, werde ich meinem Wege treu bleiben oder mein Leben auf demselben lassen. Ich lasse euch Mordini als Vizediktator zurück; ich bin gewiss, dass er sich eurer und Italiens würdig benehmen wird. Schließlich danke ich euch und der tapferen Nationalgarde für das Vertrauen, das ihr mir und den Geschicken des Vaterlandes gezeigt habt.
Palermo, den 17. September 1860.
Euer Garibaldi.«

Garibaldi hielt sich nur wenige Stunden in Palermo auf und kehrte dann nach Neapel zurück, wo er am 18. September eintraf. Hier sprach er in einer Proklamation die Freiwilligen an:

»Italien und Viktor Emanuel!
Der Diktator von Süditalien an die Freiwilligen.
Als der Gedanke an das Vaterland Italien noch im Herzen einer Hand voll Männer ruhte, griff man zum Mittel der Verschwörung und starb; heute kämpft man und siegt. Es gibt genug Patrioten, um Armeen daraus zu bilden und dem Feinde Schlachten zu liefern, aber unser Sieg ist noch nicht vollendet. Italien ist noch nicht in allen seinen Teilen befreit, und wir sind noch weit von den Alpen, dem Ziele unseres Ruhmes.
Die kostbarste Frucht unserer ersten Erfolge ist, dass wir uns bewaffnen und marschieren können. Ich habe euch bereit gefunden, mir zu folgen, und jetzt rufe ich euch allen zu: Eilt zu dieser Armee, die das Volk in Waffen sein soll, um Italien frei und einig zu machen, mag es den Mächten der Erde gefallen oder nicht. Sammelt euch auf den Plätzen eurer Städte und organisiert euch mit dem allgemeinen Kriegsinstinkte, der hinreicht, euch vereinigt gegen den Feind zu führen. Die Führer dieser Korps werden den Kriegsminister im Voraus von ihrer Ankunft in Neapel benachrichtigen, damit er danach seine Maßregeln treffen kann. Es werden die nötigen Anordnungen für die Korps, die bequemer zur See kommen, getroffen werden.
Italiener! Der Augenblick ist entscheidend! Unsere Brüder bekämpfen schon die Fremden im Herzen Italiens. Lasst uns nach Rom vorrücken, um von dort aus zusammen nach Venetien zu mar-

schieren! Wir vermögen alles zu tun, was unsere Pflicht und unser Recht ist, wenn wir stark sind. Also zu den Waffen!
Neapel, den 19. September 1860.
Der Diktator Garibaldi«

Noch an demselben Tage reiste Garibaldi zu seiner Armee nach Capua ab.

Die Armee, über welche König Franz II. noch verfügte, bestand aus vierundzwanzigtausend Mann, zwei Grenadier-Regimentern, den Garde-Jägern, zehn Bataillonen Jägern der Linie, zwei Regimentern Garde-Husaren, drei Regimentern Dragonern und vier Batterien Artillerie.

Die Festungen Gaëta, Capua und die Stadt San Germano bilden ein Dreieck, innerhalb dessen diese Truppen Aufstellung genommen hatten. Gaëta liegt sechs deutsche Meilen von San Germano, das auf den Abhängen des Monte Cassino gelegen ist und sich sehr zur Verteidigung eignet, und neun Meilen von Capua entfernt. Letztere Festung wird von dem Volturno, an dessen linkem Ufer sie liegt, auf drei Seiten umflossen; hier befindet sich eine Brücke über den Fluss und dahinter ein starker Brückenkopf, diesseits hat sie einen breiten Graben mit einer Zugbrücke darüber.

In der Ferne erheben sich die Berge von Camigliano, Bitulaccio, Billone, San Angelo und San Angelo in Formis, der durch ein kleines Fort gekrönt wird. Von diesen Höhen aus kann Capua selbst mit gezogenen Kanonen nicht beschossen werden; um sich seiner zu bemächtigen, muss man über den Fluss gehen, sich dem Platz nähern, ihn einschließen und belagern. Von Capua bis Neapel beträgt die Entfernung fünf deutsche Meilen.

Gaëta liegt auf einem Felsen, der sich in das Meer erstreckt, hat hier bedeutende Verteidigungswerke und gegen die Landseite hin starke Batterien.

Garibaldi versuchte am 19. September, den Volturno unterhalb Cajazzos, das zehn Meilen östlich von Capua liegt, zu überschreiten. Die Königlichen waren in Verschanzungen von diesem Platz bis an das Ufer des Flusses staffelförmig postiert; sie hielten nicht allein Capua besetzt, sondern auch die Spitzen von San Angelo, Billone und San Angelo in Formis; ihnen gegenüber standen auf Pistolenschussweite die Garibaldi'schen Vorposten.

Um den Übergang über den Volturno zu bewerkstelligen, musste der General den Feind so weit wie möglich aus seinem Operationsfeld entfernen. Er befahl deshalb, die neapolitanischen Vorposten an drei verschiedenen Punkten anzugreifen.

Oberst Spangora, ein ausgezeichneter mailändischer Offizier, nahm mit fünfhundert Mann den linken Flügel ein; er sollte den Feind aus Cartidello werfen, den Wald besetzen, auf die rechte Flanke Capuas marschieren, eine Seitenbewegung auf der Straße von San Prisco und Santa Maria machen und durch seinen Angriff den Feind zu dem Glauben bringen, dass Garibaldi von der Seite Santa Marias aus stürmen werde. Auf dieser Stelle, das heißt im Zentrum, rückte Oberst Rüstow, ehemals preußischer Offizier und als militärischer Schriftsteller bekannt, jetzt Chef des Generalstabes des Generals Türr, mit dreizehnhundert Mann und zwei Kanonen vor.

Oberst Rüstow verließ Santa Maria um vier Uhr morgens, während Oberst Spangora den Weg von Tammaro und dem Casino Reale einschlug und drei Kompanien über Maddaloni und den Berg San Angelo in Formis sich auf Formicola wandten.

General Türr marschierte um drei Uhr morgens von Caserta aus ab. Er schickte als Vorhut das Bataillon Cattabene voraus, welches das Dorf San Angelo zwischen Caserta und Scosa Formicola besetzen sollte, während General Eber sich mit einem Teil seiner berittenen Brigade auf der Straße aufstellen sollte, welche die Königlichen einschlagen würden, sobald sie den Volturno überschritten und die Garibaldianer in der Flanke angegriffen hätten.

Alle diese Bewegungen waren darauf berechnet, den Feind zur Teilung seiner Streitkräfte zu zwingen und dadurch einem Korps Garibaldianer zu erlauben, dass es den Fluss oberhalb Cajazzos überschreiten, die rechte Seite von Capua umgehen und sich zwischen dieser Stadt und Gaëta festsetzen könne.

Der Hauptangriff fiel den dreizehnhundert Mann unter Oberst Rüstow anheim, der das Kommando seiner rechten Flanke dem Brigadier Giorgio übergab, das der linken, welche sich mit dem Korps Spangoras vereinigen sollte, sobald er den Feind aus dem Wald gejagt hätte, dem Obersten Poppi, und er selbst blieb im Zentrum mit der aus den Sizilianern La Masas bestehenden Reserve.

Die Königlichen hatten sich, sechstausend Mann stark, in einem Lager, gerade dem Oberst Rüstow gegenüber, verschanzt. Sie hatten viel bewegliche Artillerie und wurden überdies durch die Kanonen des Ortes gedeckt. Sie glaubten auch wirklich, dass der Angriff auf dieser Seite stattfinden werde, denn sobald sie die Garibaldianer erblickt hatten, gaben sie Signale, um die Kolonnen, welche die Positionen am oberen Volturno besetzt hielten, herbeizurufen.

Das gerade hatten Garibaldi und Oberst Türr gewünscht.

Oberst Spangora begann das Feuer um sieben Uhr morgens. Um die Mittagszeit hatte er die Königlichen fast ganz aus dem Wald vertrieben, indessen gelang es ihm nicht, sich mit dem Rüstow'schen Korps zu vereinigen, und er blieb auf der Straße von Tammaro, wodurch er den linken Flügel, den Oberst Poppi kommandierte und der sich jetzt gerade dem verschanzten Lager gegenüber befand, ungedeckt ließ.

Die Kolonne des Oberst Rüstow, die den Weg von Capua verfolgte, kam um fünf Uhr an eine Stelle, wo sich dieser Weg nach rechts wendet. Auch er stand jetzt dem verschanzten Lager gerade gegenüber. Sobald er den Königlichen zu Gesicht kam, eröffneten diese ein furchtbares Kartätschenfeuer auf ihn.

Die mailändischen Bataillone, die außerdem noch durch das Feuer der Schützen und zweimal von der Kavallerie angegriffen wurden, wichen nicht, sondern drangen im Gegenteil bis an die Gräben vor. Die königlichen Kürassiere wurden furchtbar zugerichtet, aber die Husaren brachten dem Bataillon der Sizilianer ansehnliche Verluste bei. Letztere, deren älteste Soldaten kaum zwanzig Jahre zählten, stürzten sich im Laufschritt hinter den Mailändern her und befanden sich bald in einem entsetzlichen Feuerkreise, wo sie gleichzeitig von der Artillerie aus der Festung und der aus dem verschanzten Lager niederschmettert wurden.

Nach sechs Stunden des Kampfes und hartnäckigsten Widerstandes zogen sich die Garibaldianer in Unordnung zurück, und die Husaren folgten ihnen und hieben alle Nachzügler unerbittlich nieder. Da die zum Transport der Verwundeten bestimmten Wagen sich mitten im Kugelregen befanden, ergriffen sie die Flucht und vermehrten noch die Verwirrung.

Indessen waren die Garibaldianer doch Herren der Stellung, welche am Morgen die Königlichen innegehabt hatten, und besaßen noch ihre zwei Kanonen. Ein Genuese, ein Mann aus dem Volke namens Zuppo, der eines dieser Geschütze eine halbe Stunde lang allein bedient hatte, hatte, als er alle Pferde und Artilleristen um sich herum getötet sah, mit Hilfe von zehn mailändischen Pionieren das Rohr auf seinen Rücken geladen und davongetragen, um es nicht in die Hand des Feindes fallen zu lassen.

Oberst Rüstow war das Pferd unter dem Leibe erschossen worden. Oberst Poppi sowie mehrere Majore und viele Offiziere waren getötet worden, und die Kompanie der sizilianischen Mönche, die mit dem Kruzifix im Gürtel für die Verwundeten Sorge trug, war kaum noch zahlreich genug, um den Dienst in den Ambulanzen versehen zu können. Während Oberst Rüstow der Armee Franz' II. die Spitze bot, hatte General Türr den Übergang über den Volturno bewerkstelligt.

Der Kommandant Cattabene war um sieben Uhr morgens vor Cajazzo angekommen und fand die Königlichen dort in den Straßen verbarrikadiert und in den Häusern verschanzt.

Die Garibaldianer gingen mit großer Ordnung an das Werk. Sie nahmen die Stadt Straße für Straße, Haus für Haus und warfen die Königlichen in den Volturno, den sie selbst unter furchtbarem Feuer der neapolitanischen Batterien passiert hatten.

Als General Türr um acht Uhr das Ufer des Volturno erreicht hatte, begann er sofort die Kanonade auf die Königlichen, welche das linke Ufer besetzt hielten, und warf sie nach einem vier Stunden fortwährenden Feuer auf die andere Seite zurück. Fünfzehnhundert Mann von ihnen waren auf Cajazzo marschiert, während die anderen in voller Unordnung nach Capua umkehrten, aber Cattabene hatte diese heftig zurückgeworfen und seine Position gehalten.

Garibaldi hatte sich, wie gewöhnlich, überall gezeigt; er war zuerst auf dem Gipfel des San Angelo erschienen, er hatte eine Stunde lang zu Gradillo kommandiert und sich dann nach Santa Maria begeben. Überall war seine Gegenwart ein Signal zu verdoppelter Kampfanstrengung und Sieg gewesen.

Dieses Gefecht kostete die Garibaldianer siebzehn Tote und hundertundsiebenunddreißig Verwundete; die Königlichen hatten indessen viel größere Verluste erlitten.

Oberst Bacchieri blieb nun mit etwa tausend Mann Infanterie in Cajazzo, während das Gros der Armee auf dem linken Ufer des Volturno Stellung nahm.

Am 20. und 21. September rührte sich die Garnison von Capua nicht, aber am frühen Morgen des 22. September verließ eine Kolonne von achttausend Mann die Stadt und schlug längs des Volturno den Weg auf Cajazzo ein. Oberst Bacchieri ging mit seinen wenigen Truppen dem Feind entschlossen entgegen.

Ungeachtet eines Hagels von Granaten und Kartätschen hielten die Garibaldianer eine Stunde auf den Höhen vor der Stadt stand, und als es ihnen an Patronen, womit sie schlecht versehen waren, zu mangeln begann, machten sie einen Bajonettangriff, aber die Königlichen wichen nicht zurück. Das Gefecht wurde nun zu einer wahren Schlächterei.

Oberst Bacchieri sah ein, dass er kein Mittel besaß, so bedeutend überlegenen Kräften zu widerstehen, und gab daher den Befehl zum Rückzug nach der Stadt. Die Garibaldianer begannen, in der Hoffnung, dass General Medici ihnen von Caserta aus Hilfe schicken werde, Barrikaden zu erbauen. Die Königlichen rückten nun in drei Kolonnen vor, von denen die vorderste über fünftausend Mann stark war; mit einem Geschütz beschossen sie die Barrikade am Eingang der Stadt, mit einem zweiten die Straße dahinter, und ihre übrigen Kanonen bombardierten die Stadt, die in Flammen aufging.

Der *Times*-Korrespondent erzählt:

»Dennoch dauerte der Kampf um diese und die rechts und links darunter erbauten Barrikaden länger als fünf Stunden. Ein Bataillon nach dem anderen rückte zum Angriff vor, während auf unserer Seite nur wenige ermüdete Leute fochten. Zweimal drangen die Königlichen in die Stadt, und zweimal wurden sie mit dem Bajonett zurückgeworfen.

Der lange Kampf war nicht ohne Nachteil für Mannschaft und Munition geblieben; sie waren beinahe ganz erschöpft, dennoch hielten sie trotz der Bomben und brennenden Häuser stand, aber ihr Feuer wurde immer schwächer und der Feind benutzte dies zu einem dritten Vordringen. Dies erregte bei den Cacciatori den wildesten Mut, und sie warfen die Königlichen durch eine brillante Bajonett-Attacke so entschieden zurück, dass sich mehrere von deren Leuten in die nächsten Häuser flüchteten und dort verzweifelten Widerstand leisteten. Hierbei wurde ein Offizier der Scharfschützen von Cattabene, Kapitän Camuacoli, von zwei feindlichen Soldaten angegriffen; einen hieb er mit einem Säbel nieder, den anderen erstach glücklicherweise ein herbeieilender Soldat Vacchieries namens Vatelli.

Nun war es aber höchste Zeit zum Rückzug; bereits waren gegen zweihundert Mann tot oder verwundet, und es fehlte an Patronen. Der Befehl zum Rückzug wurde erteilt und dieser geschah in bestmöglichster Ordnung durch das Gehölz nach dem Fluss zu, wohin ihnen schon zwei Kompanien zum Empfang entgegengeschickt worden waren.«

Etwas vierzig Garibaldianer mussten sich in den Fluss werfen, um sich durch Schwimmen zu retten, sie wurden aber durch die Granaten der Neapolitaner niedergeschmettert. Die Garibaldianer zerstreuten sich und jeder suchte, so gut er konnte, teils die Berge zu gewinnen, teils eine gefährliche Furt des Volturno zu passieren.

Bei dieser blutigen Wiedereinnahme Cajazzos verloren die Königlichen viele Männer, indessen weniger als die Garibaldianer, von denen vierhundert außer Gefecht gesetzt worden waren.

Am Nachmittag kam Garibaldi von den oberhalb Casertas liegenden Höhen, wo er sich gewöhnlich aufhielt, herab und ließ sich einige der Kämpfer von Cajazzo vorstellen. Es war dies zuerst Kapitän Camuacoli, der eine Kompanie des Bataillons Cattabene befehligte, derselben, in der sich vierzig Jünglinge von sechzehn bis siebzehn Jahren befanden, die Speranzini von Modena; von diesen vierzig Mann waren nur sieben übrig geblieben, zwei Sergeanten, drei Korporale und zwei Soldaten. Garibaldi gab den beiden Letzteren die Hand und sagte tief erschüttert: »Ich bin glücklich, zwei so tapferen Italienern die Hand zu drücken, den würdigen Kameraden meiner Cacciatori von Varese und Calatasimi, deren Geschlecht nicht ausgestorben ist.«

Anfangs hatte der Diktator die Absicht gehabt, Capua zu bombardieren, aber er musste darauf verzichten, da es ihm an schweren Geschützen fehlte; er zog es also vor, in der Defensive zu bleiben, verstärkte die genommenen Stellungen, zog Leute, Munition und Kanonen von Neapel heran und wartete.

7.
Caserta

Maddalini war die Operationsbasis der Garibaldianer. Der linke Flügel erstreckte sich von Santa Maria bis Aversa, einem Ort, der durch den Kanal geschützt wird, welcher die Campagna bewässert; dort standen die Freiwilligen der Basilika, unter Befehl des Major Conti. Zu Santa Maria stand General Milbitz mit der sizilianischen Brigade La Masa, die schönen toskanischen Regimenter Malenchini und Zacchieri und die genuesischen Schützen Bolbis. Das Hauptquartier befand sich zu Caserta. Der rechte Flügel, den die Berge deckten, erstreckte sich von Dentice, das Bixio besetzt hielt, bis San

Salvatore. Eine halbe Meile von diesem Dorf, etwas oberhalb der Punta del Parco, hatten sich die Garibaldianer auf dem Gipfel eines Hügels festgesetzt, welcher Cajazzo beherrscht, dort waren dreifache, zur Verteidigung und zum Angriff geeignete Batterien angelegt. Hier standen die genuesischen Artilleristen und das Korps des Obersten Spangora von der Brigade Eber. Diese Position war Garibaldi besonders wichtig gewesen, und so waren dort zwanzig Kanonen platziert worden.

Über die dem wichtigen Kampf am 1. Oktober vorhergehenden Tage berichtet der Korrespondent der *Times* am 29. September aus Caserta:

»Da die Piemonteser im Anzuge waren« – wir sprechen später davon – »und es weniger auf die Vernichtung der wenn auch feindlichen, so doch italienischen Truppen ankam, als vielmehr darauf, sie für die gemeinsame Sache zu gewinnen, so verharrte man ganz in der Defensive. Auf der anderen Seite stehen freilich ungefähr dreißig- bis vierzigtausend Mann, aber es ist noch die Frage, wie viele davon zuverlässig sind; außerdem dürfen sie Capua und Gaëta nicht ganz entblößen, so dass höchstens zwanzig- bis fünfundzwanzigtausend Mann gegen uns marschieren können.

Ich brauche wohl nicht zu erwähnen, dass Garibaldi unter diesen Umständen sich hier befindet. Wenn es ihm nur möglich ist, sich den Regierungsgeschäften und der Atmosphäre politischer Intrigen zu entziehen, so eilt er zu seinen Solddaten, bei denen allein er sich wohl fühlt. In den ersten Tagen war er in Maddaloni, jetzt aber ist er in Caserta. Täglich vor Sonnenaufgang inspiziert er die Vorposten dieser oder jener Gegend, am liebsten geht er nach den Höhen oberhalb San Angelos, vor allem nach dem Ausläufer des Monte Tisata; von da hat man die weiteste Aussicht über einen großen Teil des Flusses ober- und unterhalb Capuas. Der hinaufführende Weg ist sehr schlecht, das heißt, man muss ihn eigentlich erst durch Buschwerk und Steine, schlüpfriges Gras und Dornen selbst bahnen; ist man aber einmal oben, so hat man alle Stellungen des Feindes von Cajazzo bis Capua und darüber hinaus gegen Rom hin vor Augen. Die Neapolitaner wissen das recht gut, und sobald sich oben eine menschliche Gestalt sehen lässt, bringen Bomben und Kugeln ihr einen fröhlichen und langen Gruß. Zum Glück wollten sie mit ihrer Begrüßung gar kein Ende machen, als ob sie wüssten, wer sie von dort oben aus beobachtet; die blauen Bohnen fielen wie

ein Hagel um Garibaldi, so dass man glauben konnte, in der Nähe finde ein Gefecht statt.
Die Neapolitaner haben so viele Truppen als nur möglich versammelt, aber auch wir sind nicht untätig geblieben. Bei uns sind alle aus dem Feldzuge in Kalabrien, ferner die in Palermo und Messina zurückgelassenen Truppen, und alle Sizilianer bilden jetzt ein Korps unter General La Masa. Auch das neapolitanische Festland hat jetzt sein Kontingent gestellt, zwei kalabresische Korps sind bereits eingetroffen, andere werden erwartet. Diese Kalabresen tragen ihre malerische, aber sehr unpraktische Nationaltracht, einen spitzen Hut, den sie auf dem Kopf balancieren müssen, Jacke und Hose von Manchestersamt, dazu Sandalen. Das Malerische wird aber bald dem Nützlichen weichen müssen. Garibaldis Armee nähert sich in ihrer Uniformierung, ausgenommen die rote Bluse, immer mehr der kleidsamen und sehr praktischen der piemontesischen Truppen.«

Am 1. Oktober um sechs Uhr morgens, erzählt Dumas, verließen zehntausend Mann Infanterie, fünftausend Reiter und fünf Batterien Capua. Zur gleichen Zeit marschierten fünftausend Mann auf Maddaloni, um die Garibaldianer im Rücken zu fassen und ihnen den Rückzug abzuschneiden. Die einen sollten an der Eisenbahn die Position der Garibaldianer bei Archi di Santa Maria angreifen und ihre Aufmerksamkeit auf diesen Punkt lenken, während die anderen auf dem parallel laufenden Konsularwege rechts bleiben, quer über das Feld gehen und sich in den Rücken der Garibaldianer auf Santa Maria werfen sollten. Endlich sollten noch weitere tausend Mann der Königlichen den Volturno unterhalb Cajazzos überschreiten und durch San Lucio hindurchmarschieren. Das Gewehrfeuer begann eine halbe Stunde nach sechs Uhr, die Kanonen mischten sich bald hinein und um acht Uhr gingen die Königlichen über die Gleise der Eisenbahn und trieben die Garibaldianer vor sich her.

(Der 4. Oktober war der Namenstag des Königs und er hoffte sicher, ihn nach der Vernichtung der italienischen Armee in Neapel zu feiern; die königlichen Prinzen befanden sich bei den Expeditionstruppen, und man sagt, der König selbst habe, in Zivilkleidung, die Schlacht kommandiert. Auch wird erzählt, das anfängliche Zurückweichen der Garibaldianer sei dadurch veranlasst worden, dass ein Teil der königlichen Truppen rote Blusen angezogen und dadurch ihre Gegner so glücklich getäuscht habe, dass diese sie allzu nahe herankommen ließen.)

Garibaldi ließ nun eine Bewegung ausführen, die der der Königlichen entsprach. Das Regiment Malenchini verließ San Tammaro auf der linken Seite, ging außerhalb Santa Marias herum und warf sich in die Felder, welche die Königlichen überschreiten wollten. Auf diese Weise fanden Letztere sich zwischen zwei Kolonnen Garibaldis genommen, zwischen die Eisenbahn und die Straße gedrängt und von allen Seiten umzingelt. Dreimal wurden die Positionen der Garibaldianer genommen und mit dem Bajonett wiedergewonnen. Die Kartätschen mähten diese Menschen auf schreckliche Weise nieder, die sich schlugen, ohne einen Laut von sich zu geben, die wenig Pardon gaben, hin und wieder die Verwundeten niederstießen und oft den Kampf, der mit Flintenschüssen begonnen hatte, mit Pistolen oder Dolchen zu Ende führten. Die Soldaten beider Parteien eiferten in Ausdauer und Mut um die Wette, endlich gewannen die Garibaldianer aber die Oberhand.

Die Batterien auf dem Berg San Angelo waren schon vom frühen Morgen an sehr beschäftigt worden. Der Feind hatte sie äußerst hartnäckig beschossen, denn sie nahmen ihn in schräger Richtung in seiner linken Flanke und richteten große Verheerungen in seinen Reihen an. Die dreifache Batterie hatte tapfer widerstanden, ohne im Feuern nachzulassen, plötzlich aber, gegen halb ein Uhr mittags, schwieg die Batterie am Fuße des Berges. Zweitausendfünfhundert Königliche hatten den Letzteren umgangen, sich auf die Geschütze gestürzt, fünf davon vernagelt und mehrere Artilleristen an ihren Lafetten getötet.

In diesem Augenblick befand sich Garibaldi auf der Seite von San Tammaro. Ein Adjutant des Generals Milbitz kam zu ihm und berichtete ihm von dem Vorteil, den die Königlichen bei San Angelo errungen hatten. Um zwei Uhr kam er durch Santa Maria mit dem General Medici und seinem Generalstab und sammelte alle Leute, denen er begegnete, wobei er mit volltönender und schrecklicher Stimme rief: »Lasst uns in den Tod gehen! Die Italiener müssen die Schlacht gewinnen, an allen anderen Orten sind wir Sieger!«

Er befand sich in einem kleinen Wagen und etwa hundert Mann stürzten ihm im Laufschritt nach. Bei San Angelo erhoben sich neapolitanische Jäger, die auf der Erde lagen, und stürzten sich auf ihn. Der Kutscher warf seine Pferde in einen Graben und machte aus dem Wagen eine Art Barrikade. Garibaldi zog den Säbel und ging den Jägern mit dem Ruf »Es lebe Italien!« entgegen. Einige der Seinen eilten zur Hilfe herbei und nach wenigen Minuten hatte der demoralisierte Feind die Flucht ergriffen.

Obgleich leicht verwundet, setzte Garibaldi seinen Weg zu einem ungarischen Bataillone fort, das hundertundfünfzig Mann stark war und unter dem Befehl des Oberst Magyorady stand. Er zeigte ihnen die Neapolitaner, welche die Batterie innehatten und sagte: »Vorwärts, meine Kinder, verjagt mir diese Kanaille!« Diese Kanaille bestand aus einem Linien-Regiment, einer Schwadron Kavallerie, einer Kompanie Jäger und Artillerie. Die Ungarn griffen die Königlichen mit dem Bajonett an, ohne sie zu zählen. Zwanzig Minuten später war die Batterie wieder genommen und kartätschte die Neapolitaner nieder, die sich in die Ebene zerstreuten.

Der Erfolg des Tages, der von diesem Augenblicke an gesichert war, war zum großen Teil der Kompanie De Flotte zu verdanken, welche Kapitän Isidor Pangam kommandierte. Diese Kompanie zählte fünfundsechzig Mann, von denen nur fünfzehn keine Franzosen waren. General Milbitz hatte ihr die gefährlichste Stellung in der Ebene an einem Kreuzwege anvertraut, den die Königlichen durchaus überschreiten wollten, um die Garibaldianer zu umgehen und ihnen in den Rücken zu fallen. Es war eine ausgedehnter Pachthof, der auf Pistolenschussweite von zwei Gebäuden flankiert wurde, welche Kapitän Pangam mit Soldaten zu besetzen gebeten hatte. General Milbitz hatte eines von den Sizilianern besetzen lassen, die davonliefen, ehe sie ein einziges Gewehr abgefeuert hatten, und das andere hatte er aus Mangel an Truppen unbesetzt lassen müssen. Kaum waren die Franzosen in den Besitz dieses Postens gekommen, so verbarrikadierten sie sich darin, brachen Schießscharten in die Gartenmauern, warfen einen Graben aus, krönten ihn mit Barrikaden und besetzten ihn mit spanischen Reitern.

Der Feind zeigte sich um halb sechs Uhr morgens vor der Pachthof. Von lebhaftem Gewehrfeuer empfangen, antwortete er mit Kanonenkugeln, denn diese ungefähr dreitausendfünfhundert Mann starke Truppe öffnete sich, um die Bahn für zwei kleine Handmörser frei zu machen. Nach zweistündigem Feuer traten die Königlichen den Rückzug an. Ein zweites, beinhahe ebenso starkes Korps zeigte sich auf der Straße von Capua auf der Seite des Gebäudes, das die Sizilianer verlassen hatten, und stellte dort drei Geschütze auf. Die Franzosen stiegen auf das Dach des Pachthofes und begannen ihr Gewehrfeuer von neuem. Das Geschützfeuer wurde auch dieses Mal zum Schweigen gebracht, die Artilleristen auf ihren Geschützen getötet und die Königlichen zogen wieder ab.

Um Mittag erneuerte ein drittes Korps, noch stärker als die beiden anderen, den Angriff. Als es auf fünfhundert Meter Entfernung gekommen war, suchten Pioniere zwei Kanonen auf den Pachthof zu richten. Neun der besten Schützen postierten sich nun an den Schießscharten der Gartenmauer und begannen die Königlichen wegzublasen, während ihre Kameraden hinter ihnen die Gewehre luden; der Rest der Kompanie verteilte sich im Hof innerhalb der Mauer. Ein schrecklicher Kampf entspann sich; endlich wichen die Königlichen. Die Garibaldianer sprangen jetzt auf die Barrikaden, klatschten in die Hände und riefen: »Es lebe Italien! Es lebe Garibaldi!«

Die Königlichen verloren darüber den Kopf und flohen; sie ließen fünfundsiebzig der Ihrigen zurück. Um drei Uhr erschien ein viertes Korps, aber nur auf kurze Zeit, denn es wurde ebenso wie die früheren empfangen und schlug bald denselben Weg ein wie sie.

Die Kompanie De Flotte hatte allein sechstausend Patronen verfeuert; Offiziere und Soldaten hatten alle wahrhaft heroische Festigkeit und Mut gezeigt.

In den Bergen von Maddaloni waren die Königlichen, welche diese Position genommen und wieder genommen hatten, entschieden zurückgeworfen worden. Bei San Lucio hatte eine Kolonne Affantis die Königlichen gehindert, den Fluss zu passieren. Oberst Corti hatte mit Luccanern und Kalabresen tapfer die Kämpfer von Santa Maria unterstützt und den Feind aufgehalten, der sich einen Weg durch San Tammaro hätte bahnen können, das die Bewegung des unerschrockenen Generals Malenchini nach der Rechten unbesetzt gelassen hatte.

Während des Tages waren von Neapel und Caserta Artillerie und frische Bataillone angekommen, so dass die Garibaldianer, die beim Beginn des Kampfes noch nicht zehntausend Mann zählten, abends fünfzehntausend Kämpfer in ihren Reihen hatten, und obgleich beide Armeen in den Stellungen blieben, die sie am Tag vorher innegehabt hatten, gehörte der Sieg doch augenscheinlich den Garibaldianern.

Von Einzelheiten des Gefechtes führen wir noch an, dass sich besonders sechzig ungarische Reiter unter Führung Figgelmesys auszeichneten, es fielen aber auch viele von ihnen. Fünfzehn englische Matrosen, die gar nicht zum Garibaldi'schen Korps gehörten, fochten aus Neigung zum Kampf mit, und einer von ihnen wurde getötet. Auch fünfzig sardinische Artilleristen, die Zuschauer des Gefechts waren, beteiligten sich sehr tapfer daran, nachdem sie auf ihre dringende Bitte die Erlaubnis erhalten hatten, die den Königlichen abgenommenen Kanonen zu bedienen.

Die Garibaldianer kostete dieses Gefecht eintausendundachtzig Tote und Verwundete, die Königlichen gegen dreitausend, außerdem zweitausendfünfhundert Gefangene und fünf Kanonen. Unter den schwer verwundeten Garibaldianern befanden sich General Milbitz und der englische Oberst Dunn, dessen Korps, die anglosizilianische Legion, fast alle ihre Offiziere verlor.

8.
Der Anschluss

Schon am Morgen des folgenden Tages, am 2. Oktober, rückten die Garibaldianer weiter auf Capua vor und bestanden wieder einige Scharmützel, welche die Gefangennahme einer Abteilung Königlicher zur Folge hatte. Am 4. Oktober unternahm Garibaldi selbst einen Erkundungsritt und fand die Volturno-Linie noch immer stark besetzt und den Feind bereit, die Verteidigung der Stadt fortzusetzen; es ließ sich deutlich erkennen, dass mehrere neue Erdwerke aufgeworfen worden waren, welche eine Umgehung der Stadt unmöglich machten.

Ehe wir jetzt aber den kriegerischen Ereignissen, die sich zunächst nur auf eine scharfe Beobachtung Capuas beschränkten, weiter folgen, müssen wir auf die wichtigen politischen Verhältnisse der italienischen Halbinsel zurückblicken.

Während die Revolution in den römischen Staaten gärte und nur durch die Anwesenheit der französischen Truppen niedergehalten wurde, war die päpstliche Regierung den Volkswünschen und der allgemeinen Stimmung zugunsten der Einheit Italiens nicht um einen einzigen Schritt entgegengekommen, suchte vielmehr jede freisinnige Regung mit eiserner Strenge zu unterdrücken, warb eine Armee von Fremden an, die unter den Befehl des bekannten französischen Generals Lamorcière gestellt wurden, und zeigte sich dem österreichischen Einflusse offen sowie zur Freundschaft mit Neapel geneigt. Verschiedene Übergriffe der fremden Truppen, wie die Plünderung von Perugia und andere blutige Ereignisse, die nur darauf berechnet waren, das Volk zu erschrecken und durch Gewalt im Zaum zu halten, hatten die Erbitterung nur noch mehr gesteigert, und der Wunsch, Sardinien möge zugunsten der unterdrückten Freiheit einschreiten, machte sich so laut und dringend geltend, dass die Regierung des Königs Viktor Emanuel ihn nicht ganz unbeachtet lassen konnte. Alle Schritte, die päpstliche Regierung zur Mäßigung zu bewegen, blieben indessen erfolglos, und nachdem Graf Cavour am 7. September ein sehr ernstes Ultimatum an Rom gestellt und Kardinal Antonelli darauf kurz und stolz zurückweisend geantwortet hatte, rückten die sardinischen Truppen unter General Cialdinis Befehl in die päpstlichen Provinzen ein.

Der Kampf sollte nur ein kurzer werden; das Gefecht von Castel Fidardo am 18. September, in dem General Lamorcière bei seinem Versuch, sich mit der Besatzung von Ancona in Verbindung zu setzen, vollständig geschlagen wurde, und die Kapitulation dieser Festung lösten die ganze päpstliche Fremdenarmee auf und machten jeden weiteren Widerstand unmöglich; Rom wäre in die Hände der Sardinier gefallen, wenn es nicht die französische Besatzung gehabt hätte, welche zurückzuziehen Kaiser Napoleon sich nicht entschließen konnte.

Die piemontesischen Truppen unter Cialdini näherten sich nun der neapolitanischen Grenze und überschritten dieselbe, während König Viktor Emanuel mit ansehnlicher Verstärkung folgte und vom ganzen Land mit Jubel empfangen wurde.

Wie schon gesagt, hatte die Frage eines sofortigen oder noch aufzuschiebenden Anschlusses Neapels und Siziliens neue Differenzen zwischen Cavour und Garibaldi heraufbeschworen, die sich trotz der scheinbaren und auch aufrichtig gemeinten Versöhnungen immer wieder geltend machten. Garibaldi konnte die Abtretung seiner Vaterstadt und eines Teils des italienischen Vaterlandes an Frankreich nicht vergessen und mochte sich nicht von seinem Lieblingsgedanken trennen, nicht eher zu ruhen, bis auch die letzten Teile Italiens, die noch unter fremder Herrschaft standen, mit dem großen Ganzen vereinigt seien.

So hatte schon Mitte September ein an die Öffentlichkeit gedrungener Brief, den Garibaldi an den Advokaten Brusco geschrieben hatte, großes Aufsehen erregt. Er schrieb damals:

»Neapel, den 15. September.
Lieber Advokat Brusco.
Sie versichern mir, dass Cavour zu verstehen gegeben habe, er sei mit mir einverstanden und mein Freund. Ich kann Ihnen dagegen versichern, dass ich, wenn auch ganz geneigt, auf dem Altar des Vaterlandes jedes persönliche Gefühl zu opfern, mich doch niemals mit Männern aussöhnen kann, welche die Würde der Nation verletzt und eine italienische Provinz verkauft haben.
G. Garibaldi.«

So hart diese Worte klingen mögen und so sehr der Zwist der beiden größten Männer ihres Vaterlandes auch zu bedauern ist, so wird man mit Blick auf die großen Schwierigkeiten, welche die Politik Garibaldi bereiteten, doch eine Entschuldigung für sie finden.

Cavour strebte, wenn er anfangs Garibaldis Unternehmen aus Rücksicht auf die anderen Mächte auch hatte missbilligen müssen, jetzt ganz offen nach dem sofortigen Anschluss der von jenem eroberten Landesteile, und in der Tat waren bei den verschiedenen Parteiansichten die Zustände in diesen Ländern auch bedenklich genug; die Einsicht, welche Schwierigkeiten mit Frankreich und den deutschen Mächten ein weiteres Vordringen bereiten würde, musste ihn zum Gegner Garibaldis machen, der sich eben nur auf sein gutes Schwert verließ und jene Schwierigkeiten unterschätzte.

So sprach sich der Minister auch in einer Kammerrede am 2. Oktober zu Turin bei Gelegenheit einer Gesetzesvorlage für den sofortigen Anschluss aus; er sagte am Schluss dieser Rede:

»In der Natur der Tatsachen liegt eine Logik, die auch über den entschiedensten Willen triumphiert und an welcher die besten Absichten scheitern müssen. Wenn man in Neapel und Palermo die Revolution dauernd erhalten wollte, so würde man bald sehen, wie die Autorität und der Befehl aus der Hand dessen, der auf seine Fahne schrieb ‚Italien und Viktor Emanuel!', in die Hände von Leuten übergehen, welche an die Stelle dieser guten Devise das dunkle und geheimnisvolle Wort der Sektierer: ‚Gott und das Volk!' setzen.« – Und später: »Das Vertrauensvotum, das Sie, meine Herren, dem Ministerium vor einigen Monaten gegeben haben, hat es demselben ermöglicht, zahlreiche und große Hindernisse, die ihm in den Weg traten, zu überwinden. Wenn es das Ruder der Regierung mit fester und starker Hand weiterführen soll, so ist es heute nötig, dass es und mit ihm Italien wisse, ob seine Maßnahmen inzwischen nicht Ihr Vertrauen gerechtfertigt haben. Das ist umso nötiger, meine Herren, als eine dem Volk mit Recht teure Stimme der Krone und dem Land gegenüber Misstrauen gegen uns geäußert hat. Ohne Zweifel hat uns eine solche Erklärung peinlich betroffen, aber sie durfte uns nicht von unserem Ziele abführen. Wir glauben als Wächter der Staatsverfassung, denen deren gewissenhafte Beobachtung anvertraut worden, dem Wort eines Bürgers, welche großen Dienste er dem Vaterland auch geleistet haben mag, nicht mehr Gewicht beilegen zu dürfen als dem der großen Staatsgewalten. Außerdem ist es die Pflicht der Minister eines konstitutionellen Königs, kaum legitimen Absichten nicht ihre Genehmigung zu erteilen, selbst wenn der glänzende Schimmer der Volksgunst und ein siegreiches Schwert denselben zur Seite stehen.«

Am 11. Oktober sprach Graf Cavour in der Kammer noch offener aus, dass Differenzen zwischen ihm und Garibaldi bestünden, erklärte sich aber auch bereit, ihm die Hand zur Versöhnung zu reichen. In derselben Sitzung wurde dafür votiert, Garibaldi öffentlich zu danken, und die Anerkennung einstimmig ausgesprochen, dass er sich um das Vaterland verdient gemacht habe; das Gesetz über den Anschluss wurde aber mit großer Mehrheit beschlossen.

Indessen bestrebten sich die Mazzinisten – Mazzini selbst war seit Mitte September in Neapel – auf das Eifrigste, Garibaldi auf ihre Seite zu ziehen und zum Vorrücken auf Rom und Venetien zu bewegen; dies war aber nur durch einen vollständigen Bruch mit der Regierung des Königs Viktor Emanuel zu erreichen, und davor scheute Garibaldi mit seinen redlichen Absichten zurück. Bisher hatte er die eine wie die andere Partei geschont und die äußersten Gewaltmaßregeln vermeiden wollen, er hatte nach den jeweiligen Umständen sein Ministerium bald in dem einen, bald in dem anderen Sinne verändert, er hatte zu vermitteln gesucht, aber die beiden Parteien nicht zu gegenseitigen Zugeständnissen zu bewegen vermocht. Endlich von der Unfruchtbarkeit seiner Bemühungen überzeugt, der ganzen Sache müde und überdrüssig, legte er die Zivilgewalt vollständig in die Hände von Marquis Pallavicino und verlieh ihm den Titel eines Vizediktators.

Dieser veröffentlichte sein Programm, in dem er versprach, über die unparteiische Handhabung der Justiz zu wachen, die Armee und die Flotte zu reorganisieren, die Nationalgarde zu verstärken, mehr Volksschulen zu gründen und Eisenbahnen anzulegen. Er ging wirklich sogleich ganz energisch ans Werk, ließ seinen

Worten Taten folgen, und alle seine Maßnahmen erfreuten sich der allgemeinen Billigung.

Aber schon einer seiner ersten Schritte brachte einen peinlichen Konflikt hervor; es war die Ausweisung Mazzinis aus Neapel. Der Vizediktator, der dessen Umtriebe wohl mit Recht zu fürchten hatte, schrieb am 3. Oktober an ihn und forderte ihn höflich auf, die Stadt zu verlassen, da seine Anwesenheit zu Gärungen Anlass gebe, die das Vaterland gefährdeten. Mazzini berief sich auf das Recht eines freien Italieners und blieb. Pallavicino verbot nun die politischen Klubs, und die Republikaner wandten sich darauf mit einer Klage an Garibaldi in Caserta und stellten die Sache so dar, dass Letzterer das ganze Ministerium zu entlassen drohte, wovon ihn jedoch die Nationalgarde durch eine offene Erklärung der Tatsachen abhielt.

Da brach Garibaldi vollständig mit den Mazzinisten, welche die heranrückenden Sardinier geradezu als Feinde anzusehen geneigt waren, indem er folgende bezeichnende Ansprache an die Neapolitaner veröffentlichte:

»Bürger Neapels!
Viktor Emanuel, der König Italiens, der Erwählte der Nation, wird morgen die Grenze überschreiten, welche uns durch Jahrhunderte vom übrigen Vaterland getrennt hat; er erscheint auf den einstimmigen Ruf dieser guten Völker in ihrer Mitte. Lasst uns auf seinen Weg als Pfand unserer Befreiung und Ergebenheit Blumen der Eintracht streuen, die für ihn und für Italien so wohltuend ist. Keine politischen Farben mehr, keine Parteien, kein Zwist! Ein einiges Italien, wie es das Volk unserer Hauptstadt so glücklich bezeichnet, und der Re galantuomo werden die ewigen Symbole der Wiedererstehung, der Größe und des Heils unseres Vaterlandes sein.
Neapel, den 12. Oktober 1860.
Joseph Garibaldi.«

An dem Tag, an dem die ersten sardinischen Truppen über die Grenze des Königreiches rückten, erließ König Viktor Emanuel eine Proklamation an die Völker Süditaliens, in der er sich auf seine bisherige freisinnige Regierung in Piemont berief und den Einmarsch seiner Truppen damit rechtfertigte, dass dieser nicht aus Ehrgeiz, sondern nur zum Heil des italienischen Vaterlandes erfolge. Diese sehr lange Proklamation schloss mit den Worten:

»Völker Süditaliens! Meine Truppen kommen zu euch, um die Ordnung zu befestigen. Ich will euch meinen Willen nicht aufzwingen, wohl aber dem eurigen Achtung verschaffen. Ihr könnt ihn frei kundgeben; die Vorsehung, welche die gerechte Sache beschützt, wird das Votum, das ihr in die Wahlurne legt, inspirieren. Wie ernst auch die Ereignisse sein mögen, ich sehe mit Ruhe dem Urteil des zivilisierten Europas entgegen, weil ich überzeugt bin, meine Pflicht als König und als Italiener zu erfüllen. Meine Politik wird vielleicht dazu beitragen, in Europa den Fortschritt der Völker mit der Dauerhaftigkeit der Monarchien in Einklang zu bringen. Ich weiß, dass ich in Italien dem Zeitalter der Revolution ein Ende mache.
Gegeben zu Ancona, den 9. Oktober 1860.
Viktor Emanuel.
(gegengez.) Farini.«

Garibaldi erwähnte der König im seinem Manifest nur einmal im Vorübergehen, und zwar mit den folgenden Worten: »Man schlug sich auf Sizilien für die Freiheit, als ein Italien und mir ergebener kühner Krieger, der General Garibaldi, zur Hilfe eilte. Es waren Italiener; ich konnte, ich durfte sie nicht zurückhalten.«

Wie Garibaldi, ungeachtet seiner früheren Abneigung gegen den sofortigen Anschluss, den herbeiziehenden Piemontesern entgegenkam, weniger weil er sich in die Notwendigkeit fügen musste, als weil er, selbst um den Preis seiner persönlichen Ansichten, jede Gefahr für das teure Vaterland vermeiden wollte, davon legt Folgendes ein sprechendes Zeugnis ab.

Wegen der in Neapel herrschenden Aufregung, verursacht durch die Umtriebe der Mazzinisten einerseits und die Bemühungen der Befürworter des sofortigen Anschlusses andererseits, fand Garibaldi es für notwendig, von seinem Hauptquartier Caserta am 13. Oktober selbst nach der Hauptstadt zu kommen. Hier redete er das zahlreich versammelte Volk vom Balkon des Palazzo Foresteria folgendermaßen an:

»Die Stadt ist in großer Aufregung; ich beklage es, und zwar umso mehr, als diese Aufregung durch eine Partei genährt wird, die mir und meinem Werk feindselig gesonnen ist. Im vorigen Jahr hinderte mich diese Partei, von Cattolica aufzubrechen und euch zur Hilfe zu eilen; sie hinderte mich, das Geld für die Million Gewehre für die sizilianische Expedition zu erheben. Diese Partei schickte La Farina nach Palermo, um den Anschluss Siziliens zu beschleunigen, was es mir unmöglich gemacht haben würde, dich, Volk von Neapel, zu befreien. Ich kenne diese Partei wohl; sie will nicht die Einigkeit Italiens, sucht Unordnung unter das Volk zu streuen und mir Hindernisse in den Weg zu legen; ich aber werde nie die Unordnung dulden. Diese Unruhestifter vermögen nichts, so lange ich unter euch bin. Habt ihr mir etwas zu sagen, so schickt mir Abgeordnete; ich will dazu nicht Marquis und Fürsten, mir genügen Männer von edlem Herzen, mögen sie auch Blusen tragen. Man hat diesem und jenem meiner Freunde mit dem Tod gedroht. Die Italiener sollen nur auf die Fremden den Tod herabrufen; untereinander sollen sie sich alle achten und lieben, denn sie müssen alle an der Einheit Italiens arbeiten helfen. Gestern sagte ich euch, dass der König kommen wird, heute habe ich einen Brief von ihm erhalten. Am 10. Oktober haben die piemontesischen Truppen die Grenze dieser Provinz überschritten, und in zwei Tagen wird Viktor Emanuel sich an die Spitze seiner tapferen Armee stellen. Bald werden wir unseren König sehen. Möge dieser Übergang mit Ruhe, Klugheit und Mäßigung vor sich gehen! Zeige sich das neapolitanische Volk als das brave, das es in Wirklichkeit ist. Dieser Übergangszustand wird in wenigen Tagen ein Ende nehmen, und dann wird Italien zum Verdruss seiner Feinde und Widersacher eins sein!«

Sprach sich in den ersten Worten dieser Anrede auch der Ärger des Diktators aus, so lag das vorzüglich an den falschen Anschuldigungen, welche die Mazzinisten gegenüber dem Vizediktator Pallavicino erhoben hatten, und am Morgen schon brachte ein offizielles Journal die Nachricht: »Der Diktator hat nach einer Konferenz mit dem Marquis Pallavicino und dem Minister des Innern und der Polizei, Raffaele Conforti, die Politik des Minsteriums vollkommen gebilligt, welches daher in seinem Amte verbleibt.«

Mazzini reiste nach Genua ab, und der Bruch mit den Republikanern war besiegelt.

Gleich darauf veröffentlichte Garibaldi, der wieder nach Caserta zurückgekehrt war, folgendes Dekret:

»Um einen der Nation ohne Zweifel teuren Wunsche zu erfüllen, verordne ich, dass die beiden Sizilien, welche ihre Wiedergeburt dem italienischen Blute verdanken und mich zum Diktator gewählt

haben, einen integralen Teil des einen und unteilbaren Italiens mit ihrem konstitutionellen König Viktor Emanuel und seinen Nachkommen bilden sollen. Ich werde die Diktatur, welche mir die Nation übertragen hat, bei seiner Ankunft in die Hände des Königs legen. Die Vizediktatoren sind mit der Ausführung dieser Verfügung beauftragt.
San Angelo, den 15. Oktober 1860.
Garibaldi.«

Und um sein Entgegenkommen noch weiter zu beweisen, erließ Garibaldi am 25. Oktober, nach der siegreichen Schlacht Cialdinis bei Isernia, folgenden Tagesbefehl: »Der tapfere Cialdini hat gesiegt. Bei Isernia sind die Bourbonisten in die Flucht geschlagen worden und haben achthundert Gefangene, fünfzig Offiziere, ihre Kanonen und Fahnen zurückgelassen. In Kürze werden die tapferen Soldaten der Nordarmee den unerschrockenen Soldaten von Calatasimi und vom Volturno brüderlich die Hand reichen.«

Die Abstimmung des Volkes über den Anschluss fand am 22. Oktober in vollständiger Einigkeit und Ordnung statt. Alle Klassen der Gesellschaft eilten zu den Wahlurnen, um ihr »Ja« hineinzulegen. Man sah Hofleute, Bischöfe, die Domherren der Kathedrale und Mönche zu Tausenden abstimmen. Die Leute aus dem Volk beteiligten sich in Menge, sie hatten Fahnen und Musik an ihrer Spitze, um dieses große Fest zu feiern, das sie aus Lazzaroni zu Bürgern machte.

9.
Vor Capua

Wir kehren jetzt wieder zu den kriegerischen Ereignissen vor Capua zurück.

Seit dem Gefecht bei Caserta standen sich die Vorposten der Garibaldianer und der Königlichen auf Flintenschussweite gegenüber, aber vorläufig kam es nur zu kleinen Scharmützeln, die sich meistens zum Vorteil der Ersteren entschieden. Da man einen neuen Überfall der Königlichen besorgen konnte, mussten die Italiener in der angestrengtesten Tätigkeit bleiben und hin und her marschieren; sie litten unter diesen Strapazen nicht wenig, aber die Aussicht, dass der Feind bald den Rückzug auf Gaëta anzutreten gezwungen sein werde, erhob selbst den Mut der noch nicht lange erprobten Soldaten.

Am 4. Oktober sah man bereits lange Wagenzüge nach Gaëta abgehen; Nachmittags erblickte man drei Schwadronen Kavallerie, welche die Stadt verließen und sich auf San Angelo wandten, um dort den Fluss zu überschreiten. Hier waren aber die vom Fluss aufsteigenden Höhen mit acht kleinen Kanonen der Garibaldianer besetzt und diese so gut getarnt, dass die feindlichen Reiter die Gefahr nicht im Mindesten ahnten; erst als sie ganz in die Nähe gekommen waren, erhielten sie zwei Kartätschenschüsse, die großen Schaden unter ihnen anrichteten und sie zur schleunigsten Flucht veranlassten. Am selben Tag machten die Garibaldianer auch noch viele Gefangene unter den im Gefecht abgeschnittenen und zerstreuten Truppenteilen.

Ein Bericht vom 5. Oktober fährt dann über den Abend des vorhergehenden Tages fort:

»Unsere gesamten Streitkräfte haben auf Befehl des Diktators und des Gerneals Sirtori eine Vorwärtsbewegung auf der ganzen Linie ausgeführt. Jene von Caserta begaben sich nach Santa Maria, Santa Lucia und San Angelo; nach Caserta wurde die Division des Generals Bixio vorgeschoben, während General Avezzano in den Bezirk Maddaloni nachrückte, jedoch nur mit wenigen Truppen. Groß wurde somit die Verwirrung, als etwa eine Stunde vor Einbruch der Nacht die Meldung anlangte, dass der Feind sich Maddaloni nähere und unsere Rechte zu umgehen drohe. Garibaldi war in San Angelo, und Bixio, der den Oberbefehl hatte, war nach Neapel gegangen.

Sirtori sandte sofort Depeschen an beide ab, wies Avezzano an, sich zur Verteidigung bereit zu machen, er selbst aber stellte sich an die Spitze der Guiden, der Bersaglieri und einiger Kompanien Linien-Infanterie, um auf Santa Lucia zu marschieren, wo sich nach den Berichten die Kolonne der Bayern bereits befinden sollte.

Dort angelangt, fanden wir, dass vom Feind keine Spur vorhanden war, erfuhren jedoch an Ort und Stelle, dass eine starke Abteilung der Bayern in der Nähe, auf dem jenseitigen Abhang der Berge gesehen worden sei, worauf Sirtori, in Santa Lucia nur wenige Truppen zurücklassend, Caserta mit Beobachtungsposten umgab, Späher zur Beobachtung des Feindes auf dem Turm der königlichen Villa aufstellte und mit Tagesanbruch zwei starke Abteilungen beorder-

te, um die angeblich bedrohten Punkte auszukundschaften. Doch man überzeugte sich, dass der ganze Alarm ein falscher gewesen und dass die Feinde, die man gefürchtet, nicht stärker als zweihundert Mann waren; auch berichtete eine wenige Stunden später eingehende Depesche Avezzanos, dass diese sich nach Isernia gewendet und sich da einem bewaffneten Haufen von beinahe tausend Reaktionären der rohesten Sorte angeschlossen hätten.
Am heutigen Morgen wurden wir bei Santa Maria ebenfalls alarmiert, aber auch dieses Mal ohne Grund und ohne ernste Folgen.
Heute war Garibaldi in Caserta und blieb viele Stunden im Bett, um sich von den außerordentlichen Strapazen dieser Tage zu erholen.«

Der *Times*-Korrespondent erzählt vom 8. Oktober:

»In den letzten Tagen war es bei uns mucksmäuschenstill, was umso merkwürdiger ist, da die beiden feindlichen Heere sich auf Flintenschussweite gegenüberstehen. Vor vier Tagen schon hatte Garibaldi eine Bewegung auf unserer rechten Flanke über den Fluss machen wollen, die Bixios Division ausführen sollte, und alle Vorbereitungen zu diesem Vorrücken waren bereits getroffen worden. Aber der Äquinoktialsturm machte die Expedition am folgenden Tag unmöglich und seitdem sprach man nicht mehr von ihrer Ausführung.
Heute Morgen inspizierte Garibaldi die Division Bixio in Caserta. Mehrere ihrer Offiziere hatten in der Schlacht vom 1. Oktober, bei Maddaloni und an anderen Orten, nicht gehörig ihre Pflicht getan. Der General ließ sie vor die Front treten, ihnen den Säbel abnehmen, die Tressen von der Uniform reißen und entließ sie aus dem Korps mit den Worten, sie seien des Namens eines Italieners nicht würdig und müssten die Scharten ihrer Ehre wieder auswetzen.«

Indessen verstärkten die Königlichen ihre Batterien am Ufer des Volturno und beschossen fortwährend den Feind, doch hatte dieses Bombardement keinen besonderen Erfolg. An einem Tag schlug eine Bombe in eine Hütte, in der sich gerade der Generalstab befand und verwundete zwei Offiziere tödlich.

Am 10. Oktober inspizierte Garibaldi in Caserta die Division des Generals Türr; bei derselben befand sich auch ein etwa sechshundert Mann starkes englisches Freiwilligen-Bataillon, das Oberst Peard, der so genannte Engländer Garibaldis, kommandierte. Zu diesen Freiwilligen sagte der Diktator, nachdem er die Division Türr besonders belobigt hatte, etwa folgende Worte: »Ich erblicke hier mit Freuden die Repräsentanten eines Volkes, das von Anfang an so viel für unsere Sache getan hat, das uns auf jede Weise unterstützte und dessen mächtiger Stimme wir es größtenteils verdanken, dass der Grundsatz der Nicht-Intervention, in dem unsere Sicherheit liegt, beachtet worden ist.« Und zu den Offizieren der ungarischen Legion sagte der General: »Was unsere braven ungarischen Kamerden, die ihr Blut für uns verspritzt haben, anbetrifft, so haben wir ihnen noch eine große Dankesschuld abzutragen. Ihre Sache ist die unsrige, und unsere heilige Pflicht, die wir erfüllen wollen, ist, ihnen ebenfalls zu helfen.«

Indessen hatte sich die Zahl der königlich-sardinischen Truppen, die bereits vor Capua angekommen waren, täglich vermehrt, während andere starke Kolonnen unter Befehl des Königs und des Generals Cialdini sich von Norden und Osten her in starken Märschen näherten.

Um die Mitte des Monats hatten die Piemontesen, etwa sechstausend Mann stark, dem Feind in Capua gegenüber ihre Stellungen eingenommen; sie erstreckten sich vom Wald von Carditello bis nach San Angelo und hielten den Weg nach Aversa und Caserta Vecchia besetzt, um auf dieser Seite einem Handstreich der Truppen Franz' II. begegnen zu können. Am 15. Oktober verließen achttausend Neapolitaner, Infanterie, Kavallerie und Artillerie, unter Befehl des Generals Del Re, Capua durch das Tor von Neapel und gingen so vor, als ob sie Santa Maria angreifen wollten, wandten sich aber plötzlich zur Linken und stürzten sich auf San Angelo. Der piemontesische Brigadier Perrau, der auf diesem Punkt befehligte, konnte fünf Bataillone der regulären Armee, einige Kompanien Garibaldianer und das Bataillon der Basilikata, im Ganzen sechstausend Mann ohne Kavallerie und Feldartillerie, in das Gefecht stellen.

Nach einem Kampf, welcher zweieinhalb Stunden dauerte, gab General Del Re den Befehl zum Rückzug und diese Bewegung, die mit weniger Ordnung als der Ausfall ausgeführt wurde, verwandelte sich in eine wilde Flucht. Von von piemontesischen Bersaglieri verfolgt, flohen die Königlichen bunt durcheinander nach Capua hinein, wurden bis unter die Wälle verfolgt und mussten ihre Position am linken Ufer des Volturno gänzlich aufgeben; sie zogen sich darauf sämtlich in die Stadt zurück.

Am 20. Oktober stieß das Korps des Generals Cialdini, das Viktor Emanuel auf der direkten Straße nach Neapel voranging, bei Isernia auf die Neapolitaner. Wir geben den offiziellen Bericht Cialdinis über dieses Gefecht wieder, datiert vom 20. Oktober:

»Heute Morgen zwischen sieben und acht Uhr wurde mein äußerster Vortrab beim Berggipfel des Macerone von drei feindlichen Kolonnen angegriffen, bestehend aus dreitausend Fuß-Gendarmen, fünfzehnhundert Mann vom ersten Regiment und zwölf- bis fünfzehnhundert Landleuten, im Ganzen aus ungefähr sechstausend Mann mit zwei Kanonen. General Grissini war eineinhalb Stunden lang mit zwei Bataillonen Bersaglieri und einer Abteilung Artillerie allein auf der Höhe des Macerone, von wo er die Bewegungen der drei Kolonnen beobachtete. Eine von ihnen rückte gerade auf der Straße vor, während die beiden anderen unsere Position rechts und links zu umgehen suchten. Ich legte so schnell wie möglich mit der Brigade der Königin den langen Weg zurück, rückte im Zentrum vor, wobei ich ein Bataillon nach rechts und eines nach links entsandte, und schlug in einer halben Stunde den Feind, welcher dem Ansturm unserer Soldaten nicht standhalten konnte, vollständig. Eine Schwadron Ulanen unter General Grissini, denen das neunte Bersaglieri-Bataillon im Laufschritt folgte, eilte den Flüchtigen nach und erreichte Isernia noch vor ihnen.«

Eine Ergänzung dieses Berichtes vom folgenden Tag meldet die Gefangennahme des feindlichen Oberbefehlshabers General Scotti und von fünfzig Offizieren und achthundert Soldaten sowie die Erbeutung einer Fahne und einer Abteilung Artillerie; der Feind floh zur Volturno-Brücke bei Venafro.

Dieses Gefecht war es, das Garibaldi zum vorerwähnten Tagesbefehl vom 25. Oktober veranlasste.

Die Generäle Franz' II. begriffen nun, dass ihnen nur noch eine Wahl blieb, nämlich mit einer Übermacht das Korps Cialdinis, das etwas isoliert stand, anzugreifen und zu vernichten oder es wenigstens aufzuhalten, indem man die Volturno-Brücke bei Venafro zerstörte. Sie räumten also Cajazzo, ließen in Capua nur die zur Verteidigung erforderliche Mannschaft zurück, gaben die Volturno-Linie auf und bezogen mit dem Gros der Armee gestaffelt auf der Garigliano-Linie Stellung. Die piemontesische Armee stand jetzt in der Gegend von Venafro; König Viktor Emanuel befand sich nicht weit davon in Isernia.

Garibaldi machte durch einen dieser kühnen Handstreiche, die sein Genie charakterisieren, den Plan der Neapolitaner zunichte. Nachdem er nach einer dreitägigen Anwesenheit in Neapel am 23. Oktober wieder zu seinem Korps zurückgekehrt war, ließ er, während die mit seiner Armee vereinigten Piemonteser auf Maddaloni und San Angelo vorrückten, am 24. Oktober Cajazzo besetzen und eine Brücke über den Volturno schlagen. Die erst vor kurzem eingetroffene englische Legion und die Division Bixio wurden mit dieser Arbeit beauftragt. Die Engländer und Genuesen sprangen, obwohl sie von neapolitanischen Batterien beschossen wurden, ins Wasser, senkten die Brückenböcke in den Grund und bedeckten sie so gut es ging mit Brettern, denn man hatte für diesen Brückenschlag gar nichts vorbereitet. Abends um halb zehn war die Brücke fertig. Das Feuer der Königlichen hörte nun auf. Oberst Missori ließ sein Regiment auf dem rechten Ufer aufmarschieren, die Division Bixio folgte unmittelbar der englischen Legion mit einigen Geschützen, die Divisionen Medici und La Masa gingen erst am anderen Morgen über den Fluss.

Garibaldi selbst überschritt die Brücke um zwei Uhr morgens und setzte sich gleich mit seinen Truppen in Marsch. Um die Mittagszeit besetzte er Teano. Die Königlichen mussten umkehren, ohne auf Cialdini zu warten, und zogen sich auf den Garigliano zurück. Am selben Tag bestand die Vorhut Cialdinis mit dem sich zurückziehenden Feind ein hitziges Gefecht.

In der Nacht kam Garibaldi zu einem Wirtshaus, das zwischen Teano und Speranzano liegt, und sandte von dort aus den Grafen Trecchi an König Viktor Emanuel, der nicht mehr weit entfernt war. Am Morgen erfuhr er, dass General Cialdini nur noch eine Stunde und der König nur noch eine halbe Stunde zu marschieren hätten. Sogleich brach er mit seinem Generalstab auf, und ungefähr eine dreiviertel Stunde später bemerkte er die Spitze der piemontesischen Kolonne. Nun setzte er sein Pferd in Galopp. Die Kolonne öffnete sich und präsentierte das Gewehr; Cialdini eilte ihm entgegen und sie umarmten sich. Darauf stieg Garibaldi wieder zu Pferde und ritt dem König entgegen.

Viktor Emanuel befand sich ganz in der Nähe an der Spitze seiner Division. Als er die roten Blusen erblickte, gab er seinem Pferd die Sporen; Garibaldi folgte seinem Beispiel. Als sie bis auf zehn Schritte aufeinander zugekommen waren, riefen die Offiziere des Königs und Garibaldis: »Es lebe Viktor Emanuel!«

Garibaldi näherte sich nun noch einen Schritt weiter, nahm seinen Hut ab und sagte mit bewegter Stimme: »König von Italien!«

Viktor Emanuel führte die Hand an sein Käppi, bot Garibaldi die andere und sprach in nicht weniger bewegtem Ton: »Ich danke Ihnen!«

Beide, nebeneinander reitend, blieben so Hand in Hand wohl für eine Viertelstunde.

Bevor man nach Teano kam, machte Viktor Emanuel Halt und ließ einen Teil seiner Armee vor sich und Garibaldi vorbeidefilieren, dann sprengte er zur Division Bixio, die bei Calvi stand, um auch dort die Parade abzunehmen. Er wurde mit dem einstimmigen und begeisterten Ruf empfangen: »Es lebe der König von Italien!«

Beim König befanden sich Fanti, Farini und ein großer Generalstab; allgemein wurden die von den Kriegsstrapazen hart angegriffenen Uniformen der Garibaldianer bewundert, die von ihren Kämpfen und Siegen Zeugnis ablegten.

Für den folgenden Tag, den 27. Oktober, erwarteten die vereinigten Heere eine große Schlacht; um die Mittagszeit entdeckten aber die ungarischen Patrouillen Garibaldis, dass die Königlichen Sessa geräumt hatten und über den Garigliano zurückgegangen seien. Auf diese Nachricht befahl der König Garibaldi, mit seinen Truppen und der Division Della Rocca zum Volturno zurückzumarschieren und mit dem Bombardement Capuas zu beginnen.

Am selben Tag hielt er noch eine Besichtigung der Garibaldischen Vorposten ab, wozu er sich in Begleitung von nur wenigen Offizieren zu Fuß nach der San Angelo gegenüberliegenden Volturno-Brücke begab. Überall mit großem Enthusiasmus begrüßt, kehrte er nach einem zweistündigen Aufenthalt nach seinem Hauptquartier Calvi zurück.

Am Abend besetzte Cialdini Sessa und Garibaldi ging nach San Angelo ab.

Vor Capua lagen jetzt von den vereinigten Armeen: zwei piemontesische Linien-Regimenter, ein Bataillon Bersaglieri, eine Brigade Nationalgarde, die Brigade Eber, die Division Medici, das Korps von Avezzano, die sizilianische Brigade La Masa, das lombardische Bataillon, die Schützen von Genua, die englische und ungarische Legion, die Guiden zu Pferde und Husaren, sechs piemontesische und die garibaldianischen Batterien sowie zwei Pioniertrupps. Ebenso wie der General hatten auch seine Soldaten die piemontesische Uniform angelegt und nur ein rotes, lose um den Hals geschlungenes Tuch statt der Halsbinde unterschied sie von den Soldaten der regulären Armee.

Nachdem ein Unterhändler an den in Capua kommandierenden General Salzano abgeschickt worden war – der ihn zu empfangen sich weigerte –, begannen die Belagerer mit den Vorbereitungen auf das Bombardement. Schon von den Garibaldianern waren die ersten parallelen Laufgräben angelegt worden, aber nur mit großer Langsamkeit, da es in dieser Beziehung an den nötigen Instruktionen fehlte; jetzt kam man damit schneller voran und eröffnete sofort eine zweite Parallele. Den Oberbefehl hatte jetzt eigentlich mehr der General Della Rocca als Garibaldi.

Letzterer war überhaupt nicht für das Bombardement gewesen, da er überzeugt war, dass die Stadt früher oder später ohnehin kapitulieren müsse und es seinem Gefühl widerstrebte, unnützerweise italienisches Blut zu vergießen; indessen musste er sich der königlichen Anordnung fügen. Während man nun den Beschuss vorbereitete, schrieb er an den König Viktor Emanuel:

»Caserta, den 29. Oktober 1860.
Sire!
Als ich den Boden Siziliens betrat und die Diktatur übernahm, tat ich es in Ihrem Namen und für Sie, den erhabenen Fürsten, an den sich alle Hoffnungen Italiens knüpfen. Ich erfülle also einen Wunsch meines Herzens und entledige mich des Versprechens, das ich in verschiedenen Dokumenten öffentlich gegeben habe, indem ich die Macht, welche Ihnen aus so vielen Gründen gebührt, in diesem Augenblick, wo sich die Bevölkerung dieser Provinzen feierlich für ein einiges Italien und Ihre Regierung, sowie die Ihrer legitimen Nachkommen, ausgesprochen hat, in Ihre Hände lege.
Ich übergebe Ihnen die Herrschaft über zehn Millionen Italiener, die bis vor wenigen Monaten durch einen törichten und wilden Despotismus niedergedrückt worden sind und die von jetzt an einer ihr Glück wiederherstellenden Regierung bedürfen, und diese Regierung werden sie durch Sie erhalten, den Gott erwählt hat, die italienische Nation zu erneuern, sie frei und glücklich im Innern, mächtig und gefürchtet nach außen zu machen.
Sie werden in diesem Land ebenso gelehriges wie intelligentes Volk

finden, das die Ordnung ebenso liebt, wie es die Freiheit ersehnt hat, das zu den größten Opfern bereit ist, wenn sie im Interesse des Vaterlandes sind und eine volksnahe Regierung sie fordert. Für die sechs Monate, in denen ich die oberste Leitung hatte, kann ich mich nur lobend über den Charakter und guten Willen dieses Volkes aussprechen, das ich mit meinen Gefährten so glücklich war, Italien wiedergeben zu können, von dem unsere Unterdrücker es getrennt hatten.
Ich will nicht von meiner Verwaltung zu Ihnen sprechen. Die Insel Sizilien hatte trotz der Schwierigkeiten, die durch äußere Einflüsse entstanden, ähnliche politische und zivile Institutionen wie Oberitalien; sie genoss eine Ruhe ohne Beispiel. Hier auf dem Festland, wo die Gegenwart des Feindes uns noch Hindernisse entgegensetzt, ist das Land durch die öffentlichen Regierungsmaßnahmen schon auf die nationale Verschmelzung vorbereitet worden; das ist alles durch die hohe Intelligenz zweier ausgezeichneter Patrioten, denen ich die Zügel der Verwaltung anvertraut habe, bewerkstelligt worden.
Gestatten Sie mir, Majestät, in dem Augenblick, in dem ich Ihnen die höchste Macht in die Hand lege, eine einzige Bitte an Sie richten zu dürfen. Ich bitte Sie, diejenigen, die ich bei diesem großen Werk der Befreiung Süditaliens zu Gefährten hatte, unter Ihren hohen Schutz zu stellen und meine Kameraden, die sich um Sie und das Vaterland verdient gemacht haben, in Ihre Armee aufzunehmen.
Ich bin, Sire, der Ihrige.
G. Garibaldi«

Dass die belagerten Neapolitaner in Capua zum hartnäckigen Widerstand entschlossen waren, kam daher, dass sie sich in vollständiger Unkenntnis über der gegenwärtige Lage befanden und nicht an die Niederlage des Generals Scotti und die Ankunft Viktor Emanuels glauben wollten; ihre höheren Offiziere hatten ihnen sogar eingeredet, Garibaldi sei tot, und außerdem erwarteten sie von Stunde zu Stunde, König Franz mit der Armee zum Entsatze heranrücken zu sehen.

Am 1. November begannen die Piemonteser mit dem Bombardement und schon am folgenden Tag erfolgte die Kapitulation. Wir führen hier einen Bericht an, der folgendermaßen lautet:

»Das Bombardement der Sardinier begann am 1. November um vier Uhr nachmittags und dauerte bis acht Uhr abends in seiner

vollen Wucht an. In der ersten halben Stunde schwiegen die Bourbonisten wie betäubt, dann fassten sie sich aber und begannen mit einem anhaltenden Gegenfeuer. Von acht Uhr abends bis ein Uhr morgens bombardierten die Italiener mit abnehmender Heftigkeit; dann schwiegen die Geschütze bis vier Uhr ganz. Zu dieser Zeit setzte das Bombardement wieder ein und wurde mit zunehmender Wucht bis acht Uhr am 2. November fortgeführt.
Um acht Uhr fünfunddreißig steckten die Forts von Capua die weiße Parlamentärsflagge auf; um zwei Uhr nachmittags wurde die Kapitulation unterzeichnet. Die Besatzung begab sich in Kriegsgefangenschaft, die Bourbonisten erhielten freien Abzug mit ihren Waffen, jedoch ohne Munition, mussten dann aber in Caserta ihre Gewehre abgeben. Den Offizieren wurde erklärt, sie seien unwürdig, in die italienische Armee aufgenommen zu werden, den Gemeinen dagegen wurde die Wahl gelassen, einzutreten oder in die Heimat transportiert zu werden. Von Caserta wurden die Kriegsgefangenen schubweise, je sechshundert Mann, auf der Eisenbahn nach Neapel transportiert und in eine Kaserne an der Straße von Portici gebracht und dort von dreitausend Garibaldianern bewacht.
Die neapolitanische Bevölkerung geriet in einen kindischen Taumel, als sie jede halbe Stunde ganze Wagenzüge mit Kriegsgefangenen sah. Feuerwerkskörper wurden geworfen, Pistolen und Flinten abgefeuert.«

Die *Nazione* gibt die Zahl der in Capua Gefangenen mit 15 000 Mann an, darunter sechs Generäle; außerdem fand man in der Festung 290 bronzene Kanonen, 160 Lafetten, 20 000 Gewehre, 10 000 Säbel, 80 Munitionskarren, 500 Pferde und Maultiere, 340 Schritt Brückenmaterial, viel Munition und Uniformstücke.

10.
Garibaldis Rücktritt

Nachdem König Viktor Emanuel sein Hauptquartier in Sessa, das etwa eineinhalb deutsche Meilen vom linken Ufer des Garigliano entfernt liegt, aufgeschlagen hatte, beeilten sich die Piemonteser diesen Fluss zu überschreiten, um den Feind gänzlich nach Gaëta zurückzudrängen und ihn dort einzuschließen.

Am 27. Oktober wollte ein sardinisches Geschwader unter Befehl des Admirals Persano, sechs Schiffe stark, an der Mündung des Garigliano Truppen ausschiffen. Diese Flussmündung liegt zwei bis drei deutsche Meilen östlich von Gaëta an der nach letzterer Festung benannten Meeresbucht. Hier hatten die Neapolitaner Position genommen und begannen die Schiffe bei ihrer Annäherung zu beschießen, worauf auch diese sogleich ihr Feuer eröffneten. Die dort stationierte französische Flotte unter Admiral Le Barbier de Tinan widersetzte sich aber der Fortsetzung dieses Gefechts von Seiten der Sardinier, so dass diese es abbrechen mussten und sich zurückzogen.

Am 30. Oktober erschien Admiral Persano erneut mit zehn Schiffen und drohte, jede Einmischung der Franzosen zwar nicht mit Gewalt zurückzuweisen, aber als einen Bruch des Völkerrechts zu betrachten, worauf sich die beiden Geschwader misstrauisch belauerten, während ein französisches Schiff abgesandt wurde, um über diesen Punkt die Befehle der französischen Regierung einzuholen.

Währenddessen ging am 2. November General Sonnaz mit einer starken Kolonne Piemonteser an der Mündung des Garigliano über denselben, machte hundert Gefangene und bemächtigte sich der eine halbe deutsche Meile nördlich von Gaëta gelegenen Stadt Mola; die dortige Garnison zog sich darauf schleunigst nach Gaëta zurück.

Zur selben Zeit überschritt die ganze piemontesische Armee unter Führung ihres Königs an drei Punkten den Fluss weiter oberhalb. Am 3. November griffen die Piemonteser, Viktor Emanuel an der Spitze, mit großem Ungestüm die Stellungen der Königlichen zwischen dem Fluss und Gaëta entlang der Meeresküste an, wobei sie von dem Feuer ihrer Flotte kräftig unterstützt wurden, zersprengten die Neapolitaner, die ihre Zelte und alles Kriegsmaterial zurückließen, drängten sie auf Trajetto zurück, wobei viele Gefangene gemacht wurden, und zwangen sie schließlich, alle Stellungen vor Gaëta aufzugeben und sich auf die Verteidigung dieser Stadt zu beschränken.

Nachdem die französische Flotte inzwischen ihre Instruktionen erhalten hatte, zog sie sich von der Mündung des Garigliano zurück und schützte nach dem Willen ihres Kaisers nur noch die Seeseite von Gaëta selbst gegen einen Angriff der Piemonteser.

Hierdurch wurde die Belagerung Gaëtas, einer Festung von

zehntausend Einwohnern, die schon in früheren Jahren eine Reihe langwieriger Belagerungen zu bestehen hatte, äußerst schwierig, denn so konnte sie nur von der Westseite auf einer schmalen Landzunge angegriffen werden. Am 4. und 5. November wurden piemontesische Truppen und schwere Artillerie in Mola an Land gesetzt, und nun begannen sogleich die Belagerungsarbeiten.

Inzwischen war es in Neapel zu bedenklichen Zwischenfällen gekommen, eine Folge der von Gaëta aus gesteuerten Versuche zur Gegenrevolution; auch in vielen anderen Orten des Landes, besonders in den Abruzzen, erhob sich ein Teil der Bevölkerung zugunsten des Königs Franz, von dessen verzweifelter Lage man keinen richtigen Begriff hatte, da diese von seinen im Geheimen wirkenden Anhängern noch immer so günstig wie möglich dargestellt wurde; viele Bauern bewaffneten sich und verübten die größten Gräueltaten, während die Piemonteser mobile Kolonnen aussandten und mit großer Strenge gegen sie vorgingen.

In Neapel war es besonders ein Teil der Geistlichkeit, der das ihr ganz ergebene gewöhnliche Volk aufzustacheln bemüht war; die ersten Angriffe richteten sich gegen den Pater Gavazzi, einen römischen Priester, der ehemals wegen seiner freisinnigen und patriotischen Reden und Angriffe gegen das Papsttum aus Italien verbannt wurde, lange Zeit in England gelebt und sich während der sizilianischen Kämpfe mit wahre Hingabe und Begeisterung Garibaldi angeschlossen hatte. Bis jetzt hatte er die hohe Gunst des Volkes genossen, obwohl er sich in seinen Predigten der stärksten Ausdrücke bediente, endlich war es aber der reaktionären Geistlichkeit gelungen, dadurch eine gefährliche Erbitterung gegen ihn zu erregen, dass behauptet wurde, er sei in England zum Protestantismus übergetreten und habe geheiratet; nur mit Mühe konnte ihn die Nationalgarde vor tätlichen Angriffen des Volkes schützen. Garibaldi, der sich zu dieser Zeit wegen der Weihe der Fahnen für die ungarische Legion in Neapel befand und über solche Demonstrationen nicht wenig verärgert war, hielt darauf vom Balkon des Palazzo Foresteria unter großem Jubel des Volkes nachstehende bemerkenswerte Rede, die ihren Zweck, die Ruhe wiederzustellen, nicht verfehlte – obgleich sie die Pfaffen noch mehr erbitterte:

»Heute ist ein schöner und großer Tag! Er ist schön und groß, weil er ein neues Band der Freundschaft um Ungarn und Italien schlingt. Freie Völker sind natürliche Bundesgenossen – die freien Italiener können, dürfen und mögen das nicht vergessen, sie werden es auch nicht vergessen! Bald werden sie alle frei sein. Außer einem ganz der Freiheit, ganz dem Gedanken an unsere Nationalität gewidmetem Leben ist nichts anderes geblieben und ich will nichts anderes als das Recht, immer die Wahrheit sagen zu dürfen, den Fürsten ebenso wie den Völkern.

Höre mich also, großherziges Volk dieser schönen und großen Hauptstadt, höre mich an, und wenn ich mir ein Verdienst um dich erworben habe, so glaube meinen Worten.

Der Krebs, der Ruin unseres Italiens war stets der persönliche Ehrgeiz, der Egoismus, und er ist es noch heute. Egoismus ist es, der den Papst-König bewegt, sich der nationalen Bewegung zu widersetzen, dieser so großen, so edlen und reinen Bewegung, die einzig in der Gesellschaft dasteht. Der Papst ist es, welcher den Augenblick der vollständigen Einigung Italiens verzögert, er ist das einzige und wahre Hindernis.

Ich bin ein Christ und rede zu Christen – ich bin ein guter Christ und rede zu guten Christen. Ich liebe und ehre die Religion Christi, weil Christus zur Welt herabstieg, um die Menschheit von der Sklaverei zu befreien, für die sie Gott nicht geschaffen hat. Aber der Papst versteht Christus nicht; er, der die Menschen zu Sklaven machen will, der von den Mächtigen und Großen der Erde Ketten und Fesseln für die Italiener verlangt – das ist eine Verfälschung der Religion. In Indien kennt und betet man zwei Geister an, den des Guten und den des Bösen; nun wohl, der böse Geist Italiens ist der Papst. Missversteht mich nicht! Verwechselt nicht das Papsttum mit dem Christentum, die blutige Politik der Sklaverei mit der Religion der Freiheit! Wiederholt euch das, wiederholt euch das – es ist eure Pflicht.

Ihr aber, die ihr den gebildeten Teil des Volkes ausmacht, eure Aufgabe ist, das Volk zu erziehen. Erzieht es zu Christen, zu Italienern! Die Bildung erzeugt Freiheit, die Bildung gibt dem Volk die Mittel und die Macht, seine Unabhängigkeit zu bewahren und zu verteidigen. Von einer starken und gesunden Erziehung des Volkes hängt die Freiheit und Größe Italiens ab. Es lebe Viktor Emanuel! Es lebe die Freiheit! Es lebe das Christentum!«

Am 6. November erließ Garibaldi an die Komitees, die die italienische Regierung so wirksam unterstützt hatten, ein Rundschreiben folgenden Inhalts:

»Brüder! Ihr habt kräftig für das Vaterland gewirkt. Italien verdankt zum Teil euren Bestrebungen die Befreiung seiner Südprovinzen. Bleibt zusammen! Gebt das Unternehmen auf halbem Weg nicht auf. Was ihr für Sizilien und Neapel getan habt, müsst ihr auch für Rom und Venetien tun. Die Umtriebe und die Ängstlichkeit anderer dürfen euch nicht entmutigen, sondern müssen euch anfeuern, das Ziel zu erreichen, zu dessen Verwirklichung ihr stets Brüder bereit finden werdet, überall hinzueilen, wo eine Fahne in Italiens und Viktor Emanuels Namen entfaltet wird.
Caserta, 6. November 1860.
G. Garibaldi«

Der 7. November war der Tag, den der König zu seinem Einzug in Neapel bestimmt hatte. Es regnete in Strömen und das Wetter war kalt, dennoch aber drängte sich eine zahllose Menschenmenge durch die ganze Stadt, die mit dreifarbigen Fahnen geschmückt war.

Um elf Uhr langte der König auf der Eisenbahn an und wurde feierlich vom Stadtrat empfangen; von da begab er sich durch ein von sardinischen Truppen und der Nationalgarde gebildetes Spalier, in dem man keinen einzigen Garibaldianer sah, in einem Wagen zum Dom; ihm zur Linken saß Garibaldi in der einfachen roten Bluse, gegenüber die Vizediktatoren von Neapel und Sizilien, der Marquis Pallavicino und Mordini.

Im Dom wurde der König vom hohen Klerus empfangen und unter dem ungeheuren Zudrang der Volksmenge ein Te Deum gesungen. Als man sich wieder hinausbegab, lies sich überwiegend der Ruf: »Es lebe Garibaldi!« hören, das Volk umdrängte den Helden und küsste in stürmischer Begeisterung seine Hände, und als er bat, man möge ihn zum König gehen lassen, der bereits im Wagen war, trug man ihn dorthin. Durch die ganze Toledostraße bis zum königlichen Palast wurde der Wagen mit Blumen beworfen, und der Jubel schien kein Ende nehmen zu wollen. Der König hatte bei seinem Einzug folgende Proklamation erlassen:

»Die allgemeine Abstimmung erteilt mir die höchste Gewalt über diese schönen Provinzen. Ich nehme diesen feierlichen Ausdruck des Volkswillens an, nicht aus Herrschbegierde, sondern aus Pflichtgefühl als Italiener. Meine Pflichten sind größer geworden, wie es die aller Italiener geworden sind. Ein aufrichtiges Einverständnis und stete Aufopferungsfähigkeit wird mehr als jemals Notwendigkeit; alle Parteien müssen sich mit Ehrfurcht vor Italiens Majestät, der Gott seinen Beistand verleiht, beugen. Wir müssen hier eine Regierung errichten, die den Völkern ein freies Leben und der öffentlichen Meinung Redlichkeit verbürgt; ich zähle auf die Teilnahme aller Rechtschaffenen. Überall, wo das Gesetz der Staatsgewalt Schranken setzt und Freiheit garantiert, kann die Regierung ebenso viel für das öffentliche Wohl als das Volk für die Tugend leisten. Wir müssen Europa den Beweis liefern, dass, wenn die unwiderstehliche Macht der Ereignisse Verträge umstieß, die zum ewigen Unglück Italiens geschlossen worden waren, wir in der einigen Nation die Herrschaft jener unwandelbaren Gesetze herzustellen vermögen, ohne welche die Staatsgesellschaft erkrankt und jede Autorität ihren Halt verliert. Viktor Emanuel.«

Am Abend wurde große Gala-Oper gegeben, ein Akt aus dem *Tell* (der Schwur auf dem Rütli), ein Akt aus *Norma* (die Verschwörung der Gallier) und nationales Ballett.

Garibaldi wünschte nicht, einem Feste beizuwohnen, bei dem die Seinigen fehlten, denn offenbar wurden diese an dem großen Tage zurückgesetzt; als man ihn aber darauf aufmerksam machte, dass er dadurch den König verletzen würde, blieb er in Neapel. Indessen kehrte er nicht wieder in seine offizielle Residenz, den Palazzo Angri, zurück, sondern nahm seine Wohnung in einem Hotel; niemand aus der Umgebung des Königs oder von der neapolitanischen Stadtverwaltung achtete darauf.

Der Held Italiens fühlte sich ohne Zweifel gekränkt, und sein Entschluss war bereits gefasst.

Am folgenden Morgen sollte die feierliche Überreichung des Ergebnisses der Volksabstimmung im Thronsaale des königlichen Palastes stattfinden. An demselben Morgen sandte Viktor Emanuel dem Marquis Pallavicino den Annunciaden-Orden zu, und Garibaldi äußerte dem Empfänger gegenüber seine Verärgerung darüber, dass Mordini nicht denselben Orden erhalten hatte.

Nach einem Berichte soll sich nun folgende Szene zugetragen haben. Pallavicino entgegnete, er habe den Orden nicht ablehnen können, ohne den König zu beleidigen, er beschwöre aber Garibaldi, sich nicht zum Haupte einer Opposition zu machen, die zum Bürgerkriege in Italien führen könne.

»Ei was«, rief Garibaldi, »Italien braucht keine einzelne Person, weder Sie noch mich, noch den König! Sein Geschick ist viel größer als das der einzelnen Menschen, und niemand kann einen Bürgerkrieg entfachen, um Italien zu Falle zu bringen.«

Hierauf legte Pallavicino sein Ordensband, das Garibaldi als »königliche Kurzware« bezeichnet hatte, ab, erschien aber nicht zur Audienz.

Als Pallavicino am folgenden Tage dem Könige sein Leid über Garibaldi klagte, soll dieser lachend geantwortet haben: »Garibaldi hat seine kleinen Launen, aber er ist trotz alledem ein großer Mann, ein Mann wie Gold!«

Die Audienz und Überreichung des Abstimmungsresultates fand an diesem Morgen statt; die höchsten Würdenträger waren dabei zugegen. Der Minister des Innern, Conforti, redete den König folgendermaßen an: »Sire, das in seinen Komitees versammelte neapolitanische Volk hat Sie mit überwältigender Mehrheit zu seinem Könige ausgerufen. Neun Millionen Italiener vereinigen sich heute mit den Provinzen, die Sie mit so großer Weisheit beherrschen, und machen Ihre feierliche Verheißung, dass Italien den Italienern angehören müsse, zur Wahrheit.«

Der König dankte; es wurden noch zwei oder drei Reden gehalten, dann nahm der König Garibaldi unter den Arm, verließ mit ihm den Thronsaal und führte ihn in ein anstoßendes Zimmer. Hier bot er ihm an: den Titel eines Generals der Armee, den höchsten militärischen Rang in Sardinien, das große Halsband des Annunciaden-Ordens, den Besitz eines königlichen Schlosses, das er selbst wählen solle, für seinen ältesten Sohn eine hoch dotierte Stelle in der Armee, für den jüngeren die Anstellung als Adjutant des Königs und für seine Tochter eine reiche Mitgift.

Garibaldi schlug alles aus; er sah ein, dass eine Fortsetzung des Krieges und die sofortige Befreiung Venetiens und Roms unmöglich sei, und war entschlossen, einstweilen nach Caprera zurückzukehren.

Als er mit dem Könige aus dem Zimmer in den Thronsaal zurückkam, war sein Gesicht heiter und ruhig, während es in letzter Zeit fast immer ein ernstes, fast trübes Nachdenken gezeigt hatte. An demselben Tage erließ er einen Tagesbefehl an seine Soldaten; derselbe lautete:

»An meine Waffengefährten!
Bei der vorletzten Stufe unserer Wiedergeburt angelangt, müssen

wir die jetzige Periode als beendigt betrachten und uns darauf vorbereiten, das bewunderungswürdige Werk der auserwählten Männer von zwanzig Generationen glänzend zu beendigen, denn die Vorsehung hat das Ende dieses Werkes der glücklichen jetzigen Generation aufbewahrt.

Ja, junge Leute, Italien verdankt euch ein Unternehmen, das den Beifall der ganzen Welt verdient hat.

Ihr habt gesiegt und werdet noch siegen, weil ihr seither in der Taktik, welche Schlachten entscheidet, erfahren seid.

Ihr seid von der Art jener Helden, die sich mitten in die makedonische Phalanx stürzten und den stolzen Siegern Asiens die Brust zerbrachen.

An diese glorreiche Seite unserer Geschichte wird sich eine noch ruhmvollere fügen und endlich der Sklave seinem freien Bruder ein spitziges Eisen zeigen, das er aus den Ringen seiner Ketten geschmiedet hat.

Alle zu den Waffen! Alle! Und die Unterdrücker, die Großmächtigen, werden wie der Staub verwehen!

Ihr Frauen, stoßet die Feigen weit zurück! Sie werden euch nur feige Kinder geben! Und ihr, Mädchen, wünscht euch nur ein tapferes und edles Geschlecht zur Nachkommenschaft!

Mögen die furchtsamen Doktrinäre ihre Knechtschaft und ihr Elend in die Länge ziehen.

Dieses Volk ist Herr seiner selbst. Es will der Bruder der anderen Völker sein, aber den Stolzen stolz ins Auge sehen und das Haupt nicht senken, um die Freiheit zu erbetteln. Es will nicht von Männern mit schmutzigem Herzen ins Schlepptau genommen werden. Nein! nein! nein!

Die Vorsehung hat Italien mit Viktor Emanuel beschenkt. Alle Italiener sollen sich um ihn scharen und fest zu ihm halten. Neben dem Re galantuomo muss jede Nebenbuhlerschaft verschwinden, müssen alle Umtriebe sich zerstreuen.

Noch einmal wiederhole ich meinen Ruf: ‚Alle zu den Waffen!'

Wenn der Monat März 1861 nicht eine Million Italiener bewaffnet findet, dann wehe der Freiheit, armes Italien!

O nein, fern bleibe von mir ein Gedanke, der mir mehr widerstrebt als das Gift! Der Monat März 1861 und, wenn es sein muss, der Monat Februar wird uns alle auf unserem Posten wiederfinden.

Italiener von Calatafimi, Palermo, vom Volturno, von Ancona, Castellfidardo, Isernia und mit uns jeder Mann dieses Landes, der

nicht feige und knechtisch gesinnt ist – wir alle, um den glorreichen Soldaten von Palestro geschart, werden der zusammenstürzenden Tyrannei die letzte Erschütterung, den letzten Stoß versetzen.
Empfangt, ihr jungen Freiwilligen, die ihr durch zehn Schlachten Ehre erworben habt, ein Wort des Abschieds. Ich richte es aus dem tiefsten Grunde meiner Seele an euch. Heute muss ich mich zurückziehen, aber nur für wenige Tage. Die Stunde des Kampfes wird mich noch einmal an eurer Seite finden, Soldaten der italienischen Freiheit.
Mögen allein die von euch nach Hause zurückkehren, die durch gebieterische Familienpflichten gerufen werden, oder auch die, welche ruhmreich verwundet den Dank des Vaterlandes verdient haben. Sie werden ihm noch an ihrem Herde durch guten Rat und den Anblick der edlen Narben dienen, die ihre blasse zwanzigjährige Stirn zieren. Mit Ausnahme dieser mögen alle anderen bleiben, um die ruhmreichen Fahnen zu bewachen.
In Kürze werden wir uns wiederfinden, um gemeinsam zur Befreiung unserer Brüder zu marschieren, die noch Sklaven der Fremden sind; in Kürze werden wir uns wiederfinden, um gemeinsam zu neuen Siegen zu eilen.
Neapel, den 8. November 1860.
G. Garibaldi.«

Am 9. November schiffte sich Garibaldi in Begleitung seines Sohnes Menotti, seines Privatsekretärs Basso und zweier Offiziere seines Stabes, Gusmaroli und Froscianti, auf der »Washington« ein; seine übrigen Offiziere, welche in Neapel anwesend waren, begleiteten ihn bis auf die Mole und nahmen dort mit Tränen von ihm Abschied. Er nahm von der hohen Stellung, die er bekleidet hatte, nicht mehr als fünfzehnhundert Francs mit sich, der Cincinnatus Italiens bedurfte aber nie viel auf seinem einsamen Felsensitze, nach dem er sich jetzt wieder begab.

Nun begann wieder das einfache, bürgerliche Leben. Das italienische Journal *Movimento* berichtete bald darauf, dass Garibaldi sich eifrig mit der Abfassung seiner Memoiren beschäftige:

»Sein Haushalt ist überaus einfach und frugal. Ein Koch, ehemaliger Matrose seines zugrunde gegangenen Handelsschiffes, und ein alter Soldat, der mit ihm in Südamerika gefochten, bilden seine ganze Dienerschaft. Das Diner besteht nur aus drei Gerichten und ist binnen einer halben Stunde beendet. Nach demselben macht Garibaldi mit seinen Freunden gewöhnlich einen Spaziergang, betrachtet seine Pflanzungen und Felder oder unterhält sich im Hofe seines Hauses mit einem in ganz Italien und Südfrankreich gebräuchlichen Kegelspiel. Da er so wenig wie möglich gestört zu sein wünscht, werden bloß intime Freunde und Bekannte vorgelassen, von welcher Regel nur sonntags eine Ausnahme gemacht wird. Garibaldi hat vor seiner Abreise von Neapel in den dortigen Journalen bekannt gemacht, dass er auf Caprera nur frankierte Briefe empfangen werde. Zu diesem Entschlusse veranlasste ihn der Umstand, dass in Neapel täglich hundertfünfzig bis zweihundert Briefe, Zeitungen, Vorschläge und Anerbieten aller Art aus allen möglichen Ländern an ihn einliefen, wovon der größte Teil unfrankiert war.«

II.
Die Soldaten Garibaldis und die Belagerung Gaëtas

Die einzige Bitte, die Garibaldi an den König Viktor Emanuel gerichtet und deren er auch in seinem Schreiben vom 29. Oktober an den König erwähnt hatte, war gewesen, dass dieser sich seiner alten Kriegskameraden annehmen und die Patente sämtlicher Offiziere bestätigen möge. Wenn es nun einerseits auch vollständig gerechtfertigt war, dass diesen braven Leuten, die mit Aufopferung ihrer eigenen Interessen, mit ihrem Blut und Leben dem Könige fast allein Italien erobert hatten, die Belohnung gebührte, in der Armee des Königreichs eine feste Anstellung zu finden, so ließ sich andererseits doch auch nicht verkennen, dass sich, besonders unter den Offizieren, manche Männer befanden, welche eine Offizierstelle in der regulären Armee nicht füglich bekleiden konnten; bei der durch die Umstände bedingten schnellen Organisation des Garibaldi'schen Korps waren in dieser Beziehung manche Missgriffe unterlaufen, und ein großer Teil der Offiziere hatte seine Patente nicht einmal von Garibaldi selbst unterzeichnet erhalten. Dazu kam noch, dass die Anzahl der höheren Offiziere, die meistens noch in sehr jugendlichem Alter standen, im Verhältnis übergroß war und dass also ihre Anstellung bei der sardinischen oder italienischen Armee im bisher bekleideten Rang eine Unmöglichkeit war.

Unglücklicherweise wurde die Ordnung dieser schwierigen Angelegenheit dem Kriegsminister Fanti übergeben, der sich bekannterweise stets feindselig gegen Garibaldi und seine Kriegskameraden gezeigt hatte; seine Vorschläge fielen infolgedessen denn auch so aus, dass der König selbst sich damit nicht einverstanden erklären konnte und sie entschieden zurückwies.

Dafür wandte er sich nun an die Garibaldi'schen Generäle Sirtori, Türr und Cosenz, und nach deren Rat wurde eine aus sardinischen und Garibaldi'schen Offizieren bestehende Kommission eingesetzt, um das Werk der Reorganisation in Bezug auf die Freiwilligen-Korps zu beginnen.

Die höheren Offiziere waren bereits mit ihrem Range in die reguläre Armee aufgenommen worden, die Patente der übrigen sollten geprüft werden, und alle diejenigen, welche nicht von Garibaldi selbst unterzeichnete besaßen, sich einer Prüfung ihrer Befähigung unterwerfen. Im Übrigen bestimmte die Kommission, dass das sardinische Pensionsgesetz für Verwundete auch für die Garibaldianer Gültigkeit haben solle, dass alle Garibaldianer, welche in ihre Heimat zurückzukehren wünschten, die Freiheit dazu erhalten und auf Kosten der Regierung befördert werden sollten, die anderen, welche in die reguläre Armee einzutreten wünschten, sich aber auf zwei Jahre zum weiteren Dienst verpflichten müssten, und dass die austretenden Offiziere einen Halbjahrssold erhielten.

Bixios Korps wurde nun, um die Reorganisation durchzuführen, nach Parma verlegt, das von Medici nach Piacenza. Beide Generäle sowie die Generäle Livin und Sirtori wurden vom Könige zu Kommandeuren des Mauritius- und St. Lazarus-Ordens ernannt.

Die ungarische Legion, die damals eine Stärke von siebenhundert Mann erreicht hatte, blieb einstweilen als abgesondertes Korps bestehen, wurde unter Türrs Befehl gestellt und nach Nola verlegt; die französische Legion richtete nachstehendes Schreiben an General Türr:

»General!

Indem wir uns hiermit bereit erklärten, der Sache der italienischen Unabhängigkeit zu dienen, hatten wir zugleich die Absicht, in Zukunft die Waffengefährten aller Völker zu sein, welche sich für ihre unterdrückte Nationalität erheben. Ungarn bereitet sich in dem gegenwärtigen Augenblicke vor, seine Fahne neuerdings zu entfalten, welche nur die Koalition der Tyrannen für eine kurze Zeit besiegen

konnte. Wir kommen daher, Herr General, zu Ihnen, einem der Helden des italienischen Kampfes, um Ihnen auch für die Befreiung Ungarns die Mitwirkung eines Korps anzubieten, welches, wenn es auch nicht all den gewünschten Ruhm erntete, doch wenigstens ein reines Gewissen in Hinsicht seiner Aufopferungsbereitschaft und Selbstverleugnung besitzt. Wir bedauern den Verlust unseres Führers, welcher für die Freiheit Frankreichs gelitten und für die Befreiung Italiens gestorben ist, auf das Innigste. Sein Name wird uns in Zukunft eine Verbrüderungsstandarte sein, denn er starb auf dem Felde der Ehre als ein ruhmvolles Beispiel des Mutes und der Aufopferung.
An dem Tage also, an welchem Ungarn unsere Hilfe willkommen wäre, haben Sie, General, uns nur ein Wort zu sagen, nur ein Zeichen zu geben, um die Kompanie De Flotte herbeieilen zu sehen, welche sich überaus glücklich und ausgezeichnet fühlen wird, dem Tapferen, welcher ihr am Volturno zuerst Gerechtigkeit widerfahren ließ, auch an die Ufer der Theiß zu folgen.«

In der Folge wurden alle diese fremden Korps, auch das englische, aufgelöst, da vorläufig die Aussichten auf eine baldige Fortführung des Krieges geschwunden waren. Auch die italienische Armee ging vorläufig nach und nach auseinander; ein Teil trat in die regulären Regimenter über, die älteren Soldaten kehrten, unzufrieden mit der ihnen widerfahrenen Behandlung, in ihre Heimat zurück, nachdem an einzelnen Orten kleine Demonstrationen, vorzüglich von den Mazzinisten angeregt, stattgefunden hatten, die indessen von den Führern schnell unterdrückt wurden.

Besonders erbitterte es diese tapferen Leute, dass man sie noch vor ihrer Entlassung entwaffnete, und sie behaupteten, die Regierung habe kein Recht, ihnen die Waffen zu nehmen, welche die italienische Nation infolge der Garibaldi'schen Subskription ihren Händen anvertraut habe.

Die königliche Regierung konnte diese Klagen nicht ganz auf sich beruhen lassen und empfahl zumindest den Gemeinden dringend, die Zurückkehrenden zu unterstützen, was auch im vollkommensten Maße geschah.

Nach einer Berechnung, welche Doktor Bertani Ende November veröffentlichte, waren durch seine Hand allein zur Unterstützung der sizilianischen Expedition sechs Millionen Lire gegangen, davon kamen auf Sizilien fünf Millionen, auf die National-Subskription eine Million und auf den Staatsschatz von Neapel zweimalhunderttausend Lire. Damit stellte er zwanzigtausend Freiwillige und lieferte sechzigtausend Gewehre, zwei Millionen Patronen, fünf Dampfschiffe und eine Anzahl Kanonen.

Indessen mahnte Garibaldi von Zeit zu Zeit noch immer zur Fortsetzung der Rüstungen, etwa in der *Mailänder Zeitung*:

»Viktor Emanuel ist für Italien unentbehrlich; wer Italien will, muss sich um ihn scharen. Es ist mir gleichgültig, ob das Ministerium Cavour oder Cattaneo heiße, obwohl Letzteres vorzuziehen wäre – ich wünsche nur dringend, und alle Italiener sollten es mit mir fordern, dass Viktor Emanuel sich am 1. März 1861 an der Spitze von fünfhunderttausend Soldaten befinde.
Caprera, den 27. November 1860.
G. Garibaldi.«

Wir lassen nun einstweilen den Diktator, mit seinen ländlichen Arbeiten und der Abfassung seiner Memoiren beschäftigt – und dabei, obgleich er alle Bitten, wieder öffentlich aufzutreten, entschieden zurückweist, mit sorgendem und wachem Auge auf die politischen Ereignisse im Vaterlande blickend – in Caprera zurück und folgen der Belagerung von Gaëta, von der die endgültige Entscheidung über das Schicksal Neapels abhing, denn so lange Franz II. sich noch mit den Resten seiner ehemaligen königlichen Macht umgab, mit starrem Eigensinn an der immer mehr schwindenden Hoffnung hing, das Kriegsglück könne sich ihm von neuem zuwenden und ihn wieder auf den verlorenen Thron bringen, so lange seine Agenten noch heimlich oder offen versuchten, das willen- und einsichtslose Landvolk der Abruzzen zum bewaffneten Widerstande gegen seine eigenen Interesse aufzustacheln, so lange fanatische Royalisten endlich auch in größeren Städten, wie Neapel, Uneinigkeit zu säen und eine Gegenrevolution ins Leben zu rufen bemüht waren, konnte das Schicksal Italiens und des konstitutionellen Königtums Viktor Emanuels nicht als gesichert betrachtet werden.

Die Sardinier hatten bereits viele der Höhen besetzt, welche die Festung an der Landseite einschließen, und daselbst mit dem Bau ihrer Batterien begonnen. Am 12. November kam es zu einem ernstlichen Gefechte, durch das die Belagerer neue Vorteile errangen, denn nachdem sie einen Ausfall der Belagerten unter General Salzano zurückgeschlagen und dabei fünfzehnhundert Gefangene gemacht hatten, beschossen sie die Vorstadt Latratina und besetzten die wichtigen Positionen Borgo Santa Agata, Monte Tortone, Monte Erta und Monte Lombone sowie das Kapuzinerkloster.

Während der nun eifrig fortgesetzten Belagerungsarbeiten hoffte man noch immer auf die Entfernung des Königs Franz und die Kapitulation der Festung, die umso wahrscheinlicher erscheinen musste, als es den verbliebenen achttausend Mann an Lebensmitteln fehlte und die Desertionen sich noch immer fortsetzten. Als diese Hoffnung sich nicht erfüllte, begann am 19. Dezember – nachdem die Neapolitaner durch ihr Feuer vergeblich den Batteriebau zu hindern gesucht hatten – das Bombardement aus mehreren bis auf etwa fünfzehnhundert Meter an die Forts herangeschobenen Mörsern und wurde seitdem fast ohne Unterbrechung fortgesetzt, wodurch die obere Stadt bedeutend litt.

König Franz, bei dem sich seine Gemahlin Marie, eine Prinzessin von Bayern, und seine Brüder befanden, hatte seit der Eröffnung des Bombardements sein Hauptquartier in der Batterie »Philippsstadt« genommen; während er durch Noten an die auswärtigen Mächte noch immer gegen Sardiniens Einschreiten protestierte, rechnete er ohne Zweifel auf eine Intervention zu seinem Gunsten, die sich indessen darauf beschränkte, dass Frankreich seine Flotte auf der Reede liegen ließ und erklärte, das Bombardement von der Seeseite aus nicht gestatten zu wollen, solange der König sich noch in der Festung befinde.

Ein offizieller französischer Bericht vom 5. Januar 1861 sagt:

»Die Piemontesen unterhalten fortwährend ein furchtbares Feuer, das großen Schaden in der Festung anrichtet. Sie haben in nur fünfhundert Meter Entfernung neue Batterien errichtet, von denen eine entscheidende Wirkung erwartet wird. Die bourbonistische Artillerie hatte ihr ganzes Feuer auf diese Position gerichtet und dieselbe mit Wurfgeschossen bedeckt, ohne dass es ihr gelungen wäre, die Arbeiten der Piemontesen zu hemmen, die jetzt entschlossen sind, der Sache ein Ende zu bereiten.«

Die französische Presse berichtet am 1. Januar:

»Seit dem Bombardement vom 24. und 25. vorigen Monats sind die Belagerungsarbeiten von den Piemontesern so vorangetrieben worden, dass man ohne Übertreibung behaupten kann, die Positionen der Belagerer seien beinahe ebenso stark als die der Belagerten. Mit jedem Tage gewinnt man mehr die Überzeugung, dass, wenn einmal das Feuer auf der ganzen Linie eröffnet sein wird, selbst ohne Mitwirkung der Flotte eine Bresche leicht zu schlagen ist. Seitdem die Batterien der gezogenen Kanonen auf dem Monte Portola errichtet sind und ein unausgesetztes Feuer auf die Festung eröffnet haben, ist eine Schwierigkeit eingetreten, welche von großer Wirkung auf die ferneren Operationen sein wird. Es sind nämlich die Batterien ‚Königin', ‚Philippsstadt' und ‚Brescia', welche den westlichen Abhang des Monte Orlando verteidigen, nicht mit schützenden Kasematten versehen. Da nun die Bedienungsmannschaft dieser Batterien durch die Batterie von Monte Portola sich bloßgestellt sieht und schon unter den ersten Bomben, die von dort kamen, zu leiden hatte, so ist die Richtung ihres Feuers sehr unsicher geworden. Die westliche Flanke der Festung ist also beinahe ungeschützt, denn die kasemattierte Batterie della Trinita reicht nicht hin, um sie zu decken.«

Besonders heftig war das Bombardement vom 5. bis zum 8. Januar, an letzterem Tage warfen zwanzig Mörser unaufhörlich Bomben auf die Stadt, welche die größten Verheerungen anrichteten und selbst einen Teil des erzbischöflichen Palastes in Schutt und Asche legten; ebenso eifrig feuerten die Neapolitaner, richteten aber verhältnismäßig wenig Schaden an. Man zählte sechstausend Würfe von Seiten der Piemonteser, und zweitausend aus der Festung.

Während die Lage der Festung immer bedenklicher und das Blutvergießen in Anbetracht ihres baldigen Falles immer sinnloser wurde, hatte die sardinische Regierung Kaiser Napoleon dringend gebeten, seine Flotte von der Seeseite zurückzuziehen, und dieser hatte sich endlich auch dazu bereit erklärt, jedoch unter der Bedingung, dass die Belagerer König Franz einen Waffenstillstand gewährten, während dessen dieser entscheiden könne, ob er Gaëta auf einem französischen Schiffe verlassen wolle, wozu er ihm selbst riet. General Cialdini, welcher die Belagerung von Gaëta leitete, gewährte diesen Waffenstillstand, der am 11. Januar begann. Das Geschützfeuer schwieg nun, und die Ruhe wurde von beiden Seiden hauptsächlich dazu benutzt, ihre Positionen zu verstärken.

Am 19. Januar verließ die französische Flotte wirklich die Reede und ließ nur ein kleines Meldeschiff für den persönlichen Gebrauch des Königs zurück, falls er sich zur Abreise entschlösse; an demselben Tage nahm die sardinische Flotte unter Admiral Persano, vierzehn Schiffe stark, ihre Stelle ein.

Durch die Anwesenheit der französischen Flotte war es den Neapolitanern möglich gewesen, sich für längere Zeit zu verproviantieren; sie hatten auf der Landseite noch immer vierhundert Geschütze; nach den vielen Desertionen waren die jetzt noch etwa achttausend Mann starken Truppen ziemlich zuverlässig, und der König beharrte mit einer Energie, die er früher nie gezeigt hatte, noch immer auf seinem Entschluss, sich bis zum Äußersten zu verteidigen. Besondere Hoffnung flößte ihm ein, dass sich das Landvolk in den Abruzzen wirklich zu seinen Gunsten erhoben hatte, und er versäumte nicht, ihm erfahrene Offiziere als Führer zu schicken, und geizte nicht mit Versprechungen, die Treue des Volkes belohnen zu wollen.

Als am 19. Januar der sardinische General Menabrea in Cialdinis Auftrage den Waffenstillstand aufkündigte und dabei Bedingungen zur Übergabe Gaëtas vorlegte, wurden dieselben daher kurz zurückgewiesen. Diese Bedingungen waren:

1) Die sardinische Regierung verspricht, die Offiziere mit dem Range, welchen sie in der neapolitanischen Armee bekleiden, in die sardinische aufzunehmen.
2) Die in Gaëta befindlichen Truppen sollen sechs Monate Sold erhalten.
3) Es werden Franz II. zwei Fregatten zur Verfügung gestellt, um ihn an den Ort seiner Wahl zu bringen.

Hierauf sollte das Feuer am 25. Januar wieder eröffnet werden, schwieg aber an diesem Tage; erst am folgenden, als die Festung selbst es eröffnete, wurde es, auch von der Flotte, wieder aufgenommen.

König Franz II. suchte seinen Entschluss, die Feindseligkeiten fortzusetzen, in einem Rundschreiben an die auswärtigen Regierungen zu rechtfertigen; er sagte darin unter anderem:

»Seine Majestät der König ist entschlossen, bis zum letzten Ende alle Gefahren seiner isolierten Lage zu tragen. Zu Wasser und zu Lande zugleich blokiert, wird er entweder auf den Mauern der Festung fallen oder der Gefangene seiner Feinde werden. Wie sich sein Los aber auch gestalten möge, so ist er entschlossen, es mit derselben Hochherzigkeit und Festigkeit auf sich zu nehmen, von welcher er seit fünf Monaten so dauernde, glänzende Beweise gegeben hat. Wenn auch Europa Seine Majestät verlässt, so wird er selbst sich nicht aufgeben.«

Und später heißt es:

»Unter diesen Umständen hat der König, nicht um seine Person zu retten, die sich seit zwei Monaten täglich allen Gefahren aussetzt, sondern um die Königswürde, welche er repräsentiert, vor Erniedrigung und Schmach zu bewahren, das Recht, zu hoffen, dass die europäischen Mächte in dem gegenwärtigen ungleichen Kampfe erklären, ob sie die Blockade anerkennen oder nicht, die ohne Kriegserklärung, ohne ordnungsgemäße Ankündigung von der piemontesischen Flotte jetzt ausgeübt wird, und Seiner Majestät mitteilen, dass sie an den König von Sardinien eine Kollektiv-Erklärung abgeben werden, um die Freiheit Seiner Majestät sicherzustellen, wenn der Zufall sein Leben verschonen sollte, und um die Person der jungen Königin gegen jedes Ungemach zu sichern, welche mit einer ihres Herzens würdigen Geistesgröße den dringendsten Bitten, sich zu entfernen, widerstanden hat, nur um sich in den Hospitälern der Pflege der Verwundeten zu widmen, unempfindlich gegen jede ihre Person bedrohende Gefahr.«

Am 26. Januar begann das Bombardement mit großer Heftigkeit von neuem und wurde in den folgenden Tagen fast ohne Unterbrechung fortgesetzt, wodurch die Festungswerke großen Schaden erlitten, besonders als ein Pulvermagazin getroffen wurde und explodierte.

Am 9. und 10. Februar dauerte das Bombardement nicht weniger als sechsunddreißig Stunden, und es flogen dabei zwei Pulvermagazine und eine Bombendepot in Gaëta in die Luft. Der Verlust der Belagerten war ungemein groß, und nun entschloss sich Franz II. endlich, um einen vierzehntägigen Waffenstillstand zu bitten, aber General Cialdini, der daraus auf die verzweifelte Lage der Festung schloss, lehnte ihn entschieden ab.

Die *Indépendance* berichtet über diese letzten Tage ausführlich:

»Schon am 2. Februar versuchte man, mit Persano Unterhandlungen anzuknüpfen, dieselben führten jedoch zu keinem Resultat,

und das Bombardement begann in verstärktem Maße am Nachmittage von neuem und dauerte bis acht Uhr abends.
Am 3. Februar hörte die Kanonade den ganzen Tag und die ganze Nacht nicht auf, ebenso am 4. Februar. Am 5. Februar flog ein Pulvermagazin in die Luft und zerstörte die Batterie zwischen der Zitadelle und der Bastion des heiligen Antonius.
Im Lager auf der Mole von Gaëta erhob sich der allgemeine Siegesruf: ‚Es lebe Italien!' und man glaubte sicher, die bourbonische Dynastie habe nun den Gnadenstoß erhalten; doch eben aus diesem Grunde wurde das Feuer nur noch heftiger.
In derselben Nacht noch ließ General Cialdini eine Anzahl neuer Batterien das Feuer eröffnen und so viele Wurfgeschosse werfen, dass bald überall die Häuser in Flammen standen und das schauerliche Kriegsspiel erhellten. In einer Stunde wurden sechshundert Wurfgeschosse, also zehn in der Minute, in die Stadt geschleudert.
Unter den Kriegsschiffen zeichnete sich bei dem Bombardement der Flotte die ‚Garibaldi' aus, ein ehemaliges neapolitanisches Schiff unter dem Kommando des früheren neapolitanischen Kapitäns Eduardo d'Amico. Die ‚Garibaldi' warf am 5. Februar im Ganzen zweihundertneunzehn, die ‚Galantuomo' vierhundertzwölf Bomben in die Festung. Das Bombardement von der Landseite dauerte die ganze Nacht hindurch.
Am 6. Februar erfolgte die furchtbare Explosion, die zwanzig Meilen weit auf der See gehört wurde. Eine Granatendepot in der Batterie San Giacomo der Bastion ‚Königin' flog in die Luft und richtete so große Verheerungen an, dass man die Zahl der Toten und Verwundeten noch gar nicht berechnen kann.
Bald nach dieser Explosion lief ein Parlamentärboot aus dem Hafen von Gaëta und legte an das Admiralsschiff an, um einen achtundvierzigstündigen Waffenstillstand zu erbitten. Cialdini bewilligte denselben unter der Bedingung, dass keine Ausbesserungen am zerstörten Hauptwall der Festung vorgenommen werden sollten.«

Am 8. Februar wurde das Bombardement fortgesetzt, aber nicht mehr mit der gleichen Heftigkeit, denn die Kapitulationsverhandlungen hatten bereits begonnen und wurden von einer gemischten Kommission fortgesetzt.

Am 14. Februar flogen wieder zwei Batterien in die Luft, und nun erfolgten sofort die Unterzeichnung der Kapitulation und die

Einstellung des Feuers. Die Besatzung wurde für kriegsgefangen erklärt, erhielt aber das Zugeständnis aller militärischen Ehren, König Franz und seiner Familie gewährte man freien Abzug.

Am 15. Februar morgens besetzten die Sardinier die Stadt und die Festung, und zu derselben Stunde begab sich die königliche Familie an Bord der französischen Dampffregatte »La Mouette«. Eine bourbonische Gesandtschafts-Depesche berichtet: »Der König kam an den Truppen vorbei; die Soldaten weinten, während sie das Gewehr präsentierten. Das Volk gab ihm das Geleit, unermesslicher Beifall begrüßte den König, der blass vor innerer Bewegung war. An Bord der ‚Moulette' wurden ihm die königlichen Ehrenbezeigungen zuteil. Als das Schiff in See stach, salutierte die Hafenbatterie mit einundzwanzig Schüssen, auf den Wällen wurden die Fahnen dreimal gesenkt, und die Besatzung rief im Angesicht der Piemonteser, die bereits Herren der Stadt waren, umso lauter: ‚Es lebe der König!'«

Die königliche Familie wurde in Terracina an Land gesetzt und begab sich von hier unter Bedeckung einer Abteilung französischer Dragoner mit einem Wagen nach Rom, woselbst sie im Quirinal abstieg und noch an demselben Abende einen Besuch des Papstes empfing.

In Gaëta wurden fünfundzwanzig Generäle und elftausend Mann zu Gefangenen gemacht, außerdem fand man sieben- bis achthundert Geschütze und sechzigtausend Gewehre.

12.
Garibaldi auf Caprera

Wie gesagt, schien sich Garibaldi ganz von jeder öffentlichen Einmischung in die politischen Verhältnisse zurückziehen zu wollen; nur zuweilen, wenn in ihm das gewaltsam zurückgedrängte Feuer für die italienische Sache zu übermächtig aufloderte, sobald die Kunde von einem wichtigen Ereignisse auf Caprera eintraf, vernahm man Worte von ihm, die das italienische Volk mit hoher Begeisterung aufnahm: Es war fast jedes Mal die Mahnung, sich zur Vollendung des großen Werkes, das stets das Ziel seines Lebens gewesen war, zu rüsten, und diese Worte zündeten in allen italienischen Herzen.

Nachdem sich seine Freunde, die ihn von Neapel nach Caprera

begleitet hatten, wieder zurückgezogen hatten, lebte er daselbst allein mit seiner Tochter Theresa – sein ältester Sohn Menotti wurde bald Adjutant des Königs, der jüngere studierte in England –, seinem Freunde Guiseppe Deideri und seinem Sekretär Basso. Der König hatte ihm ein kleines Dampfschiff der Marine, die »Washington«, zur Verfügung stellen wollen, aber Garibaldi hatte dieses Anerbieten in einem Briefe an den Kapitän mit den Worten zurückgewiesen, er könne nicht zugeben, dass ein Schiff der königlichen Marine in so wichtiger Zeit dem Dienste entzogen und zum Privatvergnügen eines Einzelnen verwandt werden solle. Zuweilen begab er sich in einem kleinen Boote nach der Küste der Insel Sizilien, um daselbst mit einigen Freunden auf die Jagd zu gehen.

Als Garibaldi Neapel verlassen hatte, hatte sich das Gerücht verbreitet, der König habe ihn mit einer reizenden Villa, die er auf Caprera an Stelle des alten baufälligen Hauses habe bauen lassen, überrascht. Dem war nun nicht so, und als die Einwohner von Turin dies erfuhren, veranstalteten sie eine Subskription, um als Zeichen ihrer Verehrung und Dankbarkeit auf der Insel ein schönes Haus für den General errichten zu lassen; das hatte dieser aber so entschieden abgelehnt, dass es unterbleiben musste.

Oftmals erhielt der General Besuche von bedeutenden Persönlichkeiten, die er in seinem kleinen Haushalt mit einfacher Herzlichkeit aufnahm. So traf in den letzten Tagen des Dezember ein englischer Schoner bei Caprera ein und überbrachte dem General eine Einladung des Neffen von Lord John Russell, der sich an Bord befand. Garibaldi begab sich auf das Schiff, wurde von einundzwanzig Kanonenschüssen begrüßt und festlich empfangen.

Man nahm später an, dass dieser Besuch keine bloße Höflichkeitsbezeigung gewesen sei, sondern politische Zwecke gehabt habe; es habe sich dabei um eine bestimmte Mission der englischen Regierung gehandelt, die Garibaldi dazu bewegen habe wollen, seinen Angriff auf Österreich, den er in seinen Proklamationen angekündigt hatte, zu verschieben; man sagte auch, er habe dies zurückgewiesen und seine Absichten bekräftigt.

Die Wahlen zu der Kammer, die sich aus Vertretern aller italienischen Provinzen zusammensetzen sollte, die Viktor Emanuels Skepter unterworfen waren, standen nun bevor, und es erhob sich der Streit der Parteien. Die Mazzinisten hatten wenig Aussicht, ihre Kandidaten durchzubringen und so standen sich eigentlich nur zwei Parteien gegenüber: die Partei Cavours, welche, wenigstens im Augenblick, keinen Krieg wollte, und die Partei der Anhänger Garibaldis, die sich auf denselben für den März 1861 vorbereiteten. Die Cavour'sche Partei hatte sogar schon den Beschluss gefasst, überall dort, wo Garibaldi als Kandidat aufgestellt würde, Cavour als Gegenkandidaten zu benennen. Dies war aber nicht nötig, denn schon am 29. Dezember schrieb Garibaldi an Signore Bellazzi in Genua:

»Caprera, den 29. Dezember 1860.
Lieber Bellazzi!
Aus besonderen Gründen kann ich keine Kandidatur zum Abgeordnetenhause annehmen und wünsche, dass sich alle Wahlversammlungen dessen erinnern mögen, um sich die Mühe zu ersparen, später eine andere Wahl vornehmen zu müssen.
Ich bin Ihr
Garibaldi.«

Und in einem zweiten Schreiben von demselben Tage sagte er:

»Lieber Bellazzi!
Ich bin der Ansicht, dass vollständige Eintracht zwischen allen italienischen Ausschüssen bestehen müsse, um den Erfolg der großen Neuerwerbung zu unterstützen. Alsdann wird Viktor Emanuel mit einer Million Soldaten im nächsten Frühjahr mit Recht fordern können, was Italien noch fehlt. Ich wünsche, dass auf dem heiligen Wege, den wir betreten haben, jedes Parteizeichen verschwinde. Unsere Gegner sind nur eine Partei; sie wollen ein Italien, das nach ihrem Geschmacke mit Hilfe des Auslandes und ohne unser Zutun entstehen soll. Wir aber sind die Nation, wir wollen kein anderes Haupt als Viktor Emanuel, und wir schließen keinen aus, der denselben Wunsch hat. Daher muss man vor allem nachdrücklich Eintracht als unser erstes Bedürfnis predigen.
Ihr
G. Garibaldi.«

Auch in Genua hatte man die Absicht gehabt, Garibaldi aufzustellen, aber hier schlug er selbst Nino Bixio vor. Dieselbe Wahlversammlung unter dem Vorsitze Guerazzis beabsichtigte auch, all diejenigen Abgeordneten ihrer Partei von der Wahl auszuschließen, welche für die Abtretung Nizzas gestimmt hatten; damit war Garibaldi aber in Bezug auf bestimmte Persönlichkeiten nicht einverstanden. Bei derselben Gelegenheit kam es auch zu einem Beschlusse über die Rechnungslegung Doktor Bertanis, der deshalb vielfach angefeindet und verleumdet worden war. Tief gekränkt wollte er zurücktreten, als die Gesellschaft sich unter dem Namen »Garibaldi'scher Ausschuss für die Befreiung Roms und Venedigs« von neuem konstituierte. Garibaldi hatte ihn in einem Brief vom 29. November entlastet: »Mein lieber Bertani! Ich habe den Rechenschaftsbericht des Komitees, dem Sie vorstehen, erhalten und geprüft. Ich bin mit demselben zufrieden.«

Infolgedessen beschloss man, auf die Verleumdungen gar nicht zu antworten, und an die Spitze des Ausschusses traten als Präsidenten wieder Bertani, Mauro Macchi und Bellazzi; dessen Absicht war es weiterhin, zu dem angegebenen Zwecke Waffen und Munition zu beschaffen und, wenn die Zeit zum Kriege gekommen sei, Freiwillige zu werben und zum Kriegsschauplatze zu befördern.

Während die Mazzinisten ihre republikanischen Absichten unter dem Namen Garibaldi versteckten, weil sie nicht offen mit ihnen hervorzutreten wagten, konnte die Partei der monarchisch-konstitutionellen Opposition mit Recht auf Garibaldi Anspruch machen, denn sie hielt zu Viktor Emanuel, wollte aber zugleich den Krieg mit Österreich. An ihrer Spitze standen Ratazzi und Depretis; Ersterer, der nach einem Platze im Ministerium strebte, war ein enger Freund des Generals.

Cavour sprach sich in seinem Organ, der *Opinione*, mit Bezug auf diese Partei folgendermaßen aus:

»Die Kriegspartei stimmt mit uns im Prinzip überein, sie erkennt, wie wir, Viktor Emanuel als Oberhaupt Italiens an. Aber es ist unbedingt notwendig, dass diese Anerkennung keinen Widerspruch in den Taten findet. Viktor Emanuel ist König von Italien, und als König von Italien hat er allein das Recht, den Krieg zu erklären. Es wäre also widersinnig, dem Oberhaupt der Nation laut Gehorsam zu verkünden und sich sodann an seine Stelle zu setzen, indem man zum Krieg auffordert und die Nation den Gefahren aussetzt, welche der König vermeiden will. Lassen wir uns durch diese Ungereimtheit zu keinem Irrtum verleiten. Die Leichtigkeit, mit der Sizilien und Neapel von der bourbonischen Partei befreit wurden, berechtigt noch nicht zu der Hypothese einer leichten Eroberung Venetiens. Wenn die sizilianische Expedition als Beweis angeführt werden soll, so beweist dies nur, dass die dabei angewandten Mittel

gegen Österreich nichts ausrichten. Die Beschwerlichkeiten und Mühen, welche unsere Soldaten vor den Mauern Gaëtas zu ertragen haben, lassen voraussehen, was wir erst vor den Mauern Veronas und Mantuas auszuhalten haben würden.
Die Hindernisse, welche uns die österreichischen Festungen bieten, sind für eine einige, zu allen Blut- und Geldopfern geneigte Nation nicht unübersteigbar, aber wir sollen uns keine Illusionen machen und nicht glauben, dass die Gegenwart einiger Freiwilligen-Bataillone hinreiche, um die Österreicher in die Flucht zu jagen und die Tore der Festungen zu öffnen. Die Mittel müssen im Verhältnis zu den Schwierigkeiten und der Macht der Nation stehen. Solange wir nicht vereinigt sind, wäre jeder Versuch im höchsten Grade gefährlich. Die Aufhetzer zum Kriege für das nächste Frühjahr sind weder blind noch dumm, sie wissen recht wohl, dass sie nur durch den allgemeinen Enthusiasmus und die Tapferkeit der Freiwilligen-Bataillone Erfolg haben können. Und aus diesem Grunde suchen sie die Nation zu zwingen, sich wider Willen in einen Krieg hineinzustürzen. Wir haben das Vertrauen, dass die Wähler diese Betrachtungen wohl überlegen werden und dass das Ministerium daran denken wird, welche Schwierigkeiten noch hinzukommen und auf ihm lasten könnten. Italien und Europa werden von ihm Rechenschaft darüber verlangen.«

Die *Times* bemerkt dazu sehr richtig in einer Korrespondenz vom 12. Januar:

»Garibaldi ist zu sehr in seinen eigenen, aus freien Stücken übernommenen Verpflichtungen gefangen, um lange in Caprera bleiben zu können. Die edelsten seiner Kameraden betrachten die Wohnungen, die sie in ihrer Heimat bezogen haben, als bloße Winterquartiere, aus denen sie beim ersten Schwalbengezwitscher abberufen werden sollen. Ich kenne einige darunter, denen die schönsten Angebote gemacht und das Versprechen gegeben worden war, dass sie ihren unter Garibaldi besessenen Offiziersrang beibehalten könnten, wenn sie in die Armee des Königs einträten, und die für die glänzendsten Offerten taub waren, bloß um sich für Garibaldi zur Verfügung zu halten.
Die Nachricht, dass Letzterer sich in Caprera eingeschifft habe, wird das Losungszeichen zum Wiederbeginn des Kampfes sein, und kein Zweifel, dass der Ex-Gouverneur von Sizilien sich, ehe

zwei Monate vergehen, an der Spitze einer zweimal so großen Truppe finden wird, als jene war, mit der er in Neapel einzog. Diesmal aber wird er nicht, wie zur Zeit seiner Landung in Marsala, über Mangel an Waffen, Munition und Geld zu klagen haben. Die Schätze der neapolitanischen und sizilianischen Arsenale, die Musketen und Schwerter, die auf den kalabrischen Gefilden nur allzu leicht erbeutet wurden, und die reichen Lieferungen englischer und amerikanischer Waffenfabriken sind im ganzen Lande verteilt, und wer weiß, ob es seit Karls V. Zeit so viele Kriegswerkzeuge in Italien gegeben hat wie im gegenwärtigen Augenblicke.

Freilich werden diese freiwilligen Banden gegen Verona und Mantua ebenso wenig wie gegen die Wälle von Capua und Gaëta ausrichten können. Aber das Festungsviereck ist nicht die einzige verwundbare Stelle Österreichs, und in diesem Augenblick ist gar kein Zweifel mehr, dass der Kampf zuerst an der adriatischen Küste oder an der Donau ausbrechen wird.

Ein einziger Mann im ganzen Lande kann sich dieser Bewegung seiner Stellung wegen füglich nicht anschließen, und das ist Cavour. Sollten jedoch Türr, Eber und Bixio mit den hervorragendsten Garibaldianern ihre Pläne in Dalmatien oder an irgendeinem Punkte in der österreichischen Monarchie ausführen, dann würde Italiens Mitwirkung ihnen gewiss sein, mag Viktor Emanuel mit seinen Ministern wollen oder nicht.«

Wir haben die beiden vorstehenden Äußerungen dem Wortlaute getreu (aus der *Nationalzeitung* vom 17. Januar 1861) mitgeteilt, da sie ein richtiges Bild von der damaligen Lage der Dinge geben.

Die Überlebenden der Tausend, die mit Garibaldi bei Marsala gelandet waren, hatten einen Diamantstern für ihren General anfertigen lassen, und General Türr sowie einige andere Offiziere waren dazu ausersehen worden, dieses Andenken an die Kämpfe in Sizilien Garibaldi auf Caprera zu überreichen.

Ehe Türr abreiste, wurde er wiederholt vom König empfangen, der ihn mit dem Auftrag betraute, Garibaldi dazu zu bewegen, seine kriegerischen Pläne einstweilen noch ruhen zu lassen und sich dem Ministerium anzunähern; Türr selbst erklärte übrigens bei dieser Gelegenheit, dass er für seine Person keine Freiwilligen angeworben habe, noch anwerben werde. Außerdem gab ihm der König als Neujahrsgeschenk für Garibaldis Tochter Theresa ein prächtiges Collier und mit Brillanten besetzte Ohrringe mit.

Am 11. Januar verließ diese Deputation auf dem königlichen Dampfschiffe »Ichnusa«, das dafür zur Verfügung gestellt worden war, Genua; außer Türr gehörten dazu der Brigadier Dezzo, die Obersten Nullo und Aipari, Major Cairoli und die Leutnants Manci und Antogini. Am 13. Januar fand die feierliche Überreichung des Diamantsternes auf Caprera statt. General Türr sprach dabei den General mit folgenden Worten an: »General! Die Tausend, mit denen Sie in Marsala landeten, mit denen Sie bei Calatafimi siegten und mit deren Hilfe Sie, alle Hindernisse vor sich niederwerfend, die Fahne der Unabhängigkeit auf die Mauern von Palermo pflanzten, bieten Ihnen heute durch unsere Hände diesen Stern, den Sie, wie wir hoffen, als Andenken an die Gefahren der Vergangenheit und als Pfand für diejenigen, welche noch kommen sollten, annehmen werden. Die Überlebenden dieser Tausend, welche Sie selbst die Überbleibsel von zehn Schlachten genannt haben, sind auf Ihren ersten Ruf bereit, sich um Sie zu scharen.«

Garibaldi antwortete darauf in großer Bewegung: »Seien Sie versichert, dass noch keine Gabe mein Herz so erfreut hat als diese von meinen tapferen Waffenbrüdern. Sagen Sie ihnen, dass ich sie gern annehme. Ich hoffe, meine heldenmütigen Kameraden wieder herbeieilen zu sehen, wenn es sich darum handelt, zur Befreiung Ungarns auszuziehen. Ich habe am Grabe der für die italienische Freiheit gefallenen Ungarn den Eid geleistet, diese Ehrenschuld zu bezahlen, und so Gott will, werde ich diesen Eid in kurzer Zeit erfüllen.«

Als Türr seiner Tochter das Geschenk des Königs überreichte, meinte Garibaldi, leicht lächelnd: »Danken Sie Seiner Majestät in meinem und meiner Tochter Namen für diesen neuen Beweis seiner wahren Freundschaft.«

Am 18. Januar kehrte die Deputation nach Turin zurück. Türr hatte daselbst sogleich eine Audienz bei dem Grafen Cavour und am andern Tage bei dem Könige; er hatte den Zweck seines geheimen Auftrages vollständig erreicht, denn, wie wir sogleich sehen werden, spricht Garibaldi in dem nachfolgenden Briefe, wenn er auch auf der Bewaffnung besteht, nicht mehr von einem Angriffe auf Venedig. Noch an demselben Tage, an dem er die Unterredung mit Türr gehabt hatte, schrieb er an die Bruderschaft der Hilfsausschüsse zu Genua:

»Caprera, den 13. Januar 1861.
Ehrenwerter Ausschuss!
Nach Kenntnisnahme der mir am 8. Januar durch das Zentralkomitee von Genua übersandten Note antworte ich Nachstehendes:
Ich nehme die Präsidentschaft der Bruderschaft der Hilfsausschüsse an, stimme den in der Generalversammlung vom 4. Januar beschlossenen drei Artikeln zu und ernenne zu meinem Vertreter bei dem Zentralausschusse den General Bixio, indem ich ihn bevollmächtige, sich nötigenfalls durch eine dritte Person, welche sein volles Vertrauen besitzt, vertreten zu lassen.
Das Zentralkomitee wird an den Patriotismus der Italiener appellieren und alle Hilfskomitees veranlassen, dass sie zu neuen freiwilligen Gaben unserer Mitbürger auffordern, um Viktor Emanuel die Befreiung des übrigen Teiles von Italien zu erleichtern.
Ferner ist es seine vorzüglichste Sorge, in allen Orten der Halbinsel, wo es noch keine Ausschüsse gibt, solche zu errichten, damit sich die Bruderschaft so schnell als möglich von einem Ende Italiens zum andern, Rom und Venedig eingeschlossen, ausbreite, und, nur einem Impulse gehorchend, überall gleichzeitig und schnell denselben Zweck verfolgen könne.
Als Parole für jeden Tag, für jeden Augenblick muss der Bruderschaft gelten, dass sie fortwährend allen Komitees zu wiederholen und den Italienern durch alle anderen Mittel begreiflich zu machen hat, wie mit Beginn des Frühjahrs 1861 Italien ohne Widerrede eine Million Patrioten zu den Waffen rufen könne. Dies ist das einzige Mittel, uns mächtig zu zeigen, um in Wahrheit die Schiedsrichter unseres eigenen Schicksals zu sein und uns der Achtung der Welt, die auf uns blickt, würdig zu machen.
Ich halte es für meine Pflicht, die Freiwilligen davon in Kenntnis zu setzen, dass ich augenblicklich zu Anwerbungen nicht geraten, auch solche durchaus nicht veranlasst habe.
In Genua soll ohne Verzug ein Journal unter dem Titel *Rom und Venedig* gegründet werden, das, von dieser Idee beseelt, den heiligen Krieg predigt, um endlich der auf Italien lastenden Schande ein Ende zu machen – ein Journal, das gleichzeitig den Wählern den Ratschlag erteilt, das geeignetste Mittel für die Verwirklichung dieses Planes sei die Wahl solcher Abgeordneten, welche die Befreiung und Unverletzlichkeit Italiens über alles stellen und die Regierung nötigen, die ganze Nation zu bewaffnen.
G. Garibaldi.«

General Türr hatte bei seinem Besuche dem General auch das Diplom zum Ehrenbürger der Stadt Mailand überbracht und schrieb daraufhin an den Rat dieser Stadt:

»Caprera, den 15. Januar 1861.
General Garibaldi, welcher das Diplom, das Sie ihm durch mich überreichen ließen, mit Dank angenommen hat, beauftragt mich, Ihnen die Gefühle seiner lebhaftesten Erkenntlichkeit auszusprechen, wobei er sich vorbehält, Ihnen eigenhändig zu antworten, woran ihn augenblicklich Unwohlsein verhindert. Gleichzeitig bittet er mich, Ihnen zu wiederholen, dass er keine der Kandidaturen, welche ihm bei der bevorstehenden Wahl angeboten werden sollten, annehmen könne. Er setzt Sie von diesem Entschlusse in Kenntnis, um die Unannehmlichkeiten einer zweiten Wahl zu vermeiden.
Türr.«

Gegen Ende des Monats Januar begab sich auch der General Bixio mit Aufträgen der Regierung nach Caprera, und hier wurde nun zwar nicht eine vollständige Einigung, aber doch ein gewisses Einverständnis hergestellt. Cavour verpflichtete sich, alle möglichen Schritte zu unternehmen, um die französische Regierung dazu zu bewegen, im Frühjahre ihre Truppen aus Rom abzuziehen, und versprach, auf die allgemeine Bewaffnung hinzuwirken; Garibaldi verzichtete dafür auf seine kriegerischen Pläne für dieses Frühjahr. Er begriff, dass jetzt, wo Gaëta noch immer Widerstand leistete und die bourbonistische Reaktion sich überall im Neapolitanischen regte, nicht der Zeitpunkt sei, der Letzteren durch die Wirren eines Krieges neue Nahrung zu geben. Immer noch aber mochte sich Garibaldi nicht entschließen, eine Wahl anzunehmen und sich nach Turin zu begeben.

Gegen Ende Januar wurde dem General eine neue Ehrung zuteil. Ein Herr von Kersausie übersandte ihm nämlich im Namen der französischen Demokratie den Degen, den der erste Grenadier von Frankreich, Latour d'Auvergne, von Napoleon Bonaparte erhalten und der sich dann im Besitze seines Neffen befunden hatte; er fügte ein schmeichelhaftes Schreiben bei, in dem er sagte, dass er dieses heilige Erbstück seiner Familie in keinen besseren Händen wissen könne. Garibaldi antwortete darauf am 25. Januar:

»Mein Herr!
Mit aller Dankbarkeit, deren ich fähig bin, habe ich als ein Zeichen der Sympathie des aufgeklärten Frankreichs den Degen Latour d'Auvergnes angenommen, der mir zugesandt wurde. Da ich Ihren Neffen aber seines Erbstückes nicht berauben will, so wünsche ich, dass bei meinem Tode dieses Symbol der kämpfenden Demokratie an seine natürlichen Besitzer zurückkomme, damit eine neue Abstimmung in Frankreich darüber zugunsten des Würdigsten verfügen kann.
Ihr ergebener
G. Garibaldi.«

Die Kammerwahlen waren nach vielen Parteiumtrieben beendet worden; sie waren hauptsächlich zugunsten des Ministeriums ausgefallen, auch die gemäßigte Opposition war stark vertreten, die Mazzinisten nur sehr schwach.

Am 18. Februar eröffnete König Viktor Emanuel die Sitzungen im neuen Deputiertensaal des Palazzo Carignan zu Turin mit der Thronrede, aus der wir nur eine auf Garibaldi bezügliche Stelle anführen; sie lautete: »Eine tapfere Jugend hat unter einem Führer, dessen Name bis in die fernsten Ländern ertönte, den Beweis geliefert, dass weder Knechtschaft noch langjähriges Unglück die italienischen Völker entnervten.«

13.
Messina und Caprera

Zu den Bedingungen der Kapitulation von Gaëta hatte auch die Verpflichtung des Königs Franz gehört, den Kommandanten der noch von seinen Truppen besetzten Orte, der Zitadelle von Messina und des Forts Civitella del Tronto in den Abruzzen, die Übergabe derselben zu befehlen; nicht allein erfüllte der König indessen dieses Versprechen nicht, sondern wies von Rom aus die dort befehligenden Offiziere an, sich bis auf das Äußerste zu verteidigen. Wahrscheinlich stützte er seine Hoffnung noch auf den vorzeitigen Ausbruch eines Krieges, wie ihn Garibaldi angekündigt hatte, und gedachte, während der dadurch entstehenden Verwirrung einen energischen Gegenschlag zu führen.

Infolgedessen bat General Fergola, der in der Zitadelle von

Messina befehligte, am 28. Februar alle fremden Botschafter, die Schiffe ihrer Nation aus dem Hafen zu ziehen, da er die Feindseligkeiten wieder beginnen werde, und teilte dies auch Cialdini mit; als Rechtfertigung dafür gab er an, dass die mit General Medici abgeschlossene Kapitulation, deren man sich noch erinnern wird, von der italienischen Armee dadurch verletzt worden sei, dass diese mit Arbeiten zur Belagerung der Festung begonnen habe.

General Cialdini, der nach der Einnahme Gaëtas mit seinem Korps nach Messina geschickt worden war, um den letzten Widerstand der bourbonistischen Truppen daselbst zu brechen, erwiderte hierauf, besonders dadurch noch gereizt, dass Fergola auch mit dem Bombardement der Stadt gedroht hatte:

»Messina, den 28. Februar 1861.
An den Generalmajor Fergola, Kommandanten der Zitadelle Messina.
In Erwiderung des Schreibens, mit dem Sie mich beehrt haben, muss ich Ihnen mitteilen:

1) dass, nachdem König Viktor Emanuel durch das italienische Parlament zum König von Italien erklärt worden ist, Ihr Verfahren von jetzt an als offene Empörung betrachtet werden wird;
2) dass ich demnach weder Ihnen noch Ihrer Garnison eine Kapitulation gewähren kann und Sie sich auf Gnade und Ungnade ergeben müssen;
3) dass, wenn Sie die Stadt bombardieren, ich nach Einnahme der Zitadelle so viel Offiziere und Soldaten der Besatzung erschießen lassen werde, als Opfer in Messina gefallen sind;
4) dass dann Ihre sowie aller Offiziere Güter mit Beschlag belegt werden, um die den Familien verursachten Verluste zu ersetzen;
5) und schließlich, dass ich Sie und Ihre Untergebenen dann dem Volke von Messina preisgeben werde.

Ich pflege mein Wort zu halten und will nicht für einen Prahler gelten, ich verspreche Ihnen jedoch, dass Sie und Ihre Leute bald in meiner Gewalt sein werden.
Tun Sie jetzt, was Sie für gut befinden; ich aber betrachte Euer Gnaden nicht mehr als einen ehrlichen Soldaten, sondern als einen feigen Mörder, und ganz Europa wird Sie nicht anders beurteilen.
Der General der Armee, Adjutant Seiner Majestät: Cialdini.«

Am folgenden Tage, dem 1. März, feuerte das Fort Don Blasco nachmittags um fünf Uhr fünf oder sechs Schüsse auf die Belagerungsarbeiter ab, ließ dann aber sein Feuer schweigen. Ein Schreiben Fergolas setzte jetzt Cialdini davon in Kenntnis, dass er die Stadt möglichst verschonen werde, sich aus Rücksichten der militärischen Ehre aber nicht ohne Widerstand ergeben könne, woraufhin Cialdini ihm bis zum 10. März Bedenkzeit bewilligte. An diesem Tage wurde das Feuer erneut eröffnet und beschädigte besonders die Schiffe auf der Reede und im Hafen; die Piemonteser konnten es nicht ordentlich erwidern, da sie mit ihren Belagerungsarbeiten noch nicht weit genug vorangeschritten waren; dies geschah erst am 13. März, und Cialdini berichtet darüber:

»Messina, den 13. März.
Die Zitadelle hat sich auf Gnade und Ungnade ergeben. Nachdem ich vier Tage lang das feindliche Feuer geduldet hatte, eröffnete ich heute Mittag das meiner Batterien, von denen zwei nur vierhundert Meter von der Festung entfernt errichtet worden waren. Die Artillerie war vorzüglich tätig. Wir sprengten mehrere Granatendepots in die Luft, wodurch eine große Feuersbrunst entstand. Um fünf Uhr steckte die Zitadelle die weiße Fahne auf, um sechs Uhr wies ich jede Kapitulation zurück und gestattete nur drei Stunden Bedenkzeit. Um neun Uhr ergab sich die ganze Besatzung auf Gnade und Ungnade. Die Flotte feuerte während zwei Stunden. Fünf Generäle, hundertfünfzig Offiziere und ungefähr vier- bis fünftausend Mann wurden gefangen genommen und dreihundert Kanonen erbeutet; letztere Zahlen sind nur ungefähr geschätzt.«

Die Gefangenen wurden trotz Cialdinis Drohung der Kapitulation von Gaëta gemäß behandelt.

Nach der Einnahme Messinas blieb nur noch das Fort Civitella zu nehmen übrig. König Franz hatte sich, um unnützes Blutvergießen zu vermeiden, endlich doch entschlossen, General Fergola den Befehl zur Kapitulation zugehen zu lassen; dieser kam aber zu spät an.

Ebenso sandte er einen höheren Offizier nach Civitella; die dortige, ganz undisziplinierte Garnison wollte aber auf den Befehl nicht achten und ergab sich erst nach viertägigem Bombardement.

Während die Kammer in Turin tagte, Viktor Emanuel zum Könige von Italien proklamierte und die römische Frage behandelte, empfing Garibaldi wieder einen Besuch von dreißig Abgeordneten der verschiedenen italienischen Arbeitervereine, von Männern, die meistenteils unter ihm gekämpft hatten. Einer dieser Abgeordneten berichtet darüber im *Neuen Frankfurter Museum, Beiblatt der Zeit, 1861, Nr. 8*:

»Eine feierliche Stille bemächtigte sich unser aller, als wir das Schlafgemach Garibaldis betraten. Er war wie gewöhnlich gekleidet: das rote Hemd, getragene Hosen, eine Jacke und das charakteristische Schnupftuch. Ernst und doch voll Wohlwollen empfing er uns. Den rechten Arm trug er in einer Binde; er hatte ihn bei der Feld- und Gartenarbeit verletzt, als er mit dem Mönch Pantaleo Bohnen pflanzte.

Das kleine Gemach war von uns dreißig Personen ganz voll gepfropft. Er stand in der Mitte. Ihm zur Seite standen Dezza, Missori, Canzio, Stagnetti, Corte, Coriolati ein Teil der auserwählten Schar des berühmten Stabes, der ohne vergoldete und besternte Uniformen einen glänzenden Kreis um den Helden auf dem Schlachtfelde bildete.

Nach erhaltener Erlaubnis richtete der Major Bernieri wenige Worte an den General, die nach gemeinsamer Beratung am Abende vorher beschlossen worden waren. Sie drückten die allgemeine Liebe und das hohe Vertrauen zu Garibaldi aus, das wir mit Bezug auf die noch zu kämpfenden Schlachten zu ihm hatten, aber auch das Gefühl der Unsicherheit hinsichtlich der bevorstehenden Ereignisse.

Garibaldi nahm diese Ansprache mit einem unbeschreiblich tiefen Ernst auf; mit einem strengen, fast starren Blick schien er durch den Schleier der Zukunft hindurch lesen zu wollen. Endlich erhob er nach einer feierlichen Pause seine Stimme und sprach mit dem ihm eigentümlichen begeisterten Ausdruck, lange, nicht ganz zusammenhängend, in kurzen, aber sehr bestimmten und seinem Charakter entsprechenden entschlossenen Sätzen:

‚Freunde, ich danke euch! Was ihr sagtet, ist wahr, aber vielleicht ist doch einige Übertreibung dabei; es sind Besorgnisse vorhanden, doch kann alles geschehen. Wir müssen überzeugt sein, dass diejenigen sich sehr irren, welche unser Land in Verwirrung zu stürzen suchen; wahrhaftig, sie irren sich. Wir sind stark, viel stärker, als man glaubt; ich rede nicht von den fünfhunderttausend, nicht von der Million Bajonette, welche Italien liefern könnte; wir haben ja das Volk, die ganze Nation für uns.

Ich danke den Arbeitern und der Bevölkerung Italiens für das Vertrauen, das sie in mich setzen, ein Vertrauen, das ich gar nicht verdiene; ich lebe aber in dem Bewusstsein, dass ich sie nie getäuscht, und sie können auch ganz sicher sein, dass ich sie nie täuschen werde. Doch soll dies Land nicht allein auf mich bauen, es möge zu sich selbst Vertrauen haben und nicht glauben, dass wenn die Vorsehung einen Menschen auswählt, mich armen Menschen, um ein bisschen Glück zu stiften, es nicht auch noch viele andere geben könnte, welche ebenso viel wie ich und noch viel mehr zu tun im Stande sind. Sie müssen wissen, dass unter jenen Tausend, welche mir gefolgt sind, ich sehe ja einige hier vor mir, Hunderte sind, die mich ersetzen können, wenn ich sterbe. Wir sind ja sterblich, und so kann auch ich von einem Augenblick zum andern zum Teufel fahren, ich meine, wenn eine Kugel mich fortraffen sollte.
Die Tausend machten den Anfang, dann kamen mehrere Tausend, und auf einen neuen Ruf werden Zehn-, Dreißig-, Hunderttausende kommen; ja, das ist gewiss, in geometrischer Progression werden sie wachsen.
Ich schlafe nicht, ich habe nie geschlafen; das Wohlergehen dieses unseres armen Italiens war stets das Ziel meines Lebens. Ich nehme an, dass wir uns bald im Kriegszustande befinden; der Augenblick kann nahe sein, und ich, das könnt ihr mir glauben, wünsche ihn lieber heute als morgen, vielleicht mehr als alle andern. Die Nation hat keine Furcht, und mögen die Feinde von rechts oder von links kommen, sie sollen an uns denken, wir sind zweiundzwanzig Millionen Italiener.
Wir dürfen nie vergessen, dass Italien Viktor Emanuel große Dankbarkeit schuldet; wir dürfen nie vergessen, dass er das Panier war, um welches wir uns scharten und mit welchem wir das erreichen konnten, was erreicht worden ist. Man hat uns schlecht behandelt, man hat einen Keil zwischen das reguläre Heer und die Freiwilligen, welche sich doch so tapfer schlugen, treiben wollen. Man versuchte, Zwietracht zu säen. Sie vernichteten das Werk der Einigung, das wir begonnen. Sie haben zwei so kostbare und für die gegenwärtigen Verhältnisse höchst notwendige Elemente zu trennen gesucht.
Doch lassen wir das. Es ist Schmutz, mit dem wir uns nicht besudeln wollen. Italien vor allem, allem! Wenn einer sich beleidigt fühlen könnte, ihr wisst es, so bin ich es. Eins muss ich euch empfehlen, und das müsst ihr an eure Mitglieder weitergeben. Ich kann

es nie genug empfehlen: Es ist die Eintracht. Ich bin kein Redner, aber alles, was ich sage, kommt aus dem Herzen. Ihr kennt ja unsere Geschichte, die, wenn sie auch nicht die erste ist, doch keiner anderen nachsteht. Rom, als es einig war, war mächtig und stark. Rom zur Zeit der Republiken des Mittelalters, obschon es große Dinge vollbrachte – und Italien wird stets große Taten vollführen –, ward dennoch, eben weil es geteilt und zerstückelt war, eine Beute der Fremden. Wenn wir alle vereinigt sind, dann wird man uns fürchten. Man fürchtet uns jetzt schon. Wir haben die Sympathien der großen Nationen für uns. Lasst uns also einig sein, und Italien wird Bestand haben.'«

Nach anderen Berichten sollen aber die Ausdrücke, deren Garibaldi sich in dieser Rede bediente, weit stärker gewesen sein, als hier angegeben worden, namentlich hätte er die Mehrheit der Deputiertenkammer als »Lakaien« bezeichnet. Dies ist sehr wahrscheinlich, denn die Schwierigkeiten zwischen ihm und der Kammer, die sich später entwickelten, wie wir bald erzählen werden, weisen deutlich genug darauf hin, was er von diesen Abgeordneten hielt. Seine Erregung hatte ihn zu unvorsichtigen Äußerungen, die aus der Bitterkeit seines Herzens entsprangen, fortgerissen.

An die Arbeitervereine richtete er übrigens noch ein besonderes Schreiben:

»Die Vertreter der italienischen Arbeitervereine haben sich zu mir in die Einsamkeit begeben, um mir einen Beweis ihrer Sympathie im Namen der kräftigen arbeitsamen Volksklassen zu geben. Ein meinem Herzen freudigeres Ereignis konnte sich nicht zutragen, denn noch immer rechne ich für die heilige Befreiung dieses Landes auf die schwielige Hand der Männer meines Standes und nicht auf die lügnerischen Versprechungen betrügerischer Politiker.
Gruß und Brüderlichkeit.
G. Garibaldi.«

Was in dieser Zeit den Zorn des Generals besonders erregte, war eine Sitzung der Kammer am 23. März, in welcher seine Waffenkameraden angriffen wurden. Die *Indépendance* berichtet darüber:

»Graf Cavour hatte dem Hause die Ernennungsdekrete der neuen Minister vorgelesen und hinzugefügt, dass er jetzt bereit sei, Audinots und Massaris Anfragen bezüglich Roms und Neapels zu beantworten, da er ein neues Kabinettsprogramm nicht vorzulegen brauche. Sollte er darüber Auskunft geben, so müsse er die bedenklichsten Fragen der inneren und äußeren Politik berühren; er wolle im Voraus bemerken, dass die Statthalter von Neapel und Palermo, indessen mit beschränkten Vollmachten, im Amte bleiben würden. Eine sich sofort erhebende Diskussion wies er mit der Bemerkung zurück, dass er darauf bei der Beantwortung von Massaris Anfrage eingehen werde.

Marchese Pepoli legte hierauf eine Petition der Bürger von Viterbo vor, und mit Zustimmung der Minister wurde beschlossen, über dieselbe nach der Beantwortung der Audinot'schen Anfrage zu debattieren.

Nach der Prüfung einiger Vollmachten, wobei Abbate Valentini, als er den Patriotismus der neapolitanischen Geistlichkeit verteidigte und rühmte, Erfolg hatte, erhielt General La Marmora das Wort und kritisierte in einer anderthalbstündigen Rede die Maßnahmen seines Nachfolgers im Kriegsministerium sehr scharf, was, obgleich hauptsächlich technischer Natur, dennoch das Haus in der höchsten Spannung erhielt. La Marmora, dessen Organisationstalent die piemontesische Armee, nachdem sie die furchtbare Niederlage bei Novara erlitten hatte, erst zu der Tüchtigkeit ausbildete, von der sie auf der Krim und in den letzten italienischen Kriegen Zeugnis ablegte, hatte wohl ein Recht, darauf zu pochen, dass sie in demselben Zustande erhalten werde. Er beantragte zum Schluss seiner Rede eine begründete Tagesordnung, was einen indirekten Tadel für das Kabinett enthielt.

Darauf erhob sich der Kriegsminister Fanti, sprach jedoch mit so leiser Stimme und so niedergedrückt, dass niemand ein Wort von seiner Erwiderung verstehen konnte. Als Cavour seinen Mann so betroffen sah, erhob er sich und rief dem Hause zu, es sei jetzt nicht die Zeit zur Verhandlung solcher Fragen; dann wandte er sich mit schmeichelnder Wärme an La Marmora und bat ihn, seinen Antrag zurückzunehmen, dieser ließ sich aber nicht dazu bewegen.

Nun bat Brofferio, dessen Taktlosigkeit und Wichtigtuerei wohlbekannt ist, um das Wort, um als Rächer der schlechten Behandlung der Garibaldi'schen Armee aufzutreten und sein Erstaunen darüber auszusprechen, dass diese Heldenscharen, nachdem sie das halbe Italien befreit hätten, gerade in einer Zeit entwaffnet worden seien, wo man in der ganzen Welt an militärische Rüstungen denke.

Brofferios Pathos trat Cavour mit der trockenen Bemerkung entgegen, dass diese Soldaten meist nicht im Dienste hätten verbleiben wollen und man sie gesetzlich nicht zum Bleiben zwinge könne, man habe ihnen jedoch einen halbjährigen Sold ausgezahlt, und was die Offiziere anbetreffe, so hätten sich nicht weniger als siebentausend gemeldet, was denn doch ein sehr bedenkliches Verhältnis sei. Nun sprang der Garibaldi'sche General Sirtori von seinem Platze auf und ließ seinem Zorne so ungezügelt freien Lauf, dass die Abgeordneten sich erhoben und der Präsident sein Haupt bedecken musste, um die Herren zur Ruhe zu bringen und die Ordnung wiederherzustellen. Sirtoris Angriffe verhallten im Sturm der Entrüstung. Cavour benutzte diesen Moment, die Kabinettsfrage zu stellen und die Bemerkung zu machen, die Augenblicke seien zu kostbar, um seine Zeit mit Zwistigkeiten über militärische Fachfragen zu verschwenden, es seien einmütige Taten und Handlungen gefordert. Diese Erinnerung fand die Billigung des Hauses; man fasste sich und verwarf mit großer Mehrheit La Marmoras Misstrauensvotum. Das Haus war so sehr erregt, dass die Sitzung beendet werden musste.«

Diese Angelegenheit war es wohl auch hauptsächlich, die Garibaldi zu dem Entschlusse veranlasste, sich in eigener Person nach Turin zu begeben, um an den Verhandlungen der Kammer teilzunehmen und seine alten Kameraden zu vertreten, möglicherweise ihr Schicksal günstiger zu gestalten. Er war von mehreren Gemeinden trotz seines früheren Protestes zum Abgeordneten gewählt worden, hatte dies aber ausgeschlagen; jetzt schrieb er an seine Wähler im Stadtviertel San Ferdinando in Neapel:

»Wähler des ersten Wahlbezirks von Neapel! Ich nehme die Kandidatur des ersten Wahlbezirks von Neapel, die ich abgelehnt hatte, an.
Caprera, den 31. März 1861.
G. Garibaldi.«

Mit welchem Unwillen gegen Cavours Politik er wieder den Schauplatz der Öffentlichkeit betrat, davon legt ein Schreiben Zeugis ab, das er um diese Zeit an die »Gesellschaft für die italienische Einheit« richtete, die ihm die Ernennung zum Ehrenpräsidenten angetragen hatte:

»Mit Dank nehme ich die Ehrenpräsidentschaft der ‚Gesellschaft für die italienische Einheit' an. Ich bin stolz darauf, mich zu einer Gesellschaft zu rechnen, die für die italienische Sache so viel getan hat und welche die Emanzipationsbestrebungen repräsentiert. Die Pflicht jedes guten Italieners ist es, alles Mögliche zu tun, um Mittel zu beschaffen, die Männer zur vollständigen Befreiung des Vaterlandes vorzubereiten, sowie sich von der feigen Furcht derer freizuhalten, welche die italienische Ehre in den Kot getreten haben und die nicht begreifen können, dass die italienische Nation, um die Fahne des Re ganlantuomo geschart, den Angriffen aller Feinde trotzen kann.
Caprera, den 30. März 1861.
Garibaldi.«

Unter sein dem Briefe beigelegtes Porträt hatte der General eigenhändig geschrieben:

»Der ‚Gesellschaft für die Einheit Italiens' in Mailand als Zeichen des Dankes für ihre tätige Mitwirkung an dem Emanzipations- und Einigkeitswerke Italiens.
Garibaldi.«

14.
Garibaldi in Turin

Der General wurde gerade um diese Zeit stark von seinem alten Leiden, der Gicht, heimgesucht, so dass er den einen Arm in der Binde tragen musste; er konnte nicht einmal ohne Unterstützung gehen. Dazu kam sein geistiges Leiden, der innere Groll, der sich trotz der angestrengtesten Willenskraft nicht immer unterdrücken ließ und zuweilen so bitter und ungebremst übersprudelte, wie wir es vorher schon gesehen haben. Sein Gesicht war blass und schmerzlich finster.

Am 2. April wurde er in Turin erwartet, und natürlich hatte sich eine unermessliche Volksmenge zu seinem Empfange auf dem Bahnhofe versammelt; man war sehr beunruhigt, da er erst mit einem späteren Zuge erschien als erwartet. In seiner Begleitung befanden sich sein Sohn Menotti und seine Freunde und früheren Offiziere Guzmaroli, Corte, Missori, Corcolato und Dezza. Viele seiner anderen Anhänger hatte er eigens nach Turin berufen, so Nino Bixio, der sich gerade in Paris befand, Türr, Medici, Cosenz, Sirtori, Carini, Eber, Bertani und andere.

Unter dem unaufhörlichen Jubel des Volkes fuhr er nach seiner Wohnung in der Via Pescatori, zeigte sich daselbst auf dem Balkon, um dem Volke für seine Ehrenbezeigungen zu danken, musste sich dann aber seiner Krankheit wegen niederlegen.

Am nächsten Tage schrieb er wegen einer Notiz, welche die *Gazzetta del Popolo* übereilt gebracht hatte, an den Redakteur des Journals *Diritto* und bat um Veröffentlichung des Folgenden:

»Mein Herr!
Ein Turiner Journal meldet, dass ich auf den Ruf des Grafen Cavour hierher gekommen bin. Diese Nachricht ist vollkommen falsch.
Turin, den 3. April 1861.
G. Garibaldi.«

Während der General die nächsten Tage über das Bett hüten musste und die Ärzte tägliche Bulletins über sein Befinden im *Diritto* veröffentlichten, ereignete sich noch ein für ihn unangenehmer Vorfall, obgleich er nicht seine Person berührte.

In der Nacht vom 3. zum 4. April nämlich ließ der Minister des Innern, Minghetti, im dem Büro des Garibaldi'schen Hilfsvereins eine scharfe Hausdurchsuchung durchführen, und zwar aus dem Grunde, dass dieser Verein die ungesetzliche Anwerbung von Truppen betrieben haben sollte; man fand indessen nichts, was diesen Argwohn bestätigte, sondern nur einen Brief Garibaldis, der die für den 1. März geplante Erhebung bis auf Weiteres verschob. Dieser Vorgang gab zu einer Anfrage in der Kammer Anlass, welche aber nicht weiter berücksichtigt wurde.

Am 6. April schrieb Doktor Bertani, einer der Vorstände des Hilfsvereins, an den Redakteur des Journals *Punglo*: »Ich ersuche Sie, die Gerüchte förmlich zu dementieren, nach welchen ich Anwerbungen ausgeschrieben haben soll. Dies ist eine Lüge.«

Der Zustand des Generals besserte sich jetzt einigermaßen und er bezog eine andere Wohnung in dem Hause Annoni in der Via della Rocca. Eine unangenehme Erörterung stand ihm hier noch bevor.

Man wird sich noch der Rede erinnern, die Garibaldi auf Caprera an die Deputation der Arbeitervereine gerichtet hatte, die stellenweise sehr heftig war und in der er sogar die Mehrheit der Abgeordneten als »Lakaien« bezeichnet haben sollte. Diese Übereilung war allerdings nicht zu billigen; noch bei weitem unpassender erscheint uns aber einem Manne wie Garibaldi gegenüber, dem das Land und jeder Italiener so unermesslich viel verdankte und der, zumal in seinem gereizten und leidenden Zustande, eine vorsichtige und milde Beurteilung verdiente, die Erklärung des Turiner Arbeitervereins zu sein, die öffentlich im *Espero* erfolgte und wörtlich lautete:

»Der Arbeiterverein von Turin weist mit Entrüstung jede Gemeinschaft der Ideen und Gefühle mit dem Mailänder Arbeitervereine zurück, der durch eine unvorsichtige Adresse an Garibaldi eine noch unvorsichtigere Antwort des Exdiktators hervorgerufen hat. Der Arbeiterverein von Turin stellt namentlich jene Behauptung der Mailänder Arbeiter in Abrede, die zu der Annahme führen soll, dass Italien, uneingedenk der dem Parlament, der Regierung, der persönlichen Ehrenhaftigkeit des Königs und der Tapferkeit der Armee schuldigen Rücksichten, das einzige Heil in Garibaldi erblicke, der seinerseits die Mehrheit der Parlamentsmitglieder Lakaien genannt hat.«

Am 10. April machten die Abgeordneten Ratazzi, Buoncompagni und Malenchini dem General einen Besuch und ersuchten ihn im Namen der Mehrheit im Parlament um eine Erklärung über jenen beleidigenden Ausdruck. Garibaldi erwiderte darauf in einem Schreiben an den Kammerpräsidenten Ratazzi, das in der Sitzung am 13. April verlesen wurde:

»Einige meiner Worte sind boshaft ausgelegt und so gedeutet worden, als ob ich das Parlament und die Person des Königs angreifen wollte. Meine Hingebung für Viktor Emanuel sowie meine Freundschaft für den König ist in Italien sprichwörtlich. Mein Selbstbewusstsein gestattet mir nicht, mich zu einer Rechtfertigung zu erniedrigen.

Das Parlament anbetreffend, erlaubt mein ganz der Unabhängigkeit und Freiheit des Vaterlandes gewidmetes Leben mir nicht, mich so weit herabzulassen, mich wegen Mangels an Achtung vor der majestätischen Versammlung der Repräsentanten eines freien Landes zu rechtfertigen, die berufen wurden, Italien wiederherzu-

stellen und ihm einen Platz unter den ersten Nationen der Welt einzuräumen.
Der beklagenswürdige Zustand Unteritaliens, die Vernachlässigung, die ungerechterweise meinen tapferen Waffengenossen zuteil geworden ist, haben mich gegen die mit starkem Unwillen erfüllt, welche die Ursache so großer Unordnungen und Ungerechtigkeiten gewesen sind. Indessen beuge ich mich vor der heiligen nationalen Sache und trete jeden persönlichen Zwist unter meine Füße, um mich allein und unaufhörlich dieser Sache zu widmen, damit ich auch zur Erreichung unseres großen Zieles beitragen kann.
Kraft meines parlamentarischen Initiativrechtes lege ich Ihnen hiermit einen Entwurf vor, der die Bewaffnung der Nation zum Zwecke hat, und bitte Sie, denselben der Kammer in ordnungsgemäßger Form mitzuteilen. Ich hoffe, dass alle Fraktionen der Kammer sich dahin einigen werden, jede unnötige Abschweifung zu vermeiden, und dass das italienische Parlament mit dem ganzen Gewichte seines hohen Ansehens die dringendsten und für das Heil des Vaterlandes notwendigsten Maßnahmen ergreifen wird.«

Die Kammer hörte diese Erklärung zwar schweigend an, gab sich aber damit zufrieden. In seinem Entwurf zur Bewaffnung Italiens machte Garibaldi folgende Vorschläge:

1) Heranziehung alle Personen von achtzehn bis fünfundfünfzig Jahren zum Dienst in der Nationalgarde,
2) Einteilung in eine mobile und eine stehende Nationalgarde;
3) die mobile Garde soll aus den Altersklassen von achtzehn bis fünfunddreißig Jahren bestehen, sie soll wie die reguläre Armee organisiert und ausgebildet werden, auch denselben Sold erhalten;
4) die stehende Nationalgarde bleibt in ihrer Heimat, veranstaltet aber Übungen mit den Waffen und bildet Schießvereine;
5) zur Bestreitung dieser Ausgaben wird für das Jahr 1861 ein Kredit von dreißig Millionen Lire aufgenommen.

Dagegen hatte bereits Fanti auf Veranlassung des Königs einen Reorganisationsplan der Garibaldi'schen Armee entworfen, der von Viktor Emanuel gebilligt und unterzeichnet worden war, der den Garibaldianern aber keineswegs genügte. Ihm zufolge sollten aus den Offizieren der ehemaligen Freiwilligen-Korps die Stämme von drei Divisionen gebildet werden; diese Offiziere sollten lediglich den halben Sold erhalten. Jede Division sollte aus zwei Infanterie-Brigaden, zwei Jäger-Bataillonen, einer Batterie und einer Pionier-Kompanie bestehen; die Mannschaft sollte auf das Äußerste beschränkt werden und nur aus älteren Leuten gebildet werden, welche ihrer Dienstpflicht in der regulären Armee bereits genügt hätten, oder jüngeren, welche bei der regulären Musterung nicht berücksichtigt würden.

Ricasoli, das Haupt der gemäßigten, ministeriellen Partei, hatte für den 18. April eine Anfrage zur Südarmee und ihren Führern angekündigt, auf die man allgemein gespannt war. Auch Garibaldi erschien an diesem Tage, zum ersten Male, in der Kammer.

Diese Debatte, die die drei Sitzungen vom 18. bis zum 20. April in Anspruch nahmen, ist so wichtig, dass wir uns veranlasst fühlen, sie in ihrer ganzen Ausführlichkeit hier wiederzugeben, wie sie die *Nationalzeitung* vom 22., 23. und 25. April bringt:

»Schon lange vor Eröffnung der Sitzung waren alle öffentlichen Tribünen überfüllt; auch einige Garibaldianer in roten Hemden waren anwesend. Die reservierten Tribünen waren gleichfalls dicht besetzt.

Nach Eröffnung der Sitzung und Verlesung des Protokolls trat Garibaldi ein, auf den Arm Macchis gestützt, neben dem er auch auf der äußersten Linken Platz nahm. Er war in eine Art schottischen Mantel gehüllt, der seine rote Jacke bedeckte.

Im Saal und von den Tribünen erscholl bei seinem Eintritt begeisterter Beifall. Garibaldi wurde hierauf vereidigt. Der Präsident fragt ihn, wann er für seinen Gesetzentwurf das Wort ergreifen wolle. Garibaldi entgegnet: Sofort. Der Präsident bescheidet ihn, dass zuvor die angekündigte Anfrage erfolgen müsse, und erteilt dem Baron Ricasoli das Wort.

Ricasoli bemerkt zunächst, Italien verdanke der Tapferkeit seiner Söhne, dem Volksvotum, seinem Könige und seiner Verfassung seine jetzt erlangte Stellung unter den Nationen; das Parlament müsse nunmehr den Bau befestigen, und aus diesem Grunde ergreife er das Wort, denn hier müssten alle Parteien sich vor dem Wohle des Ganzen beugen und hier gehe es nur das Beste Italiens. Das Ministerium habe vielleicht guten Grund gehabt, die Südarmee aufzulösen; der Redner wolle nicht anklagen, aber das Parlament habe das Recht, Erläuterungen darüber zu verlangen. Zugleich sei jedoch zu wünschen, dass das Parlament die Regierung in den Stand setze, die allgemeine Wehrhaftmachung zu verwirklichen.

General Fanti las hierauf die Aktenstücke vor, durch welche die Regierung das Südheer habe in Obhut nehmen und mit der übrigen Armee in Einklang bringen wollen; an Entgegenkommen habe es nicht gefehlt, und es sei nicht die Schuld des Ministeriums, wenn es zu einer Spaltung gekommen sei. Cacchiari und Cialdini hätten auch erst viele Jahre im In- und Auslande dienen müssen, bis sie zu ihrer jetzigen Rangstufe gelangten; man könne ohne Ungerechtigkeit die raschen Beförderungen, wie sie in der Südarmee erfolgt seien, nicht gestatten, das hieße den Geist der alten Armee vernichten und gefährliche Eifersucht wecken.

Noch nicht einmal die Französische Revolution biete Beispiele einer so raschen Beförderung; selbst Napoleon, der doch ein Genie gewesen, hätte Jahre bis zum General gebraucht.

Gerechtigkeit, Zweckmäßigkeit und Mannszucht hätten also die Maßregeln gegenüber dem Südheer diktiert, und wenn man der Regierung boshaft vorgeworfen, sie habe die Freiwilligen nackt und bloß gelassen, so sei die Wahrheit die, dass viele derselben ihre Kleider verkauft hätten. In den vierzehn Monaten, in denen er, Fanti, Kriegsminister sei, habe er alles aufgeboten, um die Armee zu reorganisieren und auf einem gutem Stande zu erhalten.

Fanti ging hierauf zu einer Schilderung der vier Divisionen der Armee Italiens über, die sein Freund Farini ihm nach dem Frieden von Villafranca zur Reorganisierung übergeben habe, und gelangte zu dem Schlusse, dass diese Armee zu allem bereit sei. Dies sei die beste Antwort gegen alle Verleumdungen.

General Bixio bemerkte hierauf, der Kriegsminister habe eine solche Menge von Aktenstücken und Zahlen vorgebracht, dass man ihm ohne Einsicht in dieselben kaum antworten könne. ‚Unsere Absicht aber ist', setzte er hinzu, ‚uns in dieser Diskussion über die Parteileidenschaften zu erheben.'

Nun erhob sich Garibaldi und begann: ‚Ich danke dem Abgeordneten Ricasoli von Herzen, dass er mir Gelegenheit gegeben, meine Kriegsgefährten zu verteidigen. Ganz recht, ein einiges Italien wurde geschaffen; seine Unabhängigkeit aber fußt auf der Tapferkeit seiner Krieger. Nur einige Worte über die Spaltung, die Ricasoli erwähnt. Ich stehe an der Spitze der einen dieser beiden Gruppen, aber ich habe zu diesem Dualismus keine Veranlassung gegeben.

Man hat mir Worte der Versöhnung überbracht, doch ich bin kein Mann der Worte, ich bin ein Mann der Tat. Ich bin ein Mann des Vaterlandes, ich gab nach. Wenn es sich um das Vaterland handelt, werde ich stets nachgeben. Aber kann ich die Hand desjenigen drücken, der mich zum Ausländer in meinem Vaterlande gemacht hat? (Bravo auf den Tribünen.) Doch Italien ist nicht gespalten, und stets werde ich mit den Verteidigern meines Vaterlandes gehen. Der Kriegsminister sagt, er habe Mittelitalien vor der Anarchie geschützt; ich berufe mich auf alle, welche das Land regierten: Es war keine Gefahr der Anarchie. Nun noch einige Worte über die Südarmee. Ich könnte von Ruhmestaten berichten; der Ruhm ward erst getötet, als dieser Minister auf den Süden seine kalte, unheilschwere Hand ausstreckte.'

Nach diesen Worten entstand eine Szene von unbeschreiblicher Heftigkeit. Graf Cavour erhebt sich und bricht während des Rufes ‚Zur Ordnung, zur Ordnung!' in einige harte Worte aus.

Garibaldi: Ich glaube durch dreißigjährige Dienste das Recht erlangt zu haben, den Vertretern des Landes die Wahrheit zu sagen.

Präsident: Beleidigen Sie niemand, wenn Sie Ihre Ansichten äußern.

Garibaldi: Als der Ruf nach Eintracht und der Abscheu vor einem brudermörderischen Kampfe ...

Ruf im Zentrum: Zur Ordnung, zur Ordnung!

Cavour (mit Leidenschaft): Niemand hat den Bürgerkrieg gewollt. Ich protestiere mit aller Schärfe; ich kann solche Worte nicht durchgehen lassen.

Unbeschreiblicher Lärm. Der Präsident bedeckt sich; die Kammer ist in heller Aufregung; der Präsident verlässt seinen Platz und zieht sich zurück. Garibaldi ist von mehreren seiner Freunde umgeben, die ihn zu beruhigen suchen. Die Herren Cavour und Minghetti verlassen für einige Augenblicke den Saal.

Nach einer Viertelstunde wird die Sitzung wieder aufgenommen.

Präsident: Ich bin genötigt, die dem General Garibaldi entschlüpften Worte streng zu tadeln und ihn zu größerer Mäßigung aufzufordern, wenn ich ihm nicht das Wort entziehen soll.

Garibaldi: Ich werde nicht mehr von dem Ministerium sprechen. Unser Re galantuomo hat gesagt, dass die Südarmee ihre Pflicht getan hat. Die Geschichte wird alles Weitere erzählen. Was hat das Ministerium aus dieser Armee gemacht? Es konnte sie der regulären Armee einverleiben, wie ich es mit der mittelitalienischen getan, es

konnte aus ihr ein getrenntes Korps bilden, es konnte sie auflösen, durfte sie aber nicht erniedrigen. Wie viele Soldaten würden in den regulären Korps bleiben, wenn man ihnen ihren Abschied mit sechsmonatlichem Solde anböte? Höchstens die Offiziere. Unter diesen haben mehrere ihre Entlassung eingereicht, so sehr haben sie durch diese Erniedrigung gelitten.
Der Redner erhebt nun weitere Vorwürfe über die Auflösung und die mangelhaften Maßregeln zur Reorganisation der Südarmee. Der einzige Zweck, den er vor Augen habe, sei die Bewaffnung des Landes. ‚Ich kenne kein anderes Mittel', ruft er aus, ‚um aus der gegenwärtigen Lage herauszukommen. Verbessert meinen Antrag, ändert ihn ab, aber beschäftigt euch damit. Das ist der Weg des Heils für das Land.'
Fanti sucht in wenigen Worten das Verfahren gegen die Südarmee zu rechtfertigen und beteuert, dass er sein Land so wehrhaft machen wolle wie jeder andere. Nur wolle er eine Wehrhaftigkeit mittelst regulärer Streitkräfte.
General Bixio fordert zur Eintracht auf. ‚Ich glaube', sagt er, ‚an die Heiligkeit der Gefühle, welche Garibaldi beseelen, aber ich glaube auch an den Patriotismus des Herrn von Cavour. Er konnte Irrtümer begehen, allein ich glaube auch an seinen Patriotismus. Man muss die Äußerungen Garibaldis nicht wörtlich nehmen. Ich weiß, dass Italien einer regulären Armee bedarf. Das Unglück Frankreichs in der letzten Revolution war das Misstrauen gegen die Armee. Ich möchte, dass man aus allen eine kompakte Einheit bilde und dass die Elemente, welche nicht in die Armee aufgenommen werden sollen, gleichfalls organisiert werden. So können sie große Dienste leisten. Der Zwiespalt zwischen Garibaldi und Cavour ist ein Unglück! Um Cavour, Garibaldi und Ratazzi sich die Hände reichen zu sehen, würde ich mich mit meiner ganzen Familie opfern. (Anhaltender Beifall.) Ich ersuche den Herrn von Cavour, an den Worten des Generals Garibaldi keinen Anstoß zu nehmen.'
Graf Cavour: Man stellt mich als Feind der Freiwilligen dar, mich, der sie zuerst aufgeboten hat. Ich beziehe mich auf General Garibaldi selbst. Denn ich, ich habe ihn 1859 herbeigerufen und seine Mitwirkung verlangt. Ich erinnere nicht an die Schwierigkeiten dieses Planes; sie waren ungeheuer. Trotz der zugesicherten Hilfe der französischen Armee war ich so sehr von dem moralischen Vorteil der Freiwilligen überzeugt, dass ich vor nichts zurückwich. Und wenn auch die Freiwilligen keine großen Schlachten gewon-

nen haben, so haben sie uns doch große Dienste geleistet. Sie haben bewiesen, dass alle Italiener für ihr Vaterland zu kämpfen und zu sterben wissen, und ich soll den Freiwilligen feindlich gesinnt sein? Ich meinesteils nehme die Einladung des Generals Bixio sehr gern an und sehe den ersten Teil dieser Sitzung als nicht vorgefallen an. Der Redner hebt nun die großen Anstrengungen hervor, welche von Seiten des Ministeriums zur Vervollständigung der Rüstung gemacht wurden. Man habe die Nationalgarde mobilisiert und sei außerdem nicht abgeneigt, auch den Antrag Garibaldis in Betracht zu ziehen. Freiwillige wären im Moment des Kampfes gut; man habe, wie Garibaldi bewiesen, Großes mit ihnen geleistet, aber man könne sie nicht für die Dauer behalten. Die Organisation des Korps der Alpenjäger habe mehr Zeit erfordert als die Aufstellung einer Armee beim Ausbruch des Krieges.

‚Ich kann', fährt Cavour fort, ‚der Kammer versichern, dass wir so viele Soldaten als wir nur bekommen können, zu bewaffnen, zu kleiden und auszurüsten vermögen; und wenn der Krieg ausbräche wären wir in vierzehn Tagen einsatzbereit. Wir wollten aber, und zwar aus militärischen und politischen Gründen, nicht unmittelbar Anwerbungen vornehmen. Da der Krieg noch nicht angefangen hat, wären die jungen Leute nicht sofort erschienen. Aus politischen Gründen glaubten wir den Krieg nicht provozieren zu dürfen, und wir denken, die Kammer wird dies billigen. Das Ministerium hat keine Abneigung gegen die Freiwilligen. Der Ministerpräsident hat sie zuerst aufgeboten. Ich wünsche, dass meine Worte von dem General Garibaldi und seinen Freunden in dem Sinne der Eintracht aufgenommen werden mögen, in dem ich sie ausspreche.'

Garibaldi: Der Präsident des Ministeriums hat Anspielungen auf die Formation der Freiwilligen im Jahre 1859 gemacht. Zu dieser Zeit war ich dem Grafen Cavour dankbar dafür, mir die Mittel gegeben zu haben, meinem Vaterlande zu dienen. Aber seitdem habe ich an ihm nichts mehr loben können. Es ist dies eine schmerzliche Geschichte. Ich kam nach Turin, die Freiwilligen langten an. Man sandte mir die Buckligen und Hinkenden und behielt die tauglichen Leute für die reguläre Armee. Wir waren dreitausend, und wir zogen in den Kampf. Nach dem Kampfe von Treponti waren wir auf achtzehnhundert Mann geschrumpft. Der König hatte Befehl gegeben, mir die in Aqui versammelten Freiwilligen zu senden. Ich habe sie niemals gesehen.

Ich werde nicht von Unteritalien und dem Betragen des Ministeriums sprechen. Jeder weiß, woran er ist. Ich werde von dem Engagement der Freiwilligen sprechen. Es scheint mir, dass man mich zuweilen um Rat fragen könnte, denn, gut oder übel, ich habe doch einiges getan. Ich riet dem Kriegsminister, die Freiwilligen bis zur Beendigung des Krieges und der Befreiung Italiens einzusetzen. Man hat einen bestimmten Termin vorgezogen, und man hat zwanzigtausend gute Soldaten verloren. Ich frage, ob wir weniger Feinden ausgesetzt sind als England. Es scheint mir, dass England umgekehrt weniger Feinde hat als wir! Diejenigen, welche sich in Rom befinden, sind Feinde. Ich liebe Frankreich, aber diejenigen, welche unsere Hauptstadt besetzt halten, sind Feinde. Wir haben auch Feinde am Mincio. Indessen besitzt England hundertachtzigtausend Freiwillige und so hat es keine Furcht mehr vor feindlichen Überfällen. Ich begreife, dass General Fanti die Kader liebt. Die Tausend sind nichtsdestoweniger ohne Kader abgegangen. Wenn es sich um das Vaterland handelt, so kann man seinem Feinde unter jeder Form Hiebe versetzen.

Herr von Cavour: Es gibt zwischen dem General und mir eine Sache, die uns trennt. Ich glaubte meine Pflicht zu tun, indem ich dem König zur Abtretung Nizzas riet. Durch den Schmerz, welchen ich selbst empfand, begreife ich den des Generals, und so erkläre ich mir seinen Groll gegen mich. Was die Bedenken in Betreff der Freiwilligen von 1859 betrifft, so kann ich sagen, dass ich dieselben geteilt habe. Cialdini sagte mir, dass Garibaldi mit allen Leuten zufrieden sei, die nicht in die Armee eintreten könnten. Vielleicht ging Cialdini mit dieser Äußerung zu weit, aber er war unser Vermittler. In Betreff der Apenninenjäger tat ich alles, was ich tun konnte, um sie ihm zu schicken. Wir durften aber nicht über das Veltlin angreifen, da wir den Deutschen Bund respektieren mussten, und deshalb haben die Truppen eine andere Richtung genommen. Der Irrtum Garibaldis war, sich im Veltlin zu halten, wo man nicht operieren durfte. Der General kann versichert sein, dass ich nicht von feindlichen Gefühlen beseelt war.

Garibaldi: Ich halte mich durch die Erklärungen des Herrn von Cavour für befriedigt. Es gäbe ein Mittel, die politischen Differenzen auszuräumen. Ich zweifle nicht daran, dass Herr von Cavour sein Vaterland liebt. Es würde genügen, wenn er seinen Einfluss benutzte, um auf die Annahme meines Gesetzes zur Bewaffnung hinzuwirken, und die Freiwilligen der Südarmee einberiefe.

Crispi: Warum sollten wir, da wir uns auf die Auflösung der Frei-

willigen-Armee einigen konnten, uns nicht auf deren Wiederaufbau einigen können? Wir haben denselben Eid geleistet, wir wollen dasselbe. Und wie könnten wir diese Eintracht besser bekunden als durch die Bewaffnung des Landes? Ich würde selbst den bedauerlichen Vorfall zu Beginn dieser Sitzung segnen, wenn die Eintracht dadurch uns wieder aufblühte.
Ricasoli: Die Regierung soll regieren, sie ist verantwortlich. Das Parlament soll darüber wachen, dass die Freiwilligen in die Armee eingereiht werden und dass man zur Volksbewaffnung schreite.
Garibaldi: Ich verzichte darauf, meinen Tagesordnungspunkt weiter zu entwickeln.
General Bixio: Ich verlange die Vertagung auf morgen. Man muss mit Offenheit und gutem Glauben diskutieren.«

Am Abend dieses Tages herrschte die lebhafteste Aufregung in Turin; das Volk zog vor Garibaldis Wohnung und brachte ihm stürmische Evvivas, bis er sich auf dem Balkon zeigte und etwa folgendermaßen sprach:

»Ich bin in das Parlament gegangen, um die Sache unserer Waffenbrüder zu verteidigen, um die nationale Bewaffnung zu beschleunigen, da diese das einzige Mittel zur Rettung des Landes ist, und um unter Viktor Emanuels Führung zur Vollendung unserer Aufgabe zu gelangen. Ihre Beifallsbezeigungen sind mir eine große Aufmunterung und beruhigen mein Gewissen noch mehr, das bei der Überzeugung, dass ich meine Pflicht getan, schon ruhig war.
Ja, es lebe Venedig! Unsere Wünsche und alle unsere Anstrengungen müssen Venedig und Rom zugewandt sein. Ihr habt Recht, ihr guten Bürger von Turin, all euer Vertrauen in Viktor Emanuel zu setzen. Er ist ein unvergleichlicher König, ein König, der noch niemals betrogen hat. Und indem wir ihm vertrauen, werden wir unser Geschick erfüllen. Ich habe die verschiedenen Teile Italiens besucht und es ist mir vergönnt gewesen, deren verschiedene Bevölkerungen kennen zu lernen. Nun denn, ich habe sie alle so gut gefunden wie das Volk von Turin. Ich bin glücklich, viele Soldaten unter euch zu bemerken. Wenn Volk und Armee einig sind, dann ist Italien unbesiegbar. Es lebe Italien!«

Am folgenden Morgen waren die Parlamentsberichte vom vergangenen Tage an allen Straßenecken angeschlagen und wurden der gedrängten Menschenmenge laut vorgelesen, außerdem in unzähligen Abdrucken verkauft.

Wir fahren nun mit dem Berichte in der *Nationalzeitung* fort:

»Am 19. April erschien Garibaldi in der Kammer während der Verlesung des Protokolls der gestrigen Debatte. Die Tribünen begrüßten ihn mit stürmischen Zurufen, in denen die Präsidentenglocke verhallte.
An diesem zweiten Tage der Debatte über die Freiwilligen-Armee wurde zunächst ein vermittelnder Antrag Garibaldis zur Tagesordnung verlesen. Er lautete: ‚In der Überzeugung, dass die Kraft der Nation aus der Eintracht der Parteien und der Ausführung der Gesetze entspringt, drückt die Kammer den Wunsch aus, das Ministerium möge mit Berücksichtigung der von der Kommission angestellten Untersuchung die Stellung der Offiziere des Südheeres, den Dekreten der Diktatur gemäß, anerkennen, und indem sie es dem Ministerium freistellt, die Aktivierung der Freiwilligen zu verfügen, wenn es den Augenblick für günstig hält, drückt sie den Wunsch aus, dass die Kader dieses Heeres reorganisiert werden, und geht zur Tagesordnung über.‘
Hierauf erhob sich Pettmienzo, um den General La Marmora zu verteidigen, denn Fanti hatte sich gestern dahin geäußert, dass La Marmora die Armee schlecht verwaltet hätte. Fanti erklärte, er habe La Marmora nicht beleidigen wollen, was Graf Cavour bekräftigte.
Casaretto ergreift zunächst zugunsten der Freiwilligen das Wort. Er rühmt ihre Verdienste und sagt unter anderm, indem er sich gegen Fanti wendet: ‚Der Minister hat der Freiwilligen-Armee vorgeworfen, dass ganz fabelhafte Beförderungen in ihr Platz gegriffen. Es ist dies ein sehr großer Irrtum. Die Mehrzahl der Leutnants und Unterleutnants hatten schon den Feldzug von 1850 mitgemacht. Ich glaube überdies, dass die Feldzüge in Sizilien und am Volturno die Militärschulen von Ivrea und Modena wohl aufwiegen. (Murren im Zentrum.) Wissen Sie, wer diese Offiziere sind? Es sind die Veteranen der Schlachten des Vaterlandes. Sie zählen vier oder fünf Feldzüge, sie haben sich überall verdient gemacht um das Vaterland. Das gilt wohl ebenso viel als fünfzig in den Kasernen zugebrachte Jahre.‘
Garibaldi ruft: Bravo!
Casaretto geht nun zur Verteidigung des Garibaldi'schen Antrags

über. In gleichem Sinne sprechen Cadolino und Liberio Romano. Das Ereignis des Tages war aber die Rede Nino Bixios.

Bixio sprach über die behandelte Frage aus militärischem und politischem Gesichtspunkte. Er zeigte, indem er auf den Vorwurf der allzu raschen Beförderung der Garibaldi'schen Offiziere einging, dass auch in Frankreich in Ausnahmefällen äußerst rasche Beförderungen erfolgten, wie dies ja in der Natur der Sache liege. Fanti hätte die Sache als Patriot betrachten sollen, das habe er leider nicht getan.

‚Der Kern der Südarmee', fuhr er fort, ‚bestand aus dem Bataillon der Tausend, welche von Genua mit Garibaldi in See stachen. Man macht sich keinen Begriff von diesem Kriege; ich habe in den Zeitungen kein wahres Wort über die Beförderungen gelesen. Die Sache ging so zu: Die Kompanien wuchsen zu Bataillonen, Regimentern, Divisionen, Armeekorps an; wir waren Hauptleute; als unsere Kompanien Bataillone geworden, wurden wir Majors, und unsere Untergebenen rückten nach. Woher Offiziere nehmen? Sollten wir warten, bis solche vom Himmel fielen? Der General war immer sehr streng in diesem Punkte. Ich rufe alle meine hier anwesenden Kollegen zu Zeugen auf.'

Garibaldi unterbricht ihn: Erhitzen Sie sich nicht!

Bixio: Man muss zwischen dem Teile der Armee, der im Feuer war, und dem, welcher noch in der Ausbildung begriffen war, wohl unterscheiden. Es werden bei den Zahlen des Ministers große Abstriche zu machen sein. Ich kann versichern, dass die aktive Armee an Offizieren wahrlich keinen Überfluss hatte. Es handelt sich hier um eine heilige Sache. Niemand begeht ungestraft eine Undankbarkeit!

Infolge der Rede des Generals Fanti und besonders des Beifalls, den ihr die Mehrheit spendete, nahmen wir Generäle sämtlich unseren Abschied.

Wir brauchen eine halbe Million Männer unter Waffen. Das ist die Sache, um die es sich handelt. Ich begreife nicht, woher Herr von Azeglio weiß, dass die Bersaglieri die Schlacht am Volturno gewonnen hätten. Die Bersaglieri besitzen Lorbeeren genug, sie brauchen den Ruhm anderer nicht zu stehlen. Die Sizilianer taten Wunder an diesem Tage.

Es gäbe keine guten Soldaten auf Sizilien? In Italien gibt's allenthalben gute Soldaten. Ich gebe mich für keinen General aus, aber da ich nun einmal kommandieren musste, habe ich kommandiert. Ich habe nicht um meinen Rang gebeten, ich rückte nur nach Schlachten im Rang nach oben. Dies gilt auch für meine Kameraden. Daher sagten wir gestern Abend: Nach den Worten des Ministers müssen wir unsern Abschied nehmen.

So sprach ich als Offizier der Südarmee, jetzt will ich als Abgeordneter sprechen. Warum sind Sie gegen den Antrag Garibaldis? Wenn wir ein Gerichtshof wären, würde uns der dickste Zopf von ganz Italien Recht geben. Wenn die Südarmee nicht legal ist, so ist auch die Kammer, wie sie hier sitzt, nicht legal. So steht es nämlich mit der Legalitätsfrage. Meine Herren, Ihnen stehen dreihunderttausend Mann gegenüber.

Ich komme soeben aus Frankreich, und habe eine feste Überzeugung mit zurückgebracht. Im französischen Heere herrscht eine Stimmung, die nichts weniger als freundlich für uns ist. Es ist nicht Antipathie; diese habe ich nur bei einer alten Dame gefunden, die von Italien mit wahrer Wut sprach. Aber die französische Armee will erst nach uns zum Treffen kommen; auch ist es sehr hart, um Hilfe im Auslande zu betteln.

Wenn Benedek losmarschiert, so fällt eine ungeheure Verantwortung auf Sie. Man sagt wohl, er wird es bleiben lassen; aber wer weiß das mit Bestimmtheit? Wir haben keinen Ehrgeiz, wir wollen nur Italien für uns haben. Wenn Sie beim Ausbruch des Krieges keine dreihunderttausend Mann auf den Beinen haben, so haben Sie Ihre Pflicht versäumt. Nehmen Sie Geld beim Teufel auf, nehmen Sie, was nötig ist, und bezahlen Sie so hohe Zinsen, wie Sie müssen; wenn wir geschlagen sind, müssen Sie noch viel mehr zahlen und sind entehrt obendrein.

Ich verlange, dass alle verfügbaren Elemente in die Armee aufgenommen und die Nationalgarde mobilgemacht werde, und zwar unverzüglich. Unsere Armee ist von dem Geiste beseelt, der uns bewegt; ihr Geist hat sich gehoben wie der unsrige. Es gilt die Rettung des Vaterlandes, und diese geht allem anderen vor. Wir wollen unsere Nationalität; werden wir geschlagen, lernen wir uns nicht unserer Haut wehren, so gehe ich unter die Chinesen. (Heiterkeit.) Die Kader kann man bilden, ohne die Freiwilligen zu berufen; zehn Mann pro Kompanie reichen aus. Der Erzherzog Max hat geäußert, Garibaldi gehe, wenn er wolle, bis ins Donautal und er könne ihn nicht daran hindern. Der Erzherzog hat das gesagt, nicht ich.

Das Fanti'sche Dekret schickt die Soldaten heim, um sie wieder einzuberufen, wann es beliebt; aber die Einberufung wird so spät wie möglich erfolgen, damit die Diplomatie kein Geschrei erhebe; und

Österreich hat doppelte Kader, es rüstet sich zu einem Kampfe auf Leben und Tod. Wenn Sie nicht beizeiten Maßnahmen ergreifen, so sind Sie nicht stark genug, wenn es gilt. Versetzen Sie also Ihre Kader in Aktivität. Ich sage von Dankbarkeit kein Wort; unser Bewusstsein genügt uns. Organisieren Sie das Heer, die Freiwilligen, machen Sie die Nationalgarde mobil, dann können Sie, selbst wenn Sie geschlagen würden, Europa unter die Augen treten. Rüsten Sie! Ein Mann, der alles geopfert hat, ruft Ihnen zu: Rüsten Sie! Unsere Lage ist besser als im Jahre 1849; aber wenn Sie einen Freund, wenn Sie einen Verbündeten nötig haben, um widerstehen zu können, so sind wir verloren!

Bixio endete unter großem Beifall; dann erhob sich Mellana: Ich sehe mit Staunen, dass niemand von der Mehrheit sich rührt, nachdem sie ein Unheil wie den Abschied der tapferen Generäle herbeigeführt hat.

Der Präsident fordert den Redner auf, die Mehrheit nicht zu beleidigen.

Mellana beklagt, dass das Ministerium nicht einen Gesetzentwurf vorgelegt und so die Kammer in die Lage gebracht habe, entweder die Diskussion abzubrechen und eine solche Vorlage abzuwarten oder Garibaldis Antrag anzunehmen.

General Cugia, der unter Garibali im Kriegsministerium zu Neapel tätig war, hielt den Freiwilligen eine begeisterte Lobrede, die mit den Worten endete: ‚Die jungen Leute, welche von Marsala oder vom Volturno her ihre Leutnants-Epauletten trugen, waren das Bild der Anspruchslosigkeit; sie hatten eine Militärschule errichtet, um sich auf den Eintritt in die reguläre Armee vorzubereiten. Da kam die durch Dekret vom 13. November eingesetzte Untersuchungskommission; die Offiziere wurden drei, vier Monate lang hingehalten, bis man entschied, ob ihre Patente gültig wären. Das machte die Leute bitter.' Cugia verlieh seiner Hoffnung Ausdruck, die Regierung werde einsehen, dass man bei Ausbruch eines Krieges zwar Freiwillige bekommen, doch dass man Offiziere nicht aus dem Boden stampfen könne; deshalb sei die Bildung von Kadern für die Freiwilligen-Divisionen nötig. Der Redner erklärte sich für Ricasolis Antrag, obgleich Bixio seinen ganzen Beifall habe.

Um sechs Uhr wurde die Sitzung aufgehoben.

In der Schlussdebatte über die Angelegenheiten des freiwilligen Heeres, welche am 20. April stattfand, nahm der Abgeordnete Conforti das Wort, um zur Eintracht zu mahnen.

Graf Cavour erklärte zunächst im Namen des Kriegsministers Fanti, dass derselbe die Tapferkeit der Garibaldi'schen Offiziere nicht habe anzweifeln wollen, im Gegenteil! Es sei unter diesen Generälen sogar einer, mit dem Fanti seit fünfundzwanzig Jahren innig befreundet sei. Wenn diese edlen Männer daran dächten, zurückzutreten, so sei dies jetzt, wo man einer Armee gegenüberstehe und im Süden Unruhen herrschten, ein übel gewählter Augenblick. Ein vorübergehender Ärger dürfe nicht zu solchen Beschlüssen führen; er, Cavour, schätze Bixio, der sich schon lange um das Vaterland verdient gemacht, zu sehr, als dass er ihn eines solchen Schrittes für fähig halte.

Der Ministerpräsident geht dann zu einer Würdigung der beiden Anträge über und hebt hervor, dass Garibaldi allerdings im Prinzip den Antrag Ricasolis aufgenommen habe, aber die ‚sofortige' Wiederherstellung der Südarmee fordere.

Garibaldi, ihn unterbrechend: Ich habe das Wort ‚sofortig' zurückgezogen.

Graf Cavour fährt fort: Garibaldi habe freilich durch diese Zurücknahme einen großen Schritt des Entgegenkommens gegen Ricasoll getan, aber dennoch stünden seinem Antrage große Bedenken entgegen, so gern er, Cavour, sich sonst Garibaldi anschließen möchte.

Von diesen Schwierigkeiten seien einige technisch-militärischer Art: Man könne die Kader nicht in Aktivität versetzen, ohne sie mit Unteroffizieren und Soldaten zu versehen, und dies sei im jetzigen Augenblicke nicht möglich.

‚Die Hauptschwierigkeit', fuhr Cavour fort, ‚liegt aber in der allgemeinen Politik, weniger in der inneren; denn wir hegen kein Misstrauen gegen die Aktivität der Kader. Männer wie Medici, Sirtorio, Bixio und deren Freunde verdienen Vertrauen, und ich trage kein Bedenken, zu erklären, dass, wenn die auswärtige Politik nicht wäre, ich ruhig im Amte bliebe, wenn die Garnison der Hauptstadt zum Beispiel von General Bixio befehligt würde. Aber eine von Garibaldi nach einer vortrefflichen, obwohl neuen Methode gebildete Armee hat einen Charakter, der unfehlbar Krieg herbeiführen würde; sie ist in Friedenszeiten nicht zu gebrauchen, sie kann nicht reformiert werden, ohne dass ein Krieg fast unmittelbar hereinbricht. Wenn dies noch des Beweises bedürfte, so hat Bixio ihn in seiner gestrigen Rede geliefert. Wenn nach dieser Rede die Regierung eine Division in Aktivität setzte und ihm das Kom-

mando übertrüge, so würde dies überall für eine Kriegserklärung genommen werden.
Man hat von den englischen Freiwilligen gesprochen, doch das ist ein ganz anderes Ding. Garibaldi hat ausgezeichnete Bemerkungen über diese Freiwilligen gemacht, aber er hat nicht gesagt, dass sie weder mit den englischen Freikorps, deren Mitglieder einem Beruf nachgehen, noch mit den englischen Milizen, welche wirklich mobile Garden sind, zu vergleichen sind. Die seit zwei Jahren in England aktiven Freiwilligen leisten einfach aus freiem Willen Dienste, durch welche sie weder ihrem Wohnsitze noch ihrer Arbeit entzogen werden; sie treten nur an bestimmten Tagen zusammen, um sich in der Führung der Waffen unter dem Befehl von Offizieren zu üben, die von der Regierung ernannt, aber darum keineswegs ihrem gewöhnlichen Leben entfremdet werden; sie erhalten auch weder Sold noch Munition, und Waffen bekommen nur diejenigen, welche sich dieselben nicht selbst anschaffen können. Dies stimmt nicht mit den Verhältnissen in der Südarmee überein.
Wohlan, ich richte nun an die Kammer die Frage, ob wir etwas tun dürfen, was eine Herausforderung zum Kriege gleichkäme. Wir haben aller Welt offen verkündet, was die Politik unserer Regierung ist. Die italienische Frage ist nicht gelöst, so lange die Unabhängigkeit sich nicht über die ganze Halbinsel erstreckt, so lange die römische und die venezianische Frage nicht vollständig gelöst sind. Aber die römische Frage muss, so haben wir hinzugefügt, friedlich und ohne Feindseligkeiten gegen Frankreich gelöst werden, und wir betrachten die Franzosen in Rom nicht als unsere Feinde. Was Venetiens Lage betrifft, so ist dieselbe unverträglich mit einem dauernden Frieden; wir können aber Europa darum nicht in einen Krieg stürzen. Ich begreife recht gut, dass es auch eine andere Politik geben kann, welche sagt, dass wir im Kriegszustande sind, dass die jetzige Ruhe auf beiden Seiten nur als eine Waffenruhe betrachtet wird und dass wir uns darauf einrichten müssen. Das ist eine Politik. Wir aber halten die Erstere allein für erfolgreich, weil sie eine Fortsetzung der Weges ist, welchen Italien bei Novara einschlug und auf dem es zu einer Nation von zweiundzwanzig Millionen Menschen anwuchs und auf dem es das Ziel erreichen wird, das wir alle verfolgen.
Wenn Sie sich dessen erinnern wollen, was Bixio von der öffentlichen Meinung Europas gesagt hat, die er in Paris von verschiedenen Seiten vernahm, so werden Sie meiner Auffassung beistim-

men. Wahrlich, ich baue auf die Hilfsquellen und die Energie dieses Landes; aber ein Funke, der von hier aufspringt, kann Europa in Flammen setzen, eine Unbesonnenheit kann Mächte gegen uns in Bewegung bringen, die im anderen Falle uns wesentliche Hilfe bieten könnten.

Und nun noch eins: Man hat mir vorgeworfen, ich sei meiner Jugendliebe untreu und vom Anglomanen fast zum Anglophoben geworden. Dieser Vorwurf ist sehr ungerecht. Niemand schätzt England mehr als ich, und ich glaube daher, dass wir im jetzigen Augenblicke, wo die besten Freunde, die wir in diesem edlen Lande haben, am Ruder sind, die Politik befolgen müssen, die es uns anrät. Doch England hat gesagt: Wehe dem, der angreift! Und England steht mit zwei starken Flotten in Malta und Korfu. Ich übergehe Deutschland und Russland mit Stillschweigen, und will nur bemerken, dass namentlich die Haltung der Regierungen in Deutschland unsicher ist, und wenn wir sie reizen, die Frage gegen uns entschieden werden könnte. Dürfen wir eine Politik verfolgen, die eine Koalition gegen Italien zur Folge hätte? Das wäre unser Unheil. Wenn Sie, wie Garibaldi will, erklären, man müsse die Kader in Aktivität versetzen, sie bewaffnen und mit Soldaten versehen, so schlagen Sie eine Bahn ein, die nicht die unsrige ist. Unser Wunsch nach Eintracht erhellt aus allem, was in dieser Diskussion zutage getreten ist, aber für das Ministerium ist es ein Ding der Unmöglichkeit, den Antrag Garibaldis anzunehmen.

Wenn die Kammer die Politik des Ministeriums teilt, so nehme sie Ricasolis Antrag an. Will sie aber diese Politik nicht mehr, so sage sie es frei heraus. Nachdem wir aus dem Ministerium geschieden, werden wir diese Politik bekämpfen, bis sie in Anwendung kommt, dann aber werden wir sie unterstützen, wir werden ihre eifrigsten Verfechter sein, und was wir jetzt als Tollkühnheit bezeichnen, werden wir dann hochherzige Politik nennen.

Wie also die Kammer auch entscheide, ihr Beschluss wird heilsame Früchte tragen, er wird die Entfernung, die uns trennt, verringern, wenn er uns nicht vollständig einander nahe bringt, er wird dem Lande und Europa zeigen, welche Politik die Mehrheit des Parlamentes will!‘

Nachdem General Bixio und der Kriegsminister gegenseitige Erklärungen abgegeben, welche die Zurückziehung der Verabschiedung der Garibaldi'schen Generäle zur Folge hatten, nahm Ricasoli das Wort, um anzukündigen, dass er seinen Antrag modifizieren werde und sagte: ‚Ich bin der Ansicht, dass Ihre Beratung die Bande der Eintracht, welche die Nation stark machte, enger verknüpfen soll. So lange die Minister unser Vertrauen haben, müssen sie freie Hand behalten; wir bedürfen einer kühnen, doch klugen Politik, welche die Ereignisse zu nutzen weiß. Das ist die Politik, welche die Nation verlangt.'

Garibaldi erklärte hierauf bestimmt, er beschäftige sich nicht mit Politik, das sei Sache des Ministerpräsidenten; er, Garibaldi, wolle nur wissen, ob Italien gerüstet sei oder nicht; Cavour mahne zur Eintracht, und er, Garibaldi, sei geneigt, mit ihm zu gehen.

Cavour bemerkte nun seinerseits, in Betreff der regulären Armee sei das Mögliche geschehen, sowohl was die Mannschaften als was das Material anbetreffe, auch wolle man die mobile Nationalgarde, welche alle Erwartung übertreffe, vervollkommnen, und die Regierung sei auch geneigt, Garlbaldis Antrag in Betracht zu ziehen. In Betreff der Freiwilligen wolle man die Kader in dem Moment aktivieren, wo die allgemeine Politik dies gestatte, und wenn dieser Augenblick gekommen sei, werde die Regierung Garibaldi um Übernahme der Oberbefehlshaberstelle ersuchen; endlich werde er, Cavour, als Marineminister zweiundfünfzig Millionen einsetzen, und er hoffe, dass Italien bald nicht mehr die schwächste der Seemächte sein werde.

Als diese Zusagen erfolgt waren, erklärte Garibaldi sich zwar nicht befriedigt, doch er sagte dem Ministerpräsidenten Dank, wonach er freilich wieder auf die Südarmee zurückkam und beteuerte, er habe nur Maßvolles verlangt; er stelle der Mehrheit die Entscheidung anheim, müsse aber nochmals versichern, dass das, was bisher geschehen, der italienischen Nation nicht würdig sei.

‚Die Österreicher rüsten auf', setzte er hinzu, ‚die Reaktion erhebt ihr Haupt, und ich begreife nicht, warum wir, während ganz Europa rüstet, Provokateure sein sollen, wenn wir es auch tun! Es handelt sich bei der Südarmee um dreißigtausend Mann mit Offizieren, welche es mit den Offizieren der ersten Armeen der Welt aufnehmen können. Es handelt sich um Leute, welche an der Seite von Briten und Franzosen gekämpft haben. Wenn ich von meinen Offizieren rede, so bin ich ein ebenso kompetenter Richter wie General Fanti, und ich bilde mir ein, dass ich der Welt gezeigt habe, was die Tapferkeit meiner Offiziere vermag. Will der Ratspräsident aufrichtige Versöhnung, so benutze er eine Streitmacht, die er bei der Hand hat und welche niemanden herausfordert. Ich werde

mich dem Urteile der Kammer unterwerfen und für keinen der Anträge stimmen.'
Mit dieser Erklärung war die Debatte beendet; die Abstimmung erfolgte. Unter den fünfen, welche sich der Abstimmung enthielten, war Garibaldi. Unter den siebenundsiebzig, welche gegen Ricasolis Antrag stimmten, befanden sich Bixio, Brofferio, Conforti, Depretis, Ferrari, Libertini, Mellana, G. Pepoli usw.
Im Ganzen waren bei der Abstimmung zweihundertsechsundsiebzig Abgeordnete zugegen. Der Deputierte Mellana verlangte schließlich noch, dass seine Erklärung, der Antrag Ricasolis sei verfassungswidrig, zu Protokoll genommen werde.«

Die Kammer hatte also mit hundertvierundneunzig gegen siebenundsiebzig Stimmen den Antrag Ricasolis angenommen, billigte damit also die friedliche Politik des Grafen Cavour.

15.
Garibaldis und Cialdinis Streit

Garibaldi hatte, nachdem er seine Pflichten gegen seine Waffengenossen in jenen denkwürdigen Sitzungen der Kammer erfüllt hatte, die Absicht, auf einige Zeit Turin zu verlassen; dies äußerte er auch dem Könige gegenüber, bei dem er am Abend des 23. April eingeladen war. Er schützte das Bedürfnis nach Erholung vor, die sein leidender Körper verlange, in Wahrheit mochte er aber wohl nicht länger Verhandlungen beiwohnen, in denen seiner Meinung nach nicht genügend Rücksicht auf ihn genommen worden war. Indessen erlitt dieser Entschluss durch einen neuen peinlichen Zwischenfall eine Änderung. Am 22. April nachmittags um drei Uhr empfing Garibaldi nämlich ein Schreiben des Generals Cialdini, mit dem er bisher stets im freundschaftlichsten Einvernehmen gestanden hatte; in demselben hieß es, nachdem Cialdini von seiner alten Freundschaft zu ihm gesprochen hatte:

»Ich habe stets Ihren Siegen Beifall gezollt, Ihre große Initiative bewundert und bei jeder Gelegenheit und zu jeder Stunde Ihnen meine größte Verehrung kundgegeben. Ich musste erklären, dass ich nicht im Stande sei, zu tun, was Sie so geschickt in Marsala vollbracht haben. Mein Vertrauen in Sie war so unbeschränkt, dass, als

Sirtori im Parlamente unheilvolle Worte fallen ließ, ich fest überzeugt war, Sie würden es für nötig halten und Mittel dazu finden, diese Worte zu widerlegen. Als ich von Ihrer Ankunft in Turin erfuhr, glaubte ich, Sie seien gerade aus diesem Grunde hierher gekommen; Ihre Antwort an die Mailänder Arbeiter, Ihre Reden in der Kammer haben mich schmerzlich enttäuscht. Sie sind nicht der Mann, für den ich Sie hielt, Sie sind nicht der Mann, den ich liebte. Die Liebe, die mich an Sie fesselte, ist mit dieser Entzauberung geschwunden. Ich bin nicht mehr Ihr Freund, und jetzt trete ich freimütig und offen in die Reihen Ihrer politischen Gegner über.

Sie wagen es, sich mit dem Könige auf eine Stufe zu stellen und von ihm mit der Vertraulichkeit des Kameraden zu sprechen. Sie glaubten, Sie könnten sich über die Schicklichkeit hinwegsetzen, indem Sie in der Kammer in einem höchst sonderbaren Anzuge auftraten; über die Regierung, indem Sie die Minister als Verräter bezeichneten, weil sie Ihnen nicht mehr als dem Parlamente ergeben sind; über die Deputierten, indem Sie dieselben mit Beleidigungen überhäuften, weil sie nicht wie Sie denken, und endlich über das Land, indem Sie dasselbe dahin führen wollen, wohin es Ihnen gefällt.

Es gibt Männer, welche dies alles nicht stillschweigend ertragen können, und ich gehöre zu diesen Männern. Ich bin ein Feind jeder Tyrannei, und werde daher auch die Ihrige auf das Äußerste bekämpfen. Ich kenne Ihre Befehle, welche Sie oder die Ihrigen dem General Trepotti gegeben haben, uns in den Abruzzen mit Kugeln zu empfangen, ich kenne Ihre und Sirtoris Reden im Parlamente. Ohne mich zu täuschen, bin ich diesen Spuren Schritt für Schritt gefolgt und zu der festen Überzeugung gekommen, dass Ihre Partei sich zum Herrn und Meister des Landes machen will, indem sie uns, wenn wir uns dagegen sträuben, mit dem Bürgerkriege droht.

Ich weiß, wie das Land darüber denkt, aber ich versichere Ihnen, dass die Armee Ihre Drohungen nicht fürchtet; sie fürchtet nur Ihre Regierung. Sie haben wohl Grund, sich der großen und in Staunen versetzenden Unternehmung zu rühmen, die Sie mit Ihren Freiwilligen ausgeführt haben, aber Sie tun unrecht daran, Ihre Erfolge zu hoch zu veranschlagen.

Als wir kamen, waren Sie am Volturno in der schlimmsten Situation. Nicht Sie haben den Fall von Capua, Gaëta, Messina, Civitella bewirkt. Sechsundfünfzigtausend Bourbonisten wurden nicht von

Ihnen, sondern von uns geschlagen, zerstreut und gefangen. Ist es demnach richtig, wenn Sie behaupten, das Königreich beider Sizilien sei durch Ihre Waffen vollständig befreit worden?
Vergessen Sie in Ihrem gerechten Stolze nicht, dass unsere Armee und unsere Flotte an dieser Befreiung auch ihren Anteil gehabt haben, indem sie mehr als die Hälfte der neapolitanischen Armee vernichteten und vier große Festungen nahmen.
Ich mache keinen Anspruch darauf, zu Ihnen im Namen der Armee zu sprechen, aber ich kenne dieselbe auch hinreichend, um mich für überzeugt halten zu können, dass sie meine Gefühle des Schmerzes und Unwillens teilt, welche die Ausschreitungen der Ihrigen und Ihrer Partei in meinem Herzen erwecken mussten.«

Garibaldi erwiderte auf dieses Schreiben sogleich:

»Im Gefühle meines Bewusstseins als Soldat und Bürger Italiens will ich mich nicht herablassen, mich von den gegen mich erhobenen Anklagen zu reinigen, als ob ich es an Achtung vor dem Könige hätte fehlen lassen.
Ich kleide mich so, wie es mir in meinem freien Vaterlande beliebt.
Ich weiß keine Silbe von den Worten, welche ich dem General Trepotti habe zukommen lassen sollen. Ich hatte den Befehl erteilt, die Italiener der Nordarmee als Brüder und Soldaten zu empfangen, obgleich es bekannt war, dass dieses Heer erschien, um die in Garibaldi personifizierte Revolution, wie Farini sich gegen Napoleon III. ausgedrückt hat, zu bekämpfen.
Ich glaube, dass ich als Deputierter der Kammer nur ein schwaches Bild von den Ungerechtigkeiten entworfen habe, deren sich das Ministerium gegen die Südarmee schuldig machte. Nach meiner Überzeugung musste mir dieses Recht zustehen. Die italienische Armee wird einen Soldaten mehr in ihren Reihen zählen, wenn es um den Kampf gegen Italiens Feinde geht; das wird Ihnen nicht unbekannt sein.
Alles, was ich gegen die Armee gesagt zu haben beschuldigt werde, ist bloße Verleumdung.
Auch ist die Behauptung falsch, dass wir am Volturno in sehr bedenklicher Situation gewesen seien.
So viel ich weiß, hat die Armee die freie und gemäßigte Sprache eines Deputierten, der Soldat ist und dessen Religion sein ganzes Leben hindurch Italiens Ehre gewesen, gebilligt.

Fühlt sich jemand durch die Art und Weise, mit der ich verfahren, verletzt, so erwarte ich, allein in meinem Namen zu reden, mit Ruhe, dass man von mir für meine Worte Genugtuung fordere.«

General Sirtori, der in Cialdinis Schreiben ebenfalls heftig angegriffen worden war, veröffentlichte in der *Gazzetta di Torino* sogleich folgendes Schreiben:

»Turin, den 22. April.
Herr Redakteur!
In der geschätzten Zeitung, die Sie herausgeben, lese ich ein Schreiben des Generals Cialdini, welches mir so überraschend kam, dass ich bei seiner Durchlesung zu träumen glaubte. Musste denn der Ruf des Schmerzes und Unwillens, der aus meiner Brust emporstieg, als ich beleidigende Reden gegen die Südarmee hörte, so unheilvolle Folgen haben? Befriedigten denn nicht die von mir gegebenen Aufklärungen? Beurteilten sie nicht auf diese Weise die Kammer, die öffentliche Meinung und General Cialdini selbst? War dem nicht so, so werde ich mich auf ewig zum Stillschweigen verdammen, damit ich nicht mehr das Gegenteil von dem zu sagen brauche, was ich denke, was ich will und was ich tue.
Niemand ist mehr als ich bestrebt gewesen, selbst die entfernteste Möglichkeit des großen Unheils, das ich berühre, zu vermeiden, und wenn ich in einem Augenblicke von Selbstvergessenheit dasselbe erwähnt habe, so geschah dies nur in der Verwirrung, als mich mein Gedächtnis im Stiche ließ.
Ich hoffe, die Regierung des Königs wird die Depesche, von der ich rede und auf die General Cialdini sich bezieht, leugnen, wie es Garibaldi und mit ihm die ganze Südarmee tun wird; sei dem aber wie ihm wolle, so habe ich die feste Überzeugung, dass die Generäle, Offiziere und Soldaten der Südarmee lieber ihre Waffen zerbrochen, als sie in einem Bürgerkriege benutzt haben würden.
Es ist jetzt aber endlich Zeit, dass man den Ausdruck Bürgerkrieg nicht mehr höre und den damit verbundenen Begriff aus dem Herzen verbanne. Wir alle, Politiker, Soldaten, Redner und Schriftsteller, haben Italien unser Leben gewidmet, wir haben das Recht, zu sagen: ‚Wir sind Italien!', weil Italien ganz in jedem lebt, den die Liebe zu ihm beseelt.
Richtig ist es indessen, dass Italien nur im Könige und Parlamente vollständig verkörpert ist, weil Parlament und König das Symbol

der Einheit sowie der Majestät des Gesetzes, der Religion und des Vaterlandes sind.
G. Sirtori.«

Der *Il Popolo d'Italia*, ein zu Neapel erscheinendes Blatt, veröffentlichte darauf am 24. April noch zwei Erklärungen des Obersten Trepotti, dass er von Garibaldi nicht den Befehl erhalten habe, die Piemonteser mit Kugeln zu empfangen, vielmehr habe Doktor Bertani ihm die Weisung zugehen lassen, über diesen Punkt Garibaldis Befehl abzuwarten, und Letzterer habe ausdrücklich befohlen, der Oberst und seine Leute sollten die königlichen Truppen als Brüder empfangen.

Was diesem Zwiste zwischen den beiden alten Freunden Garibaldi und Cialdini eine besonders bedenkliche Wendung gegeben hatte, war die Veröffentlichung des Garibaldi'schen Briefes gewesen. Bixio und Cosenz hatten sich bemüht, sie zu verhindern, dessen ungeachtet erschien der Abdruck in der *Gazzetta di Torino* aber schon am Abend desselben Tages, an dem Garibaldi das Schreiben Cialdinis erhalten hatte. Er selbst war auf das Äußerste aufgebracht darüber und soll noch einen zweiten Brief in sehr harten Ausdrücken an Cialdini geschrieben haben; in der ganzen Stadt, später im ganzen Lande, herrschte Bestürzung und Unwillen über die unpassende Veröffentlichung einer Privatstreitigkeit zwischen zwei so bedeutenden Personen, welche eine Versöhnung beinahe unmöglich zu machen schien; an einzelnen Orten kam es sogar zu vorübergehenden Demonstrationen der leidenschaftlichen Anhänger Garibaldis, aber selbst die Gegner desselben konnten den heftigen Angriff auf ihn durchaus nicht billigen.

Alle guten Patrioten und Freunde der beiden Beteiligten hielten es für ihre Pflicht, eine Aussöhnung herbeizuführen, und besonders war es der Marchese Frecchi, Adjutant Garibaldis, der sich diese Sache angelegen sein ließ. Der König selbst nahm die Sache in die Hand. Die *Indépendance* schreibt darüber:

»Am 24. April abends sieben Uhr ließ der König, im Einverständis mit dem Ministerpräsidenten, General Garibaldi zu sich bescheiden. Dieser fand den König und den Grafen Cavour allein. Viktor Emanuel begann nun ernst zu den beiden Männern zu reden und machte sie auf die Gefahren aufmerksam, mit denen ihr Zwist Italien bedrohe, für das sie doch, einer wie der andere, so viel getan hätten.

Darauf kam es zu einer gegenseitigen Aussprache, und Graf Cavour versprach Garibaldi, er werde bei der Bewaffnung des Landes nichts versäumen, wogegen sich Garibaldi verpflichtete, mit der Regierung, welche das Vertrauen des Landes besitze, Hand in Hand zu gehen. Beim Abschiede drückten sich beide Männer herzlich die Hände.
Als Garibaldi nach Hause kam, fand er den General Bixio, der ihm sagte, dass er im Auftrage des Marchese Pallavicino-Trivulgio gekommen sei, um ihn zu demselben einzuladen, der nicht selbst kommen könne, da er sich unwohl befinde. Als Garibaldi in Pallavicinos Zimmer trat, traf er daselbst den General Cialdini, der ihm die Hand reichte und ihn bat, seine heftigen Ausdrücke, die ihm der Eifer für König und Vaterland eingegeben hätte, zu entschuldigen. (Nach dem *Journal des Débats* war es die junge, schöne und liebenswürdige Marchese Pallavicino, welche die Hände der beiden Männer ineinanderlegte und ihre Herzen durch Bitten und Vorstellungen rührte und erweichte.) Zu Tränen gerührt, stürzte Garibaldi seinem alten Freunde an den Hals, und statt sich gegenseitig Vorwürfe zu machen, hörte man nur Worte der Liebe, worin einer dem andern das Hauptverdienst der im Süden Italiens errungenen Erfolge beimaß. Beim Abschiede gelobten sie einander ewige Freundschaft.
Die Folgen dieser Versöhnung zeigten sich sogleich. Die Mitglieder der parlamentarischen Mehrheit waren noch an demselben Abend in der Accademia Filarmonica versammelt, und der Ministerpräsident machte den anwesenden Ministern eine summarische Mitteilung über das, was sich bei dem Könige und dem Marchese Pallavicino zugetragen hatte. Sogleich beschloss die Mehrheit einstimmig, den von Garibaldi vorgelegten Gesetzentwurf bis auf einige unbedeutende Änderungen anzunehmen. Am folgenden Morgen trat die Abgeordnetenkammer zusammen und ernannte eine Kommission zur Prüfung des Gesetzentwurfes zur Bewaffnung.«

Am 25. April zeigte die in Turin erscheinende *Monarchia Nazionale* an:

»Als Organ der allgemeinen Freude zeigen wir an, dass Garibaldi und Cavour, nachdem sie durch hohen Einfluss einander genähert worden, sich gestern Abend sieben Uhr freimütige Erklärungen gegeben und aufrichtig versöhnt haben. Noch an demselben Abend haben auch Garibaldi und Cialdini sich umarmt.«

Die Versöhnung schien wirklich eine durchaus aufrichtige. Als sich eine aus Cavour, Garibaldi, Cialdini, Fanti, La Marmora, Durando, Cosenz, Bixio und Ratazzi bestehende Kommission im Kriegsministerium versammelt hatte, um sich über die vorzunehmenden Rüstungen zu beraten, einigte man sich vollständig; auch die Ernennungen von Offizieren in der Marine, welche Garibaldi während seiner Diktatur vorgenommen hatte, wurden vom Grafen Cavour anerkannt.

Neben der Streitigkeit mit Cialdini hatte Garibaldi noch eine andere, weniger bedeutende mit dem Deputierten Marchese Pepoli gehabt. Als dieser ihn einiger harter Ausdrücke in seiner Rede wegen durch Macchi um eine Erklärung bitten ließ, erwiderte Garibaldi:

»Turin, den 22. April 1861.
Lieber Pepoli!
Ich bin in das Parlament eingetreten, um, meiner Pflicht gemäß, die Sache meiner braven Waffengenossen zu vertreten und auf die nur allzu nötige Bewaffnung der Nation zu dringen; zu diesem Zwecke habe ich einen Antrag vorgelegt.
Mehrere meiner Freunde aus den verschiedenen Fraktionen des Parlaments haben mich später im Namen der so sehr gepriesenen Eintracht und Versöhnlichkeit gebeten, diesen Antrag anders zu formulieren; ich habe mich darin ergeben und so viele Veränderungen vorgenommen, dass mein anfänglicher Entwurf keine große Bedeutsamkeit mehr hatte. Erst als ich hörte, das Ministerium wolle ungeachtet der von mir gebrachten Opfer nicht für diesen Antrag stimmen, erklärte ich, ebenfalls nicht dafür stimmen zu wollen. Man kann mich daher nicht beschuldigen, ich hätte aus Unvorsichtigkeit so gehandelt oder ich hätte nicht genug Achtung vor dem Gesetze gehabt.
Ich, der in Sizilien und Neapel das Statut proklamierte, kann von niemandem der Nichtbeachtung desselben angeklagt werden.
G. Garibaldi.«

Schließlich geben wir noch ein Schreiben Garibaldis an den Polen Alexander Herzen, den Herausgeber des in London erscheinenden *Kolokol*, über die neuerdings in Warschau stattgehabten Vorgänge, welches für seine Ansichten bezeichnend ist:

»Mein lieber Herzen!
Europa hat erst vor kurzer Zeit die Aufhebung der Leibeigenschaft in Russland mit Bewunderung und Dankbarkeit begrüßt. Der Fürst, der dieser Idee den Weg öffnete, hat sich durch diese Tat allein einen Platz an der Seite der ruhmreichsten Wohltäter des Menschengeschlechts erworben. Jetzt aber, wie ich mit Schmerz bekenne, wurde dieser Akt der Wohltätigkeit durch das Blut einer unschuldigen Bevölkerung befleckt, und die Pflicht aller, welche dem edlen Werke Beifall gezollt haben, ist es nun, über eines der abscheulichsten Verbrechen ihren Fluch zu sprechen.
Möge Ihr Journal, dass man in jenem großen Reiche mit Recht hoch achtet, ein Wort der Sympathie der italienischen Nation für das unglückliche und heldenmütige Polen aufnehmen, ein Wort der Dankbarkeit für die Tapferen der russischen Armee, welche, wie Popow, lieber ihre Säbel zerbrechen, als dieselben in das Blut des Volkes tauchen wollten, und einen Ruf der Empörung der verschwisterten Nationen Europas gegen die Urheber dieses schmählichen Blutbades.
G. Garibaldi.«

16.
Italien und Garibaldi

Nachdem die Einigkeit über den Entwurf der Volksbewaffnung hergestellt worden, wurde eine Kommission zur Prüfung des Garibaldi'schen Antrags gewählt; dazu kamen General Bixio, Necchio, Casaretti und Turati, Brignone, Massa und Zingi, Letztere entschiedene Anhänger der Cavour'schen Politik.

Während diese Kommission ihre Beratungen begann, verließ Garibaldi am 24. April in Begleitung des Generals Medici Turin und begab sich nach der Villa Pallavicinos bei Casteggia; von hier reiste er nach Majatico, einer dem Marchese Trecchi gehörigen Villa in der Nähe Parmas. Auf seiner ganzen Reise ließ ihm das Volk die höchsten Ehrenbezeigungen zuteil werden und gab überzeugende Beweise von dem Vertrauen und den Hoffnungen, die es in ihn setzte.

Auch verschiedene Deputationen kamen zu ihm, so eine der neapolitanischen Arbeiter-Gesellschaft, an die er am 28. April von Majatico schrieb:

»An die neapolitanische Arbeiter-Gesellschaft!
Mit Dank nehme ich den Ehrentitel eines lebenslänglichen Ehrenpräsidenten der neapolitanischen Arbeiter-Gesellschaft an. Ihr seid der Mittelpunkt der Bevölkerung der Halbinsel, und ihr müsst den kräftigen und arbeitsamen Klassen des ganzen italienischen Volkes, dessen starke gegenseitige Solidarität diese unlösbare Einheit befestigen soll, vorangehen. Das ist die einzige Basis der Freiheit und des Heiles für unser Vaterland.
Christus hat die Grundlagen der Gleichheit unter den Menschen und den Völkern gelegt, und wir sollen gute Christen sein. Wir würden aber die Religion beleidigen, wenn wir in der Religion der Priester zu Rom fortwandeln wollten. Sie sind die gefährlichsten Feinde Italiens. Deshalb wollen wir um jeden Preis den Re galantuomo, fort dagegen mit den Vipern der ewigen Stadt, welche die italienische Freiheit unmöglich machen! Das hatte ich euch heute zu sagen. Ich werde in Zukunft stets mit ganzer Seele mit euch sein, wo ich den Söhnen des Volkes nützen kann.
Euer
G. Garibaldi.«

Am 30. April traf der General in Genua ein, da er hier aber einem besonderen Familienfeste beizuwohnen und alle glänzenden Volksdemonstrationen zu vermeiden wünschte, nahm er seine Wohnung nicht in der Stadt, sondern in der Villa Spinola seines Freundes Vecchi in Quarto.

Hier wurde am 1. Mai die Verlobung seiner Tochter Theresa mit dem Major Canzio, einem seiner tapferen Waffengefährten, vollzogen.

Am folgenden Tage verließ der General die Stadt und begab sich mit seinen Angehörigen wieder auf seinen Felsensitz Caprera, nachdem er sich infolge der Verständigung mit Graf Cavour auch mit dem Gedanken ausgesöhnt hatte, einstweilen noch die Waffen bis zu einem günstigeren Zeitpunkt ruhen zu lassen.

Er wird gewiss erscheinen, wenn das Vaterland wieder seines Armes bedarf.

Am 5. Mai feierte man in Quarto bei Genua den Jahrestag der Einschiffung der Garibaldi'schen Tausend. Man wollte daselbst ein bleibendes Denkmal an jene großartige Unternehmung errichten, wofür die Kosten durch eine Subskription zusammengebracht werden sollten; einstweilen wurde auf der Spitze eines Felsens an dem Einschiffungspunkte eine Pyramide errichtet und feierlich eingeweiht, wozu sich zahlreiche Deputationen von Senatoren, Studenten und Arbeitern eingefunden hatten. Crispi, Guerazzi, Macchi und Ferrari hielten Reden; am Abend war ganz Genua festlich erleuchtet.

Die von Garibaldi vorgeschlagene Volksbewaffnung schritt indessen voran. Die Generäle Cosenz, Bixio, Türr, Sirtori und Sacchi wurden als General-Leutnants der italienischen Armee bestätigt. Cosenz und einige andere Garibaldi'sche Offiziere wurden von der Regierung nach Neapel gesandt, um daselbst die Nationalgarde zu organisiren. Medici blieb in Turin, um die zu bildenden Kader der Freiwilligen-Korps unter seine besondere Obhut zu nehmen, Türr lehnte einstweilen jedes bestimmte Kommando ab, um sich nötigenfalls ganz der ungarischen Sache widmen zu können.

In Mailand bildete sich ein Privatverein, der sich Garibaldi-Verein nannte, aus den angesehensten und reichsten Leuten, um Garibaldis Vorschlag einer allgemeinen Volksbewaffnung möglichst schnell zur Ausführung zu bringen. Es erließ einen Aufruf zur kräftigen Unterstützung an alle Patrioten. Die *Nationalzeitung* vom 23. Mai berichtet darüber wie folgt:

»Ein Aufruf zu patriotischen Beiträgen ist bereits im Umlauf, und die Resultate sind sehr ansehnlich. Ein Mailänder Glockengießer etwa hat Material für zehn Stück Kanonen leichten Kalibers zugesagt, und aus mehreren Ortschaften wurden bereits Kirchenglocken zum Kanonengusse angeboten.

Nach Erledigung des Geldpunktes wird man zur Werbung von kräftigen Armen zur Volksbewaffnung schreiten. Zu diesem Zwecke zirkuliert eine Liste, welche an ihrer Spitze die feierliche Erklärung trägt, wodurch die Unterzeichner sich verpflichten, auf den ersten Ruf des Vaterlandes die Waffen zu ergreifen und zur Bildung eines eigenen Freikorps zusammenzutreten, welches den Namen ‚Figli di Garibaldi' (Söhne Garibaldis) führen wird. Wer die Erklärung unterzeichnet hat, erhält gegen einen Empfangsschein Montur und Rüstung, so dass in wenigen Tagen, ja Stunden, das Korps formiert dastehen kann.

Jeder Einzelne übernimmt von selbst die Verpflichtung, sich im Waffenhandwerk, das heißt hauptsächlich im Laden und Schießen, zu üben.«

Italien bedurfte im gegenwärtigen Augenblicke solcher Rüstungen; denn selbst wenn man die österreichische Machtentwickelung an seinen Grenzen nicht berücksichtigen wollte, so hatte es vielleicht noch einen schweren Kampf mit der bourbonistischen Reaktion zu bestehen, welche sich unter dem Schutze der französischen Waffen zu Rom immer kühner regte und den Bürgerkrieg in Neapel und Sizilien von neuem anzufachen bestrebt war.

Im Mai hatte die reguläre italienische Armee folgende Stellungen inne: Vier Armeekorps, jedes zu drei Divisionen, hielten die Po- und Mincio-Linie besetzt, das fünfte Korps lag um Turin, das sechste unter General Durando bildete die Besatzung der neapolitanischen und sizilianischen Provinzen. Das genügte aber nicht für leicht vorauszusehende Eventualitäten.

Zwar führte in dem durch die Umtriebe der Reaktion in seinen bürgerlichen Sicherheitsverhältnissen zerrütteten ehemaligen Königreiche Neapel neuerdings eine starke Hand die Zügel der Regierung im Namen des Königs von Italien, die des Herrn San-Martino.

Der *Constitutionnel* sagt von ihm:

»Herr von San-Martino ist einer der vorzüglichsten Staatsmänner des alten Piemonts und ein besonders hoch geschätzter Administrator. 1848 war er Gouverneur von Genua zu der Zeit, als es dort am stürmischsten herging. Später war er bis zum Jahre 1852 Generalsekretär im Ministerium des Innern, dann wurde er im ersten Cavour'schen Kabinett Minister des Innern.
Während des Befreiungskrieges im Jahre 1859 war Herr von San-Martino außerordentlicher Kommissarius in Genua und erfüllte diese schwierige Aufgabe mit großer Geschicklichkeit. Er ist der Mann dazu, die eingewurzelten Missbräuche in diesen Provinzen, die in so kurzer Zeit so viele Staatsmänner abgenutzt haben, mit eiserner Hand auszurotten.
Der einzige Übelstand bei seiner Wahl ist die Feindschaft der mazzinistischen Partei, welche ihn entschieden hasst und diese Veränderung vielleicht zu Ruhestörungen benutzen wird, wie es sogleich geschah, als die Garibaldi'sche Frage in den Vordergrund trat.«

Trotz der Energie des Herrn von San-Martino war die Ruhe in den von ihm verwalteten Provinzen so leicht nicht herzustellen; starke Banden, von bourbonistischen Offizieren geführt, setzten das Land in Schrecken und wagten selbst Überfälle auf die größeren Städte; bei dem gesunden Sinne des Volkes sowie der Zuverlässigkeit und dem kräftigen Einschreiten der Nationalgarde hatten aber sämtliche reaktionären Versuche dieser Art nicht den mindesten Erfolg.

Inzwischen beschäftigte sich die Turiner Deputiertenkammer durch ihren Ausschuss angelegentlich mit der von Garibaldi vorgeschlagenen Nationalbewaffnung, und durch den Protokollführer des Ausschusses, den toskanischen Abgeordneten Fenzi, wurde ein Entwurf vorgelegt, demzufolge zweihundertzwanzig Bataillone in Stärke von je etwa siebenhundert Nationalgardisten formiert werden und dazu die Altersklassen von achtzehn bis fünfunddreißig Jahren herangezogen werden sollten.

Der Zeitfolge etwas vorgreifend, bemerken wir hierzu, dass dieser Entwurf am 24. Juni von der Kammer mit zweihundertundachtzehn gegen fünfzig Stimmen angenommen wurde.

Anfang Mai tauchte das die italienischen Patrioten höchst beunruhigende Gerücht auf, dass Frankreich als eine Bedingung seiner so höchst wichtigen Anerkennung des Königreichs Italien die Abtretung der Insel Sardinien verlangt habe, andere indessen meinten, diese Insel solle der Sitz des Papstes werden, damit die römische Streitfrage endlich einmal erledigt werden könne.

Diese römische Frage nahm ganz Italien im höchsten Grade in Anspruch. Rom ist die natürliche Hauptstadt Italiens, Italien verlangte es, und Rom war noch der vorzüglichste Herd der Reaktion; von dort schürte der Exkönig von Neapel zum Verderben des ganzen Landes ungestraft die Flammen des Bürgerkrieges in Neapel; dort thronte noch der Priester, der das hauptsächlichste Hindernis der Einigkeit Italiens war, und dort schützten ihn nach der nur zu oft unbegreiflichen Politik des Kaisers Napoleon französische Bajonette.

Bereits hatten mehr als zehntausend Römer, unter denen sich die edelsten Namen vertreten fanden, eine Adresse an den Kaiser Napoleon gerichtet; sie lautete:

»Sire!
Die unterzeichneten Römer, die Italien mit Herz und Seele angehören und mit Ungeduld den Augenblick erwarten, an den Gefahren und Siegen der italienischen Einheit teilnehmen zu können, bitten untertänigst Eure Majestät, Rom mit Rücksicht auf die in so edler und großmütiger Weise ausgesprochenen Grundsätze, welche die

an die Italiener gerichtete, von Mailand datierte Proklamation enthält, seine Bestimmung über sein Geschick zu lassen.
Rom, das Frankreich in aufrichtiger Dankbarkeit ergeben ist, wird diese Wohltat zu schätzen wissen, es wird es sich zur Ehre machen, dem Beispiele der Mäßigung, Disziplin und Einigkeit zu folgen, welches ihm die französische Armee gegeben hat. Die Lage, in welche die letzten Ereignisse die Hauptstadt der römischen Staaten gebracht haben, ist nicht zu ertragen. Handel und Industrie, welche sich unter der geistlichen Regierung schon in so traurigem Zustande befanden, liegen gänzlich darnieder und sind vollständig zugrunde gerichtet; das Elend steigt mit jedem Tage, und sein Übermaß wird ohne Zweifel eine Katastrophe zur Folge haben.
In Erwartung eines der Bevölkerung günstigen Beschlusses bitten wir Eure Majestät, Rom sich selbst zurückzugeben und es nicht von dem übrigen Italien zu trennen.«

Die französische Regierung wich jedoch einer direkten Antwort auf diese Adresse aus; die französischen Truppen blieben in Rom.

Über das oben angeführte Gerücht in Betreff der Abtretung der Insel Sardinien und der römischen Frage äußerte sich Garibaldi sehr offen in einem an den Präsidenten der Unitarischen Gesellschaft zu Palermo gerichteten Schreiben, die ihn zu ihrem Ehrenpräsidenten gewählt hatte:

»Caprera, den 10. Mai.
Herr Präsident!
Ich bin der in Palermo gegründeten italienischen Unitarischen Gesellschaft sehr dankbar für die Ehre, welche sie mir durch die Wahl zu ihrem Ehrenpräsidenten erzeigt hat. Wie ich aus englischen Zeitungen ersehe, spricht man davon, Sardinien dem Papste zu überlassen, und ich bin dadurch auf den Gedanken gebracht worden, der Erwägung Ihrer Gesellschaft, der anzugehören ich jetzt die Ehre habe, nachstehenden Beschluss vorzulegen, dessen Prinzipien nicht nur unter den Gesellschaften, sondern auch unter dem ganzen italienischen Volke verbreitet werden müssten:
In Erwägung, dass Christus sich die Liebe und den Dank aller Menschen erwarb, indem er die Gleichheit der Menschen und Völker auf dieser Erde verkündigte, gehören wir seiner Religion an.
In Erwägung, dass der Papst, die Kardinäle, die Sansedisten, alle Söldner in Italien und die in Rom vereinigten Spione das haupt-

sächlichste Hindernis der Einheit Italiens sind, indem sie den Bürgerkrieg erregen und schüren, gehören wir nicht der Religion des Papstes an.
Aus diesen Gründen beschließen wir den ersten und einzigen Artikel: Der Papst, die Kardinale usw. müssen sofort ihren Wohnsitz verlegen und sich so weit als möglich von Italien wegbegeben, damit sich diese unglückliche italienische Nation, die sie seit Jahrhunderten gemartert haben, endgültig konstituieren kann.
Mit Liebe und Dankbarkeit bin ich stets
Ihr
G. Garibaldi.«

Am 26. Mai feierte der General auf seiner einsamen Insel ein hohes Familienfest, die Vermählung seiner Tochter Theresa mit dem ihr verlobten Major Canzio, die in feierlicher Stille vollzogen wurde. Als sich das junge Ehepaar am anderen Tage nach Genua, seinem Wohnsitze, einschiffte, bestieg Garibaldi einen Felsen, von dem er ihm so lange seine Grüße nachschickte, bis das Schiff, das sie trug, außer Sicht gekommen war.

Ein herzlicher Empfang war den jungen Eheleuten in Genua bereitet worden, woselbst ihnen mehrere junge Damen im Namen vieler anderer ihre Glückwünsche und Blumen überreichten.

Der General lebte nun ganz einsam, nur in Gesellschaft seines ältesten Sohnes Menotti und seines vertrauten Sekretärs, auf Caprera. Als sich Anfang Juni das Gerücht verbreitete, er habe die Absicht, nach Amerika überzusiedeln, später, er sei bedenklich erkrankt, sandte die Stadt Genua eine Deputation an ihn ab, welche sich von der Glaubhaftigkeit dieser Gerüchte überzeugen sollte. Beide bestätigten sich nicht, und Garibaldi erteilte die Antwort: »Sagen Sie allen, die Sie danach fragen werden, Garibaldi achte die Interessen seines Vaterlandes über alles und nie werde er sein Leben in auswärtigen Kämpfen preisgeben, so lange dieses Vaterland noch Recht und Grund habe, für seine eigene Freiheit darauf Anspruch zu machen. Fügen Sie hinzu, dass jetzt am wenigsten der Moment sei, in fremdem Lande zu fechten, wo der Kampf für die Unabhängigkeit Italiens, für die Befreiung von der Fremdherrschaft so nahe bevorsteht.«

17.
Cavours Tod

Wir erwähnten schon früher, dass die meisten Staaten Europas, mit Ausnahme Frankreichs, Russlands und einiger deutschen Staaten, Viktor Emanuel als König von Italien anerkannt hatten. Von welcher besonderen Wichtigkeit die Anerkennung Frankreichs war, liegt auf der Hand, und Graf Cavour hatte es sich daher auch auf das Eifrigste angelegen sein lassen, sie zu erlangen.

Mitten in diesen Bestrebungen, die seine ganze, auf das Höchste angespannte Tätigkeit in Anspruch nahmen, überraschte ihn eine Krankheit, die anfangs nicht von großer Bedeutung zu sein schien und keinen Anlass zu ernsten Besorgnissen gab.

Am 29. Mai war der Ministerpräsident noch in der Kammersitzung gewesen, als ihn bei seiner Rückkehr nach Hause Kopfschmerz und heftiger Blutandrang nötigten, sich niederzulegen; im Laufe dieses und des folgenden Tages wurde er mehrere Male zur Ader gelassen, ein in Italien häufig angewendetes Mittel. Der Anfall, ohne Zweifel eine Folge zu angestrengter Arbeit, ging indessen glücklich vorüber, und am 1. Juni widmete sich Graf Cavour trotz des Widerratens des Arztes von neuem seiner Arbeit, was einen sehr bedenklichen Rückfall zur Folge hatte.

Dieses Mal gestaltete sich das Übel aber gefährlicher und erregte allgemeine Besorgnis. Der Graf wurde von einem Fieber ergriffen, das indessen seine Geistesklarheit nicht trübte und ihm gestattete, bis beinahe zu seinem letzten Augenblicke mit seinen Freunden zu sprechen, denen er noch einmal die Grundzüge seiner Politik darlegte, die zuversichtliche Hoffnung aussprach, dass sie die vollständige Einigkeit Italiens herstellen werde, und bei ihr zu verharren empfahl.

Auch König Viktor Emanuel hatte noch am 5. Juni eine lange Unterredung unter vier Augen mit ihm und verließ ihn dann tief erschüttert. An demselben Abend empfing der hohe Kranke, der mit Sicherheit seinen Tod herannahen fühlte, die Sterbesakramente nach katholischem Ritus.

Man erzählt sich auch, Garibaldi habe, als er von der bedenklichen Krankheit Cavours gehört, ein durchaus freundschaftliches Schreiben an ihn gerichtet, und als Cavour, hocherfreut darüber, aber doch zweifelnd, zu dem Überbringer gemeint habe, ob des

Generals Versicherungen auch aufrichtig seien, solle jener geantwortet haben: »Was Garibaldi sagt, ist wahr.«

Am 6. Juni morgens um sieben Uhr schlossen sich die Augen, die so treu und mit solcher Schärfe über Italien gewacht hatten, für immer. Italien hatte einen unersetzlichen Verlust erlitten.

Wir geben an dieser Stelle einige ausführlichere Notizen über den Mann, dessen Name an der Seite dessen Garibaldis so glänzend bis in die späteste Nachwelt hineinstrahlen wird.

Der eigentliche Name der Familie Cavour ist der deutsche Bens, der sich später in Italien in Benso veränderte. Ihn führte im dreizehnten Jahrhundert ein thüringischer Ritter, dessen Burgruinen noch heute unfern der Schwarzburg sich befinden sollen; auf dem Zuge nach dem gelobten Lande soll er in der Nähe von Turin eine kleine Stadt, die ihm und seinem Gefolge den Durchgang verweigerte, erstürmt und sich daselbst niedergelassen haben. Mit der Zeit und durch Heirat wurde die Familie ganz italienisch und erwarb sich bedeutende Ländereien, von denen der Beiname Cavour herstammt.

Die Berliner *Nationalzeitung* vom 8. Juni bringt nachstehende Biographie von dem »Grafen«, wie der in Italien so populäre und hochverehrte Mann kurzweg genannt wurde:

»Graf Camillo Benso di Cavour stammte aus einer der ältesten und begütertsten Patrizierfamilien Piemonts, welche schon um die Mitte des dreizehnten Jahrhunderts ausgedehnte Ländereien in der Nähe Turins, die ihr zum Teil heute noch gehören, besaß.
Graf Cavour wurde am 10. August 1810 in Turin geboren und von einer Schwester des Kaisers Napoleon I., der Fürstin Pauline Borghese, zur Taufe gehalten. Ein lebhafter Sinn für Unabhängigkeit, selbstständige Kraft des Denkens und eine warme Liebe zum Vaterlande erhoben schon den Knaben über die selbstgefällig unwissenden und verweichlichten Kameraden seines Standes. Er wusste sich in den geisttötenden Zwang eines Pagen am Hofe des Königs Karl Felix durchaus nicht zu finden und tröstete sich nach seiner durch hohe Ungnade erfolgten Entlassung mit den Worten: ‚Ich schätze mich sehr glücklich, endlich meine Mauleselbürde losgeworden zu sein.'
In einem Alter von zwanzig Jahren trat Cavour mit dem Range eines Pionier-Leutnants aus der Militärakademie, wo er als fähigster Zögling sich der rühmlichsten Zeugnisse erfreut hatte. Er hing

seinen Lieblingsstudien, der Geschichte, Mathematik und Astronomie, auch trotz seiner freien Stellung mit erhöhtem Eifer nach, fühlte sich aber durch die Eigentümlichkeit des militärischen Berufes allenthalben beengt, was ihn endlich bewog, den Degen niederzulegen.

Von großer Wichtigkeit für seine Ausbildung war eine im Anfange der dreißiger Jahre unternommene Reise nach England, wo er sich eifrig mit Nationalökonomie, mit Handel und Fabrikwesen sowie mit den politischen Institutionen des Landes beschäftigte. Erst im Jahre 1842 kehrte er aus dem Auslande heim, nachdem er sich eine vollendete Kenntnis der englischen, französischen und deutschen Zustände erworben hatte, die ihm später seine Sicherheit und Überlegenheit in diplomatischen Dingen verlieh. Er sprach fließend Französisch und Englisch, Deutsch jedoch nur gebrochen; doch war er über Österreich orientiert, als sei er bei Metternich in der Schule gewesen.

In jene Zeit fiel die Bildung von landwirtschaftlichen Vereinen, Gewerbeschulen, wissenschaftlichen Gesellschaften usw., welche den Anfang der vierziger Jahre für ganz Europa bezeichnet, in Piemont aber sofort eine praktische Richtung erhielt. Hebung der Nation, Wiedergeburt Italiens hieß die Parole.

In der Società agraria machte Cavour für die englische Landwirtschaft Propaganda, überzeugt, dass Reformlust auf dem materiellen Boden auch Mut zu Verbesserungen anderer Art erwecken werde. Auferstehung, *Risorgimento*, hieß auch das neue Organ, das Cavour mit den Grafen Cesare Balbo und Santa Rosa sowie mit Buoncompagni im Herbst 1847 gründete, um die Mittelklassen für eine freiere politische Entwickelung zu gewinnen und dem Junkertum den Krieg zu erklären.

So erschien der Anfang des Jahres 1848, das auch für Cavour ein Wendepunkt wurde. Eine genuesische Deputation wandte sich an die Spitzen der Turiner Presse, um Reformen durchzusetzen. Cavour verlangte mehr; er sprach für eine Verfassung und schickte, als die Zensur das Sitzungsprotokoll im *Risorgimento* strich, dem Könige einen Abzug mit der Post zu.

Am 7. Februar 1848 trat Sardinien in die Reihe der europäischen Verfassungsstaaten ein. Am 23. März erfolgte die Kriegserklärung. Cavour galt in jener bewegten Zeit für zu konservativ, und die Wähler gaben bei der im Januar 1849 vollzogenen Neuwahl einem anderen Kandidaten den Vorzug. Erst als nach der Niederlage von

Novara der Marchese Massimo d'Azeglio ein neues Ministerium gebildet und allgemeine Neuwahlen veranlasst hatte, kam Cavour als Vertreter des ersten Turiner Wahlbezirks in die Deputiertenkammer. Seinen Bemühungen gelang es damals, den Vertrag von Novara ohne Debatten durchzusetzen.

Als Führer des rechten Zentrums unterstützte er das Kabinett mit dem Bemühen, dasselbe vor den rückwärtsgewandten Einflüssen des Auslandes zu bewahren. Namentlich verdankte ihm das Land die Annahme der Siccardi'schen Gesetze über die Aufhebung des geistlichen Forums.

Am 2. Juni 1850 hielt Graf Cavour seine glänzende ‚Minister-Rede', in welcher er die Projekte des Finanzministers Nigra verteidigte. Hier entwickelte er seine Pläne zur Hebung des Kredits mit einem Beifalle, dass fortan in diesem Fache nichts ohne ihn geschah, und ab April 1851, als er das Finanzministerium zusätzlich zu dem des Handels und der Marine übernahm, ging alles fast allein durch seine Hände.

Cavour entwickelte jene unverwüstliche Arbeitskraft, die ein volles Jahrzehnt aushielt, doch auch die stärkste Gesundheit zuletzt untergraben musste. Auf Hebung des Ansehens von Piemont auf der ganzen Halbinsel, auf Bündnisse mit dem Auslande in dem Sinne des freien Völkerverkehrs war zunächst sein Augenmerk gerichtet. Er schloss Handelsverträge mit England, Belgien, dem Zollverein und Frankreich, um so Verbindungen einzuleiten, die später auch politisch ergiebig werden könnten.

Infolge des Staatsstreiches in Frankreich traten neue Verwicklungen ein. Es erfolgte die Vorlage zu Beschränkungen der Pressefreiheit, die vorzüglich auf Angriffe gegen auswärtige Monarchen gerichtet waren. Die rückwärtsgewandte Rechte machte hier mit der Linken gemeinschaftliche Sache, um das Kabinett zu stürzen. Da bot Ratazzi mit dem Zentrum Cavour seine Mitwirkung an. Als Azeglio eine Umbildung des Kabinetts vornahm, trat Cavour nicht wieder ein, sondern benutzte den Sommer zu einer Reise nach Frankreich und England.

Die neuen Händel mit Rom setzten Piemont in große Verlegenheit; am 4. November 1852 wurde Cavour berufen, ein neues Kabinett zu bilden. Er übernahm das Finanzministerium und trat aufs Neue mit volkswirtschaftlichen Reformen vor.

Nach den Vorgängen vom 6. Februar 1853 in Mailand konfiszierte Österreich die Güter der Emigranten; von diesen hatten viele auf

legalem Wege das sardinische Bürgerrecht erworben. Cavour nahm sich ihrer an und verlangte sogar von der Kammer vierhunderttausend Lire zu Darlehen für die betreffenden Familien.
Mit diesem Schritte beginnt die Reihe folgenreicher Verwicklungen, die noch frisch in aller Gedächtnis leben. Der orientalische Krieg brach aus, und da Österreich eine unentschiedene Rolle spielte, schritt Cavour zu dem kühnen Vertrage vom 10. April 1854.
Die sardinische Armee pflückte sich im Osten Lorbeeren und lernte siegen; die sardinische Diplomatie gewann Stimme auf dem Kongresse vom 8. März 1856, und am 27. März überreichte Cavour den Kongressbevollmächtigten seine berühmte Denkschrift über die Beschwerden Italiens. Die italienische Frage wurde den europäischen Mächten vorgelegt und Italiens Auferstehung zu einer europäischen und Volksangelegenheit erhoben.
Um die Lombardei zu beruhigen, erschien am 15. Januar 1857 Kaiser Franz Joseph in Mailand; an demselben Tage bewilligte der Mailänder Stadtrat Gelder zu einem Denkmal für das sardinische Heer. Es erfolgten die Buol'schen Noten vom 18. Februar und 18. März 1857; es erfolgte im Sommer desselben Jahres Cavours Zusammenkunft mit Kaiser Napoleon in Plombières, der Neujahrsgruß 1859 in den Tuilerien, endlich der Einfall der Österreicher in die Lomellina.
Es bedarf der Erinnerung an die Reihe wunderbarer Erfolge nicht, die seitdem die Einheit Italiens verwirklichten. Ohne die Verdienste anderer zu verdunkeln, wird die Geschichte doch den Grafen Cavour als den Meister aller dieser Ereignisse, als den Leiter, der die vielgestaltigen Bestrebungen in fester Hand zusammenhielt und jede in ihrer Weise fruchtbar zu machen wusste, und darum als den eigentlichen Begründer jener italienischen Einheit anerkennen.«

Zur Ergänzung dieses Berichtes fügen wir noch hinzu, was ein anderer Bericht (*Vossische Zeitung* vom 9. Juni) über den Grafen Cavour aus der Zeit nach der Kriegserklärung gegen Österreich vom 23. März 1848 bringt; es heißt dort:

»Das L'Italia farà da sè! bekämpfte Cavour als die Torheit der unreifen Zeit in Presse und Deputiertenkammer mit allen Waffen des gesunden Menschenverstandes; ihm schien ein Bündnis mit England das geeignetste Mittel zu sein. ‚Mein Vertrauen auf England fußt in dem ehrenvollen Charakter seiner Staatsmänner', rief er unter dem

Zischen der Galerien, ‚auf Lord John Russell, auf Lord Palmerston!‘ Auf die Gefahr hin, der Anglomanie beschuldigt zu werden, nannte er Russell schlichtweg den liberalsten Minister Europas.
So kämpfte er bis in den Herbst, in den Klubs als der Reaktionär par excellence verschrien, und so blieb er sich auch im Januar 1849 treu, als die Neuwahlen begannen und ihm ein phrasenreicher Professor vorgezogen ward. Die Niederlage von Novara war die harte Lektion, durch welche die extremen Parteien zur Besinnung gebracht wurden; jetzt stand Cavours kalter Verstand wieder hoch im Kurs.«

Sobald sich in Turin am Morgen die betrübliche Nachricht von dem Tode des Grafen verbreitete, las man auf allen Gesichtern, bei allen Parteien die tiefste Niedergeschlagenheit.

Alle Läden wurden geschlossen, selbst die Börse, überall sah man in den Straßen Zeichen der öffentlichen Trauer, und die Kammer vertagte sich auf drei Tage.

In der noch am 6. Juni stattfindenden Sitzung zeigte der Präsident Ratazzi den Todesfall mit folgenden, von Schluchzen unterbrochenen Worten an:

»Meine Herren!
Ich habe eine schmerzliche Pflicht zu erfüllen, indem ich der Kammer die unheilvolle Nachricht vom Tode des Grafen Cavour mitteile. Ich hege die Überzeugung, dass ich Empfindungen Ausdruck verleihe, welche uns allen tief in die Seele geprägt sind, wenn ich erkläre, dass der Tod dieses hervorragenden Staatsmannes ein großes Unglück für das Vaterland ist.
Durch die Gewalt seines Geistes und durch seine Willenskraft hatte er unter den schwierigsten Umständen Italien große Dienste geleistet und stand auf dem Punkte, unseren gemeinsamen Hoffnungen und Wünschen die Krone aufzusetzen. Italien muss ihm dankbar sein für das, was er getan hat, es muss untröstlich sein, ihn verloren zu haben. Die Kammer muss sich dieser Trauer, die eine Nationaltrauer ist, anschließen. Ich mache mich zum Dolmetscher Ihrer Gesinnung, indem ich vorschlage, dass die Kammer, um ihren Schmerz kundzutun, während dreier Tage keine Sitzungen halte.
Ja, meine Herren, wir sind schwer betrübt durch das Unglück, welches uns betroffen hat und uns der Mitwirkung sowie des Talentes eines ausgezeichneten Staatsmannes beraubt. Doch dürfen wir den

Mut nicht sinken lassen und von dem bisher betretenen Wege nicht abweichen. Er selbst hat in den letzten, auf seinem Sterbebette ausgesprochenen Worten seinen unerschütterlichen Glauben an die Zukunft Italiens ausgedrückt und gesagt, er sei versichert, dass das Prinzip der Freiheit, Unabhängigkeit und Einheit Italiens einen vollständigen Triumph davontragen werde.
Wir werden gleichfalls bei diesem Glauben verharren. Einträchtig unter uns, werden wir uns aufrichtig um den Thron unseres tapferen und loyalen Herrschers scharen, und auf diese Weise werden wir das Ziel erreichen, von dem wir, dank unserer Ausdauer, nicht mehr weit entfernt sind.«

Die Kammer nahm diese Rede mit der Haltung tiefster Trauer auf; die meisten ihrer Mitglieder weinten ganz offen. Der Antrag Ratazzis auf einstweilige Vertagung wurde angenommen und beschlossen, dass der Sitzungssaal während der nächstfolgenden zwanzig Tage schwarz ausgeschlagen und die Nationalfahne mit dem Trauerflor umhüllt werden solle.

Der Stadtrat von Turin veröffentlichte eine Ansprache an die Bewohner der Stadt, in welcher er unter anderem sagte:

»Dieser Tag ist ein Tag der Trauer und des Schmerzes für jeden, der die Freiheit und den Ruhm unseres gemeinsamen Vaterlandes liebt; lasset euch aber nicht von Mutlosigkeit und Verzweiflung niederdrücken. Beharrlichkeit und Festigkeit in einem schweren Unglücke sind die Tugenden starker, ruhmvoller Völker, und ihr habt davon schon glänzende Beweise abgelegt.«

Die offizielle Zeitung erschien mit einem Trauerrande und zeigte den Todesfall folgendermaßen an:

»Das Vaterland ist von einem unermesslichen Unglücksfalle betroffen worden! Seine Exzellenz Graf Camillo Benso di Cavour, Ritter des höchsten Ordens der allerheiligsten Annunciata, Präsident des Ministerrates, Minister der auswärtigen Angelegenheiten und der Marine, starb heute, am 6. Juni, morgens sieben Uhr, umgeben von seinen Verwandten und Freunden und nachdem er die letzten Tröstungen der Religion erhalten hatte. Seine letzten Augenblicke waren ruhig; er starb mit der Zuversicht des Gerechten, indem er sein lebhaftes Vertrauen auf die Zukunft Italiens kundgab.«

Wir haben diese Stellen angeführt, damit man sich einen Begriff von der Teilnahme machen könne, die das traurige Ereignis in allen Klassen der Gesellschaft, bis zu den niedrigsten herab, fand.

Schon zu seinen Lebzeiten hatte der Graf den Wunsch ausgesprochen, in seiner Familiengruft auf dem bei Turin gelegenen, ihm gehörigen Gute Santena beigesetzt zu werden; König Viktor Emanuel indessen machte, um seinen verstorbenen Minister recht hoch zu ehren, der Familie desselben den Vorschlag, den Leichnam in die Familiengruft des königlichen Hauses, die Basilica di Superga, aufzunehmen. Die öffentlichen Blätter hatten dies auch bereits angekündigt, der Wille des Verewigten war aber von ihm zu oft und zu bestimmt ausgesprochen worden, als dass man davon hätte abgehen können.

Über die großartigen Beerdigungsfeierlichkeiten berichtet die *Vossische Zeitung* vom 12. Juni wie folgt:

»Cavour war auf einem schmalen, niedrigen, eisernen Bette gestorben. Dies Bett war in die Mitte des schwarz ausgeschlagenen und mit zwölf Kerzen erleuchteten Krankenzimmers gerückt, als das Volk um sieben Uhr abends Zutritt erhielt. Der Verewigte lag auf diesem Bette, den Kopf in ein weißes Tuch gehüllt, die Hände gefaltet und ein Kruzifix haltend; das Antlitz war enthüllt, es sah ungemein ruhig und heiter aus. So umwandelte das Volk Kopf an Kopf von abends sieben Uhr bis zum andern Nachmittage das Totenbett; nun ward der Saal geschlossen, um die Anordnungen zu dem Leichenbegängnisse treffen zu können. Um sechs Uhr, als der Zug beginnen sollte, verfinsterten drohende Wetterwolken den Himmel, doch niemand beachtete dieselben. In den Straßen reihte sich die männliche Bevölkerung hintereinander; alle Häuser waren schwarz behängt, an allen Fenstern erschien man in tiefster Trauer; in den übrigen Stadtteilen herrschte Kirchhofsstille. Um ein Viertel nach sechs Uhr verließ der Zug das Sterbehaus in nachstehender Reihenfolge:
Die Infanterie und Kavallerie, welche die Garnison von Turin bildet; sechs Stück Geschütze; ein Bataillon des von Cavour neuerdings gebildeten ersten Marine-Regiments; eine Kompanie Landungs-Seetruppen mit ihren Enterbeilen; drei Legionen der Turiner Nationalgarde, die vierte bildete ein Spalier; sämtliche Offiziere ohne Truppen, die in Turin anwesend waren; vier geistliche Brüderschaften; eine große Anzahl von Damen in Trauer; die Mönche des Kapuziner- und des Franziskanerklosters; der Klerus

der Pfarrei Unserer lieben Frau der Engel; der Leichenwagen, von sechs Pferden gezogen.

Die Kordons wurden gehalten vom Kriegsminister, vom Justizminister, vom Grafen Sclopis als dem Vizepräsidenten des Senats, von Ratazzi als dem Präsidenten der Deputiertenkammer und von den Generälen Sonnaz und Crotti.

Auf dem Leichenwagen bemerkte man unter den Insignien den Pionier-Leutnants-Hut, welchen der Verstorbene getragen; hinter dem Wagen trug ein Herold den Annunciaden-Orden auf einem Kissen. Dann folgten die Annunciaden-Ritter, die Adjutanten des Königs und der Prinzen, die übrigen Minister und Großwürdenträger, der Senat und die Deputiertenkammer in corpore, auch die äußerste Linke, wie Brofferio, Mauro Macchi, Ricciardi usw.; sodann der Staatsrat, die Rechnungskammer, der Appellhof, der Gemeinderat mit der Gemeindegarde, die Universitätskorporation usw. usw.; die Emigranten mit Trauerfahnen, welche das römische und venezianische Wappen trugen, ein große Abordnung Freiwilliger in Garibaldi'schen Hemden, sämtliche Arbeitervereine mit ihren Fahnen, viele Körperschaften aus Genua, Casale usw., die Pacht- und Ackerleute von Ceri und anderen Cavour'schen Gütern, die Diener der Familie Cavour und vieler verwandter und befreundeter Familien, welche Kerzen mit den Familienwappen trugen.
Den Schluss des Zuges bildete eine Schwadron Piacenza-Husaren zu Pferde. Eingereiht aber hatten sich viele der angesehensten Männer Italiens, denen sich nun die gesamte übrige Bevölkerung anschloss.
Um ein Viertel vor acht Uhr verkündete Kanonendonner den Eintritt des Sarges in die Kirche Unserer lieben Frau der Engel, wo die Leiche während der Nacht blieb, um vorläufig dann nach Cavours Villa di Santena gebracht zu werden.
Am 8. Juni fand auch in Mailand ein Trauergottesdienst für den Verstorbenen statt. Die Bankiers haben Beiträge gezeichnet, um Cavour Denkmäler in der Börse zu Turin und in der zu Genua zu errichten. Gleichzeitig hat der Turiner Gemeinderat den Beschluss gefasst, ihm ein öffentliches Denkmal zu setzen. Bei der Autopsie der Leiche fiel es auf, dass Cavours Haare während der wenigen Tage der Krankheit vollständig erbleicht waren.
Testamentarisch hat Cavour unter anderm fünfzigtausend Lire der Stadt Turin zur Gründung eines Kinderasyles im Stadtteile Porta Nuova daselbst vermacht.«

Es wurde damals von mancher Seite behauptet, Cavour habe das ungeheure Vermögen von vierundzwanzig Millionen hinterlassen; dies bestätigte sich aber nicht. Die Hinterlassenschaft betrug nur zwei Millionen Lire, welche der Graf von seinem Bruder erhalten und die er nicht vermehrt hatte, da er sich während seiner angestrengten politischen Tätigkeit gar nicht auf Spekulationen einlassen konnte.

Cavour hinterließ als nächsten Verwandten einen Bruder; verheiratet war er nie gewesen. Die Kammer beschloss in ihrer nächsten Sitzung, die Marmorbüste Cavours in dem Sitzungssaale aufzustellen, und im ganzen Lande, selbst im Römischen, wurden Subskriptionen zur Errichtung eines großartigen Denkmals für ihn eröffnet.

Über die Grabstätte zu Santena berichtet ein Besucher in der *Times*:

»Wir gingen über den Hof nach dem Gewölbe der Kapelle, deren Tür uns geöffnet worden. Es ist ein Raum von etwa achtzehn Fuß Länge und zwölf Fuß Breite, in welches das Licht nur durch die Tür fällt. An drei von den vier Wänden sind Nischen gemauert, drei Reihen übereinander ohne Zwischenraum, ohne andere Inschrift als einfache gemalte Ziffern auf der schmucklosen Mauer. Links vom Eingange ruht in der untersten Grabnische der junge Leutnant Cavour, der Sohn des Marchese, der in heldenmütigem Kampfe 1848 bei Goito fiel.
Graf Cavour liebte diesen Neffen, wie alle Mitglieder der Familie des Bruders, zärtlich, und als man den jungen Helden zu Santena beisetzte, bat sein Onkel, auf die leere Nische zeigend, die jetzt seinen Sarg aufgenommen hat, dass die Anwesenden sich dieses Augenblickes erinnern und ihn nur an dieser Stelle begraben möchten. Sein Wunsch ist pünktlich erfüllt worden, und drei Immortellenkränze, die an dem frischen Mauerwerke des vor kurzem geöffneten Grabes hingen, zeigten schweigend das Ziel unserer Wanderung. Der Haushofmeister war sehr genau in Betreff der Nummern 1, 2, 3 usw., unsere Augen aber konnten sich nicht von der Stelle trennen, an der bald die Nummer 9 stehen wird. Das wird wahrscheinlich das einzige Denkmal sein, das die Familie dem Andenken dessen widmen will, der den Namen Benso-Cavour auf eine so hohe Ruhmesstufe erhoben hat.«

Der Kaiser Napoleon hatte während der Krankheit des Grafen Cavour ebenfalls ein großes Interesse für denselben an den Tag gelegt; man erzählt, dass er deshalb fünf Mal nach Turin telegraphiert habe. Am 6. Juni traf nachstehende Depesche von ihm an den König Viktor Emanuel über den Telegraphen ein: »Ich hoffe, dass der Tod des Grafen Cavour nichts an Ihrer Politik ändern wird, gleichwie er gewiss nichts an meinen Gefühlen für Italien ändern wird. Ich schmeichle mir, dass es uns gelingen wird, alle Hindernisse zu besiegen.«

Selbst England sprach durch seinen Premierminister seine Teilnahme in einer von dem Gesandten überreichten Depesche aus; sie lautete:

»Der Tod Cavours hat im Oberhause allgemeine Trauer erregt. Man hat dem Andenken dieses ausgezeichneten Staatsmannes das verdiente Lob zuteil werden lassen. Sprechen Sie Herrn Minghetti das tief gefühlte, aufrichtige Beileid Ihrer großbritannischen Majestät Regierung bei der Nachricht von dem unersetzlichen Verluste, der Italien betroffen hat, aus.
Lord John Russell.«

Wir lassen hier einen längeren Artikel der *Kölnischen Zeitung* über Graf Cavour folgen, der ohne Zweifel höchst interessant ist und den großen Mann charakterisiert:

»Es gibt zwei Porträts des Grafen Cavour, zu verschiedenen Zeiten gezeichnet. In dem ersten sehen wir den Cavour des Kampfes, der Anstrengungen, der Träume, in dem zweiten den Cavour der Triumphe, der vollendeten Eroberungen; das ist der Cavour, um den allein die Geschichte sich bemühen wird.
Das erste Porträt ist gezeichnet von der geistreichen Feder Platos. Er sagt: Cavour ist weder von der Rechten, noch von der Linken, er ist von seiner Ansicht; heute herrscht er mit dem Zentrum und der Rechten, später wird er allein herrschen.
In Sardinien sagt man ‚der Graf', wie man einst in Frankreich sagte ‚der Kardinal'. Eines Tages zeigte man mir in Turin auf einem Balkon einen Mann im roten Schlafrock und gelben Pantoffeln, der ganz prosaisch eine Zigarre rauchte. Das ist ‚der Graf', sagte man mir. In der Kammer habe ich gleich meinen Mann erkannt; er saß – das Wie habe ich nie begreifen können. Er hatte ein Bein über das

andere gekreuzt. Man sollte sagen: ein Andenken aus dem Orient. Ganz Turin beschäftigt sich mit seiner Art zu sitzen, und ich habe ernsthafte Leute gesehen, Kollegen des Grafen, welche im kleinen Ausschusse versucht haben, ihn nachzuahmen. Unmöglich!
Während ich seine Art zu sitzen betrachtete, sprach ein Redner hinlänglich scharf gegen Cavour. Der aber schläft. Was wird er antworten? – Als der Redner fertig war, entwickelte Cavour seine Beine und verteidigte sich so gut, dass er den Angreifenden derart in Verlegenheit setzte, dass derselbe sich nicht zu verteidigen wusste.
Um eine Idee von der physischen Konstitution zu haben, stelle man sich Tiers vor, obgleich Cavour demselben so viel gleicht, wie ein Mann, der schön ist, einem Hässlichen gleichen kann. Der Graf ist ein Tiers, verdickt und vergrößert.
Cavour spricht à l'anglaise, die linke Hand hat er in der Tasche und bewegt seine rechte Hand hin und her, wobei er den Zeigefinger mit dem Daumen zusammenhält, nach Art der Dialektiker. Niemand anders als Cavour weiß das Wort, das allein schon aufregend ist, so passend auszusprechen: Italia; er sagt Italia besser, als Palmerston England, ebenso gut, wie der General Foy France sagte. Sind die Umstände bedenklich, so steckt der Graf seine beiden Hände in die Taschen, und dann hält er regelmäßig folgende kleine Ansprache: ‚Wenn Sie das Gesetz nicht votieren, Signori deputati, so erkläre ich mich für unfähig, länger die Geschäfte des Landes zu führen.' Das wirkt, und das Gesetz wird votiert.
Das zweite Porträt verdanken wir der kräftigen Feder des Italieners Petrucelli de la Gatina. Herr von Cavour ist ohne Widerstreit der dritte Staatsmann Europas neben Lord Palmerston und Kaiser Napoleon III. Der Verlust dieses Mannes wäre unter den gegenwärtigen Umständen ein unersetzlicher. Die Kraft des Grafen liegt nicht in seinen Prinzipien; er hat keine solchen, welche unwiderruflich festgesetzt wären; aber er hat einen Zweck, ein festes, klares Ziel, dessen Größe jeden anderen Mann vor zehn Jahren hätte schwindeln machen, das nämlich, ein einiges und unabhängiges Italien zu bilden. Die Menschen, die Mittel, die Umstände waren ihm gleichgültig; sie sind es noch. Er ist immer geradeaus gegangen, oft allein, seine Freunde aufopfernd, seine Sympathien, ja, seinen Ruf und oft sein Herz. Nichts war ihm zu teuer; die Schmiegsamkeit seines Geistes ist erstaunlich. Er errät alles und täuscht sich selten, nicht über die Wahrheit, sondern über den Erfolg einer Sache. Er vereinigt die Sicherheit der Berechnung des englischen Temperaments

mit jenem politischen Genie ohne Skrupel, ohne Idealismus, oft ohne Großmut des italienischen Charakters.
Cavour ist eine Mischung aus Sir Robert Peel und Macchiavelli. Er hat etwas Byzantinisches, die List, die feine Logik, das stets handfeste Resultat, selbst in den Paradoxen. Lesen Sie seine diplomatischen Noten; es ist unmöglich, Recht oder selbst Unrecht zu haben mit einem Sprudeln soliderer, drängenderer Gründe, welche euch an der Kehle fassen mit ihrer Beredsamkeit. Man wird davon erstaunt und oft überzeugt. Der Graf hat das Genie seiner Epoche und das Genie seiner Rasse gehabt. Er gehört gewiss dem Jahrhundert an, welches das Glück Talleyrands gesehen, aber er gehört noch mehr der Nation an, welche der Welt die furchtbaren Theorien Macchiavellis gegeben hat. Die unglaublich interessante Geschichte der italienischen Republiken im Mittelalter, die weniger bekannte, aber ebenso originelle Geschichte der venezianischen Diplomatie bieten keine bemerkenswerteren Sentenzen dar, als die Depeschen des Grafen Cavour, und in allen Fällen würden diese viel mächtiger sein als Handlungen und nicht nur Theorien.
Glückliches und bewundernswertes Geschick, das diesem Manne zuteil wurde, der wie versunken in seinem Ruhm verschwindet, und der seinen Namen an das Größte geknüpft hat, was eine sterbliche Kreatur träumen oder unternehmen kann: an die Auferstehung eines Volkes!
Cavour, der leider nicht immer das Talent hatte, die Menschen zu erraten, hat stets die Gabe gehabt, eine Situation oder vielmehr die mögliche Seite einer Situation zu erraten. Und gerade dieser Fähigkeit verdankt Italien die schönsten Resultate.

Als Minister einer Macht dritten Ranges konnte er keine Situation schaffen wie Napoleon noch sich auf eine große nationale Kraft stützen wie Lord Palmerston. Der Mann der inneren Politik ist weniger vollständig, weniger vollendet. Cavour besitzt die allgemeine Kenntnis der Geschäfte, aber ihm fehlt die praktische Gewandheit der Inszenierung. Dazu hatte er nicht selten Unglück in der Wahl der Leute.
Eine andere Eigenschaft verletzt nicht selten, das ist seine Persönlichkeit. Cavour kennt sich, kennt die Welt, die ihn umgibt; er schätzt sie wenig und hat das Unglück, sie das fühlen zu lassen. Dazu kommt sein ungeniertes Betragen, das sarkastische Lächeln seines Gesichts, sein ‚bürgerliches' Wesen, seine gebieterische Rede, seine scharfe Metallstimme, die im ersten Augenblicke einen

schlechten Eindruck macht, und man hat das vollständige Bild des seltenen Mannes. Als Diplomat ist Graf Cavour ein Riese; er ist der Gedanke Italiens im Auslande, und das Herz im Innern; er ist die Seele des Kabinetts, welches er repräsentiert.«

Ricasoli und Ratazzi waren noch am Todestage Cavours zum König berufen worden, um ein neues Ministerium zu bilden. Ratazzi lehnte ab, da er bei Kaiser Napoleon gerade nicht beliebt sei; Ricasoli nahm das Amt des Ministerpräsidenten an und steht nun einem Kabinett vor, das sich folgendermaßen zusammensetzt:

Präsident und Amt der auswärtigen Angelegenheiten: Baron Ricasoli;
Kriegsminister: General Cugia;
Marineminister: General Menabrea;
Justizminister: Miglietti;
Minister für Handel und Ackerbau: Cordova;
Minister des Innern: Minghetti;
Finanzminister: Bastoggi;
Minister der öffentlichen Arbeiten: Peruzzi;
Kultusminister: De Sanctis.

Ricasoli, an dem jetzt vielleicht das Schicksal Italiens, wenigstens zum Teile, hängt, ist ein Mann von Energie und bestem Willen, das Glück des Vaterlandes befördern zu helfen; er hat versprochen, dass er an der Cavour'schen Politik festhalten wolle, dass er für den innigsten Anschluss an Frankreich sei und dass er mit allen seinen Kräften nach der Einverleibung Roms in das italienische Königreich strebe.

Über seine Persönlichkeit und seine Vergangenheit berichtet die *Indépendance*:

»Baron Bettino Ricasoli hielt sich bis zum Jahre 1847 der Öffentlichkeit fern und betrieb allein die Verwaltung seiner Familienbesitzungen, die er nach den Erfahrungen, welche er auf langen Reisen in Frankreich und England gesammelt hatte, in Flor brachte. Man zeichnete ihn auch mehrere Male mit Medaillen für seine Verbesserungen und Neuerungen in der Landwirtschaft aus.
Obgleich er aus einer sehr alten aristokratischen Familie stammte und nicht den demokratischen Ideen zuneigte, zeigte er sich doch

den Reformen günstig und verfasste, als mit Papst Pius' IX. Thronbesteigung die italienische Revolution ausbrach, ein Memorandum über die in der Toskana erforderlichen Reformen. Besonders kritisierte er die große Zahl und die Unwissenheit der Priester, die untaugliche, geldgierige Bürokratie und den Mechanismus ihrer Verwaltung, den er eine ‚Maschine zum Geldmachen' nannte.
Als der Herzog von Modena nach dem Tode Marie Louises Fivizzano okkupierte und man den Papst und den König von Sardinien um Vermittlung bat, war es Ricasoli, der mit diesem Auftrage an den König Karl Albert abgesandt wurde und sich desselben glücklich entledigte.
Hierauf wurde er Gonfaloniere von Florenz, legte aber dieses Amt nieder, als die Revolution von 1848 ausbrach, und kaufte sich ein Gut in den sumpfigen Maremnen, wo er bewies, dass diese ungesunden Ländereien der Kultur fähig seien.
Hier blieb er bis zum Siege über Sardinien, worauf er an die Spitze derer trat, welche den verbannten Großherzog von Toskana zurückriefen. Als er indessen sah, wie dieser die Österreicher, deren Invasion man eben durch seine Zurückberufung hatte verhindern wollen, sich über die Toskana ausbreiten ließ, verließ er den Hof und kehrte in die Maremnen zurück.
Man kennt die Ereignisse des Jahres 1859. Der Großherzog verließ am 27. April Florenz, und das Volk proklamierte unter dem Triumvirat von Peruzzi, Malenchini und Auzani den Anschluss an Viktor Emanuel und Italien. Der sardinische Gesandte in Florenz, Ritter Buoncompagni, setzte ein provisorisches Ministerium ein, und Ricasoli nahm dabei das Portefeuille des Innern. Er, der noch im Jahre 1849 eine liberale Regierungsform für die Toskana unter dem Hause Lothringen verteidigte, war durch den Verlauf der Begebenheiten und die Unfähigkeit der Dynastie für die nationale Idee gewonnen worden.
Seitdem arbeitete er für dieselbe zuerst als Minister, dann als Gouverneur mit der ihn auszeichnenden unbeugsamen Energie. Gehasst von den Priestern, vom Volke nicht besonders geliebt wegen seiner aristokratischen Gesinnungen, setzte er trotz aller Hindernisse seinen Auftrag durch, bis die Deputiertenkammer von Florenz für den Anschluss der Toskana an Piemont votierte.«

Cavours Tod sollte eine entscheidende Folge für Italien haben, nämlich die Anerkennung des Königreichs Viktor Emanuels von Seiten

Frankreichs. Hatten die in letzter Zeit von Cavour geführten Unterhandlungen noch nicht das Ziel erreicht, so beschleunigte jetzt doch Kaiser Napoleon die schon längst vorliegende Absicht, indem er den Höfen von Wien und Madrid durch die Noten des Herrn Thouvenel mitteilen ließ, der gegenwärtige Zustand Italiens sei unhaltbar und gefährlich für Italien selbst, für Europa und besonders für Frankreich, die Anerkennung Italiens sei eine beschlossene Sache und eine Notwendigkeit, und die Sicherstellung des Papstes, welche jene beiden Mächte verlangten, sei am besten durch ihre Anerkennung zu garantieren, da sie bei einer Wiederanknüpfung der Beziehungen zu dem Könige Viktor Emanuel die römische Frage selbst in die Hand nehmen könnten.

Obgleich nun Österreich und Spanien über diesen Vorschlag eine große Unzufriedenheit äußerten, wurden die Unterhandlungen zwischen Frankreich und Italien doch eifrig fortgesetzt, und am 25. Juni erfolgte die Anerkennung Italiens durch Napoleon III. Dabei unterließ der Kaiser aber nicht, zu bemerken, dass er die jüngste Politik Viktor Emanuels nicht billigen könne und vor allen den allgemeinen Frieden gefährdenden Unternehmungen warne; er werde nicht intervenieren, aber auch einen Angriff nicht unterstützen. Was die römische Frage anbetreffe, so würden die französischen Truppen die Stadt so lange besetzt halten, als Frankreich keine Bürgschaften für die Interessen habe, welche es nach Rom geführt.

Ricasoli antwortete darauf in einer Note mit einer Danksagung und fügte hinzu, das Ministerium wünsche, Rom Italien wiederzugeben, ohne die Erhabenheit der Kirche oder die Unabhängigkeit des Papstes zu verletzen; er hoffe ferner, Frankreich werde bald seine Truppen aus Rom zurückziehen können, ohne die katholischen Interessen dadurch zu gefährden, die hohe Weisheit des Kaisers möge den Zeitpunkt bestimmen.

In der Rede, durch welche Ricasoli die Anerkennung der Turiner Deputiertenkammer anzeigte, sagte er unter anderem:

»Das Recht unserer Nationalität wird bald ein Recht sein, das ganz Europa anerkennt. Die Anerkennung Italiens durch Frankreich und England befestigt seine Stellung. Die Dankbarkeit gegenüber Frankreich wird kein Opfer fordern, ich glaube, die Interessen beider Nationen werden keinen Konflikt hervorrufen; sie werden beide die Freiheit, den Fortschritt und die Humanität befördern. Vergessen wir nicht, dass das Werk noch nicht vollendet ist. Wir verdanken unsere Erfolge der Weisheit, Beständigkeit, Eintracht und dem Opfermute. Wir bedürfen noch ferner dieser Tugenden.«

Auf eine Anfrage in Betreff der römischen Frage erwiderte der Ministerpräsident: Diese Frage sei noch nicht geordnet, sie solle aber prompt geordnet werden, die Regierung werde dieselbe nicht einschlafen lassen, sie sei zu wichtig, um sich nicht unaufhörlich damit zu beschäftigen. Die Kammer werde einsehen, dass diese Frage durch Unterhandlungen geregelt werden müsse; die Verhandlungen mit Kaiser Napoleon dauerten fort. In einer noch nicht zu bestimmenden Zeit werde ein Resultat, wie es die Nation nicht besser wünschen könne, erzielt werden, er könne aber versichern, die Anerkennung Italiens schließe keine Bedingung, keine Beleidigung des nationalen Rechtes in sich.

Nach der vergeblich an den Kaiser Napoleon gerichteten Adresse hatten die Römer eine zweite an den König Viktor Emanuel aufgesetzt und sie, mit zehntausend Unterschriften versehen, durch eine Deputation, bestehend aus dem Fürsten Silvestrelli, dem Herzoge Sforza und dem Grafen Lorenzini, nach Turin gesandt.

Der König empfing diese Deputation am 21. Juni, las die Adresse aufmerksam und äußerte sich dann in der freundlichsten Weise, er hoffe, die Wünsche der Römer würden sich bald erfüllen, denn Italien ohne Rom sei ein Widerspruch; die Frage stoße in Europa noch auf Schwierigkeiten, aber sie werde befriedigend gelöst werden, und zwar bald; in Betreff Venetiens sei erst ein ernster Kampf erforderlich, aber er vertraue auf die Nation. »Sie hat«, fuhr er fort, »das Vertrauen, das sie auf ihren König setzt, stets bewiesen und unterstützte nach der Schlacht bei Novara, als Österreich Italien drohend und Europa ihm eher feindselig als freundlich gegenüberstand, immer mit Begeisterung die Politik des Widerstandes und der Würde; sie hat durch ihre Haltung immer gezeigt, dass sie bereit sei, ihrem Könige in die äußerste Gefahr zu folgen.«

Die Römer hatten in ihrer Adresse den Grafen Cavour den Wiederhersteller Italiens genannt; der König schien dies etwas empfindlich aufzunehmen, denn er sagte:

»Gewiss lässt niemand mehr als ich den Verdiensten meines Ministers Gerechtigkeit widerfahren, und niemand betrauert seinen Verlust schmerzlicher als ich; aber ich schulde es der Wahrheit, der Geschichte und meinem eigenen Bewusstsein, die Tatsachen der Wahrheit getreu darzustellen und daran zu erinnern, dass ich, noch lange bevor Herr von Cavour mein Minister wurde, bereits allen Versuchungen und Verführungen der Reaktion widerstand, dass ich die Beziehungen, die mich an meine Familie fesselten, und die Verbindungen meiner Dynastie brach und gekrönten Häuptern gegenüber Italiens Recht verteidigte, dasselbe Recht, für das Herr von Cavour erst einige Jahre später vor der in Paris versammelten Diplomatie kämpfte.«

Bei Gelegenheit der Anleihebewilligung, welche die Regierung zu weiteren Rüstungen verlangte, hielt Ricasoli am 1. Juli eine Rede, die diesen Zweck erreichte und in der er sich sowohl über Rom und Venedig als über ein aufgetauchtes Gerücht, dass die Regierung die Insel Sardinien an Frankreich abzutreten gedenke, folgendermaßen äußerte:

»Abgesehen von Österreich, trifft die italienische Sache auf allgemeine Sympathie – sie darf auf Verbündete zählen. Die Anerkennung Englands, Frankreichs, Schwedens, Dänemarks, der Schweiz und Portugals ist ein feierlicher Beweis für das Vertrauen, das wir einflößen. Wir dürfen hoffen, dass diese Beispiele bald Nachahmung finden werden. Dank dem Grundsatze der Nicht-Intervention wird sich das zivilisierte Europa bald dahin einigen, uns unsere Nationalität feierlich zu bestätigen und uns das unbestreitbare Recht, unsere Nationalität vollständig herzustellen, zuerkennen.
Ich hörte von Gebietsabtretung reden, aber ich weise jedes Wort, jeden Gedanken, der darauf hindeutet, mit Verachtung zurück. Ein für alle Mal erkläre ich, dass die Regierung des Königs keinen Zoll italienischen Landes kennt, den sie abtreten möchte; sie will nichts abtreten, und sie wird durchaus nichts abtreten.
Die Regierung des Königs behält ein Nationalgebiet, das zu verteidigen, und ein solches, das wiederzuerobern ist, im Auge. Sie will Rom und Venedig haben, sie verkündet ihnen die Schmerzen, die Wünsche, die Hoffnungen und die Absichten der Nation. Die Regierung empfindet die ganze Schwere der ihr auferlegten Aufgabe; sie ist aber auch zu ihrer Lösung entschlossen und wird dies mit Gottes Hülfe erreichen. Es bereitet sich eine Gelegenheit vor, uns bald den Weg nach Venedig zu öffnen. Indessen wollen wir an Rom denken, wir wollen nach Rom gehen. So lange uns Rom nicht

angehört, wird das übrige Italien fortwährend ein Herd von Umtrieben, Verschwörungen und eine fortwährende Drohung für die öffentliche Ruhe bleiben. Der Besitz von Rom ist für die Italiener nicht nur ein Recht, sondern eine unumstößliche Notwendigkeit. Wir wollen nicht mit Hilfe aufständischer, unzeitgemäßer, verwegener und das Werk der Nationalität gefährdender Bewegungen nach Rom gelangen, sondern im Einverständnis mit Frankreich – nicht indem wir zerstören, sondern indem wir aufbauen, indem wir der Kirche die Bahn von ihr selbst vollbrachter Reformen öffnen, indem wir ihr Freiheit und Unabhängigkeit geben, welche sie zu einer Wiedergeburt der Reinheit des religiösen Gefühls, der Einfachheit der Sitten und der Strenge der Kirchenzucht anregen, wodurch sie in ihrer ersten Zeit so ruhmvoll und ehrwürdig geworden ist, und wir wollen sie lehren, offen und frei auf eine Macht zu verzichten, die dem großen ursprünglichen Gedanken von ihr widerspricht.
Die Regierung verkennt nicht die Schwierigkeiten dieses Schrittes, aber die Größe und Heiligkeit der Sache gibt ihr Mut und Vertrauen. Ihre Stärke liegt in dem öffentlichen Bewusstsein. Die italienische Bewegung ist groß, weil sie eine neue Ära bildet; die Basis für Italiens Zukunft ist die ganze Menschheit. Ich hoffe, dass wir bei der Rechtmäßigkeit unserer Sache mit Kühnheit, Festigkeit und Ausdauer zu rechter Zeit an unser Ziel gelangen werden.«

Nachdem der Minister über die Prinzipien, welche die Regierung zur Hebung des Volksgeistes und seines materiellen Wohlstandes verfolgen will, gesprochen hatte, schloss er mit den Worten:

»Eine solche Nation wird keiner andern nachstehen, und die Opfer, welche ihre Freiheit und Unabhängigkeit jetzt in Anspruch nehmen, werden durch Reichtümer, die bei einem solchen Staate nicht ausbleiben können, reichlich vergütet werden. Deshalb muss die Regierung aber fortwährend an die Verteidigung denken, denn ist es eine Notwendigkeit jür jede Nation, stets wohlgerüstet zu sein, so sind für Italien die Waffen eine Bedingung auf Leben und Tod.
Jetzt, meine Herren, ist es an Ihnen, zu entscheiden, ob Sie der Regierung die Mittel bewilligen wollen, auf dieser Bahn verharren zu können. Eine opferwillige und starke Nation ist nie um Freunde verlegen. Unsere auswärtigen Beziehungen geben den Beweis zu dieser Wahrheit.«

Die Kammer bewilligte mit zweihundertzweiundvierzig gegen vierzehn Stimmen die Anleihe.

Heute wissen wir noch nicht, wie Italiens Zukunft auch in dieser Beziehung sich gestalten wird, aber wir zweifeln keinen Augenblick daran, dass dieses Land mit seinem hochherzigen Patriotismus, der jetzt alle Stände in tiefster Seele durchdringt und begeistert, mit seinen ungeheuren materiellen Kraftanstrengungen und Männern wie Viktor Emanuel, Garibaldi und einem würdigen Vertreter Cavours, der seine Politik als Erbteil übernommen hat, aller auswärtigen Politik zum Trotz auch die letzte Stufe seines erhabenen Zieles, die vollständige Einigkeit und Freiheit, erreichen wird.

Bald wird sich der Schleier, der die Zukunft noch verhüllt, lüften, und einer der Namen, der im Sternenkranze unsterblichen Ruhmes in die Erinnerung der spätesten Geschlechter hineinstrahlt, wird der Name sein: Giuseppe Garibaldi!

(Im Juli 1861)

Er schuf ein Werk, an das sich vor ihm noch keiner gewagt hatte: Eine Darstellung des gesamten naturkundlichen Wissens seiner Zeit in 37 Büchern !

Plinius
Die Naturgeschichte des Caius Plinius Secundus in 2 Bänden
Eingeleitet von Manuel Vogel
Geb. mit SU, ca. 1.600 Seiten, Format: 15,1 x 22,7 cm
ISBN 978-3-86539-144-5

Gaius Plinius Secundus Maior war römischer Offizier und Staatsbeamter von ritterlichem Stand, zugleich aber auch ein bedeutender Historiker und Gelehrter. Berühmt wurde Plinius durch sein monumentales naturwissenschaftliches Werk „Naturalis historia" in 37 Büchern. Als einziges erhaltenes Werk aus seiner Feder diente es bis ins 18. Jhd. als enzyklopädische Wissensquelle. In beispielloser Gelehrsamkeit fasst er darin das gesamte naturkundliche Wissen seiner Zeit zusammen. Damit stellt das Werk eine unschätzbare Quelle des antiken Wissens dar. Nach seinen eigenen Angaben beinhaltet es 20.000 Fakten zu den Themen Anthropologie, Arzneien aus Pflanzen- und Tiersubstanzen, Botanik, Ethnographie, Gartenbau, Geographie, Kosmologie, Kunstgeschichte, Medizin, Metallverarbeitung, menschliche Physiologie, Mineralogie, Schöne Künste und Zoologie.

marixverlag

www.marixverlag.de
Email: info@marixverlag.de

Die einzige erhaltenene Landeskunde der Antike!

Strabo

Geographica

geb. mit SU, 1.341 Seiten
Format: 15,1 x 22,7 cm
ISBN 978-3-86539-051-6

Strabos Geographica ist das einzige aus dem Altertum erhaltene Werk dieser Art. Er bereiste viele Länder und beschrieb in seinen Schriften Orte, Menschen und Kulturen seiner Zeit. Doch das Werk ist nicht nur für Landeskunde der griechisch-römischen Welt und für die Geschichte der Geografie von grundlegender Bedeutung. Vielmehr reichert Strabo seine Berichte mit einer Vielzahl von historischen, mythologischen, literarischen und naturkundlichen Einzelheiten an. Damit ist das Werk auch eine Fundgrube für jeden Althistoriker, Archäologen, Kultur- und Literaturhistoriker.

marixverlag

www.marixverlag.de
Email: info@marixverlag.de